拉采尔公案

十九世纪的普遍历史意识与生物－政治地理学

刘小枫 著

华夏出版社

中国人民大学科学研究基金"'普遍历史'观念源流研究"
项目成果(项目批准号:22XNLG10)

目 录

说明

引言　十九世纪末的全球危机与"中国问题"　/ 1

楔子　拉采尔公案及其政治史学含义　/ 32
　　拉采尔公案的由来　/ 34
　　国际政治与地球空间　/ 38
　　十九世纪末的世界历史大变局　/ 42
　　欧洲政治成长中的大问题　/ 48
　　德意志政治成长中的大问题　/ 53
　　生物学与自由欧洲的成长法则　/ 58
　　拉采尔公案的性质　/ 68

一　世界政治中的自然地理学　/ 72
　　自然考察与欧洲的政治成长　/ 73
　　福尔斯特：从自然学家到共和革命家　/ 76
　　世界公民亚历山大·洪堡　/ 85
　　卡尔·李特尔与普鲁士的政治成长　/ 96

二 从人类地理学到"生存空间"论 / 110

新大陆与旧欧洲 / 115

人类进化的普遍历史定律 / 122

走向政治地理学 / 128

三 自由帝国主义国际的形成 / 145

刚果会议的来龙去脉 / 148

自由主义帝国的国际合作 / 157

尼德兰的政治成长与欧洲均势 / 166

四 美利坚生存空间的形成 / 183

美式非洲殖民地的诞生 / 183

门罗宣言的全球史背景 / 187

"自由独立"的地缘扩张 / 198

五 难产的德意志合众国 / 211

从"没有普鲁士的德国"到含混的合众国 / 212

德意志共和革命与欧洲新国际 / 223

制宪合众国的难产与地缘政治 / 233

六 政治地理学与帝国想象 / 254

拉采尔与德意志帝国的成长 / 256

美利坚作为生物-政治地理学标本 / 272

帝国想象与"生存空间"论 / 285

美利坚种属与扩张生存空间 / 297

美利坚的"新世界"愿想 / 318

七 德意志生存空间观念的历史嬗变 / 333

大德意志的经济空间 / 334

德意志的"中欧"帝国愿想　/ 340
浪漫化的德意志大一统之梦　/ 356
得而复失的生存空间　/ 364
"没有空间的民族"　/ 377
自由主义者的懊悔　/ 387

八　拉采尔公案的历史溯源　/ 398
　　优生学与自由主义的"黄金时代"　/ 399
　　雅利安文明论与1848年革命　/ 406
　　启蒙时代的生物学革命　/ 418
　　康德的综合：从自然地理学到实用人类学　/ 437

九　有机体国家论的哲学渊源　/ 444
　　自由主义的有机体政治论　/ 444
　　德意志的有机体政治观念论　/ 450
　　赫尔德的启蒙历史哲学　/ 468

余绪　拉采尔眼中的中国　/ 493

说　明

　　十八世纪末以来,种种现代主义接踵而出。自然科学的诸多进展对西方政治思想乃至国际政治影响最大者,莫过于生物进化说,所谓"社会达尔文主义"仅仅是显著例证之一,而这种"主义"在达尔文之前就有了。本书试图表明,基于生物进化说的政治思想实际上也是一种普遍历史论,或者说十九世纪的普遍历史意识具有生物政治论性质。拉采尔的生物—政治地理学形成的历史过程,为我们考察这一思想史现象提供了不可替代的案例。本书将从政治史学和政治思想史的双重维度考察这一案例,以便更好地理解上一个百年未有之大变局的来龙去脉。

　　本书因应古典学实验班的教学需要而作,预设的读者为大学本科生,因此不惮重述看似已是常识的诸多政治史事件。事实上,越是常识越需要辨识,何况我们的诸多历史常识似是而非。

古典文明研究工作坊

2021 年 12 月初稿

2024 年 8 月改定

引言　十九世纪末的全球危机与"中国问题"

现代国际政治史的资深学者托马斯·奥特曾说,1894年至1905年的十年,"是一段史无前例的全球危机时期"。因为当时的中国太过羸弱,"列强的扩张主义动态"肆无忌惮地升级,以至于这个文明大国成了列强"在欧洲之外所面临的最复杂"也"最紧迫的问题":一旦中国崩溃,列强为瓜分这一庞大帝国的废墟展开争夺,极有可能"引发世界末日大决战"。从这一意义上讲,"直到1905年,中国问题都使所有其他国际问题黯然失色"。[①]

1899年初夏,流亡日本的梁启超(1873—1929)在《清议报》上连载长文《瓜分危言》(5至8月),隔海呼吁国人不可以为中国面临的被瓜分之危是危言耸听。他开篇就近乎声泪俱下地说,"西人之议瓜分中国"已有"数十年"之久,而中国的有识之士"知瓜分而自忧之"也有十年,但仅有"一二之识者,且汗且喘走天下,疾呼长号,以徇于路"。大多数中国智识人因"十余年不睹瓜分之实事",于是"褎然充耳而无所闻,闻矣而一笑置之,不小介意"。梁启超痛斥这些"蚩蚩鼾睡者"不懂西人"深沉审慎,处心积虑",瓜分行动"不轻于一发",不过是因西人尚未完全掌握中国内情,且"各国互相猜惮于开战"罢了。[②]

[①] 托马斯·奥特,《中国问题:1884—1905年的大国角逐与英国的孤立政策》,李阳译,北京:生活·读书·新知三联书店,2019,页1-2。

[②] 梁启超,《瓜分危言》,汤志钧、汤仁泽编,《梁启超全集》第一册,北京:中国人民大学出版社,2018,页716-719;比较张海鹏等主编,《甲午战争的百年回顾:甲午战争120周年学术论文选编》,北京:中国社会科学出版社,2014。

梁启超的这篇《瓜分危言》足以证实,国际政治史家奥特的说法绝非虚言。整整一百年后,中国再次成为列强所面临的"最复杂"也"最紧迫的问题"。昔日的列强仍然是列强,而且已经结成更为紧密的同盟,不再各自为阵——但如今不同的是,新中国的复兴让列强深感"焦虑"。在十九世纪末的那场"史无前例的全球危机时期",感到紧张的首先是大英帝国,因为捏在它手里的中国"蛋糕"正逐渐被其他新生列强分食。当时,美国相对于其他列强还处于边缘位置,但正竭力挤进这场对中国的瓜分。而如今,最为深感"焦虑"甚至紧张的是"二战"后取代大英帝国且"更富侵略性的美国"。自1990年代中期以来,美国的国际政治学者频频发出警告,"如果中国保持咄咄逼人的态势,而美国依旧那么天真",那么,"即便中美并不实际开战,它们之间的争夺也将成为21世纪头几十年中主要的全球争夺"。[1]

让我们应该感到好奇的问题来了:美国作为一个政治民族"天真"过吗?与此相关的问题更值得问:中国作为古老的文明民族对美国这个"新大陆"的认识"天真"过吗?前一问题的答案恐怕很难不是否定的,而对后一问题的回答则应该是肯定的。[2] 倘若如此,那么就有必要进一步问:我们"依旧那么天真"吗?要澄清这样的问题,今天的我们实有必要回顾十九世纪末的那个"史无前例的全球危机时期"的某些历史片段。

十九世纪末的那场危机的开端标志是,日本赢得甲午战争(1894年7月至1895年4月),夺取了朝鲜半岛,随即与俄国争夺对我国东北的支配权。1904年2月,日本海军未经宣战突袭泊驻我国旅顺口的俄国舰队,日俄战争爆发。一个月后,日本陆军在朝鲜平壤西南部港口镇南浦登陆,随即推进至鸭绿江左岸发起攻击,伺机夺取我国奉天(今沈阳)。5月,另一支日本陆军在我国辽东半岛东南登陆,迅速夺取俄国人控制的大连,从北面包抄旅顺,"成功切断了旅顺港港口和要塞俄军主力与内陆的联系"。双方的反复厮杀持续到12月间,"约有3万名俄军官兵和超过6万

---

[1] 理查德·伯恩斯坦、坦罗斯·芒罗,《即将到来的美中冲突》,隋丽君、张胜平、任美芬译,北京:新华出版社,1997,页2;比较罗伯特·卡根,《雄心和焦虑:中美之争》,见加里·斯密特编,《中国的崛起:美国未来的竞争与挑战》,韩凝、黄娟、代京译,北京:新华出版社,2016,页11-31;吉原恒淑、詹姆斯·霍姆斯,《红星照耀太平洋:中国崛起与美国海上战略》,钟飞腾、李志斐、黄杨海译,北京:社会科学文献出版社,2014,页116-133。

[2] 杨玉圣,《中国人的美国观:一个历史的考察》,上海:复旦大学出版社,1996,页9-17。

名日军官兵丧生"。日军投入约13万兵力,在日本军史学者眼里,"仅是一天一个战场的战斗所造成的伤亡就与日清战争的总伤亡人数一样,这令日军十分震惊"。一个月后(1905年1月5日),经过半年的攻城战,驻防旅顺的俄军辽东地区司令官斯特塞尔中将(1848—1915)终于签署了投降书。

在奉天方向,俄军总司令库罗帕特金(1848—1925)上将集结了16万兵力和600门火炮,试图阻止日军继续推进,但收效甚微,反倒是来临的冬季迟滞了日方的攻势。来年开春(1905年2月),日本元帅大山岩(1842—1916)调集25万大军,决意在奉天与俄军决战。俄军则集中了约32万兵力,有"1200门火炮",但部署在"围绕奉天长达160公里的防线上"火力仍显不足。经一周激战,缺乏机枪和手榴弹的日军最终以阵亡4.2万人的代价掌握了战场主动权,趁俄军调整部署之机突破防线,威胁其铁路线。由于日军兵力不足,俄军在阵亡万余人后得以突围,撤往铁岭和哈尔滨(3月)。在这场"开战以来最为激烈的"战役中,"日军死伤共7万人,俄军死伤含被俘共9万人"。库罗帕特金上将本想重新集结兵力夺回奉天,因俄国内部出现政治动荡,尤其是远道而来的俄国波罗的海舰队在对马海峡遭日本海军伏击并几乎被全歼(5月),沙皇不得不接受美国总统西奥多·罗斯福斡旋的议和(6月5日)。①

这一年,我国学人刘鸿钧依据日本学者野村浩一的著述编译的《政治地理》出版,开篇即述及领土性民族国家要义。据说,此书是我国第一部政治地理学教科书。如果可以把它视为我国现代政治地理教育的起点,那么,这个起点的确太低。毕竟,作者仅仅粗浅地罗列了当时世界各国的地理位置及其政治状况,对正在发生的世界历史百年大变局的种种苗头毫无觉察,对新兴大国——德国、美国以及日本——智识界的政治意识状况更是只字未提,尽管他对中国面临被瓜分的危局忧心如焚:

> 自欧势东侵以后,而我国政府于外交战事,屡失机宜。满洲为俄领矣(现归日人占领);香港为英领矣;澳门为葡领矣;台澎为日领矣。于是各国群起,

---

① 藤原彰,《日本军事史》,张冬等译,北京:解放军出版社,2015,页75-80;卡尔-海因茨等,《德国军事史:从普鲁士军队改革到联邦国防军转型》,王鹏,北京:解放军出版社,2018,页137-142;比较原田敬一,《日清·日俄战争》,徐静波译,香港:香港中和出版公司,2017,页281-291;鲍·亚·罗曼诺夫,《日俄战争外交史纲(1895—1907)》(上、下),上海人民出版社编译室俄文组译,上海:上海人民出版社,1976,页529-535。

遂相与侧目重足,以侵略东方。因《清俄密约》一成,而德国乃直据胶州湾,英国索威海卫,法国亦索广州湾,以互相牵制。其他于矿山,于铁路,各要求订盟,以结不割让与他国之约。是以我国虽有独立自主之权,不能自行左右,而各国诛求无厌之心,亦无一时而或已。①

也在同一年,英国记者西德尼·泰勒(Sydney Tyler)出版了图文并茂的《日俄战争:现代最激烈的军事冲突》。由于作者具有世界政治视野,直到今天,此书还是英语世界通俗史学的畅销读物(2017年Kindle版发行量高达三百万)。在作者看来,与十九世纪中期以来的三场战争(美国内战、普法战争以及在南非刚结束的布尔战争)相比,日俄战争明显具有更为重要的世界史含义,因为它不仅"对参战双方至关重要",而且"对整个亚洲、欧洲和美国同样重要"。事实上,德意志帝国和美国也对这场在远东的战争"饶有兴趣",两国紧盯着战争进程,"随时都可能加入交战国中的一方"。"世界发展的整体轨迹必然取决于中国近海海域的控制权",这场战争意味着这一控制权究竟落在哪个现代帝国手里。在曾任英国首相的本杰明·迪斯雷利(1804—1881)眼里,历史上影响人类进程的重大事件只有特洛伊战争和法兰西大革命——泰勒认为,如果这种看法不无道理,那么他就有理由说,可以把日俄战争"看作影响世界[历史]进程的第三个重大事件"。②

英国格林威治皇家海军学院史学教授朱利安·科贝特(1854—1922)的观点支持了泰勒的看法。日俄战争结束后的第二年(1906),科贝特就开始着手研究这场战争,并在战争爆发十周年之际完成了《日俄战争中的海上行动》(*Maritime Operations in the Russo-Japanese War*)第一卷,次年(1915)完成第二卷,由英国海军部作战参谋部情报局刊印,供各级军官学习。在此之前,科贝特已经出版《英国在地中海:困境中崛起的英国及其影响(1603—1714)》(1904,两卷)、《七年战争中的英格兰:联合战略研究》(1907,两卷)、《特拉法尔加之战》(1910)等军史著作以及军事

---

① 刘鸿钧,《政治地理》,汉口:湖北法政编辑社,1905,页43,比较页2-3。
② 西德尼·泰勒,《日俄战争:现代最激烈的军事冲突》,周秀敏译,北京:华文出版社,2021,页1-3;参见 David Wolff et al(eds.),*The Russo-Japanese War in Global Perspective: World War Zero*, Leiden: Brill, 2006. 比较库罗帕特金,《俄国军队与对日战争》(1906/1909年英译),中国社会科学院近代史研究所翻译室译,北京:商务印书馆,1980; Alfred T. Mahan, "Reflections, Historic and Other, Suggested by the Battle of the Japan Sea", in *US Naval Proceedings Magazine*, Volume XXXVI, No. 2 (June 1906), pp. 447-471.

学论著《海上战略的若干原则》(1911)。① 与《特拉法尔加之战》不同,科贝特的日俄海战研究不再"纠缠于细枝末节",而是从"政治目标、地理因素和政府运作机制"等方面来看待这场海战。在今天看来,书中所描述的当时的技术进步(如鱼雷攻击、战术机动、战列舰的航速和航程以及武器和通信等)早已过时,但对作者的史学观察视野,就不能这么说了。② 从现代军事学史的角度讲,科贝特意在通过日俄战争研究来证实其借自克劳塞维茨的"有限战争"观:日俄两国虽然在各条战线上展开了一场战争,但"这场战争对于其中任何一方的重要性都十分有限",以至于"最后双方在耗尽力量之前早早选择了放弃"。作为历史上的"典型战例",日俄战争的特点在于,"为了争夺一块不属于任何一方领土的土地",作为弱国的日本在没有"完全打败"强国的情况下,迫使后者屈服。③

科贝特的研究融历史与战略为一体,这让人想到同时代的阿尔弗雷德·马汉。《日俄战争中的海上行动》与此前的《特拉法尔加之战》和后来的《[第一次]世界大战中的海军行动》(1920—1923,三卷)构成了科贝特的海战三部曲,似乎刚好接续马汉的海权三部曲。然而,在科贝特看来,日俄战争足以证明,"战争的成败取决于海陆军的密切配合"。与对手相比,"日本的最大优势只体现在海陆协同上",因为"在大部分其他领域,日本实际并不占据上风"。有军事学史家据此认为,科贝特不像马汉那样,"明明是陆权将主宰新世界,却不切实际地要证明'海权'的优势地位"。的确,在科贝特看来,即便"对于一个海上帝国来讲",战争理论也不应该"将海军战略与陆军战略分开进行研究"。他私下甚至认为,马汉的著作不仅"浅显",而且"缺乏历史根据"。④

不过,对我们来说,则不能因为两者在军事战略学方面的差异而忽略其共同之处。事实上,马汉在修改其海军战略教案时,大量吸收了科贝特的日俄战争研究成

---

① 参见朱利安·科贝特,《海上战略的若干原则》,吕贤臣译,上海:上海交通大学出版社,2012,"[编者]序言",页1-11;详见 Donald M. Schurman, *Julian S. Corbett, 1854-1922: Historian of British Maritime Policy from Drake to Jellicoe*, London:Royal Historical Society,1981。
② 朱利安·科贝特,《日俄海战 1904—1905:侵占朝鲜和封锁旅顺》,邢天宁译,北京:台海出版社,2019,"引言"页4-7、11-13;亦参页5-7。比较朱利安·科贝特,《特拉法尔加战役》,陈骆译,北京:社会科学文献出版社,2016。
③ 朱利安·科贝特,《海上战略的若干原则》,前揭,页26、50-55。
④ 朱利安·科贝特,《海上战略的若干原则》,前揭,"[编者]序言",页12-13、15-17、20-21;科贝特以日俄战争为例反驳马汉,见页122-123。比较朱利安·科贝特,《日俄海战 1904—1905:第2太平洋舰队的末路》,邢天宁译,北京:台海出版社,2019,页484。

果。尤其重要的是,他们都相信当时流行的"社会生物论",而两人的海战研究也都与"帝国主义有着明显的联系"。因此,在今天致力于维持"美国强权下的和平"(paxAmericana)的盎格鲁-美利坚战略学者眼里,科贝特和马汉的海战史都堪称瑰宝。毕竟,"马汉著作中充满智慧的分析"可以让今天美国的战略分析家明白,"美国在经济上以及军事上失去的一切,正是中国将在西太平洋具有深远影响的权力更替中收获的"。①

与科贝特一样,在泰勒眼里,中国对自己的近海海域没有发言权是自然而然的事情,因为甲午海战之后,中国已无海防可言。1895 年,重新出山的恭亲王奕䜣(1833—1898)以节约经费为名,奏请裁撤了海军衙门和水师学堂;1901 年的《辛丑条约》则规定,中国军队须拆除从北京到大沽海口的所有炮台,并允许八国联军在天津、秦皇岛、山海关等战略要地驻军。② 不过,一位英国的政治记者竟然有如此宏阔的地缘政治大视野,这应该让今天的我们感到好奇:他是从哪里获得这样的知识视野的呢?

一

在日俄战争爆发的四年前(1900),美国著名的麦克米兰出版公司主持的"经济学、政治学、社会学公民文库"推出了一部大著——《十九世纪末的世界政治:东方处境的影响》,作者是时年 31 岁的威斯康星大学国际政治学教授保罗·莱茵士(1869—1923)。他凭靠政治地理学知识敏锐地观察到,源于欧洲的"[民族]国家帝国主义"(national imperialism)即将展开新一轮全球争夺,德国和美国是最重要的入场新手,而中国则是列强争夺和瓜分利益的核心地域。于是人们看到,在这部 362

---

① 杰弗里·蒂尔,《科贝特与 20 世纪 90 年代》,见詹姆斯·戈德里克、约翰·哈滕多夫编,《马汉是不够的:朱利安·科贝特和赫伯特·里奇蒙德著作研讨会论文集》,李景泉译,上海:上海交通大学出版社,2015,页 326-327;赛思·克罗普西,《紧急呼救:美国制海权的衰落》,梁莉、徐征、杨静译,北京:海潮出版社,2016,页 41。马汉吸收科贝特的海战研究,参见阿尔弗雷德·马汉,《海权战略》,简宁译,北京:新世界出版社,2015,页 253-284。
② 王宏斌,《晚清海防:思想与制度研究》,北京:商务印书馆,2005,页 235-236;比较韩剑尘,《日俄战争背景下晚清媒体海权意识之勃兴》,载于《江汉论坛》,2017 年第 10 期,页 94-97。

页的大著中,中国地缘所占篇幅最多(超过三分之一),其次是俄罗斯帝国,然后才是德意志帝国。显然,在莱茵士眼里,德国和俄国将是与美国争夺中国利益的主要对手,与比他仅小三岁的英国政治史学家拉姆齐·缪尔(1872—1941)相比,两人的视野明显不同。[1]

保罗·莱茵士的论断依据的是一个政治现实:美国在打赢美西战争从西班牙殖民者手中夺取菲律宾后,随即向英、法、俄、德、日、意六国发出外交照会(1898年12月),要求诸大国不可独占远东利益,中国的"门户"必须保持"开放"。这一事件的背景是,1898年3月,德国以武力胁迫清政府向其出租青岛,因企望使之成为"德国的香港",租期与英国强行租借的广东新界一样为99年。俄国紧跟着以相同方式迫使清政府向其出租辽东半岛港口,还"强行获得了南满铁路哈尔滨至旅顺支线的筑路权"。法国则提出了租借广州湾99年的要求,并附带索取在中国南方修筑铁路的专营权。日本赶紧发表声明宣称,中国东南的福建属于自己的势力范围,他国不得染指。美国财阀集团迫切地感到,自己的在华权益受到了威胁,遂鼓动舆论"惊呼美国资本有被关在满洲大门之外的危险",纷纷"要求美国政府采取积极政策"保护美国商人的在华利益。[2] 因此,美国政府以强硬姿态发出"门户开放"照会,高调介入俄国与日本争夺东亚的博弈,并紧盯德国进入东亚的种种举动,而这一切都基于美国夺取了菲律宾。[3]

1901年7月,义和团危机爆发。[4] 借此时机,美国国务卿海约翰(1838—1905)再度重申"门户开放",敦促欧洲大国和日本不要利用义和团事件"将中国瓜分成一块块正式的殖民地"。由于自由主义文明诸大国之间"依然相互猜疑",而非因为美国两次申索拥有分享中国利益的自然权利,"中国名义上的独立"才免遭倾覆。事

---

[1] Paul S. Reinsch, *World Politics at the End of the Nineteenth Century: As Influenced by the Oriental Situtation*, New York: The Macmillan Company, 1900/1904, pp. 86 – 205, 356 – 362;比较拉姆齐·缪尔,《帝国之道:欧洲扩张400年》(1917年初版,1938年第6版),许磊、傅悦、万世长译,上海:上海人民出版社,2021,页91 – 128。

[2] 沃尔夫冈·赖因哈德,《征服世界:一部欧洲扩张的全球史(1415—2015)》,周新建、皇甫宜均、罗伟译,北京:社会科学文献出版社,2022,页1197 – 1198;戈列里克,《1898—1903年美国对满洲的政策与"门户开放"主义》,高鸿志译,哈尔滨:黑龙江教育出版社,1991,页24,35。

[3] Rudolf Walter, *Die amerikanische Politik der Offenenfür in Ostasien*, Essen: Essener Verlagsangestalt, 1943, S. 19 – 27.

[4] 明恩溥,《清帝国之乱:义和团运动与八国联军之役》,郭大松、刘本森译,南京:江苏人民出版社,2021。

实上,当时海约翰手上已有"好几个应急计划",一旦其他自由主义大国动手,"美国也动手攫取中国的领土"。日俄战争开打后,美国总统西奥多·罗斯福(1858—1919)随即"鼓励美国的银行家向急需资金的日本政府提供贷款",在他看来,美国的当务之急是阻止俄国在东北亚的扩张。威廉·塔夫脱(1857—1930)继任总统后(1909),白宫又担心日本全面掌控我国东北经济,遂将政策翻转过来,试图插足东北铁路,未料遭遇俄国和日本联手排挤。①

西德尼·泰勒仅仅把日俄战争"看作影响世界进程的第三个重大事件",即便在当时看来也带有蒙蔽性,因为他只字不提几年前的美西战争——尤其是这场战争的东南亚战场——的世界史含义。1898年5月1日,杜威上校(1837—1917)率领美国远东舰队突袭马尼拉湾,凭靠"优越的军舰和熟练的炮术",一举摧毁装备陈旧的西班牙远东舰队,据说世界海战史上还"从未有过如此轻而易举"的胜仗。消息传到美国,人们欣喜若狂,纷纷"细看地图和地理书",寻找美国打胜仗的马尼拉湾在哪里,国会则投票表决向杜威上校致以谢意,并晋升他为海军少将。②

从全球化的历史进程着眼,美国从西班牙手中夺取菲律宾的战争比日俄战争更具世界史含义。尽管日俄两国争夺对朝鲜和我国东北的控制权凭靠的是欧洲现代文明的工业化动力,但这毕竟是赤裸裸的自然野蛮行径。与此不同,美国从西班牙手中夺取菲律宾时,高调打出了大西洋革命的自由民主旗帜。在此之前(1897),菲律宾的反殖民志士已经移植"1895年的古巴宪法",1899年元月,菲律宾的反殖民起义军成立了亚洲"第一个民主政体",但美国凭靠自己的军事优势毫不迟疑地"把它给毁了"。2月4日傍晚八点半,美国占领军对菲律宾人民军营地发起突袭,美菲战争(1899—1902)开打。这天碰巧是"华盛顿的生日",在菲律宾史学家眼里,颇具历史的讽刺意义。③

---

① 迈克尔·谢勒,《二十世纪的美国与中国》,徐泽荣译,北京:生活·读书·新知三联书店,1985,页38-40;详见 Joseph Aulneau, *Russes, Japonais et Américainsen Mandchourie. La lutte d'influence*, Paris: Bureaux de la *Revue politique et parlementaire*, 1911/Hachett livre, 2014。

② 格雷戈里奥·赛义德,《菲律宾共和国:历史、政府与文明》,温锡增译,北京:商务印书馆,1979,页381;史蒂文·金泽,《颠覆:从夏威夷到伊拉克》,张浩译,上海:华东师范大学出版社,2007,页38-39。

③ 沃尔夫冈·赖因哈德,《征服世界:一部欧洲扩张的全球史(1415—2015)》,前揭,页1229;格雷戈里奥·赛义德,《菲律宾共和国:历史、政府与文明》,页405-408。

起初,菲律宾人民军还有还手能力,2月22日夜,在欧洲受过训练的安东尼奥·卢纳将军曾率领部队一度逼近美军占据的马尼拉。美军随即展开大屠杀。指挥官威廉·沙夫特将军(William R. Shafter,1835—1906)是德裔美国人,他基于大西洋革命理念认为,有必要"杀掉一半菲律宾人,以便剩下的菲律宾人可以摆脱目前半野蛮的生活,从而获得更高级的生活"。① 由于沙夫特将军在菲律宾屠人表现突出,夏威夷有以他的名字命名的港口,加州和得克萨斯州则有以他的名字命名的城镇。

美国从西班牙殖民者手中夺取菲律宾,意在参与当时的世界大国对中国市场的争夺。美西战争爆发之前,已经有国会议员呼吁,为了让美国摆脱经济危机,美国必须"注意太阳落下去的那片土地,注意太平洋……"。毕竟,"只有在中国附近拥有一个基地,美国才能实现自己的目标"……菲律宾正好"为我们提供了一个基地",因为马尼拉可以成为"香港的天然对手"。10月26日,时任美国总统的威廉·麦金莱(1843—1901)对即将前往巴黎与西班牙谈判的美国代表团发出训令,明确提到美国必须获取包括吕宋岛在内的整个菲律宾群岛,并首次提出了"门户开放"的诉求。换言之,正是凭靠夺取菲律宾,美国才得以提出"自己独立的对华政策"。这意味着,在瓜分中国利益的"盛餐"上,美国"也可以与西方列强平起平坐了"。德国人当时描绘的一幅漫画更为形象生动:山姆大叔正伸手去拥抱地球,并说"我暂时还不能完全地抱拢,但也已经为时不远了"。②

二

美菲战争开打是1899年2月的头号世界新闻。时年34岁的英国小说家兼诗人鲁德亚德·吉卜林(1865—1936)得知消息后,随即为美国人写了一首赞美诗《白人的负担》(White man's burden),同时在英国《泰晤士报》和美国《麦克卢尔杂志》

---

① 布鲁斯·卡明思,《海洋上的美国霸权:全球化背景下太平洋支配地位的形成》,胡敏杰、霍忆湄译,北京:新世界出版社,2018,页194。
② 王玮主编,《美国对亚太政策的演变(1776—1995)》,济南:山东人民出版社,1995,页111-115;阿伦·米利特、彼得·马斯洛斯基、威廉·费斯,《美国军事史(1607—2012)》,张淑静等译,北京:解放军出版社,2014,页245-248。详参Thomas McCormick, *China Market: America's Quest for Informal Empire, 1893—1901*, Chicago: Quadrangle Books, 1967;曹中屏,《东亚与太平洋国际关系:东西方文化的撞击(1500—1923)》,天津:天津大学出版社,1992,页257-269。

(*McClure's Magazine*)上发表。吉卜林出生于英国的印度殖民者家庭,在英国本土接受教育后回到印度做政治记者(1882),三年后逐渐转身为以随笔、诗歌和短篇小说见长的政治作家。在这首浅白的政治诗歌中,吉卜林没有丝毫"委婉地敦促美国人吞并菲律宾":①

> 肩起白人的负担——
> 派出最好的人选——
> 把你们的儿子流放到异乡
> 去满足俘虏的需求,
> 在沉重的枷锁中服侍
> 桀骜不驯的家伙——
> 你那些新捕获的阴沉的人种
> 半是魔鬼半是孩童。②

吉卜林写下这首诗并非心血来潮。半年前,当美军登陆菲律宾群岛时,他就"开始变得亢奋,畅想着大西洋彼岸的那个国家[美国]最终将[与英国]一起分担重任,教化世界上落后地区的民众"。如今,菲律宾人竟然起兵反抗,当然得用"沉重的枷锁"驯服这些"半是魔鬼半是孩童"的人种。事实上,在一年多前(1897)的长诗《白马》中,吉卜林已经淋漓尽致地表达过这种自由主义帝国意识:现代欧洲文明有如"疯狂的白马要冲破一切阻拦,向上帝索取它们的美餐"——驾驭这匹白马的"狂野的白马骑士"理应"挥舞马鞭,甩动马刺,给予畜群以前所未有的训示"。白马骑士和他"野性的白马"面对着地表上"全部的大海,永世嚼不尽的浩瀚",召唤欧洲人"投身于海流的翻跃"。在今天我们的某些文学批评家眼里,这样的意象"凝聚了西方文明中所有重要的、积极的内涵"。据说,由于这首诗作"既代表了勇气、荣誉感、牺牲精神等自亚瑟王时代以来的传统价值,也暗含着平等、宽容等具有普世意义的现代文明观念",诗人吉卜林"跳出了狭隘的民族主义"。③ 如此评价足以表

---

① 戴维·吉尔摩,《漫长的谢幕:吉卜林的帝国生涯》,张寅译,北京:生活·读书·新知三联书店,2020,页154–160。

② 转引自李秀清,《帝国意识与吉卜林的文学写作》,北京:对外经济贸易大学出版社,2010,页161–162。

③ 吉卜林,《东西谣曲:吉卜林诗选》,黎幺译,北京:人民文学出版社,2018,页21–26,比较"译者序",页6。

明,说这话的人迄今还不知道一个历史常识:在十九世纪末,自由主义与[民族]国家帝国主义不过是一块铜板的两面。事实上,1899至1903年的美菲战争,已经让当时的某些中国知识人将其与中国的处境"联系起来",并促使"他们认识到革命是当代世界的一种现代存在模式",而诸如"人民"、国家、现代化和历史之类"相互缠绕在一起的主题"也因此"变得明确起来"。①

相比之下,当今美国的地缘政治作家倒是看得很清楚:无论在那个时代还是今天,《白人的负担》这首诗"听来肯定是种族主义"的表达。这部"有些理想主义色彩的文学作品"以"富裕国家和发达国家对贫穷与欠发达国家所负有的责任"为由,"鼓励美国对于菲律宾的殖民统治",呼吁美国人肩负起白种人的"教化使命",这使得它成了"将帝国主义粉饰为人道主义的最好例子"。②

《白人的负担》刊发后,随即引发舆论界热议。西奥多·罗斯福与吉卜林有过一面之交,他对这位英国文人的诗才看不上眼,但这并不妨碍他承认,"从扩张主义的立场来看",诗中所表达的意象"还是很有道理的"。③

保罗·莱茵士的政治地理学大著就产生于这样的时代语境之中,他虽然认为,"[民族]国家帝国主义"的新一轮世界霸权之争将影响世界和平,但他同意吉卜林发出的召唤:美国应该责无旁贷地肩负起"白人的负担"。④ 在威斯康星大学的课堂上,为了激励美国青年树立起自由帝国主义的扩张精神,莱茵士对学生们说:

> 我们[美国]不再是一个农业国家,而是一个制造业国家,我们只能靠关注海外市场才能成功和富裕。我们不再能够负担得起孤立的生活。⑤

---

① 卡尔·瑞贝卡,《世界大舞台:十九、二十世纪之交中国的民族主义》,高瑾等译,北京:生活·读书·新知三联书店,2008,页115–123。

② 罗伯特·卡普兰,《成败落基山:地理如何塑造美国的世界角色》,贾丁译,南京:南京大学出版社,2021,页135。比较Judith Plotz, "How'The White Man's Burden' Lost its Scare - Quotes; or Kipling and the New American Empire", in: Caroline Rooney/Kaori Nagai (eds.), *Kipling and Beyond: Patriotism, Globalisation, and Postcolonialism*, London: Palgrave Macmillan, 2010, pp. 37–57。

③ 戴维·吉尔摩,《漫长的谢幕:吉卜林的帝国生涯》,前揭,页159。

④ 参见 Brian C. Schmidt, *The Political Discourse of Anarchy: A Disciplinary History of International Relations*, New York: State University of New York Press, 1998, pp. 70–75。

⑤ 转引自 Noel Pugach, *Paul S. Reinsch, Open Door Diplomat in Action*, New York: KTO Press, 1979, p. 31。

十九世纪末的自由帝国主义所凭靠的nation[民族国家]观念,本是欧洲基督教民族政治成长过程的"偶然产物"。在长达数百年的历史进程中,欧洲王国的君主政体无视罗马教权建立的国际秩序,通过国际战争形塑了自己的疆土和人民,由此产生的领土性国家意识催生了特有的nation[民族国家]观念。欧洲的地缘空间"决定了这些新的主权国家是好战的",因为"它们当中没有一个拥有自己所需要的一切,而是彼此拥有所需要的东西",这"诱使它们竞相去征服和掠夺",侵略或所谓"防务"成了政策的重点。① 与此不同,美国作为nation的诞生源于英属北美殖民地脱离宗主国独立建国。对于美国人来说,nation这个语词还包含大西洋革命的独特意涵,因此其侵略或所谓"防务"无不带有自由民主的历史道义修辞。

三

法国大革命把nation的这一含义移植到欧洲,引发了一系列民族革命。② 差不多与此同时,在刚刚兴起的生物学 – 人类学 – 地理学的影响下,race[种族]含义进入了nation观念。一般认为,"种族主义"是"一种源自欧洲的现代现象",这一说法大致没错,但未必确切。一旦考虑到盎格鲁 – 美利坚成为nation的历史含义及其对欧洲大陆的巨大影响,就应该说,种族主义是十九世纪前半期的欧洲大国和作为nation的盎格鲁 – 美利坚催生出来的"一种意识形态和社会政治现象"。③

由于英美自由主义意识形态的巨大影响,今天的公共知识界很少有人知道种族主义与英美知识人的瓜葛,似乎种族主义是德意志人的专利品。其实早在1840

---

① 约瑟夫·熊彼特,《经济分析史》第一卷,朱泱、孙鸿敞等译,北京:商务印书馆,2009,页228 – 232;村上泰亮,《反古典的政治经济学:进步史观的黄昏》,张季风、丁红卫译,北京:北京大学出版社,2010,上册,页55 – 58;比较拉努姆编,《近代欧洲:国家意识、史学和政治文化》,王晨光、刘岑译,上海:华东师范大学出版社,2020,页3 – 18。

② 大卫·贝尔,《发明民族主义:法国的民族崇拜(1680—1800)》,成沅一译,杭州:浙江大学出版社,2020,页167 – 171、264 – 280;比较西奥多·哥伦比斯、杰姆斯·沃尔夫,《权力与正义:国际关系学导论》,白希译,北京:华夏出版社,1990,页53 – 54;埃里·凯杜里,《民族主义》,张明明译,北京:中央编译出版社,2002,页4 – 10。

③ 皮埃尔 – 安德烈·塔吉耶夫,《种族主义源流》,高凌瀚译,北京:生活·读书·新知三联书店,2005,页8 – 14。

年代,美国宾州大学的生物学家萨缪尔·墨顿(1799—1851)就以人类种族起源的多元论闻名学界,由其学生编辑的代表作《人类的诸类型》自1850年问世以来多次再版。① 在大不列颠帝国,则有爱丁堡的著名解剖学家、生物学家兼作家罗伯特·诺克斯(1791—1862),其代表作《人的诸种族:从哲学上探究种族对民族国家命运的影响》史称"维多利亚种族论"的标志性作品。②

保罗·莱茵士在《十九世纪末的世界政治》中不时提到race,这在当时美国的政治学界算得上是一种时髦。两年后,莱茵士又出版了一部大著——《殖民政府:殖民制度研究导论》。在说到欧洲大国之间的殖民竞争时,莱茵士用"日耳曼种族"(the German race)来指称德意志帝国。言下之意,即便在欧洲的nation冲突中,也还包含race冲突的要素。③

保罗·莱茵士虽然年轻,却是美国最早具有全球地缘政治意识的专业政治学家之一,并与美国最早一批全球扩张论者一起留名史册。④ 他的老师弗雷德里克·特纳(1861—1932)以"移动边疆"论闻名学界,声誉更为显赫,甚至被视为美利坚民族国家史学的真正开山者。1893年7月,年仅32岁的特纳在美国史学

---

① Samuel George Morton, *Types of Mankind*, Josiah C. Nott & George Gliddon (eds.), Philadelphia: J. B. Lippencott/London: Trübner and Co., 1850; George M. Fredrickson, *The Black Image in the White Mind: The Debate on African - American Character and Destiny*, 1817 - 1914, New York: Harper Torchbooks, 1972, pp. 74 - 78, 86, 132; John P. Jackson/Nadine M. Weidman (eds.), *Race, Racism, and Science: Social Impact and Interaction*, Santa Barbara: ABC - CLIO, Inc., 2004, pp. 45 - 48.

② Robert Knox, *The Races of Men: A Philosophical Enquiry into the Influence of Race over the Destinies of Nations*, London: Henry Renshaw, 1850; Michael D. Biddiss, "The Politics of Anatomy: Dr Robert Knox and Victorian Racism", in *Proceedings of the Royal Society of Medicine, Section of the History of Medicine*, 69/4 (1976), pp. 245 - 250. 比较 A. W. Bates, *The Anatomy of Robert Knox: Murder, Mad Science and Medical Regulation in Nineteenth - Century Edinburgh*, Eastbourne: Sussex Academic Press, 2010。

③ Paul S. Reinsch, *Colonial Government: An Introduction to the Study of Colonial Institutions*, New York: The Macmillan Company, 1902, pp. 9 - 12, 16, 21, 33 - 38; 比较 Paul S. Reinsch, *World Politics at the End of the Nineteenth Century*, 前揭,页24、42 - 43、235 - 239、358 - 359。

④ John M. Hobson, *The Eurocentric Conception of World Politics: Western International Theory*, 1760 - 2010, Cambridge: Cambridge University Press, 2012, pp. 20, 25, 121 - 123; Duncan Bell, *Dreamworlds of Race: Empire and the Utopian Destiny of Anglo - America*, Princeton: Princeton University Press, 2020, pp. 31 - 32, 37.

协会年会上宣读论文《边疆在美国历史上的重要性》,一举成名。他提醒美国人意识到,美国诞生于攫取西部的"自由土地",美国的形成有赖于西部边疆的不断西移直至最终抵达太平洋。美国的政治地理学家称赞特纳"重新发现了美国",而他的这篇论文在公众心目中的地位据说仅次于"《圣经》《[美国]宪法》和《独立宣言》"。①

四

据年鉴学派的史家大师说,现代西方具有全球视野的地理学开宗大师是德意志人亚历山大·洪堡和卡尔·李特尔,然后就得算上弗里德里希·拉采尔了。② 在今天看来,拉采尔的学术地位的确应该得到更高评价,因为他是第一个专门而且全面论述美国政治地理的欧洲地理学家。弗雷德里克·特纳的"移动边疆论"虽然来自盎格鲁-美利坚自东向西扩张的政治成长史,却与拉采尔对美国的政治地理学观察不谋而合。从政治史学的角度看,德意志与盎格鲁-美利坚的政治成长的连带关系问题,再怎么强调恐怕也不会过分。毕竟,正是这两个新生的政治单位自十九世纪以来迅速成长,以及美国两次跨洋介入欧洲老牌大国针对新生德国的战争,形塑了离今天的我们最近的一场世界历史百年大变局。

晚清时期,我国学人已对亚历山大·洪堡有所介绍,"但很简单",对李特尔也仅是"偶有涉及",拉采尔则连"偶有涉及"也谈不上。1903 年,《汉声》杂志第 5 期所刊《史学之根本条件》一文,译自日本史学家坪井马九三(1858—1936)所撰《史学研究法》中的一章,其中提到拉采尔(译作"拉且儿")的《人类地理学》,称他为所谓"地理环境决定论"的代表人物。③

犹太裔史学家埃米尔·赖希(1854—1910)出生于奥匈帝国的匈牙利,1904 年,

---

① 张世明、王济东、牛咄咄主编,《空间、法律与学术话语:西方边疆理论经典文献》,哈尔滨:黑龙江教育出版社,2011,编者"导言",页 49;Thomas Bender, "Historians, the Nation, and the Plenitude of Narratives", in Thomas Bender (ed.), *Rethinking American History in a Global Age*, Berkeley & Los Angeles: University of California Press, 2002, pp. 2 – 5。

② 吕西安·费弗尔,《大地与人类演进:地理学视野下的史学引论》,高福进、任玉雪、侯洪颖译,上海:上海三联书店,2012,页 11。

③ 郭双林,《西潮激荡下的晚清地理学》,北京:北京大学出版社,2000,页 29 – 30、56 – 58。

他出版了在伦敦大学开设"现代欧洲的基础"大课(1903)的讲稿。这位才华横溢的世界史学者早年在布拉格和布达佩斯接受教育,30岁时移民美国。在他眼里,自十六世纪以来,欧洲大陆"一片混乱","没有一个君主政体或共和国由连续的领土组成",因为它们无不"被另一个国家的属地分割中断"。赖希甚至认为,现代欧洲无异于古代希腊的翻版——"小希腊或西西里岛拥有数百个完全不同的自治城邦",它们互不相容、相互敌对。与此形成对照的是,尽管欧洲人在十九世纪"史无前例地移民到美国","但美国人民在社会、经济、政治和精神上却表现出最惊人的同质性"。因此,在讲述"现代欧洲的基础"时,埃米尔·赖希从盎格鲁-美利坚殖民地的独立讲起,而非从英国与西班牙或英国与法国的全球争霸讲起。随后,赖希用主要篇幅讲述拿破仑"同化欧洲"的失败,但它"显然改变了全球政治的面貌"。毕竟,在法国大革命把盎格鲁-美利坚的"民族[国家]独立精神"引入欧洲后,"欧洲数目众多的大小国家在十九世纪的进程中越来越多地强调它们之间的种种差异",以至于"每个政治个体都有一个最坚定的信念,那就是为自己的民族[国家]而战"。①

《现代欧洲的基础》以盎格鲁-美利坚的"独立战争"起笔,以意大利半岛以及德意志实现统一收尾。联系赖希随后发表的《头脑膨胀的德国》(1907)一书来看,他似乎认为,实现统一后的德意志与法兰西争霸欧洲,可比作斯巴达与雅典争霸地中海,而大英帝国则充当了当年波斯帝国的角色。可见,赖希最终未能对盎格鲁-美利坚正在形成世界性帝国的历史冲动给予足够关注。虽然在十九世纪后期,"许多美国人和欧洲人同样信心满满地预测,美国将完成对欧洲的经济同化",赖希却不相信这一点。他尤其不相信当时的欧洲和盎格鲁-美利坚学界流行的"种族论"会成什么气候:

> 研究历史的人是时候放弃站不住脚的"种族"观念了。无论如何,在欧洲,历史不是由"种族"创造的,而是由各民族的精神活力和道德勇气创造的,此外还受到地缘政治的不断影响。(《现代欧洲的基础》,页194)

随后的历史证明,赖希的观点过于乐观,他拥有的丰富历史知识也没有让他变得更明智。《现代欧洲的基础》比《十九世纪末的世界政治》仅晚四年,在今天看来,赖希的政治史学眼力不及拉采尔和莱茵士:拉采尔相信,德国要成为欧洲大国就得模仿美国;莱茵士则看到,美国的未来敌人将主要是德国和俄国。尽管如此,赖希

---

① 埃米尔·赖希,《现代欧洲的基础》,汪瑛译,北京:华夏出版社,2022,页191-193。

以利奥波德·兰克(1795—1886)的史学为楷模,把国际地缘政治视角引入史学,又明显比莱茵士的国际政治学更具普遍历史的宏阔视野。

五

相比之下,无论在普遍历史还是国际地缘政治方面,我国同时代学人刘鸿钧的《政治地理》教科书的认知何其局促!但我们更应该对比的是:一百多年后的今天,我国读书人的政治地理学知识有了多大长进。

刘鸿钧在1905年编撰的《政治地理》还算不上是我国的第一部现代政治地理教科书。在此半个多世纪前,也就是整个欧洲爆发民主革命那年(1848),时任福建巡抚兼闽浙总督的徐继畬(1795—1873)刊印了他编撰的《瀛环志略》。① 从美国传教士雅裨理(1804—1846)和其他西方传教士那里,徐继畬获得了对全球地理"大势"最为基本的认知,尤其是他得知了美洲:

> 亚墨利加一土,与三土[引按:指欧亚大陆]不相连。地分南北两土,北土形如飞鱼,南北似人股之著肥裈,中有细腰相连。……以地球大势言之,三土在东,亚墨利加在西。三土在地球之面,亚墨利加在地球之背也。②

"亚墨利加"就是美洲。那时,在北美洲新生的欧洲政治单位正竭力向太平洋东岸殖民扩张。《瀛环志略》基本上"仍然是一部传统的地志,而不是一部新型的近代地理著作",难能可贵的是,徐继畬敏锐地感觉到"西方殖民扩张的浪潮早已波及亚洲,中国实际上处于被包围的状态之中"。③

八年前,鸦片战争爆发(1840年5月),英军封锁珠江口并进攻广州未果,北上

---

① 吴义雄,《大变局下的文化相遇:晚清中西交流史论》,北京:中华书局,2018,页235-266;邹振环,《世界想象:西学东渐与明清汉文地理文献》,北京:中华书局,2022,页242-245。

② 徐继畬,《瀛寰志略校注》,宋大川校注,北京:文物出版社,2007,页289;比较王立新,《美国传教士与晚清中国现代化:近代基督新教传教士在华社会文化和教育活动研究》,天津:天津人民出版社,1997,页321-330。

③ 潘振平,《〈瀛环志略〉研究》,任复兴编,《徐继畬与东西方文化交流》,北京:中国社会科学出版社,1993,页92。

登陆长江口与杭州湾交汇处的定海(7月),直接威胁我国江浙沿海一带。魏源(1794—1857)虽年近半百,仍毅然弃笔从戎,入江苏巡抚兼两江总督裕谦(1793—1841)幕府投入抗英之战,甚至亲临前线侦察敌情、审讯英军战俘。1841年10月11日,裕谦因兵败自投沉泮池以身殉国,不到一年,林则徐(1785—1850)也被发配新疆伊犁充军(1841年6月)。魏源愤而辞归,返回书斋,仅用两年时间即编成《海国图志》五十卷(1842),次年刊行于扬州。此书以林则徐组织编译的《四洲志》即《地理百科》(The Encyclopaedia of Geography)为基础,史称我国甚至亚洲首部描述全球政治地理之作。面对英国舰队的现实威胁,魏源特别重视英国,所谓"志西洋正所以志英吉利"。[1]

四年后(1846年正月),广州越华书院监院梁廷枏(1796—1861)刊行《海国四说》,其中有专述英国的《兰仑偶说》(四卷,"兰仑"系London的音译)和专述美国的《合省国说》(三卷,成于1844年),史称我国首部关于英国和美国的"国别史"之作。与其对英国的记叙相比,梁廷枏明显更看重美利坚合众国:这一新政体所开辟的"未有之局",让人既"感而慨之"又"敬而佩之"。[2] 同样,徐继畬更看重"大败不列颠帝国"的美国。《瀛环志略》记叙"北亚墨利加米利坚合众国"的篇幅,远多过对欧洲任何一国的描述:举凡政治制度、商业贸易、财政金融、军事实力、交通运输、文化教育和宗教信仰,乃至殖民化过程以及美国独立革命故事,无所不及,相当于美国政治地理简述。对美国当时26州的描述,除介绍基本地形和气候,还略述该州历史,甚至提到州立大学。在今天看来,尤其难得的是,徐继畬注意到美利坚人的西扩运动:

> 米利坚全土,东距大西洋海,西距大洋海,合众国皆在东境。华盛顿初建国时,止十馀国。后附近诸国,陆续归附,又有分析者,共成二十六国。西境未辟之地,皆土番,凡辟新土,先以猎夫杀其熊鹿野牛。无业之民,任其开垦荒地。生聚至四万人,则建立城邑,称为一部,附于众国之后。今众国之外,已益三部。总统领所居华盛顿都城,不在诸国诸部数内。(《瀛寰志略校注》,页301)

---

[1] 高虹,《放眼世界:魏源与〈海国图志〉》,沈阳:辽海出版社,1997,页166、179-189;郭双林,《西潮激荡下的晚清地理学》,前揭,页107;邹振环,《晚清西方地理学在中国:以1815至1911年西方地理学译著的传播与影响为中心》,上海:上海古籍出版社,2000,页316-318;邹振环,《世界想象:西学东渐与明清汉文地理文献》,前揭,页207-210、231-235。

[2] 杨玉圣,《中国人的美国观:一个历史的考察》,前揭,页15-17;王金锋,《梁廷枏》,广州:广东人民出版社,2004,页31-32、36-38。

《海国图志》的初版尚显单薄,魏源随后两次扩写。第一次仅扩充十卷(六十卷,1847),第二次扩充至一百卷(1852),篇幅几近增加一倍,其中采用了不少《瀛环志略》的材料——比如,

>《瀛环志略》曰:欧罗巴诸国皆好航海,立埠头,远者或数万里,非好勤远略也,彼以商贾为本,计得一埠头,则擅其利权而归于我,荷兰尤专务此。①

徐继畬并没有这样看待美国,反倒是"因发现[美国]这个富有的国家充满魅力、甚至独一无二的政治体制而激动不已"。虽然《海国图志》和《瀛环志略》都"相当于近代西方的政治地理",但相比之下,魏源对美国的记叙要克制得多。② 徐继畬对乔治·华盛顿不吝赞美之辞,就是显著的例子:

> 华盛顿,异人也。起事勇于胜、广,割据雄于曹、刘。既已提三尺剑,开疆万里,乃不僭位号,不传子孙而创为推举之法,几于天下为公,骎骎乎三代之遗意。其治国崇让善俗,不尚武功,亦迥与诸国异。余尝见其画像,气貌雄异绝伦。呜呼!可不谓人杰矣哉。(《瀛寰志略校注》,页301)

在魏源笔下,华盛顿并没有显得如此神勇。由于法国人"以全军"相助,英军才"不能支,遂与华盛顿和",尽管法国"亦由是虚耗","国大乱"。魏源似乎更看重"用兵如神"的拿破仑,因为他在"国人既弑王"的历史时刻"乘势鼓众,得大权",在"国人推戴"下即王位后,又"恃武略,欲混一土宇,继罗马之迹"(魏源,《海国图志》,页1226)。

徐继畬对美国迅速崛起的历史故事更感兴趣,据说因为它是成功"反抗欧洲人统治"的故事:

> 以美国反抗英国为发端,已有许多南美洲国家起而仿效,对抗西班牙。徐继畬这位坚决反对欧洲人向东亚侵略、渗透的儒家斗士,认准了美国是反对帝

---

① 魏源,《海国图志》,陈华等点校注释,长沙:岳麓书社,1998,页1180。
② 德雷克,《徐继畬及其瀛寰志略》,任复兴译,北京:文津出版社,1990,页124-125、127;龙夫威,《徐继畬与美国:一种特殊的关系》,见任复兴编,《徐继畬与东西方文化交流》,前揭,页23-25;郭双林,《西潮激荡下的晚清地理学》,前揭,页112-113;比较魏源,《海国图志》,前揭,页1624-1626、1683-1685。

国主义的力量,是值得仔细考虑的潜在强国。①

的确,后来不少中国知识人在很长时间里都把美国视为"反对帝国主义的力量",却没有认识到它本身就是一股新生的帝国主义力量。但是,要说徐继畬"认准了美国是反对帝国主义的力量",则明显是夸大其词。直到今天,我国知识人对十九世纪初的南美独立运动仍不甚了解,遑论徐继畬。事实上,"综观《瀛环志略》,对西方国家的赞美之词,可以说比比皆是"。②王韬(1828—1897)对徐继畬的评价更为贴近传统儒家智识人的视角,在他看来,与《海国图志》相比,《瀛环志略》更为简明扼要:

> 顾纲举目张,条分缕析,综古今之沿革,详形势之变迁,凡列国之强弱盛衰,治乱理忽,俾于尺幅中,无不朗然如烛照而眉晰,则中丞之书,尤为言核而意赅也。③

一个人的视角不同,对文本的评价自然会不同。在当今的西方学人眼里,《海国图志》的"意义特殊",因为"在西方地理霸权思想日益增长的时代,它成了帝制地理学的最后文本"。虽然魏源的编撰材料来自新教传教士,但他"没有按照欧洲文本的大陆中心框架来组织文字,而是诉诸某种想象的朝贡范畴"。在魏源眼里:

> 南洋不是由边界概念而是由掌握政权的帝国权力中心主导。随着《海国图志》开始考虑南洋以外的政治实体,地缘政治的观点更接近源自欧洲的观念。魏源认为,南洋的理想状态是互惠互利、不受管制的贸易,但这种安排受到了西方海军强权的干涉。他主张加强沿海防御,这需要更加重视海军的发展,他认识到欧洲人在南洋的行动代表了现状的根本性转变。尽管如此,魏源的概念设想仍然无法适应主宰世界海洋的政治现实,这是葡萄牙、荷兰和英国海军政策公认的目标,这一目标与格劳秀斯的海洋自由论完全一致。④

---

① 德雷克,《徐继畬及其瀛寰志略》,前揭,页130。
② 章鸣九,《〈瀛环志略〉与〈海国图志〉比较研究》,见任复兴编,《徐继畬与东西方文化交流》,前揭,页166。
③ 转引自郭双林,《西潮激荡下的晚清地理学》,前揭,页114。
④ 康纳利,《陆地与海洋意识形态:马汉、施米特与全球神话元素的塑造》,见娄林主编,《经典与解释64:欧洲历史上的世俗化之争》,北京:华夏出版社,2024,页216-217。

就算是这样,《海国图志》和《瀛环志略》在初刻时均遭遇冷落,甚至受到老派儒士攻击。第二次鸦片战争之后的同治五年(1866),《瀛环志略》才开始受到总理衙门重视,"并被同文馆选定为教科书"。自此以后,徐继畬对美国政体的倾慕便开始影响新生的中国志士。曾国藩(1811—1872)读过《瀛环志略》后,就成了"美国的崇拜者"。[①]《海国图志》对新生的美国虽不像《瀛环志略》那样推崇备至,但也不乏想当然:

> 国内规模律例已备,乃立与邻国相通之制,以绝后世边衅,令民视四海如一家,视异国同一体,遇列国纷争,劝和为尚。(《海国图志》,页1626)

今天的我们没有理由责备《海国图志》和《瀛环志略》对新生美国的描绘似是而非,当时欧洲人的美国想象也好不到哪里去。《海国图志》第二版问世之前20年(1827),因参加益格鲁-美利坚人的分离主义叛乱而闻名的法国大革命名人拉法耶特侯爵(1757—1834)重访美国,在法国掀起一股崇美热,报刊上涌现出大量介绍美国生活和环境的文章。表面看来这些文章与政治无关,但对任何有洞察力的人而言,其政治倾向显而易见。当时欧洲的激进共和派人士"需要一个具体和令人信服的模式,而美国刚好提供了这一模式"。他们所推崇的"美国"显然并不真实,它更多是一个"思想和字面上的抽象概念",或者说是"一个遥远的理想典范"。[②]

《海国图志》一百卷本问世仅仅半个世纪后,刘鸿钧的《政治地理》教科书就让人们看到:美国的扩张已经能够"左右"太平洋和大西洋,"东控"欧洲和非洲,"西接"亚洲和"南洋诸岛"。[③] 不过,与《海国图志》和《瀛环志略》相比,刘鸿钧的《政治地理》虽在实证知识方面大有推进,却明显对"古今之沿革"和"形势之变迁"这类涉及世界变局的大问题毫无感觉。

著名的英国地缘政治学家麦金德发表《历史的地理枢纽》那年(1904),经籍校勘家王先谦(1842—1917)着手编纂《五洲地理志略》,历时六年而成(36卷,逾240万字),由湖南学务公所刊刻印行(1910)。虽名为"五洲地理",但此书"详中国、略外国",以描述中国开篇(含四卷),然后以亚洲、澳洲、非洲、美洲、欧洲为序,分述五

[①] 德雷克,《徐继畬及其瀛寰志略》,前揭,页5、131。
[②] 乔纳森·伊斯雷尔,《美国独立70年:1775—1848》,梁晶、陈家旭、霍艳娟译,北京:北京日报出版社,2020,页519-522。
[③] 刘鸿钧,《政治地理》,前揭,页160。

大洲的自然地理及其国家分布乃至其社会经济、行政区划和政治制度等,有如今天的国别统计手册。介绍外国时,王先谦尤其详述俄罗斯(六卷)和英国(五卷,含英吉利国二卷、英领印度国三卷)——要说这两国"都是晚清时期的大国"确不为过,但编撰者对时势缺乏洞察也是事实。① 毕竟,在此期间不仅爆发了日俄战争,日本、美国和德国也早已在与英、俄争夺华土。除非我们的经史学家也对西方经史及其嬗变了如指掌,否则他们没可能看清五洲地缘政治的基本态势。

六

刘鸿钧埋头编译《政治地理》时(1904),不到30岁的美国青年荷马李(1876—1912)已经在洛杉矶创办了"干城学校",以教育改革作掩护,帮助康有为(1858—1927)的保皇会秘密训练军事骨干,为组建"中华帝国维新军"(Chinese Imperial Reform Army)做准备。② 五年后,他又协助孙中山(1866—1925)策动广州的武装起义("黄花岗起义")。无论保皇派还是革命派,荷马李都曾积极给予支持——只要能复兴中华,似乎这是他的历史使命。中华民国立国之日,孙中山作为临时总统授予荷马李少将军衔。不幸的是,这位青年英才不久就因病离世,年仅36岁。

荷马李与中国既不沾亲也不带故。据说,他家厨子是个梳辫子的中国移民,荷马李自小从他那里听到不少有关中国历史激动人心的动荡故事,夜里还梦见自己成了一位转世"武僧",在冲锋号的嘶鸣声中指挥一支军队保卫中国。③ 1905年夏,康有为挪用海外华人支援保皇会的捐款在墨西哥和南美投资,荷马李对此很是不齿。同年11月底,身在墨西哥的康有为在报纸上刊登启事,免除了荷马李负责培训维新军的职务。1906年仲夏,荷马李离开洛杉矶来到人迹稀少的长堤,打算撰写一

---

① 程天芹,《王先谦的外国史地著作研究》,北京:中国社会科学出版社,2016,页191 - 194、202 - 204;比较王先谦,《五洲地理志略》,北京:朝华出版社,2018/长沙:湖南大学出版社,2020(均据1910年刻本影印)。

② 恽文捷编著,《"红龙—中国":清末北美革命史料研究》,北京:社会科学文献出版社,2021,页48 - 51。

③ 克莱尔,《荷马李的勇气》,见荷马李,《无知之勇:日美必战论》,李世祥译,上海:华东师范大学出版社,2019,页217 - 218。

部名为《中国再次觉醒》(The Reawakening of China)的大书(按写作提纲有 30 章),在他看来:

> 过去 5000 年里,从伏羲以至于今日,中国出现过六次沉沦与六次重生之轮回。在明日清晨的红色曦光中,她或将进入第七次复兴时期,或以比过去更加悲剧的方式沿着昔日王朝的墓道走向国家之消亡。①

荷马李对中国历史的认识,主要得自两位美国传教士的著作:卫三畏(1812—1884)的《中国总论》(长达一千余页)和丁韪良(1850—1916)的《汉学菁华》及《中国觉醒》(两书加起来有六百多页)。② 就中国文史知识而言,荷马李不可能赶得上任何一位普通的中国士人,遑论魏源和徐继畬这样的儒生。然而,荷马李却能敏锐地看到,中国在长达五千年的文明成长过程中已经历过"六次沉沦与六次重生之轮回",眼下正面临"第七次复兴",而且成败未卜。

荷马李写作《中国再次觉醒》与义和团运动引发的"义和团战争"(1900 年 6 月至 9 月)有关。这场短促的战事不仅显得"非常奇特",其起因也不可思议,因为它并非如诸多史书所说,是慈禧太后(1835—1908)率性而为所致。事实上,慈禧太后"自始至终慎重行事,没有把军国大事视作儿戏"。毋宁说,她有理由担心,外国势力的行动意在让光绪复位。其实,当时各大国更关心各自的在华利益,而非中国的内政更迭,但八国联军在 6 月 16 日夺取天津大沽炮台的行动,无异于不宣而战,慈禧太后认为这是在逼她归政于光绪,因此而"别无选择,被迫宣战"。何况,6 月 20 日下诏的战书虽"措辞极为强硬",但其本意更多是"恫吓与威慑",而"不在开战"——用今天的话说,它仅仅相当于"外交照会"。③

不过,试图用武力帮助光绪复位的外国人的确不乏其人,荷马李就是其中之一。义和团战争爆发之时(1900 年 6 月),荷马李在保皇会的资助下,从旧金山乘

---

① 荷马李,《新中国的红色黎明》,转引自恽文捷编著,《"红龙—中国":清末北美革命史料研究》,前揭,页 279,比较页 259 - 264(以下简称《红色黎明》)。

② 详见卫三畏,《中国总论》,陈俱译,陈绛校,上海:上海古籍出版社,2005;丁韪良,《汉学菁华:中国人的精神世界及其影响力》,沈弘等译,北京:世界图书出版公司,2010;丁韪良,《中国觉醒:国家地理、历史与炮火硝烟中的变革的新描述》,沈弘译,北京:世界图书出版公司,2010。

③ 相蓝欣,《义和团战争的起源》,上海:华东师范大学出版社,2003,页 3 - 6、358 - 361。

"中国"号客轮经夏威夷、菲律宾再转道横滨,于7月中旬抵达香港,一时成为旧金山的新闻事件。荷马李此行的目的是在两广招募一支武装,北上"勤王",康有为还为此授予了他中将军衔。荷马李的这次义举很快就以失败告终,否则他不会在半年后(1901年1月)即返回旧金山。①

义和团战争结束仅仅一年(1901),亲历该事件的美国传教士明恩溥(1845—1932)就出版了一部书,记叙事件的来龙去脉。在书的开头,明恩溥用了两章篇幅谈论他眼中的中国文明和中国人的特质。在此之前,他已经出版过一部专著《中国人的特性》(1894,中译本不下十种),义和团战争之后他更有理由说:

> 中国人作为一个文明、有教化、物产丰富、寻求进取的种族能够作为生物存在于地球上,但却不渴望更改现有条件,以达到更接近理想的状态。在这个问题上,中国人与盎格鲁-撒克逊人几乎不可能达成一致。……中国人天生厌恶战争,世代相传。在紧急情况下,他们可以战斗,也确实战斗了,而且多少年来都或多或少取得了成功。但是,战斗并不是他们正常的活动状态……中国人发明了火药,但他们从来没有把它当作黏合剂,将那些处在分散状态的制度和种族联系在一起。很明显,假如中国人无论是出于本能还是被迫选择成了尚武民族的话,他们可能已经统治了整个地球。②

在某些政治史学家看来,来华传教士的工作往往与欧洲帝国主义同流合污,其对中国的描述不过是一种"伪装巧妙的种族论"(thinly disguised racism),而明恩溥的《中国人的特性》就是典型例子。③ 荷马李在为写作《中国再次觉醒》做准备时,很可能读过明恩溥的这番言论。他在1907年发表了一篇文章,仅标题就显得是对明恩溥的质疑:"中国还能战斗吗?"

> 西方人已经习惯带着极端的轻蔑和傲慢看待中国的士兵。他们的推断不

---

① 李世祥,《荷马李与现代中国的开端》,见荷马李,《无知之勇:日美必战论》,前揭,页4-5;详见陈丹,《驼背将军:美国人荷马李与近代中国》,上海:上海人民出版社,2023,页46-74。

② 明恩溥,《清帝国之乱:义和团运动与八国联军之役》,郭大松、刘本森译,南京:江苏人民出版社,2021,页5-6。

③ Timothy Cheek, *The Intellectual in Modern Chinese History*, Cambridge: Cambridge University Press, 2015, pp.60-61;比较杨瑞松,《病夫、黄祸与睡狮:"西方"视野的中国形象与近代中国国族论述想象》,台北:政大出版社,2010,页64-66。

是基于中国人民的军事能力,而是基于各国与中国的战争结果。①

《中国再次觉醒》没有成书,但其基本观点不仅见于《新中国的红色黎明》一文,而且见于《无知之勇》第一卷第二章"国家的兴衰"。明恩溥明显用盎格鲁-美利坚人的新教世界史观看待中国,而荷马李在写作计划中则特别提到,传教士这类人"带着令人厌恶的历史来到中国",怀着宣教目的,注定不能真正理解中国。② 荷马李从当时在美国颇为流行的生物机体政治论出发,对世界历史有更为自然性的看法:生存战争支配了"地球上存在过的所有王国、帝国和邦国",政体要么通过战争而存活,要么在战争中解体,"6000年来,支配国家实体和灭亡的这一冷酷法则从未停止或改变"。

> 对人类历史的分析表明,从公元前15世纪开始直到今天,在3400年的跨度中,和平延续的时间从未超过234年。国家先后更迭,以类似的方式崛起、衰落和灭亡。③

在人类因生存斗争而触发的战争中,从两河流域到地中海周边的庞大帝国一个个相续倒下:巴比伦、亚述、埃及、希腊、罗马或"任何类似方位的帝国"。荷马李相信,中华帝国若像"古今的欧洲和中亚帝国那样,周围是其他强大的民族",它也难免会"像这些帝国一样,在某个时期衰落,成为古老部族传说中的一段回忆"。中华民族得以"持续数千年,只能归功于其自然环境",而不是其国家的"法律或习俗,以及更有意志性的因素(人)":

> 无法逾越的高山是壁垒;无人居住的沙漠和辽阔得船都无法航行的海洋是城池;北部和西北部是戈壁和沙漠;西部是无法穿越的西伯利亚森林和幽深的大草原;西南是世界屋脊和喜马拉雅幽深的大峡谷;南部是丛林和印度洋;东部是浩瀚的太平洋——直到数年前,人类的船只才能穿行这片紫色的海面。(《无知之勇》,页10;比较《红色黎明》,页287)

---

① 荷马李,《中国还能战斗吗?》,见荷马李,《撒克逊时代》,邱宁译、李世祥校,上海:华东师范大学出版社,2020,页182。
② 恽文捷编著,《"红龙—中国":清末北美革命史料研究》,前揭,页263。
③ 荷马李,《无知之勇:日美必战论》,前揭,页7-8,引文见页8(以下简称《无知之勇》)。

这样的历史观显得有地理环境决定论之嫌，但荷马李同时又承认，这样的自然地理环境并没有让中华帝国的成长避免战争：北方游牧部族迁徙导致的战争和政体自身的腐败引发的内战，此起彼伏从未间断。在这样的历史中，中国人锻造出自身的"尚武"美德，凭靠它中国才成功度过六次生死轮回——其间有 25 场王朝更迭：

> 简要回顾中国人的军事品质，我们就可以看出，没有哪个国家拥有如此悠久的军事史，如此多的大战和如此漫长的行军。中国的编年史比任何民族的史书记载了更多（伟大将军的）军事行动和英雄事迹。①

然而，眼下中国面临的第七次危机与历史上的任何一次都不同。首先，中国人现在面对的是他们从未认识过的欧洲人；第二，欧洲人凭靠手中的现代科技让中国的自然地理屏障形同虚设，肆无忌惮地意图"从东西南北各个方向肢解中国"；第三，西方的政治制度会给古老的中国带来极大挑战。因此，中国是否能有"第七次复兴"殊难预料。荷马李甚至设想，中国有可能再次陷入长期内战，而诸自由主义大国则会趁机肢解中国，并在各自分得的地盘上为驯服中国人而大开杀戒：

> 当中国被内战和王朝斗争撕裂，尸体和残垣断壁从云南的雨林一直散布到北方秃鹰盘旋的鄂嫩河谷时，列强的态度又会如何？带着和过去强盗行径一样的伪善，他们会以传播文明和宗教的名义在各自的势力范围进行干预，一段时间后，他们会将地盘并入自己的版图，开展一次又一次屠杀。（《红色黎明》，页 289；比较《无知之勇》，页 11）

这些言辞显然是针对日俄战争结束之后中国的处境，而这场发生在中国土地上的战争与义和团战争则有直接的连带关系。义和团战争爆发时，俄国"比任何西方国家都更能调动大军"迅速前往京津地区，因为它"在旅顺口驻有重兵"。可是，"俄国却避免谋求联军最高指挥权"，而且在占领北京之后又很快撤兵。这并非因为俄国更节制，而是另有图谋：以帮助清廷平乱为借口，实际控制——即便没有妄想兼并——整个中国东北。②

---

① 荷马李，《中国还能战斗吗？》，前揭，页 182。
② 乔治·亚历山大·伦森，《俄中战争：义和团运动时期沙俄侵占中国东北的战争》，陈芳芝译、陈庆华校，北京：商务印书馆，1982，页 2-4。

八国联军占领天津(1900年7月14日)的第二天,俄军从北面对瑷珲镇(今黑龙江黑河市瑷珲区南)、拉哈苏苏镇(松花江与黑龙江交汇处南岸,今黑龙江同江市)和宁古塔镇(今黑龙江海林市长汀镇)突然发起三路进攻,在西面的呼伦贝尔和东面的珲春(今吉林延边珲春市)方向亦出兵策应,试图分进合击,速战速决,对整个东北实施军事占领。

在京津地区与八国联军激战的主要是民勇,与此不同,驻守东北的清廷正规军除少数怯战外,大部顽强抵抗,鏖战两月有余,终不能敌——齐齐哈尔、哈尔滨、长春等重镇相续失守。10月1日,俄军进占奉天(今沈阳),从旅顺港北上的四艘战舰运载的俄军亦于当日登陆山海关,三天后夺取锦州,切断了关外清军与关内的联系。10月6日,各路俄军会师铁岭,完成了掌控我国东北的军事行动。

此后,东北各地兴起了"御俄寇,复国土"的民间义勇抵抗。更为重要的是,俄国入侵满洲引发了世界"大战在即"的危机——列强因争夺在华利益可能走向战争。[①] 直到一年半后(1902年4月),迫于诸大国的联手施压,尤其是英国与德国达成和解,共同对付俄国,沙俄政府才被迫从东北撤军,同清廷签订《中俄交收东三省条约》。在对俄施压的列强中,美国和日本的态度也相当积极。美国相信,一旦"满洲的政治控制落在俄国手中,美国的利益就维持不久了"。日本军部则有理由担心,俄军会"跨过鸭绿江",因而"要求战争的呼声愈来愈高"。反过来看,俄国同样有理由"惧怕日本控制[朝鲜]半岛",因为它与朝鲜有共同边界。对于日俄关系日趋紧张,德意志帝国倒是乐观其成,甚至"竭力推动日俄战争,以便削弱俄国在欧洲的势力"。1900年10月,德国政府曾向中国政府提出,修改与中国的协议条款,以"共同行动对抗俄国",其实是想让德国势力"挤入长江流域"——英国"在华影响力的萎缩得到了进一步的证实"。[②]

正是在这一背景下,日本产生了诉诸武力"率先对抗俄国的最新计划",此举不仅是为了保住日本在"满洲"的利益,更是为了遏制俄国对朝鲜半岛的可能图谋。与英国结盟"无疑也使日本更有底气做出这样的决定",因为"假使有朝一日当真开

---

① 托马斯·奥特,《中国问题:1884—1905年的大国角逐与英国的孤立政策》,前揭,页209、213-216。

② 乔治·亚历山大·伦森,《俄中战争:义和团运动时期沙俄侵占中国东北的战争》,前揭,页177-178、182-183、189;托马斯·奥特,《中国问题:1884—1905年的大国角逐与英国的孤立政策》,前揭,页207-208。

战,法国与德国不会加入俄国的阵营"。① 义和团战争期间的中俄战争就这样最终导致了日俄战争。荷马李对地缘政治冲突极为敏感,他不难从这场战争中看到,中国的未来极有可能面临这样的困窘:更多的自由主义帝国在中国的土地上为了各自的利益大打出手。因此,打算写作《中国再次觉醒》时,荷马李首先写了一篇文章题为"中国的防御"。作为一个无处施展抱负的军事将才,荷马李替中国精心设计了针对列强环伺的军事布局,但他最终强调,

> 政治家最艰难的任务就是,要在民众德性中保持国家本能或军事本能完好无损。无论人们多么反对这一看法,战斗力都是创建国家的根基,也是使其经受住大风大浪的法宝。一旦战斗力开始衰败,国家的命运就岌岌可危。②

荷马李知道,而今天的我们却很少有人知道,八国联军于 1900 年 8 月 14 日攻入北京后,清朝王室于次日凌晨仓皇逃离,清军和义和团民勇溃散,"中国首都及其周边没有任何职能当局能够维持秩序",成了"政治真空"。联军的各国指挥官将北京"分成好几大块"划区而治,"表面上是为了治安目的",其实是"相互掣肘",无异于中国遭到肢解的缩影。联军的将领们还在天津设立了一个国际"临时政府委员会",成了"实际上的统治者",而在大沽的"舰队司令委员会"则充当军事支撑。③

正是这样的历史景象,促使荷马李写了《中国的防御》。但他清楚地知道,"中国问题"首先是中国人文明意识的重新觉醒。按《中国再次觉醒》的写作计划,荷马李将从世界大变局的角度,剖析中华帝国从太平天国运动到日俄战争结束这段时期的历史,即这个曾经辉煌的文明帝国如何一步步走向"有史以来最大的危难",以重新唤醒中国人的文明意识。荷马李给中国智识人的建议是:不应该在现代欧洲文明原则的压力下改变自己特有的德性传统。他还相信,中国人已经在觉醒,但它并非如西方的自由主义传教士想当然地以为的那样,是受"介绍西方文明或对西方上帝的渴望"激发。毋宁说,中国人的觉醒仍然基于"此前已经唤醒中国人 25 次的红色复仇的黎明"(《红色黎明》,页 288)。

---

① 格雷戈里·摩尔,《1901—1909 年的门户开放政策:西奥多·罗斯福与中国》,赵嘉玉译,南京:江苏人民出版社,2021,页 115 – 116。
② 荷马李,《中国的防御》,见荷马李,《撒克逊时代》,前揭,页 241。
③ 托马斯·奥特,《中国问题:1884—1905 年的大国角逐与英国的孤立政策》,前揭,页 212。

七

　　有类似见解的盎格鲁-撒克逊人并非只有荷马李。荷马李的这一说法很有可能是针对爱尔兰裔的美国长老会传教士丁韪良。义和团战争爆发后的一年之际（1901年7月），丁韪良出版了赞美中华文明的《汉学菁华：中国人的精神世界及其影响力》（又译"中国的学问"）。此人对中国古代文史乃至哲学思想均有深度了解，曾长期担任同文馆总教习，后又出任过京师大学堂西学总教习，算得上是北京大学最早的校长之一。①《汉学菁华》的序言以"中国的觉醒"（The Awakening of China）为题，明确提到一年前的义和团事件并称之为"暴行"，但它实际上改写自丁韪良在32年前（1869年1月）发表的演讲稿"中国的文艺复兴"——其中写道：

　　　　中国人并不像人们一般所认为的那样，在其漫长的民族生活中停滞不前。中国人的民族心态随着时代的变更也在不断前进，尽管并不总是直线前进，但我们认为每一个朝代都记录了确凿无疑的进步。就像北极的黎明那样，东方天际的第一抹曙光会消失好几个小时，但随之而来的是更为明亮的曙光，就这样周而复始，在经过几个黑暗的轮回之后，日出的时刻终于来临了。②

　　这番言辞让我们很难不为之感动。尽管如此，我们必须认识到，无论丁韪良对中国文明的过往有多么深切的同情理解，他最终认同的是马汉上校的期待："欧洲已认识到，由于它与亚洲之间所存在的利益共同体，有必要将亚洲人民接纳到基督教民族大家庭的范围中来。"因此，对这位美国长老会的传教士来说，"中国的觉醒"应该是"中国将成为基督教国家中的一员"（《汉学菁华》，页2；《中国的觉醒》，页12）。

　　同样是在义和团战争结束后不久，当时著名的英国驻华外交官罗伯特·赫德

---

① 详见王文兵，《丁韪良与中国》，北京：外语教学与研究出版社，2008，页105-116、285-299、373-412、438-456。

② 丁韪良，《汉学菁华：中国人的精神世界及其影响力》，前揭，页4；比较丁韪良，《中国觉醒：国家地理、历史与炮火硝烟中的变革的新描述》，前揭，"译者序"，页1-3。

爵士(Sir Robert Hart,1835—1911)就写道：

> 中国人是一个有才智、有教养的种族,冷静、勤勉,有自己的文明,在语言、思想和感情各方面都很纯一,人口总数约有四亿,生活在自己的围墙之中,在他们所蔓衍的国家里有肥沃的土地和富饶的江河,有高山和平原、丘陵和溪谷的无穷变化,有各种各样的气候和条件,地面上生产着一个民族所需要的一切,地底下埋藏着从没有开发过的无穷财富——这样一个种族,在经过数千年高傲的与世隔绝和闭关自守之后,被客观情况的力量和外来进犯者的优势所逼,同世界其余各国发生了条约关系。但他们认为,那是一种耻辱,他们知道从这种关系中得不到好处,正在指望有朝一日自己能够十足地强大起来,重新恢复自己的旧生活,排除同外国的交往、外国的干涉和外国的入侵。这个种族已经酣睡了很久,但最后终于醒了过来,它的每一个成员都在激起中国人的情感。[①]

赫德的言辞虽带有当时流行的"种族论"色彩,但其见识却明显是基于文明论的观察。尤为难得的是,他承认义和团事件是"纯粹爱国主义的自发自愿的运动,其目标是使中国强盛起来"——他还写道:

> 这段插曲不是没有意义的,那是一个要发生变革的世纪的序曲,是远东未来历史的主调:公元2000年的中国将大大不同于1900年的中国。民族情感是一个恒久性的因素,在涉及到有关民族的实际问题时,必须承认这个因素,而不应该把它排除掉。(同上,页144)

对于赫德爵士在1901年的如此预见,一百多年后的我们不可能没有感想。但我们应该作何感想呢?不管怎样,如何理解中华文明的现代"民族情感",它与"民族主义""爱国主义"乃至我国多民族"大一统"共同体传统有什么样的关系,我们的文人学士迄今还不能说已经取得了共识。[②]

由此引出的更为重大的政治史学 - 政治哲学问题是:何谓"中国的觉醒"? 盎格鲁 - 美利坚人如何看待"中国的觉醒"是一回事,中国智识人如何理解属己的觉

[①] 吕浦、张振鹍等编译,《"黄祸论"历史资料选辑》,北京:中国社会科学出版社,1979,页146。

[②] 黄兴涛,《重塑中华:近代中国"中华民族"观念研究》,北京:北京师范大学出版社,2017,页387 - 405。

醒是另一回事。澄清这一问题难免会涉及政治哲学——尤其政治史学的思考，而这需要花费多少代人的时光，谁也不知道。至少直到今天，我们也还没有见到能将地缘政治的现实洞察与政治哲学的重大问题结合起来的历史纪事。

荷马李最终没有写《中国再次觉醒》，而是转念写了《无知之勇》，这与日俄战争后的地缘政治新态势有关——从一位日本海军军官向他展示的"秘密地图"那里，荷马李看到了日本图谋独霸整个东亚的战略计划。[①] 荷马李敏锐地感觉到，日本崛起的前景将威胁到美国本土，因为在他看来，世界大变局的走向将是谁掌控太平洋：

> 争夺太平洋霸权斗争的结果或多或少关乎所有国家的利益，但对日本和美国来说则生死攸关，其他国家的利益加起来都比不上这两个国家。三个事件使日本占据这一时机：一、1894 年的甲午战争使中国不再是太平洋强国；二、1904 年的日俄战争使俄国失去了成为太平洋强国的可能性；三、1905 年的十年攻守同盟排除开英国，使欧洲丧失平衡能力。(《无知之勇》，页 93，比较页 99 - 102)

对荷马李来说，当务之急是警告美国人。因为在他看来，美国如今已陷入重商主义和个人自由主义不能自拔。着眼于美国文明的未来，这两种政治品性最终将引发国家的灭顶之灾——尽管没谁知道，灾难会在一百年后的什么时刻到来：

> 国家工业的过度发展就是重商主义，它是个毫无目的的贪吃鬼。国家工业与重商主义之间的区别在于：工业是人民努力用来满足人类的需要，重商主义则利用工业来满足个人的贪婪。重商主义的定义不是能自我生存的普通章鱼，而是某个陆地种属的寄生虫，一种因工业堕落而产生的真菌。重商主义已经掌控美国人民，它不仅试图毁灭人们的愿望、国家在世界范围内的事业，还会毁灭这个共和国。(《无知之勇》，页 16)

回顾上一次世界历史的百年大变局，为的是今天更好地认识眼下正在发生的又一场百年未有之大变局。晚清以来，我国学界志士前赴后继地致力认识西方现代文明的德性品质，今天的我们必须承认，这份政治史学作业还没有完成。百年来，我们更多用功于认识现代欧洲人的哲学观念和文学意象，对他们如何形成世界

[①] Valerie M. Hudson & Eric Hyer, "Homer Lea's Geopolitical Theory: Valor or Ignorance?", in *Journal of Strategic Studies*, 12/3, 1989, p. 328.

政治地理观念的经历仍然不甚了了。而对欧洲的政治成长经历及其地缘扩张若缺乏深度了解,我们恐怕很难有把握透彻理解现代欧洲人的哲学观念和文学意象。同样,若没有深入认识盎格鲁-美利坚的政治生长对欧洲现代文明的政治成长曾产生过怎样的影响——尤其是对德意志的政治成长所产生的影响,我们也不可能深切理解新中国实现伟大复兴的普遍历史含义。

西方学人经常将西方现代文明比作一个生物机体,我们对它的认识若是不满足于停留在其表皮,就得从政治史学和政治哲学角度深入其内在肌理。有鉴于此,本稿尝试以拉采尔公案为切入点,继续做这份未完成的政治史学作业。因此,笔者没有采用编年史形式,而是在十九世纪的若干政治事件和思想事件及其历史成因和后果区间盘桓,甚至不惮反复咀嚼一些历史事件。若要深入思考世界历史中的某些重大事件,这样的重复不仅有必要,而且有益。不用说,在深入认识西方现代文明底色的同时,我们也必须审视自己的古今政治意识有何欠缺。

楔子　拉采尔公案及其政治史学含义

甲午战争爆发后的第三年(1897),德意志帝国的地理学家、莱比锡大学教授弗里德里希·拉采尔(1844—1904)出版了长达七百页的大著《政治地理学》。① 这年他53岁,早已享誉业界。

直到今天,各色政治地理学教科书仍无不称誉此书为这门学科的开山之作,尽管恐怕就连业内人士也极少有人读过。据说,正是拉采尔首先把"国家间的竞争"或"争夺和保卫领土的斗争"视为政治地理学的基本课题。②

拉采尔的学问并不是一开始就指向政治地理学,他去世时也没有以政治地理学家的身份名家,而是被誉为杰出的生物地理学家。今天看来,不能说原因仅仅是

---

① Friedrich Ratzel, *Politische Geographie or die Geographie der Staaten, des Verkehres und des Krieges*, München: Oldenbourg, 1897/1903, Eugen Oberhummer 审读、增订第三版, München: Oldenbourg, 1923(以下凡引该书均为此版,简称《政治地理学》,随文注页码)。

② 科林·弗林特、皮特·泰勒,《政治地理学:世界-经济、民族-国家与地方》(2011第六版),刘云刚译,北京:商务印书馆,2016,页2-3;胡安·诺格,《民族主义与领土》,徐鹤林、朱伦译,北京:中央民族大学出版社,2009,页17-18;Roger E. Kasperson/Julian V. Minghi, *The Structure of Political Geography*, New York: Routledge, 2017, p. 6; Guntram H. Herb, "The Politics of Political Geography", in Kevin R. Cox/Murray Low/Jennifer Robinson(eds.), *The SAGE Handbook of Political Geography*, California: SAGE Publications Ltd, 2008, pp. 21-23; Brian W. Blouet, *Geopolitics and Globalization in the Twentieth Century*, second expanded edition, London: Reaktion Books, 2010, pp. 7, 24, 28-30。

当时的"广大公众对'政治地理学'这个概念的理解显然存在偏差"。①

对老一辈地理学家来说,拉采尔的学问有人文地理学与政治地理学之分,前者具有自然科学的非政治性质,主要研究人类"与地理环境相关的全部生活,包括人类社会以及所有人类组群及其复杂多样的活动",后者则"更加注重研究国家的政治社会生活"。② 而如今,美国人文地理学的权威教科书却会认为,这样的区分不仅站不住脚,还很荒谬。因为,2001 年 9 月 11 日,纽约的早晨本来阳光明媚,但就在这天上午,"民用航空器被用做武器的事件迅速成为全球媒体事件",它"开启了一个新时代",或者说开启了"一个地缘政治的新世纪"——

> 作为地理学家,你可以看到它们与资源流动、权力和地缘政治的联系,以及与技术、文化和经济流动性的联系,正是这种流动性使大型科技被用做攻击标志性目标的武器成为可能。更重要的是,对于"9·11"事件及其本质意义的表述、体验以及理解在不同地点相去甚远。③

照此说来,以往的西方人文地理学家都是非政治性的了。难道世界历史直到"9·11"事件才开启了"一个地缘政治的新世纪"?这部教科书的作者随即承认,"人文地理学原本是帝国主义时代关于世界上其他地区的知识的学问,这是其作为一门现代西方学科的基石"(同上)。这无异于承认,西方的人文地理学在一开始就具有政治性质——而且是帝国主义性质。

这部美国的人文地理学教科书能够承认这一点,已属难能可贵。但它的作者们还相信,未来"人文地理学的发展将超越这一基石",则不免让人生疑。我们有理由问,美国人文地理学的发展真的能超越其帝国主义基石?

要澄清这样的问题,我们就得回到十九世纪的拉采尔。因为,他的人文地理学恰好诞生于西方帝国主义的黄金时期,或者说,他恰好是这一帝国主义地理学基石的打造者之一,而盎格鲁-美利坚也正是在这个时候开始成为一个帝国主义世界大国。

---

① 奥伯胡默尔,《拉采尔之前的政治地理学及其晚近发展》(史敏岳译),见娄林主编,《地缘政治学的历史片段》,北京:华夏出版社,2018,页 28-29。

② 吕西安·费弗尔,《大地与人类演进:地理学视野下的史学引论》,前揭,页 21;比较理查德·哈特向,《地理学性质的透视》,黎樵译,北京:商务印书馆,1963,页 66-68。

③ 彼得·丹尼尔斯、迈克尔·布莱德萧、丹尼斯·萧、詹姆斯·希达维编著,《人文地理学导论:21 世纪的议题》,邹劲风、顾露雯译,南京:南京大学出版社,2014,页 8。

拉采尔公案的由来

拉采尔一生十分勤奋，他因突发心脏病离开人世时还未到六十岁，却已经留下二十多部专著（有些是多卷本），学术随笔多达1200余篇，在世时就有科普散文作家的美誉。① 拉采尔38岁那年（1882）才凭靠《人类地理学》第一卷《地理学应用于史学的基本特征》在地理学界一举成名。② 三年后，部头更大的三卷本《民族志》（Völkerkunde，1885—1888）接踵而至，然后是《人类地理学》第二卷《人类的地理分布》（1891）。③ 在不到十年的时间里，拉采尔完成了两部大著，篇幅均超过千页。拉采尔试图把民族学、自然地理、博物学乃至世界史等学科统合在一起，以形塑一门新的学科——如今被称为人文地理学（Human Geography）。

按今天的学科划分，这两部大著都可归入文化人类学门类，因为人文地理学通常被视为文化人类学的分支学科，而他的三卷本《民族志》更像是基于现代地理认知的世界民族志。按地理学史家的说法，《人类地理学》更多关注"人类分布的共同因子"，而《民族志》则致力于呈现地表上各民族的地理分布、生活习俗以及文明迁徙的历史。④

有鉴于此，如今西方的一些文化人类学教科书中竟然不见拉采尔的大名，不免令人费解。晚近的人类学简史读物甚至没有给予拉采尔哪怕附带一提的学术声

---

① 1841年，奥地利的犹太政治家、出版家、维也纳以色列文化联盟主席伊格纳兹·库昂达（Ignaz Kuranda，1811—1884）创办了《边境》（Die Grenzboten）周刊，拉采尔经常在上面发表学术随笔，也不时给《环视》（Umschau）、《一周》（Wochen）等杂志撰写文章。拉采尔在专业学刊上发表的文章同样不少，见 Hans Helmolt 选编的两卷本文集：Friedrich Ratzel，Kleine Schriften，2 Bände，München & Berlin：Oldenbourg，1906（卷二末尾附有拉采尔论文编年目录）。

② Friedrich Ratzel，Anthropo - Geographie oder Grundzüge der Anwendung der Erdkunde auf die Geschichte，Stuttgart：J. Engelhorn，1882，共506页。

③ Friedrich Ratzel，Die geographische Verbreitung der Menschen，Stuttgart：J. Engelhorn，1891，共781页。

④ 罗伯特·迪金森，《近代地理学创建人》，葛以德、林尔蔚译，北京：商务印书馆，1980，页78-81；比较吕西安·费弗尔，《大地与人类演进：地理学视野下的史学引论》，前揭，页37；John A. Agnew/David N. Livingstone/Alisdair Rogers（eds.），Human Geography：An Essential Anthology，Oxford：Blackwell Pub.，1996/2005，p. 527。

誉,他的《民族志》篇幅巨大,且得到过爱德华·泰勒(1832—1917)这样的[英国]人类学名家的赞誉,却仍无缘进入"西方人类学名著"之列。①

拉采尔虽然在文化人类学史上仅有边缘地位,但他在政治地理学史上的地位却相当显要。问题就来了:拉采尔晚年发展出的政治地理学,与他早年致力的文化人类学或人文地理学是什么关系?拉采尔曾有过从文化人类学或人文地理学向政治地理学的转向吗?如果有的话,这种转向又是如何发生的呢?作为一门学科的政治地理学为何诞生于最年轻的欧洲帝国——德意志第二帝国,而非诞生于老牌的大英帝国或法兰西帝国?

业内人士公认拉采尔的《政治地理学》是这门学科的第一本教科书,但它迄今没有英译本——原因据说是:

> 自1945年以来,人们就不太情愿讨论拉采尔的政治地理学。毫无疑问,这与1918年以后政治地理学作为地缘政治学的可疑发展以及后者在纳粹国家中的"显学"地位有关。②

事实上,拉采尔在人类学界的命运同样如此。要缕述文化人类学在德语学界的发展史,没可能绕开拉采尔。但是,在第二次世界大战之后的学术语境中,即便是附带提及拉采尔,人们也得小心翼翼。据一位权威的人类学史家说,拉采尔不仅是"社会达尔文主义者",也是"历史学家斯宾格勒的老师",他秉持"以天才为中心的文化传播"论,把文化迁徙视为穿越"时空"的世界史动力。不过,由于缺乏"实践经验"(田野调查),他的探究更多是一种"冥想史"。尤其令人遗憾的是,他的"生存空间"、"观念贫乏"(Ideensmut)、"有机体国家"等概念启发了

---

① 比较威廉·哈维兰,《文化人类学》(第十版),瞿铁鹏译,上海:上海社会科学出版社,2006;弗洛斯朗·韦伯,《人类学简史》,许卢峰译,北京:商务印书馆,2020;王铭铭编,《西方人类学名著提要》,南昌:江西人民出版社,2006。更早些时候的人类学简史读物不会忽略拉采尔,他被视为十九世纪德意志人类学家中"最伟大的人物",《人类地理学》则被视为"高水平的著作"。见 A. C. 哈登,《人类学史》,廖泗友译,济南:山东人民出版社,1988,页145。即便是叙事宏大的科学史也会提到拉采尔对"体质人类学"的贡献,尽管这种说法显得有些外行。见 W. C. 丹皮尔,《科学史及其与哲学和宗教的关系》,李珩译,北京:商务印书馆,1975/桂林:广西师范大学出版社,2001,页306。

② 巴辛,《拉采尔政治地理学中的帝国主义与民族国家》(梁西圣译),见娄林主编,《拉采尔的政治地理学》,北京:华夏出版社,2021,页100。

希特勒。①

我们的本科生若读到这样的说法，多半会以为自己已经知道拉采尔是何许人了。恐怕不会有人好奇，拉采尔在1904年就已经离世，他怎么会成了"永远活在希特勒阴影下"的德国历史人物之一？而他的《政治地理学》即便在魏玛民国时期也没有被译成英文，这又是为什么呢？若有人碰巧知道，当时的美国地理学界并非没有认识到这部大著的政治含义，他会更感蹊跷。当然，如今的史学家几乎都会认定，"俾斯麦于1871年建立德意志帝国，与1930—1932年纳粹在选举中获胜，仅仅相隔50年"，"二者之间存在的关联似乎无法否认"。② 既然如此，拉采尔也就很难摆脱与"希特勒阴影"的关联。毕竟，他恰好是在德意志帝国建立之时开始学术生涯的。

在去世之前（1901至1902年间），拉采尔刚刚完成两卷本的《地球与生命：一部比较地理学》，篇幅长达1400页。③ 这部具有科普性质的大著从生物地理学出发，为人们提供了一部普通地理学引论。如今美国的普通地理学权威教科书 Introduction to Geography 的中译本名为《地理学与生活》，与拉采尔这部大著的书名没有实质性差别，作者这样介绍地理学：

> 地理学家集中注意力于人类的相互作用和社会群体彼此之间，以及它们同环境-地球之间的相互作用。他们寻求了解自然与文化的空间格局"怎样"和"为什么"随着时间而变化，并且也研究人类对这种环境的利用。
>
> [……]
>
> 十八世纪末，地质学、植物学、动物学、气候学，以及其他自然科学的迅速发展，加强了区域地理调查，从学术和普及两个方面增加了对事物在空间和地方之间错综复杂的相互联系的认识。④

---

① 安德烈·金格里希，《德语国家的人类学——断裂、学派和非传统：重新评估德国社会文化人类学的历史》，见弗雷德里克·巴特主编，《人类学的四大传统：英国、德国、法国和美国的人类学》，高丙中译，北京：商务印书馆，2008，页108、126、131。比较 Wilhelm E. Mühlmann, *Geschichte der Anthropologie*, Frankfurt am Main: Aula – Verlag, 1968, pp. 124 – 127。

② 理查德·埃文斯，《第三帝国的到来》，赖丽薇译，北京：九州出版社，2019，页3。

③ Friedrich Ratzel, *Die Erde und das Leben. Eine vergleichende Erdkunde*, Band 1, Leipzig: Bibliogr. Inst., 1901, 共706页；Band 2, Leipzig: Bibliogr. Inst., 1902, 共702页（以下简称《地球与生命》，随文注页码）。

④ 阿瑟·格蒂斯、朱迪丝·格蒂斯、杰尔姆·费尔曼，《地理学与生活》，黄润华、韩慕康、孙颖译，北京：北京联合出版司，2017，页4、6。

这两段话若用于描述拉采尔的《地球与生命》，再合适不过。《地球与生命》的副标题"一部比较地理学"则会让今天的我们感到费解：什么是"比较地理学"？

埃尔斯沃思·亨廷顿（1876—1947）是美国第一代人文地理学的代表人物，曾深受拉采尔影响。他在1915年出版的《文明与气候》一书，已被业内人士视为生态地理学的开山之作甚至经典之作，而此书开篇就提到拉采尔的"比较地理学"。如果说旧地理学致力于借助地图精确描绘地表的自然特征，那么，拉采尔地理学的新颖之处就在于，它试图"给自然地图加上几乎不可胜数的要素：植物、动物、人群的分布，以及这些生命有机体在不同阶段的状态"——

> 这样做的目的是将自然界的分布图与有机生命地图进行对比，以确定生命现象对地理环境的依赖程度究竟如何。在地图所能表现的各种要素中，作为文明表征的人群性格最为有趣，其空间分布也最需要地理学家们做出解释。做这种解释，唯一行得通的路径是弄清其诸多配合因素中每一种的效应和影响。这些因素一方面包括种族、宗教、组织、人群基因等必须考虑的方面，另一方面也包括地理位置、地貌、土壤、气候以及诸如此类的自然环境。①

这一描述不仅解释了拉采尔的"比较地理学"的含义，也界定了人文地理学。在埃尔斯沃思·亨廷顿眼里，拉采尔的《地球与生命》足以让他比肩希罗多德和孟德斯鸠。② 如果今天的业内人士可以把埃尔斯沃思·亨廷顿誉为"环境史研究的开山人之一"，那么，拉采尔更应该获得这样的声誉——我们甚至有理由说，他还应该被视为"人类生态学"的开创者。③

问题又回来了：这样一位杰出的生态地理学家怎么会与德意志第三帝国的意识形态有瓜葛？或者说，拉采尔的生物地理学与他的政治地理学究竟是什么关系？

---

① 埃尔斯沃思·亨廷顿，《文明与气候》，吴俊范译，北京：商务印书馆，2020，页1。
② 埃尔斯沃思·亨廷顿，《文明与气候》，前揭，页37、169。
③ 阿兰·贝克，《地理学与历史学》，阙维民译，北京：商务印书馆，2008，页75；比较 Matteo Marconi, "Das Leben als autonomes Phänomen im Denken Friedrich Ratzels", in: Ulrike Jureit/Patricia Chiantera-Stutte 编, *Denken im Raum. Friedrich Ratzel als Schlüsselfigur geopolitischer Theoriebildung*, Baden-Baden: Nomos Verlagsgesellschaft, 2021, 页169–188。

国际政治与地球空间

《地球与生命：一部比较地理学》第二卷出版两年后，拉采尔就与世长辞。按今天的标准来衡量，拉采尔正当盛年，此书竟成了他的盖棺之作。不幸的是，拉采尔并没有因此而以生态地理学开创者的美誉留名青史。《地球与生命》第一卷杀青之时（1901），拉采尔发表了长文《生存空间：一项生物地理学研究》。① 仅从标题来看，这篇长文就颇具政治意味，其中第七小节题为"争夺空间"，更会让人想到十九世纪末的历史情景。那时，欧洲大国争夺全球地理空间的斗争达到了顶峰，用麦金德的话来说，尚未被"政治占有"的地理空间已经所剩无几——拉采尔写道：

> 生命运动永不终止，地球空间则不会改变，两者之间存在着张力。正是由于这种紧张关系，才产生了对空间的争夺。生命很快就征服了地球上的土地，一旦达到土地的极限，生命就会回流。从那时起，整个地球上的生命之间就一直在为空间而斗争，永无止境。为生存而争斗（Kampf ums Dasein）——这是一个被误用、甚至更多被误解的表达式，其主要含义只不过是争夺空间（Kampf um Raum）。因为空间是生命的首要条件，也是衡量其他生命条件尤其食物的尺度。在争取生命空间的斗争中，空间具有与我们称之为民族斗争（Völkerkampf）的决定性高潮相似的意义。②

其实，正如副标题所示，《生存空间》是一篇生物地理学文献，涉及政治地理的话题并不多。"生存空间"的原文是 Lebensraum［生命空间/生活空间］，而生物地理学以动植物的生命成长过程及运动形式为标本，植物和动物在有限的地表空间中的生长和迁徙是其首要观察对象。从这一意义上讲，"生存空间"与"地球与生命"几乎是同义词。按今天的学科划分，《生存空间》甚至可以说是一篇生态学论文。

---

① Friedrich Ratzel, "Der Lebensraum, eine biogeographische Studie", in K. Bucher 等编, *Festgaben für Albert Schäffle zur siebenzigsten Wiederkehr seines Geburtstags am 24 Februar*, Tübingen: Verlag von D. Raupp, 1901, pp. 104 – 189；重印单行本 Darmstadt: Wiss. Buchgesellsch., 1966, 共 87 页。

② 弗里德里希·拉采尔，《生存空间：一项生物地理学研究》，见弗里德里希·拉采尔，《人文地理学的基本定律》，方旭、梁西圣、袁剑译，上海：华东师范大学出版社，2023，页 247。

但是，从这篇长文中，的确又能够引申出关于人类政治生态的某种基本原理，即基于生物地理学的"争夺空间"论。事实上，拉采尔也希望他的生物地理学素描会带来政治地理学方面的启发。① 他的自然生态学式的"生存空间"论在后人眼里成了政治地理学式的"生存空间"论，这并不奇怪，但却给他身后带来了政治麻烦。

二十世纪的第二次世界大战在欧洲爆发前夕（1939 年 4 月），德国著名的公法学家卡尔·施米特（1888—1985）发表了《国际法中的帝国概念》一文。在评述 1823 年美国政府的"门罗宣言"时，施米特写道：

> 既不存在无空间的政治理念，也不存在无政治理念的空间或没有政治理念的空间原则。[空间]就是决定政治理念的一个重要部分，某个民族会具有自己的空间，并意图知道敌人所在，通过[空间]，这种政治理念也就具有了政治品质。②

施米特当然清楚，在数学、物理学、地理学等自然科学中，"空间"是常用概念，它具有自然科学的"中立性"或非政治性。然而，在政治地理学和地缘政治学中，"空间"概念却无不具有政治-实践含义。毕竟，"能够战胜空间局限的大国力量实在太大"——"门罗宣言"时期的大英帝国以及当时正在崛起的盎格鲁-美利坚就是显著例证。基于这一认识，施米特首次提出了他的国际政治"大空间"论——如我们所知，这个观点在今天已经十分著名。

两年后（1941 年苏德战争爆发前），施米特又发表了《中欧和东欧大空间中的少数民族与民族法》一文，进一步阐发他所理解的国际政治乃至世界历史的"大空间"观念：

> 一旦地球可以安全而正义地划分为一个个"大空间"，一旦我们面前的各种"大空间"的内外秩序形成一种固定的存在和形式，那么，其他更多更富有表现力的称呼将会用于这些新的事物，并为人所接受。但是，到了那时，"大空间"这个词语和这个概念仍然是一个必需的桥梁，连接过去与未来、古老到新式的空间概念。（同上，页 148）

---

① Mark Bassin, "Politics from Nature", in J. Agnew/K. Mitchell/G. Toal(eds.), *A Companion to Political Geography*, Oxford: Blackwell, 2003, pp. 16–18.

② 卡尔·施米特，《禁止外国势力干涉的国际法大空间秩序》（方旭译），见娄林主编，《经典与解释 51：地缘政治学的历史片段》，前揭，页 102。

施米特随后就提到拉采尔的《生存空间》,称赞该文揭示了"生存空间"这一自然地理概念所具有的政治-实践含义:

> 作为空间新科学的创立者,拉采尔已经认识到,"对空间不得已的接受"是"一切生命的决定性特征"。一旦我们意识到这种概念超越了现有的科学观念,即超越了所谓的古典空间概念,尤其自然科学研究领域的空间概念,那么,这种具有广泛和真正深度的新空间概念就会更为令人信服。因为,正是在自然科学的研究领域内,某种看上去永恒"古典"的定义充其量只是反映出他们所在时代的视角。(同上,页153)

仅凭《生存空间:一项生物地理学研究》这篇长文,拉采尔断乎不可能成为"空间新科学的创立者",长达700页的《政治地理学》才让他得以获此声誉。"二战"结束后,卡尔·施米特没有可能澄清自己与德意志第三帝国意识形态的瓜葛,而他所赞誉的拉采尔尽管已经作古四十多年,也不可能从这种困境中全身而退。

1973年的9月11日那天,奥古斯都·皮诺切特上将(1915—2006)出任智利陆军总司令还不到一个月,就在美国中情局支持下发动"残暴政变",推翻了共产党总统萨尔瓦多·阿连德(1908—1973)的民选左翼政府,强行实施"新自由主义"经济政治政策。发动政变前五年(1968),皮诺切特曾为智利军事学院编写过一部关于地缘政治的军事教材,其中包含他的国家发展构想。按照他的划分,智利分为三个区域,即安第斯山脉西麓地区(Andean)、西临太平洋的地区和与南极洲隔海相望的地区。获取政权后,皮诺切特雄心勃勃,希望将核心的中央山谷与地理上欠发达的边缘地区融合在一起,通过修建陆路和海上高速公路绕过阿根廷到达偏远的南部。皮诺切特还建立了智利太平洋研究所,亲自制定国家海洋政策,在智利各阶层推广地理教育,强调智利在南极和比格尔海峡(Beagle Channel)的存在。在地缘政治方面,他试图与玻利维亚谈判以获取太平洋通道,与秘鲁合作以保证安全区,防止阿根廷、玻利维亚和秘鲁对智利形成包围态势。皮诺切特相信智利正在进入一个太平洋时代,南极洲和东方将带来更多的财富。①

---

① Stephen M. Gorman, "The High Stakes of Geopolitics in Tierra Del Fuego", in *Parameters*, 7(2), 1978, pp. 45–56; Philip Kelly, *Checkerboards and Shatterbelts: The Geopolitics of South America*, Austin: University of Texas Press, 1997, pp. 114–116; Mary Helen Spooner, *Soldiers in a Narrow Land: The Pinochet Regime in Chile*, Berkeley: University of California Press, 1999, p. 22.

按美国人文地理学权威教科书的说法,皮诺切特地缘政治观的"出发点和核心是一套关于国家的有机理论":

> 它认为,最好将政府或国家(以及与之相伴的民族意识)理解为生物。像所有有生命的有机体一样,国家需要生长的空间,也会和别的生物竞争。国家需要赖以生长的空间,这一思想在南美地缘政治中特别显著。因此,达尔文"适者生存"的竞争法则经过特定解读,被移植到国家领域。基于十九世纪和二十世纪早期德国保守主义著作(德国学者拉采尔使之系统化)及其思想中关于国家的有机观念,地缘政治学主张制定法律控制政府行为,这类法律一旦制定,即可充当推动和保护"国家利益"者的指南。①

按此说法,拉采尔基于生物地理学建构的政治地理学成了1920年代德国地缘政治学的奠基石:

> 生存空间理论体现在种族主义人口政策以及纳粹时期的农业和科学规划中,但并不是由这些政策和规划创建的。地缘政治学说与生存空间理论有深层联系,并和德国地理学家拉采尔及豪斯霍弗、二十世纪早期政治地理学家契伦的地理有机理论、生物政治理论以及政府理论相联系。这些著述者为纳粹种族学提供了重要的思想资源,有助于纳粹在理论上将国家归为有机体,并在国家与其居住空间之间确立必然联系。(同上,页712)

这部权威教科书的作者们认为,拉采尔的生存空间理论使得德国地缘政治学"注定会走上帝国主义的道路",并"在意大利、葡萄牙、西班牙以及日本"嫁接出变体。让人费解的是,教科书的作者们既没有提到,皮诺切特上将是在美国中情局的支持下发动了"残暴政变",也没有提到德国地缘政治学在美国同样嫁接出了变体,而美国早在十九世纪末就与德意志第二帝国几乎同时走上了"帝国主义道路"。他们甚至不知道,即便是在"冷战"初期的1950年代,也已经有美国的政治史学家指出:

> 1942年初,斯皮克曼发表了《世界政治中的美国战略:美国与权力平衡》。这本书声称是"对美国外交政策最基本问题的地缘政治学研究",并"从地理和权力政治的角度对美国立场进行分析"。这本书为作者赢得了"美国的豪斯霍

---

① 彼得·丹尼尔斯等编著,《人文地理学导论:21世纪的议题》,前揭,页701。

弗"之称,但不是凭借它处理的主题,而是凭借它代表的精神。实际上,与豪斯霍弗笔下的任何作品相比,《世界政治中的美国战略》都更像一个道德荒原。①

如今好些年轻的西方学人的脑筋会转不过弯。因为,若要说自由民主的美国与纳粹德国分享了同样的地缘政治学资源,会让他们感到不可思议,更不用说难堪。尤其让他们感到难以置信的历史事实是,纳粹德国也曾积极向自由民主的美国学习:1938 年出台的"犹太人种族法"就是显著例子。1934 年,纳粹法学家在纽伦堡起草排犹法案时,直接借鉴了美国针对黑人的诸多联邦和州立的种族法案——"具有讽刺意味的事实是",甚至激进的纳粹法学家也觉得,美国的有些做法太过严苛、太过种族主义,并因此而拒绝采纳。②

拉采尔公案变得复杂起来,乃因为人类政治意识的边界在二十世纪的历史中变得极为模糊,或者说纵横交错,让人不容易分清敌友。要是人们知道,直到第二次世界大战爆发之前,拉采尔在美国地理学界都享有很高声望,而他的美国学生同样是主张美国扩张的帝国主义学者,情形更是如此。③

十九世纪末的世界历史大变局

政治史学界公认,十六世纪至十七世纪是世界历史进入全球化纪元的第一次百年大变局时代,地理大发现、新教革命以及欧洲领土性王国的形成交织在一起,对全球一体化进程的决定性影响再怎么强调都不会过分。用美国大学的标准历史教科书《现代世界史》(1950 年初版)的说法,在这个"现代全球体制开始发展的时代",虽然西班牙和葡萄牙率先发现了新大陆,但新教革命引发的宗教战争大大削弱了西班牙和德意志神圣罗马帝国,这"为英国人、荷兰人和法国人开辟了道路,使

---

① 克里斯托夫,《地缘政治学的起源及演进》(李世祥译),见娄林主编,《经典与解释 59:拉采尔的政治地理学》,前揭,页 32 - 33。

② James Q. Whitman, *Hitler's American Model: The United States and the Making of Nazi Race Law*, Princeton: Princeton University Press, 2017, p. 5.

③ 比较 W. Natter, *Friedrich Ratzels Anthropo - and Political Geography between Germany and the U. S. with Notes on its Diffusion via Ellen Semple*, New Orleans: American Association of Geographers Annual Meeting, 2003。

他们从各种经济变革中获得利益,并且在现代早期的舞台上扮演着主要的角色"。①

接下来,十七世纪英格兰的两次革命以及盎格鲁-美利坚殖民地的生长,在政治观念和地理空间两个方面推进了世界历史的一体化进程,堪称第二次全球化百年大变局。随之而来的第三次全球化百年大变局是十八世纪的大西洋革命,而拉采尔遇上的"帝国主义时代"得算是第四次百年变局(1870—1945),它与大西洋革命虽相隔一百年,却有紧密的内在关联。其时,三个新生帝国——美国、德国、日本——分别在北美洲、欧洲中部和东亚强劲崛起,并随即在大西洋东岸和太平洋西岸与老牌帝国——大英帝国、法兰西帝国、俄罗斯帝国——争夺生存空间。

帝国主义时代作为"一个世界政治纪元",通常被界定为1870年代至1914年间,但它显然应该延伸到"二战"结束时的1945年。1870年代,美国学生纷纷前往德国留学,第二次世界大战之后,德国学生涌向美国留学。在此期间,欧洲虽然经历了大动乱,但"在大西洋的两岸,一个新世界正迅速形成,里面有煤炭和钢铁、工厂城镇、蔓延的都市区、聚集的资本、大群的劳动力、新形式的苦难"——新帝国主义的成长与现代文明的"进步"同步迈进,以至于世界历史的正义法庭殊难做出善恶裁断。②

直到二十世纪末期,这场百年变局才真正画上句号,紧接着便是我们眼下正面临的第五次全球化百年大变局。

德意志第三帝国闪击苏联时,24岁的海因茨·哥尔维策尔(1917—1999)是国防军中尉。因开战之初身负重伤(右膝致残),他幸运地在1941年底退出战场,进慕尼黑大学攻读史学,成了战后德国政治史学的一代宗师。哥尔维策尔的教职资格论文《欧洲形象与欧洲思想:论十八至十九世纪的德意志思想史》(1950)和两卷本《世界政治思想史》(1972—1982)别开生面,让人读罢不禁深切感到,欧洲文明的现代成长对哥尔维策尔来说是一个极度令人困惑的政治史学问题:高扬"自由、人

---

① R. R. 帕尔默、乔·科尔顿、劳埃德·克莱默,《欧洲崛起:现代世界的人口》,孙福生、陈敦全、何兆武译,北京:世界图书出版公司,2010,页119。比较施米特,《国家主权与自由的海洋:现代国际法中陆地与海洋的冲突》(林国基译),见格劳秀斯,《海洋自由论》,宇川译,上海:上海三联书店,2005,页197-225;马克·格林格拉斯,《基督教欧洲的巨变:1517—1648》,李书瑞译,北京:中信出版集团,2018,页42-44。

② 海因茨·哥尔维策尔,《黄祸论》,译者不详,北京:商务印书馆,1964,页9;比较Heinz Gollwitzer, *Europe in the Age of Imperialism*, 1880-1914, London: Thames & Hudson, 1969;丹尼尔·罗杰斯,《大西洋的跨越:进步时代的政治社会》,吴万伟译,南京:译林出版社,2023,页39、73-74。

权、民主"普世价值的大西洋革命为何会催生出一个帝国主义时代？尤其让人难以辨识的问题是：美国作为一个新生的欧洲国家在北美的兴起，对欧洲大陆的现代成长究竟有过怎样的影响？①

早在启蒙运动时期（1750），法兰西的改革派政治人杜尔哥（1727—1781）就曾"预言美洲不可避免地会独立"——在他看来：

> 殖民就像果实，只是成熟前才附着在树上。一旦自给自足，他们就会做迦太基做过、亚美利加有朝一日也会做的事。②

英属北美殖民地爆发内战的消息传到巴黎后，杜尔哥十分欣喜，因为他相信这一事件必将开启"商业和经济领域最伟大的革命时代"。杜尔哥本来相信，经过启蒙运动洗礼的欧洲文明是人类文明进步的代表，它将给世上其他民族带来同样的进步，改变人类自然形成的生活方式和政体形式。亚美利加殖民地脱离宗主国的独立让他预感到，代表世界历史先进文明的将不再是欧洲，而是盎格鲁-撒克逊的亚美利加殖民地，因为法兰西还是专制国家。③

有这种想法的并非仅仅是杜尔哥，法国启蒙哲人——当时被称为 lepartiphilosophique［哲人党］——几乎无不如此。他们相信，凭靠启蒙理性"解放了自己之后"，还应该肩负将启蒙理性"传布给全人类"的"救世使命"。对此，"哲人党"无不满怀"诚挚信心和献身精神"——在整个十八世纪，这种使命感步步高涨，"直到成为一种谵妄症"。④ 1776年，当英属北美殖民地独立的消息传来时，"哲人党"在欧洲以外建立全新社会的梦想即便没有突然变成现实，至少也有了实际的可能性：在那

---

① Heinz Gollwitzer, *Europabild und Europagedanke. Beiträge zur deutschen Geistesgeschichte des 18. und 19. Jahrhunderts*, München: C. H. Beck, 1951; Heinz Gollwitzer, *Geschichte des weltpolitischen Denkens*, Bd. 1: *Vom Zeitalter der Entdeckungen bis zum Beginn des Imperialismus*, Göttingen: Vandenhoeck & Ruprecht, 1972; Bd. 2: *Zeitalter des Imperialismus und der Weltkriege*, Göttingen: Vandenhoeck & Ruprecht, 1982.

② Ronald L. Meek (trans. and ed.), *Turgot on Progress, Sociology and Economics*, Cambridge: Cambridge University Press, 1973, p. 47; 比较沃格林，《政治观念史·卷八：危机与人的启示》，刘景联译，张培均校，上海：华东师范大学出版社，2019，页148。

③ Jacques M. Wendel, "Turgot and the American Revolution", in *Modern Age*, 23/3 (1979), pp. 283–284.

④ 卡尔·贝克尔，《十八世纪哲学家的天城》，何兆武译，北京：北京大学出版社，2013，页34。

里,人们可以"自由而幸福地"生活在丰饶的繁荣之中,与"即使没有衰老至少也已显老旧"的欧洲形成鲜明对照。因为那里没有政府或只有最低限度的统治,殖民者多是"宗教难民"(religious refugees),他们正致力摆脱旧欧洲文明传统的束缚,以建立一个理想的共和国,而亚美利加则为之提供了"无限的领土"。在十八世纪的最后三十年里,亚美利加几乎成了"[启蒙]哲人的天城"。①

历史性的问题来了:美国政制是欧洲国家成长应该效尤的样本吗?抑或它不过"是一个错误的模板"?十九世纪上半叶的法兰西智识人为此产生了严重的思想分歧,弗朗索瓦·基佐(1787—1874)和托克维尔(1805—1859)同属自由主义者阵营,却因此反目,彼此以词锋相向。② 在不少国际化学人眼里,托克维尔几乎是自由民主这一新宗教的先知,因此,当他"表现出对阿尔及利亚被征服者的残酷无情",明显是个法兰西帝国主义者时,这些学人不仅难以理解,而且颇为难堪。托克维尔的帝国主义心态固然"部分源于他对法国自由的脆弱性所存在的根深蒂固的担忧",但更多源于"他对美国历史中的扩张主义方面的着迷"。在托克维尔看来,由于美国"处于为人类努力扩张提供无限空间的巨型大陆的中央",法国必须"将美国视为法属阿尔及利亚的榜样"。③

托克维尔的《有关阿尔及利亚的报道》(*Rapport sur l'Algérie*,1847)并没有违背他在《论美国的民主》中"对自由的慷慨激昂的赞许",因为他在这部成名作中已经"以明显的平静态度(几乎当作是自然法则的实施)"来描绘"欧洲移民对北美印第安人的逐步排挤甚至灭绝"。在他看来,美国白人在文化上优越于当地土著,正如法国人优越于马格里布的阿拉伯人,逐步排挤甚至灭绝的征服和殖民是合理的。托克维尔的美国之旅增强了他认为法国应该继续保有殖民地的看法:正如对美国来说有必要向人烟稀少的广阔区域(从阿巴拉契亚山脉到太平洋东岸)扩张,法国必须控制阿尔及利亚这个通往非洲的大门,以便在法国过于狭窄的边界以外的地方克服法国内部的碎裂状况:英国人在印度的成功以及盎格鲁-美利坚人在北美

---

① Durand Echeverria, *Mirage in the West: A History of the French Image of American Society to 1815*, Princeton: Princeton University Press, 1975, p. viii;尔·贝克尔,《十八世纪哲学家的天城》,前揭,页108-109。

② 吕西安·若姆,《托克维尔:自由的贵族源泉》,马洁宁译,桂林:漓江出版社,2016,页265-303。

③ 珍妮弗·皮茨,《转向帝国:英法帝国自由主义的兴起》,金毅、许鸿艳译,南京:江苏人民出版社,2012,页292-293。

大陆的西扩提醒法国人,必须在地中海做同样的事情。①

托克维尔的美国考察之行给他留下的印象其实相当矛盾。他深切感到,"在美国,生活的无限性一方面是自由的,另一方面又令人恐惧",因为自由、平等、民主之类的观念会引发层出不穷的问题。他唯一坚信不疑的是:美国打开了闸门,平等式民主的历史潮流已不可避免。② 托克维尔的例子表明,在帝国主义的时代,无论法兰西、德意志还是盎格鲁-美利坚的学者,都可以既是自由主义者也是帝国主义者。拉采尔是德意志学人的显著例子,他对盎格鲁-美利坚的态度同样充满矛盾。而在十九世纪晚期,德意志学界也在德国是否应该以美国为楷模这样的问题上产生严重分歧。到了魏玛民国时期,是否应该"美国化"的论争不仅没有止息,还愈演愈烈。③

美国的智识人不会顾及自己的欧洲同胞如何看待自己的国家,他们只会积极思考如何让盎格鲁-美利坚尽快成为一个世界性帝国。保罗·莱茵士的《十九世纪末的世界政治》问世那年(1900),美国著名社会学-人类学家富兰克林·吉丁斯(1855—1931)发表了一部名为《民主与帝国》的大著,长达360页。该书序言一开始就提到,要么是"英语世界的人民"要么是"俄罗斯帝国"将支配未来的世界。④ 在吉丁斯看来,以往人们认为自由民主政体仅仅适用于小城邦,这种观点其实是错的,它也能支撑一个幅员辽阔的庞大帝国。言下之意,自由民主的盎格鲁-美利坚应该成为一个世界性帝国。基于孔德的实证主义和赫伯特·斯宾塞的进化论自由主义,吉丁斯发明了所谓"同类意识"的社会学概念来支撑其美利坚帝国论:任何一个稳固的政治体都以公民的"同类意识"为基础,这种包含同情和知觉因素的心

---

① 海因里希·温克勒,《西方通史(第一卷):从古代源头到20世纪》,丁娜译,北京:社会科学文献出版社,2019,页554。

② 谢尔顿·沃林,《两个世界间的托克维尔:一种政治和理论生活的形成》,段德敏、毛立云、熊道宏译,南京:译林出版社,2016,页98;比较詹姆斯·施莱费尔,《托克维尔之钥:回应当代西方政治生活之惑》,盛仁杰译,上海:上海人民出版社,2020,页45-70。

③ 陈从阳,《美国因素与魏玛共和国的兴衰》,北京:中国社会科学出版社,2007,页264-292;李工真,《德国现代史专题十三讲:从魏玛共和国到第三帝国》,长沙:湖南教育出版社,2010,页69-92;比较 Erik Grimmer-Solem, *Learning Empire: Globalization and the German Quest for World Status, 1875-1919*, Cambridge: Cambridge University Press, 2019, pp. 29-78。

④ Franklin H. Giddings, *Democracy and Empire: With Studies of Their Psychological, Economic, and Moral Foundations*, New York: The Macmillan Company, 1900, p. V.

理状态产生于个体之间的互动,从而是一种主观的社会事实。不同的政治体会有不同的"同类意识",将美利坚社会凝聚在一起的同类意识是"自由民主",它是美利坚成为帝国的基础。吉丁斯还用专章讨论了"铁路与国家"的关系,可见他不仅有心理学、经济学和社会伦理学的视角,也有政治地理学的视角(《民主与帝国》,页147-156)。

吉丁斯的大著反映了当时美利坚崛起为大帝国的政治冲动,在当时的美国颇有市场,次年就出了第二版。① 历史证明,自由民主制的确能支撑一个幅员辽阔的庞大帝国,如果它遇上了好运的话。问题在于,这种帝国冲动与其自由主义的国家理念或"同类意识"相抵牾:在美国如吉丁斯所愿已经成为自由民主的大帝国后的二十世纪末,"美国的价值观"使得"一些美国人",更不用说"世界各地的许多其他人成了彻底的反美者"。② 另一方面,诸多后起现代化国家的不少知识人也自愿加入了美国的"同类意识",以至于这些国家自己的共同体意识因"美国样板"引发的政治分歧而不断撕裂。

鉴于这样的情形有目共睹,一些政治史学家和政治思想史家深切感到,有必要重启是否应该效尤美国政制的历史论争。事实上,这样的论争在法兰西知识界从来就没有停止过。冷战结束后,由于"大西洋彼岸的超级大国变得愈发飞扬跋扈",法国人对于美国也"变得更具批判性"。③

在"二战"后的德国学界,若要重启这样的论争难免陷入意识形态泥潭。不过,拉采尔公案是个例外,因为美国是拉采尔心目中的楷模。④ 一旦拉采尔被认定为"永远活在希特勒阴影下"的德国历史人物,人们就得全盘重新认识盎格鲁-美利坚生存空间的历史性扩张及其与自由民主意识形态之间的关联。

---

① 比较约翰·法拉格等,《合众存异:美国人的历史》,王晨等译,上海:上海社会科学院出版社,2021,页541-544。

② 伯尔尼德·哈姆、拉塞尔·斯曼戴奇编,《论文化帝国主义:文化统治的政治经济学》,曹新宇、张樊英译,北京:商务印书馆,2015,页47。

③ 理查德·库索尔,《法兰西道路:法国如何拥抱和拒绝美国的价值观与实力》,言予馨、付春光译,北京:商务印书馆,2013,页263,比较页7-9。

④ Jens-Uwe Guettel, *German Expansionism, Imperial Liberalism and the United States, 1776-1945*, Cambridge: Cambridge University Press, 2012, pp. 87-90; Wolfgang Natter, "Friedrich Ratze's Spatial Turn: Identities of Disciplinary Space and its Borders Between the Anthropo- and Political Geography of Germany and the United States", in: Henk van Houtum/Olivier Kramsch/Wolfgang Zierhofer, *B/ordering Space*, New York: Routledge, 2016, pp. 171-185.

欧洲政治成长中的大问题

拉采尔的《政治地理学》以"国家"与"土地"的生存性关联开篇:"国家是立足于土地的有机体(Staat als bodenständiger Organismus)。""土地"(Boden)指地表上可供人寓居的陆地,人类没可能在极地或荒漠上建立国家,而在热带地区、高寒森林和高原地带建立的国家,规模明显较小,地广人稀(《政治地理学》,页1)。如果拉采尔的政治地理学关注的基本问题是国家间争夺和保卫领土的斗争,有趣的问题就出现了:他自己的国家观念所凭靠的领土是怎样的政治土地,其政治边界又是怎样的呢?

拉采尔一生都对政治边界感兴趣,因为他出生且生长在德意志的边界地带——巴登(Baden)公国:西面与法国在德意志三十年战争后获取的阿尔萨斯(Alsace)隔莱茵河相望,南面与瑞士同样如此。莱茵河并非自然界河,自中世纪晚期以来,整个莱茵河流域遍布大大小小且互不相属的德意志封建领地和城市单位,而河流本身则不属于其中的任何一个。这条河流在瑞士境内由"无数小溪以及连成网状的小河和湖泊"汇集而成,流域狭小,行至阿尔萨斯和巴登之间才"奔腾而下"。因此,除瑞士的巴塞尔外,没有第二个跨莱茵河两岸而建的城市,也没有任何一个封建单位"占有一段莱茵河重要河段的两岸"地带,遑论以此为依托建立起一个坚实而具有生命力的政治实体。[1] 不难想见,到了近代或者通常所谓欧洲兴起的十六世纪,当法兰西要成为领土性的民族帝国时,莱茵河流域出现漫长且血腥的边界斗争就会成为自然的历史。

英国的政治地理学家麦金德在第一次世界大战前(1908)出版过一部历史地理学专著——《莱茵河及其河谷和历史》,他这样开篇:

> 1840年,法国的国王是路易·菲利普(Louis Philippe),梯也尔(Thiers)是他的首相,一场大战的恐惧笼罩着欧洲。埃及总督穆罕默德·阿里(Mehemet Ali)建了一支舰队并装备了一支陆军,这威胁到君士坦丁堡的苏丹王位的稳定。局势紧迫,大国之间却产生分歧,在维也纳和柏林的默许之下,俄国出兵

---

[1] 吕西安·费弗尔,《莱茵河:历史、神话和现实》,许明龙译,沈阳:辽宁教育出版社,2003,页16、148、154-155。

占领了博斯普鲁斯海峡沿岸。法国为其盟友埃及总督提出抗议,英国虽然也表示反对,但在英国看来,法国与埃及为解决黎凡特地区混乱局面所采取的手段,和俄国与土耳其的举措差不多一样危险。沙皇看到了机会,为拉拢英国站到自己一边,他从博斯普鲁斯海峡召回军队,以压制获胜的埃及总督。法国如今面临的是曾在1814年征服过它的同样的大国联盟。法国民众义愤填膺,准备投入战争。虽说[英国外交大臣]帕默斯顿(Palmerston)和沙皇尼古拉一世是针对法国的幕后推手,但真正唤起法国尚武精神的,其实是莱茵河爆发战争的可能性。令欧洲惊讶的是,尽管当时德国人民仍分属众多邦国,但他们以一场民族运动来回应[法国的尚武精神]。①

在麦金德眼里,"莱茵河[流域]之所以成为欧洲战事的关键战场(the gage of European battle),既归因于地理因素,也与历史相关"。虽然不能说麦金德已经预见到六年后的第一次世界大战,但这一说法至少表明,他预感到德国与法国将又有一场大战。

回望历史,在罗马帝国时期乃至基督教欧洲萌生初期,情形都不同于此。公元一世纪,罗马人在控制莱茵河西岸后曾试图向东扩张至易北河,还一度短暂建立日耳曼尼亚行省(Germania Magna),诸多日耳曼部族因此而"程度不同地罗马化"。尽管罗马帝国后来不得不"收缩到这条大河及其河谷地带",但它仍然成功地把沿岸众多彼此差异极大的部族纳入"从北海到康斯坦茨湖的大框架之中"。② 公元550年左右,法兰克人的墨洛温王朝(481—751)在征服勃艮第王国后,逐渐将德意志南部各部族融合为巴伐利亚人。意大利北部、图林根以西的德意志中部也承认了墨洛温王朝的主导权,尽管法兰克人在当地的统治势力还相对较弱。在随后的大约一个世纪里,"法兰克国王都将他们的东方国界大致设定在现在的德国和捷克之间",从而"将巴黎至[莱茵河西岸今德国]科隆的地区作为政治中心",这种地位"此后再也没有丧失"。③

---

① Halford Mackinder, *The Rhine: Its Valley and History*, London: Chatto and Windus/New York: Dodd Mead, 1908, pp. 1 - 2;比较 Joseph Aulneau, *Le Rhin et la France, histoire politique et économique*, Paris: Plon, 1921。

② 吕西安·费弗尔,《莱茵河:历史、神话和现实》,前揭,页58 - 62。

③ 克里斯·威克姆,《罗马帝国的遗产:400—1000》,余乐译,北京:中信出版社,2019,页149 - 150。

查理大帝(742—814)迁都到莱茵河西岸的亚琛(Aachen)后,法兰克帝国的边界向东推进得更远,莱茵河成了名副其实的帝国内河。然而,查理大帝驾崩后,他的三个儿子在默兹河畔的凡尔登镇(当时的贸易中心)签订了三分天下的《凡尔登条约》(843):

> 历史上第一次出现了分得一清二楚、政治上得到确认的德意志和法兰西,两者即使算不得仇敌,至少也是对手。长达千年的争斗由此发端。这是写在火漆印封的羊皮纸上的一张出生证,它标志着西欧从此有了一个大问题。(费弗尔,《莱茵河》,页52)

其实,二十多年后(870),查理大帝的两个次子在低地地区的墨尔森镇(Meersen)签订的条约,才实际确定法兰西与德意志的最初边界,而且仅仅是纸面上确立。虽然双方将些耳德河(Scheldt)、默兹河、索恩河(Saône)和罗讷河(Rhône)一线确认为分界线,但当地错综复杂的封建归属关系使得界线不可能完全清晰:

> 没人知道界线的位置,也没有地图标明。居住在边界附近的人们在许多情况下自行决定归属哪方;相比于地理或民族主义的考虑,他们更多地受到归属感和便利的影响。①

默兹河有好几个不同的方言名称(Meuse River, Maas River, Maes River, Mosa River),这表明它属于好些不同的封建单位。在这样的边界地区,封建忠诚归属争端频繁发生,随着争端的解决,两个帝国的边界线才逐渐固定下来,但帝国的统一地理空间这个大问题也随之而来。经历过中世纪后期数百年的封建化过程,又兼德意志人不断向东扩张进入斯拉夫族人的土地,整个基督教欧洲都陷入了碎片式的政治状态。被罗马人含混地统称为"日耳曼蛮族"的各民族从前生活在"狭长的莱茵河和多瑙河边疆地区",彼此并没有什么"共同纽带"。② 在随后的生长过程中,将他们维系在一起的是罗马基督教信仰和封建联姻关系。当这个基督教共同体在十六世纪开始崛起时,仅有"少数几个西欧国家在王朝君主的统治下相互合并,逐渐成为超乎同类的强国":

---

① 诺曼·庞兹,《欧洲历史地理》,王大学、秦瑞芳、屈伯文译,北京:商务印书馆,2020,页144。

② 克里斯·威克姆,《罗马帝国的遗产:400—1000》,前揭,页56-57。

1520年，欧洲有大约500个某种程度上独立的政治实体。导致新国家形成的征服与合并的过程还在继续，直到十七世纪上半叶，中等体量（有利于经济扩张和其他类型的发展）的国家才开始在欧洲占据上风。1650年左右，欧洲的独立国家大致还有350个。①

法国年鉴学派的政治史学家费弗尔（1878—1956）曾满怀思古之幽情地感叹道：罗马人当年建立的从北海到康斯坦茨湖的大框架具有"令人震惊的耐久力"，它"竟然在经过了19个世纪，经历了法国大革命、法兰西共和国和法兰西帝国之后，方才开始更新"——似乎"一战"后的法国有理由恢复法兰克帝国的疆界。② 毕竟，费弗尔这样说，时在1931年，他当然知道却没有提到，查理大帝的三个儿子签订《凡尔登条约》的默兹河谷是巴黎盆地东面的一道天然防御屏障。第一次世界大战爆发之初，德军就在凡尔登以南的默兹河和摩泽尔河之间获取了一个楔形突出部，它插入法国的右侧翼达25公里，切断了凡尔登—土尔铁路和巴黎—南锡铁路。美国远征军抵达战场后，将夺取这个突出部作为发动大规模进攻的首要目标。换言之，罗马人建立的大框架得以"更新"，凭靠的是正在大西洋彼岸崛起的新罗马帝国军队。

这让我们情不自禁地想到，中华帝国早在秦汉时期就成功地把黄河和长江流域众多彼此有差异的部族纳入了一个文明大框架。在此之前，中华帝国的成长也经历了历史上为时最长的碎片化分离期——春秋战国（公元前770—前221）。此后，无论帝国的地理空间有怎样的伸缩，政治统一体的文明大框架始终不绝若线。

与此形成对照的是，经历过更新的欧洲共同体直到今天仍然没有成为一个真正统一的政治单位，尽管"查理帝国的国界与初期欧洲共同体的疆界极其相似"。今天的政治地理学家甚至注意到，"东西德[分治时期]的边界与查理大帝在日耳曼所推进到的边境线并无太大差异"，而欧共体初期的"六国欧洲"（法国、德国、意大利、比利时、荷兰、卢森堡）与查理帝国的疆域"几乎一致"。一旦欧盟"南扩、北扩和东扩之后"，加洛林帝国"作为欧洲认同的源泉"就行不通了，作为政治共同体的欧盟必须寻求建立新的身份认同。③ 这意味着，欧洲的政治成长迄今没有完成。

---

① 马克·格林格拉斯，《基督教欧洲的巨变：1517—1648》，前揭，页324，比较页325–326。
② 吕西安·费弗尔，《莱茵河：历史、神话和现实》，前揭，页52。
③ 杰拉德·德朗提，《发明欧洲》，陈子瑜译，杭州：浙江大学出版社，2020，页48；赫弗里德·明克勒，《执中之权：德国在欧洲的新使命》，李柯译，北京：当代世界出版社，2022，页19–20。

从抽象的社会科学概念出发的历史社会学比较研究也好,基于实证史学的中西对比也罢,都难免在政治史学上遭遇极为棘手的难题。① 决定性的差异在于:经历过"春秋无义战"的动乱,华夏先贤建立起了一套政治伦理,而现代欧洲的政治伦理则源于西方基督教世界兴起时的第一场大规模内战——历时半个多世纪的"意大利战争"(Guerre d'Italia, 1494—1559)。战争前期的1518年10月,为响应教宗提出的休战五年的倡议,在法国国王弗朗索瓦一世和英格兰国王亨利八世的主导下,"法国、英格兰、神圣罗马帝国、教宗国、西班牙、勃艮第和尼德兰的代表签署了一份互不侵犯条约"——《伦敦条约》(Treaty of London),"旨在结束战争并试图在基督徒国家之间建立永久和平"。签约各方未必不真诚,西方基督教世界"国际大家庭的归属感"依然还在。但不到三年(1521),这份条约就形同废纸,一份新的协议"从根本上否认了《伦敦条约》的有效性"。难怪同时代的意大利智识人会得出极为悲观的教训:必须否弃古希腊先贤和基督教的政治伦理,一切事功只能依赖赤裸裸的实力和不择手段的作为——如今的政治史学家称为"马基雅维利时刻"。②

基督教欧洲的封建亲缘关系错综复杂,当封建单位转型为领土性政治体时,边界的移动远比地表上的其他地区复杂多变且充满血腥争斗,这并非不可理解。③ 对政治史学家来说,难以理解的是,拉采尔对政治边界问题感兴趣,自己却倒在了自然科学与政治的边界上。在某些西方政治史学家眼里,拉采尔是德意志文史上的诸多悲剧人物之一,他用自己的生物地理学描绘的世界"有机体"已经因欧洲诸政治体相互争夺生存空间而支离破碎。但这是基督教欧洲的政治成长引出的问题,与我们直接相关。但对我们来说,拉采尔首先是个问题人物——这个问题就是:我们对欧洲现代文明的德性品质真的认识清楚了吗?

---

① 比较许田波,《战争与国家形成:春秋战国与近代早期欧洲之比较》,徐进译,上海:上海人民出版社,2009;赵鼎新,《国家、战争与历史发展:前现代中西模式的比较》,杭州:浙江大学出版社,2015。

② 马克·格林格拉斯,《基督教欧洲的巨变:1517—1648》,前揭,页334 - 340;比较蒲利民,《意大利战争研究:1494—1559》,北京:社会科学文献出版社,2018,页47 - 49、275、281;Jacques Pirenne, *The Tides of History*, Volume II: *From the Expansion of Islam to the Treaties of Wsetphalia*, New York: E. P. Dutton & Co., Inc., 1963, pp. 419 - 429; Michael Edward Mallett/Christine Shaw, *The Italian Wars 1494—1559: War, State and Society in Early Modern Europe*, New York: Routledge, 2012。

③ 维克多·普莱斯考特、吉莉安·崔格斯,《国际边疆与边界:法律、政治与地理》,孔令杰、张帆译,北京:社会科学文献出版社,2017,页9 - 10。

德意志政治成长中的大问题

拉采尔离世前正在撰写自传性随笔集《幸福岛与梦想：出自边境的短文》。直到今天，这部文笔优美的未竟之作还是德国青年的休闲读物——开篇对家乡的深情描写充满田园牧歌风味，让人流连忘返。由于拉采尔的文笔，"历史的乡土"（historischer Landschaft）早在二十世纪初就成了学术用语，还越出地理学界广为流行。①

普鲁士王国位于东欧与中欧之间破碎地带的北部，当它孵化出德意志帝国（1871—1918）时，拉采尔已经27岁，但他出生在德意志西南部施瓦本地区莱茵河左岸的巴登公国，并非普鲁士人。德意志人的土地上邦国林立，"从中世纪到法国大革命再到拿破仑时代，[其边界]从来就没有得到过清楚界定"。② 十八世纪的"七年战争"（1756—1763）和十九世纪初的拿破仑战争（1803—1815）期间，巴登公国曾站在法国一边与普鲁士王国作战，而当时的普鲁士王国与其说是"民族国家"，还不如说是带有开明专制性质的"理性国家"（Rationalstaat）。③ 1848年欧洲爆发共和革命风潮时，巴登公国是德意志地区唯一宣告建立民主共和国的邦国（1849），尽管由于普鲁士王国出兵镇压，很快又恢复了君主制。德意志人拉采尔属于哪个"国家"？对他来说，何谓"国家间的竞争"？他要保卫的领土有明确边界吗？凡此都是问题。

《政治地理学》问世时，德意志帝国立国已有二十余年，拉采尔脚下不是已经有了自己所属的国土吗？的确如此，但又未必尽然。说拉采尔有了自己要保卫的民族国家，似乎还谈不上。凭靠普法战争从法国夺取的阿尔萨斯和洛林两地约有4100万居民，"他们中的大多数并不称自己为德国人"，而"北海和波罗的海的港口居民仍以汉萨人自居"。巴伐利亚人、巴登人、萨克森人满怀"地方主义自豪感"，也

---

① Heinz Gollwitzer, "Die politische Landschaft in der deutschen Geschichte des 19./20. Jahrhunderts. Eine Skizze zum deutschen Regionalismus", in Heinz Gollwitzer, *Kultur – Konfession – Regionalismus. Gesammelte Aufsätze*, Berlin: Duncker & Humblot, 2008, S. 300.

② 米夏埃尔·施蒂默尔，《德意志帝国：一段寻找自我的国家历史（1848—1918）》，李超译，北京：中信出版社，2017，页9。

③ 塞巴斯蒂安·哈夫纳，《不含传说的普鲁士》，周全译，北京：北京大学出版社，2016，页117。

不称自己是德国人。① 政治史学家有理由说,统一的德意志帝国其实"像人造国家似的,由一些分离的碎片拼制"而成:

> 在这里,无论从领土面积还是从典型的行政手段来说,普鲁士都拥有领导权,但它并未在总体上成为一个主心骨,大量的河流和公国导致了非常明显的地方本位主义。诸多地区和邦国各自为阵,夸耀自己的生活方式、习惯、方言,几乎是其地理环境上有多少不同,这些方面就有多少不同。②

用今天的说法,德意志帝国并没有形成真正的民族国家认同,即便为了阿尔萨斯的归属问题,法兰西和德意志的学界名流,如史学家古朗热与蒙森、宗教学家勒南与大卫·施特劳斯之间,也打了多年口水战,双方的民族主义情绪难分高下。③

所谓"地方主义"(Regionalismus)情感尤其表明,德意志的传统封建势力阴魂不散:

> 慕尼黑、斯图加特和德累斯顿——以及它们所代表的地区——在新成立的德意志帝国里面所保留的特殊邦国意识与部族意识,远远多过柏林和普鲁士。④

"地方主义"封建势力长期顽固不化,这并非德意志地区特有的政治现象,而是欧洲政治成长的历史表征。差异在于,英格兰和法兰西王国的绝对君主制成功抑制了地方主义,而神圣罗马帝国松散的政制结构却使得德意志和意大利地区的地方主义势力很难根除,以至于两地都迟迟不能形成统一的政治单位。⑤

---

① 米夏埃尔·施蒂默尔,《德意志帝国:一段寻找自我的国家历史(1848—1918)》,前揭,页43。

② 里昂耐尔·理查尔,《魏玛共和国时期的德国》,李末译,济南:山东画报出版社,2005,页43。

③ 黎英亮,《何谓民族?——普法战争与厄内斯特·勒南的民族主义思想》,北京:社会科学文献出版社,2015,页158 – 208。

④ 塞巴斯蒂安·哈夫纳,《不含传说的普鲁士》,前揭,页235。比较 Heinz Gollwitzer, "Die politische Landschaft in der deutschen Geschichte des 19./20. Jahrhunderts. Eine Skizze zum deutschen Regionalismus",前揭,页299 – 324。

⑤ 参见 Arnoud Arnoud Lagendijk, "Regionalization in Europe: Stories, Institutions and Boundaries", in: Henk van Houtum/Olivier Kramsch/Wolfgang Zierhofer, *B/ordering Space*, New York: Routledge, pp. 77 – 89; Hans G Wehling/Dirk Gerdes, *Regionen und Regionalismus in Westeuropa*, Stuttgart: Kohlhammer, 1987; Paul—Joachim Heinig 等编, *Reich, Regionen und Europa in Mittelalter und Neuzeit*, Berlin: Duncker & Humblot, 2000; Michael Mäs, *Regionalismus, Nationalismus und Fremdenfeindlichkeit*, Wiesbaden: VS Verlag für Sozialwissen – schaften, 2005。

如果要举一个例子的话,那么,位于德意志西北部"一片不为人知的隐秘角落中"的绍姆堡－利佩(Schaumburg－Lippe)公国(今下萨克森州一个毫不起眼的狭小角落),算得上是这种地方封建势力的历史典型:

> 这片土地规模如此狭小,人口尚不足 5 万,甚至难以称作一个"国家"。然而,凭借巧妙的计策和天赐的好运,绍姆堡－利佩公国得以幸存至 1918 年德国革命时期,该公国的统治家族始终居住在风光秀丽的微型小镇比克堡的家族宅邸中,直至今日。①

更要命的是,相互冲突的各种现代政治主张也开始撕裂新生的德意志帝国。1878 年的 5 月 2 日和 6 月 2 日,已经 81 岁高龄的德意志皇帝威廉一世(1797—1888)两次遭遇激进分子刺杀:第一次子弹打偏,虚惊一场,第二次则让皇帝身受重伤。② 帝国首相俾斯麦(1815—1898)抓住机会,强行推出限制激进党派的特别法案。如今的自由主义史学家认为,这完全违背"自由的法制国家原则"。因为,刺杀德皇事件表明,"民族主义的敌人已不再是右派,而是左派——即左派自由党和社民党中或真或假的国际主义分子"。帝国建立之前,德意志的激进民族主义者大多是追求代议民主制的自由派知识人,而后来新的民族主义者却是早先远离民族运动的普鲁士容克地主、"厌倦了商业竞争的手工业者和小商贩",以及"很多受过良好教育的市民阶层"。③ 五十年后,魏玛民国政府迫于自由民主法制国家原则的舆论压力,不敢剪灭右翼激进民主政党,其结果谁都知道。吊诡的是,如今的自由派政治史学家却把历史责任推给了"反民主思想"。据说,"德国人感到自己与自由主义和民主不存在特别关联",这才"让他们比较容易接受纳粹统治"。④

凡此情形都属于政治地理学范畴,拉采尔的《政治地理学》与此有什么关系吗?答案是肯定的,因为拉采尔是个有自由主义信念的民族主义者。只不过,这种关系

---

① 西蒙·温德尔,《日耳曼尼亚:古今德意志》,吴斯雅译,上海:上海社会科学院出版社,2018,页 409。
② 理查德·埃文斯,《竞逐权力:1815—1914》,胡利平译,北京:中信出版社,2018,页 781－782。
③ 海因里希·温克勒,《永远活在希特勒阴影下吗?》,丁君君译,北京:生活·读书·新知三联书店,2011,页 33－34。
④ 弗里茨·斯特恩,《非自由主义的失败:论现代德国政治文化》,孟钟捷译,北京:商务印书馆,2015,页 253;比较库尔特·松特海默,《魏玛共和国的反民主思想》,安尼译,南京:译林出版社,2017,页 87－170。

由世界历史的诸多偶然因素交织而成，极为复杂难辨——拉采尔出生的地方就是一个恰切的例证。

拉采尔的出生地卡尔斯鲁厄(Karlsruhe)城位于德意志西南部黑森林西麓莱茵河左岸，右岸不远便是德意志人与法兰西人长期争夺的阿尔萨斯。作为巴登公国首府所在地，卡尔斯鲁厄这座小城的历史很短，始建于1715年，当时的巴登不过是神圣罗马帝国中的一个小伯国。1805年12月，拿破仑在奥斯特里茨(今捷克第二大城市Brno[布尔诺]附近)击败俄奥联军，半年后(1806年7月)，这位法兰西的"人民皇帝"便将包括巴登在内的德意志南部和中西部位于莱茵河两岸的十六个德意志邦国黏合成统一的政治单位——莱茵邦联(Rheinbund，1806—1813)。不到一个月(1806年8月)，神圣罗马帝国皇帝弗朗茨二世(1768—1835)主动改称自己为奥地利皇帝弗朗茨一世，年逾千祀的神圣罗马帝国从此作古。

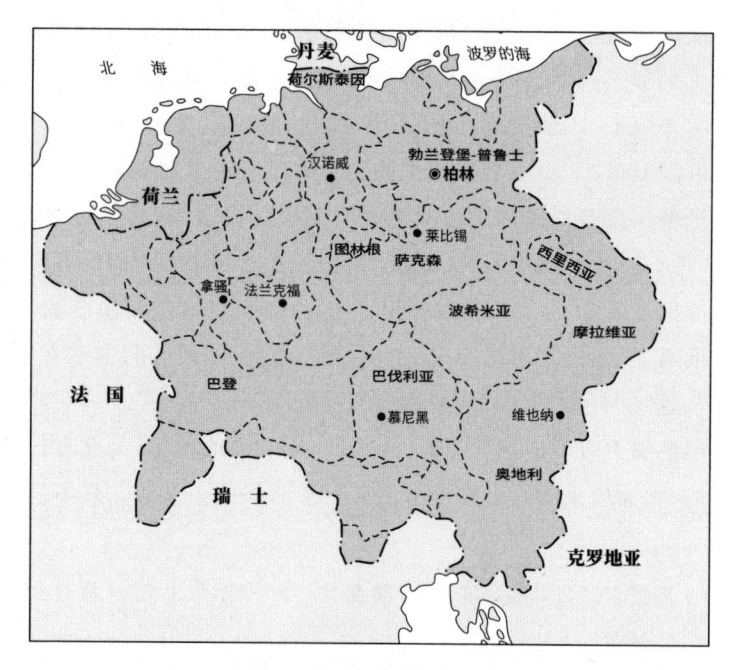

解放战争时期的德意志
据孟钟捷、霍仁龙《地图上的德国史》(上海：东方出版中心，2016)页94绘制

在接下来的数年里，陆续有二十多个德意志小邦国申请加入莱茵邦联。此前，神圣罗马帝国属下有上千德意志小邦国，如今收缩为不到四十个。各君主制邦国

在联邦制下集合而成的这个德意志政治统一体虽然是单一民族国家,却显得像是在模仿美利坚合众国:不仅颁布了联邦宪法,设立了联邦权力机构——邦联议会,还规定了各邦所拥有的独立主权范围。

与此形成对照,当时的普鲁士王国因包含部分波兰民族而显得是一个"双民族国家",其版图囊括从华沙到科隆之间的整个地带,大致相当于"二战"后东德与波兰的结合。① 奥地利帝国则是多民族政治体,不仅包含匈牙利和波希米亚两大民族,还有巴尔干半岛的诸多南部斯拉夫民族,以至于这个帝国"没有一个在数量上明显处于支配地位的主要民族"。② 奥地利大公约瑟夫二世(1741—1790)在位期间,一本捷克语的小学课本这样写道:

> 通过"祖国"(vlast)一词,我们了解到祖国不但是我们出生的地方,我们还在这片土地上生活,享受安全与保护。所有由一个皇帝、一个国王,或者是其他的最高统治者统治的土地,都可以被看作一个祖国。因此,不仅仅波希米亚、摩拉维亚、奥地利、匈牙利以及其他一切属于我们君主的土地,都是我们的祖国。③

莱茵邦联虽然是单一民族的政治单位,却并不拥有独立主权,因为这个德意志政治单位的最高元首是拿破仑,他手握邦联的外交和军事大权。更为奇妙的是,莱茵邦联由封建君主邦国构成,政治氛围却整个儿笼罩着法国大革命带来的共和精神——这就是拉采尔出生并成长的地缘政治处境。

1803年,巴登伯国晋升为选侯国,而当拿破仑的革命军队把德意志人从神圣罗马帝国中"解放"出来时(1806),巴登又晋升为公国。拉采尔的父亲是巴登大公的宫廷侍从(Kammerdiener),家境并不富裕。拉采尔15岁中学毕业后,按父母所愿进了一所药剂学校——相当于如今的技术"中专"。学校的主要课程是植物学、动物学和化学,拉采尔却更钟情于十八世纪的德意志古典文学,因此对语文学尤其古典语文(拉丁语和古希腊语)产生了浓厚兴趣。他利用晚上和周末刻苦自学,毕业后做助理药剂师时,又先后拜两位古典语文学教授为师,认认真真念古典作品(尤其

---

① 塞巴斯蒂安·哈夫纳,《不含传说的普鲁士》,前揭,页113。
② 高晓川,《奥匈帝国民族治理研究》,北京:时事出版社,2017,页28。
③ 转引自彼得·贾德森,《哈布斯堡王朝》,杨乐言译,北京:中信出版社,2017,页49。

喜欢贺拉斯的诗歌和李维的《罗马史》),相当于靠拜师加上自学完成了人文中学课程。[1] 拉采尔后来不仅成了自然科学和社会科学大家,也是享誉读书界的散文作家,与此不无关系。他的学术论文和著作大多以富有弹性的随笔风格写成,文辞有时接近诗歌——史称"自然美学文章"(Naturästhetische Schriften)。他相信,"对许多人来说,诗歌和艺术作为自然的翻译者远比科学更好"。[2]

药剂学校的课程激发了拉采尔研究动物的热情,因为他遇上了刚刚兴起的"达尔文热"。他说服父母同意他继续念大学,而非当药剂师了此一生。这年拉采尔已经22岁(1866),他在海德堡大学注册学习动物学、地质学、比较解剖学,仅用两年时间就完成了博士论文《寡毛类动物的解剖学和系统性认知》。[3] 这个论题表明,拉采尔已经是一个热忱的达尔文信徒。

生物学与自由欧洲的成长法则

1859年11月,查尔斯·达尔文(1809—1882)的《物种起源》出版。此书上市当天,1250本即销售一空。一个半月后,达尔文对大著稍作修改,尤其在"结尾部分增加了有关对上帝的评注",以防招惹政治麻烦,又印了三千册,随即"引发轩然大波"。[4]

就在这一年,意大利半岛爆发了第二次"独立战争"(1859—1861)。《物种起源》的出版固然与这场战争没有直接关联,但从政治史学的角度看,情形又未必如此。毕竟,《物种起源》的出版为欧洲民族国家的政治成长注入了新的液体燃料。

早在21年前(1838),达尔文就得出了有关生物进化的新观点。物种并非固定不变,它会在生存斗争中发生变异,这被看作是自然选择的结果:

---

[1] Günther Buttmann, *Friedrich Ratzel. Leben und Werk eines deutschen Geographen*: 1844 – 1904, Stuttgart: Wissenschaftliche Verlagsgesellschaft, 1977, p. 24.

[2] Gerhard H. Müller, *Friedrich Ratzel (1844 – 1904). Naturwissenschaftler, Geograph, Gelehrter: Neue Studien zu Leben und Werk und sein Konzept der "Allgemeinen Biogeographie"*, Stuttgart: G. N. T. Verlag, 1996, p. 64.

[3] Friedrich Ratzel, *Beiträge zur anatomischen und systematischen Kenntnis der Oligochaeten*, 1868.

[4] 帕特里克·托特,《达尔文:进化论之父》,花秀林、毕笑译,上海:上海译文出版社,2005,页76。

由于生存斗争此起彼伏,倘若任何生物所发生的无论多么微小的变异,只要能通过任一方式在错综复杂且时而变化的生活条件下有所获益,获得更好的生存机会的话,便会被自然选择了。①

不难看到,所谓"自然选择"与"生存斗争"几乎是同义词。据达尔文说,这种"生存斗争"或"自然选择"的进化观不仅来自他随皇家海军军舰"贝格尔"号(the Beagle)环游世界长达五年做自然考察的经验,半个多世纪前,托马斯·马尔萨斯(1766—1834)的《人口原理》对他的启发同样重要。达尔文是纯粹的自然学家,而马尔萨斯的这部极具争议之作诞生于法国大革命时期的一场论战,它不是狭义的经济学著作,而是十足的政治论战之作——用今天的话说,马尔萨斯是政治作家。我们应该感到好奇:达尔文怎么会受他的影响?

马尔萨斯与英格兰帝国的成长

马尔萨斯的父亲丹尼尔·马尔萨斯崇拜休谟和卢梭,是个坚定的启蒙进步论者。小马尔萨斯生下来三周时,丹尼尔曾约请造访英格兰的卢梭与休谟一起聚谈,两位哲学家"也许吻过这个婴儿",通过这种方式"给这个孩子赐予了种种天赋"。② 小马尔萨斯早年就读剑桥大学耶稣学院,毕业后按父亲的愿望做了牧师,同时在耶稣学院任教。但他更关心英格兰王国的政治成长,其处女作《危机:一个宪法支持者对大不列颠有趣近况的看法》(1796)直言批评英国政府实行的自由放任经济政策。

当时,法国的大革命已经进行到督政府阶段(1795年11月—1799年10月),而时任英国首相的小威廉·皮特(1759—1806)一心专注于英国的经济改革,对国外发生的政治狂澜"不太敏感",或者说对法国专制王权的灭亡并不在意。对他来说,"如果法国人决定反叛他们的统治者,那是他们自己的事;如果他们要求步英国之后尘建立君主立宪制,这可能是件好事",但这与英格兰"没有多少关系"。小威廉·皮特"对辉格党反对派积极支持法国革命的活动置若罔闻,对柏克等人关于君主制和文明社会的原则受到法国革命威胁的警告也不予理睬"。③

1788年,为纪念英国"光荣革命"100周年,伦敦的激进政治人成立了"革命协

---

① 查尔斯·达尔文,《物种起源》,苗德岁译,南京:译林出版社,2013,页3。
② 付利,《马尔萨斯》,北京:中国财政经济出版社,2006,页15-16。
③ 温斯顿·丘吉尔,《英语人民史·第三卷:革命的时代》,薛力敏、林林译,海口:南方出版社,2004,页190。

会"(Revolution Society),其成员多为"不从国教者"(Dissenter)。没过多久,巴黎就暴发了针对王权的革命。"革命协会"成员欢呼雀跃,他们相信,巴黎事件继承了"光荣革命"的精神。1789年11月初,协会领军人物、英国政坛老将理查德·普赖斯(1723—1791)在协会发表演说,呼吁英国人支援巴黎人的革命行动。他将巴黎事件与美国革命联系起来,甚至认为英国的"光荣革命"其实还没有完成,因为英国人民尚未实现将君主从王位上赶走的自然权利。在今天看来,尤其值得注意的是,普赖斯提出了一种"不从国教者"的爱国主义观:"国家"的含义不是我们碰巧生长于斯的土地和同胞,而是自由的政制——真正的而非"虚假的"(spurious)爱国主义者不会把自己的母国而会把自由和人权之类的理念视为最高价值。因此,英国的"不从国教者"首先应是世界公民,其次才是英国公民,他们没有理由不声援发生在巴黎的争取自由民主的斗争。若要说普赖斯的这番言论是1990年代以来盛行全球舆论界的"普世价值"论的雏形,绝不为过。①

普赖斯对演讲稿稍加修饰,很快就以"论热爱我们的国家"(A Discourse on the Love of Our Country)为题出版了小册子。埃德蒙·柏克(1729—1797)对普赖斯支持巴黎动乱的激进政治主张"怒不可遏",随即撰写了题为"反思法国大革命"的著名论战长文。普赖斯的小册子并不仅仅是在声援法国革命,毋宁说,它更多针对的是英国自"光荣革命"以来一直没有停歇的激进派与保守派之间的政治论争。同样,柏克的檄文也并不仅仅是在"反思法国大革命",它警告英国会出现模仿法国革命的激进思想取向——他称之为"法兰西化的新共和辉格主义"(new republican Frenchified Whiggism)。事实上,这已经不是保守的柏克与激进的普赖斯之间的首次交锋。②

---

① Duthille Rémy,"Richard Price on Patriotism and Universal Benevolence", in *Enlightenment and Dissent*, 28(2012), pp. 26 – 28; Carl B. Cone, *Torchbearer of Freedom: The Influence of Richard Price on 18th Century Thought*, Lexington: University of Kentucky, 1952, pp. 177 – 184.

② 杰西·诺曼,《埃德蒙·柏克:现代保守政治教父》,田飞龙译,北京:北京大学出版社,2015,页150 – 153、160 – 167; Carl B. Cone, *Torchbearer of Freedom: The Influence of Richard Price on 18th Century Thought*,前揭, pp. 187 – 195; John Faulkner,"Burke's First Encounter with Richard Price: The Chathamites and North America", in Ian Crowe(ed.), *An Imaginative Whig: Reassessing the Life and Thought of Edmund Burke*, Missouri: University of Missouri Press, 2005, pp. 93 – 126。比较埃德蒙·柏克,《反思法国大革命》,张雅楠译,上海:上海社会科学院出版社,2014。

英国政治人随即陷入支持或反对革命的激烈论争。对柏克文最早也最为著名的反驳出自托马斯·潘恩(1737—1809),正是他在1776年通过一系列随笔政论文让英属美洲殖民地的动乱转变为一场政治革命——不用说,潘恩称得上是启蒙式"世界公民"的典型代表。在今天看来,尤其重要的是,潘恩的政论文所营构的"普世价值"观修辞,仍然是左派和右派政治文人的标准文风。①

潘恩反驳柏克的论战性小册子《人的权利》虽然迄今还在继续发挥教化作用,但就思想深度和理论分量而言,它显然不及时年30多岁的威廉·葛德文(1756—1836)的《政治正义论》(全名为"论政治正义及其对一般德性和幸福的影响")。仅从书名来看,葛德文就不打算就事论事,而是要探究人世政治的根本——用他自己的话来说,他的抱负是"把政治科学中最好和最自由的东西融贯为一个体系"。葛德文并没有站在潘恩的立场上继续反驳柏克,反倒是在一开始就重述了柏克在1756年发表的处女作《为自然社会一辩》(*A Vindication of Natural Society*)中的观点,并称赞此书"以无可比拟的说服力和光辉的辩才表述了现存的政治制度及其弊害"。不难看出,葛德文试图超越柏克和潘恩的保守与激进的对立,走出一条折中之道。但如业内人士所知,葛德文实际建构出的是更为激进的史称无政府主义或"空想社会主义"的政治主张,甚至开启了后来浪漫主义政治思想的先河。②

应该注意到,葛德文在序言中说,除斯威夫特外,他的思想资源都来自法国人(霍尔巴赫、卢梭、爱尔维修)。这意味着,大革命前的启蒙哲学与眼下正在发生的政制变革之间,首次建立起了直接联系。此外,葛德文起初是边写边在杂志上连载,巧合的是,全书杀青(1792年9月)之后不到半年,法国国民议会就将国王路易十六(1754—1793)送上了断头台。由于有人攻击《政治正义论》"带有挑唆和煽动的性质",葛德文在两年多后推出修订版(1795年10月)时不得不申明,"没有人会比本书的作者更强烈地反对骚乱和暴动;也没有人会比他更渴望避免以最间接的

---

① Steven Blakemore, *Intertextual War: Edmund Burke and the French Revolution in the Writings of Mary Wollstonecraft, Thomas Paine, and James Mackintosh*, Madison: Fairleigh Dickinson University Press, 1997, pp. 84 – 123. 比较托马斯·潘恩,《人的权利:驳柏克并论法国大革命与美国革命》,田飞龙译,北京:中国法制出版社,2011。

② 威廉·葛德文,《政治正义论》,何慕李译,北京:商务印书馆,1980/2011,页12。详见 Peter Marshall, *William Godwin: Philosopher, Novelist, Revolutionary*, New Haven: Yale University Press, 1984/Oakland: PM Press, 2017, pp. 77 – 92, 107 – 108, 195 – 196; Richard G. Thomas, *William Godwin: A Political Life*, London: Pluto Press, 2019, pp. 13 – 16。

方式支持仇视和流血"。但他同时也承认,第一版的写作态度是"彻底的坦率和毫无保留",即使某个见解如今看来"变得不恰当了",但"要想把它扭转过来也显然是太晚了"。尽管如此,葛德文还是"毫不可惜地删掉了"许多"并没有经过深思熟虑就匆匆忙忙强迫读者接受"的东西。这足以表明,葛德文"以非凡的热情从事写作",并不能保证他的大著不会充满"粗糙的和幼稚的提法"。①

《政治正文化》第一版问世时,法国革命正进入雅各宾专政时期,半年后(1793年7月),数学家兼革命家孔多塞(1743—1794)因被怀疑是吉伦特派骨干成员而遭通缉。吉伦特派高层人士委托已故雕塑家韦尔纳的遗孀将孔多塞藏匿在自己的庄园,在那里,孔多塞着手撰写让他留名青史的《人类精神进步史表纲要》。三个月后的一天(10月31日),雅各宾专政当局将32名吉伦特派议员送上革命广场的断头台,整个行刑过程仅"用了38分钟",即差不多一分钟斩下一颗曾经是自己的革命同仁的头颅。正在勾勒人类文明进步路线的孔多塞得知消息后,把头埋在韦尔纳夫人怀里,不禁失声痛哭。除了因为失去亲爱的战友,孔多塞的眼泪中"还有别的痛苦,而这他从来没有言明过"。② 已经50岁出头的孔多塞也许突然意识到,在他所勾勒的人类精神进步史中隐含着某种让人无法承受的痛苦。

罗伯斯庇尔没有放过藏匿起来的孔多塞,他在公开谈话中嘲笑孔多塞是"懦夫",不敢为自己写的"那些破坏自由的欺诈文章"负责(同上)。孔多塞知道自己不能逃脱厄运,为了不连累家人,在《人类精神进步史表纲要》杀青后,他毅然走出庄园,入狱两天后自杀身亡,堪称名副其实的革命志士。

《人类精神进步史表纲要》很快被译成英文(1795)。它与葛德文的《政治正义论》第二版相互辉映,两者都对人类社会的完善抱有十分乐观的憧憬,为围绕革命的正当性爆发的思想论争又添加了一把火。老马尔萨斯对葛德文和孔多塞的著作击节赞叹,他希望自己的儿子也能成为这样的进步主义信徒,因此要求儿子阅读这两部激进之作,并一起深入讨论。③ 小马尔萨斯这年31岁,智力早已独立。他自称"生来性情忧郁",出自本能地反感激进政治——如今称为生性"思想保守",葛德文和孔多塞的书让他实在看不下去。他甚至认为,其中"新颖而奇特的政治见解把人

---

① 威廉·葛德文,《政治正义论》,前揭,页3-4、6-8。
② 伊丽莎白·巴丹特尔、罗贝尔·巴丹特尔,《孔多塞传》,马为民、廖先旺、张祝基译,北京:商务印书馆,1995,页385-390。
③ 付利,《马尔萨斯》,前揭,页24-25。

搞得头晕目眩、目瞪口呆",毫无益处。为了说服父亲放弃进步论信念,马尔萨斯写了《人口原理》,并在一开始就提出一个"重大问题":

> 人类究竟是从此会以加速度不断前进,前景远大得不可想象呢,抑或注定要永远在幸福与灾难之间徘徊,做出种种努力后,仍然距离想要达到的目标无限遥远?①

即便在科学技术相当进步的今天,人类是否还"在幸福与灾难之间徘徊",仍然是个天大的问题。葛德文的著作已经介入柏克-潘恩的大革命正当性之辩,今天的我们没有理由把旨在反驳葛德文和孔多塞的《人口原理》仅仅看作政治经济学乃至所谓社会理论著作。② 毋宁说,《人口原理》是涉及重大政治问题论争的政治论说。理查德·普赖斯在1770年代就写过"论英国人口"的文章,并引发过论争。自"光荣革命"以来,英国人口不断减少,于是有了革命给国家带来的究竟是利还是弊的问题。马尔萨斯称赞普赖斯"要比其对手对这一问题的了解更全面、更精确",但他不同意普赖斯以英属美洲殖民地为例认为,"最初的、纯朴的文明阶段,最有助于人口的增加",甚至"最有助于增进人类的幸福"。毕竟,"美国人的幸福与其说取决于其特有的文明状态,还不如说取决于其作为新殖民地的特有状况,即取决于其拥有大量未耕种的肥沃土地"。即便"美国较高程度的公民自由对工业和人口的增长以及人民的幸福有促进作用,但公民自由无论能产生多么强大的影响,也创造不出新土地来"。③

不难看出,这场关于"人口"问题的论争,与英国正在成为世界性大国的内在冲动相关。因此,有眼力的政治史学家甚至从《人口原理》中看到了英格兰王国的世界帝国想象——事实上,马尔萨斯"一直是帝国主义思想体系的开山鼻祖之一"。英国与其美洲殖民地的关系是触发这一帝国想象的重要原因,因为那里的盎格

---

① 托马斯·马尔萨斯,《人口原理》,朱泱、胡企林、朱和中译,北京:商务印书馆,2017,页3。
② 比较 Marilyn Butler, *Burke, Paine, Godwin, and the Revolution Controversy*, Cambridge: Cambridge University Press, 1984, pp. 149–178。
③ 托马斯·马尔萨斯,《人口原理》,前揭,页120–121、130–132。比较 Richard Price, *Political Writings*, D. O. Thomas (ed.), Cambridge: Cambridge University Press, 1991, pp. 56, 125, 148(这部文集没有收入普赖斯论人口问题的专题文"An Essay on the Population of England, from the Revolution to the Present Time", 1780)。详见 Anthony Page, "War, Public Debt and Richard Price's Rational Dissenting Radicalism", in *Historical Research*, 91(251), 2018, pp. 108–109。

鲁-美利坚人刚刚发生了一场脱离宗主国的"分离主义"叛乱,而南部(南美洲)也即将发生一系列类似的反叛。① 用温斯顿·丘吉尔的说法,那个时候——

> 第一大英帝国声名狼藉,几乎从地图上消失。另一个大英帝国正在加拿大、印度和澳洲发展起来,库克刚刚标出这个很少为人所知的澳州大陆的航海图。有些人认为,帝国应在经济上保持一个紧密的整体,殖民地在贸易方面要永远服从宗主国,同其他国家进行贸易时应受到全面限制,这种观点已经被证明极端有害。如今时机已经成熟,应该阐明自由贸易的原则了。②

《人口原理》出版一个月后,信奉亚当·斯密的小威廉·皮特也深受触动,他随即召见了马尔萨斯。③ 而当达尔文将马尔萨斯的基本观点引入生物地理学时,大英帝国已经进入走向世界帝国的维多利亚时代(Victorian era, 1837—1901),"英国思想的模式和焦点"也正在发生一场革命。"与这场革命最明显相关的名字首先是达尔文,其次是斯宾塞和马尔萨斯",而马尔萨斯是起点——这样说不会有错,但若认为,他们的论说"都与一些涉及社会性质和社会政策的保守、反动或非道德的观点有关",那就未必准确了。④

无论如何,达尔文的观点说不上"保守",而马尔萨斯的"人口论"则说不上"非道德"。值得关注的问题仍然是,马尔萨斯的政治论战作品怎么会对达尔文的生物学探究有启发呢? 不妨看看达尔文自己在《物种起源》中是怎样说的:

> 由于所有的生物都有着高速繁增的倾向,因此必然就会有生存斗争。[……]由于产出的个体数超过可能存活的个体数,故生存斗争必定无处不在,不是同种的此个体与彼个体之争,便是与异种的个体间作斗争,抑或与生活的环境条件作斗争。这便是马尔萨斯的学说应用于整个动物界和植物界时所产生的数倍力量;因为在此情形下,既不能人为地增加食物,也不能谨慎地约束

---

① 哥尔维策尔,《黄祸论》,前揭,页12-13;详参 Alison Bashford/Joyce E. Chaplin, *The New Worlds of Thomas Robert Malthus: Rereading the Principle of Population*, Princeton: Princeton University Press, 2016, pp. 17-53。
② 温斯顿·丘吉尔,《英语人民史·第三卷:革命的时代》,前揭,页188。
③ 付利,《马尔萨斯》,前揭,页33。
④ 迈克尔·弗里登,《英国进步主义思想:社会改革的兴起》,曾一璇译,北京:商务印书馆,2018,页126-127。

婚配。虽然某些物种现在可以或多或少迅速地增加数目,但是并非所有的物种皆能如此,因为这世界容纳不下它们。①

马尔萨斯不相信葛德文和孔多塞的文明进步论,理由是孔多塞竟然以为,"在人们现有的天赋不变,有机体也不变的假设下,已足以证明人类具有无限的可完善性",甚至把这种"可完善性"视为一种"自然法则",这实属荒谬。说到这里时,马尔萨斯以植物的栽培和动物的繁殖为例反驳孔多塞:

> 由野生植物变成美丽的园花,也许是比动物界的任何变化都更为明显和惊人的进步,但即使在这里,断言这种进步是无所限制的或无定限的,也极其荒谬。植物改良的一个最明显的特征是体积增大。花卉通过栽培而逐渐增大。如果进步真是无限的,则其体积应当也可以无限增大,但这极端悖谬,因而我们完全可以肯定,植物的改良同动物的改良一样有其限度,虽然我们不确切知道这个限度在哪里。②

无论葛德文还是孔多塞,其进步论都以新生的生物科学为基础,而马尔萨斯同样凭靠生物学反驳进步论,似乎新的生物学知识既能支撑激进的革命论说,也能为保守的政治主张辩护。③ 针对孔多塞的人类文明历史阶段论,马尔萨斯宁可相信古老的自然生命法则——基于有机体德性差异的生存冲突法则。比如,某些部落通过连续不断的战争占取了较为富庶的地区,"由于生活资料增多,人口和实力"迅速增加,这看起来是一种进步,可是,它们往往又"被许多勇猛强悍、富于冒险精神而又耐劳好战的野蛮人部落"征服。"一些部落保持了自己的独立地位",而"另一些部落则归属于某个蛮族酋长的麾下,这个酋长带领他们从胜利走向胜利"。马尔萨斯进一步说,"也许是为了荣誉,为了赢得大征服者的名声",某些酋长征战不息,导致未开化民族大迁徙,但迁徙的"真正原因"其实是"食物的匮乏,人口的增长超过了生活资料的增加"。④

马尔萨斯所说的"为了荣誉,为了赢得大征服者的名声"的那类酋长是否寓指正

---

① 查尔斯·达尔文,《物种起源》,前揭,页42(译文略有改动),比较页3。
② 托马斯·马尔萨斯,《人口原理》,前揭,页63—64。
③ Robert M. Young, *Darwin's Metaphor: Nature's Place in Victorian Culture*, Cambridge: Cambridge University Press, 1985/1994, pp. 24–26.
④ 托马斯·马尔萨斯,《人口原理》,前揭,页20。

在崛起的大英帝国,另当别论。我们应该意识到,这种说法显得是马基雅维利的两种征服论的升级版,两者都带有地缘政治要素。在马基雅维利看来,人类之间的征服不外乎两种情形:一种是由"必然性"促动的征服,即某个民族因"疾病、饥荒或战争而被迫背井离乡",进入另一块土地,杀戮其住民、夺取其土地,在那里继续繁衍生息;另一种是某个君主为了实现个人抱负而进行的征服,即夺取新的土地"不是为了在那里居住,而是为了他自己的荣誉"。[1] 此外,马基雅维利同样看到,一些政治体能保持自己的独立地位,而另一些则附属于某个强势的政治体,几乎可以说是历史的自然现象,马尔萨斯的说法不过为此补充了自然生物学的新知识罢了。即便在今天,人们还可以看到马尔萨斯所说的情形:诸多政治体依附于"北约"酋长的麾下,而这个酋长则带领各归顺部落从胜利走向胜利。不过,从长时段的历史来看,谁也说不准酋长有一天是否也会丧失其领导权。毕竟,生存斗争是永恒的自然现象。

达尔文与政治地理学

在马尔萨斯的《人口原理》中,并没有出现 struggle for existence[生存斗争]这个语词——他仅仅说过:

> 这种残酷的斗争,肯定使许多部落灭绝。还有一些部落很可能由于困苦和饥馑而自行灭亡了。另一些部落则在其头领较为正确的领导下日益强大,继而又派遣新的冒险者寻求更为富饶的地盘。这种为争夺地盘和食物而进行的不间断斗争消耗了大量生命,但强大的人口增殖力却对此作了超量的补充,经常不断的迁徙使人口增殖力在某种程度上得以毫无阻碍地发挥作用。(《人口原理》,页 20)[2]

看来,"生存斗争"这个关键词是达尔文在马尔萨斯的启发下的发明,达尔文在生物学层面深化了这一观点。不过,达尔文的想法虽然在 1837 年已经成熟,但他迟迟没有公之于众。这与其说是因为他觉得自己的观点尚且需要"更完整和更确切"的科学论证,还不如说是因为他清楚意识到,其中包含的思想极端危险,它会"动摇西方思想中最深刻的传统"。事实上,即便在《物种起源》中,达尔文也

---

[1] 马基雅维利,《李维史论》,薛军译,长春:吉林出版集团,2013,页 145 - 146。

[2] 比较 Frank W. Elwell, *A Commentary on Malthus' 1798 Essay on Population as Social Theory*, New York: The Edwin Mellen Press, 2001, pp. 150 - 151。

没有和盘托出自己的观点,而是点到为止,直到"不能再隐瞒下去,他才在《人类的由来》(1871)和《人类及动物的表情》(1872)中表达了自己的一部分信念"。①若非阿尔弗雷德·华莱士(1823—1913)的那封"宣称自己发现自然选择现象的信刺激了"达尔文,迫使他整理自己早年探究自然时做的理论摘要,并以《物种起源》为题发表,以免被华莱士"抢占先机,自己只能成为陪衬",他很可能会把自己的观点留到死后才公之于世。②

从《物种起源》(1859)到《人类的由来》(1871)的十余年间,全球化的"不列颠治世"正在形成,但这也无力阻止"有些单一民族的独立国家和帝国在战乱中形成"。达尔文著作的传播虽然还限于图书馆和学人论辩圈子,却"更有颠覆性",因为它们让世人看到了"一个道德上漠然无情、正在自行进化的宇宙",致使基督教欧洲的传统信仰受到了致命威胁。③ 其实,基于自然生物机体力量的政治正义论早在古希腊就有了,但它受到柏拉图-亚里士多德的目的论哲学的抑制——《王制》第一卷是最为著名的例子,随后又受到基督教教义的抑制,尽管弱肉强食的生物机体论并未因此而全然绝迹。问题在于,从马基雅维利到霍布斯的欧洲思想发展史足以表明,这两重抑制都已不复存在——马尔萨斯的政治观充分印证了这一点。④ 达尔文的生物进化论不仅凭靠生物科学的最新成果进一步巩固了推动自由欧洲成长的自然法则,重要的是,基于现代生物学的进化观与古希腊的生物机体论已经不可同日而语。就此而言,生物进化论与政治进步论、自然选择的生存斗争与自由民主论的历史性耦合,乃是十八至十九世纪欧洲思想演化最为值得考察和反思的重大政治史学问题。毕竟,"[有机]组织"这一措辞首次出现在政治领域同法国革命运动相关。⑤

---

① 斯蒂芬·杰·古尔德,《自达尔文以来:自然史沉思录》,田洺译,北京:生活·读书·新知三联书店,1996,页3-9;德尼·布伊康,《达尔文与达尔文主义》,史美珍译,北京:商务印书馆,1999,页41-44。

② 大卫·洛耶,《达尔文:爱的理论——着眼于对新世纪的治疗》,单继刚译,北京:社会科学文献出版社,2004,页3-4;比较阿尔弗莱德·华莱士,《马来群岛自然科学考察记》,彭珍、袁伟亮译,北京:中国人民大学出版社,2004;彼得·雷比,《大自然的收集者:华莱士的发现之旅》,赖路明译,北京:商务印书馆,2021。

③ 西蒙·玛莎,《英国史·卷三:帝国的命运(1776—2000)》,刘巍、翁家若译,北京:中信出版社,2018,页228-229。

④ Conway Zirkle, "Natural Selection before the *Origin of Species*", in *Proceedings of the American Philosophical Society*, Philadelphia: American Philosophical Society, 84(1), 1941, pp. 73-88.

⑤ 鲁道夫·欧肯,《近代思想的主潮》,高玉飞译,合肥:安徽人民出版社,2013,页129-131。

拉采尔公案的性质

恩斯特·海克尔(1834—1919)是德意志人中最早的达尔文"粉丝",因积极普及达尔文的进化论学说,他年仅28岁就获得了耶拿大学哲学系动物学副教授教席(1862),已经有名师声誉。① 拉采尔获得博士学位后,立即前往耶拿大学听海克尔的课。一年后,拉采尔也投入了普及达尔文学说的事业,凭靠自己的文学才华发表了第一部作品《有机世界的存在和生成:一部通俗的创造史》(1869)。仅从书名就可以看出,拉采尔的这部处女作是在模仿一年前恩斯特·海克尔出版的《自然创造史》(1868)。②

当时,德意志第二帝国还没有诞生,拉采尔的知识兴趣也没有显出什么政治色彩。显而易见,从具有自然科学性质的《有机世界的存在和生成》到《政治地理学》,跨度不可谓不大。但是,《政治地理学》开篇就建议,应该从"生物地理学"视角来理解"国家"(die biogeographische Auffassung des Staates),因此,两部大著之间又不能说没有连带关系。

拉采尔的生物-政治地理学观念最早见于1891年发表的《人类的地理分布》一书"导言",在那里他首次明确提出了"争夺空间"的生物-政治地理学观念,从中

---

① 详见 Sander Gliboff, *H. G. Bronn, Ernst Haeckel, and the Origins of German Darwinism: A Study in Translation and Transformation*, Cambridge Mass.: MIT Press, 2008; Robert J. Richards, *The Tragic Sense of Life: Ernest Haeckel and the Struggle over Evolutionary Thought*, Chicago: University of Chicago Press, 2008。

② Alfred Kelly, *The Descent of Darwin: The Popularization of Darwinism in Germany*, 1860 - 1914, Chapel Hill: University of North Carolina Press, 1981, pp. 24 - 27, 78, 113 - 114. Friedrich Ratzel, *Sein und Werden der organischen Welt. Eine populäre Schöpfungsgeschichte*, Leipzig: Gebhardt & Reisland, 1869/Leipzig: Fues, 1877, 共514页; 在此前一年,海克尔的《自然创造史》(*Natürlichen Schöpfungsgeschichte*)已经有了英译本: *The History of Creation, or, The Development of the Earth and Its Inhabitants by the Action of Natural Causes: A Popular Exposition of the Doctrine of Evolution in General, and that of Darwin, Goethe and Lamarck in Particular*, trans. revised by E. Ray Lankester, New York: D. Appleton, 1876。中译本见赫克尔,《自然创造史》,马君武译,上海:商务印书馆,1935。海克尔思想在中国的传播,参见欧阳军喜,《新文化运动中海克尔学说在中国的传播》,见恩斯特·海克尔,《生命的奇迹》,刘文典译,北京:北京大学出版社,2019,"导读二"。

人们可以清楚看到达尔文乃至马尔萨斯思想的影响：

> 查尔斯·达尔文并没有发明生存斗争（Kampf ums Dasein），但他最彻底地体会到生存斗争对生命历史的巨大意义。达尔文主要关注有机体的繁殖能力。只有当有机体能相应地在更大区域内扩散分布时，它们才能不受阻碍地繁殖。这就是《物种起源》一书中著名的第三章的出发点。达尔文观察到繁殖呈几何级数增长，由此他做出这样的假设：人类虽然属于繁殖缓慢的生物，但一定会在不到一千年的时间内，以不受阻碍的繁殖完全填满地球，以至于连立足之地都不剩下；或者所有动物中繁殖最慢的大象，在740至750年内，自第一对象繁衍下来的后代，将会有近一千九百万只栖居在地球上。
>
> 对于整个地球而言，在如此繁殖中，不断增长的生命与它想要扩散其间的空间之间必然会不成比例。奇怪的是，人们不再强调这一比例失调关系，尽管它是所有其他比例失调的原因。达尔文观察的对象仅限于地形、动物或植物的地理省份。只有在这些地方才能找到较大群体的特殊特征的起源，才能同时也找到它们的界限。但是，我们地球上的整个生物世界必须具有与这一星球大小相对应的特征（该特征与首先提出的空间问题密切相关），却没有得到进一步关注，然而，这恰恰是在更替变换中留存在地球表面的、因而加倍重要的东西。因为，我们地球上的生物世界是在这个滋养生命的星球表层上展开的生存斗争的产物，并带有这种限制的痕迹。（卢白羽译文）①

拉采尔万万没想到，正是由于他从生物地理学角度解释人类的政治行为，他身后的学术声誉才陷入政治伦理纠纷。如果德意志民族国家的生成的确像某种生物有机体的进化生长，那么，人们就会问：德意志帝国的生长遭遇了怎样的"自然选择"呢？它与何种政治生物发生了残酷的生存竞争，又何以在世界历史的"进化"过程中被淘汰？

据说，拉采尔后来"对达尔文理论的某些方面持有越来越大的保留态度"，而且"在成熟的作品中流露出对那些更残酷的社会达尔文主义倾向的反感"。② 即便如此，一百多年后的今天，围绕拉采尔学术的政治伦理争议依然没有尘埃落定。然

---

① Friedrich Ratzel, *Die geographische Verbreitung der Menschen*, 前揭, 页 XXXIV – XXXV。
② 巴辛,《拉采尔政治地理学中的帝国主义与民族国家》, 前揭, 页108。

而，如果我们仅仅把拉采尔公案视为德意志问题的表征，那就过于短视了——甚至还有陷入欧洲意识形态之争的危险。拉采尔年轻时崇拜的达尔文是英国人，他的进化论属于整个基督教欧洲的现代文明；何况，拉采尔也是美国文明的崇拜者。今天的我们若要审理拉采尔公案，必然会牵扯到整个西方"自由世界"的政治成长史。

由此引出了一个政治史学问题，它迄今还没有得到我国史学界的应有关注：现代自然科学的形成和发展，与基督教欧洲政治单位的成长及其争夺世界支配权的斗争相伴而行，此乃政治史常识，但两者之间究竟有怎样的关系？

1980年代以来，欧美学界中一些智性真诚的学人开始回头阅读拉采尔，其时，国际冷战格局正在走向终结。不过，对拉采尔感兴趣的多是政治史学家，而非关注现实的地缘政治学家——这倒不难理解，毕竟，拉采尔的政治地理学赖以形成的历史状况早已是老黄历。但是，拉采尔重新让人感兴趣，又的确很难说仅仅是因为他的政治地理学曾引发政治伦理诉讼。毋宁说，晚近三十年来，国际地缘政治格局急剧动荡，让人难免想起上世纪初第一次世界大战（1914—1918）爆发之前的那三十年。拉采尔的政治地理学就诞生于那个时代，而美国也恰好在那时"走上了帝国主义的扩张道路"，其标志是1890年代末开始与英、俄、日、德等国争夺对东亚的主导权。①

如今的诸多政治地理学教科书几乎等于全球地表上大大小小政治体的地缘状况简述，虽然归属于所谓"区域地理"或"区域国别"研究，实际上无不受地理学家所属政治单位的生存抱负支配。相比之下，拉采尔的《政治地理学》简洁明快得多。它不是区域性的国别政治地理描述，既没有意识形态说辞，也没有艰涩拗口的社会科学术语，而是从生物地理学原理出发，径直呈现世界政治地理问题的实质：生机力强的政治民族之间会自然而然地争夺生存空间。不难设想，一旦生物有机体论成为一种政治论说，作为自然科学的生物学和地理学与现实政治斗争的边界就变得模糊起来。如果我们以为生物有机体政治论仅仅是德意志人的政治论说，那就完全错了：保罗·莱茵士的国际政治论和富兰克林·吉丁斯的民主帝国主义论同

---

① Richard W. Van Alstyne, *The Rising American Empire*, New York & London: W. W. Norton, 1960, pp. 170 – 194; David Healy, *U. S. Expansionism: The Imperialist Urge in the 1890's*, Wesconsin: The University of WesconsinPress, 1970, pp. 48 – 67; Hans – Ulrich Wehler, *Der Aufstieg des amerikanischenImperialismus. StudienzurEntwicklung des Imperium Americanum* 1865 – 1900, Göttingen: Vandenhoeck und Ruprecht, 1987, pp. 43 – 73.

样基于有机体政治论的主导观念。①

　　拉采尔的政治地理学及其有机体生存空间论成了西方政治史学中一个是非难断的公案,这并不奇怪。奇怪的是,它在西方学界迄今仅仅被视为"希特勒阴影下"的公案。我们作为中国学人一旦将这一公案与盎格鲁－美利坚的政治生长联系起来看,而非恪守盎格鲁－美利坚的政治学人划出的政治边界,那么,我们就会获得学习如何从政治史学角度思考普遍历史大变局的机会:不仅为了磨练慎思明辨的德性,也为了深化我们对欧洲文明的政治德性所赖以生长的历史空间和土壤的认识。

---

　　① 参见 Paul S. Reinsch, *World Politics at the End of the Nineteenth Century*,前揭,页 191、222、346;Paul S. Reinsch, *Colonial Government*,前揭,页 233、259、264、279－295、315、341、344; Franklin H. Giddings, *Democracy and Empire*,前揭,页 18－19、21、24、34－37、69、87、247、307、340、348－350、352。

一　世界政治中的自然地理学

德国的世界史学者尤尔根·奥斯特哈默如今在学界名气很大,他提醒我们,自十九世纪以来,自然科学的发展"与战争、帝国主义扩张之间存在着前所未有的密切关系"。① 这类大而化之的概括性说法已属老生常谈,问题在于这种"密切关系"究竟是怎样的。自然地理学的形成与帝国主义式国家的形成以及世界性战争之间的关系,就是一个突出的例证。所谓"社会达尔文主义"不过是问题的冰山一角,而"帝国主义学说早已表明它原本是[各种]科学理论的派生物"。何况,这种英式自由主义思想的变种与实际政治之间的关系,对政治史学家来说同样极为复杂难辨。②

在基督教欧洲晚近五百年来的政治成长进程中,探索自然、地缘扩张与民主政治理念以及历史进步观念奇妙地结合在一起。我们的政治史学若没有搞清这种结合的具体历史情形,断无可能对现代西方文明的根本性质有真正的理解。幸好,拉采尔公案为我们提供了近距离观察这种结合的机会。

---

① 尤尔根·奥斯特哈默,《世界的演变:19 世纪史》,强朝晖、刘风译,北京:社会科学文献出版社,2016,页1436;比较理查德·埃文斯,《竞逐权力:1815—1914》,前揭,页454–569。

② 哥尔维策尔,《黄祸论》,前揭,页11–12;迈克尔·弗里登,《英国进步主义思想:社会改革的兴起》,前揭,页130–138。

自然考察与欧洲的政治成长

拉采尔 15 岁那年（1859），现代地理学的两位奠基人亚历山大·洪堡和卡尔·李特尔相继去世。达尔文的《物种起源》恰好在这年出版，其中有两个章节讲到植物的物种变异与世界地理的关系，尤其还讲到美洲"新大陆与旧大陆"的地理差异，它点燃了拉采尔认知动植物与世界政治地理之间关系的最初热情。①

完成《有机世界的存在和生成》后，拉采尔决定远足做自然考察，这是热爱自然的探究者必不可少的成长经历。无论亚历山大·洪堡还是达尔文，在这方面都是拉采尔的楷模。由于家境贫寒，拉采尔不能奢望走得太远。他前往法兰西南部，打算从那里前往意大利。在考察途中，拉采尔写了几篇自然考察随笔寄给《科隆报》。因文笔生动活泼，又有自然科学内涵，随笔刊出后颇受欢迎。拉采尔从此一边旅行一边为《科隆报》写稿，以换取盘缠。到罗马后，拉采尔又与创刊仅五年（1861）的《全球》（Globus）周刊取得联系为该刊写稿，从此成了"自然旅行[专栏]作家"。这些报刊都带有自由派倾向，对俾斯麦主义敬而远之，而那时的拉采尔是一个"激进自由主义者"（radical liberal）。据说，他的生物机体论的国家观就是在这个时候开始萌芽的。②

自然探究者（俗称"博物学家"）的考察旅行无不是出于对自然科学的兴趣，但绝不能因此说，这类考察没有携带政治要素或成为政治要素。自十六世纪以来，西欧人的地理大发现与殖民扩张齐头并进，越来越多的博物学家到海外旅行，他们不仅考察自然地理，也考察区域贸易、部落迁徙、宗教习俗、社会等级及其政治冲突。③

1687 年 9 月，出生于爱尔兰的汉斯·斯隆（1660—1753）被任命为英格兰-爱尔兰联合王国新任驻牙买加总督的医生，时年 27 岁。他跟随由 44 门炮船、两艘商船组成的皇家西印度舰队，从英格兰南部的普利茅斯港出发前往南美洲。利用整整三个月的海上航行以及在牙买加任职一年多的机会，斯隆采集了大量植物标本。

---

① 查尔斯·达尔文，《物种起源》，前揭，页 220 – 260。

② Gerhard H. Müller, *Friedrich Ratzel（1844 – 1904）*，前揭，页 45 – 46；Gearóid Ó Tuathail, *Critical Geopolitics：The Politics of Writing Global Space*, London：Routledge，1996，p. 28。

③ Alexander Smith, *Explorers of the Amazon*, New York：Viking Penguin Inc. , 1990；Joshua A. Bell/Erin L. Hasinoff（eds. ）, *The Anthropology of Expeditions：Travel, Visualities, Afterlives*, New York：Bard Graduate Center, 2015.

返回英国后,他花费差不多18年时间写了两卷本鸿篇巨制《马德拉、巴巴多斯、尼夫斯、圣克里斯托弗和牙买加诸岛旅行记》(1707)。尽管斯隆没有忘记表白自己的记叙是为了"促进自然知识的发展",但他更强调,此行自然考察的目的是指导英国殖民者如何将"野生或栽培的植物"用作医药和食物,以实现生存上的自给自足。①1719年,斯隆出任皇家医学院院长,六年后(1725)接替牛顿爵士(1643—1727)出任伦敦皇家学会会长。由此可见,斯隆的自然考察成就与大不列颠王国的殖民扩张不可能分开。

英格兰人约翰·劳森(1674—1711)是另一个著名例子。他前往北美作自然考察返回英伦后,写下了旅行记《前往卡罗来纳的新旅程》(1709),史称第一部考察北美殖民地自然地理的著作。劳森在第二次前往北美东南部考察时不幸遇害,但他的书激励了一代又一代英国博物学家前往北美殖民地。②

在诸多后继者中,马克·凯茨比(1683—1749)的后世声誉最高,因为他第一次前往北美殖民地考察时就注意到"当地土著人和亚裔人在面部特征上"相似,于是提出了一个大胆假设:"在古代的阿拉斯加和亚洲之间肯定有一座陆路桥梁。"据说,这个假设如今已经得到了证实。③

如果说起初的殖民地自然考察还更多带有个人性质,随着殖民进程的发展,欧洲王国的政治家们越来越认识到自然学家的重要性,移民北美的殖民者政治人更是如此:

> 从十八世纪初一直到十九世纪,主要的欧洲大国都参与到对世界范围内具有经济价值的自然产品的抢夺之中。首相们相信,帝国的命运仰赖于识别、培育并运输特定的植物,如茶树和橡胶树。托马斯·杰斐逊派遣刘易斯和克

---

① 隆达·施宾格,《植物与帝国:大西洋世界的殖民地生物勘探》,姜虹译,北京:中国工人出版社,2020,页34-35。

② John Lawson, *A New Voyage to Carolina*, London, 1709; Henry Savage, *Discovering America 1700-1875*, New York: Harper & Row, 1959, pp. 20-25.

③ 罗伯特·赫胥黎主编,《伟大的博物学家》,王晨译,北京:商务印书馆,2015,页140-145;比较 Mark Catesby, *The Natural History of Carolina, Florida and the Bahama Islands*, London, 1754(迄今不断再版);详参 Amy R. W. Myers/Margaret B. Pritchard (eds.), *Empire's Nature. Mark Catesby's New World Vision*, Chapel Hill: University of North Carolina Press, 1998; E. Charles Nelson/David J. Elliott, *The Curious Mister Catesby: A "Truly Ingenious" Naturalist Explores New Worlds*, Georgia: University of Georgia Press, 2015; Patrick Dean, *Nature's Messenger: Mark Catesby and His Adventures in a New World*, New York: Pegasus Books, 2023。

拉克横越北美大陆,其中一项任务就是考察美国通过"路易斯安那购地案"新近获得的土地上有哪些自然经济产物。当相互竞争的帝国派遣军队和探险家们扫荡丛林和异域高地时,一场与之不同但同样激烈的竞赛在美国西部的不毛之地上展开了。①

政治史学家有理由说,即便博物学家的科学考察不带殖民的政治目的,也不等于他们的旅行日志不会成为基督教欧洲王国争夺"空间扩张的重要材料"。②

亚历山大·洪堡拥有"科学地理学的开山大师"美誉,据说这是因为他考察了"人类与地区自然状况的直接依存关系以及对自然的适应"。③ 洪堡的确说过,他的兴趣是"自然地理学"(又译"物理地理学"),即"像物理学那样研究法则"的地理学。④ 但是,在洪堡那里,地理学的自然要素与政治要素真的能分开吗?他真的是一个非政治的"自然探究者"?

洪堡是达尔文的精神偶像。1831年底,22岁的达尔文登上"小猎犬"号从朴茨茅斯港出发,打算环游全球,测绘主要海岸线和重要海港的地理位置。他精心挑选了几本书籍带在身边,其中就有洪堡记叙其拉丁美洲自然考察之旅的七卷本《旅行故事》,它是"达尔文决定登上'小猎犬'号的理由"。⑤

洪堡当年前往拉丁美洲考察自然地理时,同样有自己的偶像——乔治·福尔斯特(1754—1794),他既是"环游世界者"(Weltumsegler)旅行文学的名家,又是德意志的雅各宾党人,拥有短暂却富于传奇色彩的人生。⑥ 要恰切地认识历史上的自然学家洪堡,我们有必要先认识他的这位精神导师。

---

① 保罗·法伯,《探寻自然的秩序:从林奈到E. O. 威尔逊的博物学传统》,杨莎译,北京:商务印书馆,2017,页 vii。
② 约翰·达尔文,《未终结的帝国:大英帝国,一个不愿消逝的扩张梦》,冯宇译,北京:中信出版社,2015,页 248-249。
③ 阿尔夫雷德·赫特纳,《地理学:它的历史、性质和方法》,王兰生译,北京:商务印书馆,1983,页 100-104;普雷斯顿·詹姆斯,《地理学思想史》,李旭旦译,北京:商务印书馆,1982,中译者导言,页 iv。
④ 理查德·哈特向,《地理学性质的透视》,前揭,页 66;比较罗伯特·克里斯托弗森,《地表系统:自然地理学导论》,赵景峰、效存德译,北京:科学出版社,2018,页 5。
⑤ 安德烈娅·武尔夫,《创造自然:亚历山大·冯·洪堡的科学发现之旅》,边和译,杭州:浙江人民出版社,2017,页 215。
⑥ Ulrich Enzensberger, *Georg Forster. Weltumsegler und Revolutionär: Ansichten von der Welt und vom Glück der Menschheit*, Berlin: Wagenbachs, 1979.

福尔斯特:从自然学家到共和革命家

乔治·福尔斯特出生在波兰但泽城附近的小镇(当时属于俄国),祖上是英格兰约克郡的清教徒,因宗教迫害而移居普鲁士。乔治的父亲约翰·福尔斯特(1729—1798)早年在德意志东部的哈勒城读神学,毕业后担任教区牧师,却对普遍历史、地理、自然史和近东古代语言着迷。当时,叶卡捷琳娜二世(1729—1796)刚执掌俄国,正向东拓展殖民地。年轻的约翰·福尔斯特应俄地方当局邀请,前往俄国东南部考察新开辟的拓殖点(1765),他的大儿子乔治因此在圣彼得堡念了三年小学。五年后(1770),约翰在调查报告中抱怨德意志移民的生活条件太差,引起俄国当地官员不满,不得不带着儿子返回英格兰。

起初,约翰在沃灵顿(Warrington)的不从国教者学院(the Dissenter's Academy)教法语、自然史和矿物学,课余时间翻译自然考察旅行读物,逐渐在英国自然学人圈中有了名气,被吸收为英国皇家学会会员。两年后,库克船长(James Cook,1728—1779)第二次勘察南太平洋的船队出发时(1772),约翰有幸以皇家学会会员身份随行,还获准带上十七岁的儿子乔治。[①]

十七世纪时,荷兰的自然探险者已经获知澳大利亚的部分海岸线,但在很长一段时间里,世界地图的绘制者都把那里标识为"未知的南大陆"。七年战争(1756—1763)结束后,趁法国的海外势力受到削弱,大英王室试图夺取福克兰群岛(今阿根廷宣称拥有主权的马尔维纳斯群岛),两国由此"开始了跨国竞争"。西班牙王国已经软弱无力,只能"酸溜溜地关注着局势的发展"。同时代的英国著名诗人塞缪尔·约翰逊(1709—1784)据说颇有"道德关怀",然而,他在舰队街说的一段话却反映了当时英国知识人对海外属地的关切:

> 如果因为争夺地球上的几块陆地使整个欧洲帝国体系面临新的冲击,而这几块陆地深处海洋荒漠之中,几乎没有人会注意到——并且,要不是凑巧给

[①] Anne Mariss,"Johann Reinhold Forster and the Ship *Resolution* as a Space of Knowledge Production",in Hartmut Berghoff/Frank Biess/Ulrike Strasser(eds.),*Explorations and Entanglements:Germans in Pacific Worlds from the Early Modern Period to World War I*,New York:Berghahn Books,2019,pp. 130 - 131.

出了航标,这几块陆地或许永远处于未知状态,我们怎么能指望幸福会延续下去呢?①

为了夺取更多海外空间,大英王室决定开展全球海岸考察。1766年,英国皇家海军部派出瓦利斯船长(Samuel Wallis,1728—1795)的"海豚"号和卡特雷特船长(Philip Carteret,1733—1796)的"燕子"号前往南大西洋寻找南方大陆,全程严格保密,以防"欧洲间谍窃取秘密"。次年,英国皇家学会决定物色探险家前往太平洋西南部,观察将在一年多后(1769年6月3日)出现的天文现象——金星凌日。上一次金星凌日出现在1761年6月6日,当时,法国、瑞典、俄国和英国都曾派出天文观察组前往亚洲和欧洲大陆的观测区,以求获得数据计算地球和太阳之间的距离。由于适逢七年战争期间,"各国冲突不断,天文学家的科考船躲不开敌对国家的追击",最终未能抵达观测地(同上,页144-145)。

英国皇家学会本打算派考察队前往南太平洋中南部的马克萨斯群岛(Marquesas Islands)或西南部的汤加群岛(Tonga Islands),但刚刚结束环球旅行归来的瓦利斯船长建议,应去南太平洋波利尼西亚群岛(Polynesia Islands)中最大的塔希提岛(Tahiti),那里的观察位置最佳。② 英国皇家学会选中皇家海军中尉库克执行这次金星凌日观测计划,因为在七年战争期间的魁北克围城战中,他曾负责绘制北美中东部圣劳伦斯河(Saint Lawrence River)地区的地图,战后又负责测绘英国和纽芬兰之间的航线图,历时五年,成就突出。海军部给库克中尉下达秘密指令,详细交代了此次任务。③

"为了祖国的荣誉",库克船长首次前往太平洋西南部探索航行,历时长达两年半(1768年8月至1771年3月),随行的科研人员除格林威治皇家天文台的研究助理外,还有博物学家林奈的学生索兰德博士,以及年仅25岁的青年贵族、博物学爱好者约瑟夫·班克斯(1743—1820)。他们一路采集植物标本,收获极丰。④

---

① 彼得·摩尔,《奋进号:改变世界的伟大航行》,祝晓辉译,北京:联合出版公司,2019,页143-144。

② Max Quanchi, *Historical Dictionary of the Discovery and Exploration of the Pacific Islands*, Lanham:The Scarecrow Press,2005,p.248.

③ 詹姆斯·库克,《库克船长日记:"努力"号于1768—1771年的航行》,刘秉仁译,北京:商务印书馆,2013,页362-364。

④ 比格尔霍尔,《关于库克的第一次航行》,见詹姆斯·库克,《库克船长日记:"努力"号于1768—1771年的航行》,前揭,页320-361。

班克斯爵士后来做了皇家学会主席,他的那次随行"树立了一种典范,从此以后,无论什么时候,只要再有船只远航探险,都会理所当然地捎上一位博物学家"。另外,还值得提到随行的"年轻、认真、有思想的航海者"西德尼·帕金森(1745—1771),他虽然"对死亡充满恐惧,却又渴望体验周围的世界",因此"总能实现两者间完美的平衡"。探险归来后,帕金森撰写了《南海航海日志》(*A Journal of a Voyage to the South Seas*),此书"让英国公众对太平洋岛屿的生活有了更清晰的认识",书中的精美画作"对文身战士、异域风景和奇花异草栩栩如生的描绘,让人爱不释手"。①

由此可以理解,福尔斯特父子为何能够获准随库克船长再次出洋考察。自哥伦布以来,欧洲人的自然地理发现同时也是政治占有。库克的"奋进"号抵达塔希提岛完成观测后(1769 年 7 月 13 日),继续寻找"未知的南大陆"——南极洲。库克船长这次虽然没有抵达南极,但沿途发现了澳洲陆地和新西兰岛,并立即宣布这些陆地为"英国土地",尽管那里并非没有住民。有了这一先例,库克船长第二次出航前,英国海军大臣特别"下令打造了无数纪念章,远征队如果发现新的大陆或者国家,可以将其作为礼物留在那里或者以此作为纪念"。②

库克船长的第二次探险历时将近四个年头(1772—1775),乔治·福尔斯特一路跟随父亲观察植物、收集标本——父子俩"采集了数千种植物,其中许多在科学上是新的"。③ 探险期间,乔治还在父亲指导下完成了物理学、地质学和植物学的基础学业。回到英格兰后的第三年(1777),乔治发表了《跟随库克船长环球旅行记》(通常简称《环球旅行记》)。④ 这部富有文学色彩的旅行日志写得十分生动,配有自绘的自然生物图画,让欧洲人眼界大开,尤其让年轻人激动不已。几乎在一夜之

---

① 彼得·摩尔,《奋进号:改变世界的伟大航行》,前揭,页 293;比较 Denis J. Carr, *Sydney Parkinson: Artist of Cook's Endeavour Voyage*, London: British Museum, 1983。

② 詹姆斯·库克,《库克船长三下太平洋》,陶萍、李汐译,重庆:重庆出版社,2018,页 132。

③ C. Barry Cox/Peter D. Moore,《生物地理学:生态和进化的途径》,赵铁桥译,北京:高等教育出版社,2007,页 16。

④ Georg Forster, *A Voyage Round the World in His Britannic Majesty's Sloop Resolution, Commanded by Capt. James Cook, during the Years, 1772, 3, 4, and 5*, London, 1777. 详见 Andreas W. Daum, "German Naturalists in the Pacific around 1800: Entanglement, Autonomy, and a Transnational Culture of Expertise", in Hartmut Berghoff et al (eds.), *Explorations and Entanglements: Germans in Pacific Worlds from the Early Modern Period to World War I*, 前揭, pp. 70 – 102; Elisabeth Décultot/Jana Kittelmann/Andrea Thiele/Ingo Uhlig (hrsg.): *Weltensammeln. Johann Reinhold Forster und Georg Forster*, Göttingen: Wallstein – Verlag, 2020。

间,年仅23岁的乔治就成了整个西欧的传奇人物:英格兰皇家学会马上接纳他为会员,柏林和马德里的科学院迅速跟进,也宣布他为会员。

在朋友的帮助下,乔治·福尔斯特将《环球旅行记》译成德文出版,德意志古老的黑森伯国都邑卡塞尔城的一所学院马上聘请乔治担任"自然史教授"(1778)。这时,德意志学人已经接过法兰西启蒙运动的火炬,正向前推进"狂飙突进运动",乔治·福尔斯特因此而受到比他年长得多的德意志知识界名流如康德、莱辛、维兰德的青睐,更不用说年龄相若的利希滕贝格(Georg F. Lichtenberg, 1742—1799)、赫尔德和歌德了。

1784年,乔治来到波兰-立陶宛联合王国的维尔纽斯大学(始建于1579年)任教。乔治没有大学学历,他希望在这里获得一个在职博士学位。当时,这个东欧大国正在"开明专制君主"主导下推行教育改革和文化启蒙,"试图对贵族进行再教育",让他们接受"建立一个新的、公正的共和国"或"现代的、中央集权的共和国",却不知自己即将因此而遭遇第二次瓜分。波兰第一次被瓜分时(1772),俄国和普鲁士的君主"在法国的启蒙运动哲学家们当中招募支持者,通过他们的笔将波兰描绘成反对启蒙运动的一潭死水","急需他们这样的开明专制君主来解放它",还坚称"瓜分波兰的条约经过了波兰议会批准"——用今天的话来说,当时的波兰经历了一场"颜色革命"。①

波兰后两次被瓜分都发生在法国大革命期间,这与其说是历史的悲剧,不如说是历史的讽刺,因为,

> 事实上,并不夸张地说,是波兰人拯救了法国革命,使其免于军事失利:波兰使奥地利和普鲁士,尤其是普鲁士,在参战时留着一只眼睛向后观察,还将一只手背在身后,它还在两个德意志盟国间制造了分歧,并让俄国彻底远离战争。波兰人也在不经意间迫使普鲁士人与革命法国单独媾和。奥地利人被排除在1793年的瓜分之外,便决心在下一次瓜分中好好拿上一份,他们随后于1795年1月3日与俄国签订条约,这份条约指定给奥地利大片土地,使他们的

---

① 耶日·卢克瓦斯基、赫伯特·扎瓦德斯基,《波兰史》,常程译,北京:东方出版中心,2011,页121。比较亚当·扎莫伊斯基,《波兰史》,郭大成译,北京:中国友谊出版公司,2019,页216;蒂莫西·斯奈德,《民族的重建:波兰、乌克兰、立陶宛、白俄罗斯,1569—1999》,潘梦琦译,南京:南京大学出版社,2020,页32-33。

边界几乎推进到华沙。①

凭借十年前积累的自然考察材料,乔治在维尔纽斯大学以研究南太平洋诸岛上的植物为题,用很短时间完成了在职博士论文。四年后(1788),乔治接受美因茨选帝侯的邀聘管理图书馆,除因薪俸颇为可观,还因为这里离启蒙运动中心巴黎近得多。在卡塞尔任教时,乔治已经加入共济会,现在,他的兴趣日益从博物学转向了共和政治。② 也许正因为如此,乔治对即将爆发的法国大革命有所预感。他在给友人的信中写道,如今"世上的人们写得太多"却"做得太少"。仅仅一年后,巴黎爆发革命的消息传到了美因茨(1789年7月30日),乔治兴奋地给岳父写信说:

> 看见哲学在人们的脑海中成熟,然后落实到国家身上,真是一件美妙的事。……因此,最稳妥的办法是,向人们解释清楚他们的权利,剩下的事会水到渠成。③

"解释清楚"(aufzuklären)也可以译作"启蒙"。按照乔治的政治想象,国家完全用不着为其公民操心,其职责仅仅是保护公民的自由——乔治成了康德的历史哲学意义上的"世界公民"。④

正是在这个时候,亚历山大·洪堡来到哥廷根上大学。通过乔治·福尔斯特的岳父海纳(Christian G. Heyne, 1729—1812),他结识了自己崇拜的偶像。在乔治·福尔斯特的指导下,洪堡有了平生第一次自然科学考察旅行:利用五周学期假,沿莱茵河穿越黑森、普法尔茨、威斯特伐伦。虽然名为"自然考察",洪堡的这次旅行实际上也是一次政治地理考察:既观察岩石和植物,又考察历史留下的文化痕迹。

十五年后,拿破仑的革命军队占领了这一地区,随之将其变成法兰西革命帝国的属地。亚历山大·洪堡并没有觉得这是德意志的土地遭到侵略,因为他上中学

---

① 蒂莫西·布莱宁,《追逐荣耀:1648—1815》,吴畋译,北京:中信出版社,2018,页783。

② Gerhard Steiner, *Freimaurer und Rosenkreuzer. Georg Forsters Weg durch Geheimbünde*, Berlin: Akademie – Verlag, 1987, pp. 65 – 83, 128 – 162.

③ 转引自 Jürgen Goldstein, *Georg Forster. Zwischen Freiheit und Naturgewalt*, Berlin: Matthes & Seitz, 2015, pp. 151 – 153。

④ Todd Kontje, *Georg Forster: German Cosmopolitan*, Pennsylvania: The Pennsylvania State University Press, 2022.

时就受德意志启蒙思想家影响,上大学前已经能"逐字逐句引用康德在1784年写下的启蒙纲领"。乔治·福尔斯特的岳父海纳是哥廷根大学的古代史教授,服膺新派实证史学。他的课程不教学生"枯燥地翻译希腊语和拉丁语文本,而是把注意力集中在社会历史特征、神话传统脉络、历史人物和古希腊生活世界的文化氛围上"。不过,有"古典学之父"美誉的弗里德里希·沃尔夫（Friedrich August Wolf,1759—1824）就读哥廷根大学时（1777—1783）,海纳曾严厉批评过他对荷马的看法。①

法国大革命的爆发在德意志知识人中间引发了尖锐的政治分歧,当时洪堡还不到二十岁,虽然热爱自然研究,但他与乔治·福尔斯特及其岳父一样,都是1789年革命理念的热忱信奉者。1790年,乔治·福尔斯特前往英国,指望凭靠自己昔日的名气在那里找到一笔资助,供他前往美洲考察自然地理,顺道去巴黎亲眼看看革命景象。当时洪堡刚考察莱茵兰地区归来不久,乔治邀请他同行,以便途中有个同伴。两人沿莱茵河徒步前往荷兰,一路考察自然植物,然后乘船前往英国。英属美洲殖民地的独立战争（1775—1783）后期,英国与荷兰爆发了第四次战争（1780—1784）,其起因是荷兰资助北美殖民地的大陆军。尽管荷兰共和国没有与叛乱的美洲殖民地结成正式联盟,但却是欧洲大陆第二个承认殖民地叛乱者立国的欧洲国家——1782年10月,双方还缔结了友好通商条约。荷兰共和国在这场战争中遭遇惨败,引致国内激进自由派"爱国党人"（Patriotten）发起了一场新共和革命（1787）,但很快就遭到英国与普鲁士联手镇压——"爱国党人"被迫流亡国外。②乔治和洪堡到荷兰时,见法国革命让"爱国党人"有了翻盘机会,他们的心情激动不已。

---

① 曼弗雷德·盖耶尔,《洪堡兄弟:时代的双星》,赵蕾莲译,哈尔滨:黑龙江教育出版社,2016,页79-80;约翰·埃德温·桑兹,《古典学术史·第三卷:18世纪的日耳曼与19世纪的欧美》,张治译,上海:上海人民出版社,2021,页62-70、82-83。比较 Alfred Schmidt, "Deutungen des Mythos im achtzehnten und neunzehnten Jahrhundert. Von Heyne zu Marx", in Peter Kemper(hrsg.), *Macht des Mythos – Ohnmacht der Vernunft?*, Frankfurt am Main: Fischer, 1989, pp. 125-147.

② 乔纳森·伊斯雷尔,《荷兰共和国:崛起、兴盛与衰落（1477—1806）》,朱莹琳译,成都:天地出版社,2023,页1316-1332。详见 Friedrich Edler, *The Dutch Republic and The American Revolution*, Honolulu, Hawaii: University Press of the Pacific, 1911; Jan Willem/Schulte Nordholt, *The Dutch Republic and American Independence*, Chapel Hill: University of North Carolina Press, 1982; Simon Schama, *Patriots and Liberators: Revolution in the Netherlands* 1780-1813, New York: Knopf, 1977.

乔治·福尔斯特在伦敦没有如愿找到资助,返回德意志时,他和洪堡来到革命圣地巴黎。当时正值大革命周年纪念期间,巴黎人的激奋情景让这位环游世界者"一辈子都忘不了",他深深感到,"自由的思想不一定就一直是空洞的抽象概念"。在写给友人的信中,乔治"把世界历史的事件与他自己的经历结合起来":

> 对于欧洲和人类历史而言,现在这段历史比任何时期的历史都更重要,同样,我人生的这个短暂时期也将越来越成为最有教益和最难忘的时期。①

乔治的自然探究经历与世界历史的大革命事件就这样融为了一体:这位博物学家转身为政治活动家,成了"德意志雅各宾派"的领军人物。他写下一系列革命文章,希望法国革命精神能在德意志开花结果。② 没过多久(1792年9月),主要由"无套裤汉"组成的法兰西革命军在香槟地区的米瓦尔高地击败入侵的普奥联军,随即踏足神圣罗马帝国境内,相继占领德意志的施佩耶尔、沃尔姆斯和美因茨(10月)——法国革命者捍卫大革命胜利成果的战斗变成了以自由为名的征服战争。

美因茨是神圣罗马帝国的西部要塞,法军占领该城后,当地大学生在乔治等一批德意志雅各宾党人鼓动下宣布建立自由共和国(1793年3月),模仿法国革命后施行的行政、司法和法律制度改革,实际上它不过是法国的"傀儡政权"。③ 十九世纪的德意志史学家特赖奇克(1834—1896)以生动的笔墨记叙道:

> 一支法国志愿军在一位无能军官领导下,竟然冒险绕过普鲁士军团侧翼直抵美因茨附近,德意志第一要塞门户洞开;小诸侯国组成的莱茵防御体系不

---

① 转引自曼弗雷德·盖耶尔,《洪堡兄弟:时代的双星》,前揭,页136(译文略有改动)。

② Georg Forster, *Über die Beziehung der Staatskunst auf das Glück der Menschheit und andere Schriften*, Wolfgang Rödel 编, Frankfurt am Main: Insel - Verlag, 1966;详见 Ludwig Uhlig, *Georg Forster. Lebensabenteuer eines gelehrten Weltbürgers* (1754 - 1794), Göttingen: Vandenhoeck & Ruprecht, 2004, pp. 283 - 298; Jürgen Goldstein, *Georg Forster. Zwischen Freiheit und Naturgewalt*, 前揭, 页 141 - 177; Jürgen Goldstein, "Georg Forster (1754—1794): Weltumsegler und Kopf der Mainzer Republik", in Frank - Walter Steinmeier (hrsg.), *Wegbereiter der deutschen Demokratie. 30 mutige Frauen und Männer 1789 - 1918*, München: C. H. Beck, 2021, pp. 39 - 50。

③ 玛丽·富布卢克,《剑桥德国史》,高旖嬉译,北京:新星出版社,2017,页94。

堪一击,纷纷瓦解。诸侯和主教们陷入一片混乱……教会领地上意志软弱的人们马上被一群喧嚣热情的人引诱,加入到组建莱茵共和国的闹剧之中,尽管"生性迟钝,只会对法国表示钦佩",他们还是敬畏地重复着巴黎狂欢民众的狂言乱语。乔治·福尔斯特是莱茵地区狂热分子中最有头脑的,这幅自由主义的讽刺画打碎了他原本就不坚定的意志。同时,萨伏依和比利时也几乎毫无抵抗地落入了共和国的散兵游勇之手。这些金光闪闪的成就,足以使一个清醒的人陶醉其中。新共和国的领导者们无比自信,他们要所有向往自由的民族追随法兰西。大革命宣传战役正式打响:打倒王公贵族,造福贫下中农!这种狂热的必胜信念之中隐含着极大的精神力量。①

"打倒王公贵族,造福贫下中农"这样的革命口号听起来有些时代倒错,因为那个时候还没有如此细致的阶级划分。原文 Krieg den Palästen, Friede den Hütten[向宫殿宣战,给茅屋和平],出自1830年代革命期间的德意志激进青年格奥尔格·毕希纳(1813—1837)的激进小册子《黑森快报》(1834),当时他建立了一个秘密革命组织"人权协会"。特赖奇克把这句四十年后的革命口号放进1793年的德意志雅各宾党人嘴里,不能说他有违史实。毕竟,正因为没有得到贫下中农支持——甚至受到他们的公开抵制,德意志雅各宾党人的美因茨共和国才仅仅存活了三个月。1793年7月,普鲁士王国军队收复了莱茵河左岸的德意志地区。②

法国人算是"侵略者"吗?法国年鉴学派史学大师的说法很有意思。1792年4月20日,法国国民公会做出决议,对奥地利-普鲁士联军宣战,革命军队迅速击败神圣罗马帝国军队,进入德意志地区,"新生的法国于是成了濒临整个莱茵河流域的国家":

> 莱茵-日耳曼国民公会的130位成员在美因茨集会,宣布"从兰道到宾根(Bingen)的全部国土"与神圣罗马帝国断绝关系;最后于21日断然声称,"莱茵-日耳曼人民愿意并入法兰西共和国,并向它提出这个请求"。人们告诉我

---

① 海因里希·冯·特赖奇克,《十九世纪德国史(第一卷):帝国的覆灭》,李娟译,上海:上海三联书店,2021,页123。
② Klaus Tervooren, *Die Mainzer Republik 1792/93*, Frankfurt am Main: Peter Lang Verlag, 1982; Jörg Schweigard, *Die Liebe zur Freiheit ruft uns an den Rhein – Aufklärung, Reform und Revolution in Mainz*, Gernsbach: Casimir Katz, 2005; Heinz Brauburger, *Die Mainzer Republik 1792/93 – ein Ort der Demokratie und Freiheit?*, Ingelheim: Leinpfad – Verlag, 2015.

们,所有这一切都发生在同一段时间。这里是否有道义问题?一点也没有,看一看弗里德里希二世的文稿就能明白。那么,是一个政治问题吗?是的,但这是一个由来已久的问题,革命的法国后来提出的解决方案,不就是多年以来法兰西王国一直认为合法和正常的那个解决方案吗?①

德意志人不会这样看,除非他们是雅各宾党人——年鉴学派史学的"客观性"由此可见一斑。② 事实上,美因茨的雅各宾党人在一开始就很清楚,没有法国的保护,美因茨共和国一天也没可能生存。共和国甫一成立,当地的德意志雅各宾党人就派代表团前往巴黎,由乔治·福尔斯特带队,希望借助他在巴黎的人脉与法兰西革命政权签订一个条约,让美因茨与法国结为républiques sœurs[姐妹共和国],实为归入法兰西版图。③

普鲁士军队收复美因茨时,乔治在巴黎不敢返回,次年病逝,时年40岁。这位传奇人物英年早逝与他积极参与共和革命没有关系,倒是与他要探究的自然生物的偶然性相关。除了天生体弱多病,他不幸的个人婚姻也是原因之一。海纳的女儿特蕾泽(Marie Therese Heyne,1776—1829)是位才女,天性活泼、开放,史称最早的德语女作家之一。她追慕乔治·福尔斯特的传奇经历和文学才华,却没有意识到个体心性的自然差异具有更大的支配力:乔治虽然是世界公民主义信徒,但似乎有同性恋倾向。按照如今的文化史学,当时的共和革命与个体的自然性情并非没有关系。用传记作家的话来说,乔治"赞美万有自然普遍的终极目标是'整体的美和完美'",而他自己"在这万有自然中过得并不好"。④

---

① 吕西安·费弗尔,《莱茵河:历史、神话和现实》,前揭,页178 – 179。

② 比较 Walter Grab, "Eroberung oder Befreiung? Deutsche Jakobiner und die Franzosenherrschaft im Rheinland 1792 – 1799", in Hans Pelger(hrsg.), *Studien zu Jakobinismus und Sozialismus*, Berlin:Dietz,1975, pp. 1 – 102。

③ Ludwig Uhlig, *Georg Forster. Lebensabenteuer eines gelehrten Weltbürgers*(1754 – 1794), 前揭, pp. 325 – 342。

④ 曼弗雷德·盖耶尔,《洪堡兄弟:时代的双星》,前揭,页 70;详见 Ulrich Enzensberger, *Georg Forster. Ein Leben in Scherben*, Frankfurt am Main:Eichborn,1996, pp. 131 – 149。比较 Ulrike Bergmann, *Die Mesalliance. Georg Forster: Weltumsegler – Therese Forster: Schriftstellerin*, Frankfurt am Main:Büchergilde, 2008; Carola Hilmes, "Georg Forster und Therese Huber:Eine Ehe in Briefen", in Gislinde Seybert(hrsg.), *Das literarische Paar. Le couple littéraire. Intertextualität der Geschlechterdiskurse. Intertextualité et discours des sexes*, Bielefeld:Aisthesis,2003, pp. 111 – 135。

世界公民亚历山大·洪堡

亚历山大·洪堡没有跟随乔治·福尔斯特投身共和革命,他接受了普鲁士王室的任命,负责探察普鲁士国土上的矿产资源,成了专制君主的王室官吏。1796年,洪堡的母亲去世,他获得了一笔可观的遗产,早年被乔治·福尔斯特点燃的出洋考察的热情有了实现的可能。他决定辞掉王室职务,前往美洲考察。

对盎格鲁-美利坚的向往

当时的美洲大陆仍处于几个欧洲大国的争夺之中,西班牙王国的美洲属地幅员最为辽阔,北至加利福尼亚,南至智利最南端。七年战争之后,西班牙王室高度警觉其他欧洲国家染指南美洲,即便是西班牙人前往,也得有国王颁发的许可证。洪堡出身于普鲁士贵族家庭,凭靠与西班牙贵族的关系,他才搞到前往西班牙美洲属地的许可证——洪堡不禁感叹,战争和政治让自然世界"封闭了起来"。据说,自1735年法国地理学家查尔斯·孔达米纳(1701—1774)率考察队沿赤道测量子午线以来,洪堡是"第一位被允许前往这一地区的非西班牙人"。[1]

1799年6月,洪堡与一位法国植物学家同行,从西班牙北部的卡塔纳港出发,前往拉丁美洲——当时叫作"新西班牙王国",考察那里"自然的所有力量如何相互交织起来",有机生命与无机物在自然中如何互动。这次考察历时长达五年,洪堡写下的笔记据说长达34000页。[2]

返回欧洲途中(1804年5月),洪堡"临时改变计划",从古巴前往美国,希望拜见美利坚合众国第三任总统托马斯·杰斐逊(1743—1826)。自然与政治在洪堡心中是这样交织在一起的:

---

[1] 杰弗里·马丁,《所有可能的世界:地理学思想史》,前揭,页148;安德烈娅·武尔夫,《创造自然》,前揭,页33-35、38-39;详见 Alexander Smith, *Explorers of the Amazon*,前揭,159-187;Neil Safier, *Measuring the New World: Enlightenment Science and South America*, Chicago: University of Chicago Press, 2008。

[2] Karl Schlögel, *In Space We Read Time: On the History of Civilization and Geopolitics*, Gerrit Jackson 英译, New York: Bard Graduate Center, 2016, 页3。

在漫长的五年中,亚历山大·洪堡已经目睹自然最壮美、丰盛和摄人心魄的一面;现在,他想见识新大陆最灿烂的人类文明,一个建立在自由原则上的共和国。……1790年夏天,他到访巴黎,见证了纪念大革命爆发一周年的准备活动。他被人们的热情所感染,加入到为建造一座"自由神殿"搬运沙子的行列。现在,也就是十四年后,他想要见一见这个在美洲建立起来的共和国,以及生活在这片土地上"深知自由来之不易"的人们。①

托马斯·杰斐逊同样热爱自然科学,他与詹姆斯·麦迪逊(1751—1836)以及时任美国财政部长的人类学家艾伯特·加勒廷(1761—1849)一起,在白宫热情款待洪堡。洪堡滔滔不绝地大谈自己的自然考察所得,他们却没有兴趣,而是急切地询问南美的政治状况。杰斐逊尤其关心美国与墨西哥的边境情况,因为西班牙王室将边界定在得克萨斯东缘的萨宾河(Sabine River),而美国的立国者们坚持应该划在得克萨斯西侧的格兰德河(Grand River)。这条河流发源于科罗拉多落基山脉西南部的圣胡安山,顺着构造地槽横穿盆地和山脉区,在得克萨斯西南部形成一个"大湾"(Big Bend)转向东北,途中没有大的支流。显然,双方正在争夺这两条河流之间的广袤土地(包括美国后来从墨西哥夺取的得州全境):在墨西哥海湾沿岸,"从佛罗里达州的狭长地带西至得克萨斯州,生长着大片大片的沼泽草",那里"是多种水禽的繁殖地",到了夏季,这些水禽会迁徙到遥远的北方。在得克萨斯州东部,后来的美国地质学家发现了世界级大油田,而得克萨斯州的海岸平原一带则成了美国的主要牲畜饲养地区之一。②

托马斯·杰斐逊和詹姆斯·麦迪逊具有如此地缘政治意识并不让人感到意外。十多年前,学神学出身的公理会牧师杰迪亚·莫尔斯(1761—1826)出版了《亚美利加地理:或美利坚合众国现状观》,随即成为畅销书。他很快扩充或者说扩大视野,将此书变成了第一部美国视野的世界地理——《亚美利加普遍地理:或已知世界上所有帝国、王国、州和共和国,特别是美利坚合众国的现状概览》,尽管在这部500多页的大著中,其实仅有大约50页介绍世界其他地区——在描绘欧洲、非洲和亚洲之前,他先提供的是美洲的地理清单。"在美利坚共和国早期的几十年里,成千上万的美国人"正是通过这部书了解"他们的"国家。在此之前,杰迪亚·莫尔

---

① 安德烈娅·武尔夫,《创造自然》,前揭,页90-91。
② 查尔斯·亨特,《美国自然地理》,北京师范学院《美国自然地理》翻译小组译,北京:北京出版社,1980,页92-94、145、149、322。

斯已经编写过自然地理教科书《简易地理》(*Geography Made Easy*,1784),完成《亚美利加世界地理》之后,他又编写了教科书《地理要素》(*Elements of Geography*,1795),这些地理书很快被全美的学校用作教材,甚至在随后几十年里"一直是家庭书架上的主打书目"。其实,莫尔斯与其说是在勾勒北美殖民地的地理,不如说是在用地理学建构新生的合众国,其目的是打造合众国新公民的国家意识:一个新帝国将在北美洲兴起——我们必须意识到,当时的美国疆域还主要是东部靠近大西洋的狭长地带。由于莫尔斯自视为新共和国道德的形塑者,他绝不仅仅是"美国地理学之父"。从根本上说,莫尔斯的地理著作是在为美国革命辩护——地理学史家称之为"道德地形学实践"。①

托马斯·杰斐逊和詹姆斯·麦迪逊厚待洪堡,因为后者是有名望的自然地理学家。出于共同的革命热情,洪堡毫不保留地拿出自己绘制的地图、统计数据和笔记本,为合众国领导人详细讲述南美洲的民众、庄稼和气候,还"反复计算精确的地理位置,纠正美利坚立国者们现有地图的精度",并"允许他们抄写自己的笔记、复制他绘制的地图"——几位合众国领导人交口称赞洪堡"惊人"的博学。②

十年后(1815),美利坚的一些种植园主"打着国旗、奏着国歌,大摇大摆地开进当时还属于墨西哥领土的得克萨斯,在那里定居下来"——

> 为了维护国家主权,墨西哥政府决定关闭边境,禁止美国殖民者进入。美国殖民者悍然反叛,并于1836年击败前来镇压的墨西哥军队,建立了"得克萨斯共和国"。美国很快予以承认,并于1845年3月将其正式吞并。③

1804年夏天,洪堡乘法国护卫舰"幸运"号从美国返回,抵达法国波尔多港,此时拿破仑称帝才几个星期。洪堡崇尚大西洋革命理念,但他并不觉得这位革命者称帝有什么不妥,在巴黎待了下来。拿破仑举行登基大典(1804年12月2日)那

---

① David N. Livingstone, "'Risen into Empire': Moral Geographies of the American Republic", in David N. Livingstone and Charles W. J. Withers (eds.), *Geography and Revolution*, Chicago: The University of Chicago Press, 2005, pp. 309 – 310; 比较 Jedidiah Morse, *The American Geography; or, A View of the Present Situation of the United States of America*, London: John Stockdale, 1792; 经扩充后更名为 *The American Universal Geography, or, A View of the Present State of All the Empires, Kingdoms, States, and Republics in the Known World, and of the United States of America in Particular*, Boston: Isaiah Thomas and Ebenezer T. Andrews, 1793。

② 安德烈娅·武尔夫,《创造自然》,前揭,页96 – 97。

③ 张津瑞、林广,《地图上的美国史》,上海:东方出版中心,2016,页51、57。

天,洪堡为了亲临现场观礼,"不惜花很多钱去买考究的衣装"。①

洪堡开始动笔撰写自己的旅行文学——《新大陆赤道地带旅行日志》。这并不是单纯的自然考察旅行日志,其中不乏对西班牙殖民者的抨击。② 洪堡并非不关心政治,但他没有把美利坚人视为来自欧洲的殖民者,也没有关注欧洲殖民者争夺北美洲的战争。考虑到那里实际上还处于战争状态,这难免让人费解。从今天的政治史学视野来看,人们只能说,洪堡所倾慕的大西洋革命精神让他看不到凭靠自然眼光应该看到的政治。

欧洲与美洲的地缘政治关联

洪堡在巴黎足足逗留了近两年才回到柏林(1805年11月)。君主制的祖国普鲁士给了他应有的荣誉:王室科学院宣布他为正式院士,国王授予他王家"侍从官"的闲差,年薪很高。没过多久,普鲁士王国与革命的法国重启战端。普鲁士军队战败(1806年10月14日)两周后,拿破仑军队进入柏林城,法国士兵洗劫了洪堡家族的财产。洪堡的世界公民感遭遇了一次重创,他感觉自己"仿佛一同被埋葬在不幸的祖国的废墟中"。但他并没有如某些个传记作家所说,仍然试图"用自然的景象抗拒政治和社会的'困境'"。③

次年(1807)7月,战败的普鲁士王国与拿破仑签订了丧权辱国的《提尔西特条约》,普鲁士"失去三分之一以上的土地和一半以上的人口,军队被削减到4.2万人",除支付巨额赔款外,还得为"庞大的法国占领军"提供给养。④ 由于财政不堪重负,国王弗里德里希·威廉三世(1770—1840)派胞弟威廉亲王率和平使团前往巴黎,请求拿破仑减免赔款,还特意安排亚历山大·洪堡同行,指望借他在巴黎的人脉打通法国高层。国王的安排让洪堡暗自欣喜,他带上所有的美洲旅行笔记和手稿,打算趁机逃往巴黎——连兄长威廉·洪堡(1767—1835)得知他的打算后也不禁认为,这种"不爱国的自私行为"太过分了。在自由主义史学家眼里,洪堡的行为体现了一个自然科学家超越"政治和爱国主义"的态度。⑤ 其实,这种行为本身

---

① 曼弗雷德·盖耶尔,《洪堡兄弟:时代的双星》,前揭,页279。
② 参见洪堡,《美洲赤道地带旅行记》(节选),见劳伦斯、纪德等,《书信、日记及其他》,惠泉译,长沙:湖南人民出版社,1988,页58-66。
③ 曼弗雷德·盖耶尔,《洪堡兄弟:时代的双星》,前揭,页288-290。
④ 蒂莫西·布莱宁,《追逐荣耀:1648—1815》,前揭,页816。
⑤ 安德烈娅·武尔夫,《创造自然》,前揭,页131。

就是一种政治选择——康德式世界公民的选择。

威廉亲王并未求得减免赔款,两手空空返回普鲁士,洪堡则留在了巴黎。他让亲王给国王捎去一封信,说自己为了发表美洲考察旅行日志不得不留在巴黎,因为普鲁士没有出版商云云。宽厚的普鲁士专制君主同意洪堡"作为巴黎科学院的八位国外院士之一留在法国",并继续支付给他王室侍从官的年薪——洪堡照收不误。①

1808年,洪堡用法文撰写的《新西班牙王国政治论》(*Essai politique sur le Royaume de la Nouvelle Espagne*)开始在巴黎陆续出版(至1811年共出版五卷)。在地理学史家眼里,这是"世界上第一部区域经济地理学著作",它"论述了一个国家的资源、物产与人口和政治条件的关系",并看到"要增进一国的普遍繁荣只有一条正确的道路,即尽可能有效地利用天然资源"。② 如此说法并没有证明经济地理与政治不相干,反倒证明这位地理学史家缺乏政治地理意识。事实上,洪堡的这篇自然地理调查报告尝试了"国家描述方式的一些新类型",堪称"政治地理学杰作",尽管当时"少有人阅读"。③

《新西班牙王国政治论》措辞激烈地抨击西班牙殖民者,揭露"欧洲人的残酷暴行",还将西班牙在拉丁美洲的统治与英国对印度的殖民统治相提并论:

> 洪堡不厌其烦地将他对地理、植物、民族冲突、西班牙人所作所为的观察与殖民统治对环境的影响联系起来,并交代了手工业、矿业和农业劳工的处境。他提供了财政收入、军事防御以及道路和港口的相关信息,并附上大量数据表格,从银矿产量到农田收成,以及各殖民地商品进出口的总额。④

就在洪堡开始出版《新西班牙王国政治论》那年(1808),拿破仑趁波旁王朝家族逊位之机兼并西班牙。美洲殖民地与宗主国的联系被切断,北起墨西哥南到阿根廷的西属美洲殖民地趁机兴起共和革命,独立战争此起彼伏,持续长达近半个世纪——史称拿破仑战争引发的第一起全球化波澜。⑤

---

① 曼弗雷德·盖耶尔,《洪堡兄弟:时代的双星》,前揭,页291。
② 杰弗里·马丁,《所有可能的世界:地理学思想史》,前揭,页150。
③ 奥伯胡默尔,《拉采尔之前的政治地理学及其晚近发展》,前揭,页17-18。
④ 安德烈娅·武尔夫,《创造自然》,前揭,页150。
⑤ Anthony McFarlane, *War and Independence in Spanish America*, London: Routledge, 2014, pp. 11-37.

在此之前,盎格鲁-美利坚人脱离宗主国的事件和法国革命的爆发已经激励南美洲的克里奥尔人(Creole,出生于美洲而双亲是西班牙人或葡萄牙人的白种人)闹独立。秘鲁的耶稣会士比斯卡多·古兹曼(Viscardo y Guzmán,1748—1798)在潘恩的"政治自由"论激励下投身政治活动,遭到殖民地当局通缉,被迫流亡英伦。1791年,他在伦敦撰写了一份小册子《致西班牙美洲人的信》,号召西属美洲的克里奥尔人起来造反,"发动一场类似于催生美利坚合众国的起义"。① 不过,尽管如此,若非拿破仑兼并了西班牙,西属殖民地的统治当局还不至于掌控不住局面。

委内瑞拉的共和革命最早取得成功(1811年7月),但很快被殖民当局镇压。革命领导人西蒙·玻利瓦尔(1783—1830)出生于西班牙新格拉纳达总督辖区加拉加斯(今委内瑞拉首府)的一个贵族家庭,这座建于1567年的城市在十八世纪时已经相当"欧化",富有人文主义气息。② 玻利瓦尔少年时就喜欢读孟德斯鸠、伏尔泰、卢梭,长大后成了拿破仑的崇拜者——而拿破仑则是美国革命的崇拜者。

1804年,玻利瓦尔来到巴黎做拿破仑的随从官,与洪堡成了知交。三年后(1807),玻利瓦尔离开欧洲,"胸中燃烧着倡导自由、三权分立以及人民与统治者之间订立社会契约的启蒙理想"返回委内瑞拉,发动脱离宗主国的独立运动。1809年,洪堡依据南美考察写成的《植物地理学的观念》(1807)被译成西班牙文,书中对南美自然风景的描绘"让殖民地的人民意识到这片大陆的独特及其富饶",为玻利瓦尔领导的南美独立运动注入了活力——"玻利瓦尔后来称,洪堡用一杆笔唤醒了南美洲,并充分说明了南美洲人民为这片大陆感到自豪的诸多理由"。③ 直到今天,

---

① 雅克·索雷,《18世纪美洲和欧洲的革命》,黄艳红译,长春:吉林出版集团,2008,页270-273;米罗舍夫斯基,《美洲西班牙殖民地的解放运动:从被征服到独立战争前为止》,金乃学译,北京:生活·读书·新知三联书店,1960,页92。D. A. Brading, *The First America: The Spanish Monarchy, Creole Patriots, and the Liberal State 1492-1867*, Cambridge: Cambridge University Press, 1991, pp. 535-540; Stolley Karen, "Writing Back to Empire: Juan Pablo Viscardo y Guzmán's 'Letter to the Spanish Americans'", in Alariselle Melende (ed.) *Liberty! Egalité! Independencia!: Print Culture, Enlightenment, and Revolution in the Americas, 1776-1838*, (papers from a conference at the American Antiquarian Society in June 2006 [and] the James Russell Wiggins Lecture), American Antiquarian Society, 2007, pp. 117-132; Stolley Karen, *Domesticating Empire: Enlightenment in Spanish America*, Nashville: Vanderbilt University Press, 2013.

② 奥古斯托·米哈雷斯,《解放者玻利瓦尔》,杨恩瑞、陈用仪等译,北京:中国对外翻译出版公司,1984,页4-6。

③ 安德烈娅·武尔夫,《创造自然》,前揭,页141-142;比较E. B. 吴鲁夫,《历史植物地理学引论》,仲崇信、张梦庄译,北京:科学出版社,1960,页11。

史学家仍然津津乐道自然博物学家与共和革命家的这段友谊。

玻利瓦尔领导的第一次委内瑞拉起义失败,他重新制定武装斗争战略,继续与西班牙殖民军作战,两年后再度建立委内瑞拉共和国(1813年8月),不到一年又被镇压。1817年10月,玻利瓦尔第三次建立委内瑞拉共和国,两年后(1819年12月)又将委内瑞拉的第三共和国改为"大哥伦比亚共和国",并把共和革命引向了厄瓜多尔、巴拿马、秘鲁、玻利维亚。① 在西班牙史学家笔下,我们会读到这样的描述:

> 在十九世纪上半叶,西班牙像一棵大树被暴风雨刮得折弯了腰。它的殖民地被革命风暴撕成树皮的碎片,它的汁液呢?在兄弟相残的战争中鲜血白白流掉了。②

洪堡万万没有想到,玻利瓦尔最终会成为一个独裁统治者,对此他多少有些失望。玻利瓦尔对自己施行独裁统治有过如下这番辩解——洪堡未必会认同:

> 世界上有哪个国家,不管它如何克制和主张共和制,能够在内有众多派系,外有战争的情况下,由如此复杂而软弱的联邦制政府治理呢?不,在战争和党派骚乱中绝不可能保持这种制度。可以这样断言,政府必须适应它所处形势的特点、时代和它周围的人士。如果一切都是繁荣而又平静的,政府就应该是温和的,是保护者;但是,如果处于兵荒马乱的情况下,政府就应该冷酷无情,坚定不移地对付面临的危险,在重建幸福与和平之前,不必拘泥法律和宪法。③

如今有史学家为玻利瓦尔施行独裁统治辩护,称"其性质和原因与罗马共和政体历次独裁政权相同",也许不无道理。④ 但问题在于,对于崇尚盎格鲁-美利坚式自由主义政制的信徒来说,任何形式的独裁都不可接受,而玻利瓦尔恰恰是这样的

---

① Lester D. Langley, *Simón Bolívar: Venezuelan Rebel, American Revolutionary*, London: Rowman & Littlefield, 2009, pp. 41 – 83.
② 让·德科拉,《西班牙史》,管震湖译,北京:商务印书馆,2003,页428。
③ 玻利瓦尔,《玻利瓦尔文选》,中国社会科学院拉丁美洲研究所译,北京:中国社会科学出版社,1983,页12。
④ 萨尔塞多-巴斯塔多,《博利瓦尔:一个大陆和一种前途》,杨恩瑞、赵铭贤译,北京:商务印书馆,1983,页257 – 258。

信徒。他发动委内瑞拉脱离西班牙的独立运动,其实是模仿盎格鲁－美利坚的殖民者,他崇拜托马斯·杰斐逊胜于崇拜拿破仑·波拿巴。房龙在说到《独立宣言》的诞生时,清楚地解释了盎格鲁－美利坚立国者们独裁的含义:

> 今天,我们不经任何仪式就可以废黜国王、皇帝、总统及各种各样的当权者。我们或许会感觉到,独立战争时期,我们的祖先们应该更积极努力,尽快获得独立。我们认识到,在他们最终宣布要永远摆脱国王的统治之前,他们中大多数人还在犹豫、争论、辩论,每次都长达好几个月,通过和推翻了不计其数的决议。没有一个强大的独裁者把我们变成他们那样的臣民,我们也将永远无法做出他们曾经做出的决定。他们在那时做出了一些我们自己都永远不可能做出的决定。①

按照这样的逻辑,房龙也解释了玻利瓦尔在1812年宣布独裁的正当性:为了"建立美洲合众国",他必须如此。玻利瓦尔已经从南美的"大陆概念"而不只是"国家概念"的角度考虑问题,别说一般人做不到这一点,诸多政治精英也做不到(同上,页138－140)。房龙不会想到,玻利瓦尔的理想如果实现了的话,委内瑞拉合众国与美利坚合众国的战争将是"一项残酷的事业"。

洪堡与玻利瓦尔一样,崇拜托马斯·杰斐逊甚于崇拜拿破仑·波拿巴,他身在巴黎,每有新作都会寄给杰斐逊。虽然已经卸任美利坚总统,杰斐逊仍然非常用心地阅读洪堡寄来的新作,因为他迫不及待地想要了解西班牙殖民地的"动乱"走向。洪堡绝不会想到,他不自觉地充当了白宫的情报官——他的世界公民信念让他不可能想到,杰斐逊嘴上说"希望看到自由的共和国制度传播到更远的地方",实际上根本就"不希望[南美]殖民地联合起来成为一个国家",因为南美"若形成一大片国土,那么他们就会成为一个可怕的强邻"。②

洪堡并没有关注无论欧洲还是北美的地缘政治冲突。他在巴黎埋头著述期间(1811),英国与法国在伊比利亚半岛的战争陷入胶着,而他的美国偶像杰弗逊则适时地在国会鼓吹:美国应趁英国在欧洲战场无法分身主动出击,怂恿加拿大地区(包括法属魁北克)闹"独立",将英国势力彻底逐出北美大陆。

---

① 亨德里克·房龙,《自由的斗士:杰斐逊和玻利瓦尔》,李丹译,北京:现代出版社,2016,页50。

② 安德烈娅·武尔夫,《创造自然》,前揭,页149。

1812年6月，美国国会对英宣战，理由是英国没有遵守1783年的《巴黎条约》和维护"自由贸易和海员权利"。当时英国驻守北美的陆军不多，并不希望开战，因此很快做出让步，撤销对美利坚的各项贸易禁运令。据说，由于当时通讯不便，美国国会未能及时获悉英国议院的让步，导致战争最终未能避免。实际情形更可能是，美国国会的本意并不是要争取贸易自由的权利，而是要扩张领土，所以英方的任何让步都不会起作用。①

英国在加拿大的兵力不足（仅约5000名正规军），当地具有保皇信念的民兵却斗志高昂，美国人从三个方向进攻加拿大，均遭遇败绩，"而且在很多情况下[败得]不光彩"。② 一年多后（1814年4月）拿破仑战败退位，英国得以增兵加拿大，并扩大对大西洋沿岸的封锁。同年8月，约十万久经沙场的英军在普雷沃斯特中将（1767—1816）率领下抵达蒙特利尔附近，准备沿尚普兰湖和哈得孙河走廊对美利坚合众国发动攻势。另一支英军从切萨皮克湾登陆作牵制攻击，未料轻松攻入华盛顿特区——他们焚烧了白宫官邸，麦迪逊的政府仓惶出逃。

英国因拿破仑战争而疲惫不堪，对战事并不上心，和平谈判几乎是在战争爆发时就开始了，尽管直到1814年6月，英美双方才在比利时的根特小镇正式谈判。英国政府故意拖延，指望在战场上取得更多对谈判有利的筹码，但"英国公众已对战争感到厌倦"。同年11月，英国首相指望陆军元帅威灵顿公爵（1769—1852）出任驻北美英军总司令。这位"战神"凭靠自己天才的战略直觉认为，英军若不能在五大湖取得海军优势，就绝无可能赢得战争（莫里森等，同上，页496）。

维也纳和会召开两个月后（1814年12月），英美在根特小镇签订媾和条约，双方疆界恢复到战前状态。盎格鲁-美利坚第一次凭靠战争手段扩张土地的行动虽然失败，却获得了第一份与欧洲国家签订的和约，从而获得了欧洲式的主权国家身份——这场战争也因此被称为盎格鲁-美利坚的"第二次独立战争"。

"民族自决"这一新的现实主义原则再次得到确认——这里的所谓"民族"并不具有人类学含义，而是具有清教信仰式的政治含义，它对世界和平秩序的影响更具建设性还是破坏性，取决于每一个政治史学家自己的思想假定。洪堡对这些问题

---

① 塞缪尔·莫里森、亨利·康马杰、威廉·洛伊希滕堡，《美利坚共和国的成长》，上卷，南开大学历史系美国史研究室译，天津：天津人民出版社，1980，页466-469。

② 同上，页484。

毫无感觉,不能归咎于他不关心政治。毋宁说,世界公民意识让他不可能具有地缘政治意识。法国大革命传扬的自由精神让他相信,"国家间的竞争"或"争夺和保卫领土的斗争"迟早会从历史上消失。即便在二十一世纪的今天,政治地理学家仍然可能具有这种世界公民信念,并进而相信,只要凭靠"世界体系理论"鼓励国家间的合作,就会切除"国家间的竞争"这个毒瘤。①

世界公民的新宇宙

普鲁士周边也有强邻,世界公民洪堡同样毫无感觉,这在德意志的民族主义者看来尤为离谱。对康德信徒洪堡来说,德意志人的身份认同之类的问题并不存在。诚然,直到洪堡去世时,政治上统一的德国都还没有出现。但问题在于,身为普鲁士王室官吏,洪堡对普鲁士的地缘政治处境也漠不关心。

拿破仑战败之后,德意志人的莱茵邦联并没有解散,而是由奥地利帝国和普鲁士王国重组为德意志邦联(Deutscher Bund,1815—1866)。由于奥地利帝国和普鲁士王国也是邦联成员,拿破仑打造的这个德意志政治单位成了含混的政治体。一方面,梅特涅(1773—1859)代表奥地利帝国出任邦联议会主席,等于兼任德意志邦联的最高元首,执掌邦联的外交和军事权,而奥地利仍然是一个多民族帝国,德意志邦联成了其附庸。另一方面,普鲁士王国正在成为区域强国,有上千万人口,在战后由君主制联盟构建的欧洲国际秩序中占有相当的权重。

可以理解,德意志各邦和普鲁士王国都出现了建立统一的德意志民族国家的政治意愿,而且必须是代议制联邦共和政体。拿破仑留下的政治遗产"在具有自由主义倾向的作家、政治家、军官和学生中间很快演变成一个强大的神话"。志愿参加反拿破仑战争的德意志人"在战场上出生入死,不只是为了把普鲁士、黑森或萨克森从法国统治下解放出来,也是为了解放全德意志,更有人认为,首先是为了解放全德意志"。② 因此,德意志邦联内的大多数邦国并没有复辟旧制度,南部邦国纷纷颁布宪法,建立代议制议会,以便对维也纳协议划定的边界做出有利于自己的修改——巴登公国就是态度相当强硬的邦国之一。德意志邦联因这类内部"领土"争

---

① 科林·弗林特、皮特·泰勒,《政治地理学》,前揭,页2-3;比较科林·弗林特,《亚洲的地缘政治竞争与不可避免的战争:世界体系视角下的历史教训》,见《印度洋经济体研究》,2017年第1期,页1-24。

② 理查德·埃文斯,《竞逐权力:1815—1914》,前揭,页14、41。

端无法凝聚成统一的政治单位,也就不可能摆脱奥地利和普鲁士的控制,反倒处于两强的撕扯之中。

自由主义知识人也有不同的政治取向,民族主义和世界公民主义是两种基本的但互不相容的类型。政治歧见不断撕裂政治体,甚至撕裂家庭成员:威廉·洪堡属于前者,而他弟弟则属于后者——直到今天,这种情形还司空见惯。亚历山大·洪堡在巴黎待了 21 年之久,直到 1827 年才回到普鲁士,这时他已年近六旬。

在接下来的两年里,亚历山大·洪堡做了 62 场讲座和 16 场公开报告,开始实现自己 27 岁时立下的志向:统合晚近百年来的博物学成果,重新描述大千世界。1845 年,由讲稿整理而成的《宇宙:自然世界描述草案》第一卷出版,两年后出版了第二卷(1847)。洪堡原计划写两卷,实际写起来才发现收不住。在诸多助手协助下,年迈的洪堡在 1850 年和 1858 年又先后出版了两卷《宇宙》,最后一卷(第五卷)在去世后的 1862 年作为遗著出版。①

《宇宙》首先叙述了从古埃及以来人类有关宇宙的种种观念出现的过程,材料多为历代风景画家和诗人对自然风光的描绘。随后,洪堡凭靠现代天文学描述天体的空间法则,凭靠新兴的生物地理学描述地球的空间法则。但在今天的政治史学家眼里,《宇宙》并非仅仅在展示基于新自然科学的宇宙形象,毋宁说,它也在为实现其"世界公民计划"(Weltbürgerplan)构建"一种能够独霸地球的知识",因为洪堡"从未放弃过法国大革命的道德基础"。②

如果确如业内人士所说,《新西班牙王国政治论》和《宇宙:自然世界描述草案》是洪堡一生中最重要的著作,那么,大西洋革命与新的自然世界景观就叠合在了一起。最让今天的史学家感到费解的是,洪堡一方面信奉"永远扎根在统一的人类平等权利之中的个人及政治自由原则",另一方面又心安理得地领取普鲁士王室"侍从官"的俸禄。据说,他幸好有"在两个世界中居处自如的本领"以及自然学家的身

---

① Petra Werner, "*Kosmos*", in Ottmar Ette (hrsg.), *Alexander von Humboldt – Handbuch: Leben – Werk – Wirkung*, Stuttgart: Metzler, 2018, pp. 73 – 79.

② 法里内利,《拉采尔与政治地理学的本质》(金海波、王海洁译),见娄林主编,《经典与解释 59:拉采尔的政治地理学》,前揭,页 71 – 72;详见 Anne M. C. Godlewska, "From Enlightenment Vision to Modern Science? Humboldt's Visual Thinking", in David N. Livingstone/Charles W. Withers (eds.), *Geography and Enlightenment*, Chicago: The University of Chicago Press, 1999, pp. 236 – 272。

份,这才得以在普鲁士君主国享有"最大限度的自由"。①

卡尔·李特尔与普鲁士的政治成长

洪堡从巴黎返回普鲁士时,李特尔(1779—1859)已在柏林大学开设地理学课程多年。有地理学史家认为,真正为德意志帝国的诞生做出实质性贡献的地理学家其实是李特尔,而非洪堡,李特尔甚至堪称现代地理学的实际奠基人——这样的说法并非没有道理。②

世界历史地理学的诞生

与洪堡不同,李特尔对地理的兴趣更多来自欧洲成长的历史,而非单纯的自然世界。大学毕业后(1798),李特尔在法兰克福的一所人文中学教地理和历史,五年间,他编写出一部教科书性质的《欧洲地理》(1814),其时,击败拿破仑的欧洲各君主国正准备召开维也纳会议,重建欧洲和平秩序。此书颇受欢迎,很快重版(1816),李特尔又附加了六幅欧洲地理全图,标出山脉、植被、农作物、气候、野生和驯养动物的分布以及民族之间的关系。时在巴黎的洪堡读到此书,也不禁为之一震。

接下来,李特尔出版了《欧洲地理》第二卷,其中提到希罗多德时代以前高加索和黑海地区欧洲人的迁徙,史称开启了欧洲的历史地理学。③ 1820 年,李特尔获得了来自柏林大学的编外讲师聘约,讲授"地球—土地—民族—邦国志"(Erd-, Länder-, Völker- und Staatenkunde)课程,时年 31 岁,而一年之后,他才在这所大学获得在职博士学位。

---

① 罗伯特·迪金森,《近代地理学创建人》,前揭,页 36 - 37;安德烈娅·武尔夫,《创造自然》,前揭,页 268。

② Hans - Dietrich Schultz, "'Heldengeschichten'oder: Wer hat die Geographie (neu) begründet, Alexander von Humboldt oder Carl Ritter?", in: Bernhard Nitz/Hans - Dietrich Schultz/Marlies Schulz(Hrsg.), *1810—2010: 200 Jahre Geographie in Berlin*, 2. verb. u. erw. Aufl. , Berlin: Akademie - Verlag, 2011, S. 1 - 49.

③ Heinrich Schmitthenner, *Studien über Carl Ritter*, Frankfurt an Main: Waldemar Kramer, 1951, pp. 40 - 71.

在德意志地区，马丁·路德(1483—1546)就读过的维滕堡大学最早开设地理课程(1509)。差不多两百年后，哈勒大学才设置地理学教席(1707)，但教授这门课程的是哲学家克里斯蒂安·沃尔夫(Christian von Wolff, 1679—1754)，其地理学知识究竟如何可想而知。半个世纪后，哥廷根大学开设地理学课程(1755)，又过了半个世纪(1810)，柏林大学才开设地理学大课。这些课程无不与数学、自然学、哲学或统计学尤其史学混在一起，都算不上是地理学专业诞生的标志。因此，李特尔被称为整个德意志的首位专业地理学教授。①

拿破仑战争结束后，普鲁士利用战胜国地位，收复了东面濒临波罗的海的港口城市格但斯克(Gdańsk, 德语称Danzig[但泽])和自中古以来就是贸易中心的古镇托伦(Toruń, 华沙西北约190公里)，以及位于奥得河(Oder liver)和维斯瓦河(Wisla liver)之间的波兹南(Poznań, 德语称Posen[波森])，将西里西亚与东普鲁士连接起来。在西面，普鲁士收获了莱茵河两岸的威斯特伐利亚、克利夫斯、科隆、亚琛、波恩、科布伦茨和特里尔，这使得普鲁士"可以直接与法国接壤，成为莱茵河中游的守护者，从某种意义上讲也是西德意志的保护者"。② 尽管如此，普鲁士的疆域并没有因此而连成一片，尤其要命的是缺乏利于防守的自然边界。弗里德里希·威廉三世与其祖父弗里德里希二世不同，他认为普鲁士并非必须扩张，而是应该把自身的安全交付给重建欧洲秩序的神圣同盟，听从俄国和奥地利。③ 李特尔受聘柏林大学开设地理课程表明，君主的个体性情与政治体的内在冲动未必一致。起初，听李特尔地理课的学生寥寥无几，但到1824年时，他的课堂已经门庭若市。

李特尔并非普鲁士人，他能获得如此殊荣，乃因为他继《欧洲地理》之后又发表了两卷本《地理学通论及其与自然和人类历史的关联》(1817—1818)。李特尔希望强调地理学必须是自然科学与史学的结合，因为，人类地理只能在自然与历史的互动关系中来理解。此著的书名已经够长，但它还有一个更长的副标题——"普通比较地理学，作为自然科学和历史科学的研究与教学的稳

---

① Max Linke, *Ritters Leben und Werk: ein Leben für die Geographie*, Halle: Janos Stekovics, 2000, pp. 10 – 11.

② 约翰·马里奥特、格兰特·罗伯逊《帝国的崛起：从普鲁士到德意志》，褚嘉君译，重庆：重庆出版社，2021，页227 – 229。

③ 塞巴斯蒂安·哈夫纳，《没有传说的普鲁士》，前揭，页169。

固基础"。① 这个副标题表明,李特尔还希望自己的著作成为历史地理学"研究与教学的稳固基础"。可见,对于让地理学成为一门独立学科,李特尔有相当的自觉意识。因此有地理学史家说,李特尔与洪堡的地理思想显得是"对立的两极"。②

何谓"比较地理学"呢? 在 1817 年的《地理学通论》第一卷中,李特尔探讨了"非洲黑暗大陆",这是当时的欧洲地理学家对地球了解最少的部分,美国的地理学史家迪金森对此觉得"非常奇怪"。③ 他并不知道,而熟悉普鲁士成长史的李特尔则知道,普鲁士王国的奠基者勃兰登堡选帝侯弗里德里希·威廉(1620—1688)"在新崛起的各个海上强权面前也不甘雌伏",1680 年,他"建立起一支小型舰队",次年就在几内亚海岸找到两处拓殖地,"还仿照英国、荷兰、法国,以[北海多拉尔特湾右岸的]埃姆登(Emden)为基地创建了非洲公司"。由于普鲁士没有直通大洋的港口,没法与海上竞争对手周旋,40 年后(1720),威廉才被迫把两处拓殖地卖给荷兰。④

直到十八世纪末,欧洲人对非洲这片"黑暗大陆"地形的认识都还停留在中古时期。"对酷热气候的恐惧"以及"土著部族的敌视",长期使得欧洲人"不敢越出热带非洲的沿海地区",而"西非的酋长和中间商"也不让欧洲人进入内陆,当时绘制地图的制图家只得用"野蛮景象"来填补地图上的空白。科学和贸易的发展,促使欧洲的自然学家想要搞清楚一个希罗多德没有找到满意答案的问题:尼罗河发源于何处? 有人把它和尼日尔河等同起来,"或者在地图上把它画成从大西洋横贯非洲流向印度洋"——

> 尼日尔河流向何处呢? 它是否倾泻于海洋? 它最后流入大沼泽还是沙漠? 或者是不是象阿非利加的利奥认为的那样,尼日尔河是从内地某源头向

---

① Carl Ritter, *Erdkunde im Verhältnis zur Natur und zur Geschichte des Menschen oder allgemeine, vergleichende Geographie, als sichere Grundlage des Studiums und Unterricts in physicalischen und historischen Wissenschaften*, Berlin, 1817 – 1859.

② Hanno Beck, "Carl Ritter und Alexander v. Humboldt—eine Polarität", in Karl Lenz (Hrsg.), *Carl Ritter – Geltung und Deutung. Beiträge des Symposiums anläßlich der Wiederkehr des 200. Geburtstages von Carl Ritter*, Berlin: Dietrich Reimer, 1981, pp. 94 – 98.

③ 罗伯特·迪金森,《近代地理学创建人》,前揭,页 43。

④ 约翰·马里奥特、格兰特·罗伯逊《帝国的崛起:从普鲁士到德意志》,前揭,页 81;塞巴斯蒂安·哈夫纳,《没有传说的普鲁士》,前揭,页 38;顾全,《大陆强国与海上制衡:1888—1914 年德国的海军扩张》,上海:上海人民出版社,2019,页 102。

西流入大西洋？刚果河和尼日尔河是同一条河吗？是不是像托勒密所表示的那样,在近赤道的地方有山岳？所谓的"月亮山"究竟在哪里？在东非是不是有大湖？非洲内地是沙漠还是沼泽？什么人居住在非洲内地？①

1788年,约瑟夫·班克斯爵士领导的英国皇家学会建立了一个"非洲内陆探险促进协会",首要的目标即设法解开尼日尔河之谜。拿破仑远征埃及时带了上百名科学家,显然不仅是出于作战的需要,毋宁说,欧洲大国争夺殖民地的重点已经转向非洲。

拿破仑战争结束标志着欧洲强势王国争夺全球殖民地的第一轮冲突告一段落,新一轮争夺将在半个世纪后展开。1815年,西班牙帝国的海外领地已所剩无几,因为这个海洋帝国其实并不具有"海权意识"。② 到了1914年,西班牙的海外殖民地实际上已经荡然无存。在某些史学家看来,1815年到1870年的半个世纪是欧洲强国争夺殖民地的停滞期,因为后来以殖民帝国身份发挥重要作用的几个国家在这个时期还不存在:普鲁士直到1871年才完成德意志诸邦的统一,日本尚未向西方"开放门户",美利坚合众国在南北战争(1861—1865)后才真正实现内部整合。③ 李特尔的地理学恰好在这段时期形成并产生广泛影响,不能说是历史的偶然。在被聘为柏林大学地理学教授的同时,李特尔也被附近的柏林王家军事学院聘为地理学教授——这两所高校正好比邻。

李特尔一边执教一边着手重写《地理学通论》,但直到去世也没能收尾(成书十九卷)。他希望基于当时的地理考察成果完成一部全球政治地理教科书,雄心实在太大。仅仅浏览一下各卷主题,人们也会为李特尔的世界地理视野之广阔感到惊讶:第一卷(1822年出版)描述非洲,第二至六卷(1818—1836年出版)描述东亚,第七至十一卷(1837—1844年出版)描述西亚(包括伊朗),第十二至十三卷(1846—1847年出版)描述阿拉伯半岛以及两河流域的"阶梯式地域",第十四至十七卷(1847—1848年出版)描述西奈半岛,第十八至十九卷(1850—1852年出版)描述小

---

① 罗伯特·罗特伯格,《热带非洲政治史》,上海电影译制厂翻译组译,上海:上海人民出版社,1977,页403-406,引文见页405。

② 安德鲁·兰伯特,《海洋与权力:一部新文明史》,龚昊译,长沙:湖南文艺出版社,2021,页226。

③ 韦瑟林,《欧洲殖民帝国:1815—1919》,夏岩译,北京:中国社会科学出版社,2012,页70。

亚细亚。①

文艺复兴以来，欧洲学人习惯按王国划分地理单元，李特尔抛弃了这一习规，按自然地貌划分"地域"（Gliederung der Erdtheile）。与此同时，李特尔将自然地表形态（尤其山脉和水系）置于历史脉络之中，强调陆地划分不仅包括自然特征，也包含不同民族的生活方式，以此探究"国土"（Landesheimath）与"土地性质"（Landesnatur）之间的历史动态关联。在李特尔眼里，虽然地球是一个有机体，有上帝划分的自然地理单元即大陆或大洲，但每个单元的自然空间构成都有自身的特点，居住在那里的族群形成的文化也各有其特殊面目。② 拉采尔有理由认为，李特尔已经充分展示了地理学的政治要素（《政治地理学》，第二版序言，页 V）。

《地理学通论》没有欧洲部分，这并非因为李特尔不打算写，而是因为还没来得及写他就去世了。在李特尔眼里，上帝特意安排欧洲占据地球陆地的中心位置，以便欧洲人可以支配地球的其他部分，因此，地表上各大洲的排列方式也是上帝计划的证明：

> 亚洲代表太阳升起，所以这里是早期文明的发源地。非洲代表中午，由于平滑的轮廓以及一致的气候，居民活动力较差，并避免与外界联系。欧洲被特殊设计为将产生人类最伟大的成果，因为它代表日落，或者一天的终结，人类发展的顶点将出现在这里。但新发现的美洲被认为是新的太阳落下的地方，代表人们继续为之奋斗的一个新顶峰。③

李特尔甚至相信，基于欧洲王国向美洲的扩张，"人类灵魂可以更清晰地看到宏大和充满希望的未来"。如今的新左派史学家有理由认为，李特尔是欧洲中心主义地理学最早的代表。④

---

① Hanno Beck, *Carl Ritter. Genius der Geographie. Zu seinem Leben und Werk*, Berlin: Dietrich Reimer, 1979, pp. 74 – 118.

② Andreas Schach, *Carl Ritter（1779 – 1859）. Naturphilosophie und Geographie: Erkenntnis - theoretische Überlegungen, Reform der Geographie und mögliche heutige Implikationen*, Münster: LIT Verlag, 1996, pp. 43 – 51.

③ 杰弗里·马丁，《所有可能的世界：地理学思想史》，前揭，页 159；比较 Manfred Büttner, "Zu Beziehungen zwischen Geographie, Theologie und Philosophie im Denken Carl Ritters", in Karl Lenz (Hrsg.), *Carl Ritter - Geltung und Deutung*, 前揭, pp. 76 – 86。

④ 马丁·刘易士、卡伦·魏根，《大陆的神话：元地理学批判》，杨瑾、林航、周云龙译，上海：上海人民出版社，2011，页 275 注释 28。比较 Andreas Schach, *Carl Ritter (1779—1859). Naturphilosophie und Geographie*，前揭, pp. 116 – 130。

普法战争的地理学基础

李特尔在柏林大学的地理学课程越来越受欢迎,慕名前来听课的既有青年俾斯麦,也有青年马克思。李特尔的教学生涯长达近四十年,不仅对德意志各地知识人的地理视野产生了广泛影响,无形中也起到了凝聚德意志统一意识的作用——尤其是对普鲁士高级军官的教育颇为成功,①后来成为普鲁士王国军队总参谋长的赫尔穆特·莫尔克(Hellmuth von Moltke, 1800—1891)就是其中之一。而最有成就的则要数阿尔布莱希特·罗恩(1803—1879),他将李特尔在课堂上讲的内容编写成三卷通俗读本,在普鲁士推行地理学普及教育,还为军事学院编写了一部教材《欧洲军事舆地描述》,而他本人则官至普鲁士陆军元帅,并在德意志历史的关键时刻受命出任普鲁士军事部长(1859年)和海军部长(1861年)。②

俾斯麦出任首相重新组阁时,对当朝政治人大都看不上眼——"无论是能干的对手、无能的同僚还是议会中碍事的理论家",唯有军事部长罗恩获得留任,还被俾斯麦视为朋友。在罗恩的得力支持下,俾斯麦领导的普鲁士随即打赢了夺取石勒苏益格和荷尔斯泰因的"丹麦战争"(1862年)。接下来的普鲁士与奥地利的战争无异于一场巨大的冒险,仍然是罗恩与俾斯麦站在一起挺了过来。就连罗恩当时也认为,自己和俾斯麦"可能在这条危险的道路上摔断脖子"——

> 从1862年到1866年,俾斯麦感受和经历了一位沿着危险道路发动未知冒险的孤独领袖所受的考验。他的追随者寥寥无几,因为很少有人理解他;许多人反对他,因为他们因循守旧。他的敌人数目众多,支持者却寥寥无几,只有像罗恩这样的朋友或者像科伊德尔和布赫尔这样的工具。③

前文提到,拿破仑战争之后,普鲁士王国的国土仍然没有连成一片。普鲁士的

---

① Cornelia Lüdecke, *Militärische und zivile Geographie: Von Carl Ritters Geographie in Berlin bis zu Karl Haushofers Geopolitik in München*, Norderstedt: Books on Demand, 2019, pp. 39 - 56.

② Albrecht von Roon, *Grundzüge der Erd -, Völker - und Staatenkunde*, 3 Bände, 1832/1839 - 1844; Albrecht von Roon, *Militärische Länderbeschreibung von Europa*, Berlin, 1837;比较 Guntram Schulze - Wegener, *Albrecht von Roon. Kriegsminister - Ministerpräsident - Generalfeldmarschall*, Berlin: Wissenschaft Verlag, 2011.

③ 弗里茨·斯特恩,《金与铁:俾斯麦、布莱希罗德与德意志帝国的建立》,王晨译,成都:四川人民出版社,2018,页141,参见页54、56、75 - 81、109。

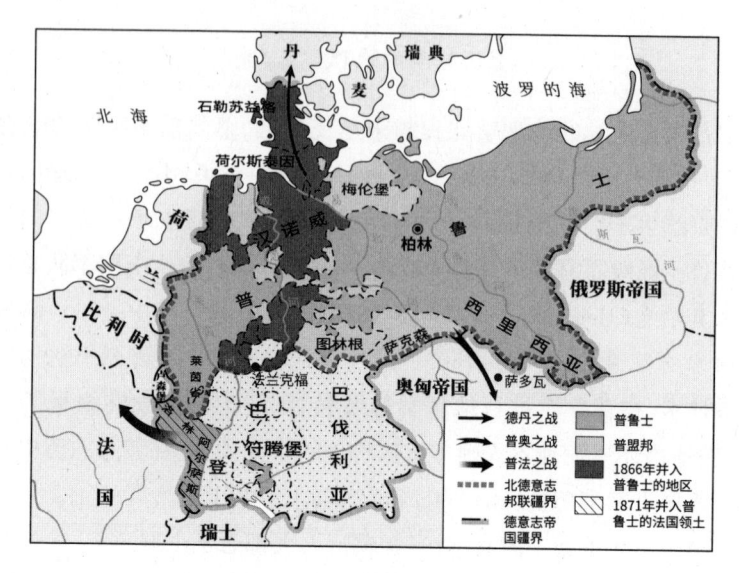

俾斯麦统一德意志的进程
据孟钟捷、霍仁龙《地图上的德国史》页 120 绘制

心脏地带是东部的勃兰登堡,在它与西普鲁士(威斯特伐利亚和莱茵兰)之间,汉诺威、黑森、巴登以及几个小邦从北至南有如一个分裂带。1867 年 4 月,在俾斯麦主导下,击败奥地利的普鲁士王国将德意志北部的 22 个邦国组成北德意志邦联(Norddeutscher Bund),维也纳和会建立的德意志邦联从此瓦解。三个君主制邦国被取消,为实现按"小德意志"(Kleindeutsch)方案建立德意志民族国家迈出了关键一步——恩格斯曾说,"如果这还不算是革命,我就不知道什么是革命了"。[1]

普鲁士的行动"对法国在欧洲自认为是理所当然的统治地位"构成了直接挑战,法国不会坐视德意志邦国实现统一,德意志西南部的一些邦国(尤其巴登公国)也希望依靠法国抵制普鲁士王国的势力。拿破仑三世(1808—1873)趁机宣布为它们提供保护,希望与南德联邦结盟对付普鲁士。未料俾斯麦通过外交手段实现了北德联邦与南德联邦的结盟,挫败了法国的企图,这让法国人认为战争"不可避免"。[2]

---

[1] 海因里希·温克勒,《永远活在希特勒阴影下吗?》,前揭,页 23。
[2] 罗杰·普赖斯,《拿破仑三世和第二帝国》,素朴译,上海:上海译文出版社,2003,页 93–94。

俾斯麦心里清楚,只有击败法兰西,德意志才能实现统一。他以"戏耍高卢公牛"的方式挑起两国战争,罗恩和普军总参谋长老毛奇(1800—1891)是他的支持者。①

1868年4月,已经年过六旬的德意志哲学家路德维希·费尔巴哈(1804—1872)写信给流亡美国的激进共和派学生说:

> 普鲁士有勇气、有决心、有能力统一德国吗?绝不。它所希望的,所想达到的,只是自我扩张而已。如若它还是一个怯懦的、王权的普鲁士,就别想有更大的成就。或者,在它达到普遍统治时,我们变成法国人,虽然在名称上还是德国人。我坚持法兰西革命的老口号,只要还是对教权和国王唯命是从,那就不会有所改善。②

这位富有共和革命情怀的哲学家看走了眼。半年后(1868年底),老毛奇将军已经着手拟定对法作战方案。他预设法军将先发起进攻,而且会选择阿尔萨斯和洛林地区为前进基地,因为那里紧贴莱茵河东岸的德意志土地,是法国东南切入德意志的一个突出部。

自1860年以来,法兰西第二帝国一直面临共和派的巨大压力,拿破仑三世被迫恢复议会普选制。1869年的选举结果一发不可收拾,"来自反对派和政府自由派的总共116名议员联合起来,要求建立一个对立法团负责的内阁"。1870年1月2日,"归顺帝国的[共和派]变节者"爱弥尔·奥利维耶(1805—1913)受命组阁,专制帝国在一夜之间成了君主立宪的"自由帝国"政体。③

半年后,普法战争就爆发了。战争起因仍然是典型欧洲式的封建联姻关系的王位继承问题,只不过共和革命的推进已经使得这一老问题出现了新变数。1868年9月,西班牙再次发生军事政变,38岁的女王伊莎贝拉二世(1830—1904)"逃往法国,温和自由主义的漫长统治至此告一段落",君主专制让位于立宪君主制——史称推翻波旁王朝的"光荣九月革命"。临时军政府随即举行普选,议会虽然基于人民主权原则制定了"十九世纪西班牙最为进步的一部宪法",但还得为这个"没有

---

① 杰弗里·瓦夫罗,《普法战争:1870—1871年德国对法国的征服》,林国荣译,北京:社会科学文献出版社,2020,页58-59。
② 转引自苗力田编译,《黑格尔通信百封》,上海:上海人民出版社,1981/北京:中国人民大学出版社,2014,页306。
③ 罗杰·普赖斯,《拿破仑三世和第二帝国》,前揭,页85-86。

普法战争

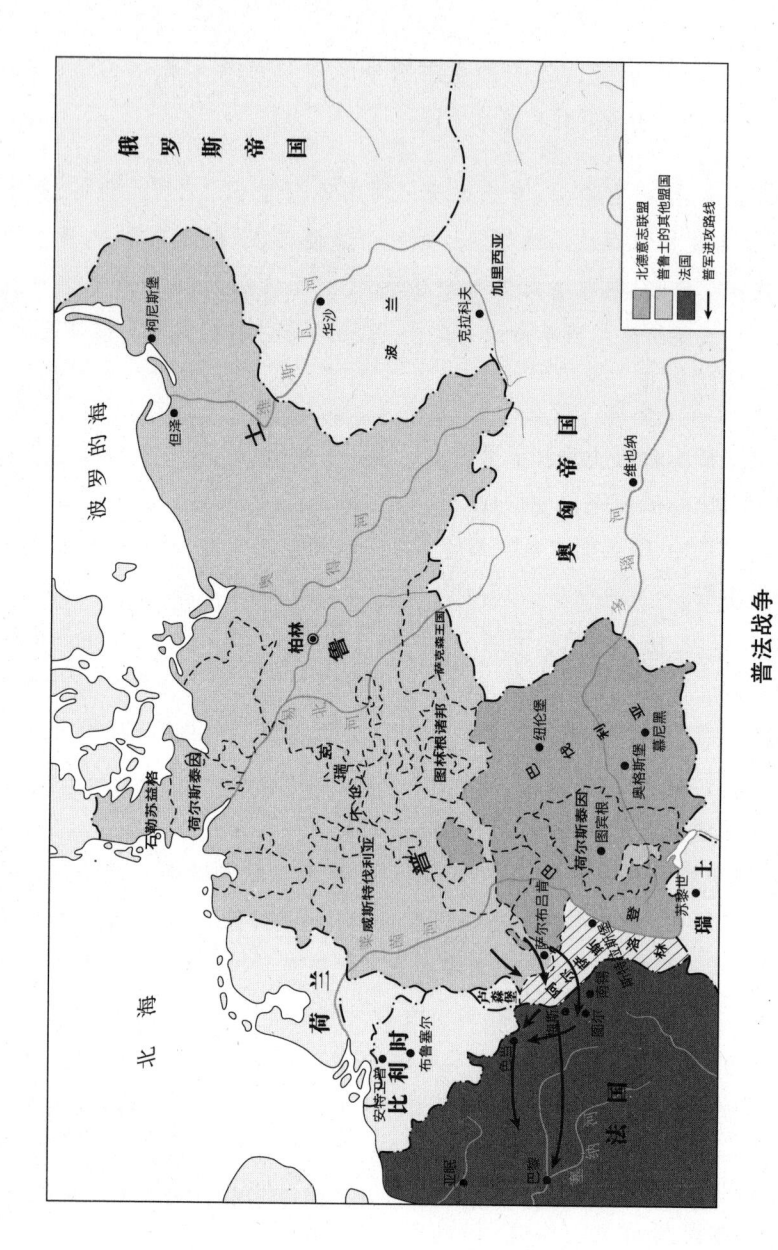

据朱明《地图上的法国史》(东方出版中心,2016) 页 148 绘制

君主的君主制"国家找一位合适的国王。①

霍亨索伦家族的利奥波德亲王(1835—1905)有希望成为候选人,而他与普鲁士国王威廉一世有远亲关系。俾斯麦故意泄露消息,以激怒法国(1870年6月)。当法方强硬要求普鲁士王室保证不染指西班牙王位时,俾斯麦又用"煽风点火般的言辞加以拒绝"(著名的"埃姆斯电报")。法兰西"自由帝国"的立法团在7月15日投票表决,以压倒性多数(245票赞成,10票反对,7票弃权)通过了对普鲁士的宣战决议——这意味着"共和派以及几乎整个自由反对派"都赞成对普鲁士开战。② 由此看来,所谓自由民主人士天生爱好和平,其情怀超越了民族主义,纯属自由主义哲学家的想象。

拿破仑三世对击败普鲁士信心满满不是没有根据的,因为"在法国及欧洲,几乎所有人都认为法国会胜利——正如认为奥地利在1866年会胜利一样"。国内的"共和派甚至担心",这场胜利会"强化帝制";英国人倒是对法国能否在莱茵河站稳脚跟忧心忡忡,"但他们不大相信这一点";俄国则不担心法国击败普鲁士,只要法国人的胜利不会影响到自己在波兰的利益;奥地利自然希望法国获胜,但尽管与法国有协议,却因自身疲弱"丝毫无意站在法国方面介入战争"。③

法军兵分两路,从南面和北面两个方向越过边界夹击法兰克福,试图迅速切断南北德意志邦联的联系,迫使南德各邦保持中立。拿破仑三世亲自担任北线突击集团的指挥官,由于没把普鲁士放在眼里,1870年7月19日对普鲁士宣战时,法军主力尚未集结完毕。8月2日,法军在缺乏周密计划和充分准备的情况下进入德意志境内,立即遭到普鲁士军队迎头痛击,不得不退守法国东北部战略要津色当。普军和北德联军以及南德诸邦军队迅速跟进,仅用两天时间便围歼法军,拿破仑三世被俘(1870年9月1—2日)。

消息传到柏林,市民们涌入教堂吟唱感恩赞歌,"德意志各邦国的贺电和公告如雪片一般涌向威廉一世"。除要求战争赔款外,索回阿尔萨斯-洛林的呼声最高,这意味着德意志在实现统一后要求"有安全稳固的边界"——反过来看,直到十九世纪后期,欧洲的政治边界仍然不稳定。面对德意志军队的推进,巴黎的共和派

---

① 瓦尔特·伯尔奈克,《西班牙史:从十五世纪至今》,陈曦译,上海:上海文化出版社,2019,页78-80。
② 罗杰·普赖斯,《拿破仑三世和第二帝国》,前揭,页96-97。
③ 路易·吉拉尔,《拿破仑三世传》,郑德弟译,北京:商务印书馆,1999,页385-386。

人士趁机推翻君主制,成立了"国防政府",但又很快分裂为温和和激进两派。激进派"在巴黎贫困群体的拱卫和推动下"主张把战争打到底,温和派则愿意"支付数十亿战争赔款,并交出部分舰队",但"不会割让一寸领土"——"俾斯麦冷冷地拒绝了这一提议",老毛奇随即指挥普军对巴黎展开围城战。①

三个月后,在战火中新生的法兰西共和政府宣布投降。这与其说是迫于普鲁士的军事压力,还不如说是因为在共和革命的冲击下,法国已经不能组织有效抵抗。今天的自由派史学家若把法国人的抵抗说成"同普鲁士侵略者的战争",就过于后现代了。我们不仅应该记得,德意志联军占领巴黎后,俾斯麦让威廉一世在凡尔赛镜厅举行了德意志皇帝加冕仪式;我们还应该记得,一个多月后(1871年3月),一场"同巴黎公社之名联系在一起的野蛮内战"爆发了。路易-阿道夫·梯也尔(1797—1877)是以十卷本《法国大革命史》(1823—1827)闻名学坛的史学家,现在他作为推翻法兰西第二帝国后的共和政府首脑,指挥"凡尔赛军"与激进共和派展开了又一场巴黎围城战,力图从"巴黎公社"手中夺回巴黎——

> 这场新的冲突结束之前,在1871年5月最后的绝望日子里,约2万名男人、女人和儿童在巴黎街道上被同胞屠杀;相比之下,连1793至1794年的恐怖时期都显得克制收敛了——15个月里处决2500人。到那时为止,屠杀的人数也超过了普鲁士围城的四个月里在对敌行动中丧命的人数。从公社在巴黎的短暂革命统治中滋生出一种怨苦,它主要源自对公社的残酷镇压,直至今天依然根深蒂固地侵蚀着法国政治的心脏。②

基督教欧洲的政治成长所掀起的阵阵波澜向全球一步步蔓延,普法战争成了又一个显著例子。我们的史学目光理应注意到梯也尔这样的学人政治家在历史现实中的作为,否则我们很难看到,普法战争的地缘政治效应远不止于德意志帝国的崛起。毕竟,"没有源自公社的教训和传奇,可能就不会有1917年圣彼得堡革命的成功",而没有普法战争,也就未必会有激进共和派的"巴黎公社"起义——俄国的

---

① 杰弗里·瓦夫罗,《普法战争:1870—1871年德国对法国的征服》,前揭,页340 - 344、353。

② 阿利斯泰尔·霍恩,《巴黎陷落:围城与公社(1870—1871)》,王宸、田方舟译,北京:民主与建设出版社,2021,页19(译文略有改动);比较约翰·梅里曼,《大屠杀:巴黎公社生与死》,刘怀昭译,北京:中国政法大学出版社,2017,页151 - 185、219 - 245;Pierre Milza, *L'année terrible*: *La Commune*(*mars – juin* 1871) , Paris:Perrin,2009。

"十月革命"和德国的"十一月革命"都与国际性战争有关,绝非偶然。何况,我们还不可忽视它对1919年的《凡尔赛和约》乃至"法国在1940年的军事灾难的影响"(同上)。①

普法战争对政治地理学的影响

普法战争结束后,柏林树起了一座凯旋柱,上面的浮雕刻画了"曾被拿破仑奴役但最终获得解放的德意志民族英雄般的凯旋场景,那解放者便是俾斯麦、毛奇和罗恩,当然,占据中心位置的是威廉一世"。② 一夜之间,柏林成了欧洲大陆的政治中心:

> 正是在柏林,1871年6月的一个完美夏日,这里上演了这个国家的盛大胜利游行:展示军威的队列看不到尽头,最前方是马背上的毛奇、俾斯麦(当然身着戎装)和罗恩,随后是独自一人、威仪堂堂的威廉陛下,然后依次是他的儿子们和帝国的亲王,身后还有4.2万人参加的游行,花环、凯旋门和热情的观众一应俱全。③

通过与法兰西王国的这场决斗,普鲁士将"孤立无援的南德诸邦尽收帝国囊中",成了地域最大、人口最多的欧洲政治单位。英国的新锐政治家本杰明·迪斯雷利(Benjamin Disraeli,1804—1881)是犹太人基督徒,他"立即意识到了普法战争的政治含义":

> 这场战争是一场德意志革命,其政治意义超过了上个世纪的法国革命[……]直到六个月前还被所有政治家视为对外关系指南的各项原则荡然无存。昔日的一切外交传统化为乌有[……]均势遭到彻底破坏。受害最大、对这一大变局感受最深的国家就是英国。④

迪斯雷利的这一说法明显夸大其辞,即便就打破欧洲各国"对外关系指南的各

---

① 比较 Pierre Guiral, *Adolphe Thiers ou De la nécessité en politique*, Paris: Fayard, 1986; Georges Valance, *Thiers - bourgeois et revolutionaire*, Paris: Flammarion, 2007。

② 杰弗里·瓦夫罗,《普法战争:1870—1871年德国对法国的征服》,前揭,页461。

③ 弗里茨·斯特恩,《金与铁:俾斯麦、布莱希罗德与德意志帝国的建立》,前揭,页229。

④ 理查德·埃文斯,《竞逐权力:1815—1914》,前揭,页335。

项原则"而言,双边且短促的普法战争也不可与多边且旷日持久的拿破仑战争相提并论。欧洲均势倒是实实在在"遭到彻底破坏",但法国感受到的威胁远比英国更为强烈。迪斯雷利的说法仅仅表明,盎格鲁-撒克逊人的地缘政治意识何其敏感。

1871年5月,德法两国签订《法兰克福条约》,法国不仅丧失阿尔萨斯和半个洛林,还赔款50亿法郎,这对法国知识人无疑是极大刺激。早在1821年,法国就成立了地理学会。战争爆发之前,地理学家已经发出警告:普鲁士的地理学教育遥遥领先,这对法国来说意味着一种危险。如今他们更有理由说,让普鲁士赢得战争的其实是"德国小学[地理]教师",这足以证明"地理学研究薄弱,对于民众教育来说是一种可悲的征兆"。后来的法国地理学史家也承认,普法战争成了法国地理学的"转折"点。的确,第三共和政府迅速在法兰西学院和政治科学学院(Ecole des Sciences politiques)设立"地理和经济统计学教授"专职教席,并责成国民教育部编制中学地理教学大纲,甚至迫不及待地要求中学立即开设地理课程,不必等待教学大纲。①

法兰西共和国强化国民地理教育,并不仅仅是为了因应欧洲的地缘政治变动,也是为了保住已经占有的海外殖民地:

> 为了消除《法兰克福条约》造成的精神影响,也为了开辟法国产品的市场,好几位部长勇于投身殖民政治活动。法兰西子弟越来越多地熟悉尼日尔、刚果或马达加斯加等地。法国殖民地驻扎的士兵们,带着他们的当地"东京小婆娘"([译按]"东京"指越南北部地区)学习"中国和满洲里地理"。国内所有的家庭,都惦记着在军队里远征的二郎,空间观念在全民族范围焕发出蓬勃生机。人们都坚信,法国应该将文明传播给那些落后地区的不幸人民。(梅尼埃,同上,页8)

倘若如此,史学家就没有理由说,"争夺空间"观念是德意志人的专属品。

普法战争爆发前夕,拉采尔刚从意大利旅行考察返回。此时,他凭靠《科隆报》连载的自然旅行日志已经成了颇受欢迎的"科普"作家,但他还打算在生物学和动物学方面有所造诣,于是前往柏林寻求深造的机会。没过多久,普法战争爆发(1870年7月),拉采尔随即投入这场德意志的"统一战争"(Einheitskrieg)——尽管

---

① 安德烈·梅尼埃,《法国地理学思想史》,蔡宗夏译,北京:商务印书馆,1999,页4–6。

他是有自由主义传统的南德意志的巴登公国人。

拉采尔作战英勇,两次负伤。第一次是在南线战场的斯特拉斯堡,当时他在泥泞的战壕躺了数小时才得到救护;后来围攻法国东部城市奥克松(Auxonne)时,拉采尔又头部负伤,住进野战医院,痊愈后留在医院做战地药剂师。拉采尔在晚年写下七篇随笔,题为"对法战争印象记"。① 从中人们可以看到,拉采尔当年如何"以极大的热情加入这场战争,尽管不得不忍受恐惧"。这段军旅生涯为时仅仅三个多月,但它使得拉采尔的生命感觉"更加充实",并让他终生难忘——"那些倒下的战友一直活在他心中"。②

---

① Friedrich Ratzel, *Glücksinseln und Träume. Gesammelte Aufsätze aus der Grenzboten*, Leipzig, 1903, pp. 117–260(以下简称《幸福岛与梦想》,随文注页码)。第一次世界大战前,德国人出版了《对法战争印象》单行本:Friedrich Ratzel, *Bilder aus dem Kriege mit Frankreich*, Wiesbaden, 1908; 比较 Hans-Dietrich Schultz, "'Friedrich Ratzel tot?! Du lügst, grausames Gerücht.' Zum Fortleben Ratzel'scher Ideen in der Schulgeographie vor dem Ersten Weltkrieg", in Ulrike Jureit/Patricia Chiantera-Stutte 编, *Denken im Raum*, 前揭, pp. 241–270。

② 克林克,《拉采尔的生存空间和死亡主题》(梁西圣译),见娄林主编,《经典与解释59:拉采尔的政治地理学》,前揭,页93–94。

二　从人类地理学到"生存空间"论

1871年的春天,拉采尔离开野战医院,继续他的生物学学业。这时,拉采尔的求知兴趣仍然没有聚焦地理学。不久,《科隆报》又特约他以记者身份前往东欧南部的特兰西瓦尼亚(Transylvania)和布科维纳(Bukowina)地区考察旅行,历时大半年。

特兰西瓦尼亚(今罗马尼亚西北省份)位于多瑙河中游支流的蒂萨河(Tisza River)流域,"实际上是喀尔巴阡山弧内的一个大盆地因褶皱运动山脉隆起而形成"的高原地带,从自然地理角度看是匈牙利大平原东面的分界线。那里的居民多为罗马尼亚人和匈牙利人,当时仍属于奥匈帝国。① 布科维纳则位于喀尔巴阡山脉东麓与德涅斯特河(Dniester River)之间,即喀尔巴阡山西北麓斜坡及周边平原地带,如今该地南北分属罗马尼亚和乌克兰——严格来讲,应该说是苏联在"二战"中从德国人手里夺取该地后划给了列宁缔造的乌克兰这个加盟共和国。自十六世纪以来,土耳其帝国与神圣罗马帝国就在这里反复争夺控制权,如今则是"北约"针对俄罗斯的战略前沿。

公元九世纪的最后十年,一直在乌拉尔山东侧活动的马扎尔人越过喀尔巴阡山,在被称为奥尔弗尔德(Alföld)的低地大平原(后称"匈牙利大平原")定居下来,

---

①　蒂贝里乌·莫拉里乌等,《罗马尼亚地理》,延边大学外语教研组译,长春:吉林人民出版社,1975,页23,比较页5-7、16;马尔通·佩奇、贝洛·沙尔福尔维,《匈牙利地理》,吉林师范大学地理系译,长春:吉林人民出版社,1975,页71。

建立起匈牙利王国。十一世纪早期，匈牙利王国向东扩张到特兰西瓦尼亚，向南进入斯拉沃尼亚（Slavonija，北临德拉瓦河，南界为萨瓦河，东部有多瑙河）和克罗地亚，俨然已经是东南欧的一个大国。三百多年后，中亚突厥人的一支小部族——奥斯曼部族迅猛崛起，1453 年夺取君士坦丁堡后，第九任苏丹塞利姆一世（1467—1520）进一步大肆扩张，"将奥斯曼帝国打造成了一个具有全球影响力的政治和军事强权"。① 1526 年，苏莱曼一世（Suleiman the Magnificent，1494—1566）承接其父营造的态势，率领十五万大军进逼维也纳，在布达佩斯以南、多瑙河畔的莫哈奇（Mohács）平原一举击溃匈牙利军队：匈牙利 20000 步兵和 4000 骑兵战死，"2000 名俘虏被屠杀"。这场战役历时"极其短暂"，"只用了不到一个半小时"，却算得上是世界历史上的枢纽性战役之一，对欧洲地缘政治格局影响巨大。然而，苏莱曼一世发现，征服"国力日衰的独立的匈牙利"后，他将面对"一个和自己一样胸怀野心的王朝"——哈布斯堡帝国。②

匈牙利国王拉约什二世（1506—1526）在撤退时溺水身亡，随后哈布斯堡君主国果然与奥斯曼帝国直接交手（1540—1547），但没有能阻止后者的进攻态势。匈牙利王室成员被迫前往埃迪尔内（Edirne，罗马帝国时期名城 Adrianople[阿德里安堡]，1360 年代末至 1453 年间的奥斯曼帝国首府，今土耳其西部门户重镇），与奥斯曼人签订和平条约（1547），匈牙利王国被一分为三。匈牙利王室及其属地归附哈布斯堡王朝以求得庇护（形式上独立于神圣罗马帝国），特兰西瓦尼亚成了奥斯曼帝国属地，但仍由当地基督教君主统治，而奥尔弗尔德全境以及多瑙河至巴拉顿湖（Balaton Lake，布达佩斯西南约 90 公里）之间的大片疆域（含匈牙利大部、斯拉沃尼亚以及克罗地亚），统统被奥斯曼帝国纳入其版图。这意味着奥斯曼帝国已成功将自己与神圣罗马帝国的分界线推进至匈牙利平原中部和喀尔巴阡山脉西沿，其军队"驻守在可以随时打击维也纳的位置"。从世界大历史的角度看，"与西班牙人和

---

① 阿兰·米哈伊尔，《奥斯曼之影：塞利姆的土耳其帝国与现代世界的形成》，栾力夫译，北京：中信出版集团，2021，页 461-463。

② 帕特里克·贝尔福，《奥斯曼帝国六百年：土耳其帝国的兴衰》，栾力夫译，北京：中信出版社，2018，页 210-214；卡罗琳·芬克尔，《奥斯曼帝国：1299—1923》，邓伯宸、徐大成、于丽译，北京：民主与建设出版社，2019，页 136-139；林佳世子，《奥斯曼帝国：五百年的和平》，钟放译，北京：北京日报出版社，2020，页 152-153；艾伦·帕尔默，《夹缝中的六国：维也纳会议以来的中东欧历史》，于亚伦等译，北京：商务印书馆，1997，页 11-12。

葡萄牙人在欧洲之外的征服相比,这场胜利更具战略意义"。①

紧随而来的拉丁基督教世界的宗教分裂,又给特兰西瓦尼亚带来了宗教纷争。十六世纪后期,这一地区一度"成了加尔文宗国家"。世界史上的一道奇妙风景线出现了:在奥斯曼帝国的政治框架内,基督教的宗教分裂竟然没有导致这一区域发生动乱或内战,匈牙利的新教分子甚至跑到奥斯曼附庸国特兰西瓦尼亚避难,

> [那里]森林茂密,人口分散,居民分为西部的匈牙利(马扎尔)贵族和农民、东部的土耳其农民和斯拉夫人、小城镇里的路德派德意志移民和组成自治社区的森林住民塞克勒人(Szekeler)。特兰西瓦尼亚的国君(总督)不指望能抵挡住任何强邻(波兰人、哈布斯堡家族、土耳其人)的直接攻击。[……]奥斯曼人利用这些分歧建立了自己的霸权地位,同时允许地方议会选举自己的国君,并且不向他们要求人质或贡赋。在特兰西瓦尼亚,一个新加尔文宗的国君在奥斯曼人支持下执政。在土耳其人的保护下,拉丁语基督徒、加尔文宗、路德派和神体一位论派都在特兰西瓦尼亚的生活中有合法地位,东正教也被容许。②

1596年,奥斯曼帝国再次向基督教的西方发起攻击,"超过三万名德意志和匈牙利士兵丧命"。这场决定性战役让奥斯曼帝国"保住了保加利亚、马其顿、半个匈牙利,以及除了特兰西瓦尼亚之外的多瑙河北岸的大部分领土"。③ 八十多年后(1683),奥斯曼帝国试图进一步扩张,苏莱曼帕夏率领八万土耳其军向西北推进,但这次的运气就不同了。哈布斯堡王朝与波兰王国、威尼斯共和国和俄国结成"神圣同盟"(the Holy League),由奥地利元帅查理·洛林(1643—1690)统率六万奥、德、匈联军在莫哈奇以南的达尔达村(Village of Darda)阻击土耳其军,双方展开殊死决战(1687年8月12日)。土耳其军多次猛攻均未奏效,联军适时转入反攻,土

---

① 西蒙·温德尔,《多瑙河畔:哈布斯堡的欧洲》,于江霞译,上海:上海社会科学院出版社,2018,页75;杰森·沙曼,《脆弱的征服:欧洲扩张与新世界秩序创建的真实故事》,黄浩译,重庆:重庆出版社,2022,页143。

② 马克·格林格拉斯,《基督教欧洲的巨变:1517—1648》,前揭,页611-612;比较卡罗琳·芬克尔,《奥斯曼帝国:1299—1923》,前揭,页310;林佳世子,《奥斯曼帝国:五百年的和平》,前揭,页206-211。

③ 帕特里克·贝尔福,《奥斯曼帝国六百年:土耳其帝国的兴衰》,前揭,页341。

耳其人最终不支,两万人被歼。神圣罗马帝国得以恢复对特兰西瓦尼亚的统治权,奥斯曼帝国则因战败而陷入内乱。①

这场战役是历时十六年的"大土耳其战争"(1683—1699)的一部分。"神圣同盟"联军的统帅查理·洛林不仅是卓越的军事战将,也是出色的政治家。他已经看到,神圣罗马帝国必须实现中央集权制才有生路,可惜历史没有给他当王的机会。②

特兰西瓦尼亚长期处于两大帝国的争夺地带,即便是匈牙利那部分也一片荒凉,差不多一个世纪以后才恢复过来,而恢复生机的主要方式之一便是移入外国人口,这显然为后来的民族争端埋下了伏笔。③ 1848年席卷欧洲的共和革命让中欧和东欧的民族主义政治热情高涨,特兰西瓦尼亚和布科维纳也成了滚烫的土地。在此之后,匈牙利加快了现代化进程,1867年,奥地利与匈牙利实行二元制帝国,代议政治更是搞得有声有色。④

随着民族国家运动的出现,特兰西瓦尼亚即将成为"东欧内部冲突的典型"。由于喀尔巴阡山的许多隘口正对着"横贯欧亚平原的一条移民大道",早在十三世纪时,匈牙利王国就邀请德意志人(撒克逊人)前来特兰西瓦尼亚定居,以保护马扎尔贵族免受新的入侵,而定居者则可由此获得自治权。移民而来的德意志人在特兰西瓦尼亚"建立起七座设防城镇作为殖民工具",因此,特兰西瓦尼亚的德语名称至今仍是 Siebenburgen[七堡]。但在德意志人到来之前,这里已有两族住民:一个是随马扎尔人从乌拉尔山迁徙而来的塞克勒人(Szekler),他们与德意志人一样,以成边为条件换得自治权;另一个则是"讲讹化拉丁语的土著农民",他们是真正的原

---

① 卡罗琳·芬克尔,《奥斯曼帝国:1299—1923》,前揭,页 319 - 327;比较 Kenneth Meyer Setton, *Venice, Austria, and the Turks in the Seventeenth Century*, Philadelphia: Memoirs of the American Philosophical Society, 1991, pp. 287,300; John B. Wolf, *The Emergence of the Great Powers: 1685—1715*, New York: Harper & Brothers, 1951, pp. 15 - 53; John Stoye, *The Siege of Vienna: The Last Great Trial between Cross & Crescent*, Pegasus Books, 2006。

② Charles Ingrao, *The Habsburg Monarchy 1618—1815*, Cambridge: Cambridge University Press, 2000, pp. 75 - 76;帕特里克·贝尔福,《奥斯曼帝国六百年:土耳其帝国的兴衰》,前揭,页 410 - 411。

③ 马尔通·佩奇、贝洛·沙尔福尔维,《匈牙利地理》,前揭,页 125。

④ 理查德·埃文斯,《竞逐权力:1815—1914》,前揭,页 259 - 260、266 - 267、307;比较安托什·拉斯罗等,《匈牙利》,何新译,北京:世界知识出版社,1960,页 53 - 68;温盖尔·马加什、萨博尔奇·奥托,《匈牙利史》,阚思静、龚坤余、李鸿臣译,哈尔滨:黑龙江人民出版社,1982,页 228 - 242。

住民——后来称为罗马尼亚人。①

不难设想,土著罗马尼亚人与开垦戍边者"七堡人"和塞克勒人很难融合。尽管如此,在中央王权的管制下,不同部族也还能相安无事。而一旦奥地利帝国瓦解,特兰西瓦尼亚就难免成为地缘政治上的破碎地带。②

从自然地理学的角度看,特兰西瓦尼亚和布科维纳又是尚未开化的原始自然地区:

> 儒勒·凡尔纳(1828—1905)和布莱姆·斯托克(1847—1912)分别在小说《喀尔巴阡古堡》(1893)和《德古拉》(1897)中描写了人与动物之间的超自然交融。两部小说的地点都设定在匈牙利境内特兰西瓦尼亚的布拉索夫小镇附近,这绝非偶然。十九世纪时,不仅在匈牙利,在欧洲大片地区到处可以感受到大自然的存在及其主宰人类命运的威力。广袤的土地荒无人烟,从未垦殖过。③

从拉采尔撰写的旅行日志可以看到,他沉浸在尚未被现代化污染的自然生物世界的迷人景象中,没有丝毫政治地理意识。要说他当时"肯定看到了"那里的德意志少数住民在半个多世纪后引发第二次世界大战的政治作用,未免过于夸张。④

1871年12月,拉采尔返回慕尼黑。次年(1872)春天,他又接到报社通知,希望他前往意大利南部和西西里考察,因为那里再次出现了政治动乱。这趟考察历时半年,拉采尔仍然没有意识到,他的考察其实带有政治性质。毕竟,那里曾长期是欧洲地缘政治的破碎地带,"罗马人、迦太基人、腓尼基人、摩尔人"的军队都曾为"控制这座多山的岛屿进行过激战"。在接下来的二十世纪第二次世界大战欧洲战场的战略转折阶段(1943年夏),英美联军集中26万兵力,发起西西里登陆作战,试图从欧洲大陆"柔软的下腹部"出击,得手后北进直插东欧,以免德意志东部落入俄

---

① 艾伦·帕尔默,《夹缝中的六国:维也纳会议以来的中东欧历史》,前揭,页16-17。

② 比较弗·恩·维诺格拉多夫,《1849—1914年的特兰西瓦尼亚》,见弗·恩·维诺格拉多夫等,《罗马尼亚近现代史》,中国科学院世界历史研究所翻译组译,北京:商务印书馆,1974,页236-264;悉德尼·费伊,《第一次世界大战的起源》,于熙俭译,北京:文化发展出版社,2019,页39-82;弗里茨·费舍尔,《争雄世界:德意志帝国1914—1918年战争目标政策》,何江、李世隆等译,北京:商务印书馆,1987,上册,页269、380。

③ 理查德·埃文斯,《竞逐权力:1815—1914》,前揭,页458,比较页622、876-877。

④ Harriet Wanklyn, *Friedrich Ratzel: A Biographical Memoir and Bibliography*, Cambridge University Press, 1961, p. 12.

国人之手。这次突击行动的兵力"远远超过了11个月后发起的诺曼底登陆行动",而在西西里岛"负责抗击盟军登陆的是一支总数36.5万人的德-意联军"。若非凯塞林元帅(Albert Kesselring,1885—1960)指挥德意志军队在意大利半岛成功迟滞英美联军的推进,西进的苏联红军是否能突入德意志东部,真还难说。①

新大陆与旧欧洲

接下来的自然考察旅行将改变拉采尔的一生。从意大利南部经瑞士返回慕尼黑途中(1872年深秋),拉采尔在苏黎世小住。这时他接到报社通知,建议他去一趟美洲,考察美国、墨西哥和古巴,并希望他次年夏季就动身。拉采尔兴奋不已,随即为出行做准备——毕竟,他早就读到过,卡尔·李特尔在1850年的一次演讲中说,"发现美洲之后,欧洲所在的西方就成了东方",而美洲则是"我们的种族将迈向最高成熟度"的舞台。② 利用行前不到一年的时间,他将前两次自然考察所写的报道编成《一个自然探究者的漫游日志》(Wandertage eines Naturforschers),分两卷本出版:卷一名为《地中海动物学书简/南意大利书简》(1873,共333页),卷二名为《特兰西瓦尼亚和阿尔卑斯山素描》(1874,共282页)。

拉采尔还写了《欧洲人的史前史》(Die Vorgeschichte des europäischen Menschen,1874,共300页),这是他继《有机世界的存在和生成:一部通俗的创造史》之后的第二部著作。年轻的拉采尔十分佩服赫尔德的历史哲学观,试图将它与达尔文的生物进化论结合起来,以此解释欧洲人作为文明民族的"去自然化"过程。诚然,与晚近最新派的考古人类学家的同类著作对观,此书谈不上有什么实证材料,但就文明自觉意识而言,如今的考古人类学家则未必赶得上拉采尔。③

---

① 迈克尔·哈斯丘,《意大利战场:从西西里登陆到突破哥特防线》,李胜机、刘亚华、马东敏译,上海:上海三联书店,2021,页7、10-12;阿尔贝特·凯塞林,《帝国落日:见证德国军队的最后时刻》,夏夜译,北京:文化发展出版社,2020,页143-159;比较里克·阿特金,《战斗的日子——从攻占西西里岛到解放意大利:1943—1944》,小小冰人译,重庆:重庆出版社,2015,页483-639。

② Oscar Peschel, *Geschichte der Erdkunde bis auf Alexander von Humboldt und Carl Ritter*, München: Gotta, 1865/2. A., 1878/Amsterdam: Meridian Publishing, 1961, S. 813.

③ 比较彼得·柏伽基,《蛮族世界的拼图:欧洲史前居民百科全书》,朱鸿飞译,北京:中国社会科学出版社,2021。

从世界历史的角度看,要说地球上最早"去自然化"的文明,首先应该提到亚州西部的幼发拉底河和底格里斯河流域、地中海南面的尼罗河流域、亚洲东部的黄河－长江流域文明,以及爱琴海周边的古希腊文明——欧洲大陆文明还轮不上:

> 欧洲是亚洲西面的一个海角,南邻地中海,西邻大西洋,它虽然是一个地理空间,但更是产生于公元七至八世纪的一种政治现实。①

年轻的拉采尔关注欧洲文明的史前史,显然是因为一个自十八世纪以来才让欧洲人深感振奋的历史事实:欧洲文明虽然萌生较晚,但在晚近三百多年来却一跃而成地表上最为强势的文明——直到今天,这个政治现实还让西方学者引以为傲,而对于我们中国学人来说,则是一个令人困惑的政治史学事实:

> 在公元1500年以前的很多个世纪里,由于其更为发达的农业和更为先进的技术,大部分的亚洲国家都要比欧洲更为富有。据说十三世纪来到中国的威尼斯商人马可·波罗,就曾为中国巨大的内河航运量所震惊,直到1750年时,欧洲人仍然惊奇于东方在财富、技术以及手工艺品等方面的成就。
>
> 那么究竟是为什么到了1850年时情况会发生逆转,亚洲开始变得贫困而落后于欧洲了呢?②

诚然,自欧洲的政治体开始成长以来,各欧洲王国的内战以及王国之间的国际战争连绵不断,但在拉采尔眼里,这仅仅表明欧洲文明正处于蓬勃生长的初生期。晚年撰写自传性随笔时他还提到,弗里德里希·席勒的历史剧《玛丽·斯图亚特》(1801)和托马斯·麦考莱(1800—1859)的《詹姆斯二世即位以来的英国史》所描绘的英格兰动荡年代,就是很好的证明,而1848年的欧洲革命让当时的德意志人觉得自己仍生活在伯罗奔半岛战争的动荡年代(《幸福岛与梦想》,页24)。

十五世纪时,欧洲人才逐渐开始形成欧洲观念,而这一观念的出现与两个历史事件有关。首先,奥斯曼帝国向西扩张,让西方基督教世界感觉到自己的生存空间受到挤压——"'欧洲'一词使用频率增加,明显与土耳其的扩张有关"。

---

① 弗朗索瓦·雷纳尔,《欧洲史:从查理大帝到当今》,范鹏程译,北京:中国社会科学出版社,2020,页3。

② 杰克·戈德斯通,《为什么是欧洲?——世界史视角下的西方崛起(1500—1850)》,关永强译,杭州:浙江大学出版社,2010,页17–18。

1512年以后，奥斯曼已经"控制了地中海大部分地区、欧洲的东南部以及亚洲的西南部"。①

第二，意大利和西班牙的航海家发现了美洲大陆。自十六世纪以来，欧洲之所以逐渐"能够被想象为一个地理实体"，是因为美洲的发现改变了"欧洲人的空间感"。甚至可以说，"如果没有美洲的发现，'欧洲'也不会存在"，哪怕文艺复兴的人文主义者从古希腊人那里发掘出了Europe[欧罗巴]神话。②

由于欧洲并非一个统一的政治单位，随之而来的问题是：哪个政治单位能代表基督教欧洲？十六世纪之前，这个代表非神圣罗马帝国莫属。然而，1522年，法兰西王国对神圣罗马帝国的势力范围发起攻击——不仅入侵意大利、德意志和尼德兰，在地中海和大西洋也发动了海上攻势。这个时候，法兰西的疆域、组织以及宫廷文化的蓬勃发展，已经让人感到它有"强盛大国"的范儿。法兰西王国的政治人进而宣称特洛伊人是法兰西人的祖先，与查理五世宣称自己是埃涅阿斯的后代针锋相对，并否弃帝国皇权转移论（translatio imperii），以此切断神圣罗马帝国与古罗马帝国的承继统绪。③ 由此可以理解，虽然西班牙首先占有美洲殖民地，但第一幅美洲地图（L'Amérique en plusieurs cartes nouvelles）出自法兰西王国地理学的开山之祖桑松（Nicolas Sanson，1600—1667）。④

法兰西王国与神圣罗马帝国争夺欧洲领导权的战争，长达近三百年之久。到了路易十四（1661—1715）时代，法兰西王国实际上已经成为西方基督教欧洲的代表。1685年，加尔文宗信徒皮埃尔·培尔（1647—1706）因宗教迫害不得不离开法国，但他相信，在不远的将来"法语会变成所有欧洲人的交流手段"，所有受过良好教育的欧洲人都将以学过法语为标志。的确，到了1770年代，"连不涉及法国的条约都用法语起草了"。⑤

然而，随着启蒙运动的推进，基督教共同体的概念被抛弃了，取而代之的是民族国家的观念：

---

① 杰拉德·德朗提，《发明欧洲》，前揭，页45；帕特里克·曼宁，《世界历史上的移民》，李腾译，北京：商务印书馆，2015，页126。
② 马克·格林格拉斯，《基督教欧洲的巨变：1517—1648》，前揭，页35-44。
③ 沃格林，《政治观念史稿（卷三）：中世纪晚期》，段保良译，上海：华东师范大学出版社，2019，页37；马克·格林格拉斯，《基督教欧洲的巨变：1517—1648》，前揭，页358-359。
④ 杰弗里·马丁，《所有可能的世界：地理学思想史》，前揭，页102。
⑤ 蒂莫西·布莱宁，《追逐荣耀：1648—1815》，前揭，页539-540。

民族与祖国概念的兴起，首先发生在欧洲人意识到神与世界之间根本分离的时候，他们寻找在上帝缺席的情况下理解和维持尘世秩序的方法，并且努力把宗教归入一个新近定义出来的人类活动的私人领域而与政治相分离。直到法国人不再将自己视为一个结合了天堂和尘世（这种结合是通过使徒教会和一个神定国王实现的）的巨大等级秩序的一部分，他们才能开始将自己视为一个独特的、统一的主权国家的平等成员。①

法国大革命以后，法国人凭靠人类文明的进步观念以新欧洲的代表自居。在拿破仑战争之后，或者说在德意志邦国致力于形成统一政治体之际，法兰西的欧洲领导地位明显受到挑战。② 法国的政治地理学家维达尔（1845—1918）比拉采尔小一岁，普法战争结束时，他年仅25岁，还是个偏重实证考古的古典学家，法国战败激发他转向了政治地理学。几乎与拉采尔的《欧洲人的史前史》同时，他出版了《欧洲半岛：大洋与地中海》。这本小册子尽管才28页，却反映出这位法兰西的"地理学天才"已经有了欧洲文明的担纲者意识——当然，他代表的是法国人的欧洲文明意识。③

拉采尔的《政治地理学》问世后，维达尔随即撰写书评，批评拉采尔的地理学思想是"地理环境决定论"。④ 三年前（1894），维达尔出版了《普通历史地图集》。此书可说是普法战争引发法国思想界所谓"德国危机"的产物，维达尔用一百多幅地图并通过前言表达了他对全球地理的历史-政治理解——尤其注重战争期间的军事和外交。严格来讲，维达尔从人文地理学走向政治地理学还比拉采尔稍早半步：他在1889年出版的《法兰西周边：欧洲的国家和民族》"几乎就是政治地理

---

① 大卫·贝尔，《发明民族主义：法国的民族崇拜：1680—1800》，前揭，页8-9。

② Heinz Gollwitzer, *Europabild und Europagedanke. Beiträge zur deutschen Geistesgeschichte des 18. und 19. Jahrhunderts*，前揭，页218-337。

③ Vidal de la Blache, *La Péninsule européenne, l'Océan et la Méditerranée*, Paris/Nancy, 1873；比较维达尔的三卷本大著 *États et Nations de l'Europe autour de la France*, Paris: Delagrave, 1892-1889。权威的维达尔传记没有提到这本小册子，而是把《马可波罗：其时代和旅行》(*Marco Polo, son temps et ses voyages*, Paris: Hachette, 1880)视为其处女作，并称为"政治-历史地理学著作"，它展示了"蒙古帝国的政治地理结构"(la structure géopolitique de l'Empire mongol)，见 André-Louis Sanguin, *Vidal de la Blache, un génie de la géographie*, Paris: Les Éditions Bélin, 1993, pp. 126-127。

④ 参见 Vidal de la Blache, "La geographie politique, A propos des Ecrits de Frederic Ratzel", in *Annales de geographie*, Vol. 7(32), 1898, pp. 97-111；比较 André-Louis Sanguin, *Vidal de la Blache, un génie de la géographie*, 前揭, pp. 135-136。

学"。① 也许是出于民族情感,年鉴学派的人文地理学家费弗尔明显带有偏颇地抬高维达尔、贬低拉采尔。据他说,维达尔"以其批判性的嗅觉很快发现拉采尔一些观点的缺陷",他"没有发表像《人类地理学》或《政治地理学》那种过于武断的专著,而是以一系列切合实际且具有批判性的文章"在我们眼前突然点亮"灵光闪现、启人心智的明灯"。② 其实,维达尔不同意拉采尔为地缘政治行为制定的法则,不过是为了强调阿尔萨斯—洛林等边境地区对于法国的生存空间具有不可或缺的作用,而他认为应从更广阔的欧洲背景来看待法国各省,则是对德国在欧洲的发展潜力表示担忧罢了。③

事实是,拉采尔的学术感觉比维达尔更为敏锐。因为,他对美国有极大兴趣,而与这个在北美大陆崛起的崭新欧洲国家相比,欧洲无论多么古老,其政治魅力也无法与之相比。毕竟,拉采尔前往美洲时,

> 此时的美国已经具备一切攫取利益的手段:探险与剥削,殖民化或非殖民化等。一个新世界已经在美洲诞生,它在政治上独立于欧洲,而将来会在很大程度上为美利坚所主宰。④

1873年6月底,拉采尔抵达伦敦,一个月后从那里乘船前往美国,经过十二天航行,于8月初抵达纽约,开始了从美国东部到西部的考察之行。此次旅行历时一年多,1874年10月初他才抵达旧金山。一个多月后,拉采尔从那里前往墨西哥,次年春天抵达哈瓦那,回到德国已经是1875年初夏。

回国仅仅一年后,拉采尔就出版了两卷本旅行日志《北美的城市和文化形象》。⑤

---

① Vidal de la Blache, *Atlas généralVidal – Lablache*, *Histoire et Géographie*, Paris: Armand Colin, 1894; Vidal de la Blache, *Autour de la France: états et nations de l'Europe*, Paris: Delagrave, 1889. 比较 Claude Digeon, *La Crise allemande de la pensée française (1871 – 1914)*, Paris: Fuf, 1959; Marie – Claire Robic, "Un systèmemultiscolaire, sesespaces de référence et sesmondes. *L'Atlas Vidal – Lablache*", in *Cybergeo. European Journal of Geography*, 265 (2004); 安德烈·梅尼埃,《法国地理学思想史》,前揭,页26 – 27。

② 吕西安·费弗尔,《大地与人类演进:地理学视野下的史学引论》,前揭,页21 – 22。

③ Geoffrey Parker, "Ratzel, the French School, and the Birth of Alternative Geopolitics", in *Political Geography*, 19(8), 2000, p. 959.

④ 韦瑟林,《欧洲殖民帝国:1815—1919》,前揭,页11。

⑤ Friedrich Ratzel, *Städte – und Culturbilder aus Nordamerika*, Leipzig, 1876; 比较 Friedrich Ratzel, *Sketches of Urban and Cultural Life in North America*, Stewart Stehlin 编/译, New Brunswick: Rutgers University Press, 1988。

从书名不难看出,南北战争结束后,美国在文化和经济领域尤其领土扩张方面充满生机,给拉采尔留下了相当深刻的印象。拉采尔在前言中颇为遗憾地表示,由于时间有限,他未能深入考察诸如美国的社会环境、城市管理、新闻舆论以及德意志移民生活等方面的状况。①

前往美洲考察打开了拉采尔的眼界,使他有了重新看待欧洲尤其是刚实现政治统一的德意志的新视野。与考察新大陆相比,拉采尔此前在欧洲的自然考察经历黯然失色,而北美洲英属殖民地十三州联合起来组成的新国家显出的活力,则让拉采尔对刚刚把上百个大小公国联合起来的德意志帝国又充满期待。② 在拉采尔眼里,新大陆呈现出来的新生活方式与旧的欧洲传统截然不同,其特征是"清教精神、宽宏大度、实践理性以及对日常和当下的必然性的清晰意识"的奇妙综合。显然,这趟考察远远超出了博物学范围,它让拉采尔终身都对盎格鲁-美利坚心怀景仰,甚至重新"形塑了拉采尔这个人"。回到德国后,拉采尔决定放弃旅行作家的职业,将自己的一生献给地理学——这年他31岁:

> 美国地势之雄伟、辽阔与奇特,美国人那尚存一丝殖民开拓者精神气息的生活方式,以及这片巨大土地(Riesenland)的政治状况及其生机勃勃的文明,所有这一切都强烈地诱使拉采尔不禁起了这样的念头:在美国安家,并开启一段殖民者的生活。虽然更加冷静的考虑马上就打消了这场美梦,但他在思想上对新世界的关注却因此而更加热烈了。③

拉采尔对美国的景仰并非始于这趟美国之行,毋宁说,他的生长环境早已在他心中培植了对美国的向往。巴登公国靠近法国,自法国大革命以来就深受自由共和精神影响。1848年欧洲爆发共和革命时,当地的激进民主党人废黜君主制,宣布建立巴登共和国,并"联合黑森和普法尔茨的起义者努力挽救奄奄一息的法兰克福议会"。普鲁士王国军队恢复南德意志的君主制秩序后,短短五年间(1849—1854),有110万德意志人移居海外,"其中绝大多数去了美国"——仅巴登公国就

---

① Friedrich Ratzel, *Städte - und Culturbilder aus Nordamerika*, 前揭, 页 vi。

② James M. Hunter, *Perspective on Ratzel's Political Geography*, Lanham: University Press of America, 1983, pp. 23 - 24.

③ Günther Buttmann, *Friedrich Ratzel. Leben and Werk eines deutschen Geographen*, 前揭, 页 49, 比较页 47; 亦参 Mark Bassin, "Friedrich Ratzel's travels in the United States: A study in the genesis of his anthropogeography", in *History of Geography Newsletter*, 4(1984), 页 11 - 32。

有 8 万多人移居美国。①

巴登的自由民主人士移民美国,给拉采尔幼小的心灵留下了深刻印象,他在晚年的自传性随笔中写道:

> 人们都以为,我们生长在一个官僚君主制的蕞尔小邦,其实在那里,只要青年男子留卷发、戴毡帽,或者穿的大衣是红内衬,就会被人指指点点,而在学校里,所有孩子都受到灌输,极度崇拜阿里斯提德(Aristides)甚至布鲁图斯(Brutus),所以学生们都更拥护自由国家(Freistaat)而不是君主国,甚至一说起君主国,就会想到尼禄或菲力!实际上,在当时的德意志状况下,我们根本接触不到真实与当下,这其实蛮好。我们没有一个人亲眼见过一位政治家或将军,至少我甚至连邦议会议员都没见过。(《幸福岛与梦想》,页23,卢白羽译文)

可见,当时的巴登公国笼罩着新派的共和主义氛围。拉采尔紧接着就写道:共和革命爆发后,几乎每个家庭都出了一个 Revoluzzer[革命者],革命失败后,他们不是逃到法兰克福就是去了美国。

拉采尔从北美返回时,正好遇上"普鲁士政府决定在每一所普鲁士大学都设立地理学教席"。这与其说是卡尔·李特尔教出来的普鲁士军官们"希望在中学和大学中能有更多和更好的地理学教学",还不如说是新生的德意志帝国力图赶上欧洲殖民扩张的末班车。短短十年内(至1880年),德意志帝国已有十余所大学设置了如今我们称之为"一级学科"的地理学教席。②

凭靠自己的旅行作家名气,拉采尔在慕尼黑高等技术学院获得了地理学编外讲师教职,一年后(1876年秋季)晋升副教授。基于美国之行的旅行日志材料,拉采尔着手撰写两卷本美国地理——史称第一部描述美国地理的专著。1878年出版的第一卷名为《北美合众国的物理地理学及其自然特征》,两年后出版的第二卷名为《北美合众国的文化地理学,尤其关注其经济条件》。③

拉采尔明显区分了自然地理与文化地理,但在描述美国的自然地理(山川、河

---

① 马丁·基钦,《剑桥插图德国史》,赵辉、徐芳译,北京:世界知识出版社,2005,页179;理查德·埃文斯,《竞逐权力:1815—1914》,前揭,页272。

② 杰弗里·马丁,《所有可能的世界:地理学思想史》,前揭,页210–211。

③ Friedrich Ratzel, *Physikalische Geographie und Naturcharakter der Vereinigten Staaten von Nordamerika*, München, 1878; Friedrich Ratzel, *Culturgeographie der Vereinigten Staaten von Nord–Amerika unter besonderer Berücksichtigung der wirtschaftlichen Verhältnisse*, München, 1880.

流、气候、植物、动物)时,拉采尔一开始就说,美国的边界"并不仅仅是政治性的",它也是"一条自然边界"(eine Naturgrenze)。① 由此可见,即便在这个时候,年轻的拉采尔也还缺乏充分的政治地理学意识。他应该反过来说才恰切:美国的边界在一开始就不是自然性的,而是政治性的。如今天人们所看到的那样,即便是偌大的太平洋也没有成为美国的自然边界,东亚的第一岛链才是美国的西部边界。

人类进化的普遍历史定律

《北美合众国的文化地理学》出版时(1880),拉采尔晋升正教授。两年后,拉采尔出版了《人类地理学》的第一卷《地理学应用于史学的基本特征》(1882)。

前往北美考察之前,拉采尔的自然学兴趣主要在狭义的生物地理学(Biogeographie)。按照当时的学科分类,生物地理学(或称 Geobiologie[地缘生物学])既是生物学的分支,又是地理学的分支,与自然地理(Physikalische Geographie)平行,主要探究地表上植物和动物的种类及其地理分布,具体又分为植物地理学和动物地理学(Pflanzengeographie und Tiergeographie)。洪堡在1807年出版的《植物地理学的观念》一书,被视为这门学科的奠基之作。②

拉采尔的《人类地理学》力图将生物地理学的探究范围从植物-动物扩展到人类,由于人类与其他动物的基本区别在于人具有"文化"能力,因此"人类地理学"与"文化地理学"显得是同义词,用今天的说法"大体相当于人文地理学"。③ 但是,既然人们不能把 Anthropology 译作"文化学"或"人文学",若将 Anthropo-geographie 译作"文化地理学"或"人文地理学"就显得多少有些奇怪。"文化"与"人文"在一定程度上可以互换,"人类"一词则不能与这两个语词中的任何一个互换。事实上,拉采尔的"人类地理学"与后世的"文化地理学"或"人文地理学"的确有重要的差异,因为它更强调"文化"或"人文"形态的生物地理基础。④ 在《人类地理学》第一

---

① Friedrich Ratzel, *Physikalische Geographie und Naturcharakter der Vereinigten Staaten von Nordamerika*,前揭,页17-18。
② Alexander von Humboldt, *Ideen zu einer Geographie der Pflanzen*, Tübingen, 1807.
③ 阿兰·巴纳德,《人类学历史与理论》,王建民等译,北京:华夏出版社,2006,页53。
④ R. J. 约翰斯顿主编,《人文地理学词典》,柴彦威等译,北京:商务印书馆,2004,页21、130。

卷一开始,拉采尔就强调了动植物生物学对考察人类地理的重要性:

> 动植物地理学并不满足于划定能在其中找到特定的科、属、种的边界,而是越来越致力于研究这些边界形成的历史过程及其自然成因,即"它从何而来?为何在此?"的问题。动植物按地势高低的传播,它们对气候与土壤等外部条件的依赖,以及人为因素对家畜和人工栽培植物的影响,最后还有针对动植物种类的统计学,凡此种种,都逐渐被纳入这些科学分支的研究领域之中。(卢白羽译文)①

在生物地理学看来,自然生物也有自己的"历史"——所谓"历史的生物地理学"关注的问题是:

> 类元如何最终被限制在它现今的分布区?什么时候其分布格局开始有现在的边界,而地质或气候事件如何实现那种分布?物种的最近亲属是什么,在哪里找到它们?类群的历史是怎样的,而类群的早期成员又生活在哪里?②

若把这些问题挪到人这个生物"类元",就成了"人类地理学"。即便是在关注政治地理问题时,拉采尔也没有脱离生物学的基本观察范畴。③ 人类的历史毕竟不同于其他生物的历史,或者说人这类生物的进化不同于其他动物和植物的进化。《人类地理学》第一卷的副标题"地理应用于史学的基本特征"表明,拉采尔关注的是人类进化史与地理的关系。全书由三个部分构成,题为"导论"的第一部分含四章,拉采尔在这里力图重新界定"地理学"这个概念——地理学本质上必须是史学:

> 必须用历史的要素克服地理学中的自然倾向,把地理学界定为历史科学:所有地理问题都必须历史地来看待,而所有史学问题都必须从地理学来看待。④

接下来题为"自然条件"的第二部分是全书主体(含十三章)。拉采尔首先描述

---

① Friedrich Ratzel, *Anthropo‑Geographie oder Grundzüge der Anwendung der Erdkunde auf die Geschichte*, 前揭,页 20。
② C. Barry Cox/Peter D. Moor,《生物地理学:生态和进化的途径》,前揭,页 14。
③ Ulrike Jureit, "'Genealogische Träumereien'. Zur Unterscheidung biologischer, politischer und kultureller Gemeinschaften im Werk Friedrich Ratzels", in Ulrike Jureit/Patricia Chiantera‑Stutte 编, *Denken im Raum*, 前揭,页 81–110。
④ Friedrich Ratzel, *Anthropo‑Geographie oder Grundzüge der Anwendung der Erdkunde auf die Geschichte*, 前揭,页 23–24。

了人类在地表上的分布以及民族形成的方式,然后描述历史上持续不断的迁徙运动的起因及其分布状况。既然所有进化现象都发生在地球上,人类学就必须以关乎地球或者说关乎空间的地理科学为基础。但也不能就凭此认为,拉采尔的文化人类学是所谓"地理主义"或"地理决定论"的人类学,因为这个副标题也意味着,关乎空间的地理学应该成为关乎时间的历史学。毕竟,文化身份是特定人群与其自然空间环境互动的历史过程的产物。

题为"总结和附录"的第三部分简要阐述了自然地理环境对民族生活所能产生的各种作用。人类的生存离不开劳作,而人又具有智性,从而有发明劳作工具和技术的能力。一旦拉采尔的人类地理学与下述问题联系起来,就接近历史人类学了:为何有的民族具有政治影响力和文化生命力?习俗、法律和宗教如何将形形色色的人维系在一起?什么历史原因使得有些国家繁荣富强、有些国家贫瘠弱小?显然,所有这些问题都不是新的,自十七世纪以来,诸多欧洲思想家都在想这样的问题,拉采尔不过想从生物地理学的角度重新解释人类文明的进化罢了。

正是因为最后这一部分,拉采尔被贴上了"地理环境决定论"的标签。费弗尔甚至认为,这一部分充斥着拉采尔个人的政治偏见,"肯定不是本书最有价值的部分"。[1] 其实,若说拉采尔有某种"政治偏见",那不外乎是因为,拉采尔谈论的虽然是生物地理学,却论及"政治邻居"(politische Nachbarschaften)、"各种政治边界"乃至"政治均势的空间条件"之类,凡此都与当时的德法关系有关。[2]

在随后的短短四年里,拉采尔的三卷本《民族志》鱼贯而出,篇幅加起来长达2254页。第一卷题为《非洲的自然民族》(*Die Naturvölker Afrikas*,1885,共660页),第二卷题为《大洋洲、美洲、亚洲的自然民族》(*Die Naturvölker Ozeaniens, Amerikas und Asiens*,1886,共815页),第三卷题为《古代和近代世界的文明民族》(*Die Kulturvölker der Alten und Neuen Welt*,1888,共715页)。拉采尔尽可能地汇集了当时已有的人类学材料,还配有上千幅展现地表上不同人种的素描。配上图画是自然学作品的习惯,拉采尔的著作一直保持这一传统。[3]

---

[1] 吕西安·费弗尔,《大地与人类演进:地理学视野下的史学引论》,前揭,页56。

[2] Friedrich Ratzel, *Anthropo – Geographie oder Grundzüge der Anwendung der Erdkunde auf die Geschichte*,前揭,页113、123 – 125、157。

[3] Edoardo Boria, "Wissenschaft und Visualität zwischen dem 19. und 20. Jahrhundert: Abbildungen und kartographische Darstellungen im Werk Friedrich Ratzels", in: Ulrike Jureit/Patricia Chiantera – Stutte(hrsg.), *Denken im Raum*,前揭,页214 – 237。

"自然民族"与"文明民族"的区分及其在地表上的分布,是三卷本《民族志》的基本主题。人们有理由把这部大著既视为文化人类学著作也视为人文地理学著作,而人类学的要素明显更多。文明民族出现在第三卷,这意味着人类从自然民族到文明民族的进化是一个普遍历史过程。

第三卷重点考察"文明民族",拉采尔用"旧世界的文化支架"这个术语来描述东部非洲、中东和东亚的文明民族(中国、日本、朝鲜),明显与古埃及文明、两河流域文明、黄河－长江流域文明对应,最后以西亚和中欧及东南欧的文明民族收尾。直到今天,对西方的文化人类学家来说,这样的地缘政治文化支架作为世界历史的分析工具仍然有效。

拉采尔为什么没有提到西欧和中欧的"文明民族"? 对于今天的文化人类学家来说,答案也是不言而喻的:因为日耳曼欧洲人的文明进化程度最高,这不仅体现为技术文明程度高,也体现为迁徙的自然地域最远。

> 来到太平洋地区的欧洲人被称为"库克人",他们随库克船长而得名,这些"红毛、高鼻的外来野蛮人",强行进入世界各部分的速度和强度,使我们不能不好好看一看欧洲。①

《民族志》有一篇总括全书的长篇导言,题为"民族志的基本定律"。十年后,拉采尔将这篇导言单独刊行,足见它不仅对理解全书具有指导意义,某种程度上还可以代替整个三卷本。② 准确地说,这篇导言的标题应该是"人类地理学的基本历史定律",因为拉采尔在描述人类从自然人向文化人演进的"文化迁徙"历程时,始终紧扣对世界地理自然区域的描述。所谓"文化迁徙"指文明进化的传播,因为"自然民族"指"那些比我们所谓的'文化人'或'文明人'更多地受自然束缚或依赖于自然的民族"。③ 显而易见,人类诸民族在从自然人向文化人演进的历程中并不同步,有的很早就成了"文明民族",有的直到十九世纪还是"自然民族",尽管如此,拉采尔相信:

---

① 埃里克·沃尔夫,《欧洲与没有历史的人》,贾士蘅译,北京:民主与建设出版社,2018,页77。
② Friedrich Ratzel, *Grundzüge der Völkerkunde*, Leipzig: Bibliogr. Inst. ,1895.
③ 弗里德里希·拉采尔,《人文地理学的基本定律》,方旭、梁西圣、袁剑译,上海:华东师范大学出版社,2023,页14(以下简称《基本定律》,随文注页码)。

> 我们可以设想文明的世界历史（die Weltgeschichte），它应该采取一种统领整个地球的观点，考察全人类文明扩展的历史意义；它将深入到通常被称为民族志的领域，即对民族的研究。(《基本定律》，页25-26)

基于这样的世界历史观，拉采尔必定得选取一种文明形式作为历史的考察起点，并引出所谓"文明传播"论——他紧接着就写道：

> 对史前人类和史外人类的探究越深入，越会在每个领域和每个文明层次上遇到本质上的单一形式。这一形式在很久以前，在演化出许多独立的文明中心的条件存在之前，就在地球上由一个民族传播给另一个民族；这与今天的人类密切相关，这些民族所有的伟大的新创造都在这个共同基础之上，而在其中蕴含的许多碎片仍未被改变。(同上，页26)

显然，作为生物地理学家，拉采尔首先关注的是生活在整个地表上的人类诸民族，这与欧洲殖民者近几百年来所发现的诸多所谓"土著"有关——因此他相信：

> 在不久的将来，要是不涉及迄今为止还没有被视为拥有历史的人的民族，就没有人能写出一部世界历史，因为他们没有留下任何记载或刻写的痕迹。(《基本定律》，页26)

问题来了：应该如何理解这一世界历史现象？更少受自然束缚或更少依赖于自然的生活方式意味着什么呢？在回答这样的问题时，拉采尔试图把十八世纪以来的德意志历史哲学和历史语文学与文明进化论结合起来，尽管生物地理学仍然是基础：

> 自然民族和文明民族的本质区别是什么呢？在这个问题上，进化论者对我们欣然宣称，这个问题很久以前就解决了；谁能怀疑自然或野蛮的民族是现存人类最古老的阶层？他们是未开化时代的幸存者，在为生存而斗争的过程中，其他人类被迫获得更高的天赋，并获得了更丰富的文化财富，早已摆脱了那个时代。这个假设使我们遇到了这样一个问题：这种文化财富由什么构成？难道理性——这一切的基础，不，一切的源泉——不就是人类的共同财产吗？语言和宗教在某种程度上是最崇高的表达形式，我们必须将其作为重中之重，并把它们与理性紧密地联系起来。(《基本定律》，页20)

拉采尔所说的"理性",含义显得颇为宽泛,包括语言、宗教、习俗、经济生活方式乃至发明和创造,这很像是十八世纪后启蒙时代的德意志浪漫主义思想家对"理性"的界定。果然,拉采尔紧接着就引用了约翰·哈曼(1730—1788)和约翰·赫尔德(1744—1803)的言辞。浪漫主义的历史哲学和十九世纪以来的自然史研究强调不同民族的进化程度在时间上的先后次序,生物地理学则看重世界民族在地表上的空间分布,拉采尔试图将两者结合起来,但不能说他仅仅是在为"浪漫历史主义"填充实证材料。① 拉采尔在导言中的确说到,自库克船长和乔治·福尔斯特以来,西欧人对自然生活的了解"包含着浪漫的兴趣,并为哲学家提供了课题":

> 上个世纪末旅行作品的数量不断增多,作品质量出色且广受欢迎,这唤起了更深刻的情感,让人想起卢梭将自然尊崇为最理想的存在。此后,在这种深刻的情感里,对自然福乐状态的信念,即美妙的精神只能在原始森林的孤独中或幸运岛的海岸上实现,就动摇了,人们寻找这种状态,但从未找到。《印度棚屋》(*The Indian Wigwam*)或乔治·福尔斯特描述的天堂般的幻境,真是令人拥有无尽的向往。(《基本定律》,页15)

对原始自然生活的浪漫憧憬并不符合生物进化的历史定律。那么,是什么新的发现动摇了人们"对自然福乐状态的信念"?拉采尔回答说,欧洲人在北美大陆成功建立殖民国家,足以证明文明状态而非自然状态,才是人类的福乐状态,因为它展示了解决民族差异问题的前景:

> 解决民族差异问题的实验可用的科学资源太少,仅存在于世界历史之中——现在,这一最重要的实验开始首次启动。将所谓的低等民族引入更高的文明圈,并推翻曾经阻碍这种引入的障碍,不仅是人类的辉煌壮举,也是极大地引发科学兴趣的大事件。数百万被认为是最低等民族的人——黑人——首次拥有所有优势,最高文明的所有权利和义务向他们敞开;没有什么能够阻止他们采用一切必然转型的自我形成的手段,而这一过程的人类学意义就在于此。在过去的三十年中,美洲有1200万黑人奴隶的后代获得自由,而享有自由、获得最为现代的文化的黑人数量将会增加至一亿,如果我们今天可以大致

---

① 约翰尼斯·费边,《时间与他者:人类学如何制作其对象》,马健雄、林珠云译,北京:北京师范大学出版社,2018,页24。

确定说这一进程带来了什么,那么我们就可以肯定地回答文化对民族差别的影响这个问题。(《基本定律》,页17 – 18)

拉采尔随后补充说,未来的情形究竟如何还有待观察,"事实上我们只能满足于一些暗示和猜测"。尽管如此,美国成长的生机足以让人们看到一种理性化的文明解决民族差异问题的可能。由此可见,拉采尔的美国之行,对他的人类地理学思想的形成具有决定性影响:新生的美国成了他的首个人类地理学标本。① 从今天的视角来看,谁能否认美国及其生活方式对世界上所有其他文明民族的影响呢?至于美国文明的德性品质究竟怎样,则属于另一个政治史学问题——甚至属于政治哲学问题。

《民族志》实际上是《人类地理学》的进一步展开,两书在今天都可以称为人文地理学或文化人类学形成史早期的杰作。从人类学的眼光看来,所谓"人文"或"文化"都是人类生活作用于自然的痕迹。生活在不同自然地带的人类群体的生活方式(采集、狩猎、渔业抑或农业和畜牧业)与其自然环境的关系,人类种族的分布、扩展及其迁徙与自然条件及开发利用资源的关系,乃至从房屋、村庄到城市、国家占有土地的方式,凡此无不是人文地理学或文化人类学的基本考察对象。美国的形成和成长之所以对拉采尔最具吸引力,乃因为它是欧洲文明民族在较短的历史时间内迁徙到自然民族地域之后迅猛生长的突出案例。

后现代的"批判人类学"代表人物有理由抱怨,人类学教科书对拉采尔的知识渊源和政治背景的认识很"模糊",甚至"无知",尤其是忘了拉采尔"与早期美国人类学之间的密切联系"。② 但人们更有理由抱怨,如今的政治地理学教科书忘了拉采尔开创政治地理学与美国成长的密切关系。

走向政治地理学

法国地理学家阿尔伯特·德芒戎(1872—1940)比拉采尔晚整整一代,他曾说

---

① Mark Bassin, "Friedrich Ratzel's Travels in the United States: a Study in the Genesis of his Anthropogeography", in *History of Geography Newsletter*, 1984(4), pp. 16 – 18; Ian Klinke/Mark Bassin, "Ratzel in Nordamerika: Umwelt, Raum und Rasse", in: Ulrike Jureit/Patricia Chiantera – Stutte 编,*Denken im Raum*,前揭,页25 – 58。

② 约翰尼斯·费边,《时间与他者:人类学如何制作其对象》,前揭,页23。

过,"由于科学所提供的武器和交通运输保障了征服的距离,人类施加于自然的活动增强了"。① 如果德芒戎的确是地理学史家所说的人文地理学的先驱人物,那么,他的这句话足以让我们看到,人文地理学自然地带有政治要素。

在《民族志》"导论"临近结尾的地方,拉采尔已经提到这样的要素,并将它理解为欧洲人所拥有的"文明力量":

> 战争不断不就是最低级人类的原初状态吗?对此我们可以回答,迄今为止,我们自己的和平除了靠武装之外别无他法。但在我们中间,战争冲动的迸发打破了文明状态所要求的那种更长的休战间歇。在我们说到的民族中,像中世纪"暴力统治"这样的状态通常很持久。即便如此,仍必须指出,野蛮人中也有和平的民族和爱好和平的统治者。我们不能忘记,自然民族打得最血腥、最具毁灭性的战争,不是他们自己之间的战争,而是与欧洲人进行的战争。没有任何东西能像奴隶贸易那样在他们中间掀起如此腥风血雨,造成了猎奴的可怕后果,而正是更文明的陌生人的贪婪煽动起了奴隶贸易。(《基本定律》,页130-131)

这段说法看似对征服性战争和奴隶贸易之类的历史现象颇有微词,其实不然。拉采尔的意思是,人类文明的进步或"文化迁徙"离不了这类听起来让人觉得残忍或不道德的行为方式。从人类进化的历史来看,自然情形就是如此。

所有的历史事件皆发生于地表空间,拉采尔的《人类地理学》和《民族志》以博物学的方式收集、整理、描述种种文化特征,尤其关注欧洲文明跨越全球的迁徙和传播路线,历史时间与地理空间的相互关系仍然不容易厘清。毕竟,人类诸民族在地表上的空间分布不能简单地转换为历史的时间顺序。拉采尔逐渐意识到,在人类进化的历史时序中,导致民族的文化差异的决定性要素其实是一个"实践性"的政治问题。②

三卷本《民族志》问世后的第三年(1891),拉采尔出版了《人类地理学》第二卷《人类的地理分布》。与第一卷的书名强调地理学的时间要素(历史要素)不同,第二卷的书名似乎表明,拉采尔又回到了空间要素。

---

① 阿·德芒戎,《人文地理学问题》,葛以德译,北京:商务印书馆,1993,页7-8。
② 斯托杨诺斯,《地缘政治学的起源与拉采尔:驳拉采尔持地理决定论之谬说》,金海波、方旭译,张培均校,北京:华夏出版社,2022,页68-75。

事实上，与其说拉采尔撰写了《人类地理学》的第二卷，还不如说他重写了《人类地理学》——或者说重新尝试描述生物地理学。他颇有些激动地写信给友人说：这才是他自己的"作品"，是 ein rechtes Novum［一部真正的新东西］。传记作家有理由说，拉采尔在这里才首次系统地描述了他所理解的人类地理学，这部作品从而堪称其地理学思想成熟的真正标志。① 既然如此，《人类的地理分布》应该称为"《人类地理学》第二版"才恰当。

这部大著长达 823 页，篇幅比第一版的 524 页多了近三分之一，结构也更为周全。在长达 7 页的"序言"（页 V – XII）中，拉采尔几乎是在一开始就谈到了"政治地理学"：

> 地理学与统计学和民族学［人种志］（Ethnographie）之间的有机联系一旦建立起来，政治地理学这一地理学里最古老但据称最没有科学性的分支，就会获得其天然的位置，并将再次生长、发芽。［……］我想说，由于作为科学的政治地理学恰恰就建立在这样的根基之上，单单出于这个原因，人类地理学就应该获得其科学基础。（卢白羽译文）②

这段说法让我们看到，1880 年代的欧洲政治地理学仍然具有统计学样式。在十年前的《人类地理学》第一版中，拉采尔说到"政治地理学"时，也把它称为"地理学的统计学分支"（politische oder statistische Abteilung der Geographie）。③ 仅有一次，拉采尔区分了"政治地理学"与"地理政治学"（geographische Politik），似乎后者才是他所理解的"政治地理学"（同上，页 135）。

由此可见，写作《人类地理学》第一版《地理学应用于史学的基本特征》时，虽然拉采尔已经从政治的角度谈论地理，但他对政治地理学尚未形成自己的理解。而现在我们看到，拉采尔已明确对统计学式的政治地理学表示不满：

> ［目前］政治地理学还比较接近约翰·毕辛（［引按］Johann Gustav G. Büsching，1783—1829）时代那种芜杂的统计学、地形学以及史学方面的笔

---

① Günther Buttmann, *Friedrich Ratzel. Leben und Werk eines deutschen Geographen*，前揭，页 75、88。

② Friedrich Ratzel, *Die geographische Verbreitung der Menschen*，前揭，页 VI。

③ 参见 Friedrich Ratzel, *Anthropo – Geographie oder Grundzüge der Anwendung der Erdkunde auf die Geschichte*，前揭，页 5、35 – 36；"政治地理学"用法参见页 126、157、178。

记。对于实践的政治学(praktische Politik)而言最为重要的情况,比如可用于进行科学对比的国家的空间与边界、确凿无疑的地表形态等,反倒用光秃秃的数值简单地打发掉了。(卢白羽译文)①

拉采尔把已有的政治地理学描述为地理学与统计学和民族学的结合,可见他熟悉马尔特-布戎(1775—1826)在半个多世纪前提出的普通地理学构想中所包含的政治地理学,它还谈不上是"国家的空间与边界、确凿无疑的地表形态"的科学对比。

马尔特-布戎与政治地理学

马尔特-布戎是丹麦人,出生于哥本哈根的一个资产者家庭,天资聪颖且从小好学,15岁就上了哥本哈根大学。其时正逢法国革命风潮,他很快成了丹麦的共和主义者。当时,"像在欧洲其他许多地方一样,由于法国革命的影响,[丹麦的]民族运动及自由运动蓬勃而起"。② 马尔特-布戎十分活跃,经常发表小册子攻击王政当局。1799年11月,马尔特-布戎因触犯出版禁令被迫流亡,经斯德哥尔摩和汉堡来到巴黎,正好遇上"雾月政变":从地中海战场只身返回的拿破仑动用军队解散国民议会,宣布成立执政府。马尔特-布戎摇身一变,成了拥护拿破仑的君主主义者,并跟从有"公共地理学教授"(professeur public de géographie)头衔的埃德姆-蒙泰尔(1730—1815)学习。此人虽没有什么才气,却是第一位具有共和理念的老牌地理学家。大革命爆发后的第三年(1791),他就出版了《轻松学习和掌握法国新地理的简易方法》(Méthode courte et facile pour apprendre aisément et retenir sans peine la nouvelle géographie de la France),教孩子们了解大革命后法国各行政区的名称、首府以及边界,随后(1792)又推出两本教科书——《法兰西共和国初级地理图》(Tableau élémentaire de géographie de la République française)和《新经济-政治划分的理性图表》(Tableau raisonné de la nouvelle division économico-politique),描述法国的革命性政治地理变化,鼓励国民摒弃旧制度的狭隘地方观念,迎接新共和所倡导的国家大一统。拿破仑战争(1803—1815)爆发之前,英法之间签订了《亚眠和约》(1802),两国的长期纷争一时间显得有望获得最终解决。蒙泰尔以为,经过十余年的战争,

---

① Friedrich Ratzel, *Die geographische Verbreitung der Menschen*, 前揭, 页 VI。
② 克努特·耶斯佩森,《丹麦史》,李明、张晓华译,北京:商务印书馆,2012,页58。

全面审视世界政治地理状况的时候到了,拿破仑的崛起意味着法国大革命所带来的不确定时代即将终结。于是,他构思了一部宏伟的多卷本世界政治地理著作——《世界各地的数学、自然和政治地理》,试图描绘即将摆脱动荡和战争的世界图景,并期待这一图景在可预见的未来保持稳定——年轻的马尔特－布戎成了蒙泰尔实现这一构想的得力助手。① 其实,由于蒙泰尔已年过七旬,马尔特－布戎是实际执笔人,其早年的政治评论家生涯和文学描述笔法为这部地理著作增色不少。然而,这部大著分卷陆续问世时,拿破仑战争已经开始更为剧烈地改变欧洲乃至全球的地缘政治格局。尽管如此,这部大著在当时还是让法国人相当兴奋,很受欢迎。拿破仑战败后,这部在战争期间问世的大著不得不全面修订,马尔特－布戎在原有框架下重新编撰,还加了一个更宏大的书名——《古今普遍地理》。所谓universelle[普遍]即今天所说的"世界",加上 ancienne et moderne[古今],这个书名的实际含义是"普遍历史地理",马尔特－布戎因此成了"[法兰西]帝国的地理学家"——或者说法兰西帝国扩张论者。因为,所谓"普遍历史地理"不外乎是某个大帝国视野中的世界历史地理。②

让今天的我们感兴趣的是,这部大著的初版(1804)中有一幅现代式的中国地图,其中对我国东北地形的描绘尤其详细。当然,这算不上是什么了不起的事情。一个世纪之前,法王路易十四派遣来华传教的数学家、耶稣会士张诚(Jean－François Gerbillon[让－弗朗索瓦·热尔比永],1654—1707),曾受康熙大帝委托绘制过不少中国区域地图,包括"一幅鞑靼地区的大地图"。其时,沙俄帝国正竭力向东扩张——史称东北亚方向的地理大发现。1689年,康熙帝委派张诚前往贝加尔湖东面的尼布楚,充任中俄边界谈判的译员;1696年,他还随康熙帝亲征噶尔丹。在中国的每次出行,张诚都会为康熙帝——同时也是"为巴黎科学院"——绘制地

---

① Michael Heffernan,"Edme Mentelle's Geographies and the French Revolution", in David N. Livingstone and Charles W. J. Withers(eds.), *Geography and Revolution*, 前揭,页287 - 288、294 - 295;比较 Conrad Malte - Brun/Edme Mentelle, *Géographie mathématique, physique et politique de toutes les parties du monde*, Paris:H. Tardieu impr. - libraire,1803—1807。

② Conrad Malte - Brun/Edme Mentelle, *Géographie universelle, ancienne et moderne mathématique, physique, statistique, politique et historique des cinq parties du monde*, Paris:Desray,1816—1829。英国和美国很快在同一年分别出版了英译本:Conrad Malte - Brun, *Universal Geography*, Edinburgh:Adam Black,1827/Philadelphia:A. Finley,1827。关于马尔特－布戎的地理学思想,详见 Anne Godlewska,"L'influence d'un homme sur la géographie française:Conrad Malte - Brun(1775—1826)", in *Annales de Géographie*, vol. 100, no 558, 1991, pp. 190 - 206。

图。他在中国最让他惊讶且难以理解的发现是,北部游牧民族"融入"中华文明的方式。在给国内的耶稣会友的信中,他这样写道:

> 如果我有闲暇的话,我将尽力把我所知道的有关清帝国建立以及满洲人征服中国的历史清楚地写出来,这件事情在我们的全部历史中是一件最令人惊奇的事情,因为他们仅以五六千人马就征服了这个世界上最大的帝国,在这里建国并维持统治。人们只能从中国历史中来研究整个鞑靼的历史,因为两者已经融合在一起;鞑靼人自身既没有任何书籍保存下来,也没有任何可知的历史得以流传;讲述这些历史需要花很多时间,可我并没有闲暇[……]①

1735年,法国皇家科学院的地理学家、绘图家丹维尔(1697—1782)根据来华传教士提供的地图出版了《中国新地图集》(*Nouvel atlas de la Chine*),此书是配合巴黎的耶稣会神甫杜赫德(Jean - Baptiste Du Halde,1674—1743)在同年出版的四卷本《中国和鞑靼中国人的地理、编年、历史、政治及自然状况描述》(*Description géographique*, *chronologique*, *historique*, *politique et physique de la Chine et de la Tartarie chinoise*)。直到十九世纪前期,丹维尔的《中国新地图集》都是欧洲学人认识中国政治地理的权威指南。他随后还绘制了《意大利地图集》(1743)、《非洲地图集》(1749)、《亚洲地图集》(1751)和《印度地图集》(1752),法兰西王国的世界大国气象由此可见一斑。②

十八世纪末的布戎不难知道,俄国人"早在1652年"就已经沿着堪察加半岛西北面的品仁纳河(Penzhina river)进入半岛,"在那里建立了哨所",随后又进入千岛

---

① 转引自博西耶尔夫人,《耶稣会士张诚:路易十四派往中国的五位数学家之一》,辛岩译,郑州:大象出版社,2009,页116;关于张诚绘制中国区域地图,参见页52、58、67、77、85、87、123—124、129、137。比较张诚,《张诚日记:1689年6月13日—1690年5月7日》,陈霞飞译、陈泽宪校,北京:商务印书馆,1973,页34—36、41、91;WalterFuchs, *Der Jesuiten - Atlas der Kanghsi - Zeit*: *seine EntstehungsgeschichtenebstNamensindices für die Kartende der Mandjurei*, *Mollgolei*, *Ostturkestan und Tibet*, Peiping: Fujen 1943。俄国人的地理大发现及其殖民扩张,参见张箭,《地理大发现研究:15—17世纪》,北京:商务印书馆,2002,页360-400。

② Lucile Haguet/Catherine Hofman, *Une carrièregéographique au siècle des Lumières*: *Jean Baptiste d'Anville*, *ouvragecollectif*, Paris: Bibliothèque Nationale de France/Oxford University, 2018; Pascale Mormiche, *La géographie apprise aux princes*: *Bourguignon d'Anville et son élève Louis XV* (1718—1730), Paris: Presses universitaires, 2018.

群岛,与当地土著厮杀。① 1711年,俄国声称拥有这两处岛屿,30年后(1740)即在堪察加半岛东南岸建立起一个海军基地彼得罗巴甫洛夫斯克(今堪察加首府)。1745年,第一批俄国商船队抵达阿留申群岛(Aleutian Islands,位于白令海与北太平洋之间)。从此,"俄国商人们在阿拉斯加地区你争我夺",竞争极为激烈——英国的东印度公司也盯上了这个地方。沙皇担心若"宣布将美洲移民区并入俄罗斯帝国",很可能引起国际纠纷,为了向太平洋沿岸隐蔽扩张,便模仿英国国王的做法,授予申请专营权的西伯利亚富商舍利霍夫特许状,成立"俄国美洲公司"(1799),对北纬55度以北的所有领地以及阿留申群岛、普里比洛夫群岛(Pribilof Islands,位于白令海东南部)、大小迪奥米德岛(Diomede Island,位于白令海峡中间)和其他诸岛施行"垄断性"控制。自此,这些地区的无序状态才逐渐得到改观。②

作为共和革命者甚至丹麦的民族主义者,马尔特-布戎为何会成为法兰西帝国的地理学家? 要回答这个问题,就必须了解当时北欧与西欧之间的地缘政治关系。

1780年,波罗的海诸国(俄罗斯、瑞典和丹麦)为了不让欧洲西部的战火烧到自己身上,在强势的俄罗斯帝国皇帝叶卡捷琳娜(1762—1796年在位)主导下结成"武装中立联盟"(League of armed neutrality),以此捍卫属于俄国的生存空间。法国大革命后,为了应对紧张的英法关系和法兰西的动乱,"武装中立联盟"得到强化。正是凭靠这个同盟,1793年至1800年间,瑞典和丹麦成功维护了中立地位,凭靠自由航行带来的海上贸易获得了可观的经济利益。

英国看不下去了,决定武力压制波罗的海诸国的"武装中立联盟",以落实对法国的经济-军事封锁。海军上将海德·帕克爵士(Sir Hyde Parker,1739—1807)指挥一支庞大舰队奉命前出波罗的海展示武力,著名战将霍雷肖·纳尔逊勋爵(1758—1805)是他的副手。1801年4月初,纳尔逊率领35艘战舰进逼哥本哈根,与停泊在那里的丹麦军舰对峙——不久炮战就开打了:

---

① 弗·阿·戈尔德,《俄国在太平洋的扩张:1641—1850》,陈铭康、严四光译,北京:商务印书馆,1981,页64-77;G. F. 米勒、彼得·西蒙·帕拉斯,《西伯利亚的征服和早期俄中交往、战争和商业史》,李雨时译、赵礼校,北京:商务印书馆,1979,页44-46。

② 谢·宾·奥孔,《俄美公司》,俞启骧等译,北京:商务印书馆,1982,页19-21、30-39;比较爱伦·丘,《俄国历史地图解说:一千一百年来俄国疆界的变动》,郭圣铭译,北京:商务印书馆,1980,页40、60。

哥本哈根的人民集聚在港口的防波堤上和城堡的防御工事上,伸长脖子观看正在发生的情况,但他们所看到的是遮蔽着双方舰队的漫天的火药烟云,只有桅顶及其上面的三角旗还可以看见。①

丹麦舰队遭遇覆灭性打击,史称"洗足木曜日"的"哥本哈根之战"。② 哥本哈根遭到炮击,激发了马尔特-布戎的民族情绪,因此,拿破仑的法国成了他崇拜的偶像。

英国与波罗的海诸国的"武装中立联盟"最终没有爆发全面战争,瑞典和丹麦毕竟太过弱小,"在这场争辩中无力和英国的海权相抗衡"。但是,若说英国靠这种"无礼的方式"进行"强行制裁",最终"导致[英国]这个国家一直坚持的原则和信念岌岌可危",那就言过其实了。③ 毕竟直到今天人们还能看到,某个大国凭借自己的超强军力用"无礼的方式"任意"强行制裁"无法与之抗衡的他国,而其所坚持的原则和信念也未见得岌岌可危——毋宁说,自由民主原则及其信念从不会因这类行为而难堪,它反倒是为任意"强行制裁"提供正当性的绝佳理由。至于为何如此,恐怕不是政治史学能够彻底回答的问题。

哥本哈根遭到英国舰队炮击不止一次。这次哥本哈根人民还仅仅是"伸长脖子观看正在发生的情况",下一次炮击就完全不同了。1807年9月2日至4日,英国舰队连续三天"友谊炮轰"哥本哈根,而"在该城旧壁垒后面有大约十万居民的密集住宅":

> 炮弹如下雨般地向这个城市打了三天。消防队无法对付四处的烈火,力图逃走的人们堵塞了街道,而炮弹还在继续不断落下。除开几次极短暂的间歇,炮击从星期三黄昏七点半一直延续到星期六下午五点,圣母马利亚教堂、哥本哈根大学和广大的诺累波特住宅区化为一片瓦砾,300座建筑物全部被毁,1600座建筑物受到严重破坏。在参加战斗的城防战士中,188人被打死,346人受伤;在非战斗的居民中,1600名男女和儿童丧失了生命,还有一

---

① 帕利·劳林,《丹麦王国史》,华中师范学院《丹麦王国史》翻译组译,武汉:湖北人民出版社,1973,页306。
② Dudley Pope, *The Great Gamble: Nelson at Copenhagen*, Littlehampton: Simon & Schuster, 1972.
③ A. T. 马汉,《纳尔逊传》,丁丁译,北京:北京理工大学出版社,2014,页285、290-301。

千人身受重伤。①

丹麦人应该庆幸十九世纪初的火炮威力还不够现代化,否则,哥本哈根的惨状以及平民死伤将远不止于此。尽管如此,这场炮击仍然成功打造了丹麦人的民族国家意识:在此之前,丹麦人的共同体感觉还属于"部落感情"——"也许更可比作是野营篝火"。正是"敌人射来的倾盆大雨般落在哥本哈根的炮弹",让丹麦人产生了现代意义上的民族情感。② 英国人是比丹麦人更为"进化"的文明民族,他们"在哥本哈根为所欲为"——这次领军出征的是大名鼎鼎的威灵顿公爵(1769—1852),尽管他"非常反感用恐怖手段,更希望用饥饿的办法让城市屈服",但他还是下令炮击。英国舰队"炮轰城市的那段时间",威灵顿干脆去到"广阔的乡下"漫游,因为这场炮击不是战场对决,而是对手无寸铁的哥本哈根平民施行教育,不需要军事指挥。③ 先进的英国人就是这样教丹麦人从自然民族成长为文明民族,谁能说人类地理学与政治不相干呢?

写作《人类的地理分布》时,拉采尔已经意识到,政治地理学与其说是人类地理学的一个分支,还不如说是这门学科的"科学基础":从根本上讲,人类地理学是一门"实践的政治学"——这一认识成为他随后提出自己的政治地理学的基础。④

显然,为了让古老的政治地理学"再次生长",拉采尔还需要一种"实践的政治学"观念。

罗克豪的"务实政治"论

1853年,一位名叫路德维希·罗克豪(1810—1873)的德意志政治人出版了《务实政治基本定理:应用于德意志的政治形势》,随即成为畅销书。六年后,该书出了第二版,作者为此撰写了题为"战争与和平问题"的导言。⑤ "务实政治"(Realpolitik)这个语词从此在德意志知识界开始流行,以至于人们误以为它

---

① 帕利·劳林,《丹麦王国史》,前揭,页313 – 314(译文稍有改动)。
② 克努特·耶斯佩森,《丹麦史》,前揭,页186。
③ 菲力普·圭达拉,《威灵顿》,李力谦译,北京:军事科学出版社,2006,页110 – 111。
④ Friedrich Ratzel, "Politisch – geographische Rückblicke", in *Geographische Zeitschrift*, 1898(4), pp. 143 – 156, 211 – 224, 268 – 274.
⑤ Ludwig August von Rochau, *Grundsätze der Realpolitik angewendet auf die staatlichen Zustände Deutschlands*, Hans – Ulrich Wehler(ed.), Frankfurt am Main:Ullstein,1972.

是罗克豪发明的。

罗克豪早年在耶拿大学和哥廷根大学修读史学和政治学,适逢1830年法兰西的"七月革命",拿破仑战败之后复辟的君主立宪制被推翻——查理十世(1757—1836,1824—1830年在位)宣布逊位,并逃亡英国。第二次法国大革命来了:民族主义及自由主义浪潮迅速在欧洲扩散,势头远较1790年代猛烈。20岁出头的罗克豪因参与反对梅特涅把控德意志邦联的示威行动(冲击法兰克福警局)遭到逮捕,被判终身监禁,一度想过自杀。在朋友的帮助下,罗克豪得以逃脱王政当局的法网,成了一位职业的民族自由主义革命者。1848年革命期间,罗克豪作为政治记者颇为活跃,革命失败后被迫流亡意大利。1850年代初回到海德堡后,针对德意志的政治状况,罗克豪写下了时论性的《务实政治基本定理》。①

如果说马基雅维利的《君主论》是意大利战争期间佛罗伦萨共和国失败的产物,那么,罗克豪的《务实政治基本定理》则可以说是拿破仑战争之后德意志邦联寻求实现政治统一遭遇失败后的产物。基于"民族[国家]自由主义"(der nationale Liberalismus)信念,罗克豪主张,若要实现国家的自由,必须凭靠强有力的实力,这是一条颠扑不破的自然法则。②

《务实政治基本定理》开篇第一句话就把"国家"比作"政治有机体"(der politische Organismus):

> 人类社会的政治有机体即国家,凭借自然法起源与生存,自然法是由人类落实的,无论人有无意识或意愿[……]国家生存所系的自然界的命令,由历史上既有国家通过各种力量的交互作用来完成;由于空间和时间的不同,这些力量的条件、范围和成就也不尽相同。所以,研究这些形成、维持和改造国家的力量是一切政治认识的起点。走向理解的第一步导致的结论是:强者(der Stärke)应用政治生活之法则所发挥的作用,类似于物体世界(die Körperwelt)中的万有引力定律。③

---

① Natascha Doll, *Recht, Politik und "Realpolitik" bei August Ludwig von Rochau (1810-1873). Ein wissenschaftsgeschichtlicher Beitrag zum Verhältnis von Politik und Recht im 19. Jahrhundert*, Frankfurt am Main: Klostermann, 2005, pp. 11-19.

② Leonard Krieger, *The German Idea of Freedom: History of a Political Tradition*, Chicago: The University of Chicago Press, 1957/1972, pp. 353-356.

③ 转引自乔纳森·哈斯拉姆,《马基雅维利以来的现实主义国际关系思想》,张振江、卢明华译,北京:中央编译出版社,2009,页252(译文据德文原文略有改动)。

在行文中，罗克豪不时用到"有机体""有机体化""有机体组织"之类的语词。①把"有机体国家"概念说成拉采尔的发明，属于政治史学上的常识性错误。事实上，这个语词甚至也不是罗克豪的发明，因为此前它已经在德语学界流行。今天的我们不难理解，对于拿破仑战争之后的德意志政治人来说，这个语词能够很好地表达德意志邦联寻求实现统一政治体的诉求。毕竟，德意志如何成为统一的政治有机体，对当时的诸多德意志知识人来说是头等重大问题。青年黑格尔就曾强烈地想要"模仿马基雅维利"的《君主论》，因为他"渴望"那些"在普鲁士崛起和改革时期崭露头角的忒修斯式的人物"能拯救德意志，使之成为一个统一的国家。②

自由主义的务实政治就在这样的语境中与民族主义诉求结合起来。罗克豪认识到，在法兰西帝国、奥地利帝国、俄罗斯帝国的包围下，德意志要成为一个政治有机体，就得让自己拥有政治强力。但这与自由主义的政治理念如何协调呢？俾斯麦出任普鲁士国相之初，作为一个"民族自由主义"者的罗克豪对正在崛起的普鲁士并无好感，因为它仍然是专制王权国家。在普鲁士打赢对丹麦的战争后，尤其是看到德意志邦联内部武装冲突不断，罗克豪转变了观念，开始拥护由君主立宪的普鲁士王国统一德意志。针对新的政治处境，罗克豪重写了《务实政治基本定理》，并刚好在普法战争爆发前一年出版（1869）。普法战争胜利后，罗克豪作为"民族自由派"的代表入选首届德意志帝国议会议员。

拉采尔对地理学的政治理解

《务实政治基本定理》的第一版问世时，拉采尔还是个少年，第二版问世时，他也不过是头脑单纯的博物学爱好者，尚未经历战争的洗礼，对人世政治不感兴趣，遑论有什么感觉。写作《人类的地理分布》时则不同了，他已人到中年，阅历甚多。何况，《务实政治基本定理》并没有因德意志帝国的建立而销声匿迹，其中提出的政

---

① Ludwig August von Rochau, *Grundsätze der Realpolitik. Angewendet auf die staatlichen Zustände Deutschlands*，前揭，页 29 – 31、36、41、54、59 – 60、96 – 97、132、152、157、167。

② 弗里德里希·迈内克，《马基雅维里主义："国家理由"观念及其在现代史上的地位》，时殷弘译，北京：商务印书馆，2008/2011，页 502 – 503；比较 Robert C. Binkley, *Realism and Nationalism*, 1852 – 1871, New York: Harper & Row, 1935/Ardley Press, 2013, p. 28。

制构想不断在引发争议。① 不难设想,这样的时政作品很容易激发拉采尔的政治地理学想象。

《人类的地理分布》除"序言"外,有一个长达35页的"导论",拉采尔在这里试图说明,为何"全息地理观"(hologäische Erdansicht)需要以一般生物地理学为基础。然而,其中的"空间和时间"小节——尤其是紧随其后的"争夺空间"(der Kampf um Raum)一节表明,在拉采尔看来,生物地理学应该以政治地理意识为基础。

在《务实政治基本定理》中,"空间"也是关键词之一。但罗克豪不是地理学家,他更多把"政治"比作一种"游戏空间"(Spielraum)。在拉采尔笔下,情形就不同了——"争夺空间"一节首先指出:

> 空间左右着数以百万种不同形式,并曾经以数千百万种差异更大的形式居住在地表上的生物之命运,自从承认这一点的那一刻起,关注我们地球的空间条件似乎是所有生物地理学研究成功的必要条件。然而没有人会否认,每一种植物、动物或人类的兴旺都需要一定的空间。如果再进一步讲,较小岛屿的植物和动物告诉我们,植物和动物物种在一个有限空间内发展的特征,不同于有着广阔地区可供大量个体分布的地域里自成一体的动植物物种。欧洲野牛或阿尔卑斯山山羊被圈于几平方英里的范围内,表明这些物种处于最严重的衰退期并濒临灭绝。而当它们占据的栖息地的面积是如今被挤压进的逼仄面积的一千倍时,它们也曾一度繁衍兴旺。(卢白羽译文)②

这段描述已经呈现了生物地理学意义上的"生存空间"的基本含义,接下来,拉采尔就把这一含义应用于人类地理学:

> 人类的一部分虽不能作为物种与这些动物进行类比,但至少可以被视为特征鲜明的特殊群体,比如塔斯马尼亚人(Tasmanier)。如今这一族群已经灭绝,他们曾经生活在塔斯马尼亚岛,其面积几乎等同于不包括普法尔茨领地的巴伐利亚王国。如果他们能够在比塔斯马尼亚岛大得多的地区活动,可能会

---

① Natascha Doll, *Recht, Politik und "Realpolitik" bei August Ludwig von Rochau (1810–1873)*,前揭,页122–163。

② Friedrich Ratzel, *Die geographische Verbreitung der Menschen*,前揭,页XXXIII。

存续得更久一些。这一点难道有人怀疑吗？巴斯克语系所属巴斯克人（Basken）这一古老部族，它肯定曾经分布得更加广泛，然而西班牙和法兰西民族的浪潮要多久才将它吞没呢？（同上，页XXXIV）

拉采尔提到的塔斯马尼亚岛位于澳大利亚东南面，与墨尔本南部隔着巴斯海峡（Bass Strait），有"世界尽头的岛屿"之称。那里的地形多为"丘陵与山地交错，平地较少"，虽然南部界线处于南纬44度，却属于中纬气候，"夏暖冬寒"。1642年11月底，荷兰航海家阿贝尔·塔斯曼（1603—1659）尝试利用南半球的宽阔西风带航行到南美，于是从非洲海岸附近的毛里求斯岛出发，顺西风带越过南印度洋，到达了塔斯马尼亚西岸。1644年，塔斯曼用荷属东印度总督的名字将该岛命名为"范·迪门之地"（Van Diemen's Land），还绘制了从澳洲最北端的约克角（南纬10度）向西再向南直到澳大利亚湾末端和塔斯马尼亚南部的海岸地形图。尽管如此，荷兰殖民者并没有随之将塔斯马尼亚据为己有。①

一百多年后的1770年代初，库克船长花了约五个月时间沿澳洲东岸航行，回国后呈交了发现报告。英国政府随即以英王乔治三世（1738—1820）的名义宣布对这片陆地拥有主权，并在1786年派遣皇家海军上校阿瑟·菲利普（1738—1814）负责在东澳大利亚开辟流犯充军地。1788年元月，菲利普上校率兵进占澳洲，建立了从约克角到范·迪门之地的澳大利亚东部辖区，将其命名为"新南威尔士"（New South Wales）。② 五年后（1793），皇家海军上校马修·弗林德斯（1774—1814）和外科医生乔治·巴斯（1771—1803）沿澳洲东部海岸航行，才发现塔斯马尼亚与澳洲大陆并不连接，而是隔着一个海峡。于是，外科医生用自己的姓氏将它命

---

① 托马斯·麦克奈特，《澳大利亚地理总论》，陕西师范大学《澳大利亚地理总论》翻译组译，西安：陕西人民出版社，1977，页26、30、44－45；科林·赛尔，《澳大利亚：国土及其发展》，张秉文译，西安：陕西人民出版社，1979，页10－11、34－37、40；海图曼宁·克拉克，《澳大利亚简史》，中山大学《澳大利亚简史》翻译组译，广州：广东人民出版社，1973，页13。详参 Andrew Sharp, *The Voyages of Abel Janszoon Tasman*, Oxford: Clarendon Press, 1968; Maggie Patton/David Pool(eds.), *Tasman's Legacy. Mapping our World*, Canberra: National Library of Australia, 2014。

② Alan Frost, *Arthur Phillip, 1738-1814: His Voyaging*, Oxford: Oxford University Press, 1987; Derek Parker, *Arthur Phillip: Australia's First Governor*, Warriewood, NSW: Woodslane Press, 2009; Tony Delamothe/Carl Bridge (eds.), *Interpreting Australia: British Perceptions of Australia Since 1770*, Sir Robert Menzies Centre for Australian Studies, 1988; Peter Stanley, *The Remote Garrison: The British Army in Australia, 1788-1870*, Sydney: Kangaroo Press, 1986.

名为"巴斯海峡"。①

塔斯马尼亚成了英国王室流放罪犯的最佳之地。流放犯在监管下种植庄稼、开伐木材以及捕猎海豹,供殖民当局出口。拿破仑战争爆发后,英国政府决定加速扩建流放罪犯地,因为,法国人有证据说,他们的航海家马克－约瑟夫·杜夫雷斯涅(1724—1772)在1772年就发现了塔斯马尼亚岛,还登岛接触过岛上住民,比随库克船长第二次探险的皇家海军军官托比亚斯·弗涅克斯(Tobias Furneaux,1735—1781)登岛早了整整一年。英国政府有理由担心,拿破仑的法兰西帝国会抢先派出大量法国自由移民前往该岛。②

1803年,弗林德斯上校用一年半时间实现了首次环绕澳洲航行一周,并绘制出部分海岸线地图。"为了防止法国人占领塔斯马尼亚岛的图谋",英国殖民当局决定放宽政策,"准许刑满释放者、卸职狱守及陆续到来的自由移民享有定居并经营农牧业的权利",并开始"猎杀岛上土著"。半个世纪后(1853),范·迪门之地正式成为大英帝国殖民区,1856年建立责任制政府时更名为"塔斯马尼亚",以纪念塔斯曼的发现。塔斯马尼亚岛上本有近7000名部落居民,到"1888年底以前就已经灭绝了"——不是死于种族灭绝的屠杀,就是死于"白人带来的疾病"。澳大利亚内陆则由于"非常广阔",因而"得以幸免,只成为罪犯移民区",大约30万原住民也因此"免于完全灭绝"。尽管如此,由于"土地的丧失、新疾病的传入以及不时的屠杀",当地土著人口锐减。③

---

① Rob Mundle, *Flinders: The Man Who Mapped Australia*, Hachette, 2012; Josephine Bastian, "A Passion for Exploring New Countries": *Matthew Flinders & George Bass*, North Melbourne: Australian Scholarly Publishing, 2016; Keith Bowden, *George Bass 1771 – 1803: His Discoveries, Romantic Life and Tragic Disappearance*, London: Oxford University Press, 1952; Miriam Estensen, *The Life of George Bass, Surgeon and Sailor of the Enlightenment*, London: National Maritime Museum, 2005.

② Edward Duyker(ed.), *The Discovery of Tasmania: Journal Extracts from the Expeditions of Abel Janszoon Tasman and Marc – Joseph Marion Dufresne 1642 & 1772*, Hobart: St David's Park Publishing, 1992; Edward Duyke, *An Officer of the Blue: Marc – Joseph Marion Dufresne, 1724 – 1772, South Sea Explorer*, Melbourne: Melbourne University Press, 1994; David Hill, *The Great Race: The Race between the English and the French to Complete the Map of Australia*, North Sydney, NSW: Random House Australia, 2012.

③ W. P. 霍根、E. – J. 塔普、A. E. 麦奎因,《澳大利亚概况》,吴江霖译,广州:广东人民出版社,1979,页7、53 – 54;海图曼宁·克拉克,《澳大利亚简史》,前揭,页4、29 – 54、113;科林·赛尔,《澳大利亚:国土及其发展》,前揭,页32。

澳大利亚联邦的演变

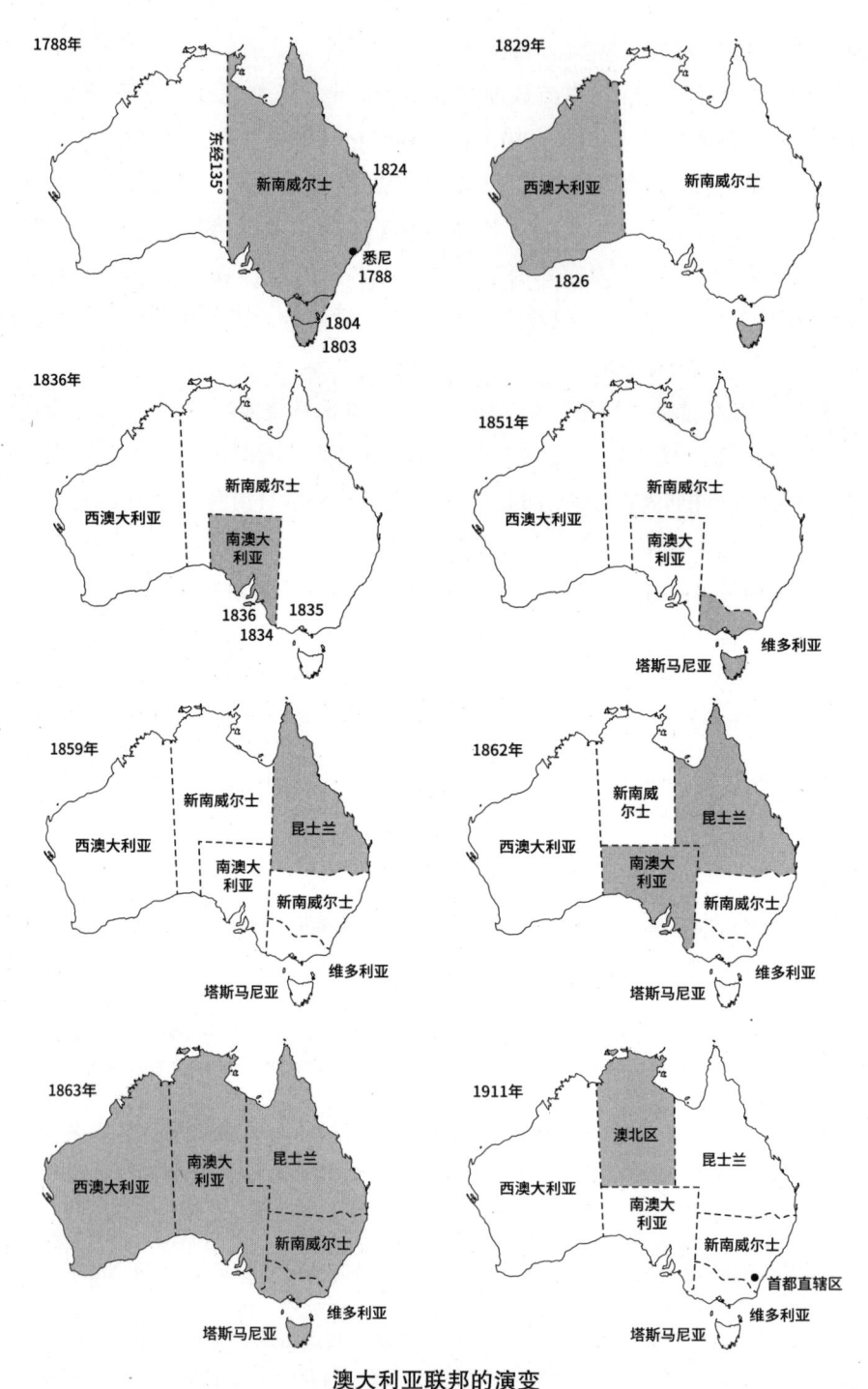

据科林·赛尔《澳大利亚:国土及其发展》页 40-41 绘制

除非我们大致了解这些历史细节,否则很难透彻理解拉采尔在"争夺空间"中接下来的说法:

> 争取生存的斗争与我们特别称之为战役的人类武装冲突之顶点一样,都受到它们发生于其间的空间的影响。争取生存的斗争就像战役一样,可以追溯到推进与后撤运动。在宽阔空间里对手可以躲避,而在狭窄空间里战役就成为拼死一搏,因为没有退路可言。可见,战场大小具有决定性意义。(卢白羽译文)①

塔斯马尼亚岛的生存空间太小,部落住民难以抵抗。然而,澳洲大陆尽管有足够的生存空间,也没有得以幸免成为殖民区,因为部落住民还没有成为政治民族,很难展开有效抵抗。由此可以理解,凭靠对欧洲各殖民地原住民的研究,拉采尔变得更加信服达尔文的"生存斗争"说:

> 截然分开的植物和动物物种,是这种斗争的结果。如果它们只是思想构造出来的东西,就不可能在植物学和动物学学科的发展中发挥如此巨大的作用。然而,物种的清晰差异似乎与大量的相似性和亲缘性相矛盾,这些相似性和亲缘性将表面上分离的东西在深层结合起来。人们期待在由一个物种分离成的大量个体中找到各个方向的过渡。人们遇见的看似上升为一致的相似,也止步于该个体数量的外围。因此,在许多情况下,实际上在大多数情况下,物种在我们面前以十分清晰的轮廓展开。深层是过渡,表面是分界,这就是我们今日万物世界的表征。它是地球的表征,并且首先是在狭窄空间里挤压着加速发展的特征。(同上,页 XXXV)

《人类的地理分布》毕竟是生物地理学著作,基于"争夺空间"的政治地理意识,拉采尔希望从生物地理学角度证明,

> 人类各群体之间的差异不在影响生命进程的内在品质,而在头发和皮肤,也即真正意义上的表面。依靠这些差异形成的甚至不是物种,而只是种族。动物界与植物界的诸门是一个主干的分支,我们察觉到它们随着地质时间段的推移而日益分化;但与物种间的亲缘关系同样明显的是它们的分离,最终像

---

① Friedrich Ratzel, *Die geographische Verbreitung der Menschen*, 前揭, 页 XXXIV。

树一样,小枝和小杈也以叶子为终端。这让我们想到热带树木的形象,它们的树枝长长地并列而生,然后出乎意料地合并成一个枝叶繁茂的宽大伞状树冠。(同上,页 XXXV – XXXVI)

以上是《人类的地理分布》导言中的说法,接下来,拉采尔分四部分展开论述(共22章),第一部分题为"人类的地理图景概述"(1 至 5 章),相当于人类地理学引论。从对"人居世界"(Oekumene)这个古老语词的解释入手,拉采尔阐发了自己对地表空间的历史 – 政治理解。他首先谈到"人居世界"的边界划分——南部边界和北部边界以及"旧的和新的北部边界",然后谈到"新世界"、"西方世界"(Westliche Welt),并把亚美利加(Amerika)视为"真正的东方"(der eigentliche Orient)。与《人类地理学》第一版解释"地理学"概念的第一部分相比,这里的政治地理学的意味相当明显。

随后三个部分才是全书主体,人类学特征十分明显:第二部分题为"人类的统计学图像"(6 至 11 章),第三部分题为"人在地表上的足迹和作业"(12 至 17 章),第四部分题为"诸民族特征的地理分布"(18 至 22 章)。若与现在的人类学相比,人们的确可以将拉采尔的人类地理学称为"生态地理学"。

拉采尔在《人类的地理分布》导言中突然显得颇有政治地理意识,这并非没有由来。1888 年至 1890 年间,拉采尔已经连续三个夏季学期开设"政治地理学"大课:第一次讲授欧洲的政治地理,第二次讲授欧洲之外的国家以及欧洲殖民地的政治地理,第三次讲授"普通政治地理"。[①] 可以断定,在写作《人类的地理分布》之前,拉采尔已经致力于重新考虑政治地理学。因此,我们有必要历史地了解,究竟是什么现实因素,促使拉采尔从生物学 – 人类学地理学走向了重塑政治地理学?

---

① Günther Buttmann, *Friedrich Ratzel. Leben und Werk eines deutschen Geographen*,前揭,页 134。

三　自由帝国主义国际的形成

十七世纪以来,欧洲地理学家"了解得最多、描述得最充分的"地表上的人居地带当然是欧洲,但这片大陆实际上"被分成许多离奇古怪、相互穿插的政治区域,它们的边界时常改变,不可能作为描述的合理基础"——德意志的情形尤其如此。拉采尔年轻时,好些欧洲民族还没有属于自己的疆域。波兰民族本来有自己的疆域,而且一度是强势王国,但在十八世纪被普鲁士和俄罗斯瓜分了。奥地利帝国中的诸多斯拉夫民族在帝国框架中分享身份认同,同样谈不上有自己的领土。1871年之前的德意志邦联虽然已经是单一的政治架构,却并没有统一的领土,与周边政治单位的划界也不清楚。地理学史家认为,"地理描述的新观念"往往由德意志的地理学者提出来,这"肯定是因为",

> 当时欧洲的德语区域约有400个政治单元。就在这个时期,这些德意志学者们企图确定:就"德意志"这个历史名词作为地理名词来说,它在政治、文化及语言方面的含义究竟是什么。从政治区划造成的描述困难中,就产生出一种对纯地理学的兴趣。这意味着不用政治单元,而用自然单元作为描述土地和居民的基础。①

---

① 罗伯特·迪金森,《近代地理学创建人》,前揭,页20;关于德意志边界的历史-政治地理学考察,详见 Alexander Demandt(hrsg.), *Deutschlands Grenzen in der Geschichte*, München: Beck, 1990。

这话用于亚历山大·洪堡或卡尔·李特尔的地理学还算中肯,若用于拉采尔的人类地理学就行不通了——在他生活的时代,凭靠三场对外战争,德意志帝国已经呱呱坠地。

拉采尔的《民族志》第一卷问世之前不久(1884年11月),新生的德意志帝国在柏林举办了一场特别的欧洲国际会议——史称"刚果会议",旨在解决欧洲文明国家因刚果盆地的殖民利益而引发的纠纷。会议在柏林威廉大街77号俾斯麦的官邸召开——隔壁就是德意志帝国外交部,由俾斯麦首相亲自主持,历时104天。[1]

十四个欧洲国家代表和美国代表,在1884年到1885年的十三个星期中,为建立刚果河流域及其河口的贸易自由,为刚果河和尼日尔河的航行自由,以及构成对非洲领土有效占领的定义进行了磋商。在柏林,他们在地图上划定了刚果河流域在地理上的界限。他们为了贸易起见,竟把从刚果河口起远至索马里南部和莫桑比克北部的刚果地区,也都包括在所谓"协定流域"之内。[2]

现代世界政治史上有好些著名国际会议——威斯特伐利亚和会(1648)、乌特勒支和会(1713—1715)、维也纳和会(1815)、凡尔赛和会(1919)。这些旨在解决欧洲国家之间冲突的国际会议,历史地形塑了诸多现代国际政治的潜规则,或者说打造了国际政治的一个又一个新格局,以至于成了世界政治史学中的枢纽性概念。相比之下,刚果会议的知名度远不是那么高,这难道是因为它对形成现代国际政治潜规则的历史作用还不够重大?

从维也纳和会(1815)到刚果会议(1884)之间的半个多世纪期间,欧洲有两场反映均势变动的重要"和会"。1856年2月底,俄罗斯因克里米亚战争(1853—1856)战败与交战国(英国和法国)在巴黎召开和会,承认放弃对小亚细亚的支配权——这也意味着俄国丧失了凭赢得拿破仑战争而获得的欧洲均势主导权。当时,德意志帝国还没有诞生,普鲁士王国在和会后期讨论到黑海海峡问题时受邀参会,仅仅因为它是1841年《伦敦海峡公约》的签字国。换言之,在当时的欧洲秩序

---

[1] Stig Förster/Wolfgang J. Mommsen/Ronald E. Robinson(eds.),*Bismarck,Europe and Africa：The Berlin Africa Conference 1884 - 1885 and the Onset of Partition*,Oxford：Oxford University Press,1988.

[2] 罗伯特·罗特伯格,《热带非洲政治史》,前揭,页519-520。

中,普鲁士还谈不上有多大权重。

1877—1878 年的俄土战争之后,情形就不同了,德意志帝国已经诞生。俾斯麦出面调停国际争端,他邀请各国到柏林召开和会(1878)——会议地点从巴黎挪到柏林,标志着欧洲均势的主导权从法国转移到德国手中。不过,就实际成果而言,1878 年的柏林会议仍不及 1856 年的巴黎会议。在巴黎会议上,英法联手实现了土耳其海峡的中立化和多瑙河国际化,还成功策动土耳其控制的瓦拉几亚(Wallachia,多瑙河下游以北、喀尔巴阡山脉南部以南,今属罗马尼亚)和比萨拉比亚(Basarabia,德涅斯特河、普鲁特河 - 多瑙河和黑海之间的三角地带,今大部属于摩尔多瓦共和国,南部沿海地区和北部小部分属乌克兰)独立,极大地压缩了土耳其在东南欧的地缘空间。相比之下,柏林会议的成果仅仅是迫使土耳其承认罗马尼亚、塞尔维亚以及黑山(Montenegro)独立,俾斯麦的其他倡议"应者寥寥"。① 看来,德意志帝国尚需要进一步积攒实力,说话才会有分量。

刚果会议在柏林召开时,"刚果"还是一个含糊不清的政治地理名称。就连古老的"刚果王国"这个称呼,也是欧洲人赋予的,它更多指在刚果河口南部生活的种族族群的共同意识。这个"巨大的酋长国"实际上是诸多大小酋长领地的结合,其地理"边界完全不固定"。② 这类原生政治状态过于松散或太过自由,为域外势力的殖民入侵提供了便利。

政治史学界公认,1884 年的柏林会议是欧洲国家"瓜分非洲"(Scramble for Africa)的开端,它标志着欧洲的政治成长所带动的全球化进入了新的帝国主义阶段。③ 我们对这场国际会议缺乏足够的关注,仅仅表明我们对帝国主义历史问题的

---

① 黎英亮,《现代国际生活的规则:国际法的诞生》,长春:长春出版社,2010,页 170 - 171;维克多·普莱斯考特、吉莉安·D. 崔格斯,《国际边疆与边界:法律、政治与地理》,前揭,页 354 - 358。比较 Bruce Waller, *Bismarck at the Crossroads: the Reorientation of German Foreign Policy after the Congress of Berlin*, 1878 - 1880, London: The Athlone Press, 1974, pp. 19 - 53。

② 奥邦加,《非洲史研究中所使用的资料和专门技术概述》,见基-泽博主编,《非洲通史(第一卷):编史方法及非洲史前史》,中国对外翻译出版公司译,北京:中国对外翻译出版公司,2013,页 48 - 49。

③ 乌佐伊圭,《欧洲瓜分和征服非洲》,见 J. 博亨主编,《非洲通史(第七卷):1880—1935 年殖民统治下的非洲》,中国对外翻译出版公司译,北京:中国对外翻译出版公司,2013,页 17 - 24;拉姆齐·缪尔,《帝国之道:欧洲扩张 400 年》,许磊、傅悦、万世长译,上海:上海人民出版社,2021,页 101 - 109。

认识还停留在大而化之的阶段。从今天的语境来看,我们有必要了解刚果会议的来龙去脉,以及由此衍生的种种政治史学问题。这不仅是为了更好地理解拉采尔形成政治地理学意识的成因,毋宁说,为了更好地辨识眼下的又一个百年大变局,我们需要这样的历史认知。

刚果会议的来龙去脉

事情得从刚果会议召开之前十年说起。1875 年 8 月,法国地理学会在巴黎举办了一场颇具规模的"国际地理大会"(International Geographical Congress),有 34 个国家约 1500 位地理学家到会——所谓"国际"指欧洲国家及其在美洲殖民地的衍生国。会议主题是探讨非洲中部腹地这片 terra incognita[未知之地],英国代表则尤其对尼罗河源头这一"世界上最后一个地理之谜"感兴趣。[1]

法国地理学会组办这场"国际地理大会"并不是出于单纯的科学考察目的,毋宁说,在普法战争中诞生的法兰西第三共和国(1870—1940)迫切需要新的海外殖民地,以弥补战败带来的损失。为了抚慰法兰西的伤痛,俾斯麦也"鼓动法国在突尼斯的野心以及对埃及事务的干涉",以此"防止法国与英国靠近"。总之,"由于德意志统一和法国在 1870 年战败破坏了既存的势力均衡,欧洲不通过新的战争就无法重建秩序,所以开始向海外扩张领土和影响力"。[2]

差不多 20 年前(1856),埃及总督塞伊德一世(Said Pasha,1854—1863)为追赶欧洲的现代化,曾委托法国领事德莱塞普(Ferdinand de Lesseps,1505—1594)组建一家公司,重新疏通苏伊士运河。运河开通后(1769),继任埃及总督伊斯梅尔(Isma'il Pasha,1830—1895)迫于外债压力,将苏伊士运河 44% 的股份卖给了英国(1875),这让法国非常不爽,却又有口难言。雄心勃勃的伊斯梅尔还打算凭靠自己缔造的新埃及军官团,"把埃及领土往南扩展到赤道",以便为自己刚刚获得独立的民族国家在非洲大陆的心脏地带"争取到一个最后的和不易进入的"战略纵

---

[1] 罗伯特·哈姆斯,《泪之地:殖民、贸易与非洲全球化的残酷历史》,冯筱媛译,广州:广东人民出版社,2022,页 26 – 27(以下简称《泪之地》)。

[2] 安德鲁·波特,《欧洲帝国主义:1860—1914》,叶海林译,北京:北京大学出版社,2014,页 20 – 21。

深。伊斯梅尔向非洲内陆纵深扩张时,他既没有受到土耳其的压制,也没有遭到英国的阻止。①

国王、探险家、政治旅行记者

巴黎国际地理大会召开的这一年,比利时国王利奥波德二世(1835—1909)刚好40岁,他从自己派出的参会代表那里得知,一个名叫皮埃尔·德·布拉柴(1852—1905)的年轻探险家即将前往中非,尝试沿奥果韦河(Ogooue River)进入中非腹地,以期探寻连接大西洋和非洲心脏地带的通道。当时欧洲的地理学家并不清楚,这条河流发源于刚果盆地中部的莱凯蒂山(Leketi)西北麓,在注入大西洋之前,向西北流经加蓬中部低地,是西非的"母亲河"即尼日尔河(Niger River)与中西部的刚果河(Congo River)之间最大的河流。因大致与赤道平行,奥果韦河流域也被称为"赤道非洲"的西段。

布拉柴是意大利人,出身于罗马教宗国的一个富商家庭,性格"温和"但爱好探险。凭靠其家族与法国海军将领路易·蒙塔尼亚克(Louis R. de Montaignac,1811—1891)的私交,他在巴黎的耶稣会学校读完中学后,进了位于诺曼底南部布列塔尼(Bretagne)半岛西端的布雷斯特(Brest)法国海军学院,18岁那年毕业后在法国南大西洋舰队服役。1874年,蒙塔尼亚克将军出任法国海军部长,布拉柴随即写信给他,建议组织一支远征队,探索当时尚不为人知的奥果韦河流域。他特别提到,英国人和德国人已有此打算,法国应抢占先机。

蒙塔尼亚克将军积极支持布拉柴的建议,他说服教育部、商务部和巴黎地理学会一起提供资助,但仅筹集到不足一半的经费。为了这趟出于个人理想的自然地理探险,也为了自己的"第二祖国"的荣誉,富商家庭出身的布拉柴愿意自掏腰包,"倾家荡产"也在所不惜。②

利奥波德二世得知消息后,赶紧也筹办了一个国际性的地理会议(1876年9月),邀请六个欧洲国家(英国、法国、意大利、德国、奥匈帝国和俄国)的学者、政治人

---

① 阿卜杜勒-马利克,《埃及的复兴》,见阿贾伊主编,《非洲通史(第六卷):1800—1879年的非洲》,北京:中国对外翻译出版公司,2013,页284;Hendrik L. Wesseling, *Teile und Herrsche: Die Aufteilung Afrikas 1880—1914*, Stuttgart: Franz Steiner, 1999, pp. 38 – 54。

② 让·徐雷·卡纳尔,《黑非洲:地理·历史·文化》,何钦译,北京:世界知识出版社,1960,页171 – 172;详参 Maria Petringa, *Brazza, A Life for Africa*, Bloomington: Author House, 2006。

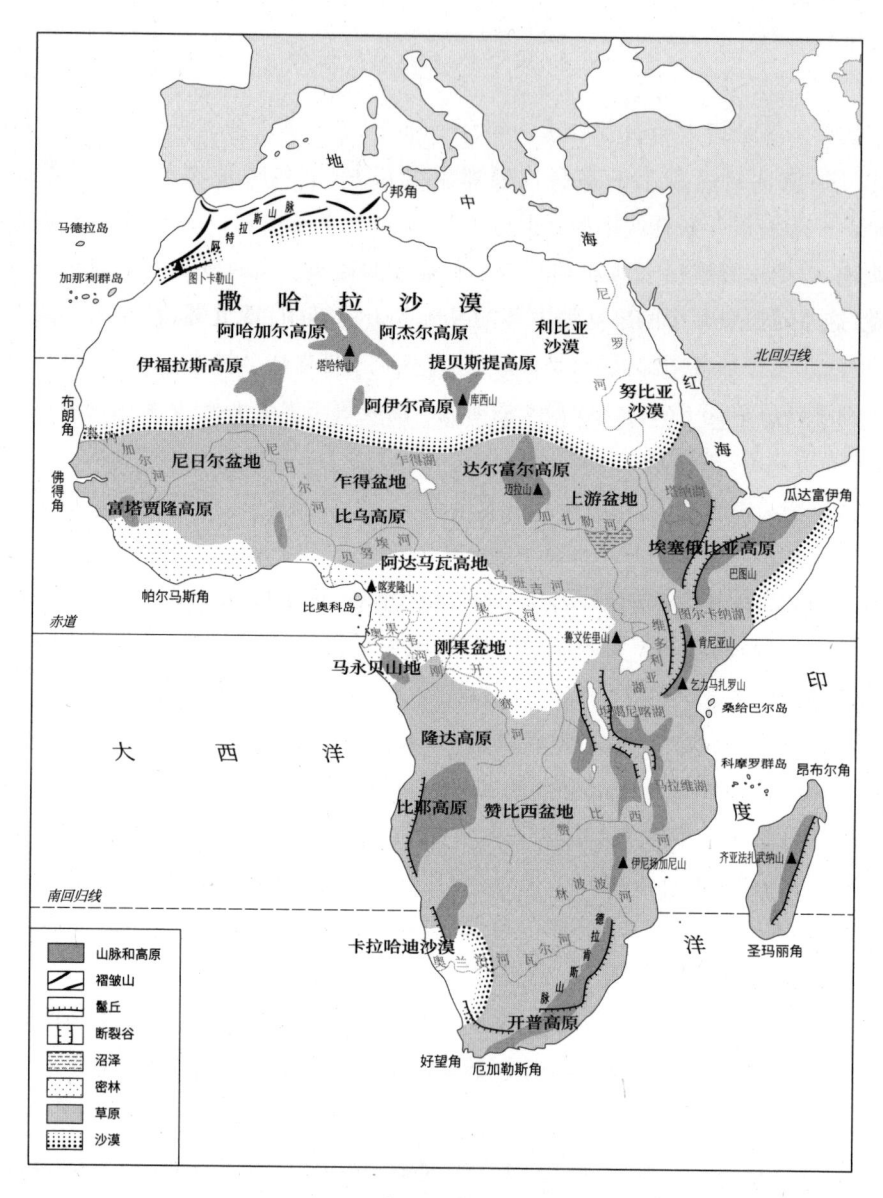

非洲地形图
据《非洲通史(第一卷)》页255绘制

和商人共35位莅临布鲁塞尔,一起商讨在桑给巴尔(Zanzibar,坦桑尼亚西部)对面的东非海岸以及西非几内亚湾的刚果河口建立基地。一旦在这两处基地之间的中非内陆建立起通道,南大西洋与南印度洋就在陆地上连接起来了。利奥波德二世告诉与会代表,他之所以发出这样的倡议,为的是促进人类文明的发展:在赤道非洲地带建立科考站,开展科学考察和维持和平的工作——尤其是封闭贩卖非洲奴隶的通道,以此响应正在展开的打击奴隶贸易的国际行动。利奥波德二世振振有辞地呼吁,这将是一场"与这个进步时代相称的圣战",因此应该成立一个国际组织来负责这样的行动,而布鲁塞尔将"成为这场文明运动的总指挥部"。会议结束时,由成员国各派两名代表,成立了"中非开发暨文明化国际委员会"(International Commission of Exploration and Civilization of Central Africa),主要负责筹集资金和协调各成员国的利益。利奥波德二世从父辈留下的1500万法郎遗产中拿出1000万,注资给这个"国际"组织,并出任首任会长。①

利奥波德二世还以科学探索和人道主义为由,呼吁欧洲各国成立分会。法国和德国最快响应,分别在10月和12月相续成立分会。不同的是,法国分会宣称保持一定的独立性,毕竟,法兰西是老牌的欧洲大国。1877年5月,在纽约召开的美国地理学年会宣布成立分会。英国政府则一直不批准英国地理学会加入,理由是这个国际组织属于比利时国王的个人行为。利奥波德二世意识到,这样的欧洲国际组织涉及国家主权[实力]问题,或者说它应该由哪个国家来主导的问题。比利时与意大利和德国一样,都是刚诞生不久的新政治单位——即便美利坚也还算不上是大国——英国和法国则不然。为了让名称更简洁并突出非官方色彩,利奥波德二世将自己筹建的这个国际委员会改名为"国际非洲协会"(International African Association)。

利奥波德二世盯上的中非土地,即如今地理学上所说的刚果盆地。这是一条近1000公里宽的热带雨林地带,始于大西洋东海岸,沿北纬4度和南纬5度之间的赤道向东西两个方向延伸,覆盖如今刚果(金)、刚果(布)、加蓬、喀麦隆、赤道几内亚等地区,面积约128万平方公里,是世界第二大热带雨林,仅次于亚马孙雨林。刚果河发源于赞比亚境内高原的扎伊尔,因此长期叫作扎伊尔河,自南向北进入刚果盆

---

① 罗伯特·哈姆斯,《泪之地》,前揭,页35-41;弗兰克·哈格特,《现代比利时》,南京大学外文系法文翻译组译,南京:江苏人民出版社,1973,上册,页96-97;Hendrik L. Wesseling, *Teile und Herrsche: Die Aufteilung Afrikas 1880—1914*, 前揭, 页77-85。

地,逐渐转向西北,然后由西到西南,两次穿越赤道(先由南向北,后由北向南),形成一个巨大弧形,最后在大西洋东岸的几内亚湾入海——"直到19世纪初,欧洲人对非洲中部内陆以及这条大河的源头仍然一无所知"。①

巴黎的国际地理学大会召开之前(1875年5月),出生于威尔士的政治旅行记者亨利·斯坦利(1841—1904)已动身前往刚果盆地。与布拉柴不同,斯坦利并没有地理探险热望。年轻时他在往来于大西洋航线的英国商船上当水手,碰巧参加了美国内战,战后受雇于《纽约先驱报》。1871年,斯坦利被派往西印度洋贸易集散地桑给巴尔采访,偶遇英国地理探险家兼传教士戴维·利文斯通(David Livingstone,1813—1873)。受英国皇家学会委托,利文斯通在刚果河流域寻找尼罗河源头已有五年。斯坦利与利文斯通一起待了四个月,为他写了一部报告文学作品《我如何找到了利文斯通:在中非的旅行、冒险和发现》。② 作品出版后的第二年(1873),利文斯通因热带疾病逝于探险途中,至死也没有找到尼罗河源头。受其热忱和经历感染,斯坦利成了地理探险者。他说服美国《纽约先驱报》和英国《每日电讯报》业主,共同资助他实现利文斯通的遗愿(《国王的鬼魂》,页29 – 35)。

斯坦利从濒临桑给巴尔海峡的巴加莫约港(今属坦桑尼亚)出发,从东面进入刚果盆地。他的队伍足有356人之多,与其说是探险队,不如说更像商队。斯坦利后来的行进路线表明,他并未把寻找尼罗河源头当回事(《泪之地》,页27 – 32)。

斯坦利与布拉柴的首次刚果盆地之行

1876年5月,斯坦利抵达东非大裂谷区西部坦噶尼喀湖(Lake Tanganyika)东岸的贸易古镇乌吉吉(Ujiji),然后向西前往刚果盆地东部马涅马(Manyema)的贸易集镇尼扬圭(Nyangwe),大半年后(1877年3月)进至刚果河下游的马莱博湖(Malebo Pool),这是刚果河绵延数千公里通航水域的开端,也是当时非洲西海岸象牙贸易集散地。斯坦利自称是他发现了这个地方——后来欧洲人长期称那里为"斯坦利湖"(Stanley Pool)。

---

① 亚当·霍赫希尔德,《利奥波德国王的鬼魂:贪婪、恐惧、英雄主义与比利时的非洲殖民地》,扈喜林译,北京:社会科学文献出版社,2018,页23(以下简称《国王的鬼魂》,随文注页码)。

② Henry M. Stanley, *How I Found Livingstone: Travels, Adventures and Discoveries in Central Africa: Including an Account of Four Months' Residence with Dr. Livingstone*, Scribner: Armstrong & Company, 1872.

五个月后(1877年8月),已经大量减员的斯坦利探险队抵达距刚果河口约100公里的博马(Boma),行程约2500多公里(1600英里),而从西端进入刚果盆地的布拉柴探险队正在奥果韦河畔扎营,那里距离斯坦利所在位置约500公里(东北偏北)。布拉柴的队伍沿奥果韦河上行,一路考察民情、探察地理,行进速度十分缓慢,20个月才走了约800公里。由于沿途要经过诸多部落酋长为控制贸易而争夺的地盘,原始政治状态不明,他必须小心翼翼。

斯坦利和布拉柴的探险队分别从中非东端和西端进入刚果河谷,最近时相距不到240公里,但相互并不知情。这是刚果河流域"首次进入欧洲人的视野"(《泪之地》,页120)。布拉柴的探险带有半官方色彩,斯坦利的探险则是跨国性质的私人商业行为。他不时给《纽约先驱报》写旅行报道,并由英国《每日电讯报》随即转载,引起了美国尤其欧洲新闻界的关注。1877年9月的一篇报道让利奥波德二世颇为兴奋,他立即给这两家报纸的业主发去贺电,并希望他的国际非洲协会能雇佣斯坦利在刚果河下游沿岸建立营地。

1878年1月,斯坦利从桑给巴尔返回英国途中经过法国马赛,迎接他的除了马赛地理学会会长,还有利奥波德二世派来的两位特使。他们奉命说服斯坦利与国际非洲协会签订为期五年的合同,并率一支考察队进入刚果河流域,同当地酋长签订受国际非洲协会"保护"的条约。斯坦利不愿与利奥波德二世有瓜葛,因为他意识到"刚果河迟早会成为一个政治问题",尽管迄今为止"似乎没有哪个欧洲强国拥有对它的控制权"。斯坦利颇有国际政治意识或帝国主义意识,他懂得一个国家的主权能延伸多远,全看国家实力。葡萄牙王国肯定会声称对这一地区拥有主权,而英国、美国和法国等大国不会承认。比利时王国太弱小,于是斯坦利希望英国政府能"立刻"宣布对刚果河流域拥有主权(《泪之地》,页123)。

这时(1878年3月底),布拉柴的探险队已经抵达巴泰凯高原(Bateke Plateau),那里几乎没有树木,而东、西、北三面则被热带雨林环绕。布拉柴发现,这一地带虽然由诸多部落酋长控制,实际上他们都服从一位被当地人叫作"马科科"(Makoko)的君王——这意味着他们同属一个政治体。年底,布拉柴的探险队返回法国。

早已回到欧洲的斯坦利很快完成了旅行报告文学作品《穿越黑大陆》(*Through the Dark Continent*),1878年8月出版,随即轰动一时。他试图通过《每日电讯报》说服英国政府对刚果河流域宣布主权,但没有成功,这与当时地中海的地缘政治形势有关。

话说两年前(1876),伊斯梅尔的埃及政府虽将苏伊士运河主权出售给英国,却仍然未能挽救本国经济危机,不得不宣布财政破产。英法两国趁机接管埃及政府的财政大权:起初由英法两国政府派员担任埃及政府的财政官员实施稽查,即所谓"双重监督",两年后又迫使埃及政府同意由英国人出任财政大臣,法国人出任公共工程大臣——史称"欧洲内阁"。受过大西洋革命观念洗礼的埃及知识人和爱国军官实在看不下去了,他们成立"祖国党"抵制"欧洲内阁",最终引发1879年2月的埃及"宪政革命"和"资产国有化"运动。① 斯坦利试图游说英国政府时,后者正全神贯注于埃及局势,无暇理会他这样的民间人士。

利奥波德二世再次诚邀斯坦利加入国际非洲协会,斯坦利终于答应"率领另一个探险队从博马前往斯坦利湖,沿着刚果河建立据点"(1878年11月)。当时他已经获得美国移民身份,因此"既算是英国人,也算是美国人",但他更愿意"冒充土生土长的美国公民"。鉴于《纽约先驱报》和《每日电讯报》愿意继续提供经费,斯坦利虽然受雇于国际非洲协会,但仍以"英美联合考察队"的名义再次前往刚果盆地。②

斯坦利与布拉柴在刚果河谷相遇

1879年元月,斯坦利动身前往刚果河河口,组织人力在周围险滩修建货运马路。两周后,回到法国的布拉柴受巴黎地理学会邀请在索邦大学发表演说,讲述他刚刚结束的从奥果韦河到巴泰凯高原长达三年的探险。布拉柴获得了来自法国官方的荣誉,接受了巴黎地理学会颁发的金质奖章以及法国科学院授予的荣誉军团骑士勋章,法国海军部也晋升他为海军中尉。

布拉柴更希望获得的是下一次探险的资金,这次他直接向国际非洲协会法国分会寻求支持。1879年7月,法国分会的执行委员在巴黎开会表决,强烈支持布拉柴,并希望他能赶在斯坦利之前将法国国旗插在马莱博湖。他们获知,斯坦利已经前往刚果河口执行一项秘密任务,但不知道他现在是为利奥波德二世的国际非洲协会工作,还以为他是受雇于英国政府。布拉柴最后得到的经费表面上来自法国分会筹集的私人资金,实际上主要靠法国政府的一笔10万法郎赠款——因此他随

---

① 埃及教育部文化局主编,《埃及简史》,方边译,北京:生活·读书·新知三联书店,1972,页105-113;苏联科学院非洲研究所编,《非洲史:1800—1918》,顾以安、翁访民译,上海:上海人民出版社,1977,页455-464;Elizabeth Thompson, *Justice Interrupted: The Struggle for Constitutional Government in the Middle East*, Cambridge, Mass.: Harvard University Press, 2013,页66-76。

② 亚当·霍赫希尔德,《利奥波德国王的鬼魂》,前揭,页63;弗兰克·哈格特,《现代比利时》,前揭,上册,页98。

后的行动已经具有官方性质。

1879年8月底,斯坦利的工作队抵达刚果河河口的博马港,然后继续沿河上行到维维(Vivi)古镇,准备在那里建立营地。没过多久(11月),利奥波德二世的国际非洲协会更名为"国际刚果协会"(International Association of the Congo),因为协会的最大投资者荷兰贸易公司已经破产。这个协会的控制权从此完全"落到利奥波德二世一个人的手里",而他则是这个组织的"唯一已知成员"。当然,组织的名称中仍有"国际"二字,这显得不可思议(《泪之地》,页165)。其实,直到今天,这样的国际组织在欧洲尤其美国并没有绝迹。

斯坦利工作队建立起第一个营地继续修建货运马路之时(1880年3月),布拉柴已经获得法国官方正式授权,以国际非洲协会法国分会和法国政府的双重名义,率领考察队从加蓬的利伯维尔(Libreville)出发,按上次的路线沿奥果韦河上行,前往兰巴雷内(Lambaréné,今加蓬共和国西部)。上一次布拉柴花了差不多两年时间才抵达奥果韦河尽头,这次仅用了大约三个月。6月中旬,布拉柴在奥果韦河上游一处地方建立营地,升起法国国旗,命名为布拉柴村(Brazzaville,今刚果共和国第一大城市)。

随后,布拉柴探险队进至巴泰凯高原北部的莱菲尼河(Lefini River),继续沿河东进。8月抵达巴泰凯(Bateke)部族领地后,布拉柴见到了上次已经听过说的热带丛林君主马科科,而此前他一直是与其属下的部落酋长打交道。9月10日是一个具有历史意义的时刻,布拉柴在这天成功获得了一份条约——《马科科条约》(The Makoko Treaty)。根据这份条约,巴泰凯高原上这片从南部马莱博湖延伸到北部莱菲尼河的土地(南北约240公里,东西约160公里)将悬挂法国国旗,成为法国的"保护"领地。由于这份条约标志着欧洲文明国家争夺刚果盆地的开端,故而史称"非洲历史的转折点之一"(《泪之地》,页138–140)。

1881年2月,斯坦利的"英美联合考察队"已经完成第一条货运马路的修筑,还建造了一个营地,然后继续向马莱博湖推进。7月下旬,这支队伍经过艰苦跋涉,来到了距刚果河口400公里的马莱博湖左岸。他们沮丧地发现,对岸已经有一个法军哨所,上空飘扬着法国国旗。驻守在那里的法军站长(一名塞内加尔籍中士)主动前来,向斯坦利出示了《马科科条约》副本。斯坦利十分懊恼,宣称这份条约无效,并设法与部落酋长签订了一份条约,承认马莱博湖左岸属于比利时人的保护领地,与"布拉柴村"针锋相对地为之命名为"利奥波德村"。这样一来,斯坦利的"英美联合考察队"与布拉柴的远征队在刚果河下游实际上形成了准军事对峙。

1882年初，斯坦利接到利奥波德二世的来信，要求他尽快与当地酋长签署协议，将从刚果河口至斯坦利湖之间的地带置于"保护"之下。显然，利奥波德二世已经得知，布拉柴将马莱博湖一带纳入了他的管辖范围。

斯坦利与布拉柴的竞争

1882年下半年，布拉柴和斯坦利先后返回欧洲。布拉柴回到巴黎后，催促法国政府尽快批准《马科科条约》。斯坦利返回布鲁塞尔后（9月），随即前往巴黎，出席由《纽约先驱报》驻巴黎记者站举办的招待会。斯坦利在会上公开抨击布拉柴和他的《马科科条约》，而美国驻法国大使、美国总领事和美国驻罗马大使也出席了招待会，似乎美国政府在为斯坦利撑腰（《泪之地》，页181-182）。

斯坦利与布拉柴的竞争在法国媒体上曝光，法国公众热烈支持布拉柴——这位意大利人顿时成了法兰西的"民族英雄"，马上就获得了法国国籍。不到两个月（1882年11月），法国议会批准了《马科科条约》。利奥波德二世得知消息后，敦促斯坦利尽快前往刚果河口，寻求与当地酋长签订条约，以阻止法国进一步扩张。条约虽然将由斯坦利以私人性质的国际刚果协会的名义签署，却不能说不具有国际法效力。毕竟，按照"朕即国家"的君主制原则，属于利奥波德二世个人的国际刚果协会从法理上讲代表比利时王国。

1883年3月，斯坦利再次来到马莱博湖，巩固对南岸酋长们的控制。接下来有差不多一年时间，他都在尽可能多地与当地酋长签约。利奥波德二世希望斯坦利说服从维维到马莱博湖的刚果河下游地区的酋长们联合起来组成一个自由邦联，斯坦利拒绝了，理由是这个计划不现实。利奥波德二世转而委托英属印度公司的前高官戈德斯米德将军（Frederic J. Goldsmid, 1818—1908）去实现这一计划，后者最终以国际刚果协会的名义与300多位酋长签署了条约。

布拉柴在1883年3月下旬离开法国，前往他在刚果河谷的签约地，与他同行是的法国政府派出的"西非使团"。他们将从国际非洲协会法国分会手中正式接管现有营地，并在主要沿线建立新站点。法国政治家深知，在刚果河沿岸建立殖民点仅仅是控制非洲中部内陆的第一步。布拉柴带领60名法国士兵和几名文书到达后，遂宣告洛安戈人居住的尼阿里峡谷（今刚果共和国南部省份）为保护国，又在乌班吉河（Ubangi River）与刚果河汇合处的三角形凸角地带成功建立起21个哨所。

一年后（1884年3月），布拉柴与斯坦利差不多前后脚返回欧洲。在他们身后，

"法属刚果"和"比属刚果"的领土已见雏形。接下来,它们需要得到"国际社会"承认才算落实,而这样的"社会"当时还不存在。

自由主义帝国的国际合作

如斯坦利所料,当他与布拉扎的纠纷在1879年曝光时,葡萄牙王国虽然孱弱,仍然随即重申它对刚果河口周围土地的所有权。英国政府担心法国在这一地区获得利益,便站出来支持葡萄牙。

早在1491年,一支由葡萄牙传教士和使者组成的探险队就进入了刚果河口南部——那里有一个古老的政治体,欧洲人后来称为"刚果王国"。经过10天的艰苦航行,这支探险队在那里定居下来,葡萄牙王国将他们视为"派往刚果国王朝廷的永久代表"。要说这"标志着欧洲与一个非洲黑人国家第一次长期接触的开始"并不为过(《国王的鬼魂》,页12),但要说葡萄牙因此对整个刚果河口流域拥有"主权",明显过于夸张。的确,基于教宗亚历山大六世(本名罗德里戈·博尔贾,1492—1503年在位)于1494年5月4日颁布的诏书《在神圣的天意之下》(*Inter Caetera Divinae Providentiae*),西班牙与葡萄牙在西班牙北部小镇托尔德西里亚斯签订了划界条约(1494年6月7日),以亚速尔群岛和佛得角以西370里格(约合1770公里,教宗划定的分界线在100里格处)为界,向西发现的地方归西班牙所有,向东发现的地方归葡萄牙所有。其时,法王查理八世正率领22000法军南下进兵罗马,打算夺取其声称拥有"主权"的那不勒斯,这使得教宗不得不偏袒西班牙,因为费迪南愿意帮他抵御法军。① 按此划界,葡萄牙有理由说,整个非洲而非仅仅是西非海岸都属于它的"主权"范围。问题在于,英格兰王国既不认可教宗的裁定,也不认可葡萄牙和西班牙有权瓜分全球——如荷兰裔美国人房龙所说:

几乎从分界线确定那一刻起,麻烦事从未中断。因为条约根本没有把英国和荷兰考虑在内,所以两国都假装从未听到过有分界线这么一回事,想从这

---

① 斯蒂芬·R. 鲍恩,《1494:瓜分世界的条约与大航海时代的来临》,唐奇译,北京:中国人民大学出版社,2023,页3-7、137;条约原文及英译,见 Frances G. Davenport(ed.), *European Treaties Bearing on the History of the United States and its Dependencies to 1648*, Washington: Carnegie Institution of Washington, 1917, Volume 1, pp. 84-100。

些地方掠夺什么就掠夺什么。法国甚至瑞典也做出了同样的举动。①

不仅如此,正是葡萄牙王国让古老的刚果王国最终陷入被瓜分的境地。1665年10月,为争夺一个叫姆布维拉地区的控制权,葡萄牙人向赢弱的刚果王国发起攻击,刚果国王安东尼奥一世"与许多贵族战死疆场"——史称十七世纪"无可争议的最大战役"。从此刚果王国陷入长期内乱,"中央集权制实体的王国已不复存在,取而代之的是众多小公国及各公国间争权夺地的内部争斗",以至于其"领土"大部分被葡萄牙控制。②

在随后的年月里,葡萄牙还逐渐控制了东海岸的莫桑比克,以及非洲西海岸巨大的突出部分。尽管如此,直到1870年代,西班牙、英国和法国也仅仅分别占据了一些岛屿和小片陆地而已,大约80%的非洲大陆地区仍然在原住民酋长们手中。葡萄牙国王眼见欧陆国家纷纷进入中非腹地,自然就坐不住了。

葡萄牙国王自知实力不行,便拉上英国为伍。这正中英国下怀,因为英国的势力范围主要在非洲南部和东部。1884年2月,英葡两国订立条约:英国承认葡萄牙自1494年以来就拥有刚果河河口周围土地的"主权",葡萄牙则保证英国可在这一地区享有商业和航运权利。一旦葡萄牙对刚果河口的权利得到承认,"利奥波德的领地就与刚果河的出海口隔断了"。利奥波德二世赶紧求助于英国议院中的反对派成员,企望他们能阻止英国议会批准条约。③

布拉柴与斯坦利的纠纷,可以说是非洲部落首领不懂"国际条约"的含义所致,这在非洲并非个别现象。比如,1884至1889年的短短五年间,南部非洲的斯威士族(Swazi)部落首领姆班第尼就曾"几次三番设法把整个国家卖给不同的人"。殖

---

① 亨德里克·房龙,《自由的斗士:杰斐逊和玻利瓦尔》,前揭,页87。比较 John W. Blake, *European Beginnings in West Africa 1454—1578: A Survey of the First Century of White Enterprise in West Africa, with Special Emphasis upon the Rivalry of the Great Powers*, New York: Longmans, Green and Co. ,1937; Günter G. Kinzel, *Die rechtliche Begründung der frühen portugiesischen Landnahmen an der westafrikanischen Küstezur Zeit Heinrichs des Seefahrers; Untersuchungen über Voraussetzungen, Vorgeschichte und Geschichte der portugiesischen Expansion in Nordafrika, Westafrika und auf den Inselnim Atlantik bis zum Jahre 1460*, Göppingen: A. Kümmerle,1976。

② 范西纳、奥本加,《刚果王国及其邻邦》,见奥戈特主编,《非洲通史(第五卷):十六至十八世纪的非洲》,北京:中国对外翻译出版公司译,2013,页499-500。

③ 弗兰克·哈格特,《现代比利时》,前揭,上册,页99-100。

民者为了解决租让地持有者之间的纠纷,不得不成立特别法庭。① 但是,葡萄牙宣称对"一度放弃的"刚果河河口周围土地拥有所有权,情形则完全不同,这纯属欧洲国家的"自然探险"所引发的纠纷。

英葡条约一经公布,随即引发比利时和法国的强烈抗议。俾斯麦看准机会,借数月前德国商人在西南非洲的安格腊-佩奎纳(Angra Pequena)与英国开普殖民当局发生摩擦的事件(1883年11月),电令德国驻开普敦总领事通知英国开普殖民当局(1884年4月),德意志帝国已将安格腊-佩奎纳置于直接保护之下。俾斯麦深知,英国因与法国在埃及的冲突迫切需要拉拢德国,故而刻意高调支持法国,以换取法国人不再记恨普鲁士在1871年夺走阿尔萨斯-洛林。他还相信,"只要得到德国公众的热情支持,他就能够教训英国,同时还可以在非洲获得第一个立足点"。随后,德国炮舰"莱比锡"号就驶入卢得立次湾(Luderitz,今纳米比亚港口)宣示武力。果然,由于担心德国与法国结盟,加上在苏伊士运河和黑海海峡等重大问题上有求于德国,英国政府很快做出让步,正式承认德国在西南非洲占据的殖民地,并几乎在同一时间放弃与葡萄牙订立的条约(1884年6月)。② 在这种情形下,葡萄牙只能寻求欧洲"国际"的支持,于是向俾斯麦提议,希望德国能出面召开一次解决刚果纠纷的国际会议,并支持葡萄牙的立场。

俾斯麦乐意张罗这样的国际会议,一方面是想进一步彰显1878年的柏林会议未能尽显的大国姿态,另一方面也是为了表明德意志帝国对殖民地的政策已然改弦更张。为了安抚战败的法国,俾斯麦聪明地拉上法国政府一起发出倡议,邀请欧洲主要国家在柏林召开国际会议,协商解决法国、比利时和葡萄牙之间的争端,借此表明德国不会支持葡萄牙宣称的"权利"。③

与英国和美国一样,德国并不是这场纠纷的当事人。英国和美国并不关心这场争端本身,而是关心如何让刚果盆地成为自由贸易区,俾斯麦的立场同样如此。法国则坚持拒绝讨论土地分割纠纷,宣称那是法国与比利时或葡萄牙的双边问题。于是,这次国际会议的实际议题并非葡萄牙所愿的仲裁纠纷,而

---

① 西克·安德烈,《黑非洲史》(第一卷),上海新闻出版系统"五·七"干校翻译组译,上海:上海人民出版社,1973,页597-598。

② 韦林顿,《西南非洲及其人文问题》,翻译组译,郑州:河南人民出版社,1975,页126-127。

③ 诺曼·里奇,《大国外交:从拿破仑战争到第一次世界大战》,吴征宇、范菊华译,北京:中国人民大学出版社,2015,页200-201。

是确认"刚果河上的贸易自由和航行自由,以及占领非洲沿海其他土地时所必须履行的手续"。法国和比利时已在那里占有土地,因此与葡萄牙一样,"主张把自由贸易区域弄得愈小愈好",而"德国同英、美两国一样,则想把自由贸易区域弄得愈大愈好"。① 最后,法国、比利时和葡萄牙虽然在刚果河口周边各得到一块地盘,但《刚果协议书》所划定的自由贸易区则比刚果盆地大得多:除了从大西洋到印度洋那条横跨中非的宽广土地,还包括尼日尔河盆地一直向北的大片区域。

这是德意志成为统一政治单位后,首次主持欧洲伙伴国家召开的关于欧洲之外区域争端的国际会议,它"表面上是防止欧洲国家之间为了非洲发生战争",实际上"是要与会者干脆在柏林瓜分热带非洲,而不要在海外挑肥拣瘦地你争我夺"。② 从政治史学的角度看,1884年的柏林会议具有这样的世界史含义:它标志着欧洲国家自十七世纪以来不断扩展的争夺国际地缘空间的冲突进入理性化阶段——自由帝国主义的国际社会开始形成。

会议最后形成了《柏林会议总决议书》(General Act of the Berlin Conference),长达六万言,含38项条款(通常简称《刚果协定书》)。若说这次柏林会议瓜分了非洲,多少有些夸张,毕竟"非洲太大了,需要签订很多协定和条约才能把它瓜分妥当"。准确地说,三个欧洲国家仅仅瓜分了刚果河口流域:"比利时、法国、葡萄牙都得到了刚果河河口的一块土地。"法国同意放弃马莱博湖左岸,但得到了河口以北且向东直至刚果河支流乌班吉河的一大片土地,其北部边界紧挨着德国占领的喀麦隆,因此"由一个与德国单独签订的条约确定下来"。迫于英国和德国的压力,葡萄牙同意放弃河口以北的大片区域,仅拥有对河口南北两岸的控制权以及河口以南的地区。利奥波德二世得到的是他最想要的地方,即位于刚果河下游的马塔迪(Matadi)港及其周边土地,但名义上这是划归国际刚果协会的"委任统治地",因此称为"刚果自由邦"。三十多年后(1908),这片属土已经大为扩展,比利时王国正式宣布将其兼并,改称"比属刚果"。③

土地分割实际上是会议期间相关当事国通过双边协定达成的,尽管大国的

---

① 弗兰克·哈格特,《现代比利时》,前揭,上册,页100-101。
② 罗伯特·罗特伯格,《热带非洲政治史》,前揭,页519。
③ 诺曼·里奇,《大国外交:从拿破仑战争到第一次世界大战》,前揭,页202;亚当·霍赫希尔德,《利奥波德国王的鬼魂》,前揭,页112。

作用始终在场。与会国共同达成的一致决议是,将中部非洲腹地的一大块长条土地开辟为自由贸易区。就世界历史的全球化进程而言,这项决议的标志性意义在于,欧洲国家通过国际会议决议的形式宣称:基于"对文明、进步、自由贸易的锲而不舍的信念",它们"有权利要求对非洲大陆之开放性领土的自由占有"——"欧洲式的占有",欧洲式的文明进步和自由观念与帝国主义诉求就这样绑在了一起。① 会议没有任何一个非洲当地的政治体参加,因为它们还不具备"文明资格"。

就个人而言,布拉柴与斯坦利之间并非敌对关系。虽然布拉柴不断遭受来自斯坦利的人身攻击,但在他看来,斯坦利并不是"对手",而是"从事同一[探险]事业"的"好伙伴",即都是为了"给土著人民带去'文明'"。他公开表示,斯坦利"以比利时国王的名义为比利时工作",他则"希望飘扬在这块美丽的非洲土地上的不是比利时的'国际[非洲协会]'旗帜,而是法兰西的国旗"。②

1884 年柏林会议上的利奥波德二世,F. Maréchal 绘制

---

① 卡尔·施米特,《大地的法:欧洲公法的国际法中的大地法》,刘毅等译,上海:上海人民出版社,2017,页 196 – 197;Hendrik L. Wesseling, *Teile und Herrsche:Die Aufteilung Afrikas 1880—1914*,前揭,页 108 – 112。

② 转引自让·徐雷·卡纳尔,《黑非洲:地理·历史·文化》,前揭,页 173 – 174;比较 Berny Sèbe, *Heroic Imperialists in Africa:The Promotion of British and French Colonial Heroes, 1870 – 1939*, Manchester:Manchester University Press,2013, pp. 103 – 105。

同样,刚果会议体现了欧洲"进步"国家之间的"合作"精神——按协议规定,签约国若要夺取新的非洲地带,必须通知其他各国,并承认已有保护地的国际法地位相当于属地,哪个国家若想凭靠武力采取吞并行动,就得受到国际制裁。欧洲国际法式的帝国主义合作机制就这样形成了,它不仅为后来欧洲列强瓜分非洲的时代准备了条件,也为欧洲大国以国际会议方式争夺全球地缘空间做了一次预演。因此,《刚果协定书》与其说是一份解决欧洲国家争夺殖民地纠纷的决议,不如说是现代欧洲文明的自由帝国主义(liberal imperialism)宣言。

拥有占取土地的欧洲强国们所组成的利益与信念共同体仍然是强有力的,它们以自由主义的方式理解财产和经济,视之为进步、文明和自由的保障。当时欧洲找到了一种终极的、普遍的、共同的标准,既体现在获取权的转变上,也体现在对自由贸易的保护上。《刚果协定书》第一条赋予所有国家在刚果盆地内完全贸易自由的权利,第六条又规定了信仰自由、宗教宽容和文化自由。①

如今仍然有美国的政治学者竭力为自由帝国主义辩护,并坚称其名称应该是"自由国际主义",尽管他不得不承认,"自由国际主义与西方帝国、种族主义和军事干涉主义的肮脏历史有着深刻的纠缠"。② 这倒不难理解,毕竟,正是自由主义的文明进步信念让帝国主义有了历史道义的理由。由此也可以理解,为何十九世纪中叶一些"欧洲卓越的自由主义者成了欧洲帝国扩张的坚决支持者",他们——如约翰·密尔(1806—1873)或托克维尔(1805—1859)——"通常因其对人类平等和自由的尊重而闻名,而且也因其多元主义而闻名",同时也支持"暴力征服、专制统治非欧洲人"的帝国政策,这使得源于大西洋革命的自由主义传统再次"被卷入一种不平等的、明显非人道的国际政治之中"。据说,这种自由帝国主义论在1857年的"印度兵变事件"后"戛然而止",帝国主义的合法性论据成了"支持保护和保存原住民社会的创造性改革","新的关于原住民社会的社会学和人类学理论"成了帝国

---

① 卡尔·施米特,《大地的法:欧洲公法的国际法中的大地法》,前揭,页200。
② 约翰·伊肯伯里,《一个民主的安全世界:自由国际主义与全球秩序的危机》,陈拯译,上海:上海人民出版社,2023,页4,比较页81-87。

主义合法性论证的"替代模型"。① 然而,从《刚果协定书》以及随后非洲殖民地的成长来看,这种说法明显站不住脚。

柏林会议结束后没过几年(1889),利奥波德二世就邀请欧洲主要国家派代表莅临布鲁塞尔,参加由他发起的"反奴隶制"国际会议。大会通过了禁止奴隶贸易的总决议书(史称《布鲁塞尔议定书》,1890),其中规定各签字国有义务改善非洲住民尚未文明化的生活方式。如果人们以为,这位比利时国王是一位伟大的人道主义旗手,那就难免陷入历史的困惑。1885年4月,比利时议会批准利奥波德二世为"刚果自由邦国王",自此以后,他就琢磨着如何以"刚果自由邦"为前进基地向东非扩张,并很快采取了行动。利奥波德二世原本打算任命斯坦利为"刚果自由邦"首任总督,但由于法国政府讨厌此人,他虽然打消了这一念头,但仍然继续雇佣斯坦利向东探险,顺便把更多地盘"纳入刚果自由邦管辖范围"。斯坦利远征队在1887年动身,布鲁塞尔的"反奴隶制"大会召开之际,这支远征队已经抵达坦桑尼亚东海岸的一个德军营地,并"在那里看到了大海"。斯坦利的远征队"一路滥杀"原住民,受到欧洲舆论界谴责,但"谴责它的人们并不知道,与当时刚刚在非洲中部开始的杀戮相比,这根本微不足道"(《国王的鬼魂》,页127-132)。

《布鲁塞尔议定书》给了利奥波德二世进一步扩张的理由——没过几年,他就把整个刚果盆地纳入了刚果自由邦的范围。鉴于斯坦利的远征队"实施的种种暴行",利奥波德二世具有怎样的"文明"表现,也就可想而知了(《国王的鬼魂》,页151-182)。②

1890年,非裔美国黑人史学家乔治·威廉姆斯(1849—1891)以记者身份到布鲁塞尔参加"反奴隶制"国际会议时,受一家美国出版商的委托采访了利奥波德二世,接着又前往刚果自由邦实地考察。一路所见让威廉姆斯极为震惊,他随即给利奥波德二世写了一封公开信(1890年7月),揭露并谴责刚果自由邦对原住民犯下的种种罪行。威廉姆斯在信中直截了当地指出,斯坦利在这些罪行中起了主导作用,并提醒利奥波德二世,所有罪行都是以他的名义犯下的。三个月后,威廉姆斯给时任美国总统的本杰明·哈里森(1833—1901)写了同样内容的报告,并用"反人

---

① 珍妮弗·皮茨,《转向帝国:英法帝国自由主义的兴起》,前揭,页357;卡鲁娜·曼特娜,《帝国的辩解:亨利·梅因与自由帝国主义的终结》,何俊毅译,上海:华东师范大学出版社,2018,页33-85。

② 详见 Daniel Liebowitz/Charles Pearson, *The Last Expedition: Stanley's Mad Journey Through the Congo*, New York & London: W. W. Norton & Co Inc. ,2005。

类罪"(Crime against humanity)来界定比利时人在刚果的恶劣行径——半个多世纪后,这个语词被纽伦堡法庭用于界定纳粹德国对犹太人犯下的罪行。1890年前后,"将近1000个欧洲人和美国人先后去过刚果或在那里工作过",唯有威廉姆斯"大声疾呼并坚持不懈地多次深入揭露其他人否认或没有注意到的情况"。利奥波德二世气急败坏,竭力封杀威廉姆斯,还动用自己掌控的传媒败坏他的名誉——美国总统哈里森则假装毫不知情(《国王的鬼魂》,页134-150)。

1998年,政治史学家霍赫希尔德重提这一旧事,比利时的一位史学家对此十分不爽,随即写了一部书加以反驳。① 该书罗列了比利时在"比属刚果"的资金投入,以及所取得的巨大经济成就——封面是一张用心良苦的照片:几位刚果人身着笔挺西装,面带幸福的笑容走下豪华航班的悬梯。政治史学哑然失语,因为这样的衣着和笑容似乎雄辩地证明,自由帝国主义的殖民让原始的刚果人在短短一百多年间就进入了现代文明,那些"杀戮"和"种种暴行"不过是文明进步不可避免的代价。

与现实对观,照片上的微笑不仅证明了这位比利时史学家的虚伪,还暴露出他在德性上的无耻。英国的反殖民志士爱德华·莫雷尔(1873—1924)在1919年写道:

> 白人对非洲土地的部分占领未能做到的事情,欧洲[在非洲]划分政治势力范围未能做到的事情,马克沁[机枪]、步枪、奴隶帮派、地下劳动和鞭刑未能做到的事情,输入麻疹、天花和梅毒未能做到的事情,甚至海外奴隶贸易也未能做到的事情,现代资本主义的剥削力量在现代毁灭机器的帮助下,仍有可能成功地做到。②

1996年,刚果民主共和国爆发了一场混乱不堪的冲突。在战争的白热化阶段,仅东部地区就有超过四十支不同的刚果武装力量以及九支来自其他非洲国家的武装相互厮杀,"在缺乏一个强力政府的情况下争夺权力和资源"。这场发生在1990年代的"刚果战争"所"造成的死亡人数庞大到了荒谬的地步"——"总共有超过五百万人丧生"。在一个自由民主的共和国,为何会发生如此荒谬的残杀?政治观察

---

① Guy Vanthemsche, *Belgium and the Congo, 1885-1980*, Cambridge: Cambridge University Press, 2012, pp. 19-26.

② Edward D. Morel, *The Black Man's Burden: The White Man in Africa from the Fifteenth Century to World War I*, New York & London: Monthly Review Press, 1969, p. 7.

家认为,"问题的答案就埋藏在这片土地的历史深处"。1890 年代,橡胶贸易高速增长,利奥波德二世建立的"刚果自由邦"的殖民政府官员们把刚果建成了"一个强迫劳动的残酷系统",并因此而臭名昭著。利奥波德二世离世前一年(1908),他不得不将刚果移交给比利时政府(史称"比属刚果")。后者虽然致力于改善刚果殖民地的管理体系,"包括覆盖面很广的基础教育体系,但殖民政府依然把心思放在掠夺资源上,从不推动国家的发展"。比利时政府在 1960 年最终承认刚果独立后,"已经将刚果引上了注定失败的道路"。①

冷战结束后(2001),美国著名政治作家罗伯特·卡普兰(1952—)发出警告说,"一战后形成的民族国家体系——不仅在巴尔干,大概也包括中东地区在内——行将被颠覆",新的国际无政府状态"即将到来"。卡普兰的依据是,"大部分非洲国家的崩溃几成定局",这"预示了未来数十年的战争、国界和种族政治将是个什么样子"。② 卡普兰的这一带有灾难预兆的观察,体现了"西方的被包围心态",白宫迅速用传真告之"全球范围内的每一个美国大使馆"。而在此之前,波士顿大学已经特别举办过一场学术会议(1998),讨论对非洲的"大国责任"问题,许多美国学者和政府决策者应邀与会。一位与会者在会议期间产生了这样一种感觉:"时间突然退回到了 1884 年,而自己正身处柏林。"③

由此看来,人们断乎不能说,世界历史的帝国主义时代已经成为过去时。毋宁说,由于冷战后的"普世价值"意识形态教育以及技术文明的信息化进步,人们已经对帝国主义的国际现实丧失了感觉——如此而已。从政治史学的角度看,由于欧洲的自由帝国主义摧毁了刚果的原生王权统治,那里才会出现现在这样的结果,即"一旦发生战争,每个族群似乎都有属于自己的武装,并为发动残暴的起义和镇压起义而互相残杀"。但若要说 1996 年的刚果战争"更像十七世纪的欧洲和三十年战争",则肯定是一个错误的类比。④

---

① 贾森·斯特恩斯,《刚果战争:失败的利维坦与被遗忘的非洲大战》,郭丹杰、吕赛赛译,桂林:广西师范大学出版社,2022,页 5、13 - 14、16。
② 罗伯特·卡普兰,《无政府时代的来临》,骆伟阳译,太原:山西人民出版社,2015,页 16。
③ 凯尔文·邓恩,《"马德里布 32 号"与(空白的)非洲国家:对国际关系理论中主权国家的再思考》,见凯尔文·邓恩、蒂莫西·肖主编,《国际关系理论:来自非洲的挑战》,前揭,页 72 - 73。
④ 贾森·斯特恩斯,《刚果战争:夹败的利维坦与被遗忘的非洲大战》,前揭,页 15。

尼德兰的政治成长与欧洲均势

刚果会议召开之前半个世纪(1831),欧洲的政治地图上才有了比利时。这个蕞尔小国没有与自然边界相吻合的政治边界,"同某些殖民地的边界一样",其边界"不是自己靠武力确定的",而是自己的周边大国争夺生存空间的博弈"强加于它的"——

> 比利时是一个人为制造的国家,这在西欧最突出。它是十九世纪初叶欧洲大陆的列强此争彼夺,各自在那块大陆上割取国土以后,暂告厌倦而余留下来的地区。与统一以前的意大利不一样,比利时甚至还不是一个地理名词。它北部的"天然"边界是一条名为些耳德河的出口,但河流两岸却掌握在荷兰人手里。在西北部,弗兰德斯(Flanders)平原一直伸展到法国北部,几乎不受任何天然屏障的限制;在东北部,那片肯彭(Kempen)沙土原野越过国界,一直伸展到荷兰境内;至于南部的阿登(Ardennes)山脉,那不过是艾弗尔(Eifel)高原的一些丛林小丘,一直绵延到德国境内。①

既然如此,比利时在欧洲算得上是一个自由邦吗?如果是的话,那它又是怎样成为自由邦的呢?尤其让人感兴趣的是,它何以能在立国后不到半个世纪,就成了自由的帝国主义国家?

在我国学界,比利时这样的欧洲政治单位的形成史很少受到关注。在人们的印象中,比利时首府布鲁塞尔是欧盟总部所在地,它也顺带成了当代欧洲文明的中心地标。比利时与刚果自由邦的历史关系问题,促使我们有必要大致了解比利时的政治成长脉络。但要搞清这样的问题,又得从欧洲文明的雏形——查理帝国的分裂说起,这让我们有机会从尼德兰这个西欧政治成长的关键性历史地域之一来认识整个欧洲政治成长的基本脉络。毕竟,即便对欧洲人来说,这个基本脉络也过于错综复杂。

从中法兰克王国到洛林王国

比利时位于西欧北部濒临北海的"低洼地带"(the Netherlands,通常音译"尼德兰")南部,其北面是有现代"海上[贸易]马车夫"之称的荷兰,东面与德意志古老

---

① 弗兰克·哈格特,《现代比利时》,前揭,上册,页 1-2。

的萨克森地区接壤,西面和南面的小山林地带则把它与巴黎盆地和洛林高原隔离开来。整个低洼地带是西欧和中欧的四条重要河流注入北海前形成的三角洲:首先是莱茵河(全长1232公里),它从阿尔卑斯山远道而来,流经德意志平原,再拐进法国北部和阿登高原森林;然后是发源于法国北部朗格勒(Langres)高原的马斯河(Maas,全长925公里,法国人称为Meuse[默兹河]),以及来自巴黎盆地北沿圣康坦(Saint-Quentin)山区的些耳德河(Scheldt,又译"斯海尔德河""斯凯尔特河",全长435公里)。除此之外,还有来自德意志北部条顿堡山林(Teutoburger Wald)南部的埃姆斯河(Ems,全长371公里)。"仅仅从地球自身的演进过程看",的确可以说,"这个地区被造出来,就是为了让欧洲的诸多河流有一个向海洋排水的地方"。①

在临近出海口的地带,莱茵河还分出三条支流(瓦尔河、莱克河、艾瑟尔河)。低地上的河谷和宽阔的走廊割裂了丘陵、高原和山脉的连续性,平坦的地势、丰富

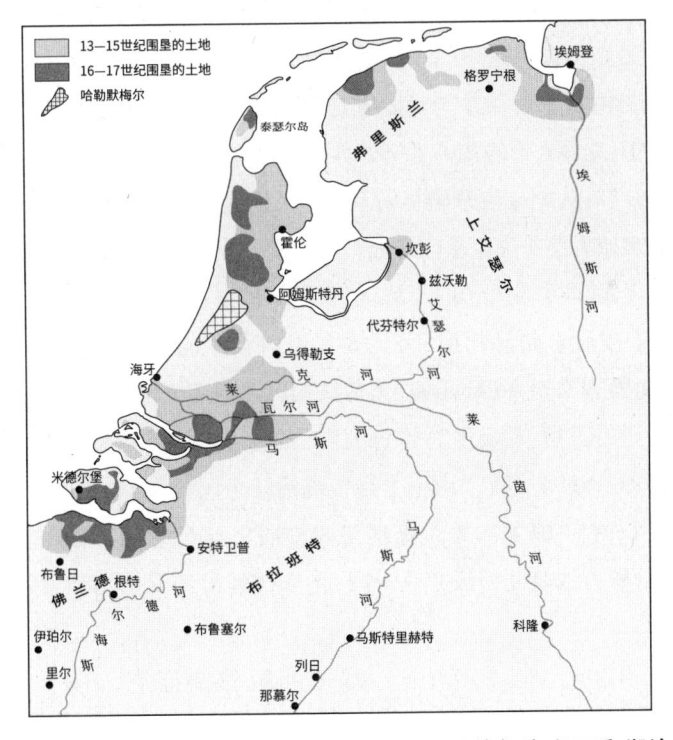

中世纪和近代早期低地国家的主要河流、围垦的土地、河口和湖泊
据伊斯雷尔《荷兰共和国:崛起、兴盛与衰落(1477—1806)》页12绘制

---

① 萧拉瑟,《阿姆斯特丹:世界最自由城市的历史》,阎智森译,南京:译林出版社,2018,页29。

的水道以及出海口,使得低地三角洲不仅是"中欧与法国之间的走廊地带",也是欧洲内陆"直接通达[北部]海洋的桥梁",有"欧亚大陆的西大门"之称。靠近出海口的大片地带是沼泽,早在十一世纪,如今荷兰西南和北部的一些地区"已经在进行围垦工程了"。十三世纪时,当地人在些耳德河口与埃姆斯河口之间的低洼地带已经修建起堤坝,开垦出田地。不过,由于"当时可用的技术手段能取得的成果已经达到上限",十四世纪时,不仅围垦进度大为减缓,先前开垦出的许多土地也持续"沉没"。尽管如此,在随后的几个世纪里,当地人的围垦"从未间断",而且"建造圩田和排水系统的速度和能力逐步提升",1672年以后才停滞下来。1850年代,开垦土地的势头再度恢复。直到二十世纪,荷兰人还在继续打造"堤围泽地",堪称年逾千祀的治水工程。①

所有这些自然地理属性最终都从属于欧洲的政治成长,若要说"水所带来的威胁与挑战、应对威胁与挑战的勇气、荒僻的地理位置以及当地人为应对这些情况而发展出的纷繁复杂的公共组织",不仅能解释这片低地的"大部分历史,同时也为自由主义的发展提供了有利条件",只能算是典型的自由主义史学修辞。②

公元823年,查理大帝的儿子虔诚者路易(778—840)的第二任妻子生下聪明的秃头查理(823—877),从此这位帝国皇帝就"从宗教虔诚者彻底转变成溺爱幼子的慈父"。十年后,虔诚者路易决定从已经分封给前妻所生的三个儿子的土地中收回一部分留给秃头查理,随即引发儿子们造反,教宗也趁机搅局——虔诚者路易和他的幼子一度遭到囚禁。虔诚者路易驾崩(公元840年)后,他的儿子们为瓜分帝国再起战端,在今比利时西南图尔奈(Tournai)紧邻法国的丰特努瓦村(Fontenoy)一带殊死决战。这场战事历时虽短,却成了"[欧洲]历史的分水岭":本应独掌帝国权力的长子洛塔尔一世(795—855)战败,"由一个皇帝统治几个国王"的帝国统绪从此中断。③

843年8月,时年20岁的秃头查理与两位同父异母的兄长在凡尔登媾和签订条约,凭靠各自所占地盘分割法兰克帝国:秃头查理得到罗讷河和索恩河以西的土

---

① 吉多·韦尔金,《西欧》,见乔治·霍夫曼主编,《欧洲地理》,南开大学经济研究所、山西大学编译室合译,天津:天津人民出版社,1982,页190-191、209-210;谢列勃梁内伊,《荷兰地理概要》,高为双、刘石丘、朱连文译,天津:天津人民出版社,1981,页19;安博远,《低地国家史》,王宏波译,北京:中国大百科全书出版社,2013,页8-9;乔纳森·伊斯雷尔,《荷兰共和国:崛起、兴盛与衰落(1477—1806)》,前揭,页9-10、18。

② 萧拉瑟,《阿姆斯特丹:世界最自由城市的历史》,前揭,页30-31。

③ 卢兆瑜,《三国时代:查理大帝的遗产》,长春:长春出版社,2012,页114-132。

地(包括些耳德河西部的低地地区)——史称西法兰克王国,他的三哥日耳曼人路易(806—876)得到莱茵河以东地区——史称东法兰克王国。长兄洛塔尔一世得到狭长而且富裕的中间地带——史称"中法兰克王国"(Francia media),其"领土"北起濒临北海的低地南部弗兰德斯(Flanders,[荷兰语]Vlaanderen),中经普罗旺斯和洛林,南抵意大利半岛南端的卡拉布里亚(Calabria),包括亚琛、特里尔、米兰和罗马几座帝国城市——当时,这一地区最为富庶。那个时候,低地三角洲的北部地区(今荷兰一带),大多还是人迹罕至的沼泽,随着毗连的陆架地区不断疏干,可供人居的陆地面积才不断增加。

从政治地缘的角度看,中法兰克王国的地理位置难免成为东西两个王国争夺的破碎地带,再不然就是充当隔离双方冲突的缓冲区。如我们随后将看到的那样,到了领土性王国兴起的时代,低地三角洲形成的政治单位虽然"不是作为缓冲国而诞生的",实际上"都起了缓冲国的作用"。① 瞧一眼如今的西欧地图就不难看到,在法国与德国之间从北到南的狭长地带,是一连串小政治单位。可以说,《凡尔登和约》划定的政治版图支配了西欧上千年的历史。

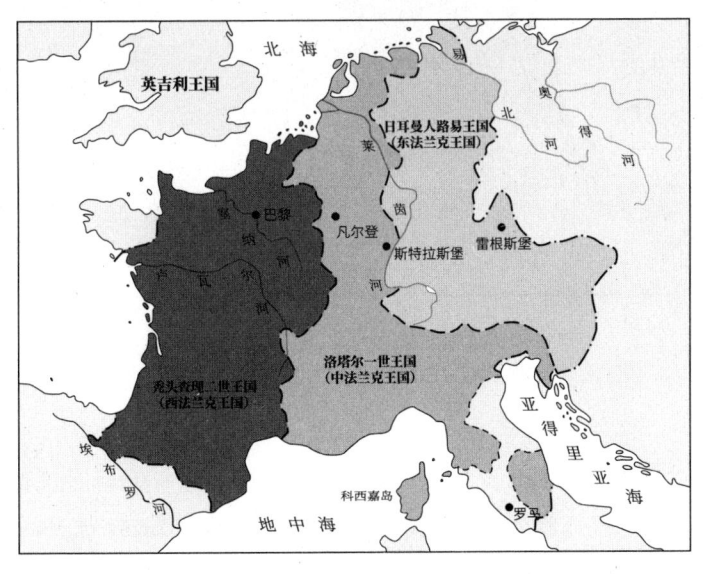

《凡尔登和约》(843年)
据孟钟捷、霍仁龙《地图上的德国史》页18绘制

---

① 吉多·韦尔金,《西欧》,前揭,页204。

洛塔尔一世驾崩后,按照法兰克人的"分割继承制"(partible inheritance)传统,中法兰克王国的狭长领土又一分为三,分别由他的三个儿子继承北段(洛林王国)、中段(勃艮第王国)和南段(意大利王国)。领有勃艮第王国的三子查理(845—863)年仅18岁就离世,还没来得及生子,领有意大利王国的长子路易二世(825—875)随即兼并了勃艮第王国。二子洛塔尔二世(Lothar II, 835—869)领有的洛林王国,一直是他的两个叔叔(日耳曼人路易和秃头查理)觊觎的对象,如今的卢森堡公国就位于这个王国的中心地带。

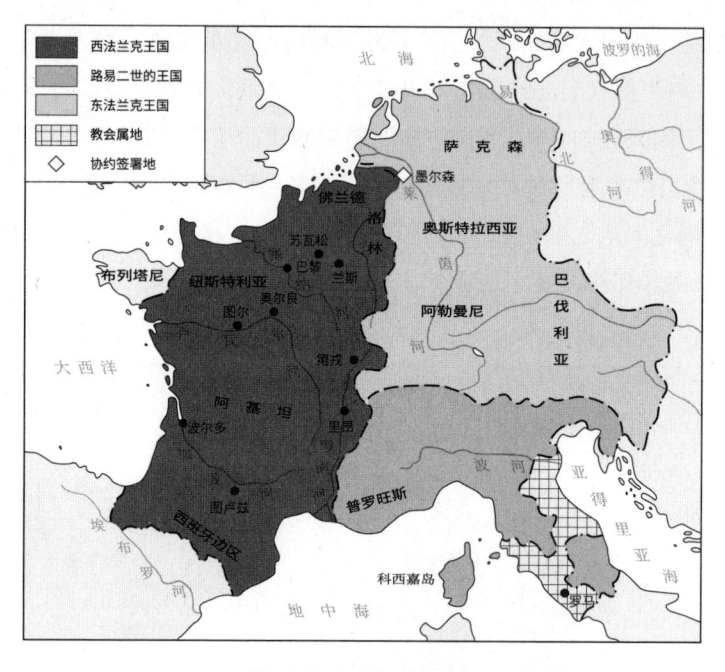

《墨尔森条约》(870 年)
据朱明,《地图上的法国史》页 38 绘制

洛塔尔二世的命也不算长而且无嗣,34 岁那年去世(869)后,东西两个法兰克国王为瓜分洛林王国再起战端,次年在墨尔森签订和约(Treaty of Meerssen):洛林王国的勃艮第部分归西法兰克王国,其余部分则成为东法兰克王国的一个公爵国——当时的名称是 Lotharingia(洛塔林吉亚)。由于当地贵族家族和教会与帝国西部有血脉关系,甚至自认为是真正的加洛林人,洛林公爵国成了德意志血统的"东法兰克王国最难以有效整合的部分"。差不多一百年后(959 年),德意志国王

奥托一世(912—973)向西扩张,重新划分与法兰西王国的分界。新边界线由东向西正好穿越卢森堡大公国,洛林公爵国被进一步分割,些耳德河东部的低地区域属于下洛林公爵国(Lower Lotharingia)。①

勃艮第联合体的形成(1384—1555)

自洛林王国被瓜分后的 500 多年间(870—1384),低地三角洲北部逐渐形成众多分散的公国、伯国和主教领地,成了名副其实的破碎地带。到了十一世纪,香槟贸易促成的"交通革命"给这一地区的封建主带来政治活力,一些诸侯试图结成更大的政治体,"几乎明白地表示出"复兴洛林王国的决心,要在莱茵河与加莱海峡之间建立强国。弗兰德斯伯国(County of Flanders)是典型的例子,但这一企图从未取得成功。②

1369 年,弗兰德斯的伯爵把女儿嫁给了勃艮第家族的大胆者菲力浦(Philip the Bold,1342—1404)。由于这个家族是法兰西王室瓦卢瓦家族(House of Valois)的一个支系,低地的封建诸侯有了整合实力的靠山。为了寻求有助于自身成长的政治实力,"显赫的贵族家庭从另一个国家乃至从遥远的土地寻找新娘或新郎的现象"司空见惯,"一次联姻、出生或死亡都可以决定"封建单位是分是合。③ 这不仅是欧洲政治成长早期的规则,华夏国家政治成长初期(春秋战国时代)同样如此。

为了抵御德意志帝国的扩张,低地三角洲的诸侯愿意投靠勃艮第家族,因为后者毕竟有中法兰克王国的地缘血脉。然而,在当时强势的勃艮第公国眼里,这一新投靠的地缘势力"甚至没有得到一个合适的名称",只是被"十分简单地称为 le pays de par deca[那边的土地]"。政治史学家有理由说,后凡尔登状态并没有结束。④ 随后掌控低地三角洲的"好人"菲利普(Philippe le Bon,1419—1467)虽然年轻,倒是颇有抱负,他对自己"可以把力量伸展到的领土范围"有明确的历史意识,因为他在

---

① 安博远,《低地国家史》,前揭,页 32;保罗·韦贝尔,《卢森堡大公国史》,南京大学外文系法文翻译组译,南京:江苏人民出版社,1973,页 3 - 4。

② 让·东特,《比利时史》,南京大学外文系法文翻译组译,南京:江苏人民出版社,1973,"引言",页 5 - 6。

③ 安东·范德伦,《海洋帝国的崛起:尼德兰八十年战争:1568—1648》,杜原译,成都:天地出版社,2021,页 9 - 15。

④ 杰弗里·帕克,《城邦:从古希腊到当代》,石衡潭译,济南:山东画报出版社,2007,页 138。

28岁那年(1447)同德意志帝国皇帝谈判时用到了"洛林王国"这个字眼。事实上,他不仅"了解洛林王国从前的版图",还试图进一步扩张,把包括"下德意志"在内的一个王国归为已有。这意味着,低地北部"首次有部分地区被并入欧洲大国"。①

尽管如此,"好人"菲利普治下的低地三角洲诸封建体既没有被拧成统一的政治单位,也没有获得哪怕是名义上的政治单位名称。1477年,奥地利哈布斯堡王朝的马克西米利安一世(Maximilian I,1459—1519)与勃艮第公爵"大胆"查理的女儿订婚。查理的领地位于法兰西和神圣罗马帝国的中间地带,相当于当年的中法兰克王国北段,但分为南北两个部分:南部以第戎和贝桑松为中心,北部即卢森堡和低地以及一块加莱以南的法兰西领地。为了打通南北两地,"大胆"查理先夺取洛林(1475),随后又转向瑞士沃州,但两年后战死沙场。由于"大胆"查理没有留下男嗣,马克西米利安迎娶他的女儿玛丽后,便获得了低地三角洲以及法兰西东部边境一带的勃艮第领地。②

他们所生的儿子腓力一世(1478—1506)亲政(1493)后没过几年,低地三角洲首次有了"尼德兰"(低洼地带)这个政治地理名称,而那里的诸侯也开始"具有某种共同意识"——腓力一世的儿子查理五世(1500—1558)就在这里长大。这一时期,西欧的王室和贵族已经普遍改用长子继承制(agnatic primogeniture)。这场历史性"巨变"表明,基督教欧洲在加速成长。毕竟,传统的分割继承制弊端太多,只有德意志诸侯和东欧及俄罗斯的有地贵族还在继续沿用——德意志的领地四分五裂,有如"让人眼花缭乱的棋盘,正是分割继承制的表现"。③

1495年,哈布斯堡王室和伊比利亚半岛的卡斯蒂利亚王室缔结双重姻盟,神圣罗马帝国与西班牙结为一体。腓力一世的儿子查理五世6岁时就从祖母那里继承了低地三角洲,19岁时(1519)接掌庞大的神圣罗马帝国之后,他显得尤其看重这一地区。对低地的诸侯来说,20多年后的1543年是一个值得纪念的年份:为了应对与法兰西的战争,查理五世把低地地区划分为十七个行省,使之形成"一个地缘整体",并命名为"勃艮第联合体"。查理五世安排自己的妹妹匈牙利的玛丽亚王后(Mary of Hungary,1505—1558)出任总督,而她恰巧就出生在布鲁塞尔。④

---

① 让·东特,《比利时史》,前揭,页12-14;安博远,《低地国家史》,前揭,页106-113;乔纳森·伊斯雷尔,《荷兰共和国:崛起、兴盛与衰落(1477—1806)》,前揭,页23-26。
② 马丁·拉迪,《哈布斯堡王朝》,高歌译,北京:北京日报出版社,2021,页60。
③ 马克·格林格拉斯,《基督教欧洲的巨变:1517—1648》,前揭,页69-70。
④ 安东·范德伦,《海洋帝国的崛起:尼德兰八十年战争:1568—1648》,前揭,页22-25。

尽管如此,当地诸侯仍然没有形成统一的政治单位,依旧是帝国王权支配下的封建状态——各省的伯爵、公爵或侯爵拥有相当的自治权,各自施行统治,这导致不断发生抵制帝国权力的事件。玛丽亚王后多次恳请兄长查理五世允许她辞职未果,只能勉为其难地支撑局面。1548年6月,低地十七省终于"达成表面上的统一":按当时在德意志东部城市奥格斯堡(Augsburg)召开的神圣罗马帝国立法会议确定的法定名称,低地十七省是单一的"帝国行政区"(Reichkreits),"既不与法国接壤也不与神圣罗马帝国接壤"。①

西班牙王国的低地三角洲(1556—1713)

查理五世从自己的祖母——勃艮第家族大公的女儿——那里继承得来低地三角洲,在其治下,低地三角洲还不能说与勃艮第家族无关。1556年,查理五世心生退隐之意,把西班牙和低地十七省交给自己的儿子腓力二世(1527—1598),哈布斯堡家族的奥地利世袭领地以及神圣罗马帝国则给了自己的弟弟费迪南一世(1503—1564)。这一分割继承式分配,才给勃艮第家族统治低地三角洲的近两百年历史(1384—1555)最终画上句号。

腓力二世早年酷爱读书,阅读面极广——从"马基雅维利的政治和军事论著"到"皮科·米兰多拉关于灵魂不朽的作品"以及费奇诺的柏拉图注疏,乃至卡巴拉神秘主义书籍——他还常把玩自然探究,据说曾著有属于博物学的《造物的秩序》(*The Order of Creatures*)和《自然界的多样性》(*The Diversity of Nature*)。② 腓力二世与其父亲一样颇有抱负,他亲政后首先打击法兰西王国(1557的圣康坦战役),结束了绵延半个多世纪的意大利战争,接下来他决心在海上(希腊半岛西部的勒班陀海峡)打击奥斯曼帝国海军(1571)。为了准备这场地中海大战役,腓力二世疏忽了低地地区新教的迅猛发展所带来的分离主义危险,几乎是"听任"那里"自行其是"。当情势变得不可收拾时,他又与教宗密谋,打算在低地"创设一种新的教会等级体系",以压制新教的蔓延,未料"巨大的抗议吼声立即在尼德兰爆发"。在此之前,低地的各省贵族、教士和城镇"总是互掐喉咙,互相争斗",新主教区计划却促使他们

---

① 马尔滕·波拉,《黄金时代的荷兰共和国》,金海译,北京:中国社会科学出版社,2013,页9–10。

② 休·托马斯,《无止境的世界:腓力二世的西班牙和历史上第一个"日不落帝国"》,陈丽译,上海:上海教育出版社,2020,页16;杰弗里·帕克,《腓力二世传》,陆大鹏、刘晓晖译,北京:社会科学文献出版社,2022,页41。

结盟。当然,这种结盟背后还有自十二世纪以来逐渐形成的贸易城市所催生的政治力量。航海大发现带动西班牙王国和英格兰王国崛起后,大西洋逐渐取代地中海的贸易地位,低地地区的城市取代意大利城邦成为新的贸易集散地。那里"有200多个城镇,其中19个人口达一万或更多",欧洲其他地方望尘莫及,即便在英国,如此规模的城镇也只有3座。①

荷兰水手"探险的地方愈来愈远,深入到了北极地区和印度",这使得"阿姆斯特丹的贸易额和[荷兰西北沿北海海湾]须得海(Zuider Zee)周围小城镇的货运量都日益增长"。不难设想,那里的市民阶层的政治势力相当强劲。欧洲人文主义的重镇从意大利转移到北方的低地,就是历史的证明——史称"北方的文艺复兴"(Northern Renaissance)。就地理范围而言,所谓"北方"包括英格兰、法兰西、德意志、尼德兰乃至波兰(克拉科夫城)。显然,这场"北方的文艺复兴"与欧洲独立王权政体(在德意志则是自由城市)的兴起(现代民族国家的雏形)相关,而荷兰显得尤为突出。② 那里出现了大规模的铸字业,"能够生产各种各样的字钉",成了欧洲印刷业的重镇。1587年,法兰西的著名古典学者约瑟夫·斯卡利杰(Joseph J. Scaliger,1540—1609)移居莱顿,从那一天起,"法兰西王国的学术霸权就让位给了荷兰人"。③ 第一部现代世界地图集《地球景观》(1570)出自弗兰德斯的自然学家亚伯拉罕·奥特利乌斯(1527—1598)之手,绝非偶然。此书不仅"包含世界及其各区域地图",更重要的是,它"以富有创意的方式展现"地貌,奠定了现代地图的观看视角——地理学成了"历史的眼睛"和"记忆的剧场"。④

---

① 杰弗里·帕克,《腓力二世的大战略》,时殷弘、周桂银译,北京:商务印书馆,2010,页159、162-164。

② 详见 Jeffrey Chipps Smith, *The Northern Renaissance*, London: Phaidon Press, 2004。

③ 约翰·赫伊津哈,《17世纪的荷兰文明》,何道宽译,广州:花城出版社,2010,页5;莫里斯·布罗尔,《荷兰史》,郑克鲁、金志平译,北京:商务印书馆,1974,页106-115;本杰明·施密特,《设计异国格调:地理、全球化与欧洲近代早期的世界》,吴莉苇译,北京:中国工人出版社,2020,页6-8;哈罗德·伊尼斯,《帝国与传播》,何道宽译,北京:北京广播学院出版社,2013,页158-159;哈罗德·伊尼斯,《传播的偏向》,何道宽译,北京:北京广播学院出版社,2015,页161-162。

④ 杰里·布罗顿,《十二幅地图中的世界史》,林盛译,杭州:浙江人民出版社,2016,页8-9;杰里米·哈伍德,《改变世界的100幅地图》,孙吉虹译,北京:生活·读书·新知三联书店,2010,页83。比较 Abraham Ortelius, *Theatrum Orbis Terrarum*, Gedruckt zu Nuermberg durch Johann Koler Anno MDLXXII. Mit einer Einführung und Erläuterungen von Ute Schneider, 2. unveränd. Aufl. Darmstadt: Wissenschaftliche Buchgesellschaft, 2007。

1566年,"尼德兰大造反"终于爆发了,这是第一场现代意义上的针对王权的造反,为后来的英国内战和北美英属殖民地的造反树立了榜样,因而算得上是世界政治史上的标志性事件。"暴乱"的直接起因固然与新教的兴起有关,但显然还有世俗性的因素,从它的不同历史名称也能看出这一点:新教的"残暴动乱"或贵族"大叛乱"。① 腓力二世当然不会允许勃艮第联合体脱离西班牙王国,他"决定必须让这场'异端叛乱'付出沉重代价"。但腓力二世的强力压制并没有制服低地贵族的"独立"诉求,这在地理学史上也可见一斑:通过绘制《世界地图》(1569)的方式,奥特利乌斯的老师杰拉杜斯·麦卡托(1512—1594)在地图上"写满了根特的市政当局、贵族家庭和封建权利",以此表达"对弗兰德斯'故乡'的诉求","公然拒绝承认哈布斯堡王朝对该地区拥有主权"。②

　　从今天的视角来看,腓力二世与低地贵族之间的这场战争(史称"尼德兰战争")是一场欧洲国际战争,英国、法国和德意志都卷入其中,但它首先是一场分离性内战:低地地区的贵族势力已经羽翼丰满,企望形成独立的政治单位。1573年底,在击败西班牙军后,低地北部各省召开联席会议宣布独立,推举荷兰省的奥兰治亲王(1533—1584)为总督,这直接导致勃艮第联合体的分裂。1579年元月,南部的封建贵族组成阿拉斯联盟(Union Arras),宣布继续承认腓力二世为国君。两周后,北方七省成立乌特勒支同盟(Unie van Utrecht),同盟协约的第一项条款即宣称,各属地将"像一个单独的省份"那样紧密联合起来。两年后(1581)乌特勒支同盟宣布废黜腓力二世,成立联省共和国——荷兰联省共和国就这样诞生了。乌德勒支联盟虽然许诺共和国将享有宗教自由,实际上加尔文的归正宗"是唯一被允许公开表达其观点的教派,其他宗教团体都不得不秘密集会,私下传教和暗地举办宗教仪式"。③

　　尼德兰北部诸省何以能脱离西班牙的控制,迄今仍是政治史学感兴趣的话题。新经济是首要原因,凭靠"充足的财力",乌德勒支联盟才"能够抗衡神圣罗马帝国

---

① 马克·格林格拉斯,《基督教欧洲的巨变:1517—1648》,前揭,页491-495;比较萧拉瑟,《阿姆斯特丹:世界最自由城市的历史》,前揭,页248-251。

② 杰里·布罗顿,《十二幅地图中的世界史》,前揭,页187-188。详见 Marcel Watelet (ed.), *The Mercator Atlas of Europe: Facsimile of the Maps by Gerardus Mercator Contained in the Atlas of Europe, circa 1570-1572*, Pleasant Hill: Walking Tree Press, 1997。

③ 马尔滕·波拉,《黄金时代的荷兰共和国》,前揭,页29;乔纳森·伊斯雷尔,《荷兰共和国:崛起、兴盛与衰落(1477—1806)》,前揭,页237-243。

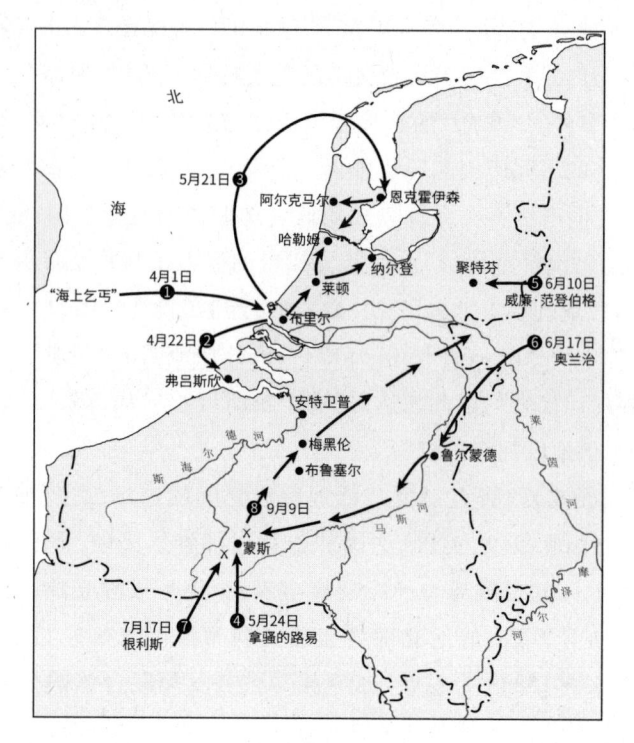

1572 年战役
据杰弗里·帕克《腓力二世的大战略》页 174 绘制

和法国"。① 宗教分裂也是显而易见的原因,而政治地理的要素同样重要:低地三角洲的南北分离是"由几条大河决定的"。由于南部的布拉邦特(Brabant)和弗兰德斯在地理上无险可守,当地"新教徒就跑到北部那些难以攻陷的河区"去固守;相反,北部有三个天主教势力占优的省份,却因河流阻隔得不到西班牙军队增援,最终被新教徒夺走。②

腓力二世在 1598 年驾崩。十年前,他的无敌舰队在英吉利海峡被英国剿灭,但他至死没有承认低地北部的独立诉求。1609 年,新继位的腓力三世(1578—1621)与荷兰签订《十二年休战协定》,未必等于事实上承认这个共和国的独立,因为十二年后战火重燃,直到德意志三十年战争结束(1648)后签订《明斯特条

---

① 哈罗德·伊尼斯,《传播的偏向》,前揭,页 92;哈罗德·伊尼斯,《帝国与传播》,前揭,页 165。

② 弗兰克·哈格特,《现代比利时》,前揭,上册,页 10-11。

约》(即《威斯特伐利亚和约》的一部分),这一结果才得到确认。据说,在整个十七世纪上半叶,荷兰的分离主义分子们都没干别的,他们痴迷于打造西班牙人在美洲的"暴君"形象,甚至在大量地理学作品中也"不知疲倦地""抓住一切时机抹黑哈布斯堡的帝国计划"。如今,这类"抹黑"成了荷兰版本的自由主义传说的一部分。①

荷兰的独立战争又称八十年战争(1568—1648),由于这场战争的后期与德意志三十年战争(1618—1648)以及法国与西班牙之间的殊死搏斗(1635—1659)交织在一起,它实际上是欧洲大国争夺主导权的反映:"正如十六世纪初期的意大利半岛一样",低地三角洲"成了一个旋涡,把这一时期基督教世界的分裂沿信条分界线扩散到各国"。② 尽管如此,荷兰共和国的建立不等于整个低地三角洲的独立。1648年的《明斯特和约》虽然承认了荷兰共和国,但低地南部八省仍在西班牙王国手中;荷兰人因获得些耳德河口的控制权,便封闭河湾,"切断了安特卫普(Antwerp)的出海通道"。③

尼德兰"就这样分裂了",而"发展一个中间帝国的可能性实际上也因此消失",尼德兰南部从此以后"成了国际政治角逐中的一个小卒"。获得政治独立后的尼德兰北部也好景不长,1650年代以来,"荷兰西印度公司与其并非徒有虚名的领土财产开始分崩离析",在此之前,这个公司已经俨然有"一个令人敬佩的大西洋帝国"模样。从十七世纪的最后三十年到十八世纪初期,迅速崛起的英格兰王国和法兰西王国夺走了"荷兰人在亚洲相当多的市场份额"。荷兰的地理学家们不得不放弃"领土帝国的观念",转而营构一种新的"海外世界意识",即放弃"狭隘的荷兰视角",转而采取"一种宽广的欧洲视角"。④

《明斯特和约》的谈判历时长达近两年,荷兰共和国方面的代表由各省议会提名,他们拟定谈判内容;法国是联省共和国的"官方盟友",但它却"尽其所能地破坏和谈"。反倒是西班牙王国认为,"与联省共和国达成和解,远比与法兰西达成和解

---

① 本杰明·施密特,《设计异国格调:地理、全球化与欧洲近代早期的世界》,前揭,页14;萧拉瑟,《阿姆斯特丹:世界最自由城市的历史》,前揭,页136-175。
② 马克·格林格拉斯,《基督教欧洲的巨变:1517—1648》,前揭,页491-495、641-642。
③ 乔治·霍夫曼,《欧洲地理》,前揭,页204。
④ 弗兰克·哈格特,《现代比利时》,前揭,上册,页9;本杰明·施密特,《设计异国格调:地理、全球化与欧洲近代早期的世界》,前揭,页11-12。

更加重要"。① 接下来,趁西班牙国体衰微,法国试图吞并西班牙,欧洲再次爆发全面战争——史称西班牙王位继承战争(1701—1714)。按战争结束时签订的《乌特勒支和约》(1713),尼德兰南部诸省被割归奥地利,西班牙对低地长达一个半世纪的统治(1556—1713)从此成为历史。

荷兰与比利时的分与合(1714—1831)

弗兰德斯和布拉邦特与北部在起源、风俗、传统和语言方面本来是一体的,《明斯特和约》却把两者切割开来。《乌特勒支和约》确定尼德兰南部诸省与法国的边界以后,荷兰共和国"怀疑法国并未死心",说服哈布斯堡皇帝签订了新的屏障条约(1715)。根据这个协议,荷兰有权在南部各省驻军12000人。法国大革命爆发不久(1789年10月),借反击奥地利干预革命之机,法国革命军进入尼德兰南部,各省纷纷宣布独立,数月后(1790年元月)组成"共和邦联",正式名称为"比利时合众国"。虽然这是"比利时"第一次成为政治单位的名称,或者说在"现代政治意义上"被使用,但这个语词才是低地的原始名称。罗马帝国的奠基者凯撒(公元前100—公元前44)征服高卢时,把 Gallia Belgica 地区的住民称为 Belgium 或 Belgae。文艺复兴时期的学者们用这两个历史语词指称整个低地及其住民,这一习惯一直延续到十八世纪。②

比利时合众国立国还不到一年,奥地利军队就赶走了法国共和革命军,取缔了这个模仿美利坚的"合众国"。新的拉锯战重新开始:1794年,法国共和革命军再度"解放"低地南部各省,并打通了由荷兰控制的些耳德河出海口,还给这一地区带去"独立"的统一法典,把整个地区分成九个省份。当然,比利时人仅仅在名义上获得了"自由",实际上成了法兰西共和国的附庸。

革命后的法兰西并没有区别对待早已独立的荷兰共和国,而是先后三次吞并荷兰,反王权的共和革命与帝国扩张并行不悖,没有什么共同的共和主义"意识形态豁免权"。拿破仑战败(1813)后,荷兰才"再次现身于欧洲版图"。1814年,比利时人与北部的荷兰结成"亲密而完整的联盟"(union intime et complete),建立起"尼德兰联合王国"。但这并非低地南北双方的愿意,而是战后大国的"协议所致":战

---

① 安东·范德伦,《海洋帝国的崛起:尼德兰八十年战争:1568—1648》,前揭,页244 - 245;李明倩,《〈威斯特伐利亚和约〉与近代国际法》,北京:商务印书馆,2018,页128 - 129。

② 弗兰克·哈格特,《现代比利时》,前揭,上册,页11、18、20 - 21。

胜国谁也不愿让对方占有这片靠近北海的低地。即便是后来欧洲均势发生了转移,德意志在1870年以后"取代法国成为欧陆霸主,情况也照旧"。①

维也纳会议期间,有人甚至建议以马斯河为界肢解比利时:东部归普鲁士,西部归荷兰。诸大国最终同意荷兰兼并比利时,并不是考虑到查理五世曾打造过单一的"帝国[特别]行政区",而是担心法国势力卷土重来,需要在法国西北边界搞一个可以掌控的"屏障国家"。事实上,维也纳和会召开之前数月(1814年5月),同盟国就与法国签订过秘密条款:让荷兰兼并低地南部、卢森堡乃至莱茵河左岸的一长条领土。②

维也纳和会消除了不少西欧含糊不清的政治边界,整理了"大部分的飞地和外飞地的封建残骸"。但战后诸大国为了打造"针对法国扩张的有效缓冲区",重新捏合早已分离的南北低地,的确有违南北双方的意愿。北方以经商为主,崇尚自由贸易,南方以农业和工业为主,要求贸易保护。何况,荷兰早已是海外殖民大国,而南部"一直从属于一个漠视其发展的远方政府"。"经过两个半世纪生活上的分离",南北双方"实际上存在着一种二元性"——维也纳会议期间,"比利时的天主教会已经表示反对两国合并"。无论如何,"比利时人根本没有参与国土转移的事——事先也没有人跟他们商量过",而某些比利时的政治权贵当时还希望重归奥地利属土。尽管如此,从客观上讲,尼德兰联合王国的建立意味着两百多年前的"勃艮第联合体"得到了恢复。③

1830年7月,巴黎再度爆发共和革命,随即遭到镇压。法国的共和革命分子纷纷避走比利时,当地天主教徒有如干柴遇到火星,要求与荷兰分离的烈火迅猛燃起(8月)。执掌尼德兰联合王国的威廉一世(1772—1843)没有听取稳健派的建议,趁机南北分离,而是出兵镇压,结果仅五天就被比利时人击退。一个月后(10月),比利时人宣布成立国民议会,起草宪法准备独立。威廉一世要求大国协调——当时的欧洲"国际社会"——出面保障维也纳和会的决议,出兵维护尼德兰联合王国的统一。俄国沙皇亚历山大一世(1777—1825)的确愿意出兵维持战后秩序,但其

---

① 尼克·凡·萨斯,《荷兰:一个历史现象》,见杜威·佛克马、弗朗斯·格里曾豪特编,《欧洲视野中的荷兰文化,1650—2000年:阐释历史》,王浩、张晓红、谢永祥译,桂林:广西师范大学出版社,2008,页31-32、39-40。

② 诺曼·里奇,《大国外交:从拿破仑战争到第一次世界大战》,前揭,页14。

③ 诺曼·庞兹,《欧洲历史地理》,前揭,页377;莫里斯·布罗尔,《荷兰史》,前揭,页136-138;让·东特,《比利时史》,前揭,页120。

他大国无不担心"沙皇将自己的势力扩展到西欧",因此"都不愿意俄国军队通过本国领土",前往低地维护和会决议。①

11月4日,欧洲大国在伦敦召开国际会议讨论低地局势,奥地利、俄国和普鲁士不愿承认比利时新政权,英国则想观望欧洲均势的走势再做决定。"只有法国感到高兴",因为,一旦比利时从荷兰分离出来,维也纳和会的议定书就出现了"缺口",这对法国大有好处。②

英国起初坚持认为,尼德兰联合王国作为一道防范法国的屏障不能分离,但考虑到若强行压制比利时人的分离意愿,反倒有可能将比利时人推入法国怀抱,于是改变主意。法国本想"并吞比利时",因它有理由担心,万一比利时独立并"以一个省的地位同德国连在一起",对自己将是更大威胁。③ 然而,在维也纳会议确立的战后秩序中,法国还不具备吞并比利时的权力,低地地区的分治也好过尼德兰联合王国作为整体的威胁。

战后诸大国在伦敦最终制定了强制南北双方分离的《伦敦条约》(十八项条款):限比利时与荷兰在1831年元月停火,同意比利时人邀请德意志萨克森王国的亲王利奥波德一世(1790—1865)出任比利时国王。利奥波德一世提出条件,要求获得更大的比利时疆域:不仅要把卢森堡包括进来,还要扩大林堡省(Limburg)的边界。战后诸大国接受了这一要求,对先前制订的分离条款做出修改,这又激怒了威廉一世。利奥波德一世即位那天(1831年7月21日),荷兰出兵比利时,仅十天就解除了比利时军队的武装。大国协调"不得不授权法国站在比利时一边进行干涉",但"对这场干涉的范围和时间做了严格限制"。④

法国军队进入比利时后,威廉一世被迫撤军。在英国主导下,伦敦的大国会议再次修改分离条约。新的《伦敦条约》(二十四项条款)转而对荷兰有利:林堡省及卢森堡省一部归并给荷兰——卢森堡大部作为自主国(今卢森堡公国)归入德意志邦联。利奥波德一世接受了这一分离条约,但威廉一世仍拒不接受。于是,"列强决定以武力迫使他接受":英法舰队随即封锁荷兰港口,法国陆军围困安特卫普要塞。双

---

① 诺曼·里奇,《大国外交:从拿破仑战争到第一次世界大战》,前揭,页50;详见 Henri Pirenne, *Histoire de Belgique. Vol. VII: De la Révolution de 1830 à la Guerre de 1914*, Brussels: Maurice Lamertin, 1948, pp. 11-29。

② 弗兰克·哈格特,《现代比利时》,前揭,上册,页33-34。

③ 保罗·韦贝尔,《卢森堡大公国史》,前揭,页123。

④ 诺曼·里奇,《大国外交:从拿破仑战争到第一次世界大战》,前揭,页50。

方僵持到1839年,大国协调再次微调"领土"分割条约,威廉一世才同意签署。比利时的"自由"因此而再次受损,"些耳德河被宣布为国际贸易的自由航道"。①

差不多一千年前东西法兰克王国瓜分洛林王国的经历,就这样重演了一遍。人们有理由问:自由、平等、民族独立之类的现代观念真的取代了古老的实际政治法则吗?

利奥波德二世的帝国野心

比利时王国就这样"自由地"诞生了——不仅领土狭小,而且没有一条边界可以防御,这一切"几乎注定了它会有自卑感"。"为了弥补这些缺陷",比利时人喜欢强调自己作为蕞尔小国的巨大影响。事实上,"至少在最初的四十年中",比利时"在国际活动方面几乎没有自由"——它不过是大国之间的缓冲地带,作为中立国"充当一个被动角色"。即便在下一次欧洲大战中,比利时的角色同样如此——它的诞生决定了其政治地位。② 但这并不妨碍比利时竭力让自己成为"欧洲的模范自由主义国家":1831年2月颁布的宪法包含一整套自由权利,立法权由国王和参众两院共同行使,三方均有立法动议权,但国王拥有行政权。③ 现在我们可以理解,为何利奥波德二世在寻求海外殖民地时,总喜欢打着欧洲"国际"的旗号。

由于与荷兰分离,比利时失去了与荷兰东印度公司分享亚洲殖民地利益的权利。在继承父亲的王位之前,年轻的利奥波德二世就"曾谋划通过进攻荷兰或入侵莱茵兰"来挽回损失。但他很快认识到这纯属异想天开,切实可行的做法是通过获取海外殖民地来追赶欧洲大国——他的第一个殖民地目标是中国:

> 我的梦想是创建一家总部设在布鲁塞尔的全球性比利时公司,中国之于我们(的公司),即像是印度次大陆之于英国东印度公司一样。④

这当然也是异想天开,因为第二次鸦片战争(1856—1860)已经开打,英法海军

---

① 莫里斯·布罗尔,《荷兰史》,前揭,页140-141;详见 J. S. Fishman, *Diplomacy and Revolution: The London Conference of 1830 and the Belgian Revolt*, Amsterdam: CHEV, 1988。

② 弗兰克·哈格特,《现代比利时》,前揭,上册,页83;比较 Larry Zuckerman, *The Rape of Belgium: The Untold Story of World War I.*, New York: New York University Press, 2004, p. 43。

③ 海因里希·温克勒,《西方通史(第一卷)》,前揭,页511。

④ 转引自罗伯特·哈姆斯,《泪之地》,前揭,页36-37;比较弗兰克·哈格特,《现代比利时》,前揭,上册,页95-96;Hendrik L. Wesseling, *Teile und Herrsche: Die Aufteilung Afrikas 1880—1914*,前揭,页74-76。

掌握了南中国海的制海权。利奥波德二世转而想染指东南亚贸易，同样在荷兰和西班牙的海外势力面前吃了闭门羹。利奥波德二世不得已才把目光转向了非洲，而这一次果然有所斩获。

比利时在1831年才成为一个欧洲的政治实体，当时它"几乎缺乏作为一个成形国家的所有特征"，却为何能在欧洲的国际社会中获得"平等"的殖民权利？今天的自由主义史学家会说，这是欧洲现代文明尊重和保护弱小政治单位主权独立的证明。实际上，与瑞士成为独立的政治单位一样，比利时立国不过是欧洲大国之间实现战略均势的结果：出于均势和地区稳定的利益考虑，欧洲大国才"将一些最弱的成员纳入到大陆强权结构之中"。并不自由的比利时王国能够在1885年欧洲国家争夺刚果河口的过程中"扮演一个远超其规模与战略能力的角色"，并在柏林会议上"与那些传统的、更加强大的殖民大国"平起平坐，不过是欧洲均势的体现。与此形成对照，比利时——更别说西方列强——"对非洲的态度就没有那么慈善了"。中非的刚果作为人为合并的结果，其政治形态"并没有按照神话般的威斯特伐利亚[体系]轨道发展"。①

柏林会议之后，随着欧洲国家在非洲的自由竞争愈演愈烈，非洲出现了诸多新政治单位，而它们的领土"没有一个是按自然条件划分的"，以至于"许多国家的领土完全被别的国家所包围"。即便是一些殖民地在二十世纪实现独立之后，嵌入别国包围之中的国家（沙漠地除外）也"占全非洲土地面积的22%"。②

如果对比欧洲诸多政治单位的历史形成，人们能够得出怎样的政治史学结论呢？

甲午战争之后，随着自由帝国主义大国对中国利益的争夺愈演愈烈，各大国纷纷从驻京使团召回"中国通"，希望借助瓜分非洲的经验，转而"起用非洲问题专家"，对华政策采用所谓尼格罗（Negros）方式，即借助瓜分非洲的经验，"把中国视为非洲大陆，将中国人视为黑人"。这样做的结果是，欧洲"公使团的大多数对清廷采取了集体蔑视的态度"，并成为"义和团战争"爆发的重要原因之一。③

---

① 西巴·格罗沃奎，《主权在非洲：国际理论中的准国家与其他神话》，见凯尔文·邓恩、蒂莫西·肖主编，《国际关系理论：来自非洲的挑战》，李开盛译，北京：民主与建设出版社，2015，页52–54。

② 皮埃尔·古鲁，《非洲》，上册，蔡宗夏、刘伉译，北京：商务印书馆，1984，页129；比较 Paul Nugent/A. I. Asiwaju (eds.), *African Boundaries: Barriers, Conduits and Opportunities*, London: Pinter, 1996。

③ 相蓝欣，《义和团战争的起源》，前揭，页358。

四　美利坚生存空间的形成

就世界历史的全球化进程而言,柏林会议还有一个标志性意义:美利坚合众国作为唯一的欧洲裔美洲国家,"以非常积极有效的方式参与其中"。① 除了十四个欧洲国家的代表参会,域外国家为什么仅有美国代表参会? 美国与其他取得"自由独立"的美洲殖民地有什么不同? 为什么不同? 凡此都是政治史学应该探究的问题。

美国代表最终没有在《总议定书》上签字,但这不等于美国没有参与欧洲国家瓜分刚果河口流域,毋宁说,它还指望从世界岛之外获得更多的政治占有。由于其特殊的地缘位置,美国作为欧洲体系中的一个特殊成员,得以保持自己的域外立场,自如地或者说自由地参与欧洲事务。今天的我们若要历史地认识西方式的国际自由行动的含义,就得了解美利坚合众国最初的地缘扩张之举。

美式非洲殖民地的诞生

维也纳会议召开之后不到五年(1819年3月),美国国会通过了一项由美国殖民协会提出的法案:拨款十万元,赞助获得自由的黑人返回非洲建立拓殖点。法案的目的据说是安置愿意摆脱奴隶制的非裔美国黑人,因此它听起来是一项出于自

---

① 卡尔·施米特,《大地的法:欧洲公法的国际法中的大地法》,前揭,页197。

由主义原则或人道主义动机的举措,而实际情形并非如此。早在"独立战争以前",不少英裔殖民者已经对非洲黑奴日益增多忧心忡忡,担心他们会影响社区安定。十八世纪末"废奴运动"兴起后,不少黑奴获得了自由,但白人"解放者"很快就发现,自由黑人给社会秩序带来了更大麻烦——即便是"非常好心肠的白人也把自由黑人叫作'流行的瘟疫',抱怨他们态度'傲慢',以及他们习以为常的'无知和犯罪'"。詹姆斯·门罗(1758—1831)总统是军人出身,在弗吉尼亚州长任上时曾得知一项黑人暴动计划,他果断动用国民警卫队逮捕带头人,经审讯后"予以处决"。在福音派人士看来,自由黑人不仅是"社会的威胁",更是个"道义问题",最好的办法莫过于把他们送回非洲。于是,福音派人士成立了民间性质的殖民协会(1816年12月),专门安排自由黑人的反向移民事务,并得到了美国政界人士的一致支持。①

> 对于一些人来说,仅仅废除奴隶制还不是最终解决办法。不管是出于盲目的种族主义还是带着狭隘的怜悯,这些人认为美国的黑人和白人永远无法和谐共处。……不过,美国殖民协会的举动表明,对于能否建立起一个没有种族歧视的共和国,甚至连那些心存善意的美国人也感到忧虑不安。②

1820年1月30日,美国政府和殖民协会共同租用的"伊丽莎白"号从纽约起航,载着80余名自由黑人驶向大西洋彼岸的西非。由于"伊丽莎白"号正好同"五月花"号的航向相反,"这成了当地轰动一时的大事",约有"五六千纽约黑人拥挤在北河的岸边"观看起航(《回到非洲去》,页157)。

"伊丽莎白"号的目的地是歇尔布罗岛(Sherbro Island),那里靠近不久前(1808)才成为英国殖民地的塞拉利昂(Sierra Leone,旧译"塞拉勒窝内")。美国政府并没有事先从当地酋长那里购买土地,"伊丽莎白"号的移民登岛后,其生存仅维持了两个月。克鲁族(Krus)的酋长拒绝出售岛屿,首批自由黑人移民中近三分之一死于疾病,其余逃往塞拉利昂。

次年8月,门罗总统委任替殖民协会工作的外科医生伊莱·艾尔斯(Dr. Eli Ay-

---

① 理查德·韦斯特,《回到非洲去:塞拉勒窝内和利比里亚史》,上海新闻出版系统"五七"干校翻译组译,上海:上海人民出版社,1973,页127-128、133-137。
② 苏珊-玛丽·格兰特,《剑桥美国史》,董晨宇、成思译,北京:新星出版社,2017,页189;详参 David B. Davis, *The Problem of Slavery in the Age of Emancipation*, Knopf: Doubleday Publishing Group, 2014。

res,1778—1822)作为自己的私人代表,并派海军上尉罗伯特·斯托克顿(Robert Stockton,1795—1866)保驾护航,租用双桅商船"鹦鹉螺"号再送一批自由黑人移民非洲。这次的目的地是梅苏腊多角(Cape Mesurado),那里是梅苏腊多河注入大西洋前形成的一个半岛的末端。当地酋长已经拒绝过美国殖民协会购买土地,艾尔斯医生和斯托克顿上尉登陆后(12月),再次要求购买土地。斯托克顿上尉发表了一通"文明的演说",见不管用,他"拔出一把手枪,扳上扳机交给艾尔斯,叫他在必要的时候就开枪",又用自己的另一把手枪指着酋长的脑袋,然后再次发表演说,列数"建立一个定居地的好处"。

> 这一幕精彩表演可能并没有打动非洲人——毫无疑问,他们的眼睛都盯着手枪——倒是感动了为美国殖民协会服务的整整一代小册子作者、牧师和演说家。(《回到非洲去》,页172)

斯托克顿上尉和艾尔斯医生就这样购得了梅苏腊多角沿海长达130里、深入腹地40里的一块土地,而当地五位酋长换得的是一些烟草、六支旧步枪、一小桶火药、三双鞋、一盒项珠——总共"价值不到三百美元"。美国殖民协会用拉丁语liber[自由]将这片殖民地命名为Liberia[利比里亚/自由之地]。随后,不断有美国的殖民者来到这里,1824年他们在那里筑起了防御工事,十年间(1820—1830)大约有十余万人抵达,其中"只有154位北方黑人"——"美国就这样加入了不断扩张的寻求殖民非洲的国家行列"。随着人口增多,殖民者不仅急需土地用于耕作,也希望发展贸易,美国殖民协会的属地从最初购得的沿海少数孤立的拓殖点迅速扩张,殖民当局用门罗总统的姓氏将原中心地带命名为门罗维亚(Monrovia),这里成了利比里亚首府。①

1847年,美裔利比里亚人脱离美国殖民协会,建立起"独立"的共和政体,立法机构仿照美国国会,有众议院和参议院。在这片土地上并非仅有非裔美国自由黑人移民,更多的是来自美国教会和慈善团体的白种人,他们"抢先承担了为大部分利比里亚小学和中学提供设备和资金的项目",后来还创建了门罗维亚大学

---

① 伊·阿·霍多什,《利比里亚史纲》,上海新闻出版系统"五七"干校翻译组译,上海:上海人民出版社,1972,页6-7;理查德·韦斯特,《回到非洲去》,前揭,页170-172;伊布拉姆·肯迪,《天生的标签:美国种族主义思想的历史》,朱叶娜、高鑫译,北京:社会科学文献出版社,2020,页181-182。

(1862)——Liberia[自由之地]实际上成了美国在非洲的正式殖民地。①

> 出于感情上的原因,美国一心想保住利比里亚的生存。这样,从1862年10月正式签订商业和航运条约并得到国会批准的时候起,美国军舰就不断周期性地出现在利比里亚海域,以消灭本地非洲人对利比里亚政权的反抗,同时也缓和法国和英国借口利比里亚无力警卫本国边界而瓜分利比里亚的野心。(同上,页251-252)

利比里亚殖民地成为美式政体后,属地的扩张进一步加快,到1875年年底时,它已经"面临英国人和法国人为建设贸易商行和军事驻地而寻求土地的竞争"。英国在周边的扩张尤其咄咄逼人,利比里亚政府向美国政府求援(1879),华盛顿却默认英国的行动,但警告法国和德国不要吞并利比里亚或使其沦为保护国。

亨利·斯坦利在第二次进入刚果河流域后返回英伦途中(1882年秋),为《每日电讯报》写了一篇记叙自己的自然考察之旅的长文,一时间成了欧美舆论关注的焦点,甚至美国国会参众两院也"通过共同决议案"向斯坦利"表示庆贺"。美国卸任总统尤里塞斯·格兰特(1822—1885)当时正在埃及亚历山大港游玩,他热情邀请斯坦利到自己的游艇上共进晚餐。半年后(1883年春),利奥波德二世打电报给美国富商亨利·桑福德将军(Henry S. Sanford, 1823—1891),委托他游说美国总统支持比利时王国的诉求。桑福德并未当过兵,只因美国内战期间向北方军捐献火炮有功,亚伯拉罕·林肯总统(1809—1865)送给他"将军"头衔,还奖励他出任美国驻比利时公使(1861—1869)。正是靠这位富商帮忙,利奥波德二世当初(1878)才得以雇用斯坦利(《国王的鬼魂》,前揭,页76-77)。

接到利奥波德二世的电报后,桑福德将军马上起草了一份"有关利奥波德在刚果的高尚行为"的短文,然后乘船到纽约,两天后登上夜班火车前往华盛顿,把它交到自己的老朋友、时任美国总统的切斯特·阿瑟(1829—1886)手上。后者对文字仅"稍做修改,就欣然将它用到了年度咨文中":

> 刚果河流域物产丰富、人口稠密。一个由比利时国王担任会长、名为国际非洲协会的组织,正在那里开辟通往外部世界的道路。当地酋长将大片土地

---

① 艾克潘,《利比里亚和埃塞俄比亚——1880—1914:两个非洲国家的幸存》,见博亨主编,《非洲通史(第七卷):1880—1935年殖民统治下的非洲》,前揭,页225-226、234、237、248。

让渡给该协会。人们在那里修建道路,将蒸汽船放入河中,新建各省各州的中心区……他们悬挂的旗帜承诺贸易自由,禁止奴隶买卖。这个协会具有慈善性质,它不谋求永久的政治控制,寻求在该流域保持中立。(转引自《国王的鬼魂》,页103)

没过多久(1884年4月22日),国务卿弗里林海森(Frederick T. Frelinghuysen,1817—1885)发表正式声明:

> 美国政府宣布支持和认同国际刚果协会,如同它目前在做的一样,出于人道和慈善目的,管理那里的自由国家(Free States)的利益,并将命令美国的军人,不管是陆军还是海军,将国际非洲协会的旗子视为友好政府的旗子。(转引自《国王的鬼魂》,页107)

美国"由此成为世界上首个承认利奥波德国王对刚果之宣示的国家"。[1] 尽管这一宣示的成因多少有些偶然,但从政治史学的角度看仍然颇富意味:"国际非洲协会"至少在形式上仅是一个国际组织,却被美国政府视为拥有主权的"政府",难道因为它是追求"自由"的组织?

柏林会议结束(1885年2月)两个月后,美国海军战舰"兰开斯特"号出现在刚果河河口,"鸣炮21响,向上面绘有金星的蓝色旗帜致敬",有如给俾斯麦的会议闭幕词画上的"一个迟到的惊叹号"(《国王的鬼魂》,页113)。

门罗宣言的全球史背景

门罗总统着手遣送自由黑人返回非洲期间,曾在国会发表了一篇年度咨文(1823年12月2日),以智术师式的修辞郑重提出了一项美利坚式的国际政治原则:

> 由于亚美利加现已获得并维持的自由独立状态,从此以后,[亚美利加]将

---

[1] 乔治·恩荣格拉·恩塔拉,《刚果史:从利奥波德到卡比拉》,沈晓雷译,北京:民主与建设出版社,2014,页7。

不再被任何欧洲国家视作未来殖民的对象。①

即便是在西方的史学家看来,这段言辞也算得上是一个历史的讽刺,因为美国本身就是欧洲国家殖民的结果,且"拒绝承认印第安人部落业已建立起值得尊重"的"自由独立状态"(the free and independent condition)。②

这篇国会咨文后来史称"门罗宣言"(Monroe's declaration)或"门罗主义"(Monroe Doctrine),在盎格鲁－美利坚走向自由帝国主义的历程中具有标志性意义。由于咨文用明显的共和革命文明论修辞打造了一个针对神圣同盟的"道德神话",人们要认清其自由帝国主义性质并不容易。③ 影响极为广泛的通俗史书作家房龙(1882—1944)是荷兰裔美国人,关于神圣同盟,他写道:

> 缔结于1815年的"神圣同盟"实际上最不神圣。它是为了维护旧世界的反动统治才缔结的,由欧洲大革命前的反动势力——俄罗斯的皇帝、奥地利的皇帝和普鲁士的君主组成。此时,这个同盟正摩拳擦掌准备重新征服南美大陆。④

类似说法常见于通俗作家的史书,不熟悉历史的读者很容易以为,门罗咨文不仅是反专制的声明,也是抵制欧洲"反动势力"侵略南美洲的铮铮宣言。其实,当时的俄、奥、普三国都没有远洋海军,没可能出兵征服南美大陆——门罗咨文的起草人清楚地知道这一点,而后来的史学家从当时"欧洲各国的秘密档案"中也发现,神圣同盟帮助西班牙压制美洲殖民地的独立或"促使法国产生野心的可能性并不大",甚至对采取强制措施干涉西班牙革命"都不大感兴趣"。⑤

既然门罗咨文的起草人心里清楚,致力于恢复欧洲秩序的神圣同盟并没有对

---

① 张鑫编,《美国的梦想:美国总统演讲精选》,北京:中国经济出版社,2008,页13。

② 孔华润主编,《剑桥美国对外关系史》(上),王琛等译,北京:新华出版社,2004,页165。

③ Sidney Lens/Howard Zinn, *The Forging of the American Empire: From the Revolution to Vietnam, A History of U. S. Imperialism*, London: Pluto Press, 2003, pp. 9 – 14;比较 Alejandro Alvarez(ed.), *The Monroe Doctrine: Its Importance in the International Life of the States of the New World*, Oxford: Oxford University Press, 1924; Edward J. Renehan Jr., *The Monroe Doctrine: The Cornerstone of American Foreign Policy*, New York: Chelsea House, 2007。

④ 亨德里克·房龙,《自由的斗士:杰斐逊和玻利瓦尔》,前揭,页127。

⑤ S. F. 比米斯,《美国外交史》(第一分册),叶笃义译,北京:商务印书馆,1985,页222 – 223。

美洲构成真正的威胁,咨文针对的实际敌人又是谁呢?要认清这个问题,还得从拿破仑战争说起。

伊比利亚半岛的共和革命

拿破仑战争已经牵涉美洲:"1807年入侵葡萄牙之前,拿破仑就与西班牙订立了一份秘密条约",除切断英国与欧洲大陆联系的最后通道外,还包括"全面肢解葡萄牙",进而瓜分葡萄牙在美洲的殖民地。① 虽然拿破仑的如意算盘未能实现,但拿破仑战争所携带的共和革命理念已经席卷美洲,西班牙和葡萄牙的美洲殖民地纷纷闹独立。西班牙虽然在英国的支援下致使拿破仑的大军没能在伊比利亚半岛站住脚,但也"无力集结足够的兵力"维持美洲的殖民统治。从1811至1819年间,"西班牙向美洲一共派遣了4.2万名士兵",到1820年年末已经减半,而西班牙舰队在特拉法尔加海战(1805)中覆亡后,就丧失了封锁美洲殖民地港口的能力。②

拿破仑以革命战争的方式在整个欧洲所散布的共和政治信念,准确地说应是"美利坚信念",即门罗咨文高调宣示的反君主制的"自由独立"共和诉求——在"独立战争"中差点儿丧命的门罗是法国大革命的坚定支持者。③ 拿破仑的革命战争虽然失败了,但它传播的革命信念却取得了胜利:维也纳会议刚结束不久,伊比利亚半岛、亚平宁半岛、希腊半岛相继发生共和革命或独立革命。独立诉求与共和诉求有时黏在一起,有时则不然,但所有这些革命都有一个共同特征,即信奉自由主义,这意味着"在法国大革命原则的旗帜下战斗,思想原则上的共识取代了政治忠诚"。④

致力于恢复欧洲秩序的神圣同盟面临的第一个挑战是西班牙的共和革命。早在拿破仑入侵西班牙期间,西班牙的共和党人就在法军未能控制的地区推行议会政治,甚至西班牙的"美洲殖民地也不例外"。1811年底,威灵顿公爵指挥的英军在伊比利亚半岛转守为攻,西班牙游击队积极配合,控制了西班牙大部。在英国舰队

---

① 戴维·伯明翰,《葡萄牙史》,前揭,页90。
② 查理斯·埃文斯,《竞逐权力:1815—1914》,前揭,页20。
③ Brook Poston, "'Bolder Attitude': James Monroe, the French Revolution, and the Making of the Monroe Doctrine", in *Virginia Magazine of History and Biography*, 124/4(2016), pp. 284–289.
④ 亨利·基辛格,《重建的世界:梅特涅、卡斯尔雷与和平问题,1812—1822》,冯洁音、唐良铁、毛云译,上海:上海译文出版社,2015,页302。

的保护下,西班牙"主张激进变革君主制"的自由主义者在西南部海港城市加的斯(Cadis)召开了立宪大会(1812年3月),颁布君主立宪制宪法,宣布主权在nation。这里的所谓nation包括西属美洲殖民地的西班牙人,即"两个半球所有西班牙人的联合"。由于这部宪法明显模仿法国大革命初期的宪法,据说在"当时的欧洲最进步"。①

1814年春,同盟军进入巴黎,被拿破仑软禁的西班牙国王费迪南七世(1784—1833)获得解放。他重返马德里后,随即推翻1812年宪法,恢复绝对君主制,镇压革命党人,尽管他曾发誓要捍卫这部革命宪法。如果费迪南七世有"果断气质",他本"有可能以一种健康、和平和有效的方式把西班牙带进现代世界",而事实上他既"狭隘而又愚蠢"。费迪南七世的倒行逆施得到了教会的支持不难理解,因为"大多数教士都赞成宗教专制"。让人费解的是,西班牙的"人民也对宗教专制主义传统很有感情"。今天的史学家们不习惯于问(遑论思考),这是为什么。②

西班牙再度陷入内乱,"自由主义色彩"的军事政变接连不断——"1814年至1820年间,西班牙的政府不计其数,频繁更迭,任期大多不过数月"。③ 1820年元月,约两万西班牙军队集结在加的斯港,等候登船前往美洲殖民地,执行压制当地独立运动的任务。由于迟发军饷和缺乏"食物、制服和靴子",这支远征军在自由共和分子——尤其是"共济会小组"——的鼓动下哗变。叛军领导人之一拉斐尔·里埃哥上校(Rafael del Riego,1784—1823)早年就"崇拜法国思想,喜爱卢梭",他率领一支1500人的队伍向内陆进兵,遭到王室军队节节阻击。正当叛军快要被成功压制时,马德里的王室军队在总司令拉比斯巴伯爵率领下倒戈,包围王宫,并要求恢复1812年宪法,费迪南七世被迫让步(3月7日)。④

对重建欧洲秩序负有责任的四大国——尤其"四国同盟"中的英国、奥地利、俄国来说,一个棘手的问题出现了:应该如何对待西班牙的共和革命?

---

① 雷蒙德·卡尔,《西班牙史》,潘诚译,北京:东方出版中心,2009,页193;让·德科拉,《西班牙史》,前揭,页419-420。

② 萨尔瓦多·德·马达里亚加,《西班牙现代史论》,朱伦译,北京:中国社会科学出版社,1998,页70-71。

③ 瓦尔特·伯尔奈克,《西班牙史:从十五世纪至今》,陈曦译,上海:上海文化出版社,2019,页70-71。

④ 伊·莫·马伊斯基,《西班牙史纲:1808—1917》,北京编译社译,生活·读书·新知三联书店,1972,页189-207。

俄国领导人亚历山大一世得知消息后,呼吁同盟国出兵干涉,以维持战后秩序,因为这明摆着是一场"反对合法政府的革命",必须予以制止。与此相反,英国外务大臣卡斯尔雷子爵(Viscount Castlereagh,1769—1822)坚决反对干涉,他的公开说法是:共和革命威胁到王政秩序固然让人遗憾,但西班牙革命无论如何不可能威胁到欧洲和平以及他国安全。何况,西班牙人以拒绝干涉内政著称,干涉难免陷入又一场游击战泥潭。更为重要的是,即便西班牙的共和党人企图以暴力方式更替现存秩序,那也属于西班牙的内政问题,四国同盟无权干预。维持战后秩序的诸大国"绝不应成为一个为统治世界或监督他国内部事务而建立的联盟"。武力干涉他国内政以支持现有合法政府若成为国际原则,不仅"不切实际,也令人反感"。这样的说辞看似颇为正义,其实不然。事实上,卡斯尔雷关切的并非国际正义,而是英国的战略利益:如果俄国得到四国同盟的国际授权出兵西欧,或法国在大国协调的授权下重返伊比利亚半岛,"英国的自身利益将受到严重损害"。[1]

严格来讲,身处离岛的英国与其说是欧洲秩序的实际担纲者,不如说是欧洲均势的离岸平衡手。对于奥地利帝国首相梅特涅来说,情形就不同了。他清楚地知道,"在欧洲大陆,民族主义和自由主义这两种运动只有通过颠覆既有的[欧洲]国际秩序才能达到目的"——"当卡斯尔雷提到空前的危险时,他指的是独霸天下的企图,而当梅特涅提到空前的危险时,他指的是社会动荡"。因此,无论压制还是支持共和变革,对梅特涅来说"都是[欧洲]国际问题,必须根据外交政策的准则来处理"。[2] 今天的我们应该知道,就欧洲政治传统而言,所谓"外交政策的准则"实际指基于封建世袭关系的欧洲国际关系法则:由于"领土被看作封建主的财产",涉及领土的法律制度问题时,"公法和私法规范的紧密交织"特别明显。[3]

亚平宁半岛的共和革命

梅特涅虽然以欧洲的"国际首相"自居,是"合法[王权]政府的坚定捍卫者和

---

[1] 诺曼·里奇,《大国外交:从拿破仑战争到第一次世界大战》,前揭,页32-33;霍特,《卡斯尔雷的对欧政策(1812—1822)》,南京:南京大学出版社,2012,页167-169。

[2] 亨利·基辛格,《重建的世界:梅特涅、卡斯尔雷与和平问题,1812—1822》,前揭,页302。

[3] 费尔德曼、巴斯金,《国际法史》,黄道秀、臧东安、肖雨潞译,北京:法律出版社,1992,页50。

革命的死敌",但是,由于同样担忧俄国趁机以维持欧洲秩序的名义出兵西进,他与卡斯尔雷联手阻止了俄国干涉西班牙革命的动议。这时,西班牙共和革命的消息已经传到亚平宁半岛:1820年7月2日,那不勒斯王国的烧炭党人发动起义,要求引进西班牙1812年宪法,随即得到当地驻军支持——"国王吓得卧病在床",还没等到起义者提出要求,"他就同意了每一个条件,但同时他又写信去哀求奥地利援助"。烧炭党人颁布了西班牙宪法,迫使国王宣誓承认,并预定10月1日召开国会。①

几天后,西西里也爆发了起义,但起义者很快就因是否要脱离那不勒斯王国独立建国而产生歧见,陷入了内部冲突。接着是半岛西北部的皮埃蒙特-撒丁王国(Piemonte - Sardinia),那里是法国与奥地利帝国之间的缓冲区。当地贵族自由派本就打算武力夺取维也纳会议划归奥地利的伦巴第-威尼提亚王国(Regno Lombardo - Veneto),在半岛北部建立独立的"上意大利王国"(Kingdom of Upper Italy)。南部爆发起义后,皮埃蒙特的自由主义者相信机会来了:奥地利一定会被迫出兵南部,无暇顾及北部。②

当那不勒斯兴起共和革命时,梅特涅感到不得不干预了。他摆上桌面的理由是,根据1815年6月12日的条约,那不勒斯王国曾同意,其宪政改革不可扩展到奥属意大利各省,而那不勒斯共和派挪用西班牙的"自由主义宪法",事实上否定了这个条约所规定的限度,"奥地利显然可以理直气壮地进行干涉"。实际上,梅特涅心里清楚:与西班牙的共和革命不同,那不勒斯的共和革命直接危及"奥地利在意大利其他地方的权威",甚至会鼓励奥地利帝国属地的革命。那样的话,整个奥地利帝国的区域秩序必将土崩瓦解。梅特涅有理由声称,"意大利纯粹是奥地利的内部事务",只有奥地利有权干涉那不勒斯动乱。让人意想不到的是,卡斯尔雷也支持梅特涅干涉,因为他懂得,让奥地利"作为一种制衡法国和俄国的筹码"保持强大,符合英国的战略利益。③ 对照卡斯尔雷反对干涉西班牙革命的说辞,不难看到,对他来说,干涉抑或不干涉都不成其为国际政治原则,一切都只取决于英国自己的战略利益考量——梅特涅同样如此。

---

① 赫·赫德、德·普·韦利编,《意大利简史:从古代到现代》,罗念生、朱海观译,北京:商务印书馆,1975,页239-240。

② 克里斯托弗·达根,《命运之力:现代意大利史,从拿破仑时代到21世纪》,郑昕远译,北京:中信出版社,2022,页94-96。

③ 诺曼·里奇,《大国外交:从拿破仑战争到第一次世界大战》,前揭,页33。

夭折的葡萄牙-巴西联合王国

1820年8月24日,葡萄牙爆发了与西班牙"有许多相似之处"的革命——北部濒临大西洋的港口城市波尔图(Porto)发生兵变。不同的是,这场革命带有独立诉求,"80个城市的商人和几名贵族'宣布'反对英国的占领"——革命迅速扩展到里斯本(9月15日),而且"表现方式更为激进":除要求驱逐英军外,还要"复兴君主制、重建与巴西的贸易"。卡斯尔雷随即宣称,葡萄牙是英国的势力范围,"坚决排斥其他大国在葡萄牙事务上的发言权"。①

奇妙的是,英国政府决定不干涉葡萄牙的共和革命,这在今天看来很不可思议。不过,一旦人们了解到拿破仑战争以来的葡萄牙历史,困惑就会消失。1807年11月7日,入侵葡萄牙的法军进抵里斯本前夕,葡萄牙王室"带领朝臣和几千平民"在海军护送下前往大西洋彼岸的巴西殖民地避难。"巴西人热诚地欢迎他们的统治者",因为王室的到来意味着殖民地的地位一下子提高了——"里斯本和里约热内卢的相对地位忽然颠倒过来"。②

英军与法军在葡萄牙缠斗差不多三年,终于替葡萄牙收复失地,在那里建立了由英军统治的军事政权,但葡萄牙国王若昂六世(João VI,1767—1826)并"没有表示出返回欧洲的愿望"。他"显然更加喜欢巴西",因为他决定把"这个殖民地提高到与葡萄牙同等的王国地位",并仿照大不列颠及爱尔兰联合王国模式建立"葡萄牙-巴西-阿尔加维联合王国"(1815)。由于"中央政府仍旧设在里约热内卢",巴西上升到了"宗主国的地位",而"葡萄牙则沦为了殖民地",仿佛成了这个联合王国(Reino Unido)的一个省份。"一个崭新的国家"在南美洲出现了:若昂政府推行改革、发展商业、开放通商口岸,整个巴西显得生机勃勃。③

如果这个联合王国继续存在下去,谁也说不准它是否会在未来成为美利坚合众国的竞争对手甚至有威胁的近邻。毕竟,若昂六世颇为开明,他很可能会带领这个跨越两大洲的联合王国走向维多利亚式的君主立宪政体。然而,1820年8月的

---

① 戴维·伯明翰,《葡萄牙史》,周巩固、周文清等译,北京:商务印书馆,2012,页100;查·爱·诺埃尔,《葡萄牙史》,南京师范学院教育系翻译组译,南京:江苏人民出版社,1974,页308-309。

② 查·爱·诺埃尔,《葡萄牙史》,前揭,页300-301。

③ 德·奥里维拉·马尔格斯,《葡萄牙历史》,李均报译,北京:中国文联出版公司,1998,页98、111-112;查·爱·诺埃尔,《葡萄牙史》,前揭,页306-307。

葡萄牙革命打断了这个新生的联合王国的生命历程。在葡萄牙自由党人的呼吁下，若昂六世万分不情愿地带领王室返回里斯本(1821年7月)，接受了英国宪制式的有限君权。紧接着，葡萄牙自由党人控制的第一届立宪议会要求取消若昂六世授予巴西的各种特权，这意味着让巴西重新回到殖民地的地位。巴西国王——若昂六世的儿子——随即宣布巴西独立(1822年5月)。唐宁街的卿士们终于看到了自己希望看到的结果：可以撇开葡萄牙直接掌控巴西贸易。现在我们可以明白，英国为何不干涉葡萄牙的共和革命了。

神圣同盟压制共和革命

西班牙在1820年爆发共和革命后，由于自由派的君主立宪政府强制推行削弱地方封建自治的自由主义政治改革，政局反倒更为动荡不安。与此同时，梅特涅面对那不勒斯的动乱，果断作出决策，迅速出兵，跨越波河向南征伐——英国和法国默认了这一军事干预。卡斯尔雷"甚至对奥地利的行动表示了审慎的赞许"，毕竟，他懂得支持抑或反对干涉得依具体情况而定。换言之，"英国保留了自己在自身利益或友邦利益受到威胁时的干涉权，与此同时也保留了反对进行违反英国利益之干涉的权利"。[①]

由于那不勒斯军队的精锐已于半年前奔赴西西里压制当地的独立倾向，奥地利军队几乎没有花费力气就压制了那不勒斯的立宪行动。那不勒斯王国要求摆脱奥地利的宗主权获得独立，却又不允许西西里从那不勒斯分离出去。在欧洲的政治成长过程中，所谓"独立"的含义及其正当性极为含混，由此可见一斑。脱离罗马教廷的支配与脱离源于封建联姻关系的宗主权的支配，具有完全不同的性质。在美利坚成功反叛宗主国获得"自由独立"的影响下，随着nation独立诉求的出现，情形会变得更加复杂。

1822年10月，战后五大国的代表们齐聚意大利北部名城维罗纳(Verona，当时是奥地利属地)，重新讨论如何应对西班牙共和革命持续不断的乱局。自维也纳会议结束以来，这是五大国外长首次举行峰会。英国仍然坚持反对干预西班牙政局，其目的与反对干涉葡萄牙政局一样。俄国呼吁五大国集体干预，言下之意，俄军要奔赴西欧。法国以自己与西班牙有波旁家族协定为由，坚持应该获得授权单独处理西班牙问题。何况，法国绝不会允许外国军队经过自己的领土进

---

① 诺曼·里奇，《大国外交：从拿破仑战争到第一次世界大战》，前揭，页35。

入西班牙。在接受了若干限制条件后,经维罗纳会议授权,近十万法军进入西班牙(1823年4月7日)。共和革命后的西班牙政局一直处于内斗状态,对可能的干涉"在政治和军事上均毫无准备"。前去阻击法军的第一支西班牙志愿军高唱"马赛曲",以为可以就此瓦解法军,得到的回复却是火枪排射。不过,法军仍然花了半年多时间才平定各地的抵抗:11月,"支持共和革命的最后一批城市"向法军投降。费迪南七世虽然一直是1820年革命后君主立宪政府的国王,但如今他又坐回了绝对君主的宝座。①

干涉美洲的传闻

1815年的维也纳会议没有像一百年后的凡尔赛和会那样处理全球性政治事务,欧洲内部的巨大动荡使得四国同盟无暇顾及美洲。维罗纳会议期间,费迪南七世呼吁神圣同盟派陆军和海军奔赴美洲,压制"他的叛乱的臣民,夺回他的富庶的省份"。于是,神圣同盟的核心成员俄、奥、普三国就出兵干预南美殖民地脱离宗主国的问题进行了磋商,并"准备召开另一次欧洲会议讨论这个问题"。②

若是半个世纪前,面对盎格鲁-美利坚的分离主义"叛乱"时有这样的会议,英国一定会力主干预。现在则不同,英国一直积极支持美洲的独立运动,以图"利用这些革命来打破西班牙和葡萄牙与它们的美洲殖民地间的贸易垄断",因为"这些[革命]运动不是针对英国"。1823年8月中旬,新任英国外务大臣乔治·坎宁(1770—1827)给美国驻伦敦公使理查德·拉什(1780—1859)连发三份"私人性且极为机密的"照会,建议两国签署一份协议,抵制神圣同盟三国可能在拉美地区采取的任何行动。③

这时,进入西班牙的法军已经基本掌控局面,神圣同盟三国和英国满以为法军会再次陷入游击战泥潭,但这样的情况并没有出现。法国外交大臣得意忘形,他声称法国将实施一项"波旁王朝计划":组成一支规模不大的远征部队前往美洲,以武力威胁加谈判的方式让西属殖民地转移到法国的波旁家族名下——欧洲国际公法与私法的交织由此可见一斑。坎宁得知消息后,随即给法国驻伦敦大使发

---

① 伊·莫·马伊斯基,《西班牙史纲:1808—1917》,前揭,页272-285。
② S. F. 比米斯,《美国外交史》(第一分册),前揭,页222。
③ 诺曼·里奇,《大国外交:从拿破仑战争到第一次世界大战》,前揭,页33、37;S. F. 比米斯,《美国外交史》(第一分册),前揭,页223-224。

去一份备忘录(1823年10月9日),这"实际上等于是对法国和欧洲下的最后通牒,叫它们放开拉丁美洲"。其实,法国外交大臣的所谓"波旁王朝计划"不过是"不经意地"说说而已,巴黎王室紧接着就出面澄清,根本没这回事(11月下旬)。在此之前不久(11月初),坎宁向拉什提出的那份建议恰好抵达白宫,门罗总统随即召集国务卿约翰·昆西·亚当斯(1767—1848)以及陆军部长约翰·卡尔霍恩(John C. Calhoun,1782—1850),紧急商讨应对之策——随后就有了门罗总统的国会咨文的出笼。①

约翰·昆西·亚当斯是开国元勋之一、美国第二任总统约翰·亚当斯的长子,通常被称为"小亚当斯",一年多后(1825),他代表国家共和党当选为第六任总统。尽管新闻媒体疯传欧洲王权国家即将出兵美洲,小亚当斯仍满有把握地对总统说,"神圣同盟进行干涉的真正威胁并不存在",西班牙若还想在美洲恢复治权,就像"设想钦博拉索山(Chimborazo,[引按]南美洲厄瓜多尔中部,地理学上称为地表最厚的地方)会沉入海洋一样不现实"。小亚当斯也不担心俄国有可能扩大在西半球的影响力,即便俄国在太平洋西北部已经拥有了实质性领土。1816年,俄国美洲公司(1799年成立)在西属博迪加湾(Bodega Bay,旧金山正北)建立了一个贸易站,美国的贸易海船经常唆使印第安人袭扰,俄国政府屡屡提出抗议,美国政府以无权干涉公民自由为由对此置若罔闻。无奈之下,亚历山大一世发出皇室训令(1821年9月),宣布俄国在阿拉斯加的领海范围南移至北纬51度线,禁止外国船舶进入该属地"以北沿岸100意大利里以内"。这一训令看似是门罗咨文的历史诱因之一,其实它并"未付诸实施",或者说俄国没有海军实力实施。命令发布后,"俄国船舰即接获指示,避免与美国人发生冲突"。②

门罗宣言针对的真正敌人

小亚当斯心里清楚,真正对美国在北美的扩张构成威胁或阻碍的是英国而非俄国。事实上,亚历山大一世宣布扩大俄国在阿拉斯加的领海范围之前的半年多(1821年1月),小亚当斯已经毫不含糊地要求英国驻美公使"把除英国现有属地以

---

① 孔华润主编,《剑桥美国对外关系史》(上),前揭,页166、170;详参 Ernest R. May, *The Making of the Monroe Doctrine*, Cambridge, Mass. : Harvard University Press,1975, pp. 12 – 64。

② 谢沃斯季扬诺夫主编,《美国近代史纲》,易沧、祖述译,北京:生活·读书·新知三联书店,1977,页289、297 – 298。

外的整个北美大陆交给美国"。1823年7月,小亚当斯向美国驻伦敦和圣彼得堡的公使发出训令,再次重申这一原则,其表述为"美洲大陆不再是给人当作任何新的欧洲殖民地的地方"——门罗咨文中著名的"门罗主义"原则已经出现了。由于美利坚人自己就是来自欧洲的殖民者,甚至连美国史学家也承认,这一原则"具有讽刺意味",它充分表明了美国的"自私自利,因为它所反对的仅仅是欧洲国家的扩张权利",要把殖民的"特权垄断在自己手中"。①

坎宁在8月提出英美联手的建议,不过是以外交欺骗手段应对新生的美利坚合众国咄咄逼人的扩张——古巴是当时美国扩张的目标。1823年3月中旬,小亚当斯已经开始"担心英国可能采取行动"从西班牙手中夺取古巴。一个月后(4月28日),小亚当斯在自己的备忘录中写道:美国应该决心阻止西班牙把古巴转让给英国,必要时"甚至[不惜]使用武力"。古巴的史学家有理由说,"古巴的未来正是促使门罗主义产生的直接和主要的原因"。②

小亚当斯和美国驻伦敦公使拉什与坎宁出自同一政治传统,他们很容易看出,坎宁夸大了神圣同盟三国替西班牙干涉拉美地区的可能性——坎宁建议的英美协定"表面上"针对神圣同盟,其真实目的则是限制美国在美洲的扩张。小亚当斯向总统建议,最好是"美国单方面发布一个反对欧洲国家干涉新世界的宣言",矛头同样表面上针对神圣同盟——尤其俄罗斯帝国政府。他的理由是,"向俄国和法国公开表明我们的原则,要比充当英国军舰后面的一只小艇更光明磊落、更体面和有尊严"。③

果然,门罗咨文发布之后,"俄国政府虽然并不同意"美国政府的观点,"但也并没有公开抗议",而是"保持缄默"。俄国政府知道,美国担心的其实是"英国扩充势力的可能性"。事实上,在门罗宣读咨文前一周(11月27日),小亚当斯曾将一份注明"机密"字样的照会发给俄国驻美公使,其中"几乎逐字逐句"陈述了门罗咨文

---

① S. F. 比米斯,《美国外交史》(第一分册),前揭,页225-226;谢沃斯季扬诺夫主编,《美国近代史纲》,前揭,页287-288;孔华润主编,《剑桥美国对外关系史》(上),前揭,页165。

② 艾·罗依格·德·卢其森林,《古巴独立史》,张燚译,北京:生活·读书·新知三联书店,1971,页106-109;洪育起、王晓德,《冲突与合作:美国与拉丁美洲关系的历史考察》,太原:山西高校联合出版社,1994,页46-48;比较 Worthington C. Ford, "John Quincey Adams and the Monroe Doctrine", in *American Historical Review*, 7/4(1902), pp. 678-680;8/1(1902), p. 44。

③ S. F. 比米斯,《美国外交史》(第一分册),前揭,页223-226;孔华润主编,《剑桥美国对外关系史》(上),前揭,页168。

"所包含的原则",希望这位公使过目——小亚当斯还保证说,"美国政府极愿除掉会令俄国不快的一切[言辞]"。①

不过,仅仅半年后(1824年4月),美国就与俄国签署了调整两国在美洲大陆相互关系的条约。由于美国在条约中获利更多,这被史学家视为门罗主义的"初次获胜"。美国能够取得这一胜利,其实是由于英国当时正与沙俄在近东争夺势力范围,从而在太平洋西北地区的争夺上宁可与美国采取共同行动:"由于俄国商人竞争不过英美商人",条约中的所谓双边权利"事实上成了英美商人享有的特权"。②

"自由独立"的地缘扩张

小亚当斯是在10月18日起草咨文的,当时门罗在外地,他"没有与总统进行任何商议",草案直到11月7日才提交给门罗及其内阁,"因此,初稿中的想法和表述完全出自[小]亚当斯"。鉴于内阁在最后讨论草案时仅有"两段内容被删去","如今以门罗主义之名流传的主张实则出自[小]亚当斯之手"。③ 为了避免节外生枝,小亚当斯在替总统起草国会咨文时并没有提到拉美地区的独立问题。由于门罗总统坚持,这个话题才被写进咨文,毕竟,总统自己不仅有长期的外交历练(法国大革命期间任美国驻巴黎公使),他还是信念坚定且富有热情的共和主义者。④ 据说,在修改小亚当斯起草的咨文时,门罗加了几句同情西班牙和希腊的共和革命的话,经小亚当斯劝告才删掉。⑤

"自由独立"修辞的马基雅维利式含义

人们看到的咨文并非如此,其中不乏同情西班牙和希腊的共和革命的言辞。

---

① 谢沃斯季扬诺夫主编,《美国近代史纲》,前揭,页299、301。
② 谢·宾·奥孔,《俄美公司》,前揭,页77–78。
③ Worthington C. Ford, "John Quincey Adams and the Monroe Doctrine", in *American Historical Review*, 7/4(1902), p. 691; 8/1(1902), pp. 45, 51;详参 Edward Howland Tatum, Jr., *The United States and Europe, 1815—1823: A Study in the Background of the Monroe Doctrine*, Berkeley: University of California Press, 1936, pp. 205–250。
④ 乔纳森·尹斯雷尔,《美国独立70年:1775—1848》,前揭,页339、417–418。
⑤ S. F. 比米斯,《美国外交史》(第一分册),前揭,页228;比较 Worthington C. Ford, "John Quincey Adams and the Monroe Doctrine", in *American Historical Review*, 8/1(1902), pp. 35–36。

事实上，门罗的国会咨文最为显眼的修辞是，凭靠共和政制的正当性，抵制欧洲专制国家对美洲"自由独立状态"的干预。咨文声称，"欧洲国家的政治制度在本质上不同于美国"，而"我们整个国家都愿为保卫我们自己的制度而献身"——基于这样的理由：

> 我们必须宣布：我们应把欧洲国家将其制度扩展到这个半球任何一个部分的企图，都视为对我们的和平与安全的威胁。我们一直没有，也不会干涉欧洲国家现有的殖民地和附属国。但是，那些已经宣布并保持独立的国家，我们已仔细斟酌，并按照公正原则予以承认，任何欧洲国家旨在压迫或以其他任何方式控制这些国家的命运而进行的一切干涉，我们只能视之为对美国表示不良意向。①

直到今天，这段言辞还被不少人视为美国这个"自由女神"身上散发出的辉光，政治史学家则会对华盛顿的这般外交言辞感到惊讶：对于西班牙在美洲的殖民地和附属国，新生的美利坚"一直没有干涉，也不会干涉"吗？

无需等到1805年的特拉法尔加海战结束，自从西班牙的无敌舰队在1588年覆灭以来，西班牙的帝国海军就已经快步走上了下坡路，没有实力守住自己的美洲殖民地。自十七世纪以来，荷兰人、英国人和法国人"不仅动手把北美洲'空闲的'土地变成他们的殖民地"，也寻机侵占"西班牙殖民地区域内的领土"。由于英国和法国相互激烈争夺，西班牙的大部分殖民地才得以幸存到美利坚立国后的十九世纪初："直到1810年"，西班牙国旗还飘扬在北纬38度至南纬42度的广阔领地上。②

拿破仑入侵西班牙之后，新生的美国趁机加入蚕食西班牙殖民地的行列。1810年，以援助西属巴吞鲁日（Baton Rouge，今路易斯安那州首府）的起义移民为由，美国武力夺取佛罗里达西部。拿破仑立即向美国抛出橄榄枝，宣布废止针对美国的"米兰法令"（1810年11月1日）。一年多后，美国加入了拿破仑阵营，即便拿破仑已经称帝，恢复了令美国人憎恨的君主制。1812年6月18日，詹姆斯·麦迪逊总统（1751—1836）在国会发表演讲后，国会投票对英国宣战。当时英国正陷入伊比

---

① 张鑫编，《美国的梦想：美国总统演讲精选》，前揭，2008，页14（译文略有改动）。
② 米罗舍夫斯基，《美洲西班牙殖民地的解放运动：从被征服到独立战争前为止（1492—1810年）》，金乃学译，北京：生活·读书·新知三联书店，1960，页6-8。

利亚半岛战场,美国企望趁此机会打破英国对海上贸易的垄断,并夺取加拿大。

"第二次美国独立战争"爆发后,尽管"欧洲根本没有对东佛罗里达构成什么威胁",时任国务卿的门罗还是决定对这块西属殖民地领土下手。西班牙在欧洲深陷战争泥潭,已经精疲力竭,只得放弃,但还希望以密西西比河为界,"为还没有起来造反的墨西哥争取一个有利的边界"。这一想法不仅异想天开,而且"愚蠢透顶",因为它把新生的美利坚想得太过仁慈。维也纳会议后(1817年12月),美国又武力夺取阿米莉亚岛(Amelia Island)。该岛位于美国与东佛罗里达的边界,当时已宣布脱离西班牙成为墨西哥领土的一部分,进入了"自由独立状态"。差不多与此同时,美国陆军部命安德鲁·杰克逊将军(1767—1845,1829年当选总统)清剿佛罗里达的塞米诺尔(Seminole)印第安人部落,并借机对西班牙领土发起"惩罚性远征"。杰克逊"率领3000人进入西班牙领土,在将印第安人驱逐出去后,继续向前推进",占领了西属佛罗里达东部。西班牙驻美公使提出抗议,并要求归还领土,小亚当斯的回复是一份"语气生硬、强词夺理、盛气凌人"的声明:鉴于这一地区"随时会被美国的任何敌人——无论是文明的还是野蛮的敌人——占领",西班牙应该把它割让给美国。①

"文明的敌人"这个语词应该让人们认识到,后来的门罗咨文的言辞何其虚伪。西班牙没有"实力来维护自己的权利,除让步外别无出路",只得签订《亚当斯-奥尼斯条约》(Adams-Onís Treaty),将东佛罗里达割让给美国,而美国仅支付了500万美元补偿金(1819年2月)。根据这份条约,美国的西部疆界得以"沿北纬42度直达太平洋岸",美国由此成为一个横跨北美大陆的国家——《亚当斯-奥尼斯条约》因此也被称为"横贯大陆条约"。小亚当斯有理由颇为得意地把签订这份条约视为自己"一生中最有成就感的时刻",毕竟,他出任国务卿时就立下抱负:要让美国的领土扩张至整个北美大陆。对他来说,无论英国还是西班牙的殖民地,若"与一个伟大、强盛、开拓进取和迅速崛起的国家永远毗邻而立",这"在物质上、道义上和政治上都荒谬绝伦"。②

---

① 孔华润主编,《剑桥美国对外关系史》(上),前揭,页157-158。
② 谢沃斯季扬诺夫主编,《美国近代史纲》,前揭,页281-283;比较 Thom Hatch, *Osceola and the Great Seminole War*, New York: St. Martin's Press, 2012, pp. 100-110;比较 Thom Hatch, *Osceola and the Great Seminole War*, New York: St. Martin's Press, 2012, pp. 100-110。详见 Samuel Flagg Bemis, *John Quincy Adams and the Foundations of American Foreign Policy*, New York: A. A. Knopf, 1949; William Earl Weeks, *John Quincy Adams and American Global Empire*, Lexington: University Press of Kentucky, 1992。

美国本土疆域的形成

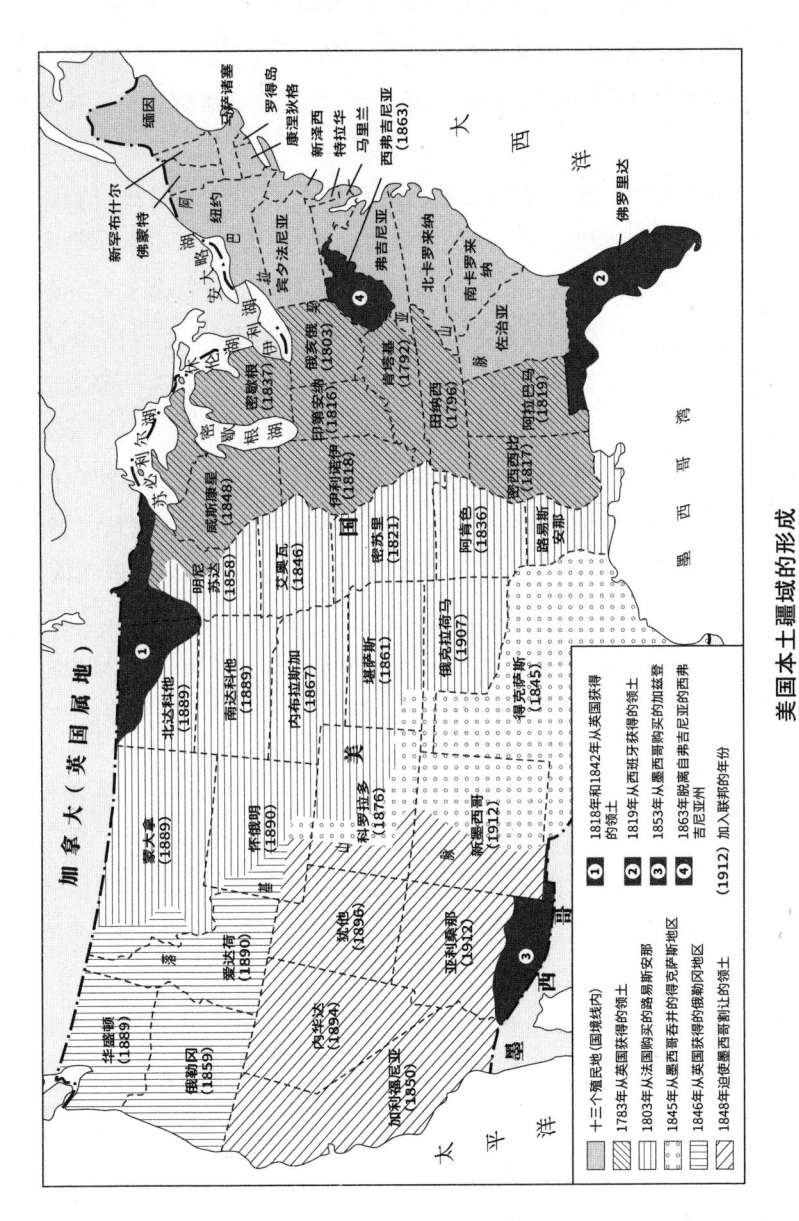

据张津瑞、林广《地图上的美国史》页54绘制

门罗咨文高调宣称抵制域外干涉,依循的不过是欧洲的国际政治传统,与英国宣称葡萄牙是自己的势力范围别无二致,也与奥地利宣称意大利是自己的势力范围如出一辙。不同的是,门罗咨文为美国的地缘扩张提供了历史进步论的道义支撑,让美国显得是共和政制这一新文明标准的旗手和卫士。直到今天,不少读书人还因这样的言辞而感动,政治史学家却很容易看到,这不过是典型的美国式地缘扩张的借口。①

只要一个人的政治常识没有被启蒙意识形态蒙蔽,他就不容易被门罗咨文的自由主义文明修辞欺骗。玻利瓦尔是南美西属殖民地"自由独立"共和革命的杰出领导人,他虽然确信,为了"抵抗西班牙、神圣同盟和无政府状态",岌岌可危的南美国家联盟需要援助,但他对"西面以恩人自居的强大国家"同样心存恐惧,因为他很清楚美国的天性:"门罗主义是公然的侵犯,是试图将西半球纳入美国势力范围的举措。"②

玻利瓦尔能够对美国有如此清醒的认识,缘于美国的行为并没有让自己显得是普世性的新"文明标准"的担纲者,实际"捍卫"拉美自由独立的反倒是大英帝国,而这又不过是英国为了获取自身的利益。1820 年 5 月,美国正在与西班牙谈判,企图以经济补偿换取佛罗里达,玻利瓦尔写信给当时大哥伦比亚(Gran Colombia, 1819—1821)政府的外交部长约瑟·雷文加(José R. Revenga,1786—1852)说:

> 如果美国总统[门罗]的感情坦率真挚,那是再好不过的事情;英国人的担心天真幼稚……英国人希望转让条约得不到批准,这一事实证明,情况与他们的断言相反,也表明了他们的真正利益之所在——他们永远不会允许墨西哥湾的钥匙落到美国人手里,他们希望通过别人,特别是他们的敌人遭受牺牲的方式,使美洲获得独立。英国人本来能够象朱庇特一样,一眼扫来就将我们打得粉碎;然而,他们实际上的中立态度保护了我们,使我们得到了巩固和加强,以致欧洲已经没有任何力量能够打败我们。我们的外交代表如此天真地相信英国可能做出不明智的举动,门罗总统看到后会发笑。但是,如果他认为我们相信英国会这样不明智,那还有点好处,因为他大概觉得搞点小恩小惠就能欺

---

① 张鑫编,《美国的梦想:美国总统演讲精选》,前揭,页 14;比较 Christopher R. Rossi, *Whiggish International Law: Elihu Root, the Monroe Doctrine, and International Law in the Americas*, Leiden: Brill Nijhoff, 2019, pp. 123 – 152。

② 乔纳森·尹斯雷尔,《美国独立 70 年:1775—1848》,前揭,页 518。

骗我们,让我们为他的自私和不可告人的目的服务。

没有比美国人对我们的所作所为更加卑鄙无耻了:看到事态大局已定,他们就又抗议又许诺——天晓得是真是假——想讨好我们,以恫吓西班牙人,迫使西班牙人按他们的利益行事。门罗总统的锦囊妙计真是令人叹服。他给针对英国的这种流言蜚语蒙上一层神秘的帷幕,目的似乎是要替我们说话,实际上却是给西班牙的暗示。美国人很清楚,对他们来说,英国和西班牙的利益紧密相联。我们不要让徒有其表的假象所迷惑,我们要心中有数,知道该做什么和做出什么样子。我们要像那个为了不让狼吃掉而装死的人一样行事。①

事实上,即便是在门罗咨文公布之后,"保护"拉美独立的政治力量也不是门罗宣言的"羊皮纸篱笆墙",而是英国舰队的"橡木墙"。这再次证明,门罗宣言出笼的起因,不过是美国与英国争夺美洲支配权的斗争。② 用世界史大师汤因比(1889—1975)的话来说,"门罗主义并不保证拉美各共和国免受来自美国方面的侵略",它"实际上确实为美国干涉他国内政开了方便之门,因为在遭受干涉的拉丁美洲国家看来,此种干涉无异于侵略"。③

"欧洲的灾难就是美洲的机会",维也纳会议之后,在美洲大陆,只有"英属北美和俄属阿拉斯加还同欧洲的政治命运拴在一起",但真正有实力干涉美洲的是英国,而英国恰恰一向支持西班牙和葡萄牙的美洲殖民地的独立和政制变革——"西班牙起来反抗拿破仑之前",英国就开始支持西班牙殖民地脱离宗主国的起义。当然,英国这样做的目的不外乎是想借此从西班牙和葡萄牙手中夺取其对殖民地的控制权。若非为了抵御拿破仑的西进而与西班牙结成新的联盟,"英国至少会在南美洲建立它的主权"。当时,美国尚立足未稳。1808年10月,西属古巴和墨西哥有人想要闹独立时曾寻求美国支持,美国政治家力劝他们"继续留在西班牙王国和王室的统治之下",因为美国政府"非常不愿意看到"古巴和墨西哥"转移到法国或英国的统治或主权之下"。时任美利坚第三任总统的托马斯·杰斐逊(1801—1809在

---

① 玻利瓦尔,《玻利瓦尔文选》,前揭,页107-108。
② 威廉·本内特,《美国通史》(上),刘军等译,南昌:江西人民出版社,2009,页179;比较 Frank Fox, *The Mastery of the Pacific: Can the British Empire and the United States Agree?*, London: John Lane The Bodley Head, 1928, pp. 79-82。
③ 阿诺德·汤因比、弗兰克·艾什顿-格沃金特编,《第二次世界大战全史(1):1939年3月的世界》,郑玉质、关仪译,上海:上海译文出版社,2015,页11-12。

任)毫不掩饰自己的忧心,他知道一旦"这些殖民地被英国或法国获得,其命运就不会如他所愿望的那样了"。① 这足以证明,著名的美国"天定命运论"虽然在1844年才由时年30岁出头的杰克逊民主的激进派作家约翰·奥利沙文(1813—1895)提出,"但它自美国建国之初就已经存在",只不过在"独立得到巩固后,则变得越来越明显、越来越'天定'"罢了。②

1811年,以"更加赤裸裸地显示美国决心和威胁的方式",美国迫使西班牙签订条约割让佛罗里达,并非为了捍卫"自由独立"的政治原则,而是担忧英国可能采取行动获取东佛罗里达。当时美国国会通过了一项秘密决议,绝不能"坐视该地区的任何部分转入任何外国之手"——"行政当局还得到了在必要时使用武力的授权"。史学家有理由把这一秘密决议视为"门罗主义的先声",因为它解释了咨文中拒绝欧洲国家再从西半球获得殖民地这一说辞的实际含义:所谓"不可转移"原则意味着,西属美洲殖民地不可转移到任何国家手中——但美国除外。③

十二年过去了,英国的威胁仍然没有解除。小亚当斯敏锐地看到,英国正是打着捍卫"自由独立"乃至共和制度的旗号试图获取西班牙和葡萄牙的美洲殖民地。因此,他用其人之道还治其人,采用捍卫"自由独立"的政治道义修辞阻止英国染指西班牙和葡萄牙的美洲殖民地。小亚当斯深知一个处理国际关系的道理,即"必须做一个伟大的伪装者和假好人"——这来自马基雅维利的教诲:

> 一位君主总是用不乏正当的理由为其背信弃义涂脂抹粉。关于这一点,我们可以提出无数现代的例子为证,它们表明:许多和约与承诺由于君主们的背信弃义而废止,成为一纸空文;而深谙如何使用狐狸的人却获得最大的成功。但是,君主必须深知如何掩饰这种兽性,必须做一个伟大的伪装者和假好人;人们是那样单纯,那样地服从于当前的需要,以致要进行欺骗的人总是可以找到上当受骗的人。④

---

① S. F. 比米斯,《美国外交史》(第一分册),前揭,页215、220。
② H. van Buuren, "The Monroe Doctrine and Manifest Destiny", in(编者不详):*Symbolae-Verzijl:Présentées au professeur J. H. W. Verzijl à l'occasion de son LXX – ième anniversaire*, La Haye: M. Nijhoff,1958, p. 102;比较 Robert W. Johannsen, "The Meaning of Manifest Destiny", in Sam W. Hayes and Christopher Morris(eds.), *Manifest Destiny and Empire:American Antebellum Expansionism*, Texas:Texas A&M University Press,1997, pp. 7 – 19。
③ 孔华润主编,《剑桥美国对外关系史》(上),前揭,页156。
④ 马基雅维利,《君主论》,刘训练译,长春:吉林出版集团有限责任公司,2014,页147。

马基雅维利的《君主论》英译本虽然在1640年才出现,但早在1592年就有英国政治家把"马基雅维利主义者"用作形容词,或者把"马基雅维利主义"用作名词。自十七世纪以来,马基雅维利的类似言论已"被广泛地引用"。如果马基雅维利的这些原则事实上成了欧洲国家之间"国际谈判的根本",甚至所有欧洲"有抱负的外交家所应遵守"的原则,那么,史学家就没有理由说,这是一般人得出的"不正确的印象"。人们反倒必须认识到,对盎格鲁-美利坚政治人来说,"外交学不属于道德哲学的范畴"——用玻利瓦尔的话来说,美国的外交人士"就像曾在马基雅维利学校学习过似的"。①

美国如何夺取得克萨斯

门罗咨文临近结尾时有一段言辞往往被人们忽视,它充分表明,咨文作者清楚意识到,正是通过兼并西班牙的美洲殖民地获得大片土地,美利坚才开始成为一个"大国":

> 当初,在我们被公认的国界内,有一半领土荒无人烟。从那时起,我们取得了大片新领土,其中包括许多河流,尤其是密西西比河;沿该河至海洋的航路,对原有各州具有极其重大的意义。我们的居民向各个方向扩散到这一大片领土,建立起了各个新州;这些新州的数目,几乎与组成我们联邦最初骨干的诸州数目相等。我们居民的扩散和各个新州的归并,对我们联邦的一切最高利益都产生了极为有利的影响。它大大增加了我们的资源以及我们的实力和作为一个大国的尊严,这是大家所公认的。②

英国虽然以支持"独立"为口实进行帝国式地缘扩张,但毕竟没有用一份政治宣言让自己成为新"文明标准"的担纲者。因此,政治史学家有理由说,门罗咨文的道义修辞开启了以"自由独立"为名的自由帝国主义式的政治占有。这篇长达51个自然段的国会咨文本来仅仅是一个应时性的外交文献,由于其捍卫"自由独立"的政治宣称,它成了类似于国际法性质的文献,对后来的世界历史产生了极为深远的影响,尽管它"甚至没有经过普通法案的立法手续"(同上,页295)。

---

① 哈罗德·尼科松,《外交学》,眺伟、倪征燠译,北京:世界知识出版社,1957,页44、46;玻利瓦尔,《玻利瓦尔文选》,前揭,页108。

② 转引自谢沃斯季扬诺夫主编,《美国近代史纲》,前揭,页292–293。

另一方面，由于咨文"措词的含糊"，美国政府能够使其适应不同的具体政治场合：

> 考虑到美国后来的扩张道路，注意到以下这点非常重要，即在否认欧洲国家（也包括英国）有权在西半球获得额外的殖民地的同时，门罗主义并没有阻止美国在西半球的进一步扩张，也没有排除美国干涉拉美国家内部事务的权利。①

门罗的国会咨文成为"门罗宣言"之后，美国的对外扩张行为越来越肆无忌惮——夺取墨西哥的得克萨斯就是最为显著的例子。

> 1826年，墨西哥政府同居住在墨西哥得克萨斯州的脱离主义者的美国移民发生了第一次武装冲突，这离门罗主义的宣布还不到3年。墨西哥和美国终于在1846年交战，结果是美国征服并兼并了一块地大物博的拉丁美洲领土。拉丁美洲国家自它们独立以来直至第二次世界大战前夕，任何时候都还没有在它们自己之间有这么一块领土易手。……完全以墨西哥为牺牲品的征服阶段于1846年告终之后，接着就进入了干涉阶段。其间遭受过干涉的就不只是墨西哥了，还有不少地峡和岛屿共和国。②

与西班牙就割让东佛罗里达的谈判进行到最后阶段时（1818），小亚当斯若施加更大压力，他本可把得克萨斯也收入囊中。当时的麻烦在于，西属墨西哥（新西班牙）的殖民者后裔伊达尔戈（Miguel Hidalgo，1753—1811）早在1810年12月就策动过独立起义。伊达尔戈是位天主教神甫，但他喜欢读孟德斯鸠和卢梭，参与过一个名为"文学与社交会"的启蒙文人社团。由此不难理解，伊达尔戈的起义最初依托的是印第安人，但很快就得到克里奥尔人的地方国民自卫队支持。西班牙殖民军迅速镇压了起义，"伊达尔戈被俘并被处决"（1811年7月）。他的学生、方济各会神甫莫雷洛斯（José María Morelos，1765—1815）接过"自由独立"的旗帜，带领起义军继续打游击，经过两年的武装斗争，控制了墨西哥南部大部分地区，并在1813年

---

① 诺曼·里奇，《大国外交：从拿破仑战争到第一次世界大战》，前揭，页38。
② 阿诺德·汤因比、弗兰克·艾什顿-格沃金特编，《第二次世界大战全史（1）：1939年3月的世界》，前揭，页11-12。

11月发表《独立宣言》脱离宗主国。①

  这时的欧洲战场也出现了大逆转——拿破仑战败,并被迫退位(1814),费迪南七世得以向美洲增兵,墨西哥殖民当局迅速重新夺回政权——莫雷洛斯战败被捕,随后被处死(1815)。到1820年时,即便是对游击战的清剿也"已基本结束"。恰好就在这个时候,马德里的自由主义者再度"发动叛乱,宣布在帝国全境恢复实施1812年宪法"。革命之风很快吹到墨西哥,"这部宪法被逐条宣读给[墨西哥]广大平民大众"。出生于西班牙名门贵族的墨西哥殖民军上校伊图尔维德(Agustínde Iturbide,1783—1824)被任命为南方战区司令,他本该镇压起义,却与起义军"达成了一致"。墨西哥第三次宣布脱离宗主国独立(1821年8月),尽管采取了一种妥协方式:新西班牙改称"墨西哥帝国",由费尔南多七世以帝王身份施行统治,但"在西班牙帝国内部以及波旁王朝治下"拥有自治权——"墨西哥城而不是马德里,将成为西班牙疆土中的核心",这显然是在模仿里约热内卢成为葡萄牙-巴西王室治下的疆土中心(1808—1821)。然而,不到一年(1822年6月),伊图尔维德就摇身成为墨西哥帝国的皇帝,称阿古斯丁一世(Agustín I)。②

  西班牙王国丢失新西班牙[墨西哥]与不列颠王国丢失新英格兰(New England)以及南部各殖民州不可同日而语,后者并非起因于一场共和革命。尽管如此,1782年英国政府的改革最终致使其无力掌控北美殖民地的局势,同样,"1820年西班牙国内自由派的宪政改革削弱了"殖民地军队的意志,也"为改革殖民地统治形式提供了范本"。西班牙王室正式承认墨西哥独立之后,其海外殖民地仅剩加勒比群岛和菲律宾群岛,而这两个群岛原本在行政上都附属于"新西班牙"(墨西哥)。③

---

① 派克斯,《墨西哥史》,瞿菊农译,北京:生活·读书·新知三联书店,1957,页116-134;霍华德·弗·克莱因,《墨西哥现代史》,天津外国语学院/天津师范学院《墨西哥现代史》翻译组译,天津:天津人民出版社,1978,页22-23。

② 布莱恩·哈姆内特,《墨西哥史》,何晓静译,上海:东方出版中心,2023,页130-138。详见Thomas Benjamin, *Revolución:Mexico's Great Revolution as Memory, Myth, and History*, Austin:University of Texas Press,2000;Eric Van Young, *Other Rebellion:Popular Violence and Ideology in Mexico*,1810-1821, California:Stanford University Press,2001;Timothy E. Anna, *The Mexican Empire of Iturbide*, Lincoln:University of Nebraska Press,1990。

③ 杰里米·布莱克,《西班牙何以成为西班牙》,高银译,天津:天津人民出版社,2020,页167-168;迈克尔·迈耶、威廉·毕兹利,《墨西哥史》,复旦人译,北京:东方出版中心,2012,页362-363。

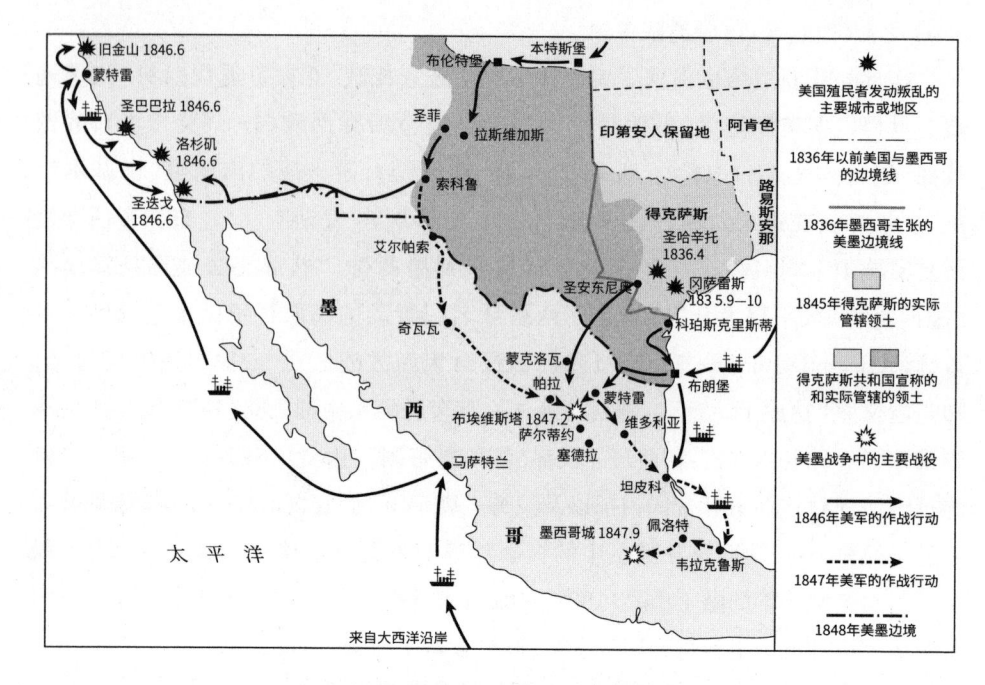

十九世纪上半叶美国对墨西哥的侵略
据张津瑞、林广《地图上的美国史》页56绘制

墨西哥独立后政局长期未能稳定,大量美国移民进入其北部科阿韦拉－特哈斯州(Coahuila y Tejas,1824年建州)的得克萨斯,"开始以美国的方式开垦这片土地,事实证明,这是在为最终的吞并做准备"。从当时美国与西班牙和英国在北美的争夺态势来看,这样的行动对美国来说"似乎是自然而然的"。仅仅是由于这时佛罗里达的命运尚悬而未决,美国政府才谨慎行事。① 十多年后(1835年底),得克萨斯人宣布"独立",脱离墨西哥,美国政府随即予以承认——已经获得"自由独立"的墨西哥当然不会承认,而是视其为如今所谓的"分离主义"叛乱。美国国会做出决议,以捍卫得克萨斯人的"自由独立"为名,动用武力实施干预,为此美国政治人必须重新诠释门罗宣言。② 美墨战争或者说美利坚的"自由独立"与墨西哥的"自

---

① H. van Buuren,"The Monroe Doctrine and Manifest Destiny",前揭,页105。
② Frederick Merk,*The Monroe Doctrine and American Expansionism*, 1843 – 1849, New York:Knopf,1966, pp. 9 – 39. 比较《美国史译丛》,1984年第1期(美墨战争专辑),页4、18 – 26、132。

由独立"之间的战争爆发了(1846—1848),为墨西哥争取自由独立的先驱们显然"低估了未来任务的艰巨性",这并非因为"称颂自由和自决的原则很容易",而"寻求将其完美地结合在一起却难上加难"。① 毋宁说,已经信奉大西洋革命理念的人们实在不容易认识到,门罗咨文所称颂的"自由独立状态"不过是霍布斯所描绘的自然状态。一个显著的例子是,在与墨西哥开战之前两年(1844),美国已经"搭便车"通过《望厦条约》(又称《中美五口通商章程》)从鸦片战争(1840—1842)中获取了利益,而我国知识人的近代史常识却往往忽略这一事件。

在"自由独立状态"中,美利坚合众国作为一个新生的欧洲式利维坦在北美开始茁壮成长。1840年至1841年的冬春之际,由于美英两国因司法管辖权纠纷、缅因州与新不伦瑞克之间边界纠纷,以及据说英国将干预美国兼并墨西哥的得克萨斯,两国关系陡然间又"滑到了战争的边缘"。这场纠纷虽然最终通过谈判获得了解决,却促使美国的国会政治家们下决心大幅扩编海军,以建立一支"永久性'本土舰队'"。因为,"美国海军力量分散于世界各地","几乎所有现役舰船都被派往海外执行任务","一旦发生战争,分散各地的舰船还没来得及赶回国内组织防御,英国舰队就已经入侵美国海域了"。这一决定让人们看到,美国的海军建设在一开始就不是为了防御,而是为了扩张。二十年前,海军上尉斯托克顿为建立利比里亚殖民地做出过突出贡献,这时已经是海军上校,而他的"锐意进取"仍不减当年。辉格党控制参众两院(1841—1845)时期,斯托克顿发明了"海军中第一艘螺旋桨驱动的战舰"。由于螺旋桨置于船尾,舰船上所有至关重要的设备均可置于吃水线之下,这一设计让"蒸汽战舰永远不能取代风帆战舰"的成见再也站不住脚。不到十年工夫,凭靠应用"蒸汽机、螺旋桨以及海军装甲",美国海军一下子就"暂时走在了世界前列"。②

1847年9月,美军攻陷墨西哥城,并全面占领墨西哥。争取自由独立的墨西哥被迫与美国签订《瓜达卢佩-伊达尔戈条约》(1848年2月),"墨西哥丧失了几乎

---

① 迈克尔·迈耶、威廉·毕兹利,《墨西哥史》,前揭,页3。
② 哈罗德·斯普雷特、玛格丽特·斯普雷特,《美国海军的崛起》,王忠奎、曹菁译,上海:上海交通大学出版社,2015,页106-107、113-114;比较赛思·克罗普西,《紧急呼救:美国制海权的衰落》,前揭,页60-67;Christopher R. Rossi, *Whiggish International Law: Elihu Root, the Monroe Doctrine, and International Law in the Americas*, Leiden: Brill Nijhoff, 2019, pp. 123-152。详参 R. John Brockmann, *Commodore Robert F. Stockton, 1795-1866: Protean Man for a Protean Nation*, Amherst/Massachusetts: Cambria Press, 2009。

一半领土",大西洋革命以来"支撑整个新西班牙繁荣的宏伟梦想"也随之破碎。五年后,在"华盛顿的胁迫"下,独立后的墨西哥与美国又签订了"加兹登购买"协议(Gadsden Purchase),重新划定墨西哥边界——墨西哥成了美国砧板上的鱼肉。[1]

---

[1] 迈克尔·迈耶、威廉·毕兹利,《墨西哥史》,前揭,页 402 – 438;比较《美国史译丛》,1984 年第 1 期(美墨战争专辑),页 137 – 139;详见 Richard Griswold del Castillo, *The Treaty of Guadalupe Hidalgo: A Legacy of Conflict*, Oklahoma: University of Oklahoma Press, 1990。

五　难产的德意志合众国

梅特涅有"欧洲首相"之称,他对门罗的国会咨文发表过这样一番评语:

> 我们目睹其诞生和发展的合众国,突然离开了那个对其野心来说过于狭小的地区,并以一种新的反叛行为让欧洲目瞪口呆。较之前者,这种行为愈发地毫无道理,十足地厚颜无耻,同样地危险凶恶。他们已经宣称要建立……一个又一个圣坛。……他们放任自己发动这些毫无道理的进攻,在发生革命的任何地方摇旗呐喊……给那些作乱犯上之徒提供了新的力量,壮大了每一个阴谋家的胆量。①

站在大西洋革命进步史观的立场来看,梅特涅的这番评语堪称"反动透顶"。但即便是在某些美国的政治史学家眼里,梅特涅的说法也并非不可理解。毕竟,无论专制国家还是民主代议制国家,都有可能发生大规模动乱,这常常给敌国带来可资利用的机会——要么承认其动乱省份的独立,要么直接吞并其土地和人民,以削弱其政权。事实上,"除了因为丧失自己所需要的盟国,没有一个国家会对其他国家的政治崩溃感到难过"。② 从地缘政治角度而非大西洋革命意识形态的角度来看,梅特涅的说法迄今仍没有失效。

梅特涅并不是冥顽不灵的"反动分子",他"既不信宗教,也不信君权神授",而

---

① 转引自孔华润主编,《剑桥美国对外关系史》(上),前揭,页171。
② S.F. 比米斯,《美国外交史》(第一分册),前揭,页18。

且"熟谙启蒙运动的政治文化","毫不怀疑革新和变化是历史的必然"。只不过他相信,稳定的秩序——尤其道德秩序——是政治生活的首要基础,即便是必需的变革也应该有序地进行,所以他十分钦佩拿破仑收拾法国大革命乱局,"成功地将法国转型为高效的国家"。因此,审慎的政治史学家不会只把他视为"反对改革的强硬敌手",而是更多视为"维持稳定的明智之士"。梅特涅的不幸在于,他"试图在哈布斯堡王朝效仿拿破仑的做法",其前提是首先稳住这个多民族帝国的传统政治基础。毕竟,只有先让帝国秩序得以延续,才谈得上必需的变革——否则,其结果只会是帝国的瓦解,"这一信条成为梅特涅在接下来的岁月里处理严峻国际形势的首要原则"。①

梅特涅眼里的"十分危险的煽动家"主要指德意志邦联的自由主义者和激进民主主义者,他们试图模仿大西洋革命理念建立一个德意志合众国,从而同时也是民族主义者。一个会让今天的人们感到惊讶的政治史学问题出现了:这场自由主义的德意志统一运动,在未受大西洋革命意识形态摆布的史学家看来,可以说是差不多一百年后千夫所指的德意志民族主义的温床。情形是这样吗?如果是的话,具体而言又是怎样的呢?

澄清这一问题,对我们深究拉采尔公案是必不可少的功课。为此,我们有必要从地缘政治而非意识形态的角度了解另一个历史问题:维也纳会议之后的德意志统一运动究竟是怎么回事?

从"没有普鲁士的德国"到含混的合众国

法国大革命爆发后的整整十年之际(1799年11月9日),拿破仑从地中海战场的埃及秘密返回巴黎,发动政变夺取了共和国的执政权。紧接着他又亲率大军南下,在意大利西北波河上游右岸支流塔纳罗河(Tanaro River)畔的马伦哥村(Marengo)一举击溃奥地利军(1800年6月),解除了第二次反法同盟对革命共和国的包围。半年后(1800年12月),共和将军让·维克多·莫罗(1763—1813)指挥法国莱

---

① 亚当·查莫斯基,《幻影恐惧:政治妄想与现代国家的创建:1789—1848》,袁野译,北京:社会科学文献出版社,2018,页138-140;艾瑞克·霍布斯鲍姆,《革命的年代:1789—1848》,王章辉等译,南京:江苏人民出版社,1999,页132。

茵集团军在巴伐利亚公国首府慕尼黑城东的霍恩林登村（Hohenlinden）歼灭奥地利的多瑙集团军。这两场战役使得法兰西共和国转危为安。凭靠战场上的胜利,拿破仑在法国东部洛林境内默尔特（Meurthe）河畔的吕内维尔镇与哈布斯堡王室代表单独媾和（1801年2月）,签订《吕内维尔条约》（Treaty of Luneville）:哈布斯堡王室被迫承认法国对莱茵河左岸的占领,以及对比利时和意大利北中部地区的统治,接受法国在意大利北部建立"姊妹共和国"——神圣罗马帝国的领土大幅收缩。

帝国政区改制

由于涉及帝国领土的大面积变更,条约还需经由设在法兰克福的神圣罗马帝国议会批准。拿破仑威胁说,这份条约若不获批准,法国将不会撤军。帝国会议被迫批准条约,而这无异于放弃了"帝国领土的完整"。帝国会议还选派成员组成了一个帝国代表团,负责处理因割让莱茵河西岸引发的帝国内部封建属地的变更问题。帝国代表团（Reichsdeputation）本是帝国议会为了在议会闭会期间监督帝国司法和处理重要事务而常设的特别委员会,但自1663年以来,随着帝国议会常设化,这种特别委员会就被取代了——当时,帝国遭遇土耳其对匈牙利的攻击（1662）,皇帝利奥波德"不得不召集一个新的帝国议会"。自此以后,帝国遭遇特殊情况时,才需要议会选出特别代表去处理。哈布斯堡王室与拿破仑在1801年媾和引发的结果,就属于这种情形,毕竟,《吕内维尔和约》的条款"允许法国吞并莱茵河以西的2.6万平方公里地区和180万人口"。[1] 两年后（1803年2月25日）,帝国议会的代表们在雷根斯堡签署《帝国代表团总决议》（Der Reichsdeputationshauptschluß）,对长达数百年形成的帝国封建属地结构实施大手术:伯爵以下等级的贵族以及诸多骑士和小领主的领地并入较大的诸侯国,大批帝国城市和自由城市从帝属变为邦属。

自十五世纪以来,德意志的各级贵族领地、帝国城市和自由城市乃至小邦诸侯一直是神圣罗马帝国最重要的支撑力量。帝国城市（Reichstadt）直接向皇帝纳税和提供军队,并不"自由";自由城市（Free Stadt）本是地区主教的驻地,还俗后既不受主教支配,也不向皇帝交税和提供军队,"自由"之名由此而来。1521年5月,德意志皇帝查理五世（1519—1556）召集德意志诸侯到莱茵河左岸的沃尔姆斯（Worms）出席帝国议会,以解决路德事件引发的危机,当时注册参加会议的"自由－帝国城

---

[1] 彼得·威尔逊,《欧洲之心:神圣罗马帝国:800—1806》,王顺君译,北京:中信出版社,2024,页476－477、509、746。

市"(urbs imperialis libera)代表有 85 个之多。① 至 1800 年法国人入侵时,帝国境内仍有"300 多个拥有主权的小邦"以及 51 个自由城市和帝国城市。《帝国代表团总决议》大动手脚,撤销了南部和西部 112 个小邦等级单位,51 个帝国城市和自由城市裁撤了 45 个,保留奥格斯堡、纽伦堡、法兰克福、不来梅、汉堡和吕贝克,其他一律并入邻近邦国,仅符腾堡(Württemberg)公国吸纳的自由城市就有 15 个之多。史学家有理由说,1803 年的《帝国代表团总决议》实现了"帝国境内的一场领土大变革"。②

就这样,约 350 个自由的帝国骑士和伯爵失去了领地,也失去了他们和皇帝的"直接"隶属关系。112 个政治单位被取消,其中包括 20 个大主教区和教会诸侯领地,40 个男修道院和女修道院,以及除 6 个自由城市以外的所有自由城市。③

这份决议本来是为了抑制因割让领土而引发的帝国宪制危机,德意志地区的封建政治结构也的确由此得到相当程度的整合,但问题也随之产生。德意志南部的三个邦国因领土面积和人口的扩大而得以升级,它们无不"欢迎这个为自己扩张领土提供的机会"。巴伐利亚和符腾堡由公国晋升为王国,人口和领土都有所增加。巴登虽然是伯国,但因紧邻法国而晋升为公国,领土面积扩大了近四倍,人口翻了三番。为了将新领土整合为统一邦国,巴登公国的君主以革命后的法国为榜样,两度(1803/1807)出台"整合法案"(Intergrationsgesetzen),将城市和乡镇纳入官僚制的集权秩序。这些德意志邦国虽然"都宣布为主权国家",但由于"受法国保护",与如今诸多受美国庇护的国家一样,其"主权"显然大打折扣。④

1801 至 1802 年间,巴伐利亚和巴登的侯王这类帝国中层王公已经开始占领邻近领地,帝国代表团的《总决议》不过是"对这些变化做了小幅修改后,姗姗来迟地

---

① 彼得·哈特曼,《神圣罗马帝国文化史(1648—1806):帝国法、宗教和文化》,刘新利、陈晓春、赵杰译,北京:东方出版社,2005,页 5 – 23;Georg F. Benecke, *Society and Politics in Germany*, 1500 – 1750, Toronto: University of Toronto Press, 1974, Appendices II。
② 迪特尔·海因,《十九世纪德国史》,王琼颖译,上海:上海三联书店,2020,页 15 – 16;乌尔夫·迪尔迈尔等,《德意志史》,孟钟捷、葛君、徐璟玮译,北京:商务印书馆,2018,页 199 – 200;史蒂文·奥茨门特,《德国史》,邢来顺等译,北京:中国大百科全书出版社,2009,页 145 – 146。
③ 玛丽·富布卢克,《剑桥德国史》,高旖嬉译,北京:新星出版社,2017,页 94。
④ 查尔斯·金杰,《神圣罗马帝国》,崔学森、李应鹰译,北京:新世界出版社,2022,页 180 – 183;克劳利主编,《新编剑桥世界近代史·第九卷:动乱年代的战争与和平(1793—1830)》,中国社会科学院世界历史研究所组译,北京:中国社会科学出版社,1992,页 507 – 508。

对它们表示了赞同"而已。开启先例的是普鲁士:1801年4月,普鲁士"在法国的允许下占领了汉诺威"。巴伐利亚和巴登的侯王以法国和俄国是《威斯特伐利亚和约》的保证者为"托辞",凭靠外部势力扩张自己的领地。由此可见,《威斯特伐利亚和约》从根本上讲是"强权政治"的结果,它对神圣罗马帝国的损害在一个半世纪后的1801年仍然有效:

> 法国想重组帝国的大部分地区,使其并入可能成为自己未来盟友的更大领地,而俄国则试图保持更传统的平衡,同时增进符腾堡和黑森-达姆施塔特等与罗曼诺夫家族有关系的邦国的利益。①

英国的政治史家认为,神圣罗马帝国的大多数居民并没有像后来1918年或1945年的德意志帝国那样感到帝国"现在就像灭亡了",这是因为领地重组使得"帝国零碎的领地整合进少数大规模诸侯国",这本身就是帝国早就希望的改革。何况,这些变化仅限于帝国封地的重新分配,而非对法团社会的否定,或者说"政治体和民众只是失去了帝国宪制上的自治权,而没有失去其他权利",更不用说《总决议》还强调保障宗教信仰自由,缓和了天主教徒感受到的打击(同上,页747)——这样的评价明显出于英式自由主义的政治观念,似乎保障宗教信仰自由以及其他自由的权利比政治共同体的完整更重要,以至于忽略了帝国转移这一重大问题。

帝国议会如此大动作实施政制改革,本意是指望拉拢靠近法国的西南部邦国,使之成为抵御法国的前沿,结果却事与愿违:巴登、巴伐利亚和符腾堡事实上脱离了神圣罗马帝国的领土版图,成了法国的附庸。由于莱茵河西岸领土被割让给了法国,法兰克福南部的美因茨大主教领土被划归拿骚(Nassau)伯国和黑森-达姆施塔特(Hesse-Darmstadt)伯国,埃尔福特(Erfurt)和艾希斯菲尔德也是大主教领地,则被划归普鲁士王国。萨尔茨堡、巴登、符腾堡和黑森卡塞尔(Hessen Kassel)伯国的君主晋升为选帝侯,使选帝侯总数增至12人,帝国的最高权力更加分散。

一年后(1804)的12月2日,时年35岁的拿破仑在巴黎圣母大教堂加冕为"法国人的皇帝"——法兰西由共和制改为帝制。拿破仑刻意让加冕典礼接续查理大帝的统绪,或者说让德意志的神圣罗马帝国回归法兰克的神圣罗马帝国:大教堂出入口处竖立着一尊查理大帝雕像,拿破仑佩戴"查理大帝之剑"入场;罗马教宗"被专门护送"——更确切地说被押送——至巴黎出席加冕仪式,若拿破仑仅仅是做

---

① 彼得·威尔逊,《欧洲之心:神圣罗马帝国:800—1806》,前揭,页746。

"法国人的皇帝",并不需要这道程序。查理大帝的皇冠本来一直存放在德意志的帝国城市纽伦堡,为了避免落于拿破仑之手,哈布斯堡王室将皇冠提前转移到维也纳"乃至更远的地方",拿破仑只得仿制一顶"式样完全不同的查理大帝之冠"戴到自己头上(今藏卢浮宫)。①

德意志的美因茨大主教卡尔·达尔贝格(Karl Theodor von Dalberg,1744—1817)也出席了典礼。他的身份不比一般,不仅是选帝侯,也是帝国教会的首脑,地位仅次于罗马教宗。达尔贝格并不认为出席这场典礼是"背叛帝国"的行为:既然现任皇帝弗朗茨二世(1768—1835)软弱无能,为了重整帝国,更换皇冠实属必要。帝国皇帝不一定非得是德意志国王,法兰西国王同样有权出任神圣罗马帝国皇帝。②

1805年3月,拿破仑加冕自己为意大利国王,帝国皇帝弗朗茨二世实在无法继续退让,再次对法宣战(1805年7月),与俄罗斯帝国联手向西进攻。当奥地利军队推进到德意志南部多瑙河畔的乌尔姆(Ulm)时,拿破仑趁俄罗斯军队尚未抵达,迅速前出围歼奥军(10月20日)——巴登、符腾堡和巴伐利亚三大德意志诸侯国均派出军队,与法军并肩作战,"而此时的普鲁士和其他德意志邦依然保持中立"。这场规模宏大的战役"也许是拿破仑取得的最重大的一场胜利",而德意志诸邦以及普鲁士"对受到沉重打击的奥地利不管不问",至少是哈布斯堡王朝主导的德意志神圣罗马帝国"在十八世纪与十九世纪之交走向覆灭"的重要因素之一。③

拿破仑打造德意志合众国

拿破仑乘胜追击,兵不血刃进占维也纳(11月13日),弗朗茨二世携朝臣逃往摩拉维亚(Moravia)公国首府布尔诺(Brno,今捷克南摩拉维亚州首府)。拿破仑紧追不舍,在奥斯特里茨(布尔诺以东小镇)迎战奥地利-俄国联军,取得大捷(1805年12月2日)。半个多月后(12月27日),列支敦士登大公约翰·约瑟夫一世(Johann I Joseph,1760—1836)代表神圣罗马帝国与拿破仑的外长塔列朗(1754—1838)在维也纳以东约60公里的普雷斯堡(Pressburg,今斯洛伐克首府布拉迪斯拉发)签订和约。

---

① 尼尔·麦格雷戈,《德国:一个国家的记忆》,博望译,重庆:重庆大学出版社,2019,页202-204。

② 菊池良生,《图说神圣罗马帝国简史》,曹逸冰译,天津:天津人民出版社,2018,页162-163;详参 Konrad M. Färber, *Kaiser und Erzkanzler. Carl von Dalberg und Napoleon am Ende des Alten Reiches*, Regensburg, 1994, pp. 69-77。

③ 史蒂文·奥茨门特,《德国史》,前揭,页146。

条约再次涉及帝国内封建属地的变更:奥地利西端直属哈布斯堡王室的蒂罗尔伯爵领地(Tirol)和福拉尔贝格伯爵领地(Vorarlberg)被割让给巴伐利亚王国,最古老的帝国城市之一奥格斯堡(Augsburg)以及多瑙河、因河(Inn River)和伊尔茨河(Ilz River)交汇处的帕绍(Passau)主教领地的东北部,也被并入巴伐利亚,临近阿尔萨斯的布赖施高(Breisgau)则割让给了巴登公国——巴登和符腾堡还分得了其他属于奥地利王室的小领地。作为补偿,被《帝国代表团总协定》撤销的大主教领地萨尔茨堡(Salzburg)以及贝尔希特斯加登(Berchtesgaden)划归奥地利。显而易见,神圣罗马帝国的生存空间被革命的法兰西帝国进一步蚕食——但人们也可以说,一个新的欧洲帝国正在形成。

相邻帝国之间争夺生存空间的斗争在人类史上屡见不鲜,争夺者不需要为此寻找任何理由。现在不同了,拿破仑帝国的扩张带有大西洋革命的正当性——若按哲学家黑格尔的说法,它甚至还肩负着世界历史的伟大使命。

1806年7月,美因茨大主教达尔贝格被拿破仑任命为德意志首席诸侯(Fürstprimas)。由他牵头,德意志南部和中西部十六个邦国的代表齐聚巴黎,共同签署《莱茵邦联文件》(*Rheinbundsakte*),宣布脱离帝国联盟,归属拿破仑帝国。该文件还取消了一批侯爵领地和领主特权,将它们合并到各邦国。[①] 不到一个月(8月6日),弗朗茨二世正式宣布放弃神圣罗马帝国皇冠,解除曾经连接他与"德意志帝国诸邦国的纽带",仅称自己为"奥地利皇帝",尽管在解散法令开篇,他"引用了自己作为神圣罗马帝国皇帝的众多头衔",甚至提到自己应有的"不断扩大帝国疆域"的历史使命。[②]

一个多月后(1806年10月),拿破仑领兵进入耶拿城,黑格尔当时碰巧在这座城市,且刚刚写完《精神现象学》——他有幸偶然撞见了这位"法兰西人民的皇帝":

> 我见到皇帝——这位世界精神——骑着马出来在全城巡察。看到这样一个个体,他掌握着世界,主宰着世界,却在眼前集中于一点,踞于马上,令人有一种奇异的感觉。[③]

拿破仑的行动直接受到美利坚独立革命的影响。三十年前(1775年4月19日),

[①] Konrad M. Färber, "Der Rheinbund und Dalbergs Pläne für eine Rheinbund – verfassung", in Konrad M. Färber et al (hrsg.), *Carl von Dalberg. Erzbischof und Staatsmann* (1744 – 1817), Regensburg, 1994, pp. 146 – 151.

[②] 马丁·拉迪,《哈布斯堡王朝》,前揭,页300 – 301。

[③] 苗力田编译,《黑格尔通信百封》,前揭,页202。

英属北美殖民地发生"武装抗税"暴动,不少法国"文青"为此十分兴奋。这不仅"是因为启蒙哲学著作已经让法国准备好为任何煽动性的主张高唱赞歌",同样重要的是,法国人觉得自己终于有了机会"对一个世纪以来一直在打击、劫掠和侮辱他们的英国复仇"。① 在长达六年多的战争中,正是凭靠法国的财力和军事支持,北美殖民地的反抗者才顶住了殖民军的围剿,否则新生的美利坚合众国未必能够站稳脚跟。

1780 年是"华盛顿最艰难的时刻",他的部队发生哗变,"费城大陆会议和各州的代表纷纷在土地投机和军需供应中腐化"。在这紧要关头,法国远征军司令罗尚博伯爵(1725—1807)率领六千法军及时抵达(1780 年 6 月),战场态势随之逆转。一年后(1781 年 8 月),华盛顿的大陆军包围了据守弗吉尼亚约克镇的北美英军副司令康沃利斯中将(1738—1805)指挥的八千英军。法国海军中将德格拉斯伯爵(1722—1788)的舰队在击败英国舰队后,也赶到约克镇实施夹击。在猛烈的炮火打击下,康沃利斯中将被迫投降(1781 年 10 月)。倘若没有法国人的援助,华盛顿很难赢得这场彻底扭转局势的胜利,但罗尚博"把光荣让给"了华盛顿。三个月后(1782 年 2 月),为了"削弱其欧洲的对手",英国政府同意与"反叛的殖民者"在巴黎举行谈判,但撇开了法国。尽管法国为美利坚人挣脱宗主国的管制出了大力,但在巴黎参加谈判的三位大陆会议代表——杰伊、杰克逊、富兰克林——都不信任法国,只不过富兰克林手腕灵活,主张"借法国的力量威胁伦敦"。②

谈判历时长达一年半,1783 年 9 月 3 日,双方在巴黎的德约克酒店(今雅各布街 56 号)签订和约,英属美洲殖民地十三州组成的联邦政体被承认为独立的主权单位,其领土为密西西比河以东、加拿大以南、佛罗里达以北的全部土地。虽然和约在巴黎签订,但法国并没有能够利用这个机会在北美的地缘争夺中获得利益——英国政府与法国和西班牙分别单独签署协议,交换北美殖民地领土。

说回欧洲,从某种意义上讲,德意志西南部邦国代表在巴黎签署的《莱茵邦联文件》打造了一个近乎联邦制的德国——说是"德意志合众国"也未尝不可。毕竟,"一个全新的德意志"由此出现,而它才是"现代德国的前身"。③ 在接下来的数年里(至1810 年),陆续又有 23 个德意志邦国加入莱茵邦联,拥有独立主权的邦国总数达到 36 个:3 个王国、13 个公国、17 个侯国,以及 3 个汉萨同盟城市(汉堡、吕贝克和不来梅)。

---

① 路易·马德林,《法国大革命人物传》,冬初阳译,长春:时代文艺出版社,2016,页 7。
② 雅克·索雷,《18 世纪美洲和欧洲的革命》,前揭,页 35 – 37。
③ 埃米尔·赖希,《现代欧洲的基础》,前揭,页 77。

法兰克福的帝国议会更换招牌,成了邦联议会,随之建立的"中央行政议会"(Zentralverwaltungsrat)负责各邦的政治整合。帝国男爵冯·施泰因(1757—1831)出任议会主席,他解散了原帝国内阁,延聘职业政治家取而代之。然而,1808 年颁布的城市管理条例确认了城市自治原则,这表明试图推行中央集权化的"施泰因改革"遭到传统封建势力的抵制,中央政府不得不做出让步。尽管如此,若不是拿破仑继续东进俄罗斯导致兵败(1812 年 5 至 12 月),莱茵邦联说不定会成为"没有普鲁士的德国",哪怕它在一开始"仅仅是一个与法国的军事同盟"。拿破仑许诺给每个邦国的独立主权虽然与更高一级的邦联机构尚未吻合,以致莱茵邦联究竟是个什么样的政治体迄今仍然是一道政治史学难题,但它毕竟"有助于德意志不像意大利那样沦为一个纯粹的地理概念",并在那个时期成为促成德意志统一的因素。①

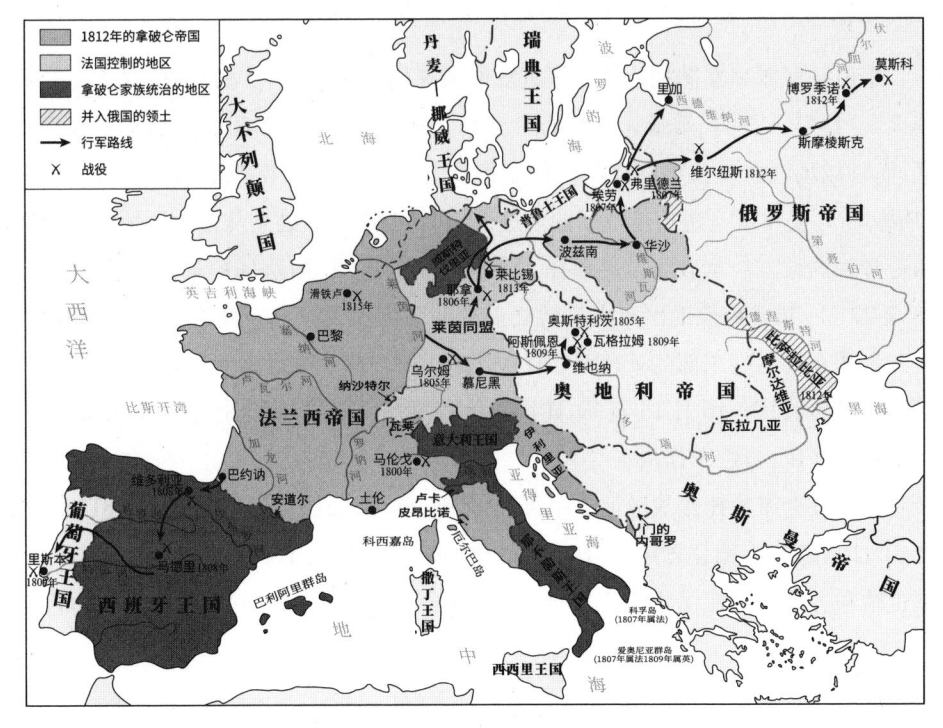

拿破仑时代的欧洲

据朱明《地图上的法国史》页 146 绘制

---

① 卡尔·奥特马·冯·阿雷廷,《从德意志帝国到德意志联邦》,刘新利译,济南:山东大学出版社,1995,页 112 – 113;Hans A. Schmitt, "Germany Without Prussia: A Closer Look at the Confederation of the Rhine", in *German Studies Review*, No. 4/6(1983), pp. 9 – 39.

拿破仑帝国所支配的德意志西部和南部并不像"许多历史学家所描述的那样灾祸连连",相反,巴伐利亚、符腾堡王国和巴登公国在《拿破仑法典》引领下纷纷起步走向立宪政制。巴伐利亚的步子迈得最快:1808年颁布宪法,臣民改称"公民","这显然是一个富有自由色彩的词汇";1811年颁布《刑法》、取消庄园主的税收特权。普鲁士被拿破仑击败后,虽然丧失近半领土,承担大量赔款,但仍然出现了自由主义式的施泰因-哈登堡改革(Stein – Hardenberg Reforms,1807—1812)。教育和军事方面的改革成就最为显著,但无论是威廉·洪堡推行的自由教育改革,还是沙恩霍尔斯特将军(1755—1813)和克劳塞维茨将军(1780—1831)"以法国国民军为样板"所打造的"愿意为捍卫自己的财产和自由而战的普鲁士国民军",后来都成了德意志第三帝国的资源,以至于其政治史含义极为含混。①

国际法打造的德意志合众国

莱茵邦联派出军队加入了法军进攻俄国的作战序列,但在战斗中"几乎完全被消灭"。1813年3月,普鲁士王国对拿破仑宣战,莱茵邦联军队仍然与法军并肩作战,而且战场就在莱茵邦联境内。位于德意志东南部的萨克森王国首府德累斯顿(Dresden),是拿破仑进攻俄罗斯的前进营地,如今成了拿破仑从俄罗斯败退后力图站稳脚跟的地方。拿破仑虽然顶住了多国联军的进攻,但这场德累斯顿战役(8月26至27日)却成为他退出历史舞台之前的谢幕演出。仅仅半年多后,拿破仑的十八万大军在德意志东部的莱比锡(柏林以南165公里)被约三十万俄、奥、普、瑞典联军围殴(1813年10月16至19日)。符腾堡和萨克森军团这时才倒戈相向,与德意志同胞并肩,与法军作战。

在拿破仑于莱比锡战败后的第三天,莱茵邦联宣布脱离法国的支配(1813年10月21日),改名为德意志邦联(Deutscher Bund)。战争结束后,为了重建欧洲和平,维也纳和会的外交使团主席梅特涅既没有取缔法国作为欧洲大国的资格,也没有

---

① 马丁·基钦,《剑桥插图德国史》,前揭,页144 – 149;彼得·贝格拉,《威廉·冯·洪堡传》袁杰译,北京:商务印书馆,1994,页68 – 69;威廉·冯·施拉姆,《克劳塞维茨传》,王庆余等译,北京:商务印书馆,1984,页16 – 18;佛兰茨·法比安,《克劳塞维茨传》,北京,中国对外翻译出版公司,1984,页215。详见 Walther Hubatsch, *Die Stein – Hardenbergschen Reformen*, Darmstadt: Wissen – schaftliche Buchgesellschaft, 1989; Clemens Menze, *Die Bildungsreform Wilhelm von Humboldts*, Hannover: Schroedel, 1975; Heinz Stübig, *Scharnhorst. Die Reform des preußischen Heeres*, Göttingen/Zürich: Muster – Schmidt, 1988。

解散德意志邦联,而是将其改造。这必然涉及领土变更,因为莱茵邦联作为法国的附庸实际上是战败国,在和会上没有发言权。

梅特涅未必不想恢复神圣罗马帝国,但已经变得强大的普鲁士王国不会接受这一结果——"在所有战胜国中,普鲁士获得的利益最大,原来失去的从莱茵兰直到威斯特伐利亚的领土都重新回到了普鲁士的怀抱"。① 俄罗斯为制服拿破仑做出了决定性贡献,其领土西扩的诉求理所当然需要得到满足。普鲁士让出了部分原波兰的土地,但要求兼并整个萨克森王国作为补偿,这势必严重破坏德意志邦联内部的实力平衡。梅特涅本来已经答应,后来却又改口,并费了很大的劲才让普鲁士同意,仅兼并萨克森王国五分之二的领土。梅特涅之所以这样坚持,是因为奥地利北部边陲需要一道屏障,他必须保留萨克森王国(哪怕领土被削弱),以便仍然"可以动员巴伐利亚和汉诺威"共同抵制"普鲁士称王称霸"。此外,梅特涅还得尽力"砍掉难以防守的前哨",以便哈布斯堡君主国"在地理上成为一个整体"。因此,1814 年 5 月的《巴黎和约》第十三条承认"德意志邦国是独立的,并通过一个联邦式同盟联合起来",不过是一种外交伎俩。通过表面上恢复拿破仑时期的邦联议会宪法,梅特涅得以用议会机构搪塞公众。② 尽管如此,莱茵邦联的合众国形式毕竟得以保留下来。

1814 年 11 月底,维也纳会议成立了德意志委员会,专门处理德意志各邦的领土分割。由于各邦为领土分割争执不休,这个委员会将近五个月毫无进展,直到拿破仑的"百日政变"才促使委员会加速进程。1815 年 6 月,德意志委员会终于通过了获得原 36 个德意志邦联成员同意的《德意志邦联法》。按照这部法案,德意志邦联由 35 个拥有自治主权的邦国和 4 个剩余的自由城市(不莱梅、法兰克福、汉堡、吕贝克)组成联合体(Verband souveräner, selbständiger Staaten),各邦不得互相损害或损害邦联体本身——这个"不折不扣的松弛的政治联盟"成了"业已废止的毫无威胁的神圣罗马帝国的继承者"。随之建立的邦联议会(Bundestag)作为中央机构,由 17 个主要邦国派代表组成,由于奥地利帝国和普鲁士王国也在其中,而且各邦的代表权平等,德意志邦联成了一个性质含混的邦联制合众国。奥地利首相梅特涅担任邦联议会主席,但不具有决定权,在邦联议会的"全体会议上,奥地利和普鲁士的提案在投票表决时均有可能遭到否决"。不仅如此,"英国、丹麦以及荷兰的国王依靠他们对联

---

① 史蒂文·奥茨门特,《德国史》,前揭,页 150。
② 埃里希·策尔纳,《奥地利史:从开端至现代》,李澎卯、杜文棠、林荣远译,北京:商务印书馆,1981,页 440。

盟中的一些属地拥有主权的头衔,也各怀鬼胎,参入到联盟的事务决策中来"。①

拿破仑打造的莱茵邦联虽然是法兰西帝国的附庸,其支配性的政治理念却是法国大革命后的自由、平等和博爱的共和原则,从而与大西洋彼岸新生的美利坚合众国属于同一类型的政体。维也纳会议打造的德意志邦联,从法理上讲属于欧洲国际法的产物,同样具有合众国的形式——各邦国有权颁布自己的宪法,也与美利坚合众国相似。维也纳会议以后的所谓"王朝复辟",其实主要指战后诸大国无不是君主制。尽管如此,德意志邦联内的自由民主趋向有增无减。德意志南部——尤其西南部的邦国(巴伐利亚、符腾堡、巴登、黑森－达姆斯塔特)虽还是君主制,但战后很快就出现了政治自由运动,由选举产生的邦议会明显在向立宪制迈进:巴伐利亚和巴登在1818年通过新宪法,符腾堡和黑森－达姆施塔特分别在1819年和1820年跟进,其他邦国的君主也不同程度地对立宪制诉求作出很大让步。②

由此看来,英属美洲殖民地十三州形成联邦制合众国,很可能为德意志邦联的未来走向提供了榜样,随后的德意志共和革命证明了这一点。

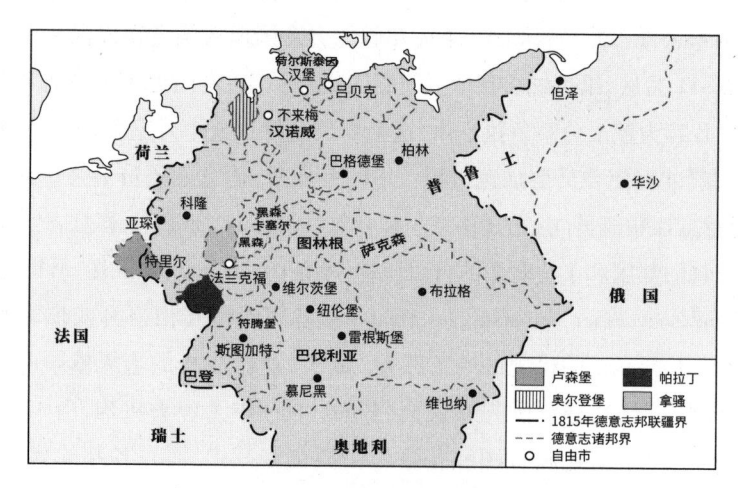

1815 年的德意志联邦
据基钦《剑桥插图德国史》页 155 绘制

---

① 马丁·基钦,《剑桥插图德国史》,前揭,页,153;史蒂文·奥茨门特,《德国史》,前揭,页 151。

② 卡尔·奥特马·冯·阿雷廷,《从德意志帝国到德意志邦联》,前揭,页 162 – 170; Wolfram Siemann, *Vom Staatenbund zum Nationalstaat: Deutschland* 1806 – 1871, München: Verlag C. H. Beck, 1995, pp. 22 – 34。

德意志共和革命与欧洲新国际

拿破仑虽然战败,但大西洋革命理念不仅在德意志邦联内,甚至在整个欧洲大陆也已经成了政治基石。拿破仑被押往圣赫勒拿岛时对送行的一位大臣说:"我离开之后,革命以及激发革命的思想,仍将以新的暴力形式持续下去。"①

第二次法国革命

拿破仑的预言很快就应验了。1830 年 7 月,巴黎爆发第二次革命。与 1789 年一样,动乱的直接起因是国王与议会的冲突。1829 年 8 月,波旁王朝第二次复辟后的第二位国王查理十世(1757—1836,1824—1830 在位)任命保守的波利尼亚克家族的奥古斯塔亲王(Jules Auguste,1780—1847)出任内阁首相。这位王政派人物面对的是一年多前(1827 年 11 月)选出的新一届国民议会,自由立宪派人士在议会中略占多数,主要来自司法、金融和商贸界,也有自由派政治记者,他们希望有一场类似英国 1688 年光荣革命的改朝换代——史学家弗朗索瓦·基佐(1787—1874)和路易–阿道夫·梯也尔是主要代言人。

基佐在拿破仑执政时代就当上了索邦大学史学教授,时年 25 岁(1812)。王政复辟后,他以"欧洲代议制政府的历史起源"为题,在索邦大学开了三年大课(1820—1822),随后讲稿结集为两卷本专著(1825)。由于笔法通俗且叙事性强,他所编织的欧洲代议制历史神话迄今传诵不衰,不少人信以为真。梯也尔比基佐小十岁,1823 年开始出版他的十卷本《法国革命史》(*Histoire de la Révolution française*)时,年仅 26 岁——全书在 1827 年杀青。三年后,革命就来了。②

其实,1814 年路易十八重返巴黎恢复王政时所颁布的《1814 年宪章》已经接近英国宪制,并没有完全复辟独立王权。这份宪章"肯定了大革命的许多重要原则,如法律面前人人平等,宗教信仰和新闻出版自由"等等,不同的是"国王保留了完整的行

---

① 亚当·查莫斯基,《幻影恐惧:政治妄想与现代国家的创建》,前揭,页 1。
② 比较弗朗索瓦·基佐,《欧洲代议制政府的历史起源》,清津、袁淑娟译,上海:复旦大学出版社,2008;René De la Croix de Castries, *Monsieur Thiers*, Paris: Perrin, 1983, pp. 44–45。

政权"。① 由于自由的议会与保守的首相不合,1830年3月18日,221位国民议会议员提交了对本届内阁的不信任动议,要求国王将首相免职——史称"221法案"。

5月16日,国王动用行政权宣布解散国民议会,未料重新选举时,自由派赢得了更多席位。他想起自己的兄长当年对三级议会做出让步的可怕后果,便在7月26日签发了四项敕令:恢复书报审查制度,解散刚选出还未开过会的国民议会,修改选举法和确定新的选举日期。国王颁布敕令本身并没有违宪,因为《1814年宪章》规定,"为了确保法律的执行和国家的安全,国王有权颁布必要命令与条例"——但他恢复书报审查制度和修改选举法则算违宪,因为这两项举措必须来自国民议会的授权。②

第二天(7月27日),自由派的三家大报齐声抗议,街头动乱接踵而至。今天的人们会以为,限制新闻自由的法令是动乱的直接导因,其实不然,针对商人颁布的营业税不再计入选举资格的敕令才更为关键,动乱事实上"是被排斥在政治生活之外的商人们发动的"。由于各工场相继关门,巴黎工人被"推向骚乱",大批涌向街头。而在随后成立的临时政府中,为首者即银行家雅克·拉菲特(Jacques Laffitte,1767—1844),且七位临时执政官中,有三人是金融家。③

查理十世下令巴黎驻军恢复秩序,聚集在王宫前的示威者有数人被打死,"群众抬着死难者尸体在巴黎各处游行",更多市民投入动乱。1789年的大革命爆发时成立的国民卫队到1827年才刚解散,现在他们正好以市民身份展开街垒防御战。当时的巴黎街道"狭窄而又弯曲","铺路的石块既重又宽",正好"可作防御工事的材料":巴黎人民展开巷战的"光荣三日"开始了。拿破仑的老兵们带回家的火枪派上了用场,"国王的士兵在密集的枪声中被迫后撤"——市民则高呼"拿破仑万岁""共和国万岁"。④ 这两个口号叠合在一起有些奇怪,却道出了法国革命的历史含混性:恢复帝制的拿破仑成了共和革命的象征。

7月29日,卢浮宫陷落。温和自由派(Moderate liberals)对1789年革命的激进

---

① 皮埃尔·特里奥姆夫,《基佐的欧洲观》,秦川译,北京:北京大学出版社,2012,页10-11。

② 海因里希·温克勒,《西方通史(第一卷)》,前揭,页503-504。

③ 雷吉娜·佩尔努,《法国资产阶级》,前揭,下册,页363、383-385、387-388、392-395。

④ 理查德·埃文斯,《竞逐权力》,前揭,页81-85;瑟诺博斯,《法国史》,沈炼之译,北京:商务印书馆,1972,页450-451。

后果仍记忆犹新,为了阻止事态向激进共和革命方向发展,他们成立了临时政府,宣布废黜查理十世,由奥尔良家族的路易-菲利普公爵(1773—1850)继承王位——这位波旁家族的近亲在1790年代的革命时期就是温和自由派。62岁的温和自由派老将拉法耶特侯爵也站了出来,并当选七位临时执政官之一。在上一次革命初期,拉法耶特已经与王室合作。激进自由派(共和派)斗士罗伯斯庇尔(1758—1794)因此痛斥他"是我们的自由最危险的敌人","以和平和自由本身的名义"扰乱国家,而且"多次双手沾满人民鲜血"。①

7月31日,路易-菲利普和拉法耶特一起出现在巴黎市政厅大厦的阳台上,接受市民欢呼,后者以表演姿态身披蓝白红三色旗,与路易-菲利普紧紧相拥,这一场景成为此次动乱承接1789年革命的象征。上一次革命时,占领巴黎市政厅的暴乱者首次打出了这种三色旗,现在路易-菲利普宣布它为法兰西国旗。

8月1日,临时政府移交政权,路易-菲利普以"法兰西人民的国王"名号继承王位,并发表了"民族意志在召唤我"的演讲。拿破仑已经自称"法兰西人民的皇帝",路易-菲利普显得是在继承拿破仑的统绪,但两者的差异显而易见。这位"公民国王"(Citizen King)或"市民君主"(bourgeois monarch)的王者权力所剩无几,温和自由派得以实现其所追慕的英式虚君共和制。②

1789年革命引发了周边王权国家的联手干预,而这次则完全不同,巴黎的政权更迭引发的是欧洲多地出现美利坚式的独立革命。首先是比利时爆发脱离荷兰的独立起义(8月),接下来是波兰王国脱离俄罗斯帝国的起义(11月),维也纳会议建立的欧洲均势面临瓦解。

1830年革命彻底摧毁了1815年的解决方案,因为革命不仅影响了小国,还影响了一个大国——法国本身。实际上,1830年革命使莱茵河以西的欧洲全都从"神圣同盟"的警察行动下解脱出来。同时"东方问题",即对土耳其无可避免的瓦解命运该采取什么行动的问题,则把巴尔干国家和地中海东部地区变成列强,特别是俄国和英国的角力场。"东方问题"打乱了均势,因为所有的图谋都强化了俄国力量,从那之后,俄国的主要外交

---

① 王养冲、陈崇武选编,《罗伯斯庇尔选集》,上海:华东师范大学出版社,1989,页75-76、79-81、92、129-130、147、153-154。

② David H. Pinkney, *The French Revolution of 1830*, Princeton: Princeton University Press, 1972; R. P. Huguet, *La Révolution de Juillet* 1830, Paris: Saint-Sébastien, 2016.

目标,就是赢得位于欧洲和小亚细亚之间,控制着其通往地中海航道的海峡控制权。①

应该注意到,比利时和波兰的动乱在性质上与巴黎的"七月革命"并不相同,它们的政治诉求首先是脱离宗主国。比利时的情形,我们在前面已经考察过了,而波兰的情形又与之不同。拿破仑战败后,俄国沙皇在拿破仑扶植的华沙大公国(1807—1815)基础上建立起共主邦联性质的"会议波兰王国"(Congress Kingdom of Poland)。这个国名表明,波兰王国立国的法理来自维也纳和会的授权,与德意志邦联一样,属于国际法产品,而所谓国际法不过是战后大国协调所签订的条约。一旦欧洲均势发生变动,这些条约就随之成为历史文献,而非具有约束力的法律文件。

启蒙君主亚历山大一世颇为开明,他允许波兰王国拥有"一部先进的、自由的《宪法》",波兰人拥有"广泛的投票权和公民权利",而且选举产生了全国议会。短短十余年间,华沙大剧院、波兰银行以及"一些新建的宫殿、教堂、广场和大街"使得华沙有了王国首府气象。1830年11月29日,在巴黎"七月革命"影响下,一个激进自由主义秘密团体发起针对俄国统治的武装起义。波兰议会经过两个月的犹豫不决之后(1月25日),通过决议脱离俄国,这等于"撕毁了《维也纳条约》"。波兰人的理由是,沙皇亚历山大和尼古拉侵害了波兰宪政,但在政治史学家看来,就欧洲国际法而言,这却是"有瑕疵的"行为。毕竟,亚历山大一世实现了拿破仑战争期间对波兰人的承诺,即"胜利以后让波兰恢复旧日边界,并入立陶宛的全部领土,重建国家"。他还宽恕了"曾协助拿破仑进军莫斯科"的波兰人,"并视波兰人为朋友和兄弟"。拿破仑与亚历山大一世争夺波兰时,前者曾对后者声称,"他从来无意恢复波兰王国",甚至扬言要"在历史上消灭'波兰'和'波兰的'这两个语词"——尽管如此,波兰人还是更喜欢亲近法国人。②

---

① 艾瑞克·霍布斯鲍姆,《革命的年代:1789—1848》,前揭,页137;详见Manfred Kossok/Werner Loch(hrsg.), *Die Französische Julirevolution von 1830 und Europa*, Berlin: Akademie – Verlag, 1985。

② 耶日·卢克瓦斯基、赫伯特·扎瓦德斯基,《波兰史》,前揭,页145 – 148、153、155;亨利·特罗亚,《神秘沙皇:亚历山大一世》,迎晖、尚菲、长宇译,北京:世界知识出版社,1984,页140、155、185;比较拿破仑·波拿巴,《拿破仑日记:一代王者的心灵史》,约翰斯顿英译,萧石忠、许永健译,北京:中共党史出版社,2007,页146 – 147。

德意志的1830年革命

自法国大革命以来,德意志知识人"像发热病似的关注着美国革命和法国革命",即便雅各宾专政和德意志的政治现实使得他们"又退回到精神理论的象牙塔之中",毕竟他们已经一劳永逸地"用启蒙思想取代了过去的帝国秩序"。① 因此,第二次法国革命爆发时,德意志地区也闻风而动,还没有起步迈向代议制政府的邦国(不伦瑞克、萨克森、黑森、汉诺威)出现了动乱,"富有自由色彩的新政府遂告建立",而已经迈向君主立宪制的西南部邦国则提出了进一步的政治诉求。1831年10月,巴登公国的两位温和自由派议员"以德意志人民和德意志自由主义的名义"提出议案,要求政府促使"德意志邦联循序渐进地发展成最有利于德意志民族统一和德意志国家公民自由的促进力量"。为了实现这一目的,议案呼吁在邦联议会之外选举产生联邦众议院。显然,自由派人士希望模仿美国建立两院制。②

温和自由派还希望巴伐利亚国王路德维希一世(1786—1868)担起统一德意志的历史使命,出任未来的德意志联邦总统。这并非没有道理,自拿破仑帝国东扩以来,巴伐利亚因吸收大量封建领土,成了德意志邦联中最大的王国,维也纳会议以后,其地位足以与普鲁士和奥地利相提并论。③

路德维希一世让温和自由派失望了:1831年12月,国王解散了一年前才选出的议会,这无异于拒绝了温和自由派的诉求。1832年4月,大学生社团的学生在法兰克福冲击守备邦联议会的警局,邦联议会随即下令邦联军队进驻法兰克福,逮捕肇事者。紧接着(1832年5月底),激进自由派发起了一场盛大集会,地点在原帝国行宫(普法尔茨)的一座城堡遗址——1816年才划归巴伐利亚的汉巴赫古堡(Hambach Schloss)。激进自由派选中这里举行集会"是经过深思熟虑的",因为在西南德意志,人们对"法国人统治时期"所享有的公民自由还记忆犹新。与会者近三万人,主要是西南德意志约15个邦的议员、大学生、商人和工匠,也有来自外国(法国、英国和波兰)的激进自

---

① 卡尔·奥特马·冯·阿雷廷,《从德意志帝国到德意志联邦》,前揭,页66。
② 海因里希·温克勒,《西方通史(第一卷)》,前揭,页514;马丁·基钦,《剑桥插图德国史》,前揭,页165。
③ 埃米尔·赖希,《现代欧洲的基础》,前揭,页7。

由派人士。①

在持续近一周的日子里(5月27日至6月1日),与会者聚集在汉巴赫古堡周围,模仿法国大革命初期的盛大庆典,很多人还头戴法国大革命时期的红色弗里吉亚帽,要么载歌载舞,要么聆听集会组织者慷慨激昂的政治演讲——史称"汉巴赫节"(Hambacher Fest)。②

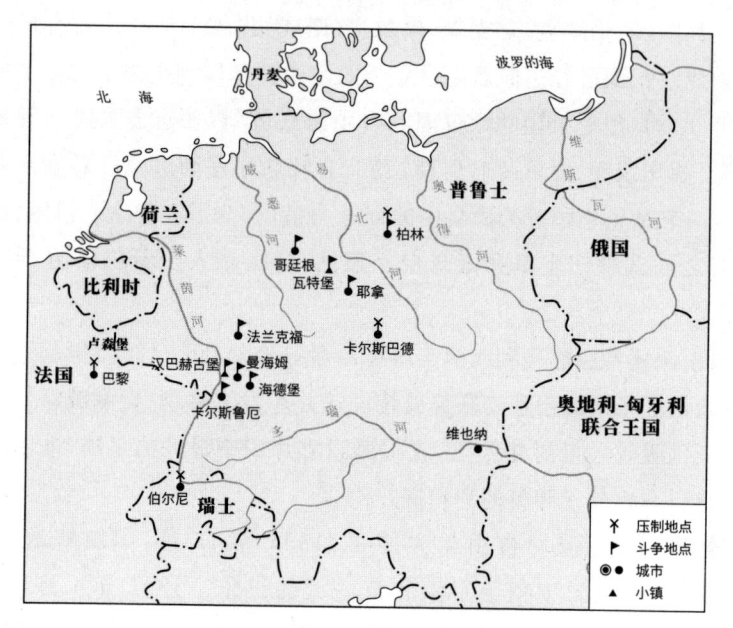

复辟时代的压制与斗争重要地点
据孟钟捷、霍仁龙《地图上的德国史》页100绘制

"汉巴赫节"算得上是1830年代德意志革命的标志性事件,但如今的德国通史大多对此一笔带过。③ 鉴于1990年代以后的诸多政治事件具有类似的表现形

---

① Hubert Freilinger, "'Die Hambacher'. Beteiligte und Sympathisanten der Beinahe-Revolution von 1832", in *Zeitschrift für bayerische Landesgeschichte*, Band 41(1978), p.712;海因里希·温克勒,《西方通史(第一卷)》,前揭,页515。

② Joachim Kermann/Gerhard Nestler/Dieter Schiffmann(hrsg.), *Freiheit, Einheit und Europa. Das Hambacher Fest von 1832 – Ursachen, Ziele und Wirkungen*, Ludwigshafen: Verlag Pro Message, 2006.

③ 迪特尔·海因,《十九世纪德国史》,前揭,页49。

式,它理应得到政治史学的更多关注。毕竟,集会组织者的骨干成员是两位激进自由派记者——菲利普·西本普斐弗尔和约翰·魏尔特。① 路德维希一世解散议会后(1832年元月),他们马上就发起了一个政治组织——"声援新闻自由的德意志祖国协会"(Der Deutsche Vaterlandsverein zur Unterstützung der Freien Presse)。在很短的时间里,这个组织就在德意志各邦都有了分部,其成员多为青年学生。

"汉巴赫节"的主题是德意志的"民族统一和自由"。普鲁士王国在1813年对法国宣战时,路德维希·吕佐夫少将(1782—1834)指挥的自由军团(Lützowsches Freikorps)首次挥舞一面黑红金三色旗与法军作战。在"汉巴赫节"上,这面旗帜成了德意志统一和自由运动的象征。在激进自由派看来,想要通过邦联体制的渐进改革来实现这一目的,肯定行不通,"德意志的重生"(Deutschlands Wiedergeburt)必须凭靠民众运动的力量。②

所谓"民众"其实指新生的市民阶层,他们在思想观念上已经是"自由公民",而现存制度明显滞后。西本普斐弗尔是巴登人,他在演说中呼吁,追求自由的德意志人应该与波兰、法国和其他所有热爱自由的人结成兄弟情谊,因为他们有共同的政治理想:

> 这一天将会来临……当优秀的日耳曼人站在自由和正义的青铜底座上,一只手握着启蒙的火炬,把文明的光束投向地球最遥远的角落,另一手持着仲裁者的天平,人们将恳请她解决争端……③

---

① Martin Baus, "Philipp Jakob Siebenpfeiffer(1789 – 1845)und Johann Georg August Wirth (1798 – 1848)", in Charlotte Glück/Martin Baus(Hrsg.), *Recht. Gesetz. Freiheit – 200 Jahre pfälzisches Oberlandesgericht Zweibrücken*, Koblenz: Landesarchivverwaltung Rheinland – Pfalz, 2015, pp. 158 – 170; Cornelia Foerster, *Der Preß – und Vaterlandsverein von 1832/33. Sozialstruktur und Organisations – formen der bürgerlichen Bewegung in der Zeit des Hambacher Festes*, Trier: Trierer Historische Forschungen, 1982.

② Leonard Krieger, *The German Idea of Freedom: History of a Political Tradition*, Chicago: The University of Chicago Press, 1957, pp. 273 – 277; Lutz Frisch, *Deutschlands Wiedergeburt. Neustadter Bürger und das Hambacher Fest 1832*, Neustadt: Historischer Verein der Pfalz, 2012.

③ 转引自艾瑞克·霍布斯鲍姆,《革命的年代:1789—1848》,前揭,页173;详见 Heribert Prantl, "Philipp Jakob Siebenpfeiffer(1789—1845):Das Fest, das Deutschland hoffen ließ", in Frank – Walter Steinmeier(hrsg.), *Wegbereiter der deutschen Demokratie. 30 mutige Frauen und Männer 1789 – 1918*, 前揭,页91 – 103。

在《革命的年代》一书中,左翼史学家霍布斯鲍姆(1917—2012)用这句演说辞作为"民族主义"一章的题词,以此表明当时的自由主义诉求与民族主义诉求是一体两面。维尔特在发表演说时明确提出,一旦德意志实现"民族统一和自由",就应该重新收回阿尔萨斯和洛林。

民族的政治统一与政治自由之间并非没有矛盾。巴登的温和自由派领袖人士卡尔·罗特克(1775—1840)既是政治学家也是史学家,巴黎七月革命爆发前三年,他耗时十五年的多卷本世界史大著刚刚杀青,正是他与另一位自由派议员一起,在巴登公国议会上提出了促进德意志政治统一的法案。① 在维也纳会议后的"复辟时代",卡尔·罗特克曾一度相当悲观,他以普遍历史学家的笔调写道,欧洲的未来只能寄望于大西洋彼岸的美利坚新世界:

> 欧洲虽然已有几个世纪来积累的精神财富以及对进步的渴望,还有高贵、开放地拥抱知识的人民,却突然停滞不前,甚至悲哀地退回到僵化的历史法则的束缚之中。欧洲放弃了自由的太阳,尽管它曾热切吸收这太阳的光芒;它放弃了人类高贵的胸怀中永不泯灭的自然权利观念,尽管它曾清楚地认识到这观念的诉求……就像当年东罗马帝国持续数个世纪的衰落一样,[欧洲]高贵而自豪的心灵不再有生活乐趣,他们的劳作不再有回报。衰落将一步步把我们引向如同中国人一般的命运,而俄罗斯人将成为我们的征服者,就像那里的蒙古人或满洲人一样。当然,自由不会因此而从世界上消失;但欧洲只能从远处,从大西洋彼岸看到这曾被它一直保存的圣火在闪耀。②

现在,德意志的时刻来了。"汉巴赫节"事件过后不久,这位德意志的"人权理论家"对激进自由派的魏尔特说,他们所追求的政治统一严重威胁了小邦国的自由:

---

① Karl von Rotteck, *Allgemeine Geschichte vom Anfang der historischen Kenntniss bis auf unsere Zeiten*, Freiburg: Westermann & Braunschweig, 1812 – 1827; Hermann Kopf, *Karl von Rotteck – Zwischen Revolution und Restauration*, Freiburg: Rombach, 1980; Jürgen Voss, "Karl von Rotteck und die Französische Revolution", in Roger Dufraisse (Hrsg.), *Revolution und Gegenrevolution 1789 – 1830. Zur geistigen Ausein – andersetzung in Frankreich und Deutschland*, München: Oldenbourg, 1991, pp. 157 – 177.

② 转引自 Ernst Fraenkel, *Amerika im Spiegel des deutschen politischen Denkens: Äusserungen Deutscher Staatsmänner und Staatsdenker über Staat und Gesellschaft in den Vereinigten Staaten von Amerika*, Cologne: Westdeutscher Verlag, 1959, S. 88。

我想要的统一离不开自由，宁愿要没有统一的自由，也不要没有自由的统一。我不想要普鲁士羽翼下或奥地利鹰徽下的统一，我不想要比现在的邦联议会组织得更完美的强大权力，而且我也不想要一个一般的德意志共和国的形式，因为要组建一个这种共和国的途径是恐怖的，并且其成功或成果看上去具有高度不确定性……所以我不想追求外在形式突出的德意志统一。历史证明，一个国家联盟比一个未经分割的大帝国更适合维护自由。①

这话听起来有些像美利坚的"反联邦党人"的立场，即反对"建立一个毁灭或者损害各州的全面的全国政府"。换言之，德意志邦联面临着与襁褓时期的盎格鲁－美利坚合众国曾面临过的类似的选择问题：邦国联合体（简称"邦联"）还是联邦制国家（简称"联邦"）。② 两者的差异在于，前者允许各邦保留更大的自治性，拥有更多主权，凡遇重大的共同体问题，必须由各邦共同协商解决，如有一家不同意，就无法形成决议，而后者则拥有更多中央集权，涉及共同体利益的重大决策，不受各邦掣肘。历史充分表明，邦联政体不仅很难成为大国，还很容易解体。对美利坚的"联邦主义者"来说，重要的是抓住美利坚成为大国的机遇，而他们也正是因自己抓住了这一机遇而感到自豪。在"反联邦主义者"看来，就历史机遇而言，"无论是抓住它还是放弃它，都不可能不带任何风险"，他们"既想要联盟也想要各邦；既想要大的美利坚共和国，也想要小的、自治的共同体"。③

对于德意志邦联来说，抓住成为大国的历史机遇这一问题同样存在，而且相当迫切。决定性的差异在于，美利坚政治人之间虽有激烈争执，但政治体本身并没有太大的地缘政治压力——德意志邦联的处境就不同了。在邦联体内，奥地利和普鲁士仍具有相当的支配性法权。1819 年 3 月 23 日，激进自由派大学生协会成员刺

---

① 转引自海因里希·温克勒，《西方通史（第一卷）》，前揭，页 516；详见 Helmut Gembries, "Karl von Rotteck und das Hambacher Fest", in *Jahrbuch der Hambach – Gesellschaft*, 14 (2006), pp. 95 – 109。

② 赫伯特·斯托林，《反联邦党人赞成什么？——宪法反对者的政治思想》，汪庆华译，北京：北京大学出版社，2006，页 12 – 16；姜峰、毕竞悦编译，《联邦党人与反联邦党人：在宪法批准中的辩论》，北京：中国政法大学出版社，2012，页 3 – 20；默里·德里、赫伯特·斯托林编，《反联邦论》，马万利译，杭州：浙江大学出版社，2021，页 142 – 152；瑟琳·鲍恩，《民主的奇迹：美国宪法制定的 127 天》，郑明萱译，北京：新星出版社，2013，页 40 – 52。

③ 默里·德里、赫伯特·斯托林编，《反联邦论》，前揭，"全集序言"，页 xxii。

杀了俄国沙皇在德意志的代表,借助这一事件,奥地利和普鲁士依据《邦联约法》中保障内部安全的第 2 条和限制德意志各邦制定宪法的第 13 条,在奥地利的特普利茨(今捷克西北部小镇)达成《特普利茨草约》(Teplitzer Punktation),责成德意志各邦政府监控媒体、大学和邦议会(8 月 1 日)。五天后,梅特涅挑选十位德意志邦国代表齐聚波希米亚温泉城市卡尔斯巴德,签署了一份禁止大学生社团活动和实行书报审查制的《卡尔斯巴德决议》(Karlsbader Beschlüsse),一个月后经邦联会议批准实施。英国外交大臣卡斯尔雷为此给梅特涅发来了贺信,因为他"支持在英国也采取类似的措施,此即臭名昭著的《1819 年第六法案》"。① 看来,即便是英国也面临同样的激进政治的压力。

由此可以理解,为何史学家对"汉巴赫节"的评价迄今难以达成一致。一种观点认为,这次集会的表现形式接近"大众激进主义",甚至无异于"政治骚动"。另一种观点则认为,这场节庆式的革命的确"把不同社会阶层的人聚集到一起:革命走出了共济会员和密谋者烟雾缭绕的密室,从秘密转为公开,走上了合法的宪政改革道路"。若要说它是"政治骚动",明显是夸大其词,因为它用"演说家的讲坛和记者的书桌"取代"断头台和灯柱",并没有造成剧烈的社会动荡。② 1987 年,设在汉堡的西本普斐弗尔基金会为鼓励传媒人士的自由民主和人权意识,设立了"西本普斐弗尔[新闻]奖"(Siebenpfeiffer-Preis),这标志着联邦德国确认激进自由派的政治理念为值得继承的优良传统。

"汉巴赫节"让德意志邦联的各国政府大受惊吓,西本普斐弗尔和魏尔特被逮捕,大量参与者逃亡国外,去往美国的最多。仅仅四周后,在奥地利和普鲁士要求下,邦联议会给《卡尔斯巴德决议》添加了更为严格的"六条"解释,致使激进自由派的反抗更为激烈。

哥廷根大学的德意志史和政治学教授弗里德里希·达尔曼(1785—1860)上大学时,就曾在庆祝滑铁卢战役的活动上发表演说(1815),呼吁德意志的政治复兴。"汉巴赫节"事件激发他写下了为民族自由主义运动提供政治指导的小册子《基于既定状况并以此为尺度的政治》,这个书名会让人想到著名的马基雅维利

---

① 约翰·劳尔,《英国与英国外交:1815—1885》,刘玉霞译,上海:上海译文出版社,2003,页 36。

② 玛丽·富布卢克,《剑桥德国史》,前揭,页 105;理查德·埃文斯,《竞逐权力》,前揭,页 97-98。

原则,即将人们实际上如何生活视为解决政治问题的源泉。因此,他的这部政治理论著作采取的是史学论证。随后,他在波恩大学开课宣扬英国革命,以此作为史例,认定英国的演化型宪政适合德国的国情。达尔曼自己也没有想到,他的《英国革命史》(1844)和《直到建立共和的法国革命史》(1845)实际上为即将到来的1848年立宪革命做了思想准备,而他自己也在这场革命中扮演了积极而且重要的角色。由于拒绝基于抽象理论的法国革命模式,达尔曼被视为"自由－保守主义者"或"右翼自由派"——直到今天,德国人仍在纪念这位民族自由主义的革命先驱。[1]

制宪合众国的难产与地缘政治

没过多久机会又来了。1848年初春,巴黎爆发第三次自由主义共和革命,"市民君主"路易·菲利普马上向起义民众举起白旗放弃王位(2月24日)。三天后,巴登公国的激进自由派律师古斯塔夫·施特鲁韦(Gustav Struve, 1805—1870)就在曼海姆鼓动起一场示威集会,向政府递交请愿书。政治自由和民族统一再次同时被提上革命日程,请愿书很快在德意志各邦不断翻印散发,史称"三月诉求"。

维也纳和柏林陷入动乱

巴黎爆发"二月革命"之前,奥地利已经因自己的意大利属地(那不勒斯)和波兰属地(加利西亚)出现独立动乱而疲于应付。梅特涅敏锐地感觉到,"因不断地受到民族主义和民主主义思想的摩擦和拉扯",加上"革命的野兽"不住抓爬,

---

[1] Friedrich Christoph Dahlmann, *Die Politik, auf den Grund und das Maaß der gegebenenZuständezurückgeführt*, Göttingen, 1835/Leipzig, 1847; Friedrich Christoph Dahlmann, *Zwei Revolutionen*, Leipzig,1853. 详见 Ernst Rudolf Huber, *Friedrich Christoph Dahlmann und die deutsche Verfassungsbewegung*, Hamburg: HanseatischeVerlagsanstalt, 1937; Wilhelm P. Bürklin, Werner Kaltefleiter(Hrsg.): *Freiheit verpflichtet. Gedanken zum 200. Geburtstag von Friedrich Christoph Dahlmann*, Kiel: Kieler Verlag Wissenschaft und Bildung, 1985; Thomas Becker, Wilhelm Bleek, Tilman Mayer (Hrsg.): *Friedrich Christoph Dahlmann – einpolitischer Professor im 19. Jahrhundert*, Bonn: Bonn University Press, 2012。

《维也纳决议》这件本来"很耐穿的袍料"已经多处出现裂缝,而且越来越单薄了。不仅在瑞士、克拉科夫、都灵和匈牙利,即便在梵蒂冈的走廊和无忧宫的花园里,也能闻到各色动乱发出的强烈气味。意大利烧炭党人"教导人们杀人不算作恶",波兰克拉科夫的自由派人士"用阴谋和暴动手段"百折不挠地追求独立。巴黎革命的消息在2月29日才传到维也纳,一周之内,又传来"整个德意志都在骚动中"的消息——梅特涅已经看到,自由主义与其说是"一座固定的城市",还不如说是"不断移动中的行军野营",欧洲各地的人们"从法国人那里学来的残暴行为开始了"。①

3月3日,维也纳出现示威集会,小规模骚动接踵而至。起初,梅特涅还能凭着"勇敢所产生的决心来迎接这场风暴",一周后(3月10日),帝国司法部门的官员告诉他,局势已经失控。3月13日这天,设在维也纳城内的下奥地利地方议会开会,准备呈送给皇帝一份立宪请愿书。与此同时,街头出现了大规模暴乱,约有三万人参加,"一队意大利籍士兵违抗军令,向人群开枪射击",有"四人中弹身亡"。在王室内部的反对派和街头暴力的双重夹击下,梅特涅被迫辞去首相之职。不少史书说,梅特涅男扮女装出逃英国,十分猥琐。其实,他的逃亡是奥地利王室"怂恿"——确切地说,是皇帝的姒娌、女大公索菲"精心策划"的。何况,这位75岁高龄的老人必须为妻子儿女的安全着想。起初,梅特涅不知道该逃往何方,女儿提醒他只有英国才安全。于是,梅特涅一家只好隐姓埋名,用假护照经摩拉维亚南部前往布拉格,然后经德累斯顿、莱比锡、汉诺威前往荷兰海牙,再从鹿特丹乘船前往英国的布莱克沃(Blackwall)。整个逃亡历时一月有余,多次有惊无险,不可谓不狼狈。当然,也有史学家说,这"完全可以称得上是一次很有气概的逃亡"。② 没有疑问的是,梅特涅若不出逃,难免死于非命。

梅特涅一走了之后,帝国皇帝下令照搬1831年比利时宪法颁布了一部"自由的"帝国宪法(4月25日),由于它没有经过制宪议会这道程序,或者说不是真正的"人民立法",激进自由派人士根本不买账。与此同时(3月下旬),匈牙利已

---

① 阿尔杰农·塞西尔,《梅特涅(1773—1859):对他本人和时代的一个研究》,复旦大学《梅特涅》翻译小组译,上海:上海人民出版社,1974,页360、363。

② 彼得·贾德森,《哈布斯堡王朝》,前揭,页154-155;沃尔弗拉姆·希曼,《梅特涅:帝国与世界》,杨惠群译,北京:社会科学文献出版社,2019,页984-987;阿尔杰农·塞西尔,《梅特涅(1773—1859):对他本人和时代的一个研究》,前揭,页365-368;马丁·拉迪,《哈布斯堡王朝》,前揭,页316-317。

经起兵反叛。整个奥地利由此进入天翻地覆的混乱时刻,内战状态历时足足半年。①

梅特涅辞职第二天,柏林就发生骚乱,1840 年即位的普鲁士国王威廉四世(1795—1861)赶紧颁布敕令,取消书报审查,并承诺推动邦联政体的宪政化统一(3 月 18 日),希望以此平息骚乱。成千上万柏林人涌向王宫广场,据说大多数人本来是想向国王致敬的,却与在场戒备的军队发生误会,酿成一大血案。两天后,威廉四世答应更换内阁以示道歉,还佩戴象征德意志统一运动的黑红金三色臂章出现在民众面前发表演说,承诺"普鲁士从此将融解于德意志之中",并保护德意志"免受迫在眉睫的双重危险"——既来自法国也来自俄国的危险。其实,这些承诺都只是说说罢了。②

还没有立宪的德意志邦国一个个被迫接受立宪,3 月 31 日,来自各邦国的 500 多名自由派和共和派人士在海德堡召开会议,宣布成立"预备议会"(Vorparlament),为德意志邦联走向政治统一做准备。议会成员大多来自普鲁士(141 人)和南德意志地区(黑森-达姆斯塔特 84 人,巴登 72 人),他们一连四天都在讨论德意志的政治前途。③ 奥地利和普鲁士陷入动乱,让德意志邦联追求自由民主的政治人终于有了机会,他们放开被束缚的手脚,立即着手建立一个以德意志邦联为主体的统一而自由的德意志民族国家:德意志邦联共和国。

德意志西南部的自由派希望建立包括奥地利在内的大德意志,毕竟,那里也出现了自由主义革命。因此,奥地利的自由派受邀派代表进入了"预备议会",但仅有两人到会。波希米亚的著名史学家帕拉茨基(František Palacky,1798—1876)收到邀请,但他毫不客气地回复说:"我是捷克人,血管里流着斯拉夫人的血液。"言下之意,德意志人的事情与我无关。当时帕拉茨基正在埋头撰写多卷本《捷克史》(第一卷已在 1836 年出版),此书首次将"没有历史"的各斯拉夫民族的历史串了起来。④

---

① 保罗·路易·莱热,《奥匈帝国史》,李为为译,北京:华文出版社,2021,页 591 - 600;温盖尔·马加什、萨博尔奇·奥托,《匈牙利史》,前揭,193 - 198。

② 海因里希·温克勒,《西方通史(第一卷)》,前揭,页 564 - 565;泰勒,《争夺欧洲霸权的斗争:1848—1918》,沈苏儒译,北京:商务印书馆,1987,页 27。

③ 约翰·马里奥特、格兰特·罗伯逊,《帝国的崛起:从普鲁士到德意志》,前揭,页 286。

④ 埃·普里斯特尔,《奥地利简史》,陶梁、张傅译,北京:生活·读书·新知三联书店,1972,页 658;瓦·胡萨,《捷克斯洛伐克历史》,陈广嗣译,北京:东方出版社,1988,页 118;理查德·埃文斯,《竞逐权力:1815—1914》,前揭,页 262。

"预备议会"邀请波希米亚人参加,的确有些奇怪。毕竟,奥地利在1815年仅仅以哈布斯堡君主国的身份进入德意志邦联,奥地利帝国中的非德意志人的政治单位(波希米亚、匈牙利、克罗地亚、奥属波兰[加利西亚]和奥属意大利半岛的威尼西亚等)乃至普鲁士王国的波兰省份,都在这个邦联之外。德意志邦联要搞立宪帝国,的确与波希米亚人无关。

"预备议会"一致决定,先由各邦选出全德意志的立宪议会代表,选举方式各邦可自行决定,再由这个经普选产生的立宪议会开会制宪,实现德意志的立宪统一。几乎所有邦国都选择了基于财产资格的间接选举制,这表明温和自由派占了上风。关于统一后的德国采取什么样的政体,"预备议会"的代表们马上产生了分歧:激进共和派主张,应该立刻成立一个革命性的执行机构,"以美利坚合众国为榜样,把德意志变成一个联邦制共和国";温和自由派坚决反对这一立国方向,认为应该在现有君主制的基础上循序渐进,否则会是没完没了的暴力革命。① 尽管如此,建立一个自由的德意志民族国家仍是所有议员的志愿。

德意志与丹麦的领土纠纷

柏林骚乱的枪声传到丹麦哥本哈根时,市民们的情绪也一下子高涨起来,纷纷"戴上大礼帽、穿上大礼服去见国王",要求一部自由宪法——按更为后现代的说法,"哥本哈根爆发了声势浩大的群众示威"。这两种说法都有些夸张,对事件起因也语焉不详。事实上,哥本哈根的自由派呼吁立宪,首先是因为丹麦半岛南部底端的荷尔斯泰因和石勒苏益格公国受德意志局势影响,要求脱离丹麦王国。②

丹麦半岛扼制北海与波罗的海之间的海上通道,因涉及欧洲北部所有国家尤其英国、普鲁士和俄国三个欧洲大国的利益,其重要性不亚于土耳其海峡。半岛南端的两个小公国因靠近易北河出海口,亦称"易北河两公国",它们虽然只是德意志和丹麦半岛间的陆上桥梁,却明显具有欧洲国际战略地位。荷尔斯泰因公国全是德意志人,石勒苏益格公国仅南部是德意志人,但行政机关通用德语。自十五世纪以来,按1460年的一份君主间的君子协定书《里伯条约》(Vertrag von Rip-

---

① 海因里希·温克勒,《西方通史(第一卷)》,前揭,页566。
② 伯利·劳林,《丹麦王国史》,前揭,页339–342;理查德·埃文斯,《竞逐权力:1815—1914》,前揭,页255。

en），两公国"永不分离"（ewig ungedeelt），并在神圣罗马帝国框架下共同属于丹麦君主个人。

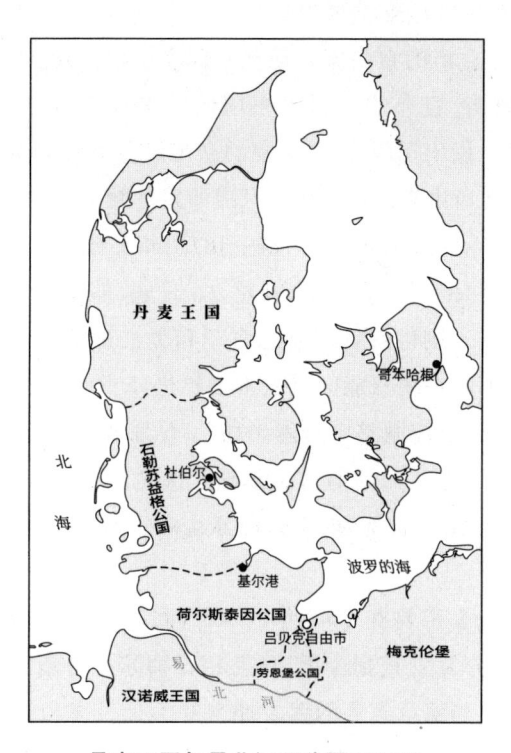

丹麦王国与易北河两分国（1864）
据布鲁斯·巴塞特-珀威尔《俾斯麦战争中的普鲁士军队：1860—1867》页30 绘制

  神圣罗马帝国解体之后，荷尔斯泰因公国在1819年被纳入德意志邦联，成为其中的成员，如今它要求脱离丹麦的宗主权，丹麦无话可说。但当地自由派也捎上石勒苏益格，丹麦的自由派无论如何不答应。1848年元月，丹麦国王赓继时，事件就爆发了。"三月革命"到来之后，本来哥本哈根的"自由主义分子与荷尔斯泰因-石勒苏益格的自由运动相当一致"，却因石勒苏益格的民族归属问题而分道扬镳。康德若还健在的话，他会承认自己错了：自由民主的共同信念并不像他以为的那样，会消弭民族政治体之间的冲突。3月20日，哥本哈根的自由派人士在著名的老剧院举行集会，人们愤慨的是领土问题，而不是公民权利问题。第二天，自由派组织群众前往克里斯钦堡（Schloß Christiamborg）皇宫广场示威。国王弗雷德里克七世（1808—1863）继位还不到三个月，他亲切接见示威组织者，说自己已下令更换政府,坚决捍卫王国领土完整,而且要求新政府为立宪做准备。自由派领导人听到这些不禁"惊呆了",没想到立宪革命会如此轻松愉快。①

两天后(3月22日),丹麦王国的临时政府成立,随即宣布出兵石勒苏益格。荷尔斯泰因-石勒苏益格的自由派发动独立起义予以回应,在古老的海港城市基尔(Kiel)成立临时政府,宣布脱离丹麦王国的宗主权,并向普鲁士求援(3月28日)。普鲁士王国马上做出反应,法兰克福的立宪议会也跟着表决支持普鲁士采取行动,两个正并肩走向自由宪政的主权国家随即爆发领土战争。4月10日,普鲁士将军弗昂格尔公爵(Graf von Wrangel,1784—1877)指挥德意志邦联军队越过两公国之间的界河艾德河(Eider),进入石勒苏益格。4月底,邦联军队已经把丹麦王国军队逐出两个公国,丹麦人则以封锁德意志海岸和袭击德意志商船予以回击。因缺乏海军力量,德意志邦联军队只能向丹麦本土挺进,5月3日进入日德兰半岛,"似乎很有可能不久就将完全控制整个丹麦半岛"。6月5日,丹麦国王宣布石勒苏益格与丹麦合并,"王国各地在广泛的选民基础上选举产生了一个全国议会"——丹麦在战争状态下走向了君主立宪制,而石勒苏益格公国的德意志地主则"愤而宣布独立"。②

由于"德意志和丹麦都是在1848年的革命年代开始形成各自的民族概念,从而导致了整个国家的分裂",直到今天,丹麦和石勒苏益格地区的政治史学家仍然坚持认为,这场丹麦人与德意志人的武装冲突并不是丹麦与德国的战争,而是"丹麦国家的内部冲突",或者说"一场常规意义上的丹麦内战"。的确,这个时候并不存在统一的德意志政治单位,普鲁士支持荷尔斯泰因-石勒苏益格的反叛,在今天会被视为干涉丹麦王国内政。事实上,荷尔斯泰因-石勒苏益格"只是得到了普鲁士和其他邦联军队保守派的政治与军事支持"。③

在这场战争中,普鲁士军队取得了陆上胜利,"但在海上却被丹麦这样的小国海军欺侮,不仅自己的商船被丹麦捕获,而且海岸线也被封锁"。这让德意志人大受刺激,北部沿海邦国纷纷购置船只,招募水手,组建微型海军,没有直接受到战争波及的南部内陆地区"则在民族主义热情的鼓舞下,成立了支持海军事业的委员会

---

① 克努特·耶斯佩森,《丹麦史》,李明、张晓华,北京:商务印书馆,2012,页55-56。
② 诺曼·里奇,《大国外交:从拿破仑战争到第一次世界大战》,前揭,页80;理查德·埃文斯,《竞逐权力:1815—1914》,前揭,页255。
③ 卡尔-海因茨等,《德国军事史:从普鲁士军队改革到联邦国防军转型》,王鹏,北京:解放军出版社,2018,页105-106。

或协会",为德意志发展舰队募捐,"甚至还有人免费运输木材支援沿海地区的造船工作"。6月14日,法兰克福立宪议会决定组建一支舰队,以便打破丹麦的海上封锁。1849年初,通过紧急从英美订购船只,立宪议会有了一支由12艘军舰组成的舰队,虽然大多数舰船的排水量仅数百吨,但还是勇敢地在当时仍属英国领土的赫里果兰岛(Helgoland,距陆岸约70公里)附近向1艘丹麦护卫舰发起攻击。德意志舰队悬挂着代表德意志合众国的黑、红、金三色旗,而合众国尚未获得大国的外交承认,赫里果兰岛上的英军鸣炮示警,宣布禁止双方在英国领水交战——事后,英国外交大臣亨利·帕默斯顿(Henry Palmerston, 1784 – 1865)宣称,悬挂黑、红、金三色旗的军舰不具备国际法地位,故被视作海盗。[1]

尽管有丹麦海军的封锁,普鲁士军队还是在陆上取得了可观的突破。然而,英国、瑞典尤其俄国不断施加外交压力,普鲁士国王趁机下令德军停止推进,因为若非舆情所迫,他本来不想出兵。毕竟,易北河两公国闹的是共和革命,他不愿让自己显得是革命的支持者。有史学家说,丹麦王国出兵石勒苏益格"违反国际法",似乎德意志邦联立宪议会的反应纯属正当,实际情形则恰恰相反。十八世纪时,为了不让波罗的海与北海的通道被一个强国控制,英国、俄国、瑞典以及法国等欧洲大国曾签署条约,确认两公国属于丹麦国王。到了十九世纪,虽然大西洋贸易圈已经取代北海贸易圈,"波罗的海不再是列强势力平衡中的一个重大因素",但列强仍愿意维持现状——1848年8月迫使交战双方签订的《停火协议》完全对丹麦有利,充分证明了这一点。法兰克福的立宪议会对这一事件持强硬态度,仅仅表明对于正在追求实现政治统一的德意志人来说,易北河两公国的战略位置相当重要,它涉及"德意志民族能否实现成为一个[世界]强国的意愿"。"右翼自由派"的代表人物达尔曼在立宪议会的发言"引爆了整个议会",他声称停战无异于"将新德意志政府扼杀在萌芽中"——尽管由于若不停战"欧洲发生全面战争的可能性太大了",他最终也不得不改变立场。[2]

虽然态度强硬,法兰克福立宪议会却没有足够的军事实力。弗昂格尔将军率

---

[1] 顾全,《大陆强国与海上制衡:1888—1914年德国的海军扩张》,前揭,页103 – 106。

[2] 泰勒,《争夺欧洲霸权的斗争:1848—1918》,前揭,页33;巴巴拉·杰拉维奇,《俄国外交政策的一世纪:1814—1914》,福建师范大学外语系编译室译,北京:商务印书馆,1978,页93;迈克·拉波特,《1848:革命之年》,郭东波、杜利敏译,上海:上海社会科学院出版社,2019,页248 – 249。

领的德意志邦联军队约22000人,普军占一半多。① 邦联本身十分脆弱,它虽然有一支"中央军",但基本不成体统,邦联的国际防务一直主要由奥地利和普鲁士承担。1832年以后,奥地利因意大利出现分离动乱而越来越"无暇顾及德意志邦联的整体防务",普鲁士王国便主动担当了更多防务。这与其说是民族情感使然,不如说是为了获得对邦联的领导权——"巴登、符腾堡甚至巴伐利亚等邦国都意识到,只有柏林才能保护它们免受法国入侵",中小邦国的安全感更加如此。② 在面临对外战争的情况下,德意志邦联不得不依靠普鲁士的军事力量,从而也就不可能获得统一德意志的政治主导权。

大德意志构想的失败

1848年5月18日,在对外战争的阴霾中,经各邦选举产生的全德意志立宪议会在法兰克福的圣保罗教堂开幕,而维也纳和会打造的邦联议会并未解散,尽管它已名存实亡。在随后近一年的时间里,而且"就在邦联议会的眼皮子底下",这座教堂都是立宪议员辩论、争斗和表决的场所,因此成了与汉巴赫城堡一样的历史性地标。立宪议会的议员一开始有300名,随后很快就增加到585名(又说550名或812名),其中大多是温和自由派,君主立宪的保守派和主张共和制的激进自由派(民主派)都是少数派——但也有史学家认为,"自由主义者和极端民主主义者大约各占半数"。无论如何,起草一部实现种种政治权利的宪法不难,难的是解决新生的德意志帝国与多民族的奥地利帝国以及双民族体的普鲁士王国(其中有波兰人省份)的关系问题。毕竟,奥地利民族与德意志民族不是同一个概念:奥地利民族由外来的巴伐利亚人和法兰克人与当地斯拉夫人融合而成,"就像诺曼人与盎格鲁-撒克逊人融合"而形成英吉利民族,因此不能说"奥地利人和德意志人之间有什么特殊的、非常密切的关系"。③ 直到今天,政治史学家还在质疑:

---

① 布鲁斯·巴塞特-珀威尔,《俾斯麦战争中的普鲁士军队:1860—1867》,前揭,页18。

② 布伦丹·西姆斯,《欧洲:1453年以来的争霸之途》,孟维瞻译,北京:中信出版集团,2016,页179。

③ 埃·普里斯特尔,《奥地利简史》,前揭,页18,比较页689;约翰·马里奥特、格兰特·罗伯逊,《帝国的崛起:从普鲁士到德意志》,前揭,页287–289。

奥地利的许多政治运动,通过宣扬所谓的民族权力,将它们的计划正当化。但是,这些人所谓的"民族"究竟是什么意思呢?在1848年的奥地利帝国,真的存在这样的民族吗?①

在奥地利帝国的德意志人有1100万(含200万以德语为母语的犹太人),但分散居住,"远不足以形成团结一致的族群"。在历史上属于德意志的省区(上、下奥地利)和萨尔茨堡公爵领地,约550万德意志人"是唯一可以被视为泛德意志群体中大德意志的合法成员",但他们也与蒂罗尔的意大利人或亚得里亚海沿岸的斯拉夫人生活在一起,后两者不会自愿加入大德意志。在亚得里亚海的重要海港城市里雅斯特,有近30个族群,他们更愿意"将德意志人驱逐出去"。在波希米亚的德意志人分布在巴伐利亚和萨克森边界,"从地理上讲"并未形成一个族群,与居住在摩拉维亚北部的德意志人加在一起,人口约300万,"与将近600万的捷克人口相比,这一数字就显得微不足道"。然而,与阿尔萨斯一样,德意志人凭靠"一种源于神圣罗马帝国的虚假的历史权力"宣称对波希米亚拥有主权,实际情形则是,"波希米亚直入德意志腹地,截断了德意志的自然边界,因此是德意志人的眼中钉,必须拔掉"。②

普鲁士的温和自由派人士大多不热心德意志的统一,法兰克福的立宪议会开幕四天后(5月22日),他们在柏林召开了普鲁士的立宪议会。可是,当圣保罗教堂的立宪议会在6月24日宣布成立临时中央政府,尤其是五天后还推选奥地利王室的约翰大公(Archduke Johann,1782—1859)出任帝国临时国家元首(此人是梅特涅的政敌),普鲁士国王威廉四世的心头又觉得非常不爽。

奥地利的约翰大公被选为德意志邦联的临时国家元首,意味着建立含奥地利帝国各民族在内的"大德意志方案"(großdeutsche Lösung)占了上风,这将是一个由奥地利主导的"七千万人口的帝国"——"甚至没有普鲁士也可以"。立宪议会在5月31日的一份声明中承诺,将给予"非德意志部落民生发展"的平等权利,比如,在教会生活、教育、文学、行政和司法等方面,仍可使用自己的语言。严格来讲,这一构想是法兰西帝国激发出来的政治想象:拿破仑战争末期,确切地说,1813年的"解放战争"开始之时,就是德意志和奥地利自由主义者的"大德意志"梦的诞生之日。

---

① 彼得·贾德森,《哈布斯堡王朝》,前揭,页188。
② 保罗·路易·莱热,《奥匈帝国史》,前揭,页6-7。

奥地利在圣保罗教堂的议员甚至声称，"如果不能用劝告方式使捷克加入德意志联邦，那么，我们就用宝剑把它并入"。①

在不容易受意识形态蒙蔽的史学家眼里，这句话会被视为希特勒后来入侵捷克的先声。毕竟，德意志邦联的这场自由主义"民族运动已经不无国家社会主义的味道"，它"以一种极度夸张的自我标榜和自我崇拜，将德意志人视为'原本民族'、固有的民族、真正的民族，以及欧洲最实在和最优秀的民族——但其中同时又充满了可怕的恨意"。这意味着，由于德意志邦联的这场自由主义运动的初衷"在于模仿大革命时期的法国"，后来的国家社会主义就"与民族解放以及自由民主等运动有所关联"。② 由此产生的政治史学问题是：后者会让前者蒙污，抑或前者会为后者提供辩护，殊难说清。当然，国社党的屠犹行径使得这一问题不可能再有讨论余地。

"大德意志方案"有一个致命的困难：哈布斯堡君主国将被大德意志帝国消融，忠实的君主国分子绝不会接受。何况，哈布斯堡王室有理由担心，奥地利将因此而丧失波希米亚和巴尔干。反之，主张德意志帝国应该是单一民族的自由派议员，也不会接受奥地利帝国中的斯拉夫民族。再说，匈牙利人、捷克人、克罗地亚人、斯洛文尼亚人和其他非奥地利民族已经被大西洋革命唤醒，"对他们来说，主要问题是获得解放，而不是加入'大德意志'"。法兰克福立宪议会中的捷克议员表示，捷克人只能接受"保留自由民族联邦形式的奥地利君主国"，因为"加入德意志国家就是毁灭他们的民族意向"。于是，当时有不少捷克政治人竟成了哈布斯堡君主国的保卫者。结果是，"捷克和德意志的自由主义者都面临着两难抉择"，双方都难免成为相互憎恨的民族主义者，"统一、理性和言论自由的主张以淹没于种族仇恨而告终"。③

由此可见，自由主义与民族主义的原则交织在一起，两者并没有分离。晚近有政治史学家否认，欧洲的民族主义是十八世纪以后才出现的"现代的独特现象"，认为其源头应该上溯到"中世纪的罗马帝国遗产"，因为民族主义"无法被想象为欧洲文化轨迹之外的事"，即便它"能够在欧洲以外的地方发展出自己独有的特点"。④

---

① 埃·普里斯特尔，《奥地利简史》，前揭，页 659 – 660、705。

② 塞巴斯提安·哈夫纳，《从俾斯麦到希特勒》，周全译，南京：译林出版社，页 11、13。

③ 埃·普里斯特尔，《奥地利简史》，前揭，页 662、704 – 705；彼得·贾德森，《哈布斯堡王朝》，前揭，页 235 – 237；西蒙·温德尔，《多瑙河畔：哈布斯堡的欧洲》，前揭，页 390。

④ 卡斯帕·赫希，《欧洲民族主义的起源：从古罗马到现代早期德意志的另一种历史》，X. Li 译，桂林：广西师范大学出版社，2023，页 3 – 4。

这样的观点很难站得住脚,毋宁说,正是自由主义的民族原则才使得传统的多民族共同体难以为继。换言之,并不是由于民族差异,而是自由主义的民族观念让所有民族产生出"自由的民族"想象,多民族共同体的内部关系才变得水火不容。

奥斯曼帝国曾发展成为多民族、多宗教的政治体,它的瓦解是显著的例子。由于历史成因和地缘处境的独特性,多民族的奥地利帝国面临的问题更为复杂而且严重。1848年4月,这个帝国的各民族自由派人士在维也纳庆祝革命成功的庆典时,"波兰的国旗与黑红金的德意志三色旗和蓝白绿的匈牙利三色旗比肩而立",人们一时间觉得"仿佛活在一个美丽的梦里"。不过,这样的美梦很快就破碎了,现实的情形要复杂得多:

> 这个君主国的众多其他民族的旗帜摆在哪里?奥地利的旗帜在哪里,如果应该有的话?维也纳的革命究竟是奥地利-哈布斯堡的还是德意志的,这个问题从一开始就不清楚。[1]

大德意志议案遭到90位立宪议员拒绝,虽然是少数,却足以致命。立宪议会议长海因里希·伽格恩(1799—1880)提出了"小德意志方案"(Kleindeutsche Lösung),即建立不包括奥地利在内的德意志帝国,但与这个多民族帝国结成联邦。伽格恩来自黑森-达姆施塔特公国,在整个立宪运动期间都十分活跃,算得上是这场德意志统一运动的魅力人物之一。[2] 尽管如此,他的提案并没有被接受。

德意志合众国的诞生

6月,立宪议会终于以压倒性多数通过了宪法委员会提交的一份宪法草案。对于德意志联邦"国民"的定义,由于议会中有来自奥地利的德意志人地区的代表,草案不可能"从纯粹的种族角度来理解未来的德意志公民权",原稿中界定"所有德意志人都享有一般意义上的德意志公民权",后被改为"每个邦国成员(jeder Staatsangehörige)都享有一般意义上的德意志公民权"。温和自由派议员们以为,这

---

[1] 史蒂芬·贝莱尔,《奥地利史》,黄艳红译,北京:中国大百科全书出版社,2009,页119-120。

[2] Frank Möller, "Heinrich von Gagern. Charisma und Charakter", in Derselbe (hrsg.), *Charismatische Führer der deutschen Nation*, München: Oldenbourg, 2004, pp. 43-62; Paul Wentzcke, *Heinrich von Gagern. Vorkämpfer für deutsche Einheit und Volksvertretung*, Göttingen: Musterschmidt-Verlag, 1957.

样的措辞足以让奥地利的非德意志人相信,他们可以在未来的德意志合众国中享有平等待遇,似乎他们是孤立的个体而非族群。①

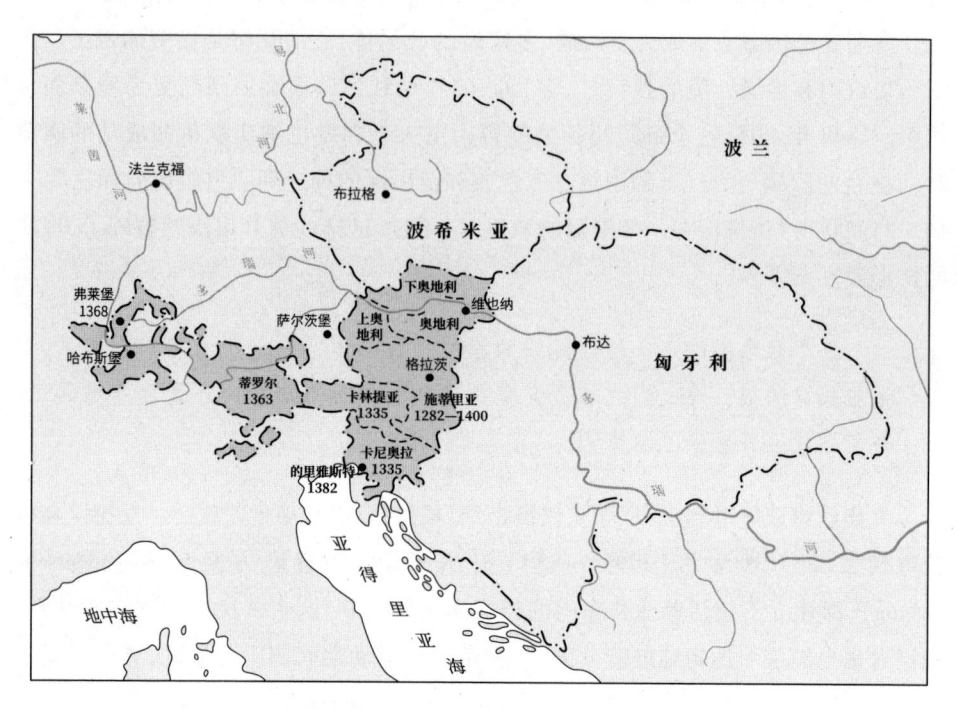

哈布斯堡家族的扩张(1400年左右)
据孟钟捷、霍仁龙,《地图上的德国史》,页36绘制

同样困难的是界定领土。按草案的表述,未来的德意志联邦由目前德意志邦联的领土构成,但包括奥地利帝国的一些德语住民区,这涉及波希米亚、摩拉维亚,以及奥地利南部靠近意大利的克恩顿(Kärnten)、奥地利中东部比邻斯洛文尼亚北部的施泰尔马克(Steiermark)等地区,其理由是"历史上与德意志人有牵连的地方,该继续属于德意志"。波希米亚和摩拉维亚的南部边缘地区有一部分是德意志农民在十三世纪开垦出来的,他们后来成了斯拉夫人语境中"享有特权的市民"。显然,这种领土方案是大德意志方案的变体。立宪议会尤其看重意大利半岛东北部的港口城市的里雅斯特(Trieste),因为它濒临亚得里亚海,被视为未来的德意志合

---

① 彼得·贾德森,《哈布斯堡王朝》,前揭,页199–200。

众国通往地中海的门户。6月20日,立宪议会威胁正在进行意大利统一战争的皮埃蒙特、伦巴第和威尼西亚的武装部队:若的里雅斯特遭到进攻,将被视为对即将建立的德意志联邦宣战。①

7月15日,来自普法尔茨贵族世家的卡尔·莱宁根(Karl von Leiningen,1804—1856)当选德意志联邦临时政府首相,合众国的内阁架构得以落实。立宪议会还宣布,黑红金三色旗为国旗,三种颜色分别代表"统一、正义与自由"(Einigkeit, Recht und Freiheit)。从法理上讲,立宪德意志合众国诞生了,虽然名称上是 Reich[帝国]。尽管仅存在了大半年时间(1848年7月至1849年4月),它毕竟"有过一位国家元首、一个内阁,以及一个国会"——尤其是它"甚至还得到美国承认"。②

当然,这个合众国的中央政府还不具有实际权力。8月底,普鲁士被迫与丹麦签订停火协议(8月26日),德意志邦联军队撤出易北河两公国。合众国内阁迫于国际压力也不得不接受,但圣保罗教堂的立宪议员们却不拒接受。激进共和派人士鼓动约12000名支持者包围圣保罗教堂,要求把对丹麦的战争打到底。丹麦王国在6月5日通过自由民主宪法,已经成了宪政国家,如果这场战争继续下去,就会是自由民主宪政国家之间的战争。

圣保罗教堂的革命议员们拒绝批准停火协议,刚选出的德意志合众国内阁随即倒台。其实,圣保罗教堂的议员们心里清楚,即便否决了停火协议,他们也无法强制普鲁士王国把这场战争打下去,而邦联军队根本没有实力打这场对外战争。普鲁士与丹麦签订停火协议时,压根儿没把法兰克福立宪议会及其中央执行机构放在眼里,这固然不仅伤害了德意志人的民族自尊心,对立宪议会的威信也是"严重一击",但是,"[立宪]议会需要普鲁士更甚于普鲁士需要[立宪]议会"。③ 9月16日,立宪议会以微弱多数(257票对236票)接受停火,并任命奥地利籍议员施梅林(Anton von Schmerling,1805—1893)担任临时首相,重组内阁。由于街头抗议不断,为了保护立宪议员的安全,新内阁调集了2000人的邦联军队进驻法兰克福实施军管。此举进一步惹怒激进共和派,第二天法兰克福就发生暴力事件——两名保

---

① 埃里希·策尔纳,《奥地利史:从开端至现代》,前揭,页122;海因里希·温克勒,《西方通史(第一卷)》,前揭,页607。

② 尼尔·麦格雷戈,《德国:一个国家的记忆》,前揭,页267;塞巴斯提安·哈夫纳,《从俾斯麦到希特勒》,前揭,页15。

③ 科佩尔·S. 平森,《德国近现代史:它的历史和文化》,范德一等译,北京:商务印书馆,1987,页145。

守派议员被杀。局面已经陷入例外状态,新内阁宣布限制法兰克福及其周边地区的结社和集会自由。为实现政治自由而建立的新政府,刚诞生就不得不采用被推翻的专制政府的治安手段,这对温和自由派来说无异于莫大的讽刺。①

奥地利帝国乱局及其结局

10月底,宪法草案临近表决,大多数立宪议员仍然赞成大德意志方案,并做出了决议(10月27日)。这场革命之初,普鲁士尤其奥地利的政局陷入动乱,为法兰克福的立宪议会通过大德意志方案提供了机遇。这个方案在奥地利被称为"泛德意志主义",与此针锋相对的则是匈牙利民族主义者的"泛马扎尔主义"和以捷克－斯洛伐克民族主义者为主的"奥地利－斯拉夫主义"。

1848年3月3日,匈牙利王国首府所在地波若尼(Pozsony,今斯洛伐克首府布拉迪斯拉发)爆发动乱,匈牙利的自由主义者宣布建立新政府,并提出了要求自治的《三月法案》。奥地利帝国皇帝兼匈牙利国王费迪南一世(1835—1848在位)非常仁慈,他不仅批准了法案,还亲赴波若尼出席颁布仪式(4月11日)。三天后,革命政府宣布迁都多瑙河右岸城市佩斯(Pest)。

民族问题跟着就来了:匈牙利境内的霍尔瓦特、塞尔维亚、罗马尼亚和斯洛伐克等少数民族纷纷"要求自己的民族权利,甚至要求不同程度的区域自治"。匈牙利的自由民主政府断然拒绝这类要求,泛马扎尔主义者宣称匈牙利将成为多民族的主权国家,各少数民族应该为成为自由民主的马扎尔人而"感到光荣"。特兰西瓦尼亚的罗马尼亚自由主义青年不信这一套,随即发起抵抗运动(5月15日至17日),并请求帝国驻军司令安东·普赫纳(Anton von Puchner,1779—1852)提供保护。这位老将军参加过拿破仑战争,在他的支持下,特兰西瓦尼亚的罗马尼亚农民开始洗劫马扎尔族人及德意志族地主和地方官员。当地的马扎尔人则还以颜色,"大规模屠杀罗马尼亚族农民,230座村庄被夷为平地"。普赫纳的军队很快控制了局面,然后向布达－佩斯推进,但在途中被匈牙利军队击退。在这场内战中,约有4万多人丧生——对匈牙利的自由主义者来说,这当然是一次伟大胜利。②

---

① 海因里希·温克勒,《西方通史(第一卷)》,前揭,页597-598;理查德·埃文斯,《竞逐权力:1815—1914》,前揭,页256。

② 温盖尔·马加什、萨博尔奇·奥托,《匈牙利史》,前揭,页198-200;理查德·埃文斯,《竞逐权力:1815—1914》,前揭,页259-260。

泛马扎尔主义者的行动激发了捷克和斯洛伐克人的"奥地利-斯拉夫主义",他们要求波希米亚成为有统一领土的政治单位,与哈布斯堡君主国建立"民族平等的民主联邦",而且,由于斯拉夫人占人口多数,其代表理应"在共同议会中占优势"。6月初,捷克的温和自由派领袖帕拉茨基与斯洛伐克的激进民主派领袖、新教神学家卢多维特·什图尔(1815—1856)共同在布拉格发起"泛斯拉夫会议"("Pan-Slavic"Congress,6月2日至11日),加利西亚(Galicia,今波兰东南维斯瓦河上游谷地)的波兰人、匈牙利东北部的乌克兰人、匈牙利的克罗地亚人和塞尔维亚人以及奥地利的斯洛文尼亚人都派出了代表参加。会议宣读了由帕拉茨基起草的《致欧洲各民族书》,明确提出建立斯拉夫合众国的诉求。

奥地利帝国北部战区司令温迪施-格雷兹元帅(Windisch-Grätz,1787—1862)受命"维持秩序",他派出一个师进入布拉格占据各要冲。举行会议的激进自由派人士煽动民众暴乱,模仿巴黎人打街垒战,对驻军发起攻击(6月12日)。"横飞的枪弹从窗户射入"温迪施-格雷兹宅邸,元帅的妻子"不幸中弹身亡"。在这样的情形下,元帅"展现出非凡的勇气",他仍然克制地规劝动乱者放下武器,免得他"动用手中的暴力机器"。疯狂的人群"将年迈的元帅拖到一根路灯杆下,准备把他当场吊死",幸好温迪施-格雷兹的部下及时赶来才让他脱险。元帅随即下令军队撤出市区,调来炮兵进驻城外的赫拉德恰尼高地,对布拉格城内实施火力打击——"在密集的弹幕掩护下,他的部队一边沿街道向老镇广场穿插,一边拆除为阻挡士兵前进布设的街垒路障"。即便如此,"经过了3天激战",元帅的军队才彻底荡平这场武装叛乱。①

奥地利帝国陷入如此境地完全可以理解,毕竟,在帝国的十七个主要政区中,只有六个是单一民族,其他民族混杂的政区无不是"潜伏着民族冲突的火药桶"。② 若非帝国军队尚忠于哈布斯堡王室,奥地利帝国不仅会土崩,而且会陷入血腥的分离性战争——二十世纪末期的南斯拉夫倒是上演了这一幕。③ 在这样的处

---

① 弗朗蒂舍克·卡夫卡,《捷克斯洛伐克史纲》,叶林译,北京:生活·读书·新知三联书店,1973,页99-101;威廉·马奥尼,《捷克和斯洛伐克史》,陈静译,上海:东方出版中心,2013,页113-116;瓦·胡萨,《捷克斯洛伐克历史》,前揭,页124-127;马丁·拉迪,《哈布斯堡王朝》,前揭,页320-321。

② 杰弗里·瓦夫罗,《哈布斯堡的灭亡:第一次世界大战的爆发和奥匈帝国的解体》,黄中宪译,北京:社会科学文献出版社,2016,页33。

③ 徐坤明,《南斯拉夫内战和解体》,北京:新华出版社,1993,页57-76;郝时远,《帝国霸权与巴尔干火药桶:从南斯拉夫的历史解读科索沃的现实》,北京:社会科学文献出版社,1999,页288-331。

境中,奥地利的温和自由派和激进民主派仍在维也纳推进自由民主立宪。7月22日,一个由成年有产者男性普选产生的立宪议会正式开会,准备向自由平等的民族国家迈进。

8月中旬,驻防意大利战区的约瑟夫·拉德茨基元帅(Josef W. Radetzky,1766—1858)击败皮埃蒙特的卡洛·阿尔贝托国王,重新夺回米兰。与此同时,维也纳的温和自由派也把皇帝迎回了京城,毕竟,他们并不希望看到帝国分裂为多个独立的民族国家。立宪议会选举出的宪法委员会设立了两个下属委员会,分别负责草拟民权法案和勾勒帝国的未来政治架构。在民权法案方面,议员们分歧不大,捷克的民族自由主义者弗朗蒂舍克·里格尔(František Rieger,1818—1903)年仅30岁,他模仿1789年和1791年的两部法国革命宪法提出了一份权利草案,得到委员会的多数支持。然而,一旦涉及新的政体应该采用联邦制还是中央集权制,立宪议会马上陷入分歧,所有涉及多民族问题的法律草案,无不像"撞在暗礁上一样"遭遇被粉碎的命运。①

匈牙利的地方动乱一直没有结束,马扎尔人要求从帝国中分离出来,却严厉压制境内的斯拉夫人(塞尔维亚人和克罗地亚人)的分离诉求。克罗地亚总督兼军政国境地带军区司令约西普·耶拉契奇(Josip Jelačić,1801—1859)据说是位"赫赫有名的钢琴家、玩世不恭的诗人和蹩脚的将军",同时还是"虔诚的克罗地亚民族主义战士",他"坚定不移地致力于斩断匈牙利对克罗地亚的历史束缚"。9月4日,耶拉契奇动用武力支持克罗地亚人,要求匈牙利革命当局停止镇压塞尔维亚-霍尔瓦特的分离运动,匈牙利的回应是宣布与克罗地亚进入战争状态(9月11日)。奥地利帝国政府对"兄弟间的敌对"表示惋惜,并任命陆军元帅拉姆贝格伯爵(Georg von Ramberg)为驻匈牙利的帝国军队总司令,希望他通过谈判平息事端。拉姆贝格伯爵"微服"进入佩斯城,在一个桥头被激进民众认出,当场死于非命(9月28日)。②

这时,维也纳的立宪议会已经完成了宪法草案——史称"克雷姆西尔宪法草案"(Kremsierer Verfassungsentwurf)。未来的奥地利将成为自由民族的"合众国",由八个拥有平等权利的邦国构成,不再区分"有历史的"与"没有历史的"民族,以德意

---

① 彼得·贾德森,《哈布斯堡王朝》,前揭,页184;埃·普里斯特尔,《奥地利简史》,前揭730;自由派与民主派的区分,参见 Robin Okey, *The Habsburg Monarchy c. 1765 – 1918: From Enlightenment to Eclipse*, New York: Palgrave Macmillan, 2002, pp. 136 – 139。

② 温盖尔·马加什·萨博尔奇·奥托,《匈牙利史》,前揭,页202 – 205;马丁·拉迪,《哈布斯堡王朝》,前揭,页325;理查德·埃文斯,《竞逐权力:1815—1914》,前揭,页261 – 262。

志人为主体的苏台德区是其中之一。具有讽刺意味的是,这时奥地利政府不得不向匈牙利宣战(10月3日)。三天后,驻扎在维也纳的一个意大利籍掷弹兵营和奥地利籍掷弹兵营因不愿前往匈牙利作战而哗变,随即引发一场内战级别的动乱。维也纳的暴动者"用红旗代替"黑红金三色旗,帝国陆军大臣拉多尔"被吊死在灯柱上"。皇室再次离京避难,逃往奥尔米茨(今捷克 Olomouc[奥洛穆克]);几天以后,立宪议会也迁到摩拉维亚南部的一个小城。几个星期后(10月31日),温迪施-格雷兹元帅率领军队赶来,将维也纳团团围住,用先前对付布拉格动乱的方式实施炮击,很快控制了局势——成千上万的人被关进监狱,数千人获罪,组织者中有24人被枪决。①

回到原点

温迪施-格雷兹元帅恢复秩序后,他的妹夫、施瓦岑贝格家族的费利克斯侯爵(1800—1852)出任首相,重新组阁。② 一些著名自由派人士也加入了这个"铁腕"政府,因为他们越来越意识到,"在多民族国家范围内,'混乱'意味着君主国分裂成许许多多民族国家"(《奥地利简史》,页751)。费利克斯侯爵十分强硬,在随后召开的帝国议会(11月22日)上,他明确拒绝德意志立宪议会的决议,声称德意志乃至整个欧洲都需要奥地利帝国继续存在。无论奥地利还是德意志邦联,当务之急都不是合并,而是各自稳定政局,然后才能决定相互间在国家层面的关系。显然,费利克斯侯爵充分意识到,奥地利在德意志邦联中的领导权已经岌岌可危。皇帝费迪南一世的软弱无能是明摆着的,费利克斯侯爵果断采取措施,迫使其逊位(12月2日),由其18岁的侄子弗朗茨·约瑟夫(Franz Joseph,1830—1916)继位。

费利克斯侯爵并不反对大德意志方案,前提是得由奥地利帝国主导。他提出了反向方案:德意志诸邦与哈布斯堡君主国合并,由奥地利主导,从北海及波罗的海至加利西亚和克罗地亚濒临亚得里亚海岸的达尔马提亚(Dalmatia)形成一个合

---

① 埃·普里斯特尔,《奥地利简史》,前揭,页733-734、737-749。
② Gunther Hildebrandt, "Felix Fürst zu Schwarzenberg (1800–1852). Ein weitsichtiger Vertreter des konservativen Lagers in Österreich", in Helmut Bleiber/Walter Schmidt/Susanne Schötz(hrsg.), *Akteure eines Umbruchs. Männer und Frauen der Revolution von 1848/49*, Berlin: Trafo Verlag, 2003, pp. 563–588; Andreas Gottsmann, *Reichstag von Kremsier und Regierung Schwarzenberg. Die Verfassungsdiskussion des Jahres 1848 im Spannungsfeld zwischen Reaktion und nationaler Frage*, Wien: Verlag für Geschichte und Politik, 1995.

众国,这样才能让"捷克人、克罗地亚人与其他各族人民安心"(《奥地利简史》,页753)。法兰克福立宪议会中的德意志各邦议员对这一提案愤怒不已,时任德意志合众国临时首相的施梅林因来自奥地利而被迫辞职(12月15日)。伽格恩继任临时首相,来自东普鲁士柯尼斯堡的爱德华·西姆森(Eduard Simson,1810—1899)接任议会议长——必须提到,他是皈依基督教的犹太人。

1849年的新年过后,法兰克福立宪议会的议员们大多意识到,奥地利已经缓过气来,实现大德意志方案的希望极其渺茫。尤其重要的是,一个月前,普鲁士王国颁布了一部照抄法国人和比利时人的"机械式的自由主义"宪法(12月5日),这意味着法兰克福立宪议会试图通过自己的立宪让普鲁士"放弃国家独立性"的企图成了泡影。另一方面,普鲁士征服虽然镇压了革命,但毕竟颁布了宪法,这意味着"国王接受了革命派关于法律和权利的一些观念"。在温和自由派看来,这足以证明普鲁士王国"有能力领导一个统一的立宪制德意志",继续推进德意志统一理想。激进共和派拒绝这一结果,其在法兰克福立宪议会的代表们强烈抗议普鲁士国王搞了一场"政变"。不过,代表们对未来德意志的分歧"超越了左翼和右翼的分歧",即德意志帝国是否应该包含奥地利的德语区。把其中的德语区并入统一的德意志帝国,必然意味着肢解哈布斯堡帝国,而这显然是不可能的。①

在这一背景下,小德意志方案开始获得微弱多数,即由普鲁士出面实现德意志的统一。换言之,正是"法兰克福所鼓动的自由与民族风暴"或者说"让德意志统治普鲁士"的企图,"从反面"促使"普鲁士拉开了自己的风帆前进"。② 然而,合众国皇帝的宪法身份问题让圣保罗教堂的议员们再度陷入分歧:皇帝统绪是经选举产生还是由霍亨索伦家族世袭呢? 新生的立宪德意志民族国家将由世袭皇帝统治,对此即便温和自由派也很难接受,遑论激进民主派。

费利克斯侯爵在维也纳加速恢复秩序,在他的怂恿下,刚即位的弗朗茨·约瑟夫动用军队解散了经选举产生的立宪议会(3月7日),同时以"御令"(oktroyiert)方式颁布了一部宪法,再次确认奥地利帝国是一个多民族的统一政治体。③ 两天后,费利克斯侯爵对法兰克福立宪议会发出最后通牒,要求按他的构想建立德意志国

---

① 迈克·拉波特,《1848:革命之年》,前揭,页326 – 328。
② 弗里德里希·梅尼克,《世界主义与民族国家》,孟钟捷译,上海:上海三联书店,2007,页301、322。
③ 史蒂芬·贝莱尔,《奥地利史》,前揭,页123 – 124。

家联盟,组建作为中央权力机构的管理委员会,奥地利和普鲁士仍占据领导地位,成员国的议会代表则组成邦务院(Staatenhaus)。此举远不只是想要恢复1815年的德意志邦联结构,而是要让它更加依附于奥地利,并削弱普鲁士在邦联中的权重。事实上,别说奥地利的保守派,就连"许多自由主义者"也质疑大德意志梦想,这两个政治观念相互敌对的阵营"都不愿将哈布斯堡王朝任何一部分领土的主权交予新的德意志国家"。维也纳激进自由主义分子即便支持大德意志帝国,也同样不能容忍"意大利和匈牙利诸省的独立主张"。①

面对最后通牒,圣保罗教堂的议员们展开了激烈辩论,有议员担心,与奥地利闹翻会引发德意志内战——甚至可能爆发一场新的三十年战争:一场"德意志北方与南方之间,基督新教和天主教之间,执政的民族与其他民族间"的战争。激进共和派议员倒不惧怕战争,在他们看来,奥地利的最后通牒不过是迫于匈牙利的压力,正在立宪的德意志邦联应该与奥地利联手,再加上波兰,与匈牙利打一场战争一决雌雄。哈布斯堡皇朝和霍亨索伦王朝即便有内斗,毕竟同属德意志民族。②

费利克斯侯爵的最后通牒让法兰克福国民议会中的大德意志主义者断了念头,小德意志方案再次占上风,温和自由派议员甚至接受帝位可以世袭。3月27日,圣保罗教堂的全体会议通过了一个新的《帝国宪法》(Reichsverfassung)草案,明确国家元首由一位执政的德意志诸侯出任,并拒绝与另一个非德意志国家拥有共同的国家元首——但皇帝的权力受到限制,对议会仅有暂时否决权。第二天,普鲁士国王威廉四世当选"德意志人的皇帝",538位议员中有290位投了赞成票,248位弃权。一个统一的立宪君主制合众国至少在纸面上成立了,虽然名称上仍然是"帝国"。

德意志邦联不仅实现了大西洋革命追求的基本政治权利,而且有望建立一个宪制中央权力,只要普鲁士国王接受立宪议会送上的德意志帝国皇位就行。然而,议会代表团来到柏林后却被浇了一盆冷水:威廉四世拒绝接受皇冠(4月3日)。这位君权神授的国王不难设想,仅有暂时否决权的皇权很快便会被议会体制取代。何况,他有理由担心,奥地利不会坐视这一结果。一旦开战,作为选举产生的皇帝,他不可能得到俄国沙皇的支持。果然,奥地利方面在两天后就宣布召回自己在法兰克福立宪议会中的代表。此时,德意志邦联中已有28个中小邦

---

① 罗杰·普赖斯,《1848年欧洲革命》,郭侃俊译,北京:北京大学出版社,2014,页90。
② 海因里希·温克勒,《西方通史(第一卷)》,前揭,页609–611。

国承认了宪法,而实力较强的巴伐利亚、符腾堡和萨克森以及汉诺威还在观望。普鲁士的立宪议会已经表决接受《帝国宪法》,威廉四世为了显示自己拥有绝对否决权,解散了刚选出仅三个月的众议院(4月27日),次日正式宣布拒绝皇帝尊号。

法兰克福的临时合众国内阁被迫集体辞职(5月10日),在接下来的几个星期,普鲁士、萨克森、汉诺威和巴登纷纷召回在法兰克福立宪议会的议员。随着大部分温和自由派议员相继辞去议席,临时内阁首相伽格恩只好宣布放弃实施《帝国宪法》(5月20日),理由是避免德意志邦联陷入内战。事实上,由于不接受保留君主制的《帝国宪法》,激进民主派策动的动乱在4月底就已经开始了:莱茵兰和威斯特伐利亚相续发生兵变,汉巴赫城堡所在地普法尔茨的共和党人暴动。萨克森王国的德累斯顿甚至出现了激烈巷战(5月初),参与者有时年36岁的音乐家理查德·瓦格纳,当时他是萨克森王国宫廷乐队指挥,还有来自俄国的无政府主义者米哈伊尔·巴枯宁(1814—1876)——前者"忙于制造手榴弹",后者"加入了修筑街垒的人群"。巴登的激进自由派则发起了第三次共和起义,不到29岁的恩格斯(1820—1895)就在其中,巴登大公被迫逃往法国避难。①

这些事件足以让史学家称之为"五月革命"(Mairevolution)。不过,德意志邦联军队大多还在君主手中,普鲁士军队是其中的绝对主力,它以强硬手段在各地恢复秩序。德意志邦联议会在一年前的"三月革命"中已经死亡,威廉四世趁机说服汉诺威和萨克森两个王国,以美因河以北各邦为基础,由普鲁士牵头建立新的德意志联盟。28个中小邦国随即加入,普鲁士在埃尔福特(Erfurt)设立了联盟议会,但巴伐利亚和符腾堡以及其他西南部邦国仍在观望。

法兰克福立宪议会的残余成员在萨克森的哥达(Gotha)继续开会,并做出决议,支持由普鲁士牵头的德意志联盟。1850年春,埃尔福特的联盟议会开始着手制定小德意志方案的宪法,普鲁士主导的德意志统一开始上路。奥地利的费利克斯侯爵针锋相对地再次提出德意志邦联与整个奥地利帝国合并的方案,以建立一个"超越民族界限的中欧帝国"——普鲁士王国被排除在外,汉诺威和萨克森马上宣布退出普鲁士主导的德意志联盟。在费利克斯侯爵的挑动下,巴伐利亚王国与普鲁士王国随即进入战争状态。

这个时候,一直在奥地利与普鲁士之间权衡利弊的俄国最终站到了奥地利一

---

① 理查德·埃文斯,《竞逐权力:1815—1914》,前揭,页270。

方,尽管从均势角度考虑,沙皇宁愿选择支持普鲁士。这与威廉四世个人有关,他在1840年即位后与其父不同,"不但没有和沙皇发展密切的私人关系",相反却日益倾向于"和英国发展更为密切的合作",这让沙皇感觉到俄国的西线"将受到威胁"。何况,1849年4月,易北河两公国的争端重新爆发,普鲁士的强硬态度已经让俄国感到不安。① 普鲁士很清楚,一旦与巴伐利亚开战,将很难承受奥地利和俄国的夹击,于是被迫在奥尔米茨与奥地利签订"屈辱"的和解条约(1850年11月),宣布解散德意志联盟。费利克斯侯爵紧接着就恢复德意志邦联,一切似乎都回到了1815年的原点。

对于德意志合众国的夭折,政治史学家迄今面临解释困难。在温和自由派史学家看来,失败的根本原因之一在于,德意志邦联不可能同时实现宪制国家和民族国家的双重目的。无论英国还是法国,在实现宪制国家之前已经是领土性民族国家,即便它们还是"前现代的专制国家"——宪制革命仅仅是"要把国家置于一个全新的社会基础之上"。在激进民主派史学家看来,失败的根本原因则是没有注意到农民和新生工人阶层的诉求,而"这些阶层根本不想知道有教养和有财产的中产阶级的参政要求"。② 也许,两种因素加在一起,激进民主派的诉求才使得温和自由派的努力最终失败。

有古典素养的史学家说,"德意志的民族构成十分支持普鲁士",普鲁士所需要的仅仅是一位伟人,"而奥地利即使有伟人掌舵,也不可能有什么作为"。③ 其实,正是因为费利克斯侯爵的突然早逝(1852),他的"中欧帝国"方案才不了了之,这再次印证了冥冥中的偶然性在历史中的决定性作用。而就在这同一年,俾斯麦从一个普鲁士主义者转变为德意志主义者。他清楚地知道,要实现由普鲁士主导的小德意志统一方案,少不了与奥地利在战场上一决雌雄。

---

① 巴巴拉·杰拉维奇,《俄国外交政策的一世纪:1814—1914》,页87-88、90、95。
② 海因里希·温克勒,《西方通史(第一卷)》,前揭,页561;比较海因里希·温克勒,《永远活在希特勒阴影下吗?关于德国人和他们的历史》,前揭,页11-16;迪特尔·海因,《十九世纪德国史》,前揭,页64-65。
③ 埃米尔·赖希,《现代欧洲的基础》,前揭,页169。

六 政治地理学与帝国想象

对德意志的政治成长史感兴趣的人会好奇,为何巴伐利亚王国或符腾堡王国甚或巴登公国不曾有过一位俾斯麦式的政治伟人,引领德意志邦联实现政治自立?

维也纳会议以后,德意志邦联并非没有出现政治才干——弗里德里希·李斯特(Friedrich List,1789—1846)就是显著例子,此人出生于德意志南部的帝国城市罗伊特林根(Reutlingen),与拉采尔算得上是乡邻。拿破仑战争结束之际(1815),时年26岁的李斯特"发表了大量文章",呼吁自己所在的符腾堡王国"按照英国的榜样实行君主立宪制",以实现英式的"民主权利和各种自由"。1820年底,30岁的李斯特当选符腾堡王国议会议员,政治前景可观,未料仅仅一个月后,他就因一份名为《罗伊特林根请愿书》的小册子而惹上政治麻烦。由于小册子的激进自由主义修辞,符腾堡王国当局取消了李斯特的议员资格,并在两年后(1822年4月)以"污蔑符腾堡政府、司法行政当局和国家公仆"罪判处他10个月监禁。在被监禁之前,李斯特成功逃往法国,随后流亡美国,并因参与美国的关税论战而成了著名的美国政治人。但获得美国籍后(1830),心系故土的李斯特又设法以美国外交官身份返回德意志,很快就成了"促使德意志统一与强大"的最为活跃的"民间人士"之一,在推动德意志邦联的统一关税和铁路建设方面居功至伟,乃至被梅特涅视为劲敌。据说,由于不像俾斯麦那样有机会成为某个德意志邦国的首相,李斯特才未能成为德意志邦联实现统一的历史人物。[①] 1848年革命爆发之前两年(1846年11月),李斯

---

① 京特·法比翁克,《弗里德里希·李斯特》,吴薇芳译、邹福兴校,北京:商务印书馆,1983,页9、67。

特因不堪精神疾病的折磨而饮弹自尽,年仅57岁。

尽管如此,李斯特对德意志成为统一的民族国家所起到的实际作用仍不可小觑,而这主要归功于他在1841年出版的《政治经济学的国民体系》所产生的持久影响。此书绝不仅仅是让李斯特获得了几乎与亚当·斯密齐名的古典政治经济学经典作家的声誉,毋宁说,它为未来的德意志帝国勾勒了发展蓝图。今天有人甚至认为,李斯特是西方"最早的地缘政治学理论家"。①这一评价有些夸张,但也不是毫无根据,毕竟,他看到海权强国的优势比马汉足足早了半个世纪。在《政治经济学的国民体系》结尾部分,李斯特基于"英国的海岛优势与大陆强国——美国和法国"的观察视野提出,德意志邦联若要崛起为大国,必须首先看清自己面临着怎样的地缘政治处境和大国竞争格局。在他看来,欧洲大陆若要与英国和美国这两个海权强国平起平坐,自身首先必须形成紧密的联盟。

> 本来,法国依靠自己的地理位置,依靠可以消除邻邦恐惧侵犯心理的中央宪章,依靠宗教信仰自由和世界主义的倾向,最后依靠其文明和所拥有的各种力量要素,已经具备了成为[欧洲大陆]东西方国家之间所有问题调解者的各种条件,如解决领土纠纷、政体原则、国家独立和权力等问题,但是,这个欧洲中心却成了东西部各国争来夺去、引起倾轧的中心,每一方都希望把这个中心拉拢到自己一方,但这个中心因缺乏国家国内凝聚力而始终举棋不定、忽左忽右。②

李斯特说的是拿破仑战争之后的法国,它不仅"从未担负起上苍赋予给它的使命",还"严重地阻碍了一个关系更加密切的欧洲大陆联盟的形成"。英国的牵制当然是重要原因之一,毕竟,"近一个世纪的历史"表明,欧洲"大陆各国之间每每自相残杀爆发战争的时候",都一定会使得不列颠王国这个岛国有机会在"工业、财富、海运和殖民地占领等方面获得增长"(同上,页302、307)。既然法兰西不能担起欧洲大陆联盟主心骨的使命,那么,历史的重任自然就落在了德意志人身上。让他痛心疾首的是,德意志邦联始终是一盘散沙——尽管如此,他仍然呼吁所有在海上航

---

① Martin Sicker, *Geography and Politics Among Nations: An Introduction to Geopolitics*, Bloomington: iUniverse, Inc. ,2010, p. 47; Juan F. Palacio, "Was Geopolitics Born 60 Years Before Mahan and Mackinder? The Forgotten Contribution of Friedrich List", in *L'Espace Politique*[En ligne],21/3(2013).

② 弗里德里希·李斯特,《政治经济学的国民体系》,邱伟立译,北京:华夏出版社,2009,页301-302。

行的德意志船只"都要扬起德意志旗帜"。他虽然知道这"根本无法转变[德意志]各邦传统的分离主义",但他充满希望地坚信,"公海上出现一面旗帜一定会激发德意志民族自豪感"。在自杀前几年所发表的散文中,李斯特已经对德意志人说:

> 海洋是沟通世界的桥梁,是国家的阅兵场,是所有人类创造者的精神运动场,是人类自由的发源地……①

德国的军史学家凭此有理由把李斯特视为"德意志海军至上主义之父",尽管他的海军至上论实际受到英国和美国的启发。② 无论如何,要说李斯特是德意志走向帝国的教诲师绝不为过。

拉采尔与德意志帝国的成长

德意志帝国建立后,"德国所有大学都在学习李斯特的《政治经济学的国民体系》,而且此书还是俾斯麦的案头书"。③ 拉采尔正是在这个时候开始自己的学术生涯的,在《人类地理学》第一版论及"土地及其边界"(Länder und ihre Grenzen)时,他这样对比德意志与美利坚:

> 北美人是最年轻的重要民族,他们被赋予了与我们[德国人]截然不同的空间概念。在一个几乎与欧洲一样大的土地(Land)上,他们仍然觉得太过局促,尽管他们的人口数仅相当于德国[……]德意志人这个相当古老的民族,难道在今天不比在历史上任何时候都更能感受到他们缺乏一个民族[国家]政治意义上(in nationalpolitischem Sinne)的位置优良的扩张空间吗?而扩张早已被认识到是必要的。④

"民族[国家]政治"这样的语词带有李斯特的"民族[国家]政治经济学"的味

---

① 劳伦斯·桑德豪斯,《德国海军的崛起:走向海上霸权》,前揭,页 13 – 14。
② 参见弗里德里希·李斯特,《政治经济学的国民体系》,前揭,页 195 – 197。
③ 弗里德里希·李斯特,《政治经济学的自然体系》,杨春学译、王进邦校,北京:商务印书馆,1997,"英文版编者序",页 2。
④ Friedrich Ratzel, *Anthropo – Geographie oder Grundzüge der Anwendung der Erdkunde auf die Geschichte*,前揭,页 117 – 118。

道,差异仅仅在于,拉采尔的时代处境已经与李斯特截然不同,后者所期盼的德意志政治体的统一已经形成。在这样的政治背景下,拉采尔看待盎格鲁－美利坚的地缘扩张的感觉自然会有所不同,其历史感也更为深远。他接下来就说道,"传统上将罗马历史划分为两部分,第一部分包括意大利的国内史,直到其在拉丁部落的领导下实现统一,第二部分是意大利人统治世界的历史"。在拉采尔看来,这种划分"具有更加普遍的深刻意义",因为,"不仅是个别民族的历史,而且整个世界的历史都显示出扩张期和封闭期的对比或者说交替",人们切不可忽视"发生这类交替的地理基础"(同上,页118－119)。拉采尔是否想说:未来的世界历史将是德意志帝国与盎格鲁－美利坚帝国争夺对世界的支配权呢?

《人类地理学》第一版发表之时,德意志正再度兴起殖民热情。之所以说"再度",是因为李斯特已经有这种"热情"。他在《政治经济学的国民体系》中曾写道:从前教宗把一些岛屿或地球上的某些部分作为礼物随意赠送,甚至大笔一挥,就把整个地球一分为二划归葡萄牙和西班牙两个王国,这在现在看来是笑柄,其实,殖民化的土地占有与此没有什么实质性差别。因此,德意志人同样"应该拥有在世界上那些离英国遥远的地区建立殖民地的权利"。由此可见,李斯特的民族国家经济学的确带有帝国主义和殖民主义要素。① 由于德意志在他身处的时代尚未成为统一的政治体,这种殖民热情很难得到强有力的支撑。1847年,伦敦传教会(London Missionary Society)将自己在西南非洲的纳米比亚南部贝塔尼(Bethanie)部落建立的布道基地转让给德意志的莱茵传教会(礼贤会),德意志商人接踵而至,将其发展成贸易站,德意志殖民者才有了一处地盘——"传教士和贸易商各自创办自己的事业",但都"很快就卷入了部落政治和部落战争",为随后德意志帝国插足非洲建立起第一个立足点。②

地理学家李希霍芬考察美国西部和中国

普鲁士王国拥有独立主权,其知识人的帝国主义和殖民主义冲动在德意志人

---

① 弗里德里希·李斯特,《政治经济学的国民体系》,前揭,页306－307。详见 Onur Ulas Ince, "Friedrich List and the Imperial origins of the national economy", in *New Political Economy*, 21/4(2015), pp. 380－400; Rüdiger Gerlach, *Imperialistisches und kolonialistisches Denken in der politischen Ökonomie Friedrich Lists*, Hamburg: Verlag Dr. Kovac, 2009。

② 鲁思·弗斯特,《西南非洲》,山东大学外文系俄语专业师生集体翻译,济南:山东人民出版社,1978,页67－69。

中自然最为强劲,或者说德意志人的这类冲动只能在普鲁士王国才能有表达机会。1858年4月,英法联合舰队在夺取广州黄埔港后继续北上,进抵海河出海口大沽,企图以武力迫使我国清朝政府就开放长江沿岸城市进行谈判。在遭到拒绝后,英法联合舰队闯进大沽口,炮击两岸中国守军炮台,并派出炮艇和舢板运送陆战队登陆(5月20日)。清军虽顽强抵抗,却因火炮射程有限而不堪一击。英法联军进抵天津后威胁将向北京推进,清廷被迫与英国签订《天津条约》(6月26日),次日与法国签订条约。俄国和美国本来是这场争端的调停者,却早在此前的13日和18日分别获得了《中俄条约》和《中美条约》。①

英法联合舰队攻击广州时,普鲁士王国闻讯随即决定建造一艘由蒸汽机驱动的铁甲护卫舰"阿科纳"号(Arcona,排水量2320吨),希望凭靠武力赶上西方"条约大国"(Vertragsmächten)瓜分中国利益的"盛宴"。一年后,普鲁士海军组建"东亚分舰队"(Ostasiengeschwader),除新型铁甲护卫舰"阿科纳"外,另有炮舰以及运输船和双桅船各一艘,由瑞典裔海军上尉桑德瓦尔(Henrik L. Sundevall, 1814—1884)指挥,护送由欧伦堡(Eulenburg)大公弗里德里希·阿尔布莱希特(Friedrich Albrecht, 1815—1881)率领的特使团前往远东——史称"普鲁士远东考察队"(Preussische Ostasienexpedition)。

1860年3月至4月间,考察队从但泽港和汉堡港出发,向西穿过英吉利海峡出地中海后,经斯里兰卡、印尼、菲律宾、暹罗(1949年改称"泰国")、缅甸、我国台湾,于1860年秋抵达日本。特使团试图以普鲁士王国和德意志关税同盟的双重名义与日本幕府签订通商条约,日方坚持拒绝与33个德意志邦国签约,因为它们并不是统一的主权单位。经过五个月软硬兼施的谈判,日本最终仍仅同意与普鲁士王国签订通商条约(1861年元月)。自"江户时代"(1603—1868)中期以来,通过与东来的西欧殖民者打交道,日本已经逐渐形成"类似于主权国家的体制"。正因为如此,在十九世纪后半叶,"日本能够较为顺利地接受诞生于近代欧洲主权国家延长线上的民族国家概念"。②

两个月后(3月),普鲁士特使团抵达天津。此时,逃往承德的咸丰皇帝(1831—

---

① 伯纳·布立赛,《1860:圆明园大劫难》,高发明、丽泉、李鸿飞译,杭州:浙江古籍出版社,2005,页94-132。

② 羽田正,《东印度公司与亚洲的海洋:跨国公司如何创造二百年欧亚整体史》,林咏纯译,台北:八旗文化/远足文化出版公司,2018,页352。

1861)已身罹沉疴,留京处理危机的恭亲王(1833—1898)与普鲁士特使周旋数月。在英、法两国占领军的支持下,普鲁士特使获得了与英、法享有同等在华权利的通商条约(9月)。从此,德意志人不仅成了英、俄、美、法等"自由贸易帝国"争夺中国市场的对手,"同时也是条约体系的支柱和主要受益者之一"。①

特使团中有一位不到30岁的地理学家李希霍芬(1833—1905),他出生于普鲁士上西里西亚的卡尔斯鲁(今属波兰),在柏林大学获得博士学位时,年仅23岁(1856)。来到中国后,李希霍芬本打算像洪堡考察南美那样考察中国的经济地理,因清廷限制外国人在中国旅行,困居上海数月,不得已前往美国西部加利福尼亚(1862),在那里做了六年自然考察,其科考成果后来间接引发了那里的淘金热。1868年晚夏,李希霍芬再次尝试到中国做自然考察,得到加利福尼亚地理协会会长和"条约大国"驻中国公使的积极支持。由于他们不便公开出面提供资金,李希霍芬从旧金山的美国银行家那里找到"考察所需的经费",条件是"必须把考察的实际用途放在首位",即调查中国的矿产资源。②

李希霍芬在中国待了四年(1868—1872),他以上海为基地七次远行,考察了当时我国18个行省中的14个,每次路线都不同,足迹北到沈阳,西抵洛阳和成都,南达广州、香港,东至舟山群岛,史称当时"在中国版图上走得最远的外国人"。回到德意志后,李希霍芬受到威廉二世亲切接见,并获得莱比锡大学的地理学教职。洪堡和李特尔仅凭二手文献描述东亚地理,而李希霍芬的描述基于自己的实地考察,因此他成了名副其实的研究东亚地理的先驱。不过,若要说李希霍芬因此"比李特尔和洪堡更伟大",未免夸大其词。③ 毕竟,李希霍芬的地理学并不具有全球视野。

李希霍芬在中国考察时兴奋地发现,"中国的经济潜力让欧洲以外的任何国家

---

① 施丢克尔,《十九世纪的德国与中国》,乔松译,北京:生活·读书·新知三联书店,1963,页56-67;于尔根·奥斯特哈默,《中国与世界社会:从十八世纪到1949》,前揭,页185-186;Cord Eberspächer, *Die deutsche Yangtse - Patrouille. Deutsche Kanonenbootpolitik in China im Zeitalter des Imperialismus*, Bochum: Winkler, 2004, pp. 59-63。

② 费迪南德·冯·李希霍芬,《李希霍芬中国旅行日记》,李岩、王彦会译,北京:商务印书馆,2016,页1、22-23。

③ 刘东生,《李希霍芬和"中亚人与环境"》,见李希霍芬,《黄土与中亚环境》,刘东生、张英骏编,北京:地质出版社,2009,页VII-VIII;比较 Hanno Beck, *Große Geographen. Pioniere - Außenseiter - Gelehrte*,前揭,页149-163;Ute Wardenga, "Ferdinand von Richthofen and the Development of German Geography", in *Die Erde: Zeitschrift der Gesellschaft für Erdkunde zu Berlin*, Band 138, Heft 4(2007), pp. 313-332。

都相形见绌"。刚从美国西部来到中国不久（1868年12月），李希霍芬就在旅行日记中写道：

> 如果有哪个政权，比如说普鲁士想占领一座自由港的话，舟山群岛是个不错的选择。港口很容易就能被封锁，只需一支舰队就能控制中国北方和日本之间的交通要道。作为贸易地，舟山群岛也具备很高价值，如果宁波和上海都丧失了重要性的话，把产业放在这里会更安全些。①

李希霍芬并非仅仅把自己的想法写在日记里，而是向普鲁士驻华公使提交了正式报告，建议把我国舟山群岛作为普鲁士王国的"海军站和港口殖民地"。这份报告显然到了柏林政府手中，因为俾斯麦在1870年4月给北德意志同盟驻北京公使的一封密信中明确说道，"为了德意志的商务利益"，普鲁士"有必要在东亚海面经常保持同盟的一部分海军大小舰只"，这要求北德同盟在东亚获得一个像样的海军基地。1867年，北德同盟已经在日本横滨拥有了一处海军基地，但"不论在面积或地位方面"，它"都不能同时满足中国沿海海军站的需要"。普鲁士海军当局认为，"紧靠厦门的鼓浪屿岛和舟山岛上定海附近的一片土地特别适宜"。谨慎的俾斯麦否认了这一提案，因为他从1868年8月的《中美条约》看出，"美国有意于舟山岛"，他不愿与美国这样的"友邦"竞争。②

经过对我国各地的长期考察，李希霍芬改变了看法——这时，德意志帝国已经开国。他给德意志帝国政府打报告说，德国最好获取胶州湾及其周边铁路修筑权，以便华北的棉花、铁和煤可以输出到德国——史称"李希霍芬计划"。③ 一年后（1873年7月），德意志帝国海军部的一位少校参谋白兰克（Captain von Blanc）在一份给首相府的报告中提出，鉴于英国已经在舟山取得某些权利，可考虑获取"香港以东的大鹏湾及厦门附近的鼓浪屿"。④ 当时德意志帝国刚立国不久，俾斯麦老谋深算且极具现实感，仍然对德意志自由派民族国家主义者的殖民热望采取抑制态度。在他看来，对新生的德国来说，殖民地"不仅没用，而且是累赘"，投入大量精力

---

① 费迪南德·冯·李希霍芬，《李希霍芬中国旅行日记》，前揭，页37。
② 施丢克尔，《十九世纪的德国与中国》，前揭，页332-333。
③ 罗伯特·迪金森，《近代地理学创建人》，前揭，页93；施丢克尔，《十九世纪的德国与中国》，前揭，页78-83。
④ 《德国外交文件有关中国交涉史料选译》，第一卷，孙瑞芹译，北京：商务印书馆，1960，页88。

和资本"得不偿失",更"不利于克服民族分离主义"。何况,德国还缺乏保护殖民地的强大舰队。但是,随着国际地缘政治态势的变化,俾斯麦逐渐改变了对自由派人士的殖民热望的态度。①

德意志帝国的殖民热

1837年,出生于比勒菲尔德(Bielefelder)一个商人家庭的卡尔·沃尔曼(Carl Woermann,1813—1880)在汉堡经营了一家贸易公司,租用帆船向西印度群岛和中美洲加勒比海的西方殖民地出口亚麻布和陶器。凭靠其既稳重又富于进取的品格和商业远见,他的生意蒸蒸日上,公司很快跻身汉堡证券交易所最有信誉的公司之列。1868年,卡尔·沃尔曼成立"汉堡与关税同盟联系协会"(Verein für den Anschlußs Hamburgs an den Zollverein),同年首次在喀麦隆的杜阿拉(Douala)设立商栈,开辟非洲市场——那里是宽阔的武里河(Wouri River)汇入大西洋的入海口(距大西洋仅25公里),乃天然良港。1472年,葡萄牙人曾抵达杜阿拉,十八世纪时,那里成了大西洋黑奴贸易的中心地之一。

德意志帝国立国后的第三年(1874),卡尔·沃尔曼的儿子阿道夫(Adolph Woermann,1847—1911)接管家族企业。随着蒸汽机船队的出现,这家"沃尔曼公司"进一步扩大了在非洲的贸易——销售德国的廉价产品(如酒精),同时也为德国工厂寻找廉价劳动力。但在经营过程中,阿道夫·沃尔曼深深感受到欧洲殖民大国在非洲的竞争日益激烈——德国商人的企业甚至有可能被挤出非洲市场。他开始组织商界人士游说俾斯麦,提议帝国在西非建立保护地(1883)。俾斯麦终于改变帝国的殖民政策,但并非因为阿道夫·沃尔曼之类的商人游说,而是因为国际地缘政治的态势变动。

1882年5月,埃及的"资产国有化"运动已经危及英法利益,两国派出联合舰队进抵亚历山大港对开海面,实施军事威胁。土耳其当然乐观其成,同意两国外交官到君士坦丁堡开会,签订联合行动的条约让行动显得合法。法国议会没有批准政府对这次行动的拨款,法国舰队在7月10日掉头离开,英国皇家舰队次日就对亚历山大港实施炮击,致使这座历史名城"燃起大火","造成巨大人员伤亡"。紧接着(8

---

① 徐弃郁,《脆弱的崛起:大战略与德意志帝国的命运》,北京:新华出版社,2011,页87-89;Paolo Giordani, *The German Colonial Empire: Its Beginning and Ending*, London: G. Bell and Sons,1916, pp. 9-29。

月),25000英军从苏伊士运河两端登陆,然后向西迅速突入开罗,对埃及实施军事占领。①

英国单独采取军事行动,显然是要独占苏伊士运河这一重要通道,盎格鲁-法兰西(Anglo-French)的"自由主义同盟"随即破裂。由于双方都想控制刚果河的贸易,于是又开始争夺尼日尔河。这时俾斯麦才觉得,德意志帝国介入非洲争夺的时机来了,他开始利用德意志的自由主义殖民狂热分子,以增加帝国在欧洲外交中的权重。

1883年5月,不来梅的烟草富商阿道夫·吕德里兹(Adolf Lüderitz,1834—1886)用100英镑黄金和60支步枪,在纳米比亚西南海岸半沙漠化的安格拉·佩克纳湾(Angra Pequena)购得550平方公里土地,建立起贸易站,成为第一个悬挂德国国旗的德国人定居点(命名为Lüderitzland)。仅仅三个月后,吕德里兹又购得奥兰治河口至南纬26度间的海岸地带,并宣布创建德意志西南非公司,要求德国政府保护。1884年4月,俾斯麦政府不顾英国抗议(因靠近英国在南非的势力范围),宣布该地为德国"保护地",并命名为"吕德里兹湾"(Lüderitzbucht)——德国在非洲有了第一个正式的殖民地。② 吕德里兹后来沿奥兰治河探险,溺水身亡,历朝德国政府都发行过邮票纪念他。

1884年6月,德国在喀麦隆的多家贸易公司与英国公司的土地纠纷愈演愈烈,为了支持国际非洲协会德意志分会会长纳赫提伽尔(Gustav Nachtigal,1834—1885)在西非的行动,俾斯麦决定以保护多哥和喀麦隆沿海地带"德国臣民的利益和恢复秩序"为由,派出一艘战舰前往几内亚湾。这一行动使得英国有理由陈兵英属殖民地边境——两国海军为此差点儿动武。③ 7月,阿道夫·沃尔曼与杜阿拉国王贝尔(Bell)和阿克瓦(Akwa)签署《日耳曼-杜阿拉条约》,获得了在当地的土地权和贸易垄断权。没过多久(11月)刚果会议就开幕了,阿道夫·沃尔曼在这次国际会议中成了重要角色。

俾斯麦向几内亚湾派遣战舰之前(1884年3月),一个民间性的"德意志殖民协会"(Gesellschaft für deutsche Kolonisation)在美因河畔的法兰克福成立,发起人是年仅28岁的自由主义者卡尔·彼得斯(1856—1918)。彼得斯虽然是德意志人,但他

---

① 阿卜杜勒-马利克,《埃及的复兴》,前揭,页299。
② 马丁·梅雷迪斯,《钻石、黄金与战争:英国人、布尔人和南非的诞生》,李珂译,杭州:浙江人民出版社,2022,页151-153。
③ 苏联科学院非洲研究所编,《非洲史:1800—1918》,前揭,页632-633。

出生在属于英王乔治三世(1738—1820)的汉诺威王国——在他 10 岁那年(1866),汉诺威才被普鲁士吞并。念大学时,彼得斯修读史学、哲学和地理学,博士论文以 1177 年的《威尼斯和平条约》为题。十二世纪初,神圣罗马帝国皇帝弗里德里希一世(1122—1190,著名的"红胡子"皇帝)试图恢复对意大利半岛的控制,遭遇教宗国与伦巴第城邦联手抗击,失败后被迫签订了这份条约。彼得斯的学业论文做这个题目,想必是有感于因封建亲缘关系而属于英国的汉诺威王国与德意志的复杂关系。①

这篇论文让人们以为彼得斯的学术兴趣是政治史,其实他更热爱形而上学——尤其迷恋叔本华哲学,在撰写以形而上学为题的任教资格论文(1884)之前,曾发表过以叔本华的意志哲学为题的专著《意志世界与世界意志》(1883)。同时,彼得斯也迷恋达尔文的"生存斗争"说,这与他年少时受海克尔普及达尔文学说的影响有关。彼得斯的这些哲学论著希望能够将最新的德意志形而上学与最新的生物学理论结合起来。②

凭靠这样的学历,彼得斯进入学界本来大有前途——他的老师们(大多是当时的名家)也对他颇为看好。但他完成学业(1879)后去了伦敦,在那里待了三年后,"感染上帝国主义热",决意做殖民冒险家。1883 年,彼得斯回到德国,打算集资前往非洲购买土地。由于吕德里兹在西非已经下手,而且与英国的势力发生了冲突,彼得斯把目光投向了东非。彼得斯的行动计划明显是在模仿布拉柴和亨利·斯坦利,俾斯麦担心这会进一步引发与英国的纠纷,明确表示德国政府不会支持。

发起成立"德意志殖民协会"后仅仅半年(1884 年秋),彼得斯从汉堡秘密前往雅典,在那里买了甲板舱位搭船前往属于英国势力范围的桑给巴尔岛,从那里沿瓦米河(坦桑尼亚东部河流,在桑给巴尔以西注入印度洋)来到如今坦桑尼亚的基洛萨(Kilosa)。彼得斯向当地酋长和头人们购买土地,仅仅几个月(1884 年 12 月)就到手了 124 个土地"条约",凭此拥有了坦噶尼喀东部(今属坦桑尼亚共和国)约 2500 平方英里的土地主权。随后,彼得斯扬言要把购得的土地倒卖给利奥波德二

---

① 波将金等合编,《外交史》,第一卷,史源译,北京:生活·读书·新知三联书店,1979,页 198;比较 Carl Peters, *Untersuchungen zum Frieden von Venedig*, Dissertation, Hannover Hahn'sche Buchhangdlung,1879。

② Arne Perras, *Carl Peters and German Imperialism 1856 – 1918*, A political Biography, Oxford:Oxford University Press,2004, pp. 27 – 28.

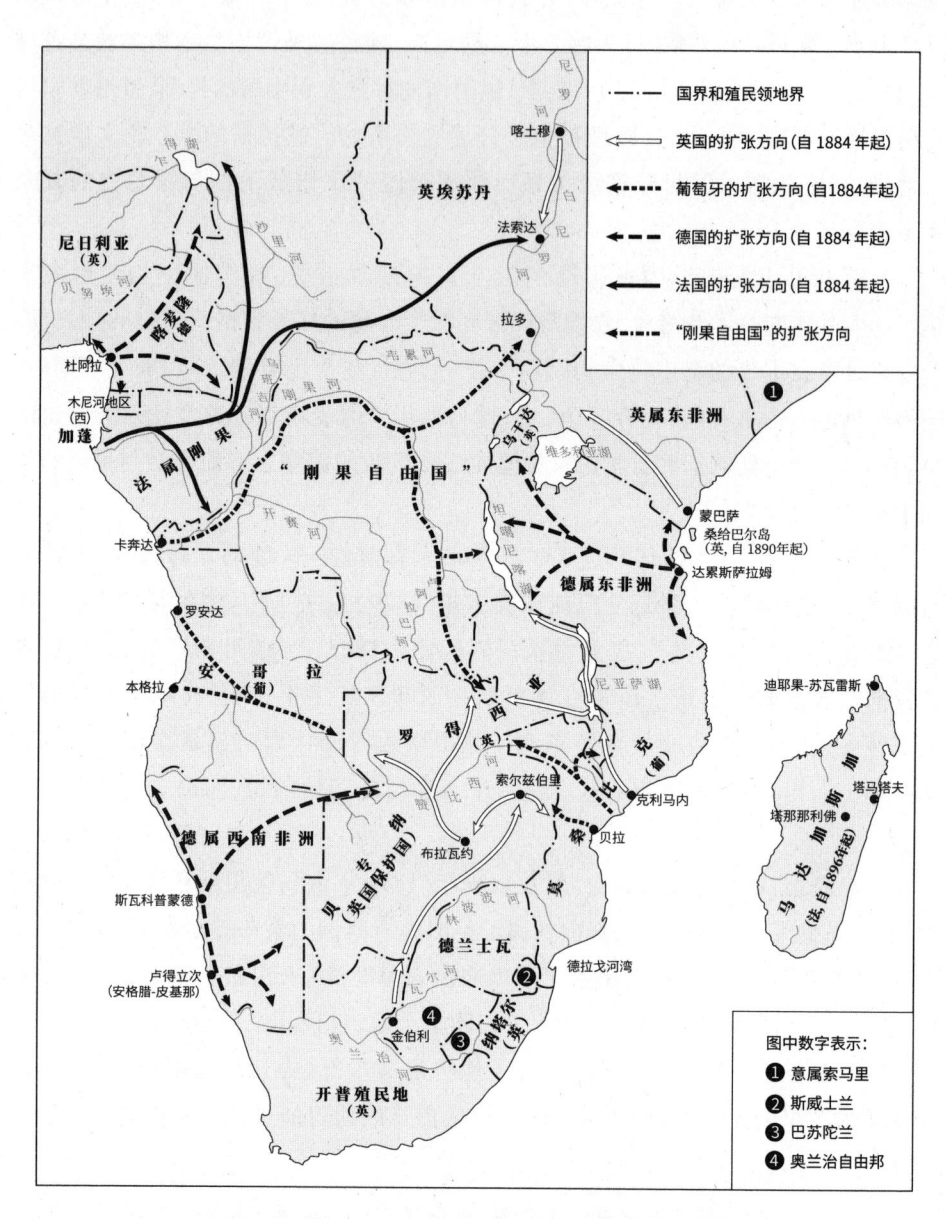

1884—1900 年欧洲人向中部非洲和南部非洲渗透图

据苏联科学院非洲研究所《非洲史：1880—1918》页 631 绘制

世,以此要挟俾斯麦给他的东非公司颁发经营特许状。彼得斯背后有强势的德意志自由民族党人撑腰,俾斯麦为了争取该党支持,屈从了彼得斯的要求。1885 年,彼得斯重返非洲,迅速购买了更多土地,德意志帝国又多了一处可观的海外殖民地。①

当时刚果会议刚召开不久,而会议结束后,拉采尔就发表了一篇文章,描绘非洲的新政治地图草案,还首次就政治地理学提出了自己的基本看法。② 拉采尔的政治地理学意识与德意志帝国的殖民热几乎同时发生,恐怕不是偶然。1886 年,从中国返回德国后在莱比锡大学任教的李希霍芬获得了柏林大学的地理学教席,拉采尔受聘接替李希霍芬,开始了自己的莱比锡时期的学术生涯——这意味着他的学术地位已经得到学界认可。

李希霍芬前往柏林后,在那里开创了新的殖民地理学研究,由此形成的东亚研究传统直到第三帝国时期都还在发挥影响力——或者说为纳粹的扩张政策服务。③ 拉采尔来到莱比锡后,也很快成为活跃的殖民主义者。凭靠在地理学专业领域取得的成就,他被推举为德意志殖民协会莱比锡分会主席。这年 9 月,从东非回到德国的彼得斯发起了一场关注德国海外利益的会议。在他的倡议下,与会者宣布成立"促进德意志民族海外利益全德意志同盟"。④ 不过,由于彼得斯很快又返回非洲,这个组织实际上没有真正建立起来。

从泛德意志联盟到德意志炮舰协会

1888 年 3 月,德皇威廉一世驾崩,其子弗里德里希继位后仅三个月就死于咽喉癌,29 岁的长孙威廉·维克多接续继位——即威廉二世。世袭君主制的弊病再次

---

① 罗伯特·罗特伯格,《热带非洲政治史》,前揭,页 510 – 511。

② Friedrich Ratzel,"Entwurf einer neuen politischen Karte von Afrika nebst einigen allgemeinen Bemerkungen über die Grundsätze der politischen Geographie", in *Petermanns geogr. Mitt.*, 31(1885), pp. 245 – 250;比较 Günther Buttmann, *Friedrich Ratzel. Leben und Werk eines deutschen Geographen*,前揭,页 88。

③ Jürgen Zimmerer, "In Service of Empire: Geographers at Berlin's University between Colonial Studies and Ostforschung(Eastern Research)", in Paolo Giaccaria/Claudio Minca(eds.), *Hitler's Geographies: The Spatialities of the Third Reich*, Chicago: The University of Chicago Press, 2016, pp. 67 – 87.

④ 原文为 Allgemeiner Deutscher Verband zur Förderung überseescher deutsch – nationaler Interessen。

发挥历史作用,因为,在他统治德意志帝国的 30 年里,他"一直是个带有'孩子气'的'小'皇帝",刚愎自用、自命不凡,且急躁好动,更不用说脾气暴烈。① 当时,虽然德意志帝国在非洲获得了几处海外殖民地,毕竟土地面积太小,因而殖民事务一直归属外交部,由枢密院的一位官员打理。1890 年,稳重的俾斯麦已 73 岁高龄,且与年少气盛的皇帝不和,决意辞去首相职位(3 月 18 日)。新首相接任后,帝国政府设立了独立的殖民事务部——这意味着帝国政府将放开手脚推进殖民事业。② 正是在这一年,拉采尔着手重写《人类地理学》。

同年,德国政府与大英帝国签订了一份涉及非洲殖民地边界的协议。德意志的自由派民族主义者认为,帝国政府在协议中让步太多,一位名叫阿尔弗雷德·胡根贝格(1865—1951)的人物愤然发起抵制运动。此人与彼得斯是同乡,早年在大学修读法学和国民经济学时,他不仅已经是殖民主义者,还是个种族主义者。不同的是,胡根贝格主张德意志帝国向东欧扩张殖民地,而非谋求更多海外殖民地——他的博士论文《德国西北部的内部殖民》已经体现了这一政治主张。在德意志帝国随后的成长过程中,胡根贝格扮演了重要角色,"一战"后作为传媒大亨对纳粹崛起和获得政权也起过推波助澜的作用——他后来承认,这是自己一生中做过的"最为愚蠢的事情"。③

1890 年 9 月,德意志的自由派民族主义者在法兰克福举行全国代表大会,时年 35 岁的胡根贝格动议成立一个全国性组织,推动德国以各种方式开疆拓土,当时他是德国派驻波兰的政府官员。彼得斯闻讯后随即从东非返回,与胡根贝格通力合作,半年多后,"全德意志人联合会"(Allgemeiner Deutscher Verein)正式成立(1891

---

① 约翰·洛尔,《皇帝和他的宫廷:威廉二世与德意志帝国》,杨杰译,北京大学出版社,2004,页 12—14。

② 韦瑟林,《欧洲殖民帝国:1815—1919》,前揭,页 40;比较 Birthe Kundrus, "Das Reichskolonialamt zwischen nationalem Geltungsbewusstsein und Weltbürgertum. Die Staatssekretäre Friedrich von Lindequist und Wilhelm Solf", in Ulrich van der Heyden/Joachim Zeller (eds.), "... Macht und Anteil an der Weltherrschaft". Berlin und der deutsche Kolonialismus, Münster: Unrast Verlag, 2005, pp. 14 –21。

③ John A. Leopold, Alfred Hugenberg: The Radical Nationalist Campaign against the Weimar Republic, New Haven: Yale University Press, 1977; Klaus Wernecke/Peter Heller, Der vergessene Führer. Alfred Hugenberg. Pressemacht und Nationalsozialismus, Hamburg: VSA, 1982; Larry E. Jones, "'The Greatest Stupidity of My Life'. Alfred Hugenberg and the Formation of the Hitler Cabinet, January 1933", in Journal of Contemporary History, 27 (1992), pp. 63 – 87。

年4月),成员约2000人,一年前卸任首相的俾斯麦和彼得斯被推举为名誉会长。拉采尔也是这个组织的发起人之一,他的《人类的地理分布》就在这年出版,不能不说是有力的呼应。这个自由派民族主义者组织发展很快,1894年更名为"泛德意志联盟"(Alldeutscher Verband)时,成员已激增至21000人。①

"泛德意志联盟"以种族性民族主义、社会达尔文主义为宗旨,它的成立表明,德意志帝国加入自由帝国主义行列得到新派知识人的大力支持——拉采尔的政治地理学恰好在这一时期走向成熟。一旦德意志帝王也受到这种政治冲动的感染和支配,"世界政策"(Weltpolitik)就出台了。② 与李斯特在《政治经济学的国民体系》最后部分提出的"[世界]政策"对比,新的世界"政策"已经不可同日而语,但就"政策"这个语词的用法而言又并无二致。

Weltpolitik也可译作"世界政治",卡尔·豪斯霍弗在1935年出版过一部论析国际地缘政治格局的著作,书名"当今世界政治"即今天所说的"国际政治"。③ 而所谓"世界政策",实际特指1890年代开始逐渐形成的由威廉二世主导的德国对外政策,其基本特征是与俾斯麦秉持的防御性务实策略彻底决裂。德意志帝国立国后一直没有摆脱两面受敌的处境,俾斯麦始终小心翼翼,竭力避免德国陷入两线作战,借助微妙的外交让德国在欧洲大陆事务中充当"诚实的中间人"角色。俾斯麦"从未成为"德国民间海外殖民热的工具,反倒是规导"泛泛的殖民热情",始终把"最高控制权"掌握在自己手中,要求德国殖民者的个人行为"遵守规则"。威廉二世则不同,他采取进攻性国策,改变了德国的国际姿态:不仅终止了与俄国的合作防卫协定(1892),导致俄国转而与法国结盟(1894),还逐渐疏远了最具潜力的盟友

---

① Roger Chickering: *We Men Who Feel Most German. A Cultural Study of the Pan–German League*, 1886–1914, Boston: Allen & Unwin, 1984, pp. 53–61; Rainer Hering, *Konstruierte Nation. Der Alldeutsche Verband 1890 bis 1939*, Hamburg: Christians, 2003, pp. 112–123; Gerd Fesser, "Der Traum vom'Platz an der Sonne'", in Ulrich van der Heyden/Joachim Zeller(eds.), "... *Macht und Anteil an der Weltherrschaft*". *Berlin und der deutsche Kolonialismus*, 前揭, pp. 11–13; Louis L. Snyder(ed.), *The Imperialism Reader: Documents and Readings on Modern Expansionism*, Princeton, N. J.: Van Nostrand, 1962, pp. 63–68。

② E. Malcolm Carroll, *Germany and the Great Powers*, 1866–1914: *A Study in Public Opinion and Foreign Policy*, Hamden: Archon Books, 1966, pp. 347–430; Michael Fröhlich, *Imperialismus. Deutsche Kolonial–und Weltpolitik 1880–1914*, München: dtv Verlagsgesellschaft, 1994, pp. 17–45。

③ Karl Haushofer, *Weltpolitik von heute*, Berlin: Verlag und Vertriebs Gesellschaft, 1935.

英国,甚至走向对抗(1898)——其结果是英国既与法国联手(1904),又与俄国协约(1907)。①

但是,如果将这种"世界政策"取向仅仅归咎于威廉二世的鲁莽"个性",也不符历史的实情。就殖民政策而言,事实上,在泛德意志联盟等压力集团的推动下,它已经涉及国家声誉问题——在激烈的非洲争夺战中,德国作为后来者必须奋起直追。尤其值得提到,在德意志帝国转向"世界政策"的过程中,自由主义知识人与民族主义知识人一样起到了不可忽视的作用:自1880年代以来,"越来越多的知识分子鼓吹建立德意志殖民帝国"。古斯塔夫·施莫勒组织的"社会政策协会"(Verein für Sozialpolitik)所聚集的政治经济学家,就是一股颇有影响力的政治力量。著名的民族主义史学家特赖奇克公开呼吁,"在白人对地球的控制权中,我们需要且应当得到我们应得的那一份"。今天的史学家们不能简单地将这些知识人视为"帝国政府的工具"——毋宁说,

> 他们拥有自己的意志和冲动,虽然他们会在政府采取"正确"举措时欢呼雀跃,但是他们也会在必要时毫不犹豫地抨击或敦促政府采取进一步行动。②

1895年5月,31岁的马克斯·韦伯(1864—1920)受聘为弗莱堡大学政治经济学教授。他在就职演讲中抱怨说,自德意志实现统一以来,德国就弥漫着一种莫名其妙的"政治膺足","再也没有提出什么伟大的大国政策(Machtpolik)"。俾斯麦在刚果会议上发挥的主导作用,以及随后推行的"大国政策",在海外政策方面只能被称为"羞羞答答、半心半意"。问题出在德国中产阶级的新生代,他们"钟情于一种德国特有的'非历史'和'非政治'的精神,陶醉于眼下的成功而只求太平",缺乏最为基本的民族国家政治意识。韦伯进一步把问题上升到德意志的历史乃至世界历史的高度:德意志的统一绝不意味着德意志的历史已经终结,"以往数千年的时光到此便功德圆满"。毋宁说,德意志的政治使命才刚刚开始,因为德意志现在面临的是史无前例的世界政治格局,即凭靠工业化、经济发展以及军事实力而展开的大国竞争。德意志人必须"打破一切幻想、认清我们这一代人在祖国历史发展中所处

---

① 保罗·肯尼迪,《英德对抗的兴起,1860—1914》,王萍、李高峰、胡二杰等译,北京:商务印书馆,2022,页225,详参页270-291。

② 保罗·肯尼迪,《英德对抗的兴起,1860—1914》,前揭,页224-225。详参E. MalcolmCarroll, *Germany and the Great Powers, 1866-1914: A Study in Public Opinion and Foreign Policy*,前揭,页269-346。

的地位",切莫"沉入政治市侩主义的泥潭"。韦伯禁不住以痛斥的言辞说,"广大中产阶级下层"在这片泥潭中"久而不闻其臭":

> 民族统一的战争结束时,德意志民族首先面临一个明确的政治任务,即海外扩张,但这些市侩们甚至缺乏最粗浅的经济头脑,居然不明白德国国旗飘扬在周边海岸对于德国的远洋贸易将意味着什么!①

正是在这样的背景下,1896年1月18日,威廉二世发表了著名演说,宣称"德意志帝国将成为一个世界帝国",吁请德意志民众"帮助他将这个更伟大的德意志帝国更快地与祖国绑定在一起"。② 1897年,威廉二世得知两名德国传教士在山东被杀的消息后十分兴奋,认为这是实现"李希霍芬计划"即并吞胶州以及青岛港口的良机——他兴奋地写信给外交部:

> 我现已下定决心放弃过分小心的政策,[……]动用一切严厉手段,必要的话可以残酷无情地对付中国人,终于可以告诉他们:德国皇帝不可藐视,同他敌对会大祸临头。③

按照威廉二世亲自发布的命令,1897年11月14日,德国海军东亚分舰队进泊青岛。第二天,威廉二世亲自主持御前会议,决定"永久占领"胶州:

> 我们对中国的要求就定在这样一个尺度上,如果难以实现这些要求,那就正好说明需要进一步的占领。(同上,页3)

李希霍芬看到自己30多年前的想法终于实现,不仅"感到十分荣幸",还凭靠当年的考察笔记,用"通俗易懂的语言"写了一本介绍山东地理的普及读物,以"激励"德国年轻人"继续"他的考察。④ 这足以表明,德意志帝国的一些知名学人与威

---

① 马克斯·韦伯,《民族国家与经济政策》,见彼得·拉斯曼、罗纳德·斯佩尔斯编,《韦伯政治著作选》,阎克文译,北京:东方出版社,2009,页20-21。

② 克里斯托弗·克拉克,《沉重的皇冠:威廉二世权谋的一生》,盖之珉译,北京:中信出版社,2017,页150-151。

③ 转引自约翰·洛尔,《皇帝和他的宫廷:威廉二世与德意志帝国》,前揭,"中文版前言",页1(译文稍有改动)。

④ 费迪南·冯·李希霍芬,《山东及其门户胶州》,青岛市档案馆编译,青岛:青岛出版社,2014,页5。

廉二世一样有帝国主义心态。

1897年12月6日,国务秘书波恩哈德·比洛(Bernhard von Bülow,1849—1929)在议会辩论中谈到德国的殖民政策时说,"我们不想超越任何人,但我们也要求在阳光下占有一席之地"。① 这句话后来成了名言,且经常被政治作家和记者们挪到威廉二世的嘴里,而它的确可以被视为"世界政策"正式亮相的标志。毕竟,比洛是威廉二世"个人政权"的左膀右臂之一(1897年出任帝国外长,1900年出任帝国首相)。与海军大臣提尔皮茨一样,他虽然深知,德国的实力与老牌帝国相比还差得很远,仍然口是心非地迎合威廉二世的"抱负"。②

比洛的这一颇具修辞性的说法也表明,德意志帝国的"世界政策"目标模糊不清,它仅仅清晰地表达了德国的迫切愿望——成为大英帝国式的大国。从政治史学的视角来看,它更反映了多数德意志智识人和政治家对德意志成长的历史际遇的理解。十九世纪中期之前,北海还是英国与欧洲大陆国家争夺的主要海上通道,"自美国也发展成工业国后",贸易路线"从北海移到了大西洋",以至于北海"变成了一片死海"。实现政治统一后的德意志加速了工业化进程,越来越依赖进出口,只能"一路向西挺进"。这显然得凭靠强大的海军力量,而德意志帝国恰好在这方面十分孱弱。威廉二世明白这一点,他"变得痴迷于船舶需求,到了几乎把每一次国际危机都要当成万事以海军力量为先的地步"。③

必须强调,威廉二世的"世界政策"所模仿的对象不仅是大英帝国,还有正在急遽崛起的美国。1898年3月,"一场规模和力度都空前绝后的海军政治宣传活动拉开帷幕"。这一活动由帝国海军大臣阿尔弗雷德·提尔皮茨上将(Alfred von Tirpitz,1849—1930)策划,以呼应他提出的扩充海军法案,而法案的目的则是"夺取英国在世界海洋领域的独霸地位"。④ 提尔皮茨将军此举来自美国海

---

① 转引自 Michael Fröhlich, *Imperialismus. Deutsche Kolonial - und Weltpolitik* 1880—1914, München: dtv, 1994, p. 73。

② 詹姆斯·雷塔拉克,《威廉二世时代的德国》,王莹、方长明译,北京:北京大学出版社,2013。页112 - 113;顾全,《大陆强国与海上制衡:1888—1914年德国的海军扩张》,前揭,页218。

③ 沃尔夫冈·韦格纳,《世界大战中的海军战略:德国公海舰队的悲剧》,罗群芳译,北京:社会科学文献出版社,2019,页137 - 140。

④ 克里斯托弗·克拉克,《沉重的皇冠:威廉二世权谋的一生》,前揭,页153 - 154;详参 Jürg Meyer, *Die Propaganda der deutschen Flottenbewegung* 1897 - 1900, Bern: Pochon - Jent, 1967。

军上校阿尔弗雷德·马汉在1890年5月出版的《海权对历史的影响》一书启发,连威廉二世也自称他"不是在阅读"而是"在吞咽"这部书,甚至"努力要把它背下来"。① 帝国议会很快就通过了提尔皮茨的法案。4月底,为了让扩充海军的计划获得全国性的广泛支持,经提尔皮茨策划,民间性的"德意志炮舰协会"(Der Deutsche Flottenverein)成立(1898年4月),各地分会多达3400个。②

拉采尔是这个民间组织的积极成员,他以地理学名家的身份发表了题为"炮舰问题与世界形势"的短论,声称德国人"成为锤还是砧,取决于他们能否适时认识到世界形势对一个正在努力崛起的民族提出的要求":

> 十八世纪的普鲁士的任务是,在欧洲大陆列强中为自己赢得大国地位,与此不同,十九世纪的德意志的任务是,在世界强国中赢得一席之地。这一任务在欧洲范围内已经无法完成;只有作为一个世界[即全球]强国,德意志才有希望确保自己的人民获得生长所需的土地。德意志如果不想冒世世代代被别国排挤的风险,就绝对不能置身于世界各地正在发生的变革和再分配之外。③

回想前引《人类地理学》第一版中的那句对比"北美人"与"德国人"的说法,可以清楚地看到:占据北美洲的不列颠殖民者脱离宗主王权形成独立政治单位之后——尤其是经历过克制内部分裂的南北战争和向西部拓疆之后,反过来又以欧洲王国的伙伴国家身份要求重新划分全球空间势力范围,这一切对拉采尔地理学思想的形成具有决定性意义。《政治地理学》中有一句名言:der Krieg als Schule des Raumes[战争是空间的学校]——这句名言就出现在涉及美国的段落中(《政治地理学》,页177)。

到第一次世界大战爆发之前,德意志帝国海军已经成为全球第二大舰队。不过,

---

① 徐弃郁,《一战前德国"大海军"建设的源起与理论》,邱立波主编,《海权沉浮》,桂林:广西师范大学出版社,2015,页64;详参 Holger H. Herwig, "The Influence of A. T. Mahan Upon German Sea Power", in John B. Hattendorf (ed.), *The Influence of History on Mahan: The Proceedings of a Conference Marking the Centenary of Alfred Thayer Mahan's The Influence of Sea Power Upon History*, 1660–1783, Newport: Naval War College Press, 1991, pp. 67–80。

② Sebastian Conrad, *Globalisation and the Nation in Imperial Germany*, Cambridge: Cambridge University Press, 2010, pp. 27–76.

③ Friedrich Ratzel, "Flottenfrage und Weltlage", in Friedrich Ratzel, *Kleine Schriften*, II, 前揭,页377–378。

在英国当时的海军部长丘吉尔眼里,这支"豪华舰队"徒有其表,他不无轻蔑地对德意志人说:"就凭你们的舰队,还算不上海洋权力,你们的世界政策更是立不住脚。"①

美利坚作为生物-政治地理学标本

拉采尔地理学思想的形成和发展实际经历了两个阶段,从1878年的两卷本美国地理学到重写《人类地理学》(1890)为第一个阶段(历时12年)。如已经看到的那样,这一时期的基本取向是从生物学-人类学-地理学走向政治地理学。

《人类的地理分布》(1891)标志着一个新起点,拉采尔已经有了自觉的政治地理意识。两年后(1893),拉采尔重写了北美合众国地理学的第二卷,原书名《北美合众国的文化地理学》改为《北美合众国的政治地理学》(以下简称《美国政治地理学》),副标题则没有变——拉采尔已经意识到,"文化"的实质性含义是"政治"。

从《人类的地理分布》到《地理学与生命》(1902),是拉采尔地理学思想发展的第二个阶段,其基本特征是基于政治地理意识重述生物学-人类学-地理学。拉采尔不仅重写了美国的地理学,也重写了《民族志》和《人类地理学》(第二次重写),最终走向了"争夺生存空间"的生物-政治地理学。

美国的政治成长始终引导着拉采尔的生物-人类地理学前行。从《北美的城市和文化形象》(1875)到两卷本《北美合众国地理学》(1878/1880),再到《美国政治地理学》(1893),十八年间,拉采尔已经三度描述美国。若加上拉采尔在此期间发表的关于北美的短文,就更容易看到,拉采尔一直关注着美国的政治生长,这促使他不断修改其生物-人类地理学。②

拉采尔的《政治地理学》至少在政治地理学界声名显赫,而《美国政治地理学》则不然——即便是业内人士也很少提到这部大著。实际上,该书的重要性并不亚

---

① 转引自沃尔夫冈·韦格纳,《世界大战中的海军战略:德国公海舰队的悲剧》,前揭,页97。

② 比较 Friedrich Ratzel, "Das Deutschtum in Nordamerika", in Friedrich Ratzel, *Kleine Schriften von Friedrich Ratzel*, 1. Bd., 前揭, S. 358 – 360; Friedrich Ratzel, "Über Kalifornien", in Friedrich Ratzel, *Kleine Schriften von Friedrich Ratzel*, 2. Bd., 前揭, 页 1 – 18。

于《政治地理学》,其中可以见到他的政治地理学的几乎所有基本分析范畴——如他的学生所说,该书充分表明,拉采尔的政治地理学思想已经"趋于成熟"。①

美国的政治地理特征

《美国政治地理学》名义上仅是对两卷本《北美合众国地理学》第二卷的改写,但其实,拉采尔整个重写了美国地理学。"前言"第一句话就说:"这个新版本已经成为一本新书,可以说之前的一行都没有剩下。"②原有的两卷本划分消失了——或者说自然地理与人文地理的划分消失了。全书共四个部分(26 章),前面有一个长篇"导论"(含 6 章),主要描述自然地理,占全书(共 730 页)近四分之一篇幅(175页)。两卷本《北美合众国地理学》第一卷的自然地理描述,在这里不仅得到了精练的重述,还加入了政治地理描述。在题为"边界与海洋"的第二章,拉采尔一开始就说,"美国的边界在极大程度上是完全天然的,即两侧的两片大洋",但"这并不能使它们更自然":

> 美国的边界既显示出其位置的优越,也展示了一个具有高度殖民能力、推动国家前进的民族在这片整块大陆般辽阔的土地上不受限制地扩张带来的影响。(《美国政治地理学》,页 33)

由此可见,拉采尔不再仅仅从自然地理角度看待美国的地缘条件,而是看到这样的条件与美国这个新生民族国家的政治品格的关系。在接下来题为"空间"的第三章,拉采尔这样描述美利坚的政治地理空间:

> 提及美利坚合众国,我似乎指的是一个国家,如德国或法国,一个拥有共同政府、代表、舰队、军队等的政治实体,占据固定的位置,拥有一定规模,其存在是所属大洲地理存在的一部分,也是其政治地理的一部分。[……]一旦加上面积大小,一幅完全不同的画面就呈现出来。这是一片和欧洲一般大的土地,不是一个国家,而是一个大洲。[……]因此,我们在这里是面对着一个广袤大洲的一大部分。美国境内能装得下 14 至 15 个德国或法国这样的国家。

---

① 奥伯胡默尔,《拉采尔之前的政治地理学及其晚近发展》,前揭,页 29。
② Friedrich Ratzel, *Politische Geographie der Vereinigten Staaten von Amerika*, Leipzig, 1893,页 V(中译见弗里德里希·拉采尔,《美国政治地理学》,杨玥琳译,北京:华夏出版社,即出,随文注德文版页码)。

不同于德法这两者其一或欧洲式的俄罗斯西部,我们必须用另一种空间概念来处理这个国家。即使美国当前的人口数量、生产、贸易等还没有超过欧洲的规模,我们也必须考虑除了空间本身之外围绕它产生的机会,以及在所有这些力量与进步的创造者和产品的野蛮发展中活跃的每一个时机。(《美国政治地理学》,页 84–85)

拉采尔已经政治地把握住了"空间"这个地理学的核心概念以及它与历史时间的关系,这意味着政治地理学关注的是历史的政治"空间对民众的物质生存和精神、经济和政治活动产生的影响"(《美国政治地理学》,页 VI)。

当然,《人类的地理分布》"导言"已经阐明了这一原则,这里值得注意的是,在对美国的政治地理学描述中,拉采尔频频将其与欧陆大国比较。用今天的话来说,拉采尔具有比较政治学的眼光。他在一开始就提到,"从纯粹的政治角度来看",美国的陆地边界极为优良,因为面临外来侵袭的边界极短,"只有在遭受从海上发动的进攻时",美国"才有真正的危险"——因此,

> 美国安全的优势在于其领土面积、人口规模以及民众的智慧、勇气和富足,这些东西赋予了美国道德上的优势,这是欧洲其他国家未曾拥有的。(《美国政治地理学》,页 29)

拉采尔没有说,美国在"道德上的优势"来自其立国理念,换言之,是政治地理位置而非人们以为的某种"普世价值",让美国成为如此强势的帝国。否则,拉采尔不会说,"这种力量优势可能有利于进一步扩张",但也取决于这个政治体的"内部团结"(同上)。

《美国政治地理学》第一部分题为"种族与聚落"(die Rassen und Stämme),共五章,仅从标题看就有厚重的生物 - 人类学色彩。按拉采尔的描述,美国民族由白色人种和三个有色人种(美洲印第安人、非洲人和东亚人)构成。白色人种即"欧裔美国人"(die Europäo - Amerikaner),占绝大多数(按当时的统计为 88%),它很难"被明确地分类",在人类学上只能"被描述为一个正在形成的人种"(《美国政治地理学》,页 238)。

撰写《美国政治地理学》期间(1892),拉采尔发表了《论地理边界的一般特性与政治边界》一文,其中写道:

> [历史]若是以生命的形式在地球上传播,就会在某个时间点上占据某

个特定位置、特定形态以及特定大小的区域。这片区域最边缘的点连缀成线,我们称之为边界。有单独某种植物或者动物的传播,也有更大的群体或社群的传播,比如野人或珊瑚礁,因此也就有人种和民族的传播。……所有这些区域都是同源的,这便是运动。所有生命体都具有运动这一特征,要么随着生存条件的削弱而停止,比如森林抵达我们山间的某一高度之后就停止传播……。如果条件发生变化,或者运动强度发生变化,或者运动变换了方向,那么传播区域就获得了新的延展可能性,我们会说:边界向前推进了。(卢白羽译文)①

作为人类地理学家,拉采尔相信,发达的文明民族让过剩人口迁徙到自然民族地域的殖民行为,是文明传播的重要方式,这也意味着文明民族的地理边界扩大了。美国的诞生标志着欧洲政治民族的地理边界的延展,而这个新民族的生物－政治－文明品性的形成,很大程度上取决于其移民的构成。拉采尔特别强调,美国的欧裔移民主要"来自英国、爱尔兰和德意志",其次"来自意大利、俄罗斯、波兰、波希米亚和匈牙利"(《美国政治地理学》,页238)。在今天的史学家看来,拉采尔的说法八九不离十——据晚近的统计,

> 1820—1914年,有500多万德意志人移居美国;1820—1860年,德意志移民占美国境内移民总数的31%,仅次于爱尔兰移民;1861—1890年,在美国的德意志移民占移民总数的近29%,居各国移民之首。②

由此看来,通常人们所说的"盎格鲁－美利坚人"似乎可以修正为"盎格鲁－德意志－美利坚人"。

> 众所周知,美国的普鲁士人比康涅狄格州和西弗吉尼亚州的居民加起来还要多,巴登人超过了特拉华州人的人数,汉诺威人则是内华达州人口的两倍多,每次人口普查后,这些结果都会短暂地让美国人惊讶不已,但他们正确地用好奇的态度对待这一事实。相似的情况也发生在当纽约或芝加哥被列为柏林和汉堡之后的德国主要城市时。(《美国政治地理学》,页247)

---

① Friedrich Ratzel, "Über allgemeine Eigenschaften der geographischen Grenzen und über die politische Grenze";转引自 Gerhard H. Müller, *Friedrich Ratzel*(1844 - 1904),前揭,页98。
② 理查德·埃文斯,《竞逐权力:1815—1914》,前揭,页444。

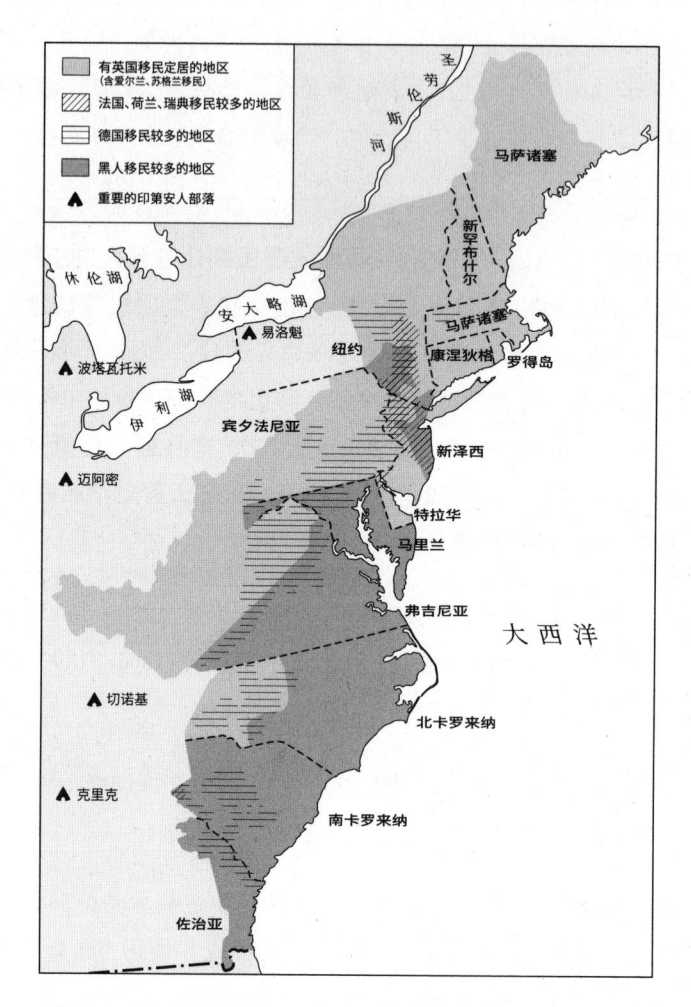

截至 1775 年各族裔移民在英属北美十三个殖民地分布情况
据张津瑞、林广《地图上的美国史》页 16 绘制

即便如此，拉采尔依然认为，不可将"盎格鲁－美利坚人"改称"盎格鲁－德意志－美利坚人"。毕竟，自十七世纪以来，"北美人的英国式特性"就已经确立，它"发展极早、持续极长"，以至于"美国纯粹是盎格鲁－撒克逊式的"，其语言的优势地位使得这一特性不可更改（《美国政治地理学》，页243）。

在拉采尔眼里，历史上的两次日耳曼人大迁徙对世界文明史的发展具有决定性意义：公元三至五世纪，日耳曼人从欧洲中部、东部和北部向西迁徙，形成了基督教欧洲；十六世纪以来跨越巨大的地表空间的迁徙，则形成了基督教美洲。与前一次大迁徙不同，后一次大迁徙是从故有政治体出发，从而是政治地理学意义上史无前例的扩张。在美国人口中，唯有黑人是"没有移民背景的主要种族"，由于其人口数量增长强劲，欧裔白人与非裔黑人的关系，将成为影响这个政治体"内部团结"的重要因素。

> 在驱逐并屠杀印第安人、奴役黑人以及禁止华人移民之后，我们还将见证白人与黑人间新关系的发展，这种新关系避免了奴隶制的再度形成，但保持了从属以及社会按种族分层的本质。在欧洲，我们为那些囿于小型民族藩篱的国家感到遗憾，同时艳羡西方的幸福国度，但在这个国家中，刚刚才通过一场可怕的战争解决了黑人奴隶制问题，峻法之下的华人问题就随之而来。而虐待印第安人的问题则是长期病，不断侵蚀着该国的灵魂。（《美国政治地理学》，页180）

《美国政治地理学》的第二部分题为"人口的扩散与增长"，同样共五章。拉采尔在这里描述了盎格鲁－美利坚人向西部拓展生存空间的运动：

> 从现在的旧西部开始，迁徙行动一直延伸到太平洋。未来的史学家将把老一辈西部人的冒险特质视为一个英雄时代的证据，包括1843年那些载着一千多名男女和儿童的火车，他们携带武器、车架和牲畜从密苏里州西部边境迁居到威拉米特，并在俄勒冈争端时期获得了一定的声誉和政治意义。这些火车与危险和贫困紧紧相连。他们在路上花费了几个月，除非是面对与印第安人和掠夺者的战斗，或夺去生命的饥饿和干渴，他们从未退缩。（《美国政治地理学》，页368）

第三部分"经济地理"含六章，在全书中篇幅最长（220页）。最后的第四部分题为"州与县镇、教会与学校、精神生活及社会"，篇幅不算长，但刚好与导论最后一章"自然与民族灵魂"(die Natur nnd die Volksseele)相呼应。从今天的视角来看,这部大著的主体部分不过提供了一幅美国成长的历史横截面——拉采尔强调,他使用的实证材料到1892年为止。然而,就"自然与民族灵魂"这个主题而言,就不能这么说了。直到今天,人们依然还在问:什么是美国民族?在拉采尔笔下,这个问题会因生物-政治地理学视角而更为具体:哪些欧洲日耳曼裔民族参与了美利坚这个新生民族的形成?这个新民族由此形成的生物-政治-文明品性是怎样的?

德意志人与美国的诞生

其他欧裔民族的移民对美国民族的历史形成并非没有影响,但这种影响恰恰体现为他们融入美国民族的方式。1870年代,当德意志移民被要求"加入美国民族"时,他们提出了这样的问题:

> 什么是美国民族?它首先需要存在,只有这样,德国人才能帮助塑造它。他们的希望正是在于对新民族形成的参与,但由于它延伸到太遥远的未来,这些希望很容易变得模糊。只有这样才能理解弗里德里希·卡普的柏拉图式观点,即德国与美国精神的结合对德国人而言并不意味着痛苦。根据目前为止的经历,美国式的精神压倒了德意志人(德裔美国人),而且经过两百年的同化,后者留下的痕迹相对较少。(《美国政治地理学》,页246)

拉采尔在这里一带而过地提到的弗里德里希·卡普是个传奇人物,他不仅最早关注德意志人参与美利坚作为政治民族的形成问题,而且他本人就算得上是这一问题的生物-政治地理学标本。

卡普出生在德意志西北部威斯特伐利亚的一个教师家庭,比拉采尔年长20岁。因酷爱哲学,在海德堡大学学习法学期间,他成了激进哲学家费尔巴哈(1804—1872)及其"青年黑格尔派"的拥趸。1848年革命爆发后,时年24岁的卡普起初作为政治记者参与革命,法兰克福立宪议会成立时担任激进自由派议员的秘书。1848年10月,激进自由派发动的暴力抗议失败,卡普逃亡布鲁塞尔,成了俄国作家赫尔岑(1812—1870)的家庭教师,并随赫尔岑一家辗转巴黎和日内瓦。1850年,卡普流亡美国,创办《大西洋研究》(Atlantic Studies),成为德裔移民中十分活跃的政治家。获得美国籍后(1855),卡普加入了民主党,深度介入美国政治,还试图影响总统选举。①

尽管如此,卡普并没有让自己变成美国人。从他与自己的哲学老师费尔巴哈的通信中可以看到,卡普一直心系德意志的政治统一,从未停止关注德意志的政治局势。② 自1862年起,卡普就成了《科隆报》的海外通讯员。1866年6月,普奥战争爆发,普鲁士很快取得完胜。尽管对俾斯麦有所保留,卡普仍将这场战争视为德意志向"统一与自由"迈出了一大步。在他看来,德意志当前的关键问题是成为"大国"(Großstaat),这就得"消灭强盗邦国"(Raubstaaten)及其特殊主义。卡普进而认识到,德意志实现民主宪政的"关键并不是自由问题,而是权力问题以及德意志的未来构建"。无论如何,德意志民主派若还想对未来的德意志"大国"的宪法形式有决定权,首先就得"重组"。1867年2月,乘着普鲁士取得军事胜利的气势,德意志的右翼人士成立了民族自由党。普法战争爆发前(1870年4月),卡普觉得时机来了,他毅然返回祖国,加入了民族自由党,从激进左派变成了激进右派。德意志帝国建立后,卡普作为民族自由党的代表当选帝国议会首届议员,并积极主张德国向东欧殖民扩张,以此一劳永逸地解决德意志人源源不断移民北美的问题。③

卡普在美国待了二十年,除从事政治活动,也研究德意志人移民美国的历史,写下了一系列具有政治史学品质的德裔移民史著作。卡普首先盯上的是两位对美国独立战争有过杰出贡献的德意志将军,为他们撰写了长篇传记。严格来讲,这两位德意志军人不能算是移民,而是欧洲传统意义上的雇佣兵。正因为如此,在卡普看来,他们的人生对于认识德意志人与美国诞生的关系具有重要意义。

《独立宣言》颁布之后(1776年7月),"英国政府开始下大力气平叛",北美大陆会议"对主权的主张"随即面临"严峻考验",华盛顿的大陆军连遭败绩,处境十分艰难,"数千名灰心丧气的民兵逃跑"。1777年初,英军夺取了纽约及其附近地区和纽波特,但大陆军仍控制着南部和内陆地区。英军随即发起第二次围剿,年底夺取

---

① Wolfgang Hinners, *Exil und Rückkehr. Friedrich Kapp in Amerika und Deutschland(1824 – 1884)*, Stuttgart: Akademischer Verlag, 1987, pp. 115 – 237; Daniel Nagel, *Von republikanischen Deutschen zu deutsch – amerikanischen Republikanern. Ein Beitrag zum Identitätswandel der deutschen Achtundvierziger in den Vereinigten Staaten 1850 – 1861*, St. Ingbert: Röhrig Universitätsverlag, 2012, pp. 403 – 518.

② 苗力田编译,《黑格尔通信百封》,前揭,页302、306。

③ Hans – Ulrich Wehler, "Einleitung", in Hans – Ulrich Wehler (hrsg.), *Friedrich Kapp. Vom radikalen Frühsozialisten des Vormärz zum liberalen Parteipolitiker des Bismarckreichs. Briefe 1843 – 1884*, Frankfurt am Main: Insel – Verlag, 1969, pp. 25 – 26.

费城,华盛顿率大陆军残部退至斯库基尔河畔的福吉谷(Valley Forge,距费城约30公里)寻求喘息。这年冬天,大陆军的士气落入从未有过的低谷,"提出辞职的军官多达两三百人"。大陆会议负责军事的"五人委员会"管理无方,下属部门"以权谋私、贪污腐败、低效无能",致使大陆军严重缺乏给养,士兵们开始抱怨大陆会议将他们带入绝境,华盛顿将被撤换的谣言不胫而走。[①]

就在这一紧要关头(1778年初春),大陆会议给几乎就要散伙的大陆军派来了弗里德里希·施托伊本(1730—1794,又译"斯图本")。这位普鲁士王国的退役上尉出身贵族家庭,16岁从军,参加过七年战争,有丰富的战场经历。尤其重要的是,他来自普鲁士军队,而华盛顿恰好与拿破仑一样,十分崇拜弗里德里希二世的军事天赋,尽管他的"头脑并不敏捷,也不机智",缺乏后两位军事天才都有的那种"即兴发挥的天赋"——何况,他"有些慵懒,太虚弱,而且还带着点自负和傲慢"。施托伊本按普鲁士军队的规矩整训华盛顿的大陆军:规范步枪射击法,改进战术和作战纪律,按弗里德里希二世拟定的《将官守则》训练军官。经过这番整训,华盛顿的大陆军从散兵游勇变成了正规军,作战能力显著提高,为后来赢得独立战争奠定了基础。[②]

施托伊本投身北美战场支持反叛者,并不是因为受"美国革命"理念的召唤。七年战争结束后,欧洲暂时平静了一阵子,尽管施托伊本有实业可做,但他天生对打仗感兴趣,闲得发慌。像今天的某些欧洲雇佣兵一样,他从北美战场看到了赚钱机会。当时,法国著名戏剧家兼成功企业家博马舍(Beaumarchais,1732—1799)为了支持英属殖民地的分离叛乱,正利用自己开设的公司偷运军火以及法国的志愿军官前往北美。经博马舍牵线,施托伊本认识了富兰克林。在后者的鼎力举荐下,大陆会议授予施托伊本少将军衔,委以监察长(inspector general)之职,负责整训大陆军。[③]

因福吉谷整训之功,施托伊本获得了美军创建者之一的历史声誉。据说,他让"天生热爱自由的美国志愿军士兵"学会了基于"严格军纪"的"普鲁士军事原则",

---

[①] 阿伦·米利特等,《美国军事史(1607—2012)》,前揭,页57-59、60-61;詹姆斯·莫里,《美国军队及其战争》,符金宇译,北京:世界图书出版公司,2013,页19-24。

[②] 罗恩·切尔诺,《国家的选择:华盛顿与他的时代》上册,钱峰译,北京:北京联合出版公司,2014,页287、311-313。

[③] Joseph B. Doyle, *Frederick William Von Steuben and the American Revolution: Aide to Washington and Inspector General of the Army*, Ohio: Steubenville, 1913, pp. 38-76; John M. Palmer, *General Von Steuben*, New Haven: Yale University Press, 1937, pp. 82-135, 207-217.

他撰写的《[作战]规则》甚至成了"初出茅庐的美国陆军成长路上的'圣经'",很长时期都是"美国军事将领们的必读之选"——史学家有理由说,美军是普鲁士王国军队的复制品。①

卡普的《美利坚将军施托伊本传》(1858)长达667页,次年就有了英译本,美国史学之父乔治·班克罗夫特(George Bancroft,1800—1891)亲自写序,给予相当高的评价。② 紧接着卡普又撰写了另一位德意志军人约翰·卡尔伯(1721—1780)的传记(1862)。此人出生于巴伐利亚的一个农民家庭,比施托伊本年长9岁。七年战争期间,他在与法军协同作战的德意志军团中担任过指挥官,与施托伊本所属的普鲁士军队交过手。战争结束后,卡尔伯留在法国经营纺织业,曾参加法国官方组织的秘密考察英属殖民地的计划,去了一趟北美(1768),这趟考察让他深深爱上了这片殖民地。独立战争爆发后,虽然已经年过五旬,卡尔伯仍与拉法耶特一道,怀着支持美利坚分离主义者的激情前往北美。

卡尔伯比施托伊本稍晚抵达福吉谷,他被任命为分遣队指挥官。两年多后(1780年夏),卡尔伯的分遣队随大陆军副司令霍雷肖·盖茨(Horatio Gates,1728—1806)指挥的方面军行动,试图突袭南卡罗来纳州的卡姆登镇(Camden),那里是英军扫荡南部大陆军的前进基地。8月16日尚未破晓之时,英军派出骑兵拦截,大陆军防线被迅速突破,盖茨的部下"恐惧万分,仓皇而逃",唯有卡尔伯的分遣队顽强抵抗。卡尔伯因战马中弹不幸跌倒,身中三弹,还被英军士兵用刺刀连捅多次,仍然奇迹般侥幸脱离战场,三天后才伤重不治身亡。③

卡普撰写的这两部将军传记大量引用原始材料,卡尔伯传还附有卡尔伯书信和同时代人的回忆。④ 在写作施托伊本传时,卡普给费尔巴哈写信说,他希望探究美国成长史的"欧洲方面",搞清德意志人在美国革命这一世界史大事件中与盎格

---

① 詹姆斯·莫里,《美国军队及其战争》,前揭,页27;丹尼斯·肖沃尔特,《腓特烈大帝》,无形大象译,南京:江苏凤凰文艺出版社,2021,页344-345。

② Friedrich Kapp, *Leben des amerikanischen Generals Friedrich Wilhelm von Steuben*, Berlin: Duncker & Humblot, 1858;英译本 Friedrich Kapp, *Life of American General Friedrich Wilhelm von Steuben*, New York: Mason Brothers, 1859。

③ 罗恩·切尔诺,《国家的选择:华盛顿与他的时代》,前揭,页349;John Buchanan, *The Road to Guilford Courthouse: The American Revolution in the Carolinas*, New York: John Wiley & Sons, 1997, Chap. 12。

④ Friedrich Kapp, *Leben des amerikanischen Generals Johann Kalb*, Stuttgart: Cotta'scher Verlag, 1862, pp. 263-305.

鲁－美利坚人的"选择性亲和关系和交互关系"。接下来他还就德意志人与美利坚立国的关系问题写了好几部史书，比如《德意志诸侯对美利坚的士兵贸易》和《德意志人迁徙美利坚的历史》。① 在今天看来，卡普返回柏林后才杀青的《弗里德里希二世与美利坚合众国》最值得注意。这部史书篇幅不大，由两章构成——"普鲁士对［美利坚］革命的态度"和"普鲁士－美利坚的友谊和贸易契约"，外加一个附录"［美利坚］合众国与海战法权"（附有相关史料），看起来更像是一部地缘政治学著作。②

若无法国人的支持，英属美洲殖民者未必能赢得独立战争，这已属于史学常识，但史学家们很少注意到普鲁士与美利坚独立的关系。直到今天，卡普所关注的问题也还没有过时。卡普把美国革命的历史源头追溯到宗教改革，会让今天的人们想起晚近哈夫纳的一个观点，即普鲁士的立国经历与盎格鲁－美利坚立国有一个重要的相似之处：普鲁士曾是受迫害的新教徒的避难所，以至于它在某种程度上也是一个以移民为主体的政治单位。1685年，路易十四废除了一个世纪以来让法兰西新教徒享有信仰自由的《南特诏书》，普鲁士的大选帝侯立即颁布《波茨坦诏书》，向受迫害者发出邀请，成千上万法国新教徒前往普鲁士。"1700年前后，柏林市三分之一的居民是法国人"——在整个十八世纪，

> 新移民和宗教受迫害者源源不断地涌入普鲁士，其中包括华尔多教派、门诺教派、苏格兰长老教派的信徒，也包括犹太人，甚至时而还有不喜欢其他较严厉新教国家的天主教徒。③

1848年革命之后的五年间，德意志各地辗转流亡美国的德意志人足有几十万，许多是不同程度参与过1848年革命的人士及其家属，曾在"第一线"战斗过的激进民主派骨干就有约4000人。这"使得欧洲几十年来再次爆发革命高潮的可能性变

---

① Edith Lenel, *Friedrich Kapp 1824 – 1884. Ein Lebensbild aus den deutschen und den nordamerikanischen Einheitskämpfen*, Leipzig: Hinrichs'sche Buchhandlung, 1935, p. 115；比较 Friedrich Kapp, *Der Soldatenhandel deutscher Fürsten nach Amerika*, Berlin: Franz Duncker, 1864；Friedrich Kapp, *Geschichte der deutschen Auswande - rung in Amerika. Erster Band: Die Deutschen im Staate New York bis zum Anfang des neunzehnten Jahrhunderts*, Leipzig: Börsenverein, 1868。

② Friedrich Kapp, *Friedrich der Grosse und die Vereinigten Staaten von Amerika*, Leipzig: Quandt & Händel, 1871, pp. 177 – 178, 202.

③ 塞巴斯蒂安·哈夫纳，《不含传说的普鲁士》，前揭，页64－65。

得微乎其微",同时却为美国的成长注入了新的政治效素。①

作为1848年革命中的激进民主派志士,卡普来到美国后首先关注的不是德意志移民问题,而是美国革命后仍然存在的奴隶制问题。与绝大多数移民美国的德意志人仅仅求得生活的安宁不同,卡普希望德意志－美利坚人应该肩负起某种"文化历史使命"(kulturhistorische Mission)。②《美利坚将军施托伊本传》的前言一开始就抱怨,德裔美国人缺少"健康的民族[国家]自我主义"(gesunden nationalen Egoismus),大多是"世界公民的糊涂[心态]"(kosmopolitische Verschwommen heit)。他还将美国革命与1848年的欧洲革命联系起来。③ 由此可以理解,卡普的纪实作品虽然具有兰克史学风范(基于实证史料的叙事),但他的写作意图并不是单单出于史学兴趣,而是想要通过史书写作告诉移民美国的德意志人应该做什么。

拉采尔对美国地缘政治意识的分析

卡普的史书引出了一个即便在今天看来也不乏实际意义的政治史学问题:作为一个德意志的崇美者,鉴于自己祖国的政治状况,他能够以地缘政治的眼光看待美国吗?

拉采尔与卡普一样崇拜美国,但美国革命的理念并没有蒙住他的双眼。从政治地理学的空间视角出发,拉采尔很容易看到,美国虽然"属于以幅员辽阔为特征"的大陆国家,但与旧世界三大洲的大国不同,它没有复杂的邻里关系,而是"如岛屿般独特"。这种独特的孤立位置既能驱使美国人走向自我封闭,也能让他们产生强大的空间支配欲——历届美国领导人中选择了后者的不能说更多,但必须说他们更有历史影响力(《美国政治地理学》,页86－87)。

在谈及美国的对外政策时,拉采尔提醒自己的德国读者:由于"年轻的历史和仍处于成长中的新鲜感",美国对外政策的基本特征是"大胆和自由",这体现为美

---

① 乔纳森·尹斯雷尔,《美国独立70年:1775—1848》,前揭,页627;Eitel W. Dobert, *Deutsche Demokraten in Amerika*, Göttingen: Vandenhoeck & Ruprecht, 1958, pp. 120 – 129; Mack Walker, *Germany and the Emigration 1816 – 1885*, Cambridge, Mass.: Harvard University Press, 1964, pp. 103 – 133; 比较 Sabine Freitag (ed.), *Die Achtundvierziger. Lebensbilder aus der deutschen Revolution 1848/49*, München: Verlag C. H. Beck, 1998。

② Daniel Nagel, *Von republikanischen Deutschen zu deutsch – amerikanischen Republikanern*, 前揭, 页278 – 293。

③ Friedrich Kapp, *Leben des amerikanischen Generals Friedrich Wilhelm von Steuben*, 前揭, 页III(值得提到,英译本前言中没有这句话)。

国领导人"往往傲慢地对待其他国家"。这个年轻的国家在十九世纪卷入的国际争端之多,足以证明这一"巨大的共和国"绝不是"和平崛起"的:

> 独立战争后,美国进行了两场对外战争和一场规模宏大的内部战争,对墨西哥的战争是一场纯粹的征服战争,印第安人政策、对得克萨斯的收购、有关堪萨斯州的争端也伴随着无数次小型血腥战斗,最近几十年则充斥着种族和社会冲突。在白令海问题上,鼓吹战争的文章层出不穷……(《美国政治地理学》,页602)

拉采尔还提到,美国的主流报纸经常充满"好战主义"言辞,而美国政府则经常用"谎言和厚颜无耻的手段"处理外交问题,"如果不了解这些事实,就无法理解美国外交的某些阶段"。事实上,人们"只能将美国宏大的,甚至不惜夸大其词的外交政策理解为一种内在需要"(同上)。诸如此类的言辞写于1892年,对观一个世纪后美国地缘政治作家卡普兰所写的美国政治地理著作,人们还得承认拉采尔的描述没有过时。拉采尔敏锐地看到,"门罗主义不是孤立的,更不是随机的学说",它指向的并不是美洲空间,而是太平洋空间(《美国政治地理学》,页87)。从六年后美国夺取菲律宾群岛来看,这一见解堪称具有前瞻性。

早在1850年代,著名的美国扩张论者威廉·西沃德(1807—1872)就曾预言,美国人"注定将要把他们不可抗拒的浪潮滚滚推向北部冰封的屏障,并将在太平洋岸边与东方文明碰头"。因为,美国已经成为世界新兴文明的中心,它一直在向西移动,而且应该继续向西移动,直到与"日趋衰落的文明在太平洋沿岸相遇为止"。那里诚然是世界文明"最先出现的地方"之一,但东亚的"古老文明在经过长期考验后,现在已经变得萎靡不振和束手无策"。西沃德相信,"旭日的初升之地"正等着美国观念去改造那里的宪制和风俗"。[①] 当然,西沃德不可能想到,东亚的"古老文明在经过长期考验后"会陷入绝地而后生。卡普兰的美国政治地理作品以提到"一个挺进海洋的中国"开篇,最后一章甚至以"中国"为题。在旧金山的酒店,卡普兰望着窗外驶向中国的那些"捍卫自由的海洋秩序"的灰色舰船,他就意识到"美国不

[①] 徐国琦,《威廉·亨利·西沃德和美国亚太扩张政策》,载《美国研究》,1990年第3期,页101;详见 Joseph G. Whelan, *William Seward as Expansionist*, Rochester: University of Rochester, 1959; Ernest N. Paolino, *The Foundations of the American Empire: William H. Seward and U. S. Foreign Policy*, Ithaca: Cornell University Press, 1973。

可能——在没有美国价值观的继任者的情况下——甘愿退居台后"。他由此得出结论,"中国[崛起]的意义是美国的最终命运"。①

帝国想象与"生存空间"论

《美国政治地理学》出版两年后,拉采尔在地理学杂志上发表了《政治空间研究》一文(1895)。② 这篇文章被传记作家视为拉采尔的政治地理学"空间"概念形成的又一重要标志,它再次证明,正是对美利坚政治成长的观察激发了拉采尔思考何谓政治空间。

两年后《政治地理学》就问世了,拉采尔开篇就提到 Britische Nordamerika[不列颠的北美]对"土地的超级权力"(《政治地理学》,页2)。在论及国家的"生长"时,拉采尔几乎处处以"不列颠的北美"为例。可以说,在《政治地理学》中,美国仍然是首要的政治生物标本。

李斯特的影子

《政治地理学》共八个部分(Abschnitt),含二十五章。第一部分"土地与国家的关联"含三章。第二部分"历史的运动与国家的生长"含四章。第三部分"国家的空间生长"(das räumliche Wachstum der Staaten)含两章。第四部分论空间中的"位置"含两章。第五部分的标题直接就是"空间"(含五章),在全书中所占章节最多。接下来的第六部分"边界"含三章,同样属于空间问题。第七部分"陆地与海洋之间的通道"含两章。最后一个部分"水的世界"含四章。

《人类地理学》和《民族志》的主题是"民族",《政治地理学》的主题是"国家",但这两个语词在拉采尔那里有时是一个含义。《政治地理学》一开始就写道,政治上有联系的群体通过共同居住的土地在空间上联系起来形成的政治单位,其群体的共同利益体现在政治和经济方面,即决心在一个地理空间内共同生活。政治集团无论大小,都以土地为生存的先决条件,在此基础上才会产生政治单位(国家)与

---

① 罗伯特·卡普兰,《成败落基山:地理如何塑造美国的世界角色》,前揭,页141。

② Friedrich Ratzel, "Studien über politische Räume", in *Geogr. Zs.*, 1(1895), pp. 163 – 182, 286 – 302.

土地的精神联系——共同居住的习惯、共同劳动以及共同保护自己的需要。共同居住的习惯是民族意识的基础，共同劳动是国家凝聚力产生经济利益的根源，而共同保护的需要则赋予统治者以任何必要的方式维持共同体凝聚力的权力（《政治地理学》，页3-12）。①

在"掌控空间"（Raumbewältigung）一节，拉采尔提到了政治与经济的关系，与李斯特的《政治经济学的国民体系》对比，"作为民族[国家]的空间"概念明显得到了升华：

> 掌控空间的能力，属于"统治才干"或"组织天赋"。如果一个民族想要持续扩大其政治空间，那么，它也必须具备这一能力。这种能力会让民族的经济活动如虎添翼。如此一来，世界经济就与世界政治携手而行——正如每个时代的世界史都是那个时代的世界的历史，同理，世界经济也只是一个相对量。经济学家称之为世界经济之阶段的东西，和他们眼中的国民经济之阶段，两者的本质区别仅仅在于空间的大小而已。
>
> 政治家们掌控空间的高瞻远瞩和大众的灵活应变，唯有这两者的结合才能创造最大的成功。唯有两者的结合才会激发出民族历史的持久繁荣：前有德意志人殖民如今德国东北部，后有盎格鲁-凯尔特人（Anglokelten）殖民北美和澳大利亚，均可为证。（《政治地理学》，页266，卢白羽译文）

拉采尔在这里仅仅提到德意志人和"盎格鲁-凯尔特人"作为范例，表明他心中时时牵挂德意志与美利坚的对比。紧接着，拉采尔就简扼而又精当地刻画了美利坚合众国的政治成长：

> 基督教的传教士、使徒与殉道士在不列颠群岛上的开枝散叶，显示出盎格鲁-撒克逊精神中强大的扩张力。后来"伟大的伊丽莎白的开阔时代"再次展现出这一扩张力。随着空间的不断扩大，政治家的高瞻远瞩与大众的灵活应变这两者的相互作用形成了一种民族[国家]体系（nationalen System）。我们从美利坚合众国的历史能相当清楚地看出这一体系走过的道路以及它的目标。农场主和商人，还有探险家与士兵的大胆推进与扩张，不仅支持了国家的扩张

---

① 比较 Isabella Consolati, "Der Boden als soziales Band. Friedrich Ratzels Politische Geographie soziologisch betrachtet", in Ulrike Jureit/Patricia Chiantera-Stutte 编, *Denken im Raum*, 前揭, pp. 189-210。

政策,还为它做好了充分准备。

> 扩张精神贯穿着整个[美国]民族,他们在经济上的扩充为国家的扩张铺平了道路。美国南部种植园经济不断寻求新的空间,为合众国的政策打上了扩张烙印,在政治上逐一涵盖了密西西比盆地、得克萨斯以及直抵太平洋的整个西部——两者的结合已经具有世界史意义。要不是与国家北部的决裂,说不定种植园经济还会被裹挟着继续冲向中美洲、西印度群岛。(《政治地理学》,页266,卢白羽译文)

与拉采尔对美国的这一刻画相比,李斯特的地缘政治经济学观察明显过于粗疏,其世界史意识也更少前瞻性。尽管如此,就美利坚作为政治生物体的快速生长对欧洲政治体产生的刺激而言,拉采尔的感觉与李斯特一脉相承——《政治地理学》开篇不久(第三节)就提到李斯特。① 差异仅仅在于,作为政治地理学家,拉采尔对生存空间的作用更为敏感:

> 在这里,政治扩张远远超过了经济扩张。今天我们看到,欧洲政治家倾向于将北美人的泛美规划视为政治幻想,这时我们就一定要想想美国在古巴、美国公民首先在墨西哥日渐增长的影响力。凡重视这一基础与前期准备的人都会想起,日耳曼各民族的殖民政策之所以会具有健康与坚韧的特点,正是因为它与经济扩张并肩前行。"物理问题的巨型体量"虽然偶尔会令经济陷入迷途,却一直令它更加强大、持续增长。其殖民政策的健康之处也在于两者的结合。正如今天的美国,只有经济扩张所处的这片土地能让它可以直接得出政治成果,人们才会认识到,在我们这片大陆上为什么会出现一些阻挡和束缚。在这里,历史已经变得拥挤不堪,经济与政治不得不被谨小慎微地相互隔开。所以我们看到,欧洲的政治家与地理学家以同样的方式,在由欧洲引起的欧洲之外的问题上竭力清除掉那些小家子气的观点。(《政治地理学》,页266 - 267,卢白羽译文)

拉采尔的政治地理学没有披上自由民主意识形态的迷彩服,如今人们很容易看到它所带有的帝国主义扩张色彩。但是,我们更应该看到,如此帝国主义冲动来

---

① 比较斯托扬诺斯,《地缘政治学的起源与拉采尔》,前揭,页60 - 62、72 - 75;Erik Grimmer - Solem, *Learning Empire: Globalization and the German Quest for World Status*, 1875 - 1919,前揭,页41 - 42。

自美利坚式帝国主义快速生长的激发。毕竟,与美国的生长所展现的进化态势相比,即便西欧的文明民族也黯然失色:

> 面对[建立在大空间基础上的当代国家],空间狭小但又使用密集的欧洲体系是倒退的,因为这一体系不能成为未来的[模式]:一种从古至今数千年来都在为了更大的空间而不懈奋斗的模式。以美利坚合众国为代表的大国是一种政治国家的现代表现形式,这种现代国家产生出新的发展,且尤其受惠于发达的商业;其他国家则落在后面。(《政治地理学》,页270,卢白羽译文)

年鉴派史学大师费弗尔说,拉采尔的这部巨著由于受某种"先入为主的政治学而非科学的观念所左右",它"鲜有启发",而且更像是"一部德意志帝国霸业的手册"。费弗尔写下这样的评论时,第一次世界大战刚结束不久(1922)。也许正是由于费弗尔受某种先入为主的科学观念而非政治学观念的左右,他才看不到美国跨洋介入欧洲战事恰恰是一种实现帝国霸业的行动——"在英国、美国、意大利以及其他国家",人文地理学家的"研究方法和目标绝非拉采尔式的",①仅仅因为这些自由主义大国与德国的地缘政治位置不同,进而有不同的政治目的罢了。

第二次重构人类地理学

《美国政治地理学》杀青后,拉采尔并没有随即着手写作《政治地理学》,而是随即重写《民族志》。② 也许,日益明确的地缘政治意识让拉采尔迫切感到,博物学式的人类学地理观过于幼稚。拉采尔将原来的三卷本《民族志》缩减为两卷,但"导论"部分增加了两个小节("人类的处境、形态及数量"和"科学与艺术"),而篇幅则增加了大约四分之一。正文部分大幅缩减了人类学材料,非洲民族部分缩减最多(第一版共645页,第二版仅430余页),其次是太平洋民族(第一版710余页,第二版530余页)。更值得注意的变化是,第一版从"非洲的自然民族"开始,第二版则从"太平洋-亚美利加民族圈"开始,太平洋空间成了首要的关注对象。对比《美国政治地理学》中的如下说法,上述改动的意图很容易理解:

> 我们永远不应该忘记,与欧洲相比,美国最独特的地方恰恰在于它的太平

---

① 吕西安·费弗尔,《大地与人类演进:地理学视野下的史学引论》,前揭,页46、55。
② Friedrich Ratzel, *Völkerkunde*, 2., gänzl. Neubearb. Aufl., Leipzig, 1894 – 1895.

洋一侧,这个国家正确地预见到了一个伟大的太平洋时代正在到来。(《美国政治地理学》,页603)

新版《民族志》问世后的第二年(1896),拉采尔将四篇论文结集为《地理学视角下的国家及其土地》,它"非常鲜明地突出了"随后出版的《政治地理学》的核心思想。① 与此同时,根据新版迻译的《民族志》英译本开始陆续分卷出版(1896—1898),牛津大学设立人类学教席时的首任教授爱德华·泰勒(1832—1917)亲自撰写导言,给予此书很高评价:

> [该书]一经问世就被当作人类及文明研究的参考指南。对于初次开展人类学研究的学者来说,本书提供了一个人类民族研究,尤其是早期人类文化历史舞台上的野蛮人研究的不可或缺的轮廓框架,因此本书有助于现代人认识自己、权衡自身优劣,甚至从发展历程预知未来的可能性。(《基本定律》,页5)

英国学人没有翻译《美国政治地理学》而是翻译了《民族志》,这并不难理解。英国在十九世纪末已经拥有全球优势,英国人自然会觉得,拉采尔的《民族志》是再好不过的殖民手册。当今的一位左倾政治人类学家说,"没有一位人类学家曾经能够用民族志的方法研究一个从未受到过西方文明影响的人类社区,更不用说那些实际上先于旧世界和新大陆最早的文明所形成的社会"。② 这位论者若读过拉采尔的《民族志》——哪怕是英译本的《人类史》,他就会意识到,自己做出这样的断言并不恰当。

完成《政治地理学》后,拉采尔随即重写了《人类地理学》的第一卷(第二版)。如已经看到的那样,1890年的《人类地理学》第二卷实际上是1882年的《人类地理学》第一卷的重写,因此,1899年的《人类地理学》第二版应该算是拉采尔第二次重写《人类地理学》。拉采尔在给同行友人哥廷根大学地理学教授、地图绘制家赫尔曼·瓦格纳(Hermann Wagner,1840—1929)的信(1897年9月26日)中写道:

---

① 奥伯胡默尔,《拉采尔之前的政治地理学及其晚近发展》,前揭,页29。
② 约翰·格莱德希尔,《权力及其伪装:关于政治的人类学视角》,赵旭东译,北京:商务印书馆,2011,页61。

> 我现在完全致力于完善自己的人类地理学，我［已经］认识到它的不足。《政治地理学》最后一页刚写就，我就已经着手为《人类地理学》第一卷第二版制定计划。在我看来，这一卷值得批评的地方比第二卷多得多。顺便说，第二卷也有不少应受指摘之处。……总的来说我心里有数。我希望这就是我们达成一致的地方。《政治地理学》的主要思想是不能表达出来，也就是说不能印刷出来的。简言之，我可以这样表述它：如果我们德国人要在人类之中占据注定给我们的伟大地位，那么我们就必须清楚，一个民族凭其注定的地位在地球上能做什么、应该做什么。（卢白羽译文）①

重新写就的《人类地理学》序言同样提到"政治地理学"，但与 1890 年版序言中的说法对比，拉采尔对人类地理学的政治理解更为明确。② 可以说，美国的政治成长不仅促使拉采尔形成了政治地理学观念，也激发他扩展生物地理学的边界，进而重构基于生物地理学的人类地理学旧作。

走向生物－政治学的"生存空间"论

写作《政治地理学》期间，拉采尔给赫尔曼·瓦格纳写信说：

> 我已经在我的工作中指出了生物地理学基础的边界，并想要在这里［引按：指正在写作的《政治地理学》］更为宽泛地展示这一基础。③

拉采尔的本行是生物地理学，政治地理学不过是他拓展生物地理学边界的结果。《人类地理学》和《民族志》已经把生物地理学的原则扩展到人类诸民族：民族的生长与动植物的生长遵循相同的自然法则，其中的关键在于动植物及其种类与人类民族及其种类的类比。《政治地理学》虽然描述的是国家，生物地理学仍然是基础。《政治地理学》杀青时，拉采尔给赫尔曼·瓦格纳写信（1896 年 7 月 27 日）说：

---

① 转引自 Gerhard H. Müller, *Friedrich Ratzel*(1844 – 1904)，前揭，页 76；比较 Gerhard Sandner/Mechtild Rossler, "Geography and empire in Germany, 1871 – 1945", in Anne Godlewska/Neil Smith(eds.), *Geography and Empire*, Oxford: Blackwell, 1994, pp. 115 – 127。
② Friedrich Ratzel, *Anthropogeographie*, 2. Aufl., Stuttgart: Engelhorn, 1899, pp. X – XI.
③ 转引自 Gerhard H. Müller, *Friedrich Ratzel*(1844 – 1904)，前揭，页 100。

我只能沿着我经常深思熟虑的方向继续前进：将人类地理学建立在生物地理学的基础上，将政治地理学建立在这两者的基础上。……我的《政治地理学》即将开始印刷。在这一过程中，我希望能利用反对意见，并且至少已经通过来信收到了一些反对意见。……当然，我在这本《政治地理学》中恰恰走的是自己的路，以至于有时可能会忘记道路两边的内容。（卢白羽译文）①

一年多后，拉采尔在给赫尔曼·瓦格纳的信（1897年12月21日）中提醒友人注意这样的问题："政治地理学对动物学家意味着什么"——

如果您把［此书］目录砸碎，"有机体"（Organismus）这个语词就会落入您的眼帘，这里有政治地理学与我过去的动物学之间的关联。（同上，页76）

可以看到，随着政治地理意识的形成，拉采尔的生物地理学也越来越带有政治地理学要素。《生存空间》一文临近结尾时，拉采尔这样点题：

正如经验告诉我们的那样，一些种类的植物和动物在新地方比原产地生长得更好。同样，我们也对将一个民族的起源定位在其分布最广、密度最大的领土分布地区的企图提出了质疑，我们指出，欧洲以外的一些欧洲殖民地的居民人数已经超过了其母国。（《生存空间》，页269）

最后一句话表明，正是基于对欧洲民族移民北美开拓殖民地的历史运动的考察，拉采尔扩大了生物地理学的考察边界。《生存空间》全文共十一小节，虽然是"一项生物地理学研究"，且主要谈论地表上的动植物和原初民族，人们读来仍不难感受到其中隐含的人类地理学 - 政治地理学要素。

在展示地球表面的基本自然要素时，拉采尔这样写道：

陆地限制了水生生命的空间：水限制了陆地生命的空间。即使对像海洋居民一样统治着水域的人类来说，土地仍然是寓居要素（Wohnelement）。人类地理学和政治地理学对海洋在国家生活中的重要性，有很多可说的话。然而，

---

① 转引自 Gerhard H. Müller, *Friedrich Ratzel*(1844 – 1904),前揭,页75。

只有 1.35 亿平方公里的土地构成了人类生存的土壤,其所有的运动从陆地上分离,又返回陆地。民族国家的增长,首先依靠的是今天地球上总计 1.35 亿平方公里的土地。(《生存空间》,页 205 – 206)

生命在地表空间中生长,与"生长"紧密相关的关键词是"空间"——地理学是关于空间的科学。文章的第三小节全是关于动植物的动态描述,标题却是"作为生命特征之一的空间掌控",颇有政治意味。第四小节的标题为"征服还是殖民",政治地理学的意味十分明显,实际上主要是在谈动植物的空间迁徙,而作为生物体的人类民族之间的征服或殖民也属于同一范畴:

> 自然总是确保生命的运动;难点在于坚持运动所获得的新领域,无论是主动的还是被动的。我们谈论移徙问题太多,但很少考虑解决问题及其挑战。如果生物地理学家能够坚决说是殖民而不是移民,那么,就能够避免关于植物、动物和人类分布历史的错误和误导观点的主要来源之一。我们想象动物和植物的迁徙会沿着特定的路径进行,就像人类的迁徙一样,从一个出发点到一个到达点;毕竟,我们也绘制了有规则和章法的迁徙路径,即从一个点到另一个点的一束束线条,以锐角相交。然而,我们无法确信任何事。一种植物或动物可能沿着这样的路径移动,一个民族、一个物种只有通过殖民才能迁徙。(《生存空间》,页 218 – 219)

到了第七小节"争夺空间",拉采尔的笔端才明确跨越生物地理学的边界,进入政治地理学:

> 在争取生命空间的斗争中,空间具有与我们称之为民族之争(Völkerkampf)的决定性高潮相似的意义。在这两种情况下,利害攸关的是,在前进和撤退的行动中获得空间。受到攻击的一方只要能够进入空间,就可以脱身,但在狭小的空间里,斗争就会变得绝望。(《生存空间》,页 240)

拉采尔首先以北美为例——美国再次成为生物 – 政治地理学的头号标本:

> 由于新的地区或整个新大陆的发展,也许正以这样一种方式,在相同的过程中,以快速流入和扩张的形式发生,在几个世纪内,一块巨大土地的生物地

理学方面的改变,就像一个花园花坛或悬崖在几个月中发生了变化一样。自十六世纪初以来,美国经历了其民族、动物群和植物群的欧洲化,在一些地方导致了关系的完全逆转。

至于民族的分布,我们不必多费口舌,因为有八千万欧洲人和非洲人生活在北美,相比之下,几十万贫困潦倒的印第安人,被赶到最不适宜的地区。我们知道,在上个世纪,南美洲大草原、热带无树大草原和新大陆北部草原上,已经挤满了欧洲血统的马和牛。美国不仅有外来的栽培植物,而且还有自愿扩散的栖息动物。甚至在安第斯山脉的西南部,欧洲苹果树也变得如此常见,以至于现在它已经成为这片独特风景的一部分。(《生存空间》,页243－244)

可以说,在这个时期,拉采尔的政治地理意识已经完全支配了他的生物地理学,而非相反。毕竟,自1890年代初以来,Lebensraum［生存空间］已经成为拉采尔地理思想的关键概念,它将生物学、地理学和人类学的条件会聚在一起,并在《政治地理学》中发展为政治性的概念。国家领土和生存空间的确切边界总是与其人口规模以及新陈代谢的需求相关联,这必然导致对空间的争夺,因为地表的绝对空间是有限的。①

争夺生存空间

《政治地理学》问世后的第二年,拉采尔出版了《德国:家园课程导论》,两部书显然不能说没有一点儿关系。但在笔者看来,此书更应该被视为《美国政治地理学》的姊妹篇,从而应该被称为"德国政治地理"或者"德国历史地理"。在极为简短的前言中,拉采尔这样写道:

在这个时代,对许多德国人来说,欧洲已不存在任何陌生的国土,而且我们的某些同胞对非欧洲的国土比对自己的家园还要熟悉。在这种情况下,我们需要加深对祖国的了解。将事实串在一起的知识并不能做到这一点。这部家园［地理］课程的目的,就是要［让学生］像孩子熟悉父亲的家那样熟悉自己的家园,即只有展示土地与人民如何相互依存,方能实现这一目的。

---

① C. Abrahamsson, "On the Genealogy of Lebensraum", in *Geographica Helvetica*, 68 (2012), pp. 39–40.

全书分五个单元(共 31 章),拉采尔以优美的散文笔法描绘了基于德意志帝国版图的自然地貌、动植物、民族构成及其来源和分布,乃至"乡土文化"(Bodenkultur)。稍微熟悉德意志政治成长史的人都不难设想,其边界都是政治边界,而且一直处于历史的变动之中。虽然拉采尔的这部《德国:家园课程导论》的主体是自然-生物-人类地理学描述,但第一单元"位置与空间"(Lage - Raum)——尤其第一章"德国的世界位置"(Deutschlands Weltlage),和第五单元"民族与邦国"(Volk und Staat),仅标题就明显属于政治地理学描述(最后还提到国防力量),它们有如一个框架规导了全书的性质。① 不难设想,拉采尔希望国人在读过《美国政治地理学》后,能对比德意志帝国与美利坚合众国的空间位置及其"国家的生长",进而想象德意志人如何可能获得"更多的空间"。

在《德国:家园课程导论》出版后发表的忆旧散文"一个归来者的信"(1901)中,拉采尔写道,德国的"最大危险"来自东部方向,因为"东方向西方推进"(Zug des Ostensnach Westens)"只能越过德国"。但是,德国也因此而会有"最为伟大的未来",只要德意志能将从南向北呈 S 形流经波兰的维斯瓦河(Weichsel,源出西里西亚的贝斯基德山脉北麓,在格但斯克附近注入波罗的海)以西的所有国家纳入自己主导下的经济联盟——这是德国位于"欧洲大陆中心"的必然结果(《幸福岛与梦想》,页 475 - 476)。

拉采尔的临终之作是两卷本的《地球与生命》,短小精悍的《生存空间》写于两卷之间,可视为该书概要。传记作家为了把拉采尔从地缘政治学的历史公案中挽救出来,强调他的学术旨趣最终是生物地理学,还说《地球与生命》是一部以生物地理学为基础的地理学引论,堪与亚历山大·洪堡的《宇宙》媲美,只不过他的确致力于将生物地理学与历史的政治地理要素结合起来。②

其实,《地球与生命》虽然主要谈论地表上的各种自然形态以及动植物的生存,但仍无不以民族生存的类比为前提。按拉采尔的定义,"民族"是具有内聚力的政治单位,其成员(无论部落还是人种)最初可能各不相同,因共同居住在同一空间区域并拥有一段共同历史而与别的政治单位区分开来。不过,一个民族有悠久的历史,不等于它在政治空间中会自然地获得权利,除非它成功地成为一个"国家",因为国家不外

---

① Friedrich Ratzel, *Deutschland. Einführung in die Heimatkunde*, Leipzig: Grunow, 1898, pp. 3 - 22,298 - 327.

② Günther Buttmann, *Friedrich Ratzel. Leben und Werk eines deutschen Geographen*,前揭,页 95。

乎是"已经或能够获得政治权利的民族"(《地球与生命》,卷二,页674)。

在这里可以清楚地看到拉采尔对政治地理学关键概念的运用:国家意味着一个政治民族对土地的有效控制。拉采尔几乎是不厌其烦地提到,美洲原住民控制土地的能力很弱,在争夺空间的斗争中必然成为失败者。一个部落的消失与一个自然物种的消失没有差别,被灭绝者原有的空间"立即被另一个[物种或部落]占据,仿佛另一个[物种或部落]已经在等待自身生存空间的扩展"(《地球与生命》,卷二,页15 – 16)。如今美国的普通地理学教科书在描述"政治地理学"单元时,以英格兰清教徒的"五月花号"前往美洲殖民地开篇,不外乎是说美国政治地理的历史始于宗教迫害。① 若与拉采尔的生物 – 政治地理学观察对照,人们更应该说,"五月花号"不过是给一场历时数百年的生物性迁徙运动加盖了自由民主的政治纹章。

《地球与生命》杀青后,拉采尔就给赫尔曼·瓦格纳写信(1901年11月14日)说,在完成对地球的全面描述后,他迫不及待地想要修订《政治地理学》,以强化"国家、经济与土地的一般因果关系",毕竟,"贸易地理学(die Verkehrsgeographie)与政治地理学本来就不可分离"。②

《生存空间》的第七节是一个转折点,文章愈往后,政治地理学意味愈强烈。第八节题为"边界地带",拉采尔首先描述说:

> 空间的争夺总会引起内外之间、领土核心和边缘或边疆之间的紧张关系。在这里,边界不被理解为分界线,而是边缘[地带],如果只有它们是在空间上有区别的话——以一种连接的方法,或像岛屿一样被分离或划出——我们才能理解它们作为生物争夺土地并在空间来来回回的转移中所处的地位。毕竟,由于植物群、动物群和人类居民的独特构成,边界地带在许多情况下明显地从核心地区分离出来。这在较小的空间中尤为明显,作为一个非常具有特殊性的区域,边界地带通常围绕着核心区域。(《生存空间》,页251)

描述过动植物在边界地带迅速减少和提前灭绝之后,拉采尔转向了生活在边界附近的民族的命运。在原始条件下,靠近边界的两个民族"会在他们之间留出尽可能广泛的空间,让它空着,以避免直接接触",而另一个民族则有可能趁机挤进这

---

① 阿瑟·格蒂斯等,《地理学与生活》,前揭,页301;比较布莱福特,《"五月花号公约"签订始末》,王军伟译,上海:华东师范大学出版社,2006。

② 转引自 Gerhard H. Müller, *Friedrich Ratzel*(1844 – 1904),前揭,页76。

个空间,并威胁到两个原住民族的居住空间。一旦"未被占用的空间变得越来越稀少","生存空间变得"拥挤起来","产生了混杂的边界地带",那里的民族的生存状态就会变得非常脆弱,"很容易失去被陌生人包围的周边居住区域"。拉采尔随之提醒人们,"日耳曼－斯拉夫、日耳曼－匈牙利或日耳曼－意大利的边界地区的情况"就是如此——拉采尔对德意志生存空间之局促的感受跃然纸上(《生存空间》,页253－254)。

事实上,整个欧洲都算得上是拉采尔眼中"拥挤"的生存空间。若参照第七节"空间的争夺"中对欧洲人拓展生存空间的描绘,美国作为新大陆与旧欧洲生存空间的边界关系就变得一目了然:

> 美国的殖民历史告诉我们,在早期,西班牙人占领了印第安人以前拥有的土地上的都市,并在那里统治、改造和剥削那些被允许保留土地的印第安人;与此同时,北美的德意志和法兰西殖民者,开始掠夺土著居民的土地,并以打猎和农业维持生活。其结果是一场灭绝战(Vernichtungskampf),其中的利害关系是空间——土地。印第安人输了这场战争,他们对土地的控制力非常薄弱。(《生存空间》,页244－245)

对比二十世纪初一位美国地质学家的说法,拉采尔的这番言辞并不缺少自然科学家式的政治感觉:

> 美利坚巨人肆无忌惮地劫取和掠夺了世界上最富有的一个大洲的财富——它把土地看成用之不尽、取之不竭的潜力,因而尽情掠劫,肆意浪费,它只问收获,不事耕耘。……它认为,谁抢夺的自然资源最多,谁就是最好的公民。这样,美德和财富便结成并驾齐驱的伴侣。①

《生存空间》最后一节的标题"创造性中心抑或持存区"(Schöpfungscentrum oder Erhaltungsgebiet)暗含一个文明史问题:在世界历史的各个阶段,明显有一个"创造性的中心"在带动地表上动植物的迁徙。无论如今的全球史如何把目光投向地球上变迁缓慢甚至没有变迁的各个持存地带,人们最终都无法否认,自十六世纪以来,西欧就是世界历史的"创造性中心"。到了十九世纪中期,这个"创造性中心"明显开始逐渐转移到北美。拉采尔对此有明确的意识,因为他说,"考虑到欧洲移民

---

① 罗伯特·埃斯塔尔,《美国现代地理》,北京师范大学地理系/北京经济学院经济研究所合译,北京:北京人民出版社,1976,页40。

在北美所发展出的特殊品种,北美似乎正在成为欧洲人的一个新亚种的创造中心"(《生存空间》,页267)。

这会是一个怎样的欧洲人新亚种呢?从一百年后的视角来看,即便描述美国人的各色著作已经汗牛充栋,也还不能说这个问题已经有了让人信服的结论。

美利坚种属与扩张生存空间

由于"地缘政治学"这个术语最早出现在德语学术圈,业内人士津津乐道的是瑞典人契伦发明了这个术语。其实,与1890年代出现的诸多新政治语汇一样,"地缘政治学"这个让人觉得有新奇感的语词设计,不过是为了更好地理解世界上晚近崛起的新兴政治体所带来的全球政治剧变。政治地理学所探究的地理与政治的关系问题可谓古已有之,但它在全球化时代无疑变得更加复杂——毕竟,自大西洋革命以来,新生民族国家的数目急剧增多。地缘政治学与政治地理学的根本区别在于,前者作为一门政治学科直接服务于政府决策。因此,与其侈谈这个术语的发明,不如明察它赖以产生的世界政治大背景。①

涉及地缘政治学的起源时,论者几乎无不与十九世纪末德意志帝国的政治语境联系在一起。事实上,十九世纪末美国的成长对地缘政治学的诞生所产生的影响,即便不能说更重要,至少也同样重要:

> 美国是一个大陆规模的陆上强国,史无前例的铁路和公路连接着大西洋和太平洋沿岸的主要城市,它所彰显出来的空间与国家政治之间的新关系与传统的欧洲秩序完全不同。旧的[欧洲]体系由相对较小的欧洲国家与距离遥远且往往散乱分布的帝国通过海上贸易的脆弱纽带"拼凑"(spatch – cocked)在一起。[当时有]不少[欧洲]人认为,未来将由三个或四个空间广阔的大陆联盟(类似于美国)所主宰,它们会出现在亚洲、非洲和欧洲自身。②

---

① Bert Chapman, *Geopolitics: A Guide to the Issues*, California: Praeger, 2011, pp. 7–8.
② Michael Heffernan, "Fin de siècle, fin du monde? On the Origins of European Geopolitics, 1890–1920", in Klaus Dodds / David Atkinson(eds.), *Geopolitical Traditions: A Century of Geopolitical Thought Critical Histories of a Century of Geopolitical Thought*, London: Routledge, 2000, p. 28.

正是在这一意义上可以说，马汉虽然不是"地缘政治学"这个语词的发明者，却当之无愧是这门学科的奠基人。马汉的地缘政治时论带有毫不掩饰的帝国扩张论，而他的海权史论则为之提供了政治史学的支撑。如何理解当时美国日益高涨的帝国扩张论的内在动力因素，一直让政治史学家兴致盎然。一般认为，南北战争结束后，美国开始"重建联邦"，在现代化国家建设的道路上快速迈进，经济实现了产业化，急需寻找新的市场，这就为"寻找其他通往更多财富的领土"扩张欲望提供了动力因素；与此同时，"救世共和式"的全球民主观在美国知识界再度高涨。另一种观点是：1880年代末，美国出现了严重的经济危机，在克服这场危机的过程中，"十九世纪的最后十年成为美国思想史上的一个风云年代，并最终给美国指出了一个方向"——向外扩张。这些观察都有道理，但不可忽略的是，这场"美国扩张运动"还得到了当时流行的社会达尔文主义的支撑：马汉和他的朋友西奥多·罗斯福都相信，"国家和物种一样，需要斗争以求生存，不能扩张就意味着不能竞争"。[①] 这一种族政治论甚至与清教信仰拧成了一股绳，当时的美国福音派教会联盟总干事乔赛亚·斯特朗在《我们的国家》中写道：

　　[美国人]这个种族具有不可超越的能力，它背后拥有数不尽的财富力量。我们应该希望它成为伟大的自由、纯正的基督教和最高文明的保存者。这个种族显示出某些非常的进取特性，足以把它的制度传播给全人类，把它的统治扩大到整个地球。[②]

既然如此，就有必要从生物-政治地理学角度来解释美国的帝国主义扩张冲动。首先尝试这一解释角度的不是拉采尔，而是美国史学家、政治地理学家弗雷德里克·特纳(1861—1932)。

特纳的移动边疆论

马汉的《海权对法国大革命及帝国的影响(1793—1812年)》问世后的第二年

[①] 塞缪尔·莫里森、亨利·康马杰、威廉·洛伊希滕堡，《美利坚共和国的成长》，下卷，前揭，页958-992；徐弃郁，《帝国定型：美国的1890—1900》，桂林：广西师范大学出版社，2014，页7；亨利·亨德里克斯，《西奥多·罗斯福的海军外交：美国海军与美国世纪的诞生》，王小可、章放维、郝辰璞译，北京：海洋出版社，2015，页20。

[②] 转引自丁则民主编，《美国内战与镀金时代：1861—19世纪末》，北京：人民出版社，1990，页357。

(1893年7月),年仅32岁的特纳向美国史学协会提交了年会论文《边疆在美国历史上的重要性》。文中提出的"移动边疆"(the Moving Frontier)论有如在"美国史学领域里点燃了一颗炸弹",这篇论文也因此而很快就成了美国史研究的经典文献,特纳有幸在自己的有生之年看到它以各种形式六次重印。①

特纳一生著述不多,生前除发表三十余篇文章外,仅出版过一部文集,而且大都在不断反复申说他的移动边疆论——要么扩充史料,要么提升意涵。尽管如此,特纳对塑造美国政治意识所产生的历史影响,委实不亚于马汉的诸多大部头作品,他们共同打造了一种属于美国的"新历史哲学":马汉的海权史论直接影响了当时致力于将美国打造成新罗马帝国的政治家们的对外政策,特纳的移动边疆论同样如此。②"二战"结束那年(1945年底),当选美国史学协会主席的政治史学家卡尔顿·海斯(1882—1964)在就任演说中说,半个世纪以来,特纳的移动边疆论不再是"研讨会曲高和寡的话题",它也成了"新闻记者和电台评论员的普通谈资"。③

众所周知,英属美洲殖民地的生存空间起初仅限于大西洋沿岸的狭长地带,地域相当局促,如若没有不断向西扩张,美国断乎不可能成为大国:1790年,美国的总面积不到90万平方英里,到1853年时已超过300万平方英里,"如此短促的时间内

---

① 弗雷德里克·特纳,《边疆在美国历史上的重要性》,见张世明、王济东、牛呲呲主编,《空间、法律与学术话语:西方边疆理论经典文献》,前揭,页57–93(以下简称《边疆的重要性》);比较丁则民,《美国的"自由土地"与特纳的边疆学说》,见梁茂信、欧阳贞诚编,《一位戍边者的学术足迹:丁则民欧美史论》,北京:人民日报出版社,2019,页106。这篇文献的重印情况,参见 Everett E. Edwards(ed.), *The Early Writings of Frederick Jackson Turner, With a List of All His Works*, Madison: University of Wisconsin Press, 1938, p. 238。

② William E. Livezey, *Mahan on Sea Power*, Oklahoma: University of Oklahoma Press, 1947/ Second edition, 1981, pp. 39, 341.

③ 卡尔顿·海斯,《美国边疆——何为边疆?》,张世明、王济东、牛呲呲主编,《空间、法律与学术话语:西方边疆理论经典文献》,前揭,页196。特纳的"移动边疆"说引发的持久讨论,参见 George R. Taylor, *The Turner Thesis Concerning the Role of Frontier in American History: Problems in American Civilization*, Boston: D. C. Heath, 1949; Ray A. Billington, *Westward Expansion. A History of the American Frontier*, New York: Macmillan, 1949/University of New Mexico Press, 2001(Abridged 6th edition); Per Sveaas Anderson, *Westwards is the Course of Empires. A Study in the Shaping of an American Idea: F. J. Turner's Frontier*, Oslo: Oslo University Press, 1956;亨利·史密斯,《处女地:作为象征和神话的美国西部》(1950),薛蕃康、费翰章译,上海:上海外语教育出版社,1991,页256–267。

就建成一个如此庞大的帝国",世界史上实属罕见。① 今天已经很少有人会想这样的问题:自地理大发现以来,欧洲人在海外占取的殖民地很多,但并非所有移民政治体都寻求扩张,为何唯有盎格鲁-美利坚人能够不断攫取生存空间? 事实上,自十九世纪中期以来,这一现象不断让欧洲的政治家和学人感到好奇。意大利的社会达尔文主义经济学家洛瑞阿(Achille Loria,1857—1943)说过:

> 美国拥有历史之谜的钥匙,欧洲寻求了几个世纪却一无所获,[这个]没有历史的国家却清楚地揭示了普遍历史的进程。(转引自《边疆的重要性》,页68)

这里所谓的"历史之谜"指欧洲王国自十五世纪末以来的海外殖民扩张,不难看出,意大利人洛瑞阿对美国的扩张颇为眼馋。特纳在文章中引用这句话意在表明,美国的确解开了一个历史之谜,但美国的形成本身仍是一个历史之谜,而他手里恰好握有解开这个历史之谜的钥匙——这就是移动边疆论:

> 美国的社会发展一直不断地在边疆周而复始。这种持续的再生,这种美国生活的流动性,这种伴随着新机遇的西部扩张及其与简单的原始社会的持续接触,提供了决定美国特性的力量。理解这个国家历史的关键不在于大西洋海岸,而在于大西部。(《边疆的重要性》,页59)

移动边疆论的要点是,美国的疆域及其政治特性的形成得益于其西部边疆是一片"自由土地区域",这与"欧洲的边疆"往往是"一条贯穿于稠密人口且构筑了防御工事的疆界线"截然不同。"向西扩张"(expansion westward)可以说是解开美国之谜的钥匙:随着来自欧洲的殖民者不断拓殖,西部处于自由开放状态的区域"不断后退",美国的边疆不断向西移动,直到抵达太平洋东岸才消失,于是才有了如今的大国疆域。所谓"自由土地"(free land)其实是印第安人的生活区域,特纳把它说成"荒野",由于欧洲殖民者的到来,这些区域成了"野蛮与文明之间的交会点":

---

① 罗伯特·埃斯塔尔,《美国现代地理》,前揭,页43;详见 Frederic L. Paxson,*History of the American Frontier:1763—1893*,Boston and New York:Houghton Mifflin Co. ,1924;Emil Kimpen,*Die Ausbreitungspolitik der Vereinigten Staaten von Amerika*,Stuttgart and Berlin:Deutsche Verlags,1923。

人们一点点地改变了荒野,然而其结果不是一个旧的欧洲,并不简单是日耳曼根源的发展,甚至从最初的现象来看,它也不仅仅是对日耳曼特征的复归。事实是,这里有一个全新的产品,那是一个美国的产品。起初,[美国的]边疆是大西洋沿岸。就实际意义而言,它是欧洲的边疆。随着向西推进,边疆变得越来越是美国的边疆。(《边疆的重要性》,页60)

特纳这样说,意在摈弃美国史研究的前辈学者——尤其是他自己的博士导师赫伯特·亚当斯(Herbert B. Adams,1850—1901)——对美国成长的解释,因为他们喜欢把美国的形成说成是日耳曼人种族传统在美洲大陆的延伸。据说,美国政制所传承的盎格鲁-撒克逊的议会制、陪审制、平等选举制等等,无不来自日耳曼人的森林生活方式。按照这种当时支配美国史学界的"条顿观念"(Teutonic ideas),美国的文明特性乃至其所有制度要素都可以在中世纪的日耳曼森林中找到"生源"(germ)。①

直到今天,美国的历史叙事依然层出不穷,而在不同的史学家笔下,美国的历史面目并不相同。美国的成长是否符合启蒙式历史哲学的期许或清教徒式"昭昭天命"的抱负,即便在美国史学界也诉讼纷纭。② 显而易见,要逼近这一涉及美国文明究竟具有怎样的政治品性的大问题,史学家首先得解释美国成长的特殊经历。

乔治·班克罗夫特有美国史之父的美誉,他的十卷本《美利坚合众国史:自发现美洲大陆以来》(1834—1874)把启蒙时代的历史哲学观念和美国清教的"昭昭天命"信仰结合在一起,明显带有德意志观念史学的痕迹。③ 特纳的移动边疆论从政治经济学乃至生物-政治地理学角度解释美国的形成,既否弃了业师的条顿森林"生源说",也拒绝了班克罗夫特的"思辨式条顿观念"(the speculative Teutonic ide-

---

① 哈维·威什,《特纳和移动的边疆》,杨生茂编,《美国历史学家特纳及其学派》,北京:商务印书馆,1983,页174。

② 比较埃里克·方纳,《美国自由的故事》(1998),王希译,北京:商务印书馆,2002;托马斯·伍兹,《另类美国史:对美国历史的政治不正确导读》(2004),王祖哲译,北京:金城出版社,2008;罗伯特·卡根,《危险的国家:美国从起源到20世纪初的世界地位》(2006),袁胜育、郭学堂、葛腾飞译,北京:社会科学文献出版社,2016;库尔特·安德森,《梦幻之地:从梦想到狂想,美国精神五百年》(2017),崔元帅、张博译,北京:中信出版集团,2019。

③ Russel B. Nye, *George Bancroft, Brahmin Rebel*, New York: Alfred A. Knopf, 1944, pp. 33-59,96;Lillian Handlin, *George Bancroft: The Intellectual as Democrat*, New York: Harper & Brothers, 1984, pp. 35-36,126-128,207-208;杨生茂,《论乔治·班克罗夫特史学:兼释"鉴别吸收"和"学以致用"》,见杨生茂,《探径集》,北京:中华书局,2002,页5-7。

as)——占有土地的空间扩张观取代了启蒙式的历史哲学观:美国的形成被还原为一个"横越大陆、战胜荒野以及越出边疆地区简单的经济和政治条件而形成复杂城市生活"的历史进程(《边疆的重要性》,页58)。①

《边疆在美国历史上的重要性》发表三年后(1896),特纳在《大西洋月刊》(Atlantic Monthly)九月号上发表了题为"西部问题"的文章——顺便说,马汉也经常为这个刊物撰稿。② 在这篇文章中,特纳用更为通俗的言辞,对美国公众而非史学界的专业人士阐发了他在三年前提出的移动边疆论。特纳所说的"西部",不是指太平洋沿岸地区,而是十八世纪中期至末期英属美洲殖民地的西部,即发源于阿勒格尼山脉(Allegheny Mountains)注入大西洋的各河支流的上游地区。

早在脱离宗主国之前,一些来自欧洲的殖民者就开始越过属于阿巴拉契亚山系(Appalachian Mountains)的阿勒格尼山脉进入俄亥俄河流域,并形成了自己的社会特色——甚至形成了"独特的人民"(a distinct people)。阿勒格尼山脉呈东北至西南走向,长达800公里,绵亘于宾夕法尼亚、马里兰西部及弗吉尼亚与西弗吉尼亚交界处,有如一道自然屏障将西部人与大西洋沿岸的东部人隔离开来。大西洋沿岸老殖民区多是渔民、船长、商人、种植园主,他们对大西洋彼岸的欧洲怀有深深的眷念,与此不同,"在河流的瀑布线以西是拓殖农民,他们大部分是非英格兰血统的苏格兰-爱尔兰人和日耳曼人"。越过山脉之后,生活在"山脉西坡边远地区"的拓荒者就形成了自己的自主意识,与东部的"海岸居民"有了"意识上的明显差异":艰苦的拓殖生活让前者"越来越独立自主",由此产生了拓荒式的自治理想,要求以独立州的形式组成"联盟"。随着英属殖民者脱离宗主国,"国家的命运掌握在西部人手里的时代"就来临了(《西部问题》,页58;比较《边疆的重要性》,页75)。③

在特纳笔下,"边疆"与"西部"几乎是同义词,两者"反复交替使用":由于"边疆不是一条[边界]线"甚或一个地区,而是一个不断蚕食的历史进程,所

---

① 比较 Lee Benson, *Turner and Beard: American Historical Writing Reconsidered*, Illinois: Free Press of Glencoe, 1960, pp. 21-33。

② 特纳,《西部问题》,见杨生茂编,《美国历史学家特纳及其学派》,前揭,页57(以下简称《西部问题》)。

③ 比较罗伯特·卡根,《危险的国家:美国从起源到20世纪初的世界地位》,前揭,页13-14;张津瑞、林广,《地图上的美国史》,上海:东方出版中心,2016,页33-36。

谓"西部"对于美国就成了不断移动的地理地域。① 基于"向西扩张"的历史,特纳的移动边疆论切断了美国的政治成长与欧洲文明的关联:据说,由于"离海岸很远",西部人"在很大程度上不受欧洲的惯例和力量的影响",习惯于"独立地观察事物",即便是"旧世界最好的经验"也很少受到"尊重或赏识"。他们甚至"没有一个哲学式的实行选举的国家理想",而是"在这个新的国家里保留和发展那些原始的和有价值的东西"。特纳由此解释了美国民主观念的独特性:由于进入的是广袤的"自由土地",西部人形成了"充分的自信"品格和强烈的"自我权利"意识,进而"创造出一种新类型的民主和新的大众理想"——平民式的个人自由和平等观念。

> 自由土地和创造自己的社会命运的自觉性,不仅仅使西部人转而追求物质利益,并致力于永不停息的生活方式,而且在西部居民中[通过]倡导平等思想,抵挡住了来自东部的贵族影响。(《西部问题》,页61)

这无异于说,美国民主政制的诞生不是欧洲启蒙哲学观念的结果,它来自西部的"自由土地"和西部人向西拓疆的自由行动。与平民式的自由平等理想一同形成的是自由扩张生存空间的冲动:西部人相信自己的天定命运就是向西扩张。事实上,西部边疆并非全是"自由土地",在西部人的边疆"阻止他们前进的"除了印第安人还有"西班牙人和英国人"——西部人的空间扩张六亲不认。在特纳看来,大西洋沿岸的东部人对向西扩张漠不关心,也缺乏同情,以至于西部人甚至对东部人眼光短浅的政策感到愤慨:西班牙殖民者曾封锁密西西比河,并提出以美国人在这个河道航行的自由换取对新英格兰的商业利益,此事"几乎导致西部从美国脱离出去"(《西部问题》,页63-64)。

在特纳的移动边疆论中,美国独特的自由民主观念与拓展生存空间的欲望从一开始就交织在一起。正是"西部的[民族]国家化趋势,将杰斐逊的民主转换成了门罗的国家共和主义(the national republicanism of Monroe)和安德鲁·杰克逊的民主"(《边疆的重要性》,页86):

> 民主出生于自由土地、强烈的自我中心以及个人主义、行政经验和教育方

---

① 卡尔·贝克特,《弗雷德里克·杰克逊·特纳》,见杨生茂编,《美国历史学家特纳及其学派》,前揭,页147;雷·比林顿,《美国边疆论题:攻击与辩护》,见杨生茂编,《美国历史学家特纳及其学派》,前揭,页241-242。

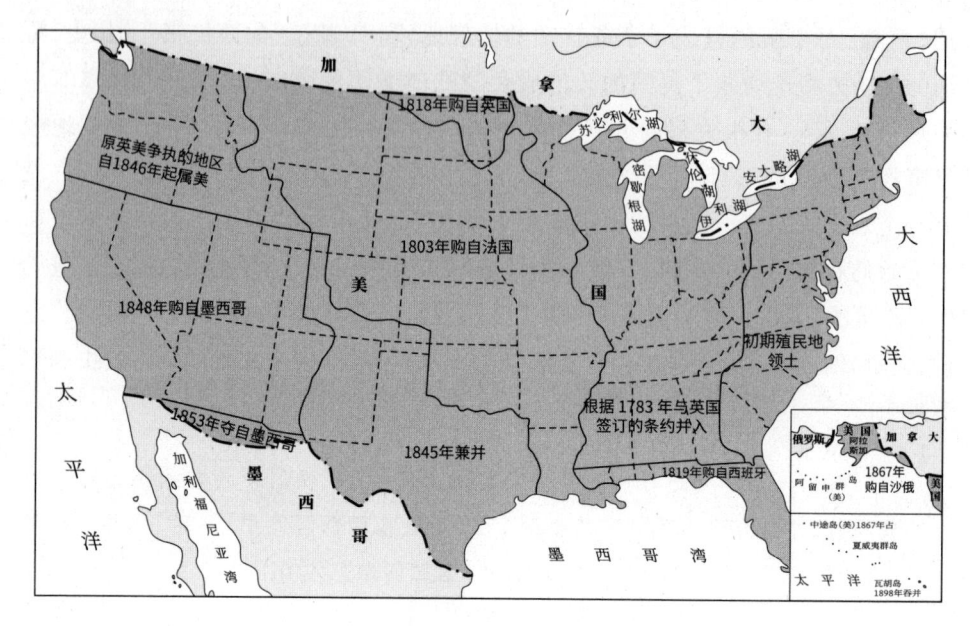

美国领土的扩张
据罗伯特·埃斯塔尔《美国现代地理》页45绘制

面的不容异说,并将个体自由推衍超越了其适当的界限,可谓风险与利益兼具。(《边疆的重要性》,页88)

其实,杰斐逊的民主主义并非被转换成了而是已经具有门罗式国家主义的萌芽。① 无论如何,特纳并非仅仅在解释美利坚人的空间扩张习性的历史成因——毋宁说,他试图用自己的移动边疆论为美利坚人的扩张习性提供基于自由攫取土地的历史正当性。《边疆在美国历史上的重要性》一文的结尾明确宣称:美国西部陆上边疆的消逝,仅仅是"美国历史的第一个阶段宣告结束",

> 如果有人断言美国生命的扩张个性现在已经完全终止了,那么他将是轻率的预言家。迁徙运动是扩张最显性的事实,除非这种训练对一国人民(a people)没有影响,这种美国智识将不断要求一个更加广阔的场域以满足其施展的需求。不过,自由土地这类免费礼物将不再送上门来。在边疆的眼下时刻,风俗的约束

---

① 详见 Theodore R. Schellenberg, "Jeffersonian Origins of the Monroe Doctrine", in *Hispanic American Historical Review*, 14/1(1934), pp. 1 – 32。

力已经被打破,放开手脚就是凯旋。(《边疆的重要性》,页93,译文略有改动)

在三年后的《西部问题》中,特纳再次重复了这一呼应马汉的美国扩张观:

> 将近三个世纪以来,扩张在美国生活中一直占据支配地位。随着向太平洋沿岸移民,随着自由土地被占有,这个扩张运动将近结束了。但如果说这种扩张的能力不再发生作用,那就是一个鲁莽的预言。要求强有力的外交政策,要求两大洋之间开辟运河,要求恢复我们的制海权,要求把美国势力伸向本土外的岛屿和邻近的国家——这一切都表明这个运动还会继续下去。阿勒格尼山以西的地区是提出这些要求的主要堡垒。(《西部问题》,页68)

特纳不断用这样的"边疆"说教育或激励美国公众,若要说他与马汉共同打造了一种美国式的历史哲学,那也不外乎是一套凭靠美式自由民主精神的独特性来支撑的帝国式生存空间扩张论。① 日俄战争结束后,特纳还在不厌其烦地宣扬他的移动边疆论:

> 这个充满平等和个人主义精神、主张民主高于一切、普遍讨厌事物旧秩序的社会,必然会要求支配政府,必然憎恶那些受过训练的政治家和官僚阶级的统治,并同那种由国会核心小组提名候选人的程序以及总统朝代连续存在的现象作斗争。西部除了敏于变革外,还在同印第安人作战、砍伐森林和扩张活动中培育了一种好斗性格,乃至一种扩大国家领土的想法。拓荒者在荒原的树桩间和沼泽里扩大他们开垦地围栏的过程中,已经想象到未来城市的高楼大厦和拥挤熙攘的街道,所以西部作为一个整体,既形成了普通人的未来的理想,也形成了这个国家宏伟的扩张目标。②

---

① 比较 Frederick Jackson Turner, "Contributions of the West to American Democracy", in *Atlantic Monthly*, 91 (January, 1903), pp. 83 – 96; 收入文集 Frederick Jackson Turner, *American Ideals*, Norman Foerster/W. W. Pierson, Jr., (eds.), Boston & New York: Houghton Mifflin, 1917, pp. 72 – 97; Frederick Jackson Turner, "The West and American Ideals" (1914), in John Mack Faragher (ed.), *Rereading Frederick Jackson Turner: The Significance of the Frontier in American History and Other Essays*, New York: Henry Holt, 1994, pp. 140 – 158。

② 特纳,《西部的贸易和理想》(1906),见杨生茂编,《美国历史学家特纳及其学派》,前揭,页54;比较 Frederick Jackson Turner, *Rise of the New West, 1819 – 1829*, A. B. Hart (ed.), New York: Harper & Brothers, 1906, pp. 96 – 110。

特纳对美国德性的政治生物主义解释并非意在促使美国人检讨自己的德性,恰恰相反,他甚至把西部人因地缘环境养成的生物性政治冲动上升到"美国智识"(the American intellect)的高度——《边疆在美国历史上的重要性》以这样的言辞走向结尾:

> 美国智识及其最为突出的特性的获得,是[拓殖]边疆的结果。粗鲁与活力加上敏锐与好奇,务实的、创造性的气质倾向,迅速地发现计策,熟练地控制物质,做出的东西虽缺乏艺术感却强而有力,让人产生伟大的感觉,那些永不满足和强健有力的力量,个人主义的突出,全力以赴为善和作恶,热爱自由加之保持乐观的心情和生气勃勃的行动——这些是边疆的特征,或者是因边疆的存在而在别处焕发出来的特征。自从哥伦布的舰队驶入新世界海域的时代开始,美洲就成为"机会"的代称。美国人已经在其不断扩张中定音成调,这种扩张不仅是开放的,而且对他们也是被迫的。(《边疆的重要性》,页92-93,译文据原文略有改动)

笔者不惜笔墨引用这一大段文字,不仅是为了避免转述失真,更是因为如今的读书人早就忘了美国人曾经有这样的自我认识:拓殖边疆所培养的"热爱自由"的精神气质既为善也作恶(working for good and for evil)。在特纳眼里,"粗犷、侠义、舍生忘死、勇于冒险的"美国德性不仅是一种"迷人气概",它还有如一种在独特环境中生长起来的有机体——按照法国动物学家拉马克的物种进化论,它被称为"美利坚种属"(genus Americanus),因为它会通过后天性遗传得到繁衍。①

特纳的"西部理想"不仅激励了十九世纪末的美国政治人,也感染了大英帝国的政治人——曾任印度总督的乔治·寇松(1859—1925)。后者在"论疆界"的著名演讲(1907)中以激赏言辞复述了特纳的主要观点:

> 当山脉被抛到身后,美国的先驱者们开始越过人迹罕至的大草原时,美洲人不再是英国人,而变成了美国人。在森林中,在边疆的小径上,在野性的冲突对抗中,在垦荒的辛勤劳作中,在激情四射的你追我赶中,美利坚民族诞生了。非常优秀、活力十足的民主制度在那里涌现,浸透着先人们的勇气和坚忍不拔,但是又热情似火,情绪激昂。②

---

① 哈维·威什,《特纳和移动的边疆》,前揭,页174。
② 乔治·寇松,《论疆界》,张世明、王济东、牛昍昍主编,《空间、法律与学术话语:西方边疆理论经典文献》,前揭,页189;比较克里斯·凯尔、威廉·道尔,《十杆枪:从独立战争到西部拓荒的美国勇敢冒险史》,段新岩译,北京:中信出版社,2015。

特纳的"移动边疆"论与"西部理想"论是同一个论说的两个方面:前者基于政治经济学和生物-政治地理学,后者则来自美国既有的民主政治论传统。① 后世的史学家一直颇感兴趣的是,特纳将两者勾连在一起的灵感来自何处。特纳曾提到,安德鲁·杰克逊出任总统(1829—1837)标志着西部人的"民主理想"取得了完全胜利,而法国贵族托克维尔恰好在这一时期来到美国考察(1831—1832),因此他看到了"拓荒者"的民主理想的要核——"对贵族、垄断和特权的强烈仇恨",以及对"质朴、节俭和人民主权"的信仰。② 由此看来,特纳的美国史观似乎受到托克维尔的影响。

托克维尔的确说过,当人们铺开美国的地图,"看到阿勒格尼山脉从东北走向西南"穿过1000英里土地时,难免会"情不自禁地认为",这是上帝在密西西比河流域和大西洋海岸之间刻意安排了"一道天然屏障,以遮断人们的往来","为不同的民族划出必要的界线"。然而,托克维尔紧接着就说,阿勒格尼山脉平均高度不到海拔800米,山间还有不少"宽敞谷地",人们很容易看到,"纽约州、宾夕法尼亚州和弗吉尼亚州把这条山脉围了起来,并向它的西面和东面延展"。③ 仅凭这一说法就足以推断,托克维尔不会认为阿勒格尼山脉会成为一道天然屏障把所谓东部人与西部人隔离开。

德意志与美利坚的种属亲缘关系

1892年11月,特纳曾在威斯康星大学学生刊物《盾报》(*The Aegis*)上发表过《美国史中的问题》一文,此为《边疆在美国历史上的重要性》的雏形。特纳在文章中已经提到,"西班牙的美利坚与英格兰的美利坚之间的巨大差异,不能仅仅由种族来解释,还有自然地理以及移民与当地印第安人接触的综合影响"。④ 换言之,虽然西班牙殖民者与英属殖民者同属欧洲种族,但两者仍然有种属上的差异,后者的扩张生存空间的自然冲动强烈得多,这是生存环境带来的种族变异——"美利坚种

---

① 比较特纳,《密西西比河谷在美国历史中的意义》(1909—1910),弗里德里克·特纳,《美国边疆论》,董敏、胡晓凯译,北京:中国对外翻译出版公司,2012,页50-72。
② 特纳,《拓荒者理想和州立大学》(1910),见杨生茂编,《美国历史学家特纳及其学派》,前揭,页74-75。
③ 托克维尔,《论美国的民主》,董果良译,北京:商务印书馆,1991,页432。
④ Frederick J. Turner, "Problems in American History", in Everett E. Edwards (ed.), *The Early Writings of Frederick Jackson Turner, with a List of All His Works*,前揭,页77。

属"是西部人自由拓疆行动的政治结果。后来的史学家们进一步发现,"澳大利亚、南非和拉丁美洲的边疆与北美的边疆并不相同,在那里法国和英国开拓者的行为也不尽相同"。①

引人兴味的问题来了:今天的人们应该怎样理解这种对美国德性的政治生物主义解释呢?它仅仅是生物-政治地理学的推论,抑或不过是美国的地缘扩张欲望的恰切表达?

《西部问题》在一开始就告诉美国公众,对于美国的形成来说,西部边疆与其说是"一个地域"(area),还不如说是"一种社会形式"或一种 social organization[社会有机体]——正是这一有机体"敞开了寻求自由的机会":

> 我们的政治制度史即我们的民主制度史既不是仿效别人,也不是简单借用。它是各个机体在反应环境变化时发生演变和适应的历史,即一种新的政治物种的起源史。(《西部问题》,页57)

"新的政治物种"(new political species)这个语词带有社会达尔文主义色彩,在今天看来特别扎眼,而且与拉采尔把美利坚人称为"欧洲人新亚种"的提法不谋而合,似乎特纳的观点来自拉采尔的生物地理学的环境决定论,因为自1880年代末以来,拉采尔的人类地理学已经在美国地理学界流传。然而,据特纳自己说,直到撰写《边疆在美国历史上的重要性》时,他都还"没有读过拉采尔"。拉采尔在《美国政治地理学》第二版杀青之后倒是读到了特纳的论文,并撰写书评称赞它是"一篇非常重要的作品"——作者"关于国家及其地理起源的观点是富有教益的范本"。②

拉采尔有理由感到高兴,因为特纳的文章佐证了他在《美国政治地理学》中提出的论点:自由地拓殖生存空间对美利坚民族的成长具有首要的重要性——

> 美国占地142000平方英里,是温带地区最大的封闭政治体。他们与美洲的英属北美和巴西、欧洲的俄罗斯、亚洲的中国以及澳大利亚的英属殖民地一起,属于以幅员辽阔为特征的国家集团。它们是真正的大国,几乎占据了上述四个大

---

① 威廉·麦克尼尔,《全球观:征服者、灾难和群落》,任一译,北京:北京大学出版社,2023,页6。

② Ray A. Billington, *Frederick Jackson Turner: Historian, Scholar, Teacher*, New York: Oxford University Press, 1973, pp. 112 – 113, 130, 511 注 53, 515。

洲的五分之三；我们将它们称为陆地大国，因为它们中的每一个都占据了陆地的一大部分，其一般状态就是特征。辽阔的范围使它们彼此的内部联系比小国之间更密切，在它们身边，小国也不再作为强国出现，即使在它们的历史影响更大、因辛勤工作而成就了更伟大的事业的情况下也是如此。(《美国政治地理学》，页85)

显而易见，没有向北美大陆西部的拓殖运动，美国断乎不可能成为这样的"陆地大国"——拉采尔接下来就谈到了门罗主义的必然性：

> 门罗主义不是孤立的，更不是随机的主张。美国主导东太平洋并将夏威夷群岛视为外部领土，或在没有澳大利亚许可的情况下欧洲列强不应在中太平洋占领土地的想法，与这种广大的空间概念相符。当美国人发现，在美国式的新扩张中不可能出现如哥萨克人或中国人那样文明毁灭的情况时，他们只有以从自己的空间中创造的信心来对抗众所周知的惊人规模。即使我们否认美国的合法性，我们也必须学会在这类大国的政治设计中理解这种观点，否则我们就有可能陷入短视地判断政治问题的危险之中。(《美国政治地理学》，页85)

拉采尔撰写《美国政治地理学》第二版时，并没有读到特纳的处女作，因此至多只能说，特纳与拉采尔的观点不谋而合。[1] 特纳读到拉采尔的《美国政治地理学》后，其中关于美国西部的说法，不过是让他对自己的美国文明史观更有信心罢了。1896年底，特纳在威斯康星州史学协会年会上宣读论文《作为史学研究领域的西部》，其中曾称赞《美国政治地理学》谈论美国"空间"的一章，这并不足以作为他受拉采尔影响的证据。[2] 拉采尔在1897年的《政治地理学》中把国家描述为生命机体，其疆界的扩张或收缩有如这个机体的表皮——但这显然不能被视为特纳的移动边疆论的来源，因为此时特纳的西部边疆说在美国已经声名大噪。何况，拉采尔的《政治地理学》视野更为广阔，在谈到疆界为国家机体提供保护和内外交流通道时，他提到的疆界实例相当广泛。我们倒是有理由认为，拉采尔甚至从特纳的移动

---

[1] Erik Grimmer‐Solem, *Learning Empire: Globalization and the German Quest for World Status*, 1875–1919, 前揭, 页58–59。

[2] 哈维·威什，《特纳和移动的边疆》，前揭，页163–164；比较 Wilbur R. Jacobs, *On Turner's Trail: 100 Years of Writing Western History*, Lawrence: University Press of Kansas, 1994, pp. 112–113。

边疆论那里采集了政治地理学素材：

  人们在论及边疆时，就好像它是一种不言自明且可移动的东西，一种政治雄心与谈判的分割对象。但是，边界只能由此获得，即国家所掌控的那块区域，在此边缘划出界线。边界的推进以获得国土为前提，边界的后退以国土丧失为前提。边界线的存在依靠地球表面区域中的一部分，形成了其边缘地带，正如海岸线只被当作陆地的边缘地带才可以想象。①

  由此看来，认为特纳的移动边疆论受到了拉采尔的影响，肯定是错的——比特纳小两岁的艾兰·森普尔（1863—1932）才是名副其实的拉采尔弟子。特纳不仅是土生土长的美国史学家，而且出生在西部，生长在边疆，"亲眼"目睹过来自德意志、苏格兰和威尔士的欧洲移民"在边疆美国的廉价土地上发家致富"，这样的景象在他的记忆中难以磨灭。② 与此不同，森普尔则出生在东部，从纽约州一所博雅学院（Vassar college）完成本科学业后赴英国留学。她偶然读到拉采尔的《人类地理学》后顿生倾慕，随即前往莱比锡大学（1891），成了拉采尔课堂上数百学生中唯一的女性，而且是编外生，因为当时德国大学的博士生尚未对女性开放。③ 这一年，特纳已经写下处女作《史学的意义》，并在次年的《美国史中的问题》一文中提出，就"破除习惯的束缚，提供新的经验，激发新的制度和活动"而言，"不断后退的大西部"（the ever retreating Great West）对东部美国的直接影响"乃至更为遥远地对欧洲国家"的影响，一如地中海之于古希腊人。在特纳看来，这足以表明从西部入手研究美国史的重要性。④

  森普尔回到美国后（1896），的确富有热情地向美国地理学界推介拉采尔的地理学思想。但是，若说她的《美国历史及其地理条件》（1903）差不多是拉采尔的《美国政治地理学》的翻版，那就言过其实了——森普尔在书中引用《人类地理学》的地方，比

---

  ① 弗里德里希·拉策尔，《作为边缘机体的边疆》（袁剑译），见张世明、王济东、牛咄咄主编，《空间、法律与学术话语：西方边疆理论经典文献》，前揭，页133；拉采尔随后在一个脚注中提到了特纳的处女作，参见页140注1。

  ② 雷·比林顿，《美国边疆论题：攻击与辩护》，前揭，页232–233。

  ③ Innes Keighren, *Bringing Geography to Book: Ellen Semple and the Reception of Geographical Knowledge*, London: I. B. Tauris, 2010, pp. 11–16, 23–24.

  ④ Frederick J. Turner, "Problems in American History", in Everett E. Edwards (ed.), *The Early Writings of Frederick Jackson Turner, with a List of All His Works*, 前揭，页83。

引用《美国政治地理学》多出两倍。① 事实上,回到美国后的森普尔很快就投入了美国扩张论者的阵营,她不仅仅追随特纳,"强调西部水路和阿巴拉契亚山屏障对殖民地历史所产生的作用",尤其重要的是,她采纳了马汉的海权论视野。全书以论"太平洋海权"收尾,毫不掩饰地响应马汉在1890年发出的"美国向外看"的呼吁。②

《美国历史及其地理条件》充分表明,美国的地缘扩张论绝非来自拉采尔的启发——毋宁说,森普尔不过是努力用她从拉采尔那里学到的生物-政治地理学为早已成气候的美国扩张论提供专业化的地理学支撑罢了。在"地理决定了美国成长为大陆强国"一章结尾处,森普尔这样写道:

> 拉采尔说,"生存斗争就是争夺空间"。美国的丰裕空间意味着遍地都是机会,人人都有上升的希望,这促成了美国人强大的进取心,激发了他们的民主精神。因而,正如北美的[地理]隔绝状况(the isolation)使早期的殖民者摆脱了欧洲的君主制政体原则,我们国家的辽阔幅员也使各个阶层和广大民众享有均等的机会,从而基本处于平等的地位。附近地区的四百万人口中,到处都不断有人进入上流社会。
>
> 跨越[北美]大陆的扩张使得美国人民成了"争夺空间"的大师。这样的问题并非遥不可及:未来他们会如何应用自己已经习得的强权呢?③

森普尔径直用拉采尔在《生存空间:一项生物地理学研究》中的名言来描绘美国的扩张,无意中揭示了美国民主意识形态的生物-政治品质。八年后(1911),森普尔出版了《地理环境的影响:基于拉采尔的人类地理学体系》。这部600多页的大著通常被视为美国地理学界接受拉采尔人类地理学的标志性著作。其实,更应该看到,森普尔在书中一开始就提到马汉的海权论,而且全书多次征引马汉。④ 事

---

① Harriet Wanklyn, *Friedrich Ratzel: A Biographical Memoir and Bibliography*,前揭,pp. 30 – 32;比较 Ellen C. Semple, *American History and Its Geographic Conditions*, Boston: Houghton Mifflin, 1903, pp. 18,35,51,74,92,113,278 – 279,419。

② 哈维·威什,《特纳和移动的边疆》,前揭,页164;比较 Ellen C. Semple, *American History and Its Geographic Conditions*,前揭,页 114 – 133、420 – 434。

③ Ellen C. Semple, *American History and Its Geographic Conditions*,前揭,页244。

④ Ellen C. Semple, *Influences of Geographic Environment, on the Basis of Ratzel's System of Anthropo - Geography*, London: Constable, 1911, pp. 16,32,127,289,376,469;比较 Innes Keighren, *Bringing Geography to Book: Ellen Semple and the Reception of Geographical Knowledge*,前揭,页26。

实上，就其用拉采尔的人类地理学呼应美国扩张论而言，此书与《美国历史及其地理条件》没有实质性差别。

森普尔也确实希望用自己从拉采尔那里学到的人类地理学提升美国人的世界地理知识水平，但是，地理学史专业人士把森普尔称为"地理环境决定论者"时往往忘了，其地理学思想的基础是特纳的移动边疆决定论。无论如何，拉采尔并未因森普尔的推介而成为美国政治地理学界（遑论史学界）的权威人物。美国的政治史学和政治地理学有出自本土的冲动和学术关切，特纳并不需要拉采尔的生物－政治地理学，正如他起初提出移动边疆论时，不需要德意志的政治史学家阿诺德·赫厄伦（1760—1842）的史学。

赫厄伦早年研读神学和哲学，但在哥廷根大学获得哲学教席（1794）之前，他的学术兴趣就已经转向历史，其成名作《古代世界最文雅民族的政治、贸易和商业》（两卷本）专注于历史的"政治－商业"方面（"politisch－merkantilische"Seite），史称最早的经济史专著。① 赫厄伦随后出版的《古代国家史》(1799)和《欧洲邦国史》(1800)很快就被欧洲诸多大学用作教材，而他本人也成为德意志最早的专业史学教授之一。拿破仑战争期间（1809），赫厄伦出版了《欧洲国家体系及其殖民地史》（*Geschichte des europäischen Staatensystems und seiner Colonien*），从欧洲人发现美洲一直写到移民北美的盎格鲁人独立，算得上是美国史的真正开山之作，而当时英美战争（1812—1815）尚未爆发，刚刚获得独立的英属殖民地前途未卜。班克罗夫特在哈佛大学完成本科学业后，跨洋到哥廷根大学攻读博士（1817），赫厄伦是他的导师之一。回到美国后，班克罗夫特积极向哈佛大学建议，采用赫厄伦撰写的古代史为史学教材。动笔写作十卷本美国史之前，班克罗夫特已经将赫厄伦的《欧洲国家体系及其殖民地史》译成英文（两卷）。②

赫厄伦的大著从哥伦布首次穿越大西洋开启欧洲人殖民美洲的历史时刻（1492）起笔，一直写到美国向北美大陆西部扩张。在问世后的短短二十年里（至1830年），随着美国西部边疆的不断推移，赫厄伦四次再版、三度修订这部五百多页的大著，有些章节"完全重写"（completely re－written），而且很快有了法文、瑞典文、

---

① Arnold Heeren, *Ideen über Politik, den Verkehr und den Handel der vornehmsten Völker der Alten Welt*, 2 Bände, Göttingen, 1793 – 1796, 第四版（1824—1826）扩充为 5 卷本。

② Arnold Heeren, *A Manual of the History of the Political System of Europe and Its Colonies. From the Discovery of America to the Independence of the American Continent*, 1829. 比较 Lillian Handlin, *George Bancroft: The Intellectual as Democrat*, 前揭, 页 100 – 101。

荷兰文甚至波兰文译本,足见此书在当时的欧洲受到相当广泛的关注。鉴于赫厄伦在导言中突显了 balance of power[均势]和 maritime powers[海洋大国]之类的论题,称此书为现代地缘政治学的开山之作也不为过。事实上,根据1830年第5版迻译的英译本副标题为"从[欧洲国家体系]在十五世纪末的形成到拿破仑[帝国]崩溃后的重建",这恰好是马汉的海权论历史叙事的时间框架。①

特纳当学生时就读过赫厄伦的这部大著,但与班克罗夫特等美国史叙述的前辈们不同,他没有跟随赫厄伦强调美国的形成与欧洲的血脉关联,而是反向地寻求美国形成的本土因素。毕竟,新生的美国疆土蕴藏着的政治生机太过强烈,欧洲移民来到这里扎根生长,难免产生种属变异。卡尔·李特尔的学生阿诺尔德·居约(1807—1884)就是一个典型例子,从他身上不难看到,在欧洲受过教育的知识人一旦进入美利坚地域,心智会因感受到"自由"的生机而产生怎样的变化。

居约出生于瑞士西部洛夏岱尔(当时仍是普鲁士王国的飞地)附近的小村庄,少年时代在德意志南部的斯图加特读人文中学,随后到柏林大学学习神学,受卡尔·李特尔的吸引转攻地理学。在李特尔门下获得博士学位后(1835),居约回到家乡的洛夏岱尔学院教授史学和自然地理学。1848年的欧洲动荡期间,学院因激进学生闹事关闭,居约在朋友劝说下移居美国,起初在波士顿的洛维尔学院(Lowell Institute)执教,后受聘为普林斯顿大学自然地理学教授(1854)——尽管哈佛学院在十七世纪末已经开设地理课程,居约仍然被视为美国大学中的首位专业地理学教授。②

抵达美国(1848年9月)后不久,居约应邀在洛维尔学院图书馆用法语做了十二场系列讲演——题目是"地球与人:比较自然地理学及其与人类历史的关系"(1849年1月中旬至2月底)。第一讲开始不久,居约就提到了洛基山和密西西比的河谷。他的"比较自然地理学"虽然沿袭自李特尔比较旧大陆(欧亚大陆和非洲)与新大陆(美洲)的框架,立足点却从欧洲的"旧世界"挪到了北美"新世界"。今天的史学家也难免为此感到惊讶:踏足美国才"仅仅四个月",居约就"吸收了自己周

---

① Arnold Heeren, *A Manual of the History of the Political System of Europe and Its Colonies. From its Formation at the Close of Fifteenth Century to Its Re-establishment upon the Fall of Napoleon*, London: Henry G. Bohn, 1846/1873, pp. 11 – 13.

② George Kish, "Carl Ritter's Influence on American Geography", in Karl Lenz (hrsg.), *Carl Ritter – Geltung und Deutung*, 前揭, 页205 – 209。

边足够多的新东西",提出了"适应自己的新听众"的全球地理观。①

北美与欧洲大陆的比较不仅是居约系列演讲的重点,也是其最大的亮点。今天的政治地理学家有理由认为,居约"以北大西洋盆地为中心修改了欧洲中心的图式,这意味着把权力的焦点从欧洲转移到了北美"。② 这种转移不仅意味着欧洲文明的生存空间得以延伸,毋宁说,美国的形成将成为新的欧洲中心。就世界政治地缘格局的变化而言,的确没有比这更具世界史意义的了。

居约的系列演讲印证了特纳的说法:从美国的"向西扩张"中,不应仅仅看到"欧洲的生活方式"如何移植到另一个大陆,同样应该看到,"美国如何改造和发展了那种生活方式,并反作用于欧洲"(《边疆的重要性》,页59-60)。如果居约是影响美国地理学形成的第一人,而拉采尔是后来影响最大的一位,③那么,拉采尔的生物-政治地理学同样是这种"反作用"的结果,他的《美国政治地理学》充分证明了这一点。拉采尔的名言"生存斗争就是争夺空间"的灵感来源,兴许正是特纳所说的美国"向西扩张"。

美利坚种属的政治生源

特纳的生物政治论并非来自拉采尔,而是通过意大利的政治经济学家洛瑞阿直接来自斯宾塞、达尔文和赫胥黎的著作。④ 尽管如此,生物政治论并不能让特纳产生出他的移动边疆论及其"西部理想"。毋宁说,他不过是用生物政治论来解释自己所强烈感受到的某种生物-政治冲动罢了。而在当时,能够感受到这种政治冲动的各色"西部人"不在少数。伍罗德·威尔逊就是其中之一,他仅比特纳年长5岁,在1893年就怀着同样的"西部理想"撰写了《分裂与重新统一》,随后又在特纳

---

① William A. Koelsch, "Seedbed of Reform: Arnold Guyot and School Geography in Massachusetts, 1849 – 1855", in *Journal of Geography*, 107/2(2008), p. 36.

② Arnold H. Guyot, *Earth and Man*, *Lectures on Comparative Physical Geography in Its Relation to the History of Mankind*, trans. by Cornelius C. Felton, Boston: Gould, Kendall, and Lincoln, 1849, pp. 9 – 10, 26 – 30, 196 – 216;帕特里克·奥沙利文,《地理政治论:国际间的竞争与合作》,李亦鸣等译,北京:国际文化出版公司,1991,页32 – 33。

③ George Kish, "Carl Ritter's Influence on American Geography",前揭,页208。

④ Lee Benson, *Turner and Beard: American Historical Writing Reconsidered*,前揭,页84 – 90;Innes Keighren, *Bringing Geography to Book: Ellen Semple and the Reception of Geographical Knowledge*,前揭,页26。

的边疆论影响下写了五卷本《美国人民史》(1902)。① 西奥多·罗斯福是更为显著的例子,他的四卷本纪事作品《赢取西部》对特纳的影响最为直接,也最为强烈。在这部通俗史书中,西奥多·罗斯福已经把西部人塑造成一种有别于欧洲人的American race[美利坚种族]。②

西奥多·罗斯福曾经在西部和拓殖者的后代们一起生活了很多年,他动笔写作《赢取西部》时还未满30岁(1888年5月),第一卷在次年4月面世,随即成为畅销书,一个多月即售罄——第二和第三卷接踵而至。1889年秋天,时年28岁的特纳为第三卷撰写了书评,他首先"怀着十分钦佩的心情回顾了"前两卷,在他眼里,这部大著虽然属于通俗史书,但却揭示了"征服并定居大陆这一声势浩大的运动的真正意义"。接下来特纳盛赞《赢取西部》是"一部奇书,乐趣无穷",作者眼界宽阔,"有通过世界历史学习本土历史的能力,懂得考订性地运用材料"。两年后,特纳的成名作就问世了,他进一步提出了"许多罗斯福未提出的国家思想"——比如,是生存环境而不是"血"使得美国拓荒者变得独特。西奥多·罗斯福读到特纳的论文后,随即报以喝彩——"我认为你已经打击了那些一流观念",使得"许多好的"但尚未成型的思想定了型。西奥多·罗斯福成了比他小三岁的特纳的"粉丝",受移动边疆论鼓舞,在随后的两年里,西奥多·罗斯福不断撰写文章,进一步完善其基于"西部理想"的"美利坚主义"。③

西奥多·罗斯福写作《赢取西部》的冲动,来自美国第二阶段西扩所取得的丰硕成果:

> 直到1867年从俄罗斯取得阿拉斯加,美国对外政策的重大责任是从北美

---

① Fulmer Mood, "Turner's Formative Period", in Everett E. Edwards (ed.), *The Early Writings of Frederick Jackson Turner*, 前揭,页18;Ray A. Billington, *Frederick Jackson Turner: Historian, Scholar, Teacher*, 前揭,页187 - 190。比较 Woodrow Wilson, *Division and Reunion*, 1829 - 1889, New York: London, Longmans, Green, and Co., 1893; Woodrow Wilson, *The History of the American People*, in five volumes, New York: Harper & Brothers, 1901 - 1902。

② Ray A. Billington, *Frederick Jackson Turner: Historian, Scholar, Teacher*, 前揭,页113 - 114、211; Fulmer Mood, "Turner's Formative Period", 前揭,页21 - 22,37 - 38;比较 Richard Slotkin, "Nostalgia and Progress: Theodore Roosevelt's Myth of the Frontier", in *American Quarterly*, 33/5(1981), pp. 622, 635。

③ 埃德蒙·莫里斯,《领袖的崛起:西奥多·罗斯福》,李俊、杨京鹏译,广州:新世纪出版社,2015,页402 - 403、456 - 457;比较埃德蒙·莫里斯,《巅峰过后:西奥多·罗斯福》,傅强、邹毅、张广龙译,广州:新世纪出版社,2015,页360、448。

大陆取得越来越多的领土,而这些领土最终都要并入美国。美国主要从土著美洲人居住的领土夺取了土地,其他还有从在北部和西北部的英国人那里得到了北缅因和俄勒冈领土;从法国得到路易斯安那以西的领土;从西班牙那里得到佛罗里达以南的领土;以及从在西南方的墨西哥那里得到诸如得克萨斯和西南部的领土。

与流行的民间传闻相反,这些土地多数是靠武力攫取或是买来的,这是对当时欧洲列强所进行的争斗作出的反应。美国扩张政策的执行者不仅是政府,特别是军队,而且包括为了寻找土地、黄金和自由而涌向西部的成千上万的美国人。到1870年,美国已从东海岸最初的13块殖民地成长为一个横跨整个大陆直至太平洋的国家。①

在这次向西扩张的历史运动时期,密苏里州的年轻参议员托马斯·本顿(Thomas H. Benton,1782—1858)风头最盛。直到十九世纪四十年代,西起落基山脉、北起加利福尼亚绵延至阿拉斯加的俄勒冈(Oregon)仍然是一片荒地,这是"美国和英国均有权享有的战利品"。托马斯·本顿以对英国近乎"傲慢"的态度主张,美国的西部边界应扩张至太平洋北部沿岸,并呼吁向南吞并得克萨斯共和国。写作《赢取西部》之前,西奥多·罗斯福已经发表了通俗史书《托马斯·本顿传》(1887年7月),他用文学笔法告诉美国公众,从"伟大的共和国的宿命来看",托马斯·本顿强硬的扩张立场即便针对得克萨斯共和国也"完全情有可原",因为"我们的天命"就是要"吞并弱得无法与我们对抗的邻国的所有领土"。②

托马斯·本顿是"西部牧人"的政治代表,西奥多·罗斯福通过为他著书立传,让他成了自己的政治抱负的代言人。特纳在成名作中多次提及托马斯·本顿,并引到西奥多·罗斯福的这部传记作品(《边疆的重要性》,页86)。在1880年代,美国的向西扩张已经抵达太平洋东岸——西部边疆已经消失,西奥多·罗斯福要实现自己的政治抱负,只能转向外海扩张。事实上,从处女作《1812年战争中的海战》到《赢取西部》,西奥多·罗斯福"好战的、膨胀的野心"一再表露无遗。他在书中为"地球上文明的蔓延已经到达了最偏远的地带"大唱赞歌,不管是描写狩猎、战争、探险还是危险,"对他来说都是一种享受"。如果有人把西奥多·罗斯福的外交行

---

① 杰里尔·罗赛蒂,《美国对外政策的政治学》,周启朋、傅耀祖等译,北京:世界知识出版社,1997,页12-13。
② 埃德蒙·莫里斯,《领袖的崛起:西奥多·罗斯福》,前揭,页325-326。

动视为成功牵制了威廉二世的扩张野心,那会是一个笑话——即便用美国式的民主意识形态修辞把德意志皇帝视为"当时国际舞台上最危险的独裁者"也无济于事,因为西奥多·罗斯福的扩张行为没法被标榜为"正义之举",而他自己除了"将自己刻画成一个真命天子、一位先知",也表明自己是"跟敌对势力斗争到底的独裁者"。①

1900年底,美西战争时期的总统威廉·麦金莱竞选连任获得成功,他选择西奥多·罗斯福为副总统,这是后者让美国的"主权边界"向西太平洋推进了11200公里的回报。接受副总统职位时,西奥多·罗斯福发誓要"在新的世纪里,使强大的国家拥有强大的命运":

> 美国将会退出世界列强的行列吗?不,这个西部年轻的巨人正屹立在美洲大陆,两只巨手正紧握着两边的大洋。它年轻而充满活力,正以渴望的眼光审视未来,犹如一名优秀的运动员因临近比赛而感到亢奋。②

1900年,威尔逊在为其处女作《国会政体》(1885)第十五版撰写的序言中说,美西战争给美国政体的分权体制带来严峻挑战,以至于不得不加强总统的君主式权力:

> 这次[美西]战争最显著和最重要的后果是:由于投入国际政治和边远属地的治理,总统的权力大大扩大了,发挥建设性的政治才能的机会也增多了。③

威廉·麦金莱未必有能力成为"独裁者",但仅仅不到一年(1901年9月初),威廉·麦金莱遭无政府主义者刺杀身亡,西奥多·罗斯福"在毫无知晓的情况下"成了总统——美国从此正式开启了自己的帝国主义纪元。

1902年,英国的社会主义者、政治经济学家约翰·霍布森(1856—1940)出版了《帝国主义》一书,该书的结语即便在今天读来仍然让人感到振聋发聩:

---

① 埃德蒙·莫里斯,《巅峰过后:西奥多·罗斯福》,前揭,页6。
② 转引自埃德蒙·莫里斯,《美国崛起的舵手:西奥多·罗斯福》,匡吉译,北京:新世纪出版社,2015,页7。
③ 伍德罗·威尔逊,《国会政体:美国政治研究》(1884),熊希龄、吕德本译,北京:商务印书馆,1986,页5。

> 帝国主义是国家生活出于自私自利的卑鄙选择，它激发了国家身上在动物生存竞争时期残存下来的贪得无厌和占有欲。帝国主义成为一项国家政策，意味着放弃了追求内在的高尚品德的努力，而只有这种品德才能够保证理性战胜兽性，对人和国家来说都是如此。所有成功国家都容易犯这样的错误，而且最终都难以逃脱自然法则的惩罚。①

当时的英国已经是占尽世界地利的自由帝国主义大国，而西奥多·罗斯福决心让美国迎头赶超。霍布森的说法仅有一点未必准确：西奥多·罗斯福、马汉、特纳的著述清楚地表明，盎格鲁－美利坚式的帝国冲动并不是"动物生存竞争时期残存下来的"，这个新生的政治民族毕竟出自基督教王国，并经过欧洲启蒙运动的洗礼。毋宁说，这种帝国冲动是十七世纪才开始形成的自由主义新政治原则塑造出来的。按照这种原则，不择手段地追求私利是一种美德。"君权神授的外交政策不可能与神权和君权合法性相分离"，同样，"一个自由共和国的外交政策也不可能与自由主义和共和主义的原则割裂开来"——自十八世纪以来，自由主义的文明价值观念一直是"美国实现扩张的主要推动力"。由此可以理解，在西奥多·罗斯福那里，一种帝国主义式的地缘政治观与自由主义式的世界公民论能够结合得天衣无缝。② 受这样的推动力支配，马汉无需特别的敏锐也能感觉到，正在模仿美国的德意志已经对美国的成长构成威胁，而在西奥多·罗斯福看来，俄国和日本的威胁更大，尽管它们还是半封建半共和式的君主立宪政体——特纳则让他们看到，美国的地缘因边疆的消失而独一无二。

美利坚的"新世界"愿想

我们已经看到，特纳与拉采尔站在相同的政治地理学意识的地平线上，而且都遇上了新生帝国的扩张时代。不仅如此，自德意志帝国立国以来，对不少德国政治家来说，美国应该成为德国的 Vorbild[榜样]，对美国的态度甚至成了德国人区分政治党派

---

① 约翰·霍布森，《帝国主义》，卢刚译，北京：商务印书馆，2017，页322。
② 罗伯特·卡根，《危险的国家：美国从起源到20世纪初的世界地位》，前揭，页73-74；Greg Russell, "Theodore Roosevelt, Geopolitics, and Cosmopolitan Ideals", in *Review of International Studies*, 32/3(2006), pp. 542-544。

的重要标尺之一。① 在战后的魏玛共和时期,某些德国教育学家甚至忧心忡忡地觉得,德国的年轻人"已经从思想上有意识地,也自然是肤浅地真正美国化了":

> 当人们与他们发生接触的时候就会想到,不是什么民族主义,也不是什么社会主义,更不是什么社会民主主义,而是美国主义,成了所有事物追求的最后目标!②

"随着美元进入德国"(1925),某些知识人把"美国主义"视为"一种崭新的欧洲方式"大加推崇。③ 豪斯霍弗将军也未见得是例外,让他难以释怀的不过是,与美国的地缘环境截然不同,德意志第二帝国周边没有一寸"自由土地"。

第一次世界大战期间,威尔逊总统"派出二百万美国人跨海"参战,一举扭转欧洲战局。这一历史性胜利激发特纳将他的移动边疆论拓展为"区域"(sections)联盟论,其基本论点是:随着"边疆的推进及其消失",美国已经"一跃成为大国"——国家形态虽然是一种"区域联合",实际上已经是"帝国",而且越来越像是"欧洲国家的美国翻版",因为美国的"国土面积堪与整个欧洲相比",一些地理省份甚至"与一些欧洲大国相当"。不同的是,欧洲各国形成区域的历史过程相当"模糊",而美国区域的形成史则清晰可见:无论美国东部与西部有多大的精神品质差异,也无论美国东部城市与州之间的竞争有多激烈,而南部与北部还爆发过战争,美国毕竟没有成为"另一个欧洲"——没有像神圣罗马帝国那样走向四分五裂、内战连连。如今,战后的欧洲国家不得不"思考民族自决的地理学方面",并通过战后条约在地图上重新划分区域,而美国虽然区域差异和区域自治都十分明显,却不会让共同体分崩离析。④

特纳的区域联盟论明显在呼应当时的威尔逊主义。据说,美国"为欧洲提供了一个面积与欧洲自身相等的大陆性区域联合的榜样",因为这种联合的实现靠的是"讨论、让步以及妥协性立法",而非凭靠武力。进一步说,由于"美国和平"(American peace)是靠"抑制区域性的自私自利和武断"来实现的,美国的形成史充分"展

---

① Marek Czaja, *Die USA und ihr Aufstieg zur Weltmacht um die Jahrhundertwende: Die Amerikaperzeption der Parteien im Kaiserreich*, Berlin: Duncker & Humblot, 2006, S. 172 – 180, 221 – 225.
② 转引自李工真,《德国现代史专题十三讲:从魏玛共和国到第三帝国》,前揭,页71。
③ 陈从阳,《美国因素与魏玛共和国的兴衰》,前揭,页264 – 282。
④ 特纳,《区域在美国历史上的意义》(1925),见张世明、王济东、牛眽眽主编,《空间、法律与学术话语:西方边疆理论经典文献》,前揭,页95 – 96、107 – 109。

现出了国际性政党、国际性立法机关以及国际和平的可能性":

> 我们的政党体系以及我们在区域地理上的多样性,有助于我们维持美国的和平。通过国家立法机关代表的区域联合,通过拥有可比得上国际联盟而可以被称之为区域的联盟,我们能够使这些处于少数的区域保卫其利益,且同时确实能避免使用武力。(同上,页117-118)。

特纳令人吃惊地忽略了欧洲大陆与北美大陆显而易见的地缘政治差异,这足以说明他的移动边疆论也好,区域联盟论也罢,都是对美国形成史以及美国的"政治种属"特质的理想性解释:前者通过西部扩张解释美国独特的民主理想及其形成的生物-政治地理要素,后者则通过区域联盟及其互动关系解释"美国和平"秩序及其理想的形成。在论及区域与国家的关系时,特纳曾征引拉采尔的观点,丝毫没有意识到拉采尔"按种族和生物类别划分"人类社会将会有怎样的危险,因为特纳自己同样是文明种族论者。[1]

不仅如此,由于"美国和平"既是国内概念也是国际概念,特纳的区域联盟论为他的美国扩张论提供了新的理论支撑,第一次世界大战后出现的新一轮"美国大国梦"合唱又多了一个声部。毕竟,尽管国际性的"美国和平"是在第二次世界大战之后的冷战中建立起来的,但它作为"理想"却诞生于第一次世界大战结束之际——甚至远在这场战争爆发之前。[2]

鲍曼的"新世界"

威尔逊总统出席巴黎和会时,政治地理学家以赛亚·鲍曼(1878—1950)以领土问题专家的身份随行,全程参加了凡尔赛会议,为威尔逊准备地图和地理数据,在重新划分欧洲国家边界方面发挥了重要作用。[3] 回国后不到两年(1921),鲍曼出版了一部600多页的大著——《新世界:政治地理学问题》,书名就让人感受到美国

---

[1] Frederick Jackson Turner, "Sections and Nation" (1922), in John Mack Faragher(ed.), *Rereading Frederick Jackson Turner: The Significance of the Frontier in American History and Other Essays*,前揭,页182-183。

[2] Ronald Steel, *Pax Americana*, New York: The Viking Press, 1967/Revised and expanded edition, 1970, pp. 3-14.

[3] Geoffrey J. Martin, *The Life and Thought of Isaiah Bowman*, Hamden, CT: Archon Books, 1980, pp. 81-98.

要成为世界领导者的强烈愿望。

《新世界》描述了全球 34 个政治单位或地区的地缘状况,仅附有的地图数量(257 幅)就已经超过契伦《当今诸大国》一书的页数。全书共 35 章,欧洲是重点(占 28 章)。鲍曼从大英帝国起笔(约 90 页),随后是"伊斯兰世界",由此自西向东、向南描述欧洲(对中欧、东欧、南欧的政治区域划分格外细致)——德国获得的篇幅有 40 多页,最后转向亚洲和美洲,俄国和东亚分别获得 30 多页篇幅。全书以"美国的处境"收尾,所占篇幅仅次于大英帝国(共 61 页)。仅看全书目录,就不难获得这样的直观印象:所谓"新世界"指大英帝国和美利坚合众国对欧亚非大陆形成了钳形包围——这倒是符合麦金德的地缘政治理想。浩瀚的太平洋区域无疑是实现这一态势的最大自然障碍,因此,鲍曼在论述东亚的政治地理态势之后提出,美国的军事力量应该形成"美利坚四边形"(American Quadrilateral)权力布局,其中的三个支点在太平洋海域。①

与鲍曼的《新世界》对观,契伦在《诸大国与世界危机》中所展现的眼界和气势,明显差得太远。豪斯霍弗有理由说,尽管鲍曼的笔法比马汉上校收敛,但他已经"将美国的帝国主义扩张步骤推到明亮的灯光之下":他笔下的美国在东亚和太平洋地区看似是"一个非帝国主义形象",但其实,他"以曲笔暗示",美帝国主义最想控制的对象就是东亚和太平洋(《太平洋地缘政治学》,页 133、180、257)。

豪斯霍弗还提到,鲍曼十分担心日本会利用"种族平等的主张",要求加利福尼亚的日本移民获得与美国白人相同的待遇,进而让澳大利亚、新西兰、加拿大的日本移民获得与英国人一样的待遇。这种担忧足以证明,鲍曼是个种族文明论者,他甚至"非常残酷"地说过,"当人们为美金杀人并以迫害少数民族为乐时,这是件好事"。鲍曼也担心日本将自己的边界推进到中国大陆内部,但这不是因为中国会遭受侵略,而是因为日本会"垄断贸易,排除白种商人"。鲍曼因此认为,美国应该遏制日本在太平洋扮演的角色(《太平洋地缘政治学》,页 193 - 194,比较页 301)。

---

① Isaiah Bowman, *The New World: Problems in Political Geography*, New York: World Book Company, 1921/1924(增订版)/1928, pp. 612 - 613;鲍曼称麦金德的《民主的理想与现实》(1919)是"一篇引人注目的哲学论文"(a striking philosophical essay),参见页 747;比较 Gerry Kearns, *Geopolitics and Empire: The Legacy of Halford Mackinder*, Oxford: Oxford University Press, 2009, pp. 20 - 22。

库里基的"全球"史观

鲍曼的"新世界"想象与其说是受到美国赢得第一次世界大战的激发,还不如说是西奥多·罗斯福和马汉吹响的全球扩张号角的回音:1900 年代初,产生如此"新世界"愿想的美国政治家远不止一两位。① 1906 至 1907 年冬,哈佛大学史学教授、资深外交家阿奇博尔德·库里基(1866—1928)在巴黎索邦大学发表系列讲演时,已经宣告美国是一个"世界大国"(World Power)。按照他的排名,眼下的世界只有五大国:大不列颠、俄罗斯和法兰西之后,就是美利坚合众国,德国排在最后。排名标准并不是土地面积、资源数量和出生率,而是经济和军事实力,否则库里基不可能不算上中国。基于国家实力,他宣称"美国本身就可以是一个世界,但它也是更大世界的一部分"。既然"全球的政治命运(the political destinies of the globe)越来越必须由少数几个大国决定",那么,人们就必须尽可能多地了解这些大国及其相互之间的关系。据此,库里基代表崛起的美国向欧洲人表达了对"全球"大国关系的看法。②

在短短的导言中,globe[全球]一词在库里基笔下就出现了 5 次。契伦的《当今诸大国》并没有以某个大国为中心,库里基则以美国为中心。他首先用了近半篇幅讲述美国的形成和成长(门罗宣言和美西战争是决定性的转折点),然后用了一半多篇幅依次考察美国与法国、德国、俄国、英国、加拿大、巴拿马运河区、南美、太平洋地区、中国和日本的关系,俨然美国已经是全球领导者。库里基不仅对美国"凭靠利剑赢取菲律宾"喜形于色,对美国插足中国东北[满洲]但"得而复失"深感遗憾,还宣称英国人发明的"门户开放"原则不应该再局限于东亚(同上,页 181 - 182)。与库里基的大国论对观,契伦的《当今诸大国》不仅显得视野局促,还过于学究气。这足以表明,虽然当时的美国学界还没有学科化的地缘政治学,但就地缘扩张的实际冲动而言,欧洲学界实难望其项背。

美国应该成为领导世界的大国,除了凭靠地缘优势外,还有美国的价值理念,即《独立宣言》所宣示的"人人平等"以及不可剥夺的对"生命、自由、追求幸福"的权利(同上,页 148 - 171)。表面看来,这会让美国因"凭靠利剑赢取菲律宾"陷入道

---

① Emily S. Rosenberg, *Spreading the American Dream: American Economic and Cultural Expansion, 1890 - 1945*, New York: Hill and Wang, 1982, pp. 38 - 42.

② Archibald C. Coolidge, *The United States as World Power*, New York: Macmillan, 1908/1921, pp. 9 - 15.

德困境,但在库里基看来,一旦人们考虑到美国的扩张同时带去的是文明和富裕,这样的困境就会自动消失(同上,页191-192)。

布鲁克斯的"新帝国"

库里基的巴黎讲演会让当时的人们想起美国的政治史学家布鲁克斯·亚当斯(1848—1927),因为后者在1895年出版的以大国更替为线索的世界经济史《文明及其衰落的法则》相当有名,而库里基的巴黎讲演的导言正是以概述大国更替的世界史为美国成为世界性大国做铺垫。应该顺便提一句:在布鲁克斯·亚当斯笔下的大国更替的历史谱系中,并没有中国的一席之地——尽管他曾提到"丝绸之路",但全书仅6次顺带提到中国。① 因为在他看来,文明兴衰的当前法则是,美国应该进入亚洲以建立新的文明——太平洋文明,取代衰亡中的大西洋文明,或者说把亚洲提到新文明源泉的高度,而这取决于亚洲是否接受盎格鲁-美利坚文明以及中国是否向它开放。只要盎格鲁-美利坚的种族联合能将自己的新文明有力地向太平洋西岸推移,就能彻底改变世界均势,绝对地控制整个人类社会——"其右翼位于英伦三岛,左翼在中国中部诸省,联合的中心则临近太平洋"。②

布鲁克斯·亚当斯出生于声名显赫的政治人世家:门罗主义的主要推手约翰·昆西·亚当斯是他的祖父,或者说美国第二任总统约翰·亚当斯是他曾祖父。他的兄长亨利·亚当斯(1838—1918)既是史学家又是文学家,以九卷本《杰斐逊和麦迪逊执政时期的美国史》闻名遐迩,此书迄今还是美国人的休闲读物。③ 令人费解的是,我们的某些知识人竟然把亨利·亚当斯的自传体小说推荐给中国年轻人,当作"人文素质教育经典读物"(中译本不止一个),而无视这位美国人"情愿生活在丛林中,因为那里总有野兽在跳跃"。用他的话来说,自己"身后不知道有多少清教徒和爱国者,他接受的教育需要一场战争才能弥补其代价",因为他"厌恶法国人

---

① Brooks Adams, *The Law of Civilization and Decay: An Essay on History*, New York: The Macmillan Company, 1895, p. 25.

② 李庆余,《19世纪末美国扩张主义思潮论析》,载于《南京大学学报》,2000年第3期,页107-108。

③ Henry Adams, *History of the United States During the Administrations of Thomas Jefferson and James Madison*, New York: Charles Scribner's Sons, 1889-1891;比较 Edward N. Saveth, *American Historians and European Immigrants: 1875-1925*, New York: Columbia University Press, 1948, pp. 54-56, 65-79。

和德国人的某些德行,厌恶很多[欧洲]大陆标准"。① 我们学界的推荐人并没有注意到,这位美国国民教育的塑造者还是种族主义者和反犹分子,他相信有色人种正在压倒白种人,后者若不"再通过一场战争、一场奇袭来重新占领热带地区",最终就"只能把自己的活动限制在北纬50度以北的区域"。②

亨利和布鲁克斯两兄弟都以历史写作成为"美国梦"的代言人,后者的作品数量虽不及兄长,名气却不遑多让。③ 世界历史迈入二十世纪那年,布鲁克斯出版了《美国的经济优势》。这部文集由六篇写于1898年至1900年的文章构成,可以看作《文明及其衰落的法则》的续篇,其中的《西班牙战争与世界均势》一文写于美国从西班牙手中夺取菲律宾的消息传来之际。布鲁克斯充满激情地告诉美国公众,近三百年来的世界史是英国取代西班牙获得世界霸权的历史:1760年代,战胜西班牙的荷兰仍然是"文明世界的经济中心",半个世纪后(1815),这个中心就转移到了英格兰,又过了半个世纪(1870),普鲁士领导的北德邦联击败法国,这标志着世界新纪元的开始,英国从此走向衰落——言下之意,美国将取代英国。紧接着布鲁克斯就发表了《国家间的新生存斗争》("The New Struggle for Life among Nations")一文(1899),具体描述1870年代以来全球地缘政治格局的新形势:

> 从大陆的一端到另一端,拉丁欧洲(Latin Europe)已衰朽不堪,中国正在分崩离析,英国似乎注定要丧失其无与伦比的优势地位,不再成为全球工业和金融的心脏。另一方面,德国已成长为一个全新的经济体系的中心,俄国正迅速吞噬长江流域以北的整个亚洲,而美国原本是最爱好和平的国家,如今则摇身成为全副武装且四处出击的(aggressive)共同体。④

相比之下,拉采尔在同年写下的《生存空间》实在过于学究气。两年后

---

① 亨利·亚当斯,《亨利·亚当斯的教育》,周荣胜、严平译,北京:中国社会科学出版社,2003,页20,比较页261–262、435、446。

② 海因茨·哥尔维策尔,《黄祸论》,前揭,页87;Robert Michael, *A Concise History of American Antisemitism*, New York: Rowman & Littlefield, 2005, p. 116。

③ Timothy P. Donovan, *Henry Adams and Brooks Adams: the Education of Two American Historians*, Norman: University of Oklahoma Press, 1991, pp. 157–185.

④ Brooks Adams, *America's Economic Supremacy*, New York: Macmillan, 1900, pp. 27–28;比较 Edward N. Saveth, *American Historians and European Immigrants: 1875–1925*, 前揭, 页70–72。

(1902),布鲁克斯出版了《新帝国》,他的大国更替的政治史论至此才算最终完成。按今天的学科划分来看,布鲁克斯应该算是经济史学者,他喜欢大量引用经济数据,从经济地理角度看待全球地缘政治,与马汉上校着眼于海军战略史角度看待世界政治有如珠联璧合。布鲁克斯预见到,全球经济权力圈正从大西洋向太平洋转移,俄罗斯势必会与美国争夺对太平洋的支配权。不过,他根据李希霍芬对中国的实际调查又深信,"未来的钥匙埋在中国的土壤里",因此,美国的成败"取决于能否把中国的经济命脉抓到手"——或者说,美国能否长久保持优势地位,要看亚洲的工业发展能推迟到什么时候:

> 如果亚洲实现了工业化和政治上的独立,美国和整个西方文明的衰落就要跟着到来,为了保障自己的安全,美国必须征服亚洲、欧洲和整个世界。①

在《新帝国》一书结尾,布鲁克斯·亚当斯甚至预言了日俄战争及其结果。俄国修建跨西伯利亚铁路,让麦金德在《历史的地理枢纽》(1904)中对欧亚大陆腹地出现铁路网感到担心,而在此之前两年,布鲁克斯已经发出警告:德国或俄罗斯一旦修建欧亚大铁路,它甚至可能延伸到中国的辽东半岛,就有可能开发欧亚大陆腹地,从而使德国和俄国在文化、经济和政治上联手。对海洋大国来说,这样的计划极其危险,必须竭尽全力阻止。豪斯霍弗不禁感叹:无论德国还是俄国的官僚机构抑或民间舆论都还没有看到,"盎格鲁-撒克逊人的空间视野何其宏阔",地缘政治的警觉意识何其敏感!德国人只要"读一下布鲁克斯·亚当斯或马汉论述世界交通地理的章节",就会对他们竟然已"预见到世界交通重心的转移惊讶不已,甚至还夹杂一些嫉妒"。如果说欧亚大陆的广袤空间引发了美国政治人的"恐惧",那么,德国人和俄罗斯人也正是从这种恐惧中才意识到自己应该有怎样的政治空间感。这足以证明,"只有借助美国的空间感",德国人和俄罗斯人才能增进对自己的生存空间的感知。② 由此来看,契伦在1915年建议德国建造远程铁路网,并不是什么了不起的地缘政治创见。豪斯霍弗没有想到的是,在后来的美国史学家给布鲁克斯贴上的诸多标签中,有一个标签名为 proto – Fascist[最早的法西斯主

---

① 转引自海因茨·哥尔维策尔,《黄祸论》,前揭,页88-89。
② 豪斯霍弗,《太平洋地缘政治学》,前揭,页167-168、195、274、279-280;比较 Brooks Adams, *The New Empire*, New York: Macmillan, 1902, pp. 8-9, 22-23, 177-211。

义者]。①

现在我们可以理解,鲍曼的美利坚帝国愿想并非心血来潮,其不同之处仅仅在于,它经历了威尔逊主义的洗礼,明显带有更为鲜明的自由主义意识形态色彩,但又貌似具有自然科学的客观性。《新世界:政治地理学问题》甫一出版,白宫随即给近600位国会议员送去人手一册。鲍曼为此振奋不已,随即连续两次修订(1923/1924),增订本的篇幅从初版的604页增加到784页,至1928年(第四版)印行了18000册。在此期间(1924),鲍曼在发表于美国《地理学评论》的一篇书评中写道:"这个世界上即便空旷的空间(the empty spaces)也不再是非政治性的了。"这话让人想到麦金德的名言:"世界上的遥远边界一旦被发现,我们就必须马上记录下当时全部的政治占有情况。"②麦金德这样说,有大英帝国的全球性政治占有垫底,鲍曼的全球空间视野只能被理解为美利坚有决心从大英帝国手中夺取这些政治占有——第一次世界大战的结果让鲍曼有理由相信,"能够战胜空间局限的大国力量",非美利坚莫属。③

鲍曼的《新世界:政治地理学问题》没有提到哪怕一篇拉采尔的文献,这多少让人感到蹊跷。毕竟,鲍曼早年一直关注甚至翻译过拉采尔的政治地理学文章。在拉采尔的英文传记作家看来,鲍曼是唯一全面把握拉采尔政治地理学的美国地理学家。④ 其实,就把社会达尔文主义与自由民主意识形态黏合在一起而言,鲍曼算不上是拉采尔的学生。由于拉采尔还身处立宪君主制政体,他不可能像鲍曼那样主张,"白种人"因其自由民主的成就而显而易见地高于其他民族。政治史学家有理由认为,若说鲍曼的政治地理学塑造了"一战"之后尤其富兰克林·罗斯福时代的美国全球扩张意识,那也并非夸张之辞。⑤

---

① Charles Hirschfield, "Brooks Adams and American Nationalism", in *American Historical Review*, Vol. 69/No. 2(1964), p. 371; 比较 Thornton Anderson, *Brooks Adams, Constructive Conservative*, Ithaca: Cornell University Press, 1951。

② Neil Smith, *American Empire: Roosevelt's Geographer and the Prelude to Globalization*, Berkeley & Los Angeles: University of California Press, 2003, p. 181, 比较页 185 – 186;哈尔福克·麦金德,《历史的地理枢纽》,周定瑛译,西安:陕西人民出版社,2013,页1。

③ Neil Smith, "Shaking loose the colonies: Isaiah Bowman and the 'decolonization' of the British Empire", in Anne Godlewska/Neil Smith (eds.), *Geography and Empire*, 前揭, 页 270 – 297。

④ Harriet Wanklyn, *Friedrich Ratzel: A Biographical Memoir and Bibliography*, 前揭, 页 41。

⑤ Neil Smith, *American Empire: Roosevelt's Geographer and the Prelude to Globalization*, 前揭, 页 38 – 39、71、190。

1936年,鲍曼的画像上了《时代周刊》封面(Volume XXVII, Number 12),鲍曼在美国公众中的影响力由此可见一斑。

从"荒原"到"大边疆"

1929年底,一场金融灾难突袭美国,紧接着是持续四年的"大萧条"(The Great Depression)。在此期间(1931),美国历史地理学家沃尔特·韦布(1888—1963)出版了《大平原:制度与环境研究》一书,随即一举成名,这年他已经43岁。

韦布是"西部人"的后代,他4岁时跟随父亲从东部来到得克萨斯西部:

> 那里是开阔、干旱的国度最为边缘[之地],这个国度向北和向西延伸,远得超出了一个男孩的想象。在那里,我触摸到这片真实边疆的衣摆;在那里,我尝到了碱的味道……在那里,我看到庄稼被干旱烧毁,被蚂蚱吃掉,被冰雹摧残。我感受到灼热的狂风从荒原中呼啸而来,一天之内就毁灭了一年的希望;我看到一群骑马牛仔,他们盲目而又疯狂,渴得完全失去控制,脸被划得有如死亡面具。①

基于自己的成长经历,韦布成了特纳"移动边疆"论的坚定追随者。他将特纳所说的"西部"向西推移,以西经98度为界确定为"一个地理单元":西经98度不仅是自然地理意义上的美国东西部的分界线,它也是一道"制度断层线"(institutional fault)。东部森林茂密,雨水充沛,地势多样;西部则是一望无际的大平原,因干旱少雨而荒芜贫瘠。早期拓殖者止步于西经98度线的边缘,而新的拓殖群体则跨越这道自然地理界线,凭靠左轮手枪、铁丝网和风车,他们不仅征服了这片荒原,还改变了东部湿润且森林茂密地带的制度和文化观念,锻造出真正意义上的美利坚政治品格。西部不是东部的延伸,反倒是对东部人携带的欧洲传统的摒弃——东部的几乎所有制度要素,在西经98度以西都不再有效。②

韦布笔下的这片"平原"更应该被称为"荒原"(desert),考虑到这个语词会让一些美国人难以接受——毕竟,"谈论一个国家的缺点和不足不会让一个作家受欢迎",甚

---

① Walter Prescott Webb, "History as High Adventure", in Walter Prescott Webb, *An Honest Preface and Other Essays*, Boston: Houghton Mifflin, 1959, p. 206.

② Walter Prescott Webb, *The Great Plains: A Study in Institutions and Environment*, Boston: Ginn, 1931/1959, pp. 3 – 11, 507 – 512.

至会遭遇"当地人负面批评的风暴",韦布才没有用 desert 来称呼西部。① 实际上,半干旱的自然环境形塑了西部拓殖者的生活方式和政治观念,改变了东部早期殖民者的生活方式和社会制度,若称之为"伟大的荒原",其历史意义会更为彰显。

韦布将这部作品题献给了自己的父母——题词充满对拓荒前辈的崇敬和感激之情:"他们满怀年轻的希望离开林地,带着勇气和责任面对平原上的问题。此书多半是他们的[作品]。"不难设想,韦布所刻画的西部拓荒历程,对正被"大萧条"所引发的沮丧笼罩的美国心灵来说无异于一剂强心针:《大平原》出版后两次荣登"每月一书俱乐部"(Book of the Month Club)榜单,1933 年获得五年评选一次的北美社会科学著作最高奖——卢巴特奖(Loubat Awards)。1936 年,百年老牌出版社——霍顿·米夫林(Houghton Mifflin)出版公司推出了"商务版"(trade edition)。②

要说韦布接续或复活了已然沉寂的"移动边疆"论并不为过,但在诸多方面,他又实际超越了特纳。首先,特纳论题的重点在于"进入西部",对他来说,"西部"标志着"一种运动或方向",而韦布的关注重点首先是西部的政治成长——他对牧场及其养牛业发展的描述一直写到 1928 年(《大平原》,页 227 - 243)。

第二,韦布善于讲故事,他以叙事体政治史学表达方式探究历史地理学乃至历史社会学的论题,这尤其体现在他接下来出版的《得克萨斯游骑兵:守护边疆的一个世纪》(1935)。此书同样让人耳目一新,它实际上是《大平原》的姊妹篇,通过记叙游骑兵(西部边疆巡警)的故事,韦布以叙事笔法探究西部制度的衍生及其生活方式的形成。游骑兵活动最频繁的地区是半干旱的得克萨斯州西部和墨西哥边境,韦伯对这一地区非常熟悉——用他自己的话来说,其史料积累从他"四岁被抱到西得克萨斯烈日炎炎的平原时就开始准备"了。游骑兵使用的枪支不是东部人喜欢的长步枪,而是柯尔特左轮手枪(the Colt revolver),因为前者不适合在马背上与印第安人作战。③ 在荒原生活,人们不仅需要马匹,还需要能够自卫和不下马就

---

① Walter Prescott Webb,"The West and the Desert", in Walter Prescott Webb, *An Honest Pretaceand Other Essays*,前揭, pp. 177 - 193;比较 W. Eugene Hollon, "Walter Prescott Webb's Arid West: Four Decades Later", in Kenneth R. Philp and Elliott West(eds.),*The Walter Prescott Webb Memorial Lectures:Essays on Walter Prescott Webb*,Austin:University of Texas Press, 1976, pp. 54 - 55。

② Walter Rundell,*Walter Prescott Webb*,Austin:Steck - Vaughn,1971, pp. 8 - 9。

③ Walter Prescott Webb,*The Texas Rangers;a Century of Frontier Defense*;illustrated with drawings by Lonnie Rees and with photographs,Boston/New York:Houghton Mifflin,1935, pp. 81, 84 - 86,200;比较 Walter Prescott Webb, "History as High Adventure",前揭, pp. 168 - 169。

能处理牛群的工具——六连发手枪以及用于划分地界和饲养牲畜的铁丝网。柯尔特左轮手枪尤其让韦布意识到,荒原改变了东部的制度——既然荒原的需要能改造武器,也就一定会产生制度性影响。

第三,与特纳一样,韦布的基本关切是美国的政治成长及其民族品格的形成——自然地理环境是影响民族历史的决定性因素。在1937年出版的《我们已经分裂:无边疆民主制的危机》一书中,韦布将自己的史学观察延伸到整个美国的状况,而非仅仅限于西部。但是,韦布比特纳走得更远,接下来他将用于研究美国史的史学原则延伸到了世界史领域。在他看来,所有看似独立的世界史特征,都可以归结为自然地理环境这个单一原因的结果。[1]

韦布在《大平原》的前言中已经宣称,他要揭示"一个具有广泛适用性的原则"(a principle of wide applicability):

  大平原的环境构成了一个地理单元,它的影响如此强大,以至于在其边界内生存的一切事物上都打上了独特的烙印。尤其是它改变了来自潮湿和多树木地区的美国制度和文化综合体,正如鲍威尔所说,其结果是发展出"雅利安文明(Aryan civilization)的新阶段"。(《大平原》,页 ii)

"二战"结束之后(1951),韦布发表了其一生中最负盛名的著作《大边疆》。《大平原》展示的历史画卷是,走出北美东部森林、踏上广袤无垠荒原的拓荒者们如何将自己从祖先们自古以来所处的自然环境中解放出来,《大边疆》则把盎格鲁-美利坚人从东部森林进入西部荒原拓荒视为日耳曼民族自1500年以来随地理大发现而开始的伟大的向西运动的一个阶段。在数百年的殖民扩张进程中,凭靠在亚洲、非洲、澳大利亚和南北美洲获得的"自由土地"以及大量可以轻易开发利用的自然财富,日耳曼移民成就了现代欧洲和北美的大都市。西进拓荒不仅发生在美国,也发生在加拿大、南美洲南部、澳大利亚和新西兰,那里的空间几乎是空的——至少当地土著没有有效占据和利用这些空间,如今则出现了诸多繁华的大都市。

从政治地理学的意义上讲,所谓"大边疆"指日耳曼人自十六世纪以来所发现

---

[1] Walter Prescott Webb, *Divided We Stand: The Crisis of a Frontierless Democracy*, New York: Farrar & Rinehart, 1937; 比较 Jacques Barzun, "Walter Prescott Webb and the Fate of History", in DennisReinhartz/Stephen E. Maizlish(eds.), *Essays on Walter Prescott Webb and the Teaching of History*, College Station: Texas A & M University Press, 1985, pp. 12–15。

的所有新大陆,与此相对的概念则是"大都市"——西方基督教现代共同体。韦布虽然把考察重点放在"大边疆"方面,但他的意图则是在世界文明史的视野中探究两者密不可分的关系。

> 本书所依据的假设是,它所定义的大边疆是现代历史的主要因素之一。其主要前提是,欧洲人突然获得土地和其他形式的财富,促使西方文明蓬勃发展,只要边疆开放,这种繁荣就会持续四个世纪。正是在这种氛围和条件下,现代民主、资本主义和个人主义占据了主导地位。(《大边疆》,页413)

韦布不是在为日耳曼人的地理扩张唱赞歌,相反,他让人们看到,在历时三个世纪的文明化过程中,盎格鲁-美利坚人对北美西部自然地缘的改造已达极限,其他欧洲民族征服非欧洲民族的历史进程同样如此,而被征服的非西方民族已经在竭尽全力向征服者学习如何抵抗征服的政治技巧和征服自然的科学技术。西方征服者接下来该怎么办?在汤因比看来,这是《大边疆》一书向西方人"提出的命运攸关的问题":西方长达五百年的世界性扩张,留下的仅是一个写在遮蔽着未来的黑幕上的"可怕问号"。①

这个问号如何解答,直到现在也还没有答案,但有一点是清晰的:非西方的解放运动即便以激进的方式摆脱西方人的统治,也是以西方人的生活方式为衡量标准,或者说以走向西方式的新社会为目标。问题在于,如果西方的全球化拓荒虽然创造出诸多大都市但却前景暗淡,那么,非西方世界的解放运动追仿西方,其结果又会如何呢?无数大城市拔地而起,成了承载新人类无数希望和梦想之地,同时也是滋生新式犯罪、生态破坏和政治打斗的场所——尤其是抑郁症的温床。②

1982年春,著名的世界史权威学人威廉·麦克尼尔(1917—2016)在题为"大边疆"的系列演讲中提出,韦布将特纳的边疆论"扩展到美国边疆之外",发展出一种全球视野的"大边疆"论,此乃史学上的一大贡献。韦布的"边疆理论的远景无疑是悲观的",但他毕竟"提供了一个恰当的框架",让人可以把美国的成长史视为"全球

---

① Walter Prescott Webb, *The Great Frontier*, Lincoln: University of Nebraska Press, 1986, pp. viii – ix.
② 杰里米·布莱克,《大都会:手绘地图中的城市记忆与梦想》,曹申堃译,太原:山西人民出版社,2016。

文明扩张过程的一部分"。据此,麦克尼尔把韦布视为"全球史观"的伟大先驱。①

麦克尼尔阅历广博,他不可能没读过库里基和布鲁克斯·亚当斯的著作,从而也就不可能不知道,在这两位史学家那里,不能说他们不具备以"哥伦布"为起点的全球史学观。倘若如此,麦克尼尔为何闭口不提库里基或布鲁克斯·亚当斯,而仅表彰韦布是"全球史观"的开拓者呢?

麦克尼尔是在"二战"结束之后成长起来的史学家,他清楚地看到,战后美国的"三十年繁荣似乎有力地驳斥了韦布悲观的经济预言"。问题在于,一些史学家乐于"帮助亚洲和非洲人书写他们的历史",从而"将美国历史看作范围广阔的欧洲扩张历程的一部分","摆脱欧洲的帝国主义成了[战后]新的学术潮流"。对于麦克尼尔来说,作为美国的世界史学家,他有义务回应这一史学新潮的冲击。显而易见,无论库里基、布鲁克斯·亚当斯还是特纳,都算得上是自由帝国主义的史学家。为了摆脱"自由和繁荣的民族主义史学"面临的"反帝"史学的挑战,麦克尼尔提出应该"将美国作为人类以及诸民族大家庭中的一员,放回世界当中去观察,并使其能够和旧的欧洲文明中心"一起重新被看待:

> 通过认真地考察现代大边疆现象,我们在发现富有和成功之外,还能发现压迫和贫穷,从而避免一种对于自由主义的、拥护国教主义的美国史版本的主要批评。(《全球观》,页10)

在麦克尼尔看来,韦布的"悲观"历史观来自1930年代初美国大萧条的影响,它"不仅标志着美国历史而且标志着世界历史进程中边疆较为容易开发利用时期的终结"(《全球观》,页5)。在熟悉韦布作品的专家眼里,这种观点显然是错的。《大平原》的基调是,拓荒边疆具有伟大的历史进步意义,此书并没有什么悲观情绪——正因为如此,它才会在那个时代起到振作美国精神的历史性作用。《得克萨斯游骑兵》展示了西部游骑兵如何通过采用适应特定需求的武器和行动模式,成功地克服了各种艰难险阻,其描述同样体现了乐观的现代文明进步观,甚至还显得带有几分浪漫情调。只是在1937年的《我们已经分裂》一书中,韦布的进步主义乐观情绪才有所减弱,而这时美国已经开始走出大萧条时代。毋宁说,韦布的悲观情绪与当时第二次世界大战即将来临的全球阴霾相关。到了战后的《大边疆》一书,韦

---

① 威廉·麦克尼尔,《全球观:征服者、灾难和群落》,任一译,北京:北京大学出版社,2023,页5、10(以下简称《全球观》,随文注页码)。

布几乎已经成了反进步论者。《我们已经分裂》试图揭示"无边疆的[美国]民主制"面临的未来危机,《大边疆》则将这种观察扩展到全球:没有边疆的人类生活在未来会是怎样的呢?如今,地球上的边疆已经消失,人类正凭靠航天技术开发甚至争夺新的"边疆"——月球和火星,以至于出现了制定太空国际法的呼声,正如五百年前的大航海时代催生了航海法。①

西方的繁荣以其五百年来的全球扩张为基础,而其制胜法宝则是不断更新的技术发明。日耳曼人征服的不是以狩猎和放牧为生的游牧民族,而是技术落后的农业民族。韦布虽然从自然地理环境的角度探究现代文明制度的衍生,却不能被称为"地理决定论者",因为其历史地理学的重点在于凭靠技术征服自然:盎格鲁-美利坚拓荒者战胜西部荒原的工具首先是左轮手枪和铁丝网。与其说韦布是地理决定论者,还不如说他是技术决定论者。问题仅仅在于,他的确看重自然生态与技术进步的关系——乐观也好、悲观也罢,无不与此有关。事实上,麦克尼尔从韦布那里获得的史学启发恰恰在于,"从生态和历史的角度考察人类状况",把"近代沿着大边疆展开的一系列生物和文化接触的互动所引发的巨变"视为"人类经验一般模式中一个晚近的且特别引人注目的例子"(《全球观》,"前言",页22-23)。

说到对"生物和文化接触"及其互动的历史考察,麦克尼尔难道不应该首先称赞拉采尔吗?他从韦布那里得到启发后说,"由于人类对于持续的地理多样性的不同适应","地球上的文化图景""从来不会均匀一致"(《全球观》,页11-14)。显而易见,这是拉采尔已经说烂了的话题。如果麦克尼尔读过拉采尔的著作尤其是他的《政治地理学》,他会为后者洗清历史污名吗?

十九世纪末的拉采尔已经看到,欧洲人通过全球地理扩张所获得的政治资源在世纪之交已经耗尽,未来的世界政治空间得由非洲和亚洲的大片边疆区来填充。尽管如此,人类赖以生活的陆地区域是有限的,政治空间的增加最终受制于地理条件:地表形态始终与争取更大区域的政治冲动相对立(《政治地理学》,页381)。由此看来,韦布在《大平原》序言中提到盎格鲁-美利坚西部人发展出了"雅利安文明的新阶段",这难免会让拉采尔公案的案情变得更加扑朔迷离。

---

① Necah S. Furman, *Walter Prescott Webb: His Life and His Impact*, Albuquerque: University of New Mexico Press, 1976, pp. 184 – 185;比较 George Wolfskill, "The Webb 'Great Frontier' Hypothesis and International Law", in Kenneth R. Philp and Elliott West(eds.), *The Walter Prescott Webb Memorial Lectures*,前揭, pp. 73 – 91。

七　德意志生存空间观念的历史嬗变

直到今天,纳粹德国的起源仍然是欧美史学界感兴趣的话题。理查德·埃文斯(1947—)是英国史学界研究德意志政治史的名家,他在2003年出版的三卷本《第三帝国的到来》第一卷开篇写道:

> 德国历史上第一个可能真正与1933年第三帝国的登场直接相关的时刻,正是1871年德意志帝国的建立,而不是久远的宗教改革中的宗教文化和等级制度,也不是十八世纪的"开明专制"。[①]

德国的政治史学家格茨·阿利并不这么认为,他在2005年出版的史书中写道,真正与第三帝国的登场直接相关的历史时刻,应该是1848年的德意志自由主义共和革命。1938年3月,希特勒治下的德国兼并奥地利,一举"实现了1848年以来民族统一的夙愿":莱茵河流域与多瑙河流域终于连成一片。虽然德意志第三帝国"并不是一个共和国,但这已经足以让[德意志]人民欢呼雀跃"。两个月后,希特勒作为德意志第三帝国元首在维也纳英雄广场上对奥地利人宣布:"我要告诉历史,我的故乡从现在起加入到德意志帝国之中。"紧接着,这位奥地利籍德意志人又在美因河畔的法兰克福以"1848年革命思想的追随者和实践者"的名义对德意志人宣称:"我们的先人九十年前为之斗争和流血的事业,现在终于可以宣告

[①] 理查德·埃文斯,《第三帝国的到来》,赖丽薇译,北京:九州出版社,2019,页3-4。

完成了。"①

格茨·阿利的观点为人们看待拉采尔公案开启了不同的视野：德意志生存空间感的历史源头是1848年的自由主义共和革命。在茨威格对豪斯霍弗的评议中，"生存空间"是让豪斯霍弗背负历史罪名的关键词。茨威格没有提到拉采尔，因为他说这个语词是豪斯霍弗"首创的"。② 茨威格显然缺乏政治地理学方面的基本知识，他并不知道，豪斯霍弗的地缘政治学不过是将拉采尔和契伦与马汉和麦金德的地缘政治观"融汇于一炉"，谈不上有什么独创性。③ 不仅如此，拉采尔的生存空间论也谈不上有什么独创性，它不过是用生物－政治地理学表达德意志自由主义的革命理想罢了。

大德意志的经济空间

史学家们在调查拉采尔公案时都会提到，最先使用 Lebensraum 这个复合词的是大文豪歌德。但是，歌德发明这个语词不是用来描述政治地理，而是描述凭靠心灵才能感觉到的个体生存感觉。在60岁那年完成的爱情小说《亲合力》(1809)中，歌德笔下的贵族青年爱德华的内心出现了"难以描述的"动荡，为了摆脱这种"内在危险"，他"渴求外在的危险"，即借助贵族的"旧习惯、旧爱好"——要么外出狩猎要么投入战争——让自己"消灭时间"，以"充实生命空间"(den Lebensraum auszufüllen)。④

这里的 Lebensraum 用法并不带有政治含义。不仅如此，爱德华的生存感觉还

---

① 格茨·阿利，《希特勒的民族帝国：劫掠、种族战争和纳粹主义》，刘青文译，南京：译林出版社，2011，页17。

② 斯蒂芬·茨威格，《昨日的世界：一个欧洲人的回忆》，舒昌善译，北京：生活·读书·新知三联书店，1991，页253。

③ 武尔夫·施瓦茨韦勒，《希特勒副手赫斯的一生》，李世华译，北京：世界知识出版社，1992，页68。

④ 《歌德全集·第8卷：作品集之小说》，谷裕主编，卫茂平等译，上海：上海外语教育出版社，2019，页476；Horst Dreier, "Wirtschaftsraum – Großraum – Lebensraum. Facetten eines belasteten Begriffs", in Horst Dreier/Karl Kreuzer/Hans Forkel (eds.), *Raum und Recht. Festschrift 600 Jahre Würzburger Juristenfakultät*, Berlin: Duncker & Humblot, 2002, p. 74; Johannes Steinmetzler, *Die Anthropogeographie Friedrich Ratzels und ihre ideengeschicht – lichen Wurzeln*, Bonn: Geogr. Inst., 1956, p. 43。

很可能是歌德自己的个人生存感觉的表达。在 25 岁那年发表的处女作《青年维特的痛苦》(1774)中,歌德已经表达过类似的心灵渴求:

> 乐天知命,满足于自己窄小的生存空间,安度时日,看见树叶飘落,只会想到冬日即将来临。①

这里的"生存空间"原文不是 Lebensraum,而是 den engen Kreis seines Daseins[自己生存的狭小范围]。当然,中译并不算错,"生存范围"与"生命空间"的语义并没有实质性差异。

歌德也是自然学家,在生物地理学方面颇有造诣。有一次,他与自己的助理艾克曼谈到橡树的生长:

> 含沙的或掺沙的土壤使橡树可以向四面八方伸出苗壮的根,看来对橡树最有利。此外,橡树还应有足够的生存空间,以便从四面八方接受光线、太阳、雨和风的影响。如果它生长在避风雨的舒适地方,它也长不好。它须和风雨搏斗上百年才能长得健壮,在长成之后,它的姿势就会令人赞叹了。②

"橡树还应有足够的生存空间"的原文也不是 Lebensraum,而是 ihr gehörigen Raum[属于自己的空间],但中译同样不能算错。海德堡大学地理学教授阿尔夫雷特·赫特纳(1859—1941)比拉采尔小 15 岁,他在 1927 年出版了《地理学的历史、性质和方法》,此书据说迄今仍是地理学的基础教本。赫特纳在书中特别提到,歌德的自然学讲究直观的经验观察方式,它更多具有审美品质,并不带有政治感觉。③赫特纳没有注意到,歌德虽然是文人和自然学家,对世界地缘政治却并不缺乏敏锐直觉。1827 年初春,已经 77 岁高龄的歌德与艾克曼聊到洪堡曾提出修建巴拿马运河的倡议。歌德颇为兴奋地说,巴拿马运河若能把墨西哥湾和太平洋连接起来,将会给地球上的人类带来数不尽的好处。他还相信,正在崛起的美国一定会把开凿这条运河的工程"拽在自己手中":

> 可以预见,这个对西部有着强烈偏好的年轻国家,将在三四十年后占有落

---

① 《歌德全集·第 8 卷:作品集之小说》,前揭,页 32 – 33。
② 艾克曼辑录,《歌德谈话录》,洪天富译,上海:上海三联书店,2016,页 231。
③ 阿尔夫雷特·赫特纳,《地理学:它的历史、性质和方法》,王兰生译,北京:商务印书馆,1983/1997/2012,页 243 – 245。

基山脉以外的整片土地,并在那里繁衍生息,使之成为人口大国。此外,我们还将进一步看到,在整个太平洋沿岸已经自然形成最为广阔和最安全的港口,重要的商业城镇将逐渐兴起,以促进中国与东印度群岛和美国之间的交往。在这种情况下,北美西海岸和东海岸之间的商船和军舰的往来会更加快捷,与绕道好望角那冗长、讨厌且昂贵的航程相比更为优越。①

歌德在这里没有使用"生存空间"一词,但美国的地缘扩张前景让他想到了德意志的地缘政治条件:如果能让莱茵河与多瑙河连接起来,那该多好!

就在歌德产生这样的政治想象的同一年,流亡美国的弗里德里希·李斯特写下了《美国政治经济学纲要》,歌德对美国的预感在其中得到更为明晰的表达:

> 由于美国的[地理]条件绝无仅有,它努力培养工业的效果也将是空前的。如果说小国不得不屈从于英国的海军优势,那么美国人却可以昂起头颅直视英国的优势。②

李斯特同样想到了德意志的政治状况——他提到,仅仅几年前,来自这个古老帝国"各地的数千名第一流的制造商和贸易商聚集在一起组成了一个协会",他们希望能够建立起全德意志统一的经济体系。作为这个协会的代表,李斯特不辞辛劳奔波于德意志"各邦的朝廷",游说封建君主们接受关税同盟的倡议(同上,页214 - 215)。借用歌德的话来说,全德关税同盟就像是一颗橡树种子,它的生长应该能够使得德意志"含沙的或掺沙的土壤"变成具有黏合力的泥土。

俾斯麦统一德意志后,帝国土壤的性质并没有实质性改变,"生存空间"这个语词却开始在政治话语中流行起来。③ 这不是由于歌德在谈话录中所表达的政治想象的激发,毋宁说,德意志人生存空间意识的诞生来自新生的美国及其迅速成长的激发,而这首先应该归功于李斯特。他相信,"整个欧洲只有德意志最有潜力模仿美国的崛起",即便它眼下还处于碎片化的政治状态,经济发展迟缓,更谈不上有

---

① 艾克曼辑录,《歌德谈话录》,前揭,页209 - 210;比较 Joseph Aulneau, *Le Canal de Panama: l'expansion économique des États - Unis et la conquête du Pacifique*, Paris: Alcan, 1913.

② 弗里德里希·李斯特,《政治经济学的自然体系》,前揭,页211。

③ Karl Lange, "Der Terminus Lebensraum in Hitler's *Mein Kampf*", in *Vierteljahresheft für Zeitgeschichte*, 13(1965), pp. 432 - 433.

海军传统。①

李斯特移居美国期间（1825—1832），与美国辉格党创始人亨利·克莱（Henry Clay,1777—1852）成了好友。此人属于美国政界的鹰派人物，曾与小亚当斯一起代表美利坚在《根特和约》上签字。门罗咨文发表后的次年（1824），亨利·克莱提出了不依赖英国经济体系的"美利坚[经济]体系"，积极推动美利坚从农业经济向工业经济转型。② 据卡普兰说，小亚当斯胜选总统后（1825），亨利·克莱被任命为国务卿，他"从门罗主义中汲取灵感，用'生存空间'来形容主权既定的广阔地理区域"，为美国的地缘扩张提供支撑。李斯特接过这个概念，把它带回到德意志的土壤。卡普兰还说，在亨利·克莱那里，"生存空间"的语义是中性的，但它到了德意志人手里——尤其是在拉采尔手里——变成"有机的、生物学意义上的地理概念"后，语义就变得邪恶了。③

政治史学家有理由怀疑，门罗主义所包含的"生存空间"概念是中性的。不过，卡普兰的说法倒是提供了一条重要的历史线索：德意志生存空间意识的生成史不是从歌德到拉采尔再到豪斯霍弗，而是从门罗宣言经亨利·克莱到李斯特，再到德意志第二帝国时期的各色政治家和学人——尤其是政治经济学家。帝国晚期的帝国主义式的"世界政策"（Weltpolitik），就是从这些经济学家倡导的"世界经济"（Weltwirtschaft）发展而来。④

在李斯特的《政治经济学的国民体系》中，除 Zeitraum[时间空间]之类一般用法（共4次）外，"空间"一词出现了15次。如果说"给予忍耐精神以空间"（dem Geist der Duldung Raum zugeben）之类属于修辞性用法，那么，"赢取空间"（Raum

---

① Gregor Thum, "Seapower and Frontier Settlement: Friedrich List's American Vision for Germany", in Janne Lahti(ed.), *German and United States Colonialism in a Connected World: Entangled Empires*, London: Palgrave Macmillan, 2021, p. 18.

② 迈克尔·赫德森，《保护主义：美国经济崛起的秘诀（1815—1914）》，贾根良等译，北京：中国人民大学出版社，2010，页23-25,123-125；详见 Maurice Baxter, *Henry Clay and the American System*, Kentucky: University Press of Kentucky, 1995。

③ 罗伯特·卡普兰，《即将到来的地缘战争：无法回避的大国冲突及对地理宿命的抗争》，涵朴译，广州：广东人民出版社，2013，页95。

④ 奥特弗里德·加贝，《李斯特赶超战略的适用性》，梅俊杰主编，《重商主义：历史经验与赶超原理》，上海：上海社会科学院出版社，2025，页222-223；Erik Grimmer-Solem, *Learning Empire: Globalization and the German Quest for World Status*, 1875-1919，前揭，页169-177。

zugewinnen）、"必需的空间"（nötigen Raum）、"局促的空间"（engenRaume）、"足够的空间"（Raum genug）——尤其是"作为一个民族国家的空间"（als eine Nation Raum）之类的用法，就带有政治地理学意味了。①

生物地理学意义上的"生存空间"概念，则来自达尔文的启发：1860年，莱比锡大学的地理学教授、人种学家奥斯卡·佩舍尔（Oscar Peschel，1826—1875）为刚问世的《物种起源》撰写书评时，首次在生物地理学意义上使用了这个语词，但含义仅相当于英语的 habitat 或法语的 milieu。② 足足三十年后（1891），拉采尔才让这个语词具有了生物-政治地理学的"生存斗争"含义，而在此之前，受李斯特的影响，德意志帝国的政治经济学家们已经在生存斗争的意义上谈论德意志的 Wirtschaftsraum［经济空间］。③ 换言之，最早关注德意志生存空间问题的是政治经济学家而非地理学家，他们几乎无不是李斯特的传人。

古斯塔夫·施穆勒（1838—1917）是显著的例子，他比拉采尔仅年长六岁，但出道早得多——拉采尔还是自然旅行作家时，施穆勒已经是小有名气的经济史学家。我国学界对此人不算陌生，因为他主张用历史方法研究经济学，强调国民经济不可能摆脱具体的历史时间和空间的制约，还曾与马克斯·韦伯就"社会科学的客观性"和"价值中立"之类的问题展开过著名讨论。④ 1884年，施穆勒出版了大著《弗里德里希大王的经济政策研究》（*Studien über die wirtschaftliche Politik Friedrichs des Grossen*），在李斯特思想的影响下，该书考察了十七世纪以来的重商主义历史。在施穆勒看来，重商主义的实质是强势国家采用经济手段获取或维持国际霸权：凭靠海外殖民扩张成为强国的荷兰、英国、法国建立起各自的"政治-经济体制"，并"利用海上和商业上的统治地位"制定出"霸道的国际法"，再辅以"充满精巧设计的阴谋外交"，把卑鄙的商业条约强加给缺乏经验的贫弱国体。德意志人由于尚未凝聚成

---

① 依据英译本迻译的中译本仅译出7次，比较弗里德里希·李斯特，《政治经济学的国民体系》，前揭，页24、140、167、194、233、246（商务版的中译本一次也没有译出）。在德文版的长篇"序言"中，"空间"一词出现了4次，而在英译本中，这篇序言仅为"节译"。

② Claude Raffestin/Dario Lopreno/Yvan Pasteur，*Geopolitique et histoire*，Lausanne：Payot，1995，p. 31.

③ Horst Dreier，"Wirtschaftsraum - Großraum - Lebensraum. Facetten eines belasteten Begriffs"，前揭，页50–52。

④ 古斯塔夫·冯·施穆勒，《国民经济、国民经济学及其方法》，黎岗译，北京：商务印书馆，2017，页49–55、88–89；比较 Erik Grimmer - Solem，*The Rise of Historical Economics and Social Reform in Germany 1864–1894*，Oxford：Oxford University Press，2003，pp. 5–13。

单一民族国家,经济利益难免受到严重损害:1670 至 1750 年间,德意志地区到处都可以听到商业无法独立、外国商人横行的"悲痛哀歌"。通过记叙重商主义的历史,施穆勒呼吁德意志人模仿荷兰、英国和法国,以其人之道还治其人之身——因为历史已经无情地表明:

> 在最先进的国家以最严酷的民族利己主义,用金融、立法和暴力的一切武器,用航海法和禁航法,用舰队和海事法庭,用公司,用国家指导和支配下的贸易,为生存而进行集体斗争时,德意志人若不成为铁锤,就一定会成为铁砧。①

凭靠这样的教诲,施穆勒成了塑造德意志帝国"整整一代经济学家、行政官吏和外交官员的教育家"。他让各类有声望的德意志政治人物意识到,在即将来临的世纪,重商主义式的争权夺利会更为激烈,地球上各个"统一而强大、富足而有势力的经济实体"会"为了人类的生存空间、资本的生息空间、赢利的销售市场空间而重新相互角逐"。由于这将是"最后一次全球大瓜分",各大国必然会凭靠各自的经济潜力和商业实力,"凭靠军事装备、舰队、保护关税制度等手段"加强自己的国际地位。②

拉采尔在《政治地理学》中赞许地引用李斯特,把他视为"第一个在经济学和政治学意义上明确区分一个民族的空间领土的经济学家"。③ 由此不难理解,拉采尔的《政治地理学》刚一出版,施穆勒就注意到了。他随即在自己主编的《社会学年鉴》上组织了一场以"土地、社会和国家"为主题的大讨论,还邀请拉采尔撰文阐述自己的观点。法国著名社会学家涂尔干(1858—1917)也撰文参与了讨论,他"以社会学家的身份"对拉采尔的生物 - 政治地理学提出"反对意见":探究人类社会形态若把地理要素作为唯一的研究对象,难免会夸大地理要素的重要性,而忽略其他要素。④ 于是,拉采尔被扣上了"地理决定论"的帽子。

---

① 古斯塔夫·冯·施穆勒,《重商主义制度及其历史意义》,严鹏译注,北京:东方出版中心,2023,页 130。

② 弗里茨·费舍尔,《争雄世界:德意志帝国 1914—1918 年战争目标政策》,前揭,页 9 - 10。

③ 斯托杨诺斯,《地缘政治学的起源与拉采尔》,前揭,页 73。

④ 吕西安·费弗尔,《大地与人类演进:地理学视野下的史学引论》,前揭,页 27 - 28、41 - 42、53;详见 Émile Durkheim, "Morphologie Sociale and Review of Ratzel's Politische Geographie", in *L'Annee sociologique*, Vol. 2, 1897/1898, pp. 520 - 532。

涂尔干没有意识到,施穆勒组织这场讨论,与德意志帝国这棵新生橡树的生长相关。德国学人焦急地看到,美国和日本都是不久前才完成国家的重新整合,却已经迅速崛起,而德意志帝国在诞生之时"就有四分五裂的风险"。① 拉采尔的《政治地理学》提醒德意志人,国家的全部生活根植于土地的力量:土地虽然始终固定在空间的同一地点之上,以盲目的残酷性主宰着人们的命运,但它也给人们不断变更的目标提供了稳定的支撑。盎格鲁-美利坚人的领土扩张充分表明,欧洲人并没有受自己足下的土地束缚,毋宁说,通过获取新大陆,欧洲人已经摆脱了土地的束缚。就模仿美利坚的政治生长而言,拉采尔同样是李斯特的传人。正因为如此,施穆勒才十分看重这部著作。

德意志的"中欧"帝国愿想

施穆勒是个民族社会主义者,或者说自由主义保守派。在十九世纪末期的德意志帝国,"民族[国家]社会主义"属于广义的自由主义派别,因对内主张社会民主改革,对外主张向东扩张领土,也被称为"社会自由主义"或"左翼自由派"。② 1896年,路德宗牧师弗里德里希·瑙曼(1860—1919)与马克斯·韦伯等人发起"民族[国家]社会联盟"(Nationalsozialer Verein),左翼自由派正式登上政治舞台,直到战后建立魏玛共和国,它都扮演了引人注目的角色。③

马克斯·韦伯和瑙曼在学养和个性上都有很大差异——前者是社会学创始人、信奉现实主义政治原则的学人,后者则是教会政治人,但在前者影响下成了社

---

① 里昂耐尔·理查尔,《魏玛共和国时期的德国》,前揭,页45。

② Erik Grimmer‑Solem, *The Rise of Historical Economics and Social Reform in Germany 1864–1894*,前揭,页 144–145、161–165;Donald G. Rohr, *The Origins of Social Liberalism in Germany*, University of Chicago Press, 1963, pp. 102–109, 155; Alastair P. Thompson, *Left Liberals, the State and Popular Politics in Wilhelmine Germany*, Oxford/New York: Oxford University Press, 2000, pp. 200–237; Erik Grimmer‑Solem, *Learning Empire: Globalization and the German Quest for World Status, 1875–1919*,前揭,页 29–38, 223–227。比较 Jens Herold, *Der junge Gustav Schmoller. Sozialwissenschaft und Liberalkonservatismus im 19. Jahrhundert*, Göttingen: Vandenhoeck & Ruprecht, 2019。

③ Asaf Kedar, "Max Weber, Friedrich Naumann and the Nationalization of Socialism", in *History of Political Thought*, 31(2010), pp. 129–154.

会达尔文主义者。① 因此,就两者的关系而言,前者算得上是后者的精神导师:

> 韦伯呼吁德国参与"世界大国政治",要求把俾斯麦创建帝国唤起的强大民族情感引向他在弗莱堡就职演说中提出的伟大德国的"世界政治"新任务,这激起了巨大的反响,对弗里德里希·瑙曼的冲击最直接,也最大。瑙曼在《扶助》杂志上发表了对[韦伯的]弗莱堡就职演说的全面说明,他最后这样问道:"难道不对吗?如果哥萨克人来了,那么,什么才是最好的社会政策?要推行一项政策,必须首先保障人民、祖国与边疆的安全。……我们……需要一种有统治能力的社会主义。统治的能力就意味着贯彻一种比以往更全面的政策。一种有统治能力的社会主义,必须是德意志民族的社会主义。"②

瑙曼提到的"哥萨克人"指俄国人。"社会自由主义"积极支持德意志帝国向东拓展生存空间的政策,十多年后爆发的欧洲大战与此不无关系,而后来纳粹德国的东进,不过是对这一东扩方针的继承罢了。③ 当然,德意志帝国的东扩冲动未必一定会导致战争。重要的是,战争爆发之初,德意志的各色自由派知识人大都积极支持帝国的战争立场,理由是英国和俄国的扩张已经让德意志本来就局促的生存空间更加局促。左翼自由派与泛德意志派和亲政府的右翼自由派在内政问题上立场各不相同,但它们都认同德国谋求成为自由主义帝国的诉求。④

---

① 详见 Andreas Lindt, *Friedrich Naumann und Max Weber. Theologie und Soziologieimwilhelminischen Deutschland*, Mu?nchen: Chr. Kaiser, 1973; John Groh, "Friedrich Naumann: From Christian Socialist to Social Darwinist", in *Journal of Church and State*, Vol. 17/1 (1975), pp. 39 – 42。

② 沃尔夫冈·蒙森,《马克斯·韦伯与德国政治:1890—1920》,阎克文译,北京:中信出版社,2016,页71 – 72(译文略有改动);比较戴维·毕瑟姆,《马克斯·韦伯与现代政治理论》,徐鸿宾、徐京辉、康立伟译,长春:吉林出版集团,2015,页11 – 12、142 – 143、177 – 178;于尔根·考伯,《马克斯·韦伯:跨越时代的人生》,吴宁译,北京:社会科学文献出版社,2020,页14。

③ Ihor Kamenetsky, "Lebensraum in Hitler's War Plan: The Theory and the Eastern European Reality", in *The American Journal of Economics and Sociology*, 20(3), 1961, pp. 314 – 315;详见 Michael Burleigh, *Germany Turns Eastwards: A Study of Ostforschung in the Third Reich*, London: Pan Books, 2002, pp. 5 – 7。

④ 弗里茨·费舍尔,《争雄世界:德意志帝国 1914—1918 年战争目标政策》,前揭,页169;黄燎宇,《"谁是野蛮人?"》,载于《读书》2016 年第一期,页 47 – 54。

对于"泛日耳曼主义者"而言,生存空间既可以使中世纪日耳曼骑士通过使斯拉夫土地殖民化而实现的领土征服合法化,也可以在情感上使散居于东欧各国但统称为日耳曼民族的人建立统一帝国。在很大程度上,他们只是相当小的少数民族,正如1918年前俄罗斯曾统治过的波兰部分地区(城市以外的地区)一样。但在相当多的地区,例如但泽或后来被称为苏台德区的捷克斯洛伐克地区,操德语的人口相当多,他们也是狂热的民族主义分子。①

我国地理学界熟知的赫特纳并非不问政治的自然科学家,1895年,他模仿早在1860年代就颇有影响的政论性地理期刊《海外》(Ausland)创办了《地理杂志》,从地理学角度关注国际政治经济形势——创刊号上有李希霍芬评论《马关条约》的文章。② 战争爆发后的第二年(1915),赫特纳以海德堡大学地理学教授的身份在杂志上对公众发声:

> 英国人认为自己是出类拔萃的民族,并认为他们有控制海洋和世界的权利;我们要驳斥他们的看法,并与他们并驾齐驱。俄国人也要求不断扩大沙俄领土的权利,我们也要以我们的权利来与之相抗衡。③

自由派经济学家舒尔采-格弗尼茨(1864—1943)是另一个例子。他在1906年出版的《二十世纪初的不列颠帝国主义和英国自由贸易》十分有名,我国学人对他也不会感到陌生,因为列宁曾在《帝国主义是资本主义的最高阶段》这部划时代文献中,多处痛斥这位"德国帝国主义的辩护士""各国帝国主义者眼中的权威""德国帝国主义的狂热崇拜者"。④ 同样是在战争爆发后的第二年,舒尔采-格弗尼茨在杂志上发表文章说:

> 我们被夹在东方和西方的世界强国之间,唯一的出路是中欧……。中欧

---

① 伊恩·克肖,《希特勒(上卷1889—1936):傲慢》,廖丽玲等译,北京:世界知识出版社,2015,页195。
② 罗伯特·迪金森,《近代地理学家》,前揭,页131-133;比较阿尔弗雷德·赫特纳,《地理学:它的历史、性质和方法》,前揭,页121-122。
③ 转引自弗里茨·费舍尔,《争雄世界:德意志帝国1914—1918年战争目标政策》,上册,前揭,页170。
④ 列宁,《帝国主义是资本主义的最高阶段》,中共中央马克思恩格斯列宁斯大林著作编译局编译,北京:人民出版社,2014,页35-37、99、125-126。

与巴尔干半岛和土耳其(还有中欧的地中海国家希腊)结成紧密的联盟,就将是政治和经济上的世界强国,它还能通过苏伊士运河从陆上对非洲施加压力。如果我们在这场战争中获得这样的成果,那么……这场战争对于我们来说就不是打输了,而是打赢了。①

舒尔采-格弗尼茨的这段言论道出了德意志民族自由主义者渴求的扩展生存空间的具体含义:德意志帝国应该成为中欧帝国,以抗衡西欧的英法和东欧的俄国两面夹击。

舒尔采-格弗尼茨明显受瑙曼影响,而美国同样是他心目中的楷模。② 1915年10月,瑙曼出版了《中欧》一书,上市后持续畅销,其影响力不亚于鲁道夫·契伦的《当今诸大国》。瑙曼的基本主张是,源于霍亨索伦王朝的德意志帝国与源于哈布斯堡王朝的奥匈帝国应该结成牢不可破的经济共同体,以此形成"德意志的中欧"政治体——用歌德的话来说,就是让莱茵河流域与多瑙河流域连成一片。今天的人们若仅仅从德意志传统中去寻找这一生存空间观的起源,那就会找错方向:民族自由主义者瑙曼心目中的楷模是美国式的联邦主义。瑙曼承认,由于奥匈帝国是多民族和多宗教的政治体,"德意志的中欧"不可能采取联邦制,但他认为至少可以采取基于条约的联盟国家体制。重要的是,"德意志的中欧"必须基于一种在语言和教育等方面给予各少数民族自主权的宪制,但在经济和政治上,各民族必须成为一个统一体,而德国则应该成为波兰和捷克的保护人——他甚至建议中欧的国家中心设在布拉格。③

---

① 弗里茨·费舍尔,《争雄世界:德意志帝国1914—1918年战争目标政策》,上册,前揭,页171,亦参页235-236、301。

② Kurt Zielenziger, *Gerhart von Schulze Gaevernitz. Eine Darstellung seines Wirkens und seiner Werke*, Berlin: Prager, 1926, pp. 35-36; Jürgen Frölich, "…'den national sozialen Gedanken auf den altliberalen Untergrund aufsetzen'. Neue Dokumente zur Verbindung zwischen Friedrich Naumann und der Familie von Schulze-Gaevernitz", in *Jahrbuch zur Liberalismus-Forschung*, 22 (2010), pp. 251-260.

③ Friedrich Naumann, *Mitteleuropa*, Berlin: Reimer, 1915, pp. 212-243;比较 Jörg Brechtefeld, *Mitteleuropa and German Politics. 1848 to the Present*, London: Macmillan Press, 1996, pp. 45-46; Stephen Verosta, "The German Concept of Mitteleuropa 1916-1918 and Its Contemporary Critics", in Robert A. Kann/Béla K. Király/Paula S. Fichtner(eds.), *The Habsburg Empire in World War I: Essays on the Intellectual, Military, Political, and Economic Aspects of the Habsburg War Effort*, NewYork: East European Quarterly, 1977, pp. 204-208。

"中欧"概念的衍生

"中欧"听起来是一个介于东欧与西欧以及北欧与南欧之间的自然地理概念,其实不然。固然,在十九世纪以前,欧洲文献中并没有"中欧"这个语词,但若是把这个地缘政治概念的诞生仅仅归于弗雷德里希·瑙曼在"一战"初期发表的《中欧》一书,那也过于大而化之了,难免带来误导。据史家考索,Mitteleuropa 一词最早见于约翰·佐勒(1778—1853)在 1808 年出版的《地缘:尝试科学的地理描述》。① 前文提到过,德意志地区最早开设地理课程的是维滕堡大学,出生于维滕堡的佐勒就在那里以"论地理学史"(De historiageographiae)为题获得博士学位,而他父亲则是该校的古希腊语教授。1803 年,佐勒移居普鲁士,在柏林一所中学教语文,后来与费希特成了知交,他们有共同的德意志民族情怀。1806 年,因汉诺威的主权归属纠纷,威廉三世的普鲁士遭到拿破仑的法国痛击(耶拿战役),佐勒因此而成了德意志民族精神的宣传家。1810 年,佐勒受聘柏林大学教授地理学,次年就修订再版了《地缘》一书,而此书的初版已经点燃卡尔·李特尔的地理学热情。佐勒还是当时的浪漫派文人群体成员,曾积极推动德意志文化的纯化,他的《尼伯龙根之歌》散文译本(1813)在当时非常著名,更不用说他在 1810 年出版的散文作品《德意志神:论德意志的统一》。②

佐勒更多以开创盲人教育的伟绩留名青史,以至于他在地理学方面的开创之功以及唤醒德意志民族意识的文学成就没有得到政治史学家应有的重视。③ 从佐勒的经历来看,"中欧"一词的出现,在一开始就带有政治意涵。尽管如此,在佐勒笔下,这个语词又并不带有后来才出现的区域地理政治含义,它被用于指欧洲的南北分界线:从法国大西洋沿岸延伸到黑海,甚至包括英伦三岛南部、瑞典南部以及俄罗斯中部和南部,一直延伸到乌拉尔山脉和伏尔加河,可以说与德意志并不相

---

① Hans-Dietrich Schultz, "Deutschlands 'natürliche' Grenzen", in Alexander Demandt (hrsg.), *Deutschlands Grenzen in der Geschichte*, 前揭, 页 53-55。

② Johann Zeune, *Gea. Versuche einer wissenschaftlichen Erdbeschreibung*, Berlin: Wittig, 1808, 2. veränd. Aufl., Berlin: Hitzig, 1811; 比较 Johann Zeune, *Thuiskon. Ueber Teutschlands Einheit*, Berlin: Julius Eduard Hivig, 1810; Johann Zeune, *Ein Wort Friedrichs des Großen Deutschland und Frankreich*, Berlin: Haudy und Spenescher Buchhanglung, 1840。

③ Helmut Preuß, "Johann August Zeune der Hauptvertreter der 'reinen' Geographie", in *Erdkunde*, 12(4), 1958, pp. 277-284。

干。毕竟,那时的德意志还不是一个独立、统一的政治单位。维也纳会议以后,随着德意志统一意识的高涨,地理学家开始区分"西欧"和"东欧",1830年代又出现了"西南欧洲"和"东北欧洲"的区分。诸如此类的区域划分无不表明,德意志人试图确定自己的疆界范围。

1833年,佐勒的《地缘》出了第四增订版,篇幅扩大到两卷,书名改为"依据自然的普通地理,及其与自然和民族生活的关联"。他仍然认为,"从中欧到亚洲,地球半径的差值会增大,但要确定其中的关系还为时尚早",而Mitte Europas[欧洲的中心]或Harzland[核心地带]就是德意志的自然地域,即阿尔卑斯山至维斯瓦河的森林地带(Alpen – Weichselwaldland)。

> 由于海洋和山脉(而非河流)一直是国家和民族之间的分界线,因此民族的大小更加固定,同时也更加按照自然边界组织起来。只有在中欧,众多的日耳曼部落与斯拉夫部落融合在一起,我们以前认为是西欧和东欧分界线的丘陵线,由于几个世纪的战乱,并不是随处可见。[……]斯拉夫人没有停留在山区和平原的交界处,虽然斯拉夫人越过巨人山脉(Riesengebirge,[引按]位于波兰西南部的克尔科诺谢山[Karkonosze],苏台德山系中的最大山脉,今与捷克分享,亦称捷克与波兰的界山,最高峰海拔1602米)的山坡,向波希米亚森林挺进,从而占领了易北河上游盆地,但从未到达三角平原的顶端加莱,而是被德意志军队阻挡在萨勒河(Saale[引按]易北河左岸支流)和易北河,后来又被推过奥得河,到达将奥得河地区与维斯瓦河地区分隔开来的林木茂盛的丘陵地带。(同上,页189 – 190)

1848年革命期间,"中欧"这个语词出现的频率明显增多,而且成了一个政治单位的概念。[①] 主张"大德意志方案"的法兰克福立宪议会议员宣称,德意志人应该建立一个"庞大的中欧国家",以此"与斯拉夫国家和拉丁国家抗衡","从英国手里夺过海上霸权":"这就是德意志的未来!在这个目标面前,一切关于宪法形式的琐碎辩论都毫无价值。"最为著名的鼓吹者当推并非立宪议会议员的康斯坦丁·弗兰茨,他主张德意志与奥地利和普鲁士建立联盟,并联合其他日耳曼语系国家,唯有如此才能"剥夺法国和俄国在欧洲大陆的优势地位"。[②]

---

① Jacques Le Rider, *La Mitteleuropa*, Paris:PUF(2e édcorr.),1996,pp. 63 – 69.
② 科佩尔·S. 平森,《德国近现代史:它的历史和文化》,前揭,页146、170 – 171。

既然"中欧"一词是在1848年支持和反对"大德意志方案"的辩论中被创造出来,那么,这个语词几乎等于德意志民族神圣罗马帝国观念的死灰复燃。[1] 由此可以理解,第一次世界大战之后,法国著名的政治地理学家约瑟夫·奥尔诺(1879—1944)针对瑙曼的《中欧》一书会把中欧地缘的历史起源追溯到查理帝国。[2] 不过,这种政制性的"中欧"观念并没有成气候,毕竟,1848年的德意志合众国夭折了,这使得德意志的"中欧"观念没有立足的国土。俾斯麦打造的德意志帝国依据的是"小德意志方案",俾斯麦退出政坛后,"中欧"作为一个帝国式的德意志观念才逐渐起死回生。约瑟夫·帕尔奇(1851—1925)在1903年出版的《中欧:西阿尔卑斯山和巴尔干半岛的国土和民族》一书,多少带有这种性质。帕尔奇早年在布雷斯劳大学攻读古典语言学、历史和地理,毕业后他将古典语文学与地理学结合起来,研究古希腊罗马地理,成了颇有成就的古代历史地理学家,其《中欧》一书带有同样的性质。[3]

全书分十章,篇幅长达432页,但题为"世界位置及其意义"(Weltlage und Bedeutung)的第一章仅9页,帕尔奇开篇就写道:

> 欧洲之所以被视为自立的大陆,并不在于俄罗斯广袤的陆地,因为它与亚洲大陆有着广泛的联系;毋宁说,欧洲在更大程度上基于分割其海湾的岛屿和半岛带。但是,只有通过位于它们之间的中欧核心地带(Kern Mitteleuropas),这些形状丰富的肢体才能连成一个地理单元。大陆怀抱中的两个洼地——波罗的海和北海——通过其出口的下沉而通向海洋[引按指大西洋],这一重要事实确保了欧洲轮廓的清晰和命运的自立。[……]
>
> 阿尔卑斯山脉、伊利里亚山脉(Illyrische Ketten,[引按]巴尔干半岛西北部,包括亚德里亚海东岸,大致相当于今斯洛文尼亚、克罗地亚和波斯尼亚-黑塞哥维那部分地区)、喀尔巴阡山脉和巴尔干山脉决定了欧洲的组织结构,

---

[1] Jacques Le Rider, "Mitteleuropa? … Donauraum? …Dekonstruktioneiner Apotheose", in Christian Reder und Erich Klein (hrsg.), *Graue Donau, Schwarzes Meer*, Wien: Springer, 2008, S. 94.

[2] Joseph Aulneau, *Histoire de L'Europe centrale*, Paris: Payot, 1926, pp. 21-32.

[3] Joseph Partsch, *Die Darstellung Europa's in dem geographischen Werke des Agrippa. Ein Beitragzur Geschichte der Erdkunde*, Breslau: V. G. Korn, 1875; Joseph Partsch, *Physikalische Geographie von Griechenland, mit besonderer Rücksicht auf das Alterthum*, Breslau: V. G. Korn, 1885. 详见 Marion Schmoldt, *Joseph Partsch und seine Bedeutung für die deutsche Geographie am Anfang des 20. Jahrhunderts*, Wittenberg: Halle, 1988。

将欧洲各国分隔开来,确保了各国在自然、民族和政治上的独立性。尤其是它们将地中海中部和两个半岛([引按]指希腊半岛和意大利半岛)排除在中欧之外,而这两个半岛是古代文化最喜爱的地方。[……]

从阿尔卑斯山西麓到巴尔干半岛东端的高山屏障是中欧的基础。奥斯坦德(Ostend,[引按]比利时西北部城市)和日内瓦、梅梅尔(Memel,[引按]濒临波罗的海的德意志贸易城市,今属立陶宛,改名为 Klaipėda[克莱佩达])和布尔加斯(Burgas,[引按]保加利亚东南部城市,濒临黑海西岸)之间的广袤土地构成了欧洲国家大家庭的核心。整个地区直到中世纪才成为世界历史的中心。古代文明只对这里产生了部分影响。只有从山脉屏障的两端,即马萨利亚(Massalia,[引按]今法国马赛,上古时期曾是希腊人的殖民港口)和敖德萨的前身奥尔比亚(Olbia),希腊商业才向大陆中心伸出微弱的触角。①

可以看到,帕尔奇的"中欧"指欧洲这个大半岛的核心区域。帕尔奇写作此书是应麦金德的邀请,英文本(1903)先于德文本问世(且章节划分与德文版不同),属于麦金德主持的"世界区域"(The Regions of the World)丛书中的一种——这套丛书为的是配合麦金德自己的《大不列颠及其海洋》。帕尔奇凭靠这本书获得了莱比锡大学的地理学教席,拉采尔去世后,该教席一直空缺。后世的读者很容易看到,帕尔奇所描述的"中欧"地缘,正好是随后的欧洲三十年战争(1914—1945)的核心战场。帕尔奇似乎并非没有预感,因为他在"序言"一开始就说,他面临着这样的问题,即"是否有可能将这样一个由不同国家组成的地域(Kreis)作为一个整体来理解和介绍,而其中一些国家充满了相互冲突的愿望"。不用说,帕尔奇的《中欧》属于标准的政治地理学作品——由于太过政治化,以至于有人否认它是"学术著作",但它并不带有德意志帝国主义的政治想象则是事实,尽管他的确描绘了一个经济、政治和军事统一的中欧,甚至将它视为未来的一个世界强国。②

---

① Joseph Partsch, *Mitteleuropa. Die Länder und Völker von den Westalpen und dem Balkan bis an den Kanal und das Kurische Haff*, Gotha: Justus Perthes, 1904, pp. 3-5.

② Joseph Partsch, *Mitteleuropa*, 前揭, p. V; 比较 Hans-Dietrich Schulta, "Grossraum-konstruktionen versus Nationsbildung: das Mitteleuropa Joseph Partschs Kontext und Wirkung", in Heinz Peter Brogiato/Alois Mayr(Hrsg.), *Joseph Partsch – Wissenschaftliche Leistungen und Nachwirkungen in der deutschen und polnischen Geographie*, Leipzig: Institutfür Länderkunde, 2002, pp. 89-98, 108-109。

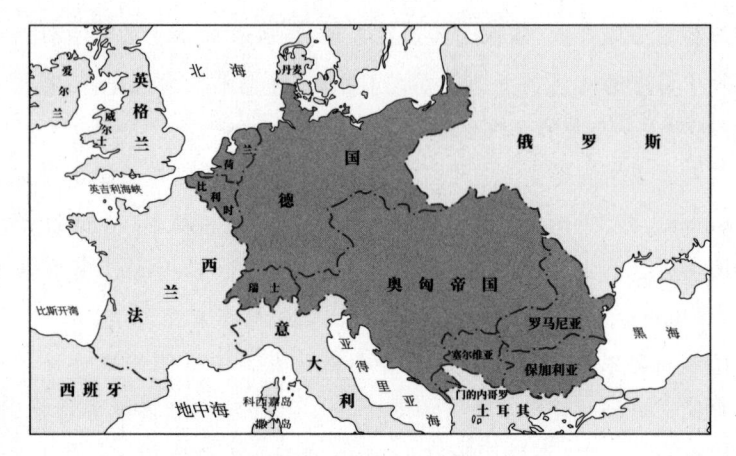

帕尔奇所描述的"中欧"

尤其重要的是,帕尔奇不主张德意志帝国东扩。"一战"刚爆发不久(1914年9月下旬),德军在东普鲁士一带两次重创俄军,德国举国上下振奋不已,帕尔奇却发表公开演讲,明确告诫德国人应该克制:

> 即使是最大胆的乐观主义者,也不应梦想德国的东部边界会发生某种重大推移。历史的教训已经付出了足够沉重的代价,绝不能再失去这些教训。我们决不能忘记,吞并异族聚居的大片地区并不意味着帝国的强大,相反——用俾斯麦的恳切之言来说——这只会"强化我们自己领土上的离心因素"。德意志人民被迫卷入世界四大强权的阴谋所强加的艰难斗争中时,任何触手可及的胜利奖品都与所面临的政权毁灭的威胁不相匹配,这是艰难的处境。不是征服的欲望,而是自保的防卫义务让德国人握紧了手中的利剑。他们必须确保自己的未来不会再次出现同样的危险。[①]

"一战"结束后,尽管帕尔奇的警告不幸应验了,但面对凡尔赛会议做出的地缘裁决,他随即公开发声,捍卫德意志人在历史-政治地理方面的权利。政治实体对其地理位置的依赖往往会受到其他方面的因素的影响,必须以谨慎的考虑来认识和限制这种依赖性。政治边界"通常只是从自然中借用的,而不是由自然实际设定

---

① 转引自 Hans‑Dietrich Schulta, "Grossraum‑konstruktionen versus Nations‑bildung: das Mitteleuropa Joseph Partschs Kontext und Wirkung",前揭,页109。

或规定的边界",必须尊重历史的地理边界。①这话让今天的我们不免想到,帕尔奇的出生地是下西里西亚(波兰西南部)的最大城市布雷斯劳(Breslau,波兰语称Wrocław[弗罗茨瓦夫])。那里起初属于波兰王国,十七世纪时(1675)才成为哈布斯堡王朝的属地,1740年代又被普鲁士王国夺走,而仅仅一个世纪之后,那里的波兰人已经成了极少数族裔。"二战"结束时,德国奥得河(OderRiver,发源于捷克东北部奥得山北坡)及其支流尼斯河(Neisse River,发源于捷克苏台德山脉)以东的11万平方公里领土被割让给了波兰,以此补偿波兰东部割让给苏联的18万平方公里领土——布雷斯劳成了德国在"二战"后丧失的最大城市。

帕尔奇的《中欧》一书刚问世不久,老辈的地理学家基尔希霍夫(1838—1907)就做出了带有民族主义情绪的强烈反应,此人比拉采尔还年长6岁。1905年,已经60多岁高龄的基尔希霍夫出版了一本小册子,强调中欧地域的历史主人是德意志民族：

> 我们德国人绝不是一个没有血性的民族。过去两千年里,中欧西部和南部的凯尔特人同东部的斯拉夫人一起加入了日耳曼核心(dem germanischen Kern)。那些史前外来居民可以追溯到冰河时代,他们的残余已完全被我们的祖先吸收。可是谁去历数过,谁去了解过他们！直到最近的人类学研究才告诉我们,有多少人种体征顽强地在遗传中保留了下来,尤其是头骨形状,其忠实程度简直令人惊叹。这些头骨特征与史前墓葬中发现的特征联系紧密,如今生活在同一地区的居民身上也能找到这些特征,尽管只是零星分布,且其在空间上的分布与当前的诸民族边界并不完全一致。(卢白羽译文)②

这段话显得是佐勒在70年前的如下说法的回音：

> 日耳曼人是一个庞大、强壮的土著民族,他们战胜了凶猛的、统治世界的罗马人,两者的混合产生了今天仍居住在欧洲西南部的许多混血民族。另一方面,自众多德意志部落迁徙以来,另一个民族,斯拉夫人,一直从东方向巨人

---

① Joseph Partsch, *Der Bildungswert der politischenGeographie*, Berlin: Ernst Siegfred Mittler & Sohn, 1919, pp. 14–25.

② Alfred Kirchhoff, *Zur Verständigungüber die Begriffe Nation und Nationalität*, Halle: Verlag der Buchhandlung des Waisenhauses, 1905, pp. 12–13.

山脉挺进。①

基尔希霍夫早年在波恩大学和耶拿大学攻读自然科学,毕业后在中学任教,德意志帝国立国那年(1871),他受聘于柏林的战争学院(Kriegsakademie)担任地理学讲师——这所学院由普鲁士军队的著名改革家格哈德·沙恩霍斯特(Gerhard von Scharnhorst,1755—1813)创建(1810),第一次世界大战结束后曾被《凡尔赛条约》取缔,1935年才得以恢复。基尔希霍夫在这所学院任教两年后,受聘为哈勒大学地理学教授,长期从事"德意志地理学和民族学研究"(Forschungenzurdeutschen Landes – und Volkskunde)。他的"中欧"观反映了德意志帝国后期的强权政治冲动,试图重新规划欧洲的政治版图。在他眼里,中欧地缘的东沿在历史上紧邻波兰-立陶宛联合王国。② 基于政治想象中的中欧地缘,基尔希霍夫相信,

> 再怎么赞美都不为过的命运另有安排。我们这个全新的帝国处于欧洲列强环伺之中,比古老的"德意志民族的罗马帝国"装备更加精良,足以应对任何对手。它是世界和平,同时也是最纯正的德意志文化的忠实堡垒。与今日之希腊民族相比,霍亨索伦王朝治下的德意志帝国是一个文化民族,它已将自身的中间等级核心发展成为一个民族国家。只要俾斯麦的天才光芒继续照耀并指引着他的子民,这个国家就会一如既往地热爱和平——它多次庄严起誓保证——以抵制那些语焉不详的空谈家的沙文主义。(同上,页58,卢白羽译文)

不难看到,从1800年到1900年的一个世纪里,伴随着德意志的现代成长,"中欧"才逐渐成为一个政治地理概念。不仅如此,帕尔奇明确提出的"中欧"概念,还在相当程度上激发了麦金德于1904年提出"心脏地带"说。尽管如此,这一概念其实更多是想象中的政治空间,德意志人尚需要某种政治理念来填充确切的含

---

① Johann August Zeune, *Allgemeine naturgemäßeErdkundemitBezug auf Natur – und Völkerleben*,前揭,页184;比较 Francis Dvornic, *The Making of Central and Eastern Europe*, Second edition, Gulf Breeze, Fla.: Academic International Press, 1974, pp. 11 – 38。

② Alfred Kirchhoff, *Zur Verständigungüber die Begriffe Nation und Nationalität*,前揭,p. 49;比较 Alfred Kirchhoff, *Was ist national*? Halle: Gebauer – Schwetschke, 1902。

义——尤其是需要一场战争来让它成为实在的空间。①

德意志帝国的东扩

战争果然出人意料地很快来了,瑙曼的《中欧》一书就在这样的背景中应运而生。此书问世的同一年,地理学教授威廉·西维斯(1860—1921)正好出任基森(Giessen)大学校长。他在大学年度庆典上发表演讲时以"中欧的地理边界"为题,第一句话就说"我们进行的这场强有力的战争(der gewaltige Krieg)已经持续了差不多近两年",并在此语境下提出了具体确定"中欧"的地理空间的必要性问题。在西维斯看来,这场"战争的内在框架"对德国人来说"还有另一伟大的意义",那就是——

> 随着战争规模的扩大,1756 年至 1815 年间占主导地位的普鲁士生存问题以及 1815 年至 1871 年间占据我们历史的德意志问题,如今已被中欧问题所取代,即建立一个中欧合众国(Verbandes von Staaten der Mitte Europas),以便在政治、军事和经济方面确保自己的安全。②

西维斯批评弗里德里希·瑙曼等人从政治或经济角度大谈"中欧"构想都不过是些无根之论,毕竟,德国人首先得确定中欧的地理基础。按照西维斯划定的边界,中欧合众国的面积约 200 万平方公里,占整个欧洲面积的五分之一;战前人口有 1.6 亿,超过欧洲总人口的三分之一。在这个多民族的合众国中,德意志人和弗拉芒人(Vlamen,主要居住在比利时北部和荷兰)占大多数(8800 万),其次是斯拉夫人(3500 万),然后是罗马尼亚人(1100 万)、匈牙利人(1000 万),还包括 800 万法兰西人和瓦隆人(Wallonen,族源与法兰西人相近,其先民主要为罗马化的别尔格人,多居住在比利时),以及 500 万犹太人和 300 万意大利人。西维斯相信,通过"强有力的战争",由德意志人主导的中欧合众国作为"多民族综合体"(vielfach

---

① Michael Heffernan, *The Meaning of Europa: Geography and Geopolitics*, London: Arnold-publishers, 1998, pp. 71 – 73; Hans – Dietrich Schulta, "Grossraum – konstruktionen versus Nationsbildung: das Mitteleuropa Joseph Partschs Kontext und Wirkung", 前揭,页 85 – 88、98 – 108;比较"二战"后西德地理学家对"中欧"的描述,Klaus – AchimBoesler, "Mitteleuropa", in Walter Sperling/Adolf Karger(Hrsg.), *Europa*, Frankfurt am Main: Fischer, 1978, pp. 330 – 383.

② Wilhelm Sievers, *Die geographischen Grenzen Mitteleuropas*, Giessen: Otto Kindt, 1916, p. 3.

Nationalitäten – Komplexe）将取代"纯粹的民族国家"——前提是以德意志帝国为中心在政治和经济上形成利益共同体，在军事上形成安全共同体，而"这两点在我[划出]的中欧边界之内都可以做到"（同上，页24）。仅从人口民族成分的比例来看，西维斯的中欧帝国构想就得向东大举扩张。

没过多久（1917），针对瑙曼的著作引发的"中欧"观念热，奥地利的历史地理学家胡果·哈兴格（Hugo Hassinger，1877 – 1952）以"中欧的地理性质"为题做了一次学术报告。在他看来，"要找到这个地理术语的一幅没有争议、含义明确的图景是徒劳的"，人们往往不过是把德意志帝国和奥地利的领土联合起来，再加上部分或全部巴尔干国家，以及瑞士、荷兰、比利时、丹麦、波兰和俄罗斯的波罗的海各省，乃至把斯堪的纳维亚和意大利也包括进来。① 如今的地理学家凭靠地图几何学确定欧洲中部的地理位置（捷克和斯洛伐克及其周边区域），对于理解历史无济于事。毕竟，"欧洲"本身就是一个不断移动的政治地理概念，自查理大帝的帝国分裂以来，西欧和中欧的划分就"因边界和归属的变化而不断变更"，遑论自中世纪晚期以来，欧洲中部一直是神圣罗马帝国、奥斯曼帝国和俄罗斯帝国相互争夺的破碎地带。② 从自然地理的角度看，中欧固然是东欧与西欧之间的过渡地带，但政治和历史并不完全受自然地形约束，尤其是在麦金德所谓欧亚大陆心脏地带的边沿：

> 在地理上，中东欧自然而然地分为三部分：维斯杜拉（Vistula）盆地、多瑙河盆地和巴尔干山脉。但因三者之间有些过渡地带，又由于大马蹄形的喀尔巴阡山的中央主要山汇将多瑙河盆地分割为二，这一格局便随之复杂化了，尽管其基本构形并未改变，而且，地理与历史的相互作用——有时是地理与当代政治的相互作用——让旅行者可能看到，一些村落相距不过数英里，却各自有截然不同的社会特征，这种情况在世界其他地区实属罕见。③

---

① Helmut Rumpf, "Mitteleuropa. Zur Geschichte und Deutung eines politischen Begriffs", in *Historische Zeitschrift*, CLXV (1942), S. 511; Peter M. R. Stirk, "The Idea of Mitteleuropa", in Peter M. R. Stirk (ed.), *Mitteleuropa: History and Prospects*, Edinburgh: Edinburgh University Press, 1994, pp. 4 – 11.

② Karl A. Sinnhuber, "Central Europe: Mitteleuropa: Europe Centrale: An Analysis of a Geographical Term", in *Transactions and Papers* (Institute of British Geographers), No. 20 (1954), pp. 25 – 28；诺曼·庞兹，《欧洲历史地理》，前揭，页141；安德烈·瑟利耶，《中欧人文图志》，王又新译，北京：中国人民大学出版社，2008，页3 – 38。

③ 艾伦·帕尔默，《夹缝中的六国》，前揭，页3（译文略有改动）。

倘若神圣罗马帝国没有瓦解，作为地缘政治概念的中欧多半还会处于蛰伏状态。如已经看到的那样，作为政治地理概念的"中欧"，实际上是拿破仑战争以及维也纳会议的结果。在地理学家以外的人士中，人们通常把弗里德里希·李斯特视为德意志"中欧"构想"最早的先知"，但他其实并没有明确提出这个概念，尽管他的确说过：

> 如果德国能够把自己的领土同它所有的沿海地区、荷兰、比利时和瑞士整合起来，形成一个强大的商业和政治统一体——如果这个强大的国体能够把代议制政体与现行的王室、君主与贵族利益融为一体，只要它们之间能够相容——那么，德国就可以使欧洲大陆的和平长期得到保障，与此同时，便可使自己成为一个持久的大陆联盟的中心。①

李斯特想象的是建立一个经济共同体式的德意志-马扎尔东方帝国（German-Magyar Eastern Empire），它将从亚得里亚海延伸到黑海，"通过与英格兰结盟并建立共同的经济空间"，以抗衡"美国和沙俄这两个新兴的庞大帝国"——前提是德意志人得向东部大量移民。尤其是为了阻止德意志人移民北美让美国经济富裕起来，李斯特明确建议，必须引导德意志人向东南欧"边境殖民"，把多瑙河从源头到黑海入海口都打造成一条德意志河流。②

严格来讲，1848年共和革命期间出现的"大德意志方案"已经实质性地包含打造"中欧"共同体的政治想象——这一概念还有"核心欧洲"（Zentraleuropa）或"区间欧洲"（Zwischeneuropa）之类的变体。③ 不幸的是，民族自由主义的德意志合众国构想功亏一篑。在麦金德看来，这是俄国强势西进的结果：

> 从1848年至1850年间，民主运动遍布莱茵河以东，中欧燃起了自由与民族观念之火，但是从我们的视角来看，其中的两个事件，也仅有这两者是决定性的。1849年，俄军挺进匈牙利，并将马扎尔人再次置于维也纳的统治之下，

---

① 弗里德里希·李斯特，《政治经济学的国民体系》，前揭，页302。

② Henry C. Meyer, *Mitteleuropa in German Thought and Action 1815–1945*, Den Hague: Martinus Nijhoff, 1955, pp. 11–14；斯托杨诺斯，《地缘政治学的起源与拉采尔》，前揭，页277。

③ Michael Heffernan, *The Meaning of Europe: Geography and Geopolitics*, 前揭, 页72；Jörg Brechtefeld, *Mitteleuropa and German Politics. 1848 to the Present*, 前揭, 页19–38。

从而使奥地利人得以恢复对于意大利人和波希米亚人的统治之权。1850年举行了关乎历史命运的奥尔米茨会议,俄罗斯与奥地利拒绝让普鲁士国王接受法兰克福议会奉上的整个日耳曼地区的王冠。因此,东欧的持续联合得以维护,而来自莱茵兰的自由主义运动确然受阻。①

由此看来,俄国也有打造自己的东欧帝国的愿想,这必然挤压德意志人心目中的中欧生存空间。麦金德没有提到,奥地利、捷克、匈牙利的自由主义者,同样各自有各自的"中欧"愿想,俄军挺进中欧非但没有扼杀这类愿想,反倒成了其萌生的催化剂。②

瑙曼张扬"德意志中欧"观念始于1890年代中期,以此作为1848年自由主义共和革命的大德意志构想的替代品。希特勒在1938年兼并奥地利,的确实现了瑙曼的"德意志中欧"构想——接下来他还想实现李斯特的愿想。史学家没有理由说,瑙曼的构想是基于联盟国家体制的经济统一体,而希特勒实现这一构想采用的是军事手段,因而两者不可同日而语。瑙曼的《中欧》写于1914年底至1915年初,明显意在为刚刚爆发的战争提供明确的战略目标:该书第一章即题为"共同的战争及其结果",Mitteleuropa ist Kriegsfrucht[中欧是战争成果]成了他的宣传口号。③ 瑙曼相信,德意志民族是除英格兰、俄罗斯和美利坚之后的第四个伟大的世界民族,作为"迟到"的中欧帝国,德国必须迎头赶上。由于所在的生存空间过于局促,德国必须把从北角到波斯湾的中欧视为自己作为"新的世界强国的核心区域"。为了实现这一目的,德国就得使用一切手段让东部地区的异族脱离俄国的控制。④

无论如何,"中欧"概念不是瑙曼的发明,他不过是让这个概念具有了明确的地缘政治意涵,或者说成了具体的战略目标罢了。何况,撰写《中欧》一书时,瑙曼已经为传播"德意志中欧"这一观念"奋斗了二十余年"。即便如此,瑙曼的"中欧"规划仍不能让兴登堡(Paul von Hindenburg,1847—1934)和鲁登道夫这样的东线将领感到满意,"理由是它不够雄心勃勃,对东欧小国太过温和"。对他们来说,"中欧"概念应

---

① 哈福德·麦金德,《民主的理想与现实:重建的政治学之研究》,王鼎杰译,上海:上海人民出版社,2016,页105-106;比较杰弗里·瓦夫罗,《哈布斯堡的灭亡:第一次世界大战的爆发和奥匈帝国的解体》,前揭,页16-17。
② 斯托杨诺斯,《地缘政治学的起源与拉采尔》,前揭,页272-276。
③ Friedrich Naumann, *Mitteleuropa*,前揭,页1-29;比较 Henry C. Meyer, *Mitteleuropa in German Thought and Action 1815-1945*,前揭,页198-205。
④ 迪特尔·海因,《十九世纪德国史》,前揭,页125。

是德意志帝国东进的"一块垫脚石",而非东进的目的本身,否则,这一概念只会给德国的发展潜力带来"非自然"限制,"让德国永远被困在中欧地区"。① 事实上,《中欧》尚未问世,帝国政府已经趁战争爆发之机开始东扩。1914年底,奥得河畔的法兰克福市长弗里德里希·施威林(Friedrich Ernst von Schwerin,1863—1936)受首相府委托,拟定了一份向东移民的计划,还成立了"促进国内移民社"。在提交给首相府的移民政策方案中,施威林表达了德意志帝国从1848年的自由主义共和革命者那里继承得来的东扩信念:

> 必须重新号召德国人民——地球上最伟大的殖民民族——去完成伟大的移民业绩,必须使德国人民获得能享受生活的扩大了的疆域。可供德国人移民的海外领土已被瓜分殆尽,即便是作为这场战争的战利品也不可得,因此不得不试图在德国本土附近获得新的移民区。②

施威林把德意志人称为"地球上最伟大的殖民民族",指的是自中世纪晚期以来德意志人一直在向东殖民,而"可供德国人移民的海外领土已被瓜分殆尽"的说法又充分表明,他在拿美国作比较:盎格鲁-美利坚人已经把自己的疆域扩展到了西太平洋,德国人除了向东欧方向拓展生存空间,还能向哪里拓展呢?这样想的德国人并非只有施威林。1940年代的希特勒"有充分的理由"把苏联的欧洲部分称为"德国的印度",或者满意地表示说,"类似于美国西进运动的殖民机会到来了"。一旦重新迁徙或干脆杀掉那里的住民,人口统计学家和经济规划人员将把那里当作一张白纸,就像盎格鲁-美利坚人对付印第安人那样,而"荒蛮的[欧洲]东部"就会成为德国的边疆。③

---

① 艾伦·帕尔默,《夹缝中的六国》,前揭,页163-164;Henry C. Meyer, *Mitteleuropa in German Thought and Action 1815-1945*,前揭,页88-95;Michael Heffernan, *The Meaning of Europa:Geography and Geopolitics*,前揭,页76。

② 转引自弗里茨·费舍尔,《争雄世界:德意志帝国1914—1918年战争目标政策》,上册,前揭,页174,比较页116。

③ 史蒂芬·弗里茨,《东线战事:希特勒的东方灭绝战》,程逸松译,北京:时代文艺出版社,2017,页5。比较 Clemens Driessen/Jamie Lorimer, "Back Breeding the Aurochs:The Heck Brothers, National Socialism, and Imagined Geographies for Non-Human Lebensraum", in Paolo Giaccaria/Claudio Minca(eds.), *Hitler's Geographies:The Spatialities of the Third Reich*,前揭,页138-154。

浪漫化的德意志大一统之梦

若要更好地理解民族自由主义者的中欧帝国梦想,有必要对观普鲁士人康斯坦丁·弗朗茨(Constantin Frantz,1817—1891)的"中欧联邦"(das Mitteleuropäische Bund)构想。事实上,这一构想比瑙曼的构想要早至少40年,而且在所有的类似构想中,它不仅最为周全、详尽,也最有理论和思想深度。政治史和政治思想史中很少出现弗朗茨的身影,仅仅是由于他的中欧帝国梦想带有"复辟旧秩序"的性质,坚定地反对自由主义的民族国家观念。[1]

弗朗茨出生在维也纳会议之后,严格来讲属于1848年革命的那一代。他从小深受自由民主信仰的熏陶,因为他父亲是新教的加尔文派牧师。15岁那年,正在读中学的弗朗茨遇上汉巴赫节,马上成了狂热的自由民主分子。他自己后来回顾说,阅读歌德的《浮士德》才让他摆脱了这种"蛊惑人心的精神"(der demagogische Geist)。弗朗茨上大学时,起初在哈勒大学攻读数学和物理学,三年后因迷上"老黑格尔的正统学说",转到柏林大学攻读哲学、政治学和史学(1839)——兰克对他的评价是"非常勤奋"。不久,弗朗茨加入"青年黑格尔派",撰写了一本"黑格尔哲学句读"之类的书。但在1841—1842冬季学期听过谢林讲"启示哲学"的大课后,他又抛弃黑格尔,成了谢林哲学的信徒。29岁时(1846),弗朗茨意识到自己的在世使命是塑造德意志的政治未来,毅然决定从政。[2]

作为普鲁士人,弗朗茨首先关注的是德意志人与其斯拉夫邻邦的关系。1847年下半年,已经30岁的弗朗茨游历了波希米亚、施蒂里亚、克罗地亚、特兰西瓦尼亚、西里西亚和波兹南。他敏锐地观察到,维也纳会议建构的战后大国协调体系已

---

[1] Ilse Hartmann, "Einleitung: Leben und Hauptgedanken von Constantin Frantz", in Constantin Frantz, *Der Föderalismus als universelle Idee: Beiträge zum politischen Denken der Bismarckzeit*, eingel. und hrsg. v. Ilse Hartmann, Berlin: Oswald Arnold, 1948, S. 41; Heinz Gollwitzer, *Europabild und Europagedanke. Beiträge zur deutschen Geistesgeschichte des 18. und 19. Jahrhunderts*,前揭,374 – 381。

[2] Paulus F. H. Lauxtermann, *Constantin Frantz. Romantik und Realismus im Werk eines politischen Aussenseiters*, Groningen: Wolters – Noordhoff, 1978, S. 9 – 13; Manfred Ehmer, *Mitteleuropa. Die Vision des politischen Romantikers Constantin Frantz (1817—1891)*, Hamburg: Tredition, 2012,1.4.(此书为kindle版,无页码,此标注为章节号)。

经解体,英国、俄国乃至法国因各自的殖民扩张再次开始争夺欧洲霸权,这促使他萌生了以德意志邦联为中心建构"中欧联邦"的想法。回到柏林后,适逢1848年革命兴起,弗朗茨发表了不到50页的短论《波兰、普鲁士和德意志:论重组欧洲》,初次为德意志的政治未来勾勒了一幅中欧联邦愿景,这成了他后来百折不挠为之奋斗的终身目标。①

联邦制的大德意志

弗朗茨的这本小册子从"[自然]地理状况"说起,再转向政治地理的历史演化。在他看来,普鲁士王国自从拥有一个波兰人省份波森(Posen)后,就不再是单一民族政治体。因此,它不应该接受自由主义的民族国家建构方案,而是应该与波兰结成"双元"联邦政体,并以此为基础吸纳周边政治单位,建构"波罗的海联邦国家"(baltische Föderativstaat)。这看起来是一种"大普鲁士"构想,其实不然。弗朗茨梦想的是,这个联邦国家必须与同样应该走向联邦国家的德意志邦联和奥地利帝国一起,共同打造一个联邦制的中欧共同体:

> 让我们考虑一下这片广袤地域,它从运河延伸到芬兰的胸怀,从日内瓦湖延伸到黑海:所有这些土地都将在联邦制原则下以最多样化的形式结为一体。②

显而易见,弗朗茨不仅反对"小德意志方案",而且比"大德意志方案"走得更远。他希望看到的联邦制中欧"合众国",实际上超出了当时的普鲁士王国、奥地利帝国和德意志邦联加在一起的疆域。弗朗茨的小册子结束时勾勒了一幅浪漫化的德意志大一统之梦,其言辞非常著名:

> 一个联邦制的大德意志(ein großes föderatives Deutschland),与东面的普鲁士和奥地利结盟为合众国(Föderativstaaten),形成从些耳德河流域到多瑙河流域、从瑞士山原到[北部]大海(Pontus)的大联邦区。这比一个中央集权化的德意志民族国家要伟大得多,因为后者会缺乏东西部的自然补充,粗暴地摧毁

---

① Manfred Ehmer, *Constantin Frantz: Die politische Gedankenwelt eines Klassikers des Föderalismu*, Rheinfelden: Schäuble, 1988, pp. 4-5.

② Constantin Frantz, *Polen, Preußen und Deutschland, ein Beitrag zur Reorganisation Europas*, Halberstadt: Robert Frantz, 1848/Neudruck Siegburg: Respublica - Verlag F. Schmitt, 1969, S. 45.

既有的一切,限制德意志生活的多样化发展,违背我们民族的世界使命(Weltberufe)。德意志置身于诸民族之中,它不应像法国那样闭关自守,那样中央集权化;德意志民族的使命是成为[中欧]民族统一(die Völkereinheit)的中介,并通过一个大联邦组织(einen großen föderativen Organismus)来代表这种统一。(同上,页48)

弗朗茨的提案基于中世纪的德意志联盟体制,而非现代的民族国家观念,在1848年的革命年代,即便是持有"大德意志方案"的温和自由派对此也难以接受。奥地利的大德意志派倒是欣然赞同弗朗茨的观点,因为这意味着走神圣罗马帝国的回头路,而在革命者看来,这是地道的封建王权复辟。

三年后(1851),弗朗茨出版了《论德意志联邦》,进一步阐发他的中欧联邦构想。虽然是普鲁士人,弗朗茨明确反对以普鲁士为主体建构德意志合众国,但他也反对以奥地利帝国为主体。在他看来,两者都是在古老的德意志帝国的边缘地带——前者在东北边缘,后者在东南边缘——兴起的政治体,因而在建构大德意志的问题上都不具备领导者资历和发挥领导作用的合法性。何况,普鲁士的成长过程与斯拉夫民族关系密切,而奥地利一直是多民族政治体,前者若要并入民族国家式的德意志合众国,就得割舍波兰人省份,而后者则必须割舍匈牙利和波希米亚,并放弃在黑海方向承担的历史责任。弗朗茨认为,普鲁士应该继续实现其历史使命,与波兰结为联邦,以此为基础吸纳周边的斯拉夫民族,把立陶宛、库尔兰(Curland,今属拉脱维亚)和利沃尼亚(Livonia,今大部属于爱沙尼亚)等大小公国包括进来,构建一个"波罗的海联邦国家"。奥地利则应继承并巩固其历史成果,与多瑙河流域和巴尔干半岛的斯拉夫民族形成"多瑙河民族联邦国家"。①

由此可以理解,在弗朗茨看来,解决德意志的统一问题既不能靠普鲁士王国,也不能靠奥地利帝国,而是得靠德意志邦联。这首先是因为它的地理位置,即处于欧洲半岛的中心地带,其次是因为它的历史地位,毕竟,这里才是旧德意志帝国的核心区。一旦德意志邦联与奥地利和普鲁士一起,以联邦制形式组成中欧合众国,

---

① Constantin Frantz, *Von der deutschen Föderation*, Berlin: Ferdinand Schneider, 1851, S. 93 – 109;比较 Helmut Rumpf, "Mitteleuropa. Zur Geschichte und Deutung eines politischen Begriffs",前揭,页513 – 514。亨利·麦耶把弗朗茨的构想说成1866年以后为反对俾斯麦政策而提出的,显然搞错了。参见 Henry Cord Meyer, *Mitteleuropa in German Thought and Action 1815—1945*,前揭,页26 – 27。

其疆域从莱茵河口延伸到波罗的海,从阿尔萨斯到多瑙河入海口,从阿尔卑斯山到北海沿岸,欧洲大陆就会出现一个堪与北美合众国比肩的大国。

弗朗茨的中欧合众国构想背后的支撑性政治观念有两个。其一,多民族融合的"社会-联邦理念"(Die social-föderativen Ideen),以此抵制拿破仑战争带来的自由主义民族国家观;其二,有机体的政治生长观,反对割断政治体的历史血脉(《论德意志联邦》,页115-116)。弗朗茨明智地认识到,法国大革命所张扬的自由主义民族国家观念既不具有普适性,也不能被视为一种"政治进步"或历史的进步。1848年的欧洲革命充分表明,原神圣罗马帝国疆域内的诸政治体无不因民族国家观念而陷入日趋严重的宗教、政治、经济和社会等方面的危机。因此,无论德意志邦联还是普鲁士王国抑或奥地利帝国,都不应该以建构一个自由主义的民族国家为目的,而是应该追求各部分保持高度自治的联邦政体。在多民族杂居的中欧和东欧,若推行民族国家式的欧洲重组,其结果不是族群相互排斥的战争,就是强制性同化族群的战争。

由此可以理解,弗朗茨坚决拒绝民族国家观念,竭力呼吁以德意志邦联为主,在继承中世纪德意志帝国的基础上形成新的有机共同体——联邦制的"中欧合众国"(Vereinigten Staaten von Mitteleuropa)。弗朗茨的构想遇到的麻烦首先在于,古老的德意志帝国疆域早已不完整,其西部从北到南的荷兰、比利时、洛林、阿尔萨斯和瑞士,要么出走,要么被夺走。因此,弗朗茨在一开始就提出,德意志邦联应该致力于重新赢回这些地区,而这显然不能通过武力来实现,只能凭靠一部自由的联邦宪法吸引这些被帝国抛弃的成员回到德意志大家庭,形成一个德意志西部联邦(das Westdeutsche Bund),其成员可以是公国,也可以是共和国。[①] 目前的德意志邦联中仍然有许多封建王侯政体(das Fürstenthum),但它们不能被视为德意志实现统一的障碍。恰恰相反,德意志西部联邦的建构必须尊重历史的血脉,毕竟,封建王侯政体一直是德意志成长连续性最为重要的载体。

1879年,年逾六旬的弗朗茨出版了大著《联邦主义》,此书有一个很长的副标题——"作为社会、国家和国际有机体的主导原则,尤其涉及德意志"。这意味着弗朗茨致力于把他的联邦论提升为一种涵盖社会、国家和国际三个层面的整全的政治学说,以此与自1860年代以来占据德意志舆论主流的民族自由主义和社会民主

[①] Constantin Frantz, *Polen, Preußen und Deutschland, ein Beitrag zur Reorganisation Europas*,前揭,页44。

主义死磕到底。弗朗茨始终相信,古老的德意志欧洲若要获得新生,必须走联邦主义的政治道路:

> 在本来的欧洲,德意志处于中间位置,调解职能(das Mittleramt)因此而落在了它身上,就像我们的伟大帝王在几个世纪中实际行使过的那样——不是君临(Herrscherthum),而仅仅是调解,[如今]必须根据具有发展意识的观念和事物的当前形势来[重新]塑造这种职能。①

所谓"本来的欧洲"(das eigentliche Europa)指奥托大帝(Otto I the Great,936—973年在位)打造的德意志欧洲,而非查理大帝打造的欧洲,否则德意志不可能处于中间位置。至于所谓"具有发展意识的观念和事物的当前形势",则分别指弗朗茨针对大西洋革命理念提出的联邦主义和1871年德意志第二帝国立国以来的形势。换言之,虽然由普鲁士主导的德意志帝国已经立国,但弗朗茨仍然没有放弃他的中欧联邦构想。他再次强调,德意志联邦作为中欧联邦的"中心",并不意味着它应该扮演中央集权式的支配性角色。中欧联邦的政治形式不应是一个国家,哪怕是联邦制国家,但也不应该是一种国际联盟。毋宁说,为了将政治、文化和种族上异质的成员结合成一个混合国家法和国际法元素的有机整体,它应是一个多民族和多国家形态的"最为宽泛的联邦"(confoederatio latissima),而在其中次级性的"狭义联邦"(confoederatio arcta)和"较为宽泛的联邦"(confoederatio latior)内,各政治单位仍然具有相当的独立性,以保护民族和文化的多样性。但是,作为"最为宽泛的联邦",中欧联邦必须有统一的经济和外交政策,尤其是得有统一的军事力量。毕竟,联邦各成员单位都有切实的共同利益。当然,不能缺少的基本要素还有传统的基督教共同体原则(《联邦主义》,页312-338)。

浪漫主义抑或现实主义的政治构想

弗朗茨在《联邦主义》中还强调,以德意志人为主体的中欧联邦应该成为欧洲诸多弱小民族的保护力量,这不仅是德意志人的欧洲使命,也是其世界使命。在今天的耳朵听来,这无异于大国沙文主义的托辞;但对弗朗茨来说,这不仅是古老的

---

① Constantin Frantz, *Der Föderalismus als das leitende Prinzip für die soziale, staatliche und internationale Organisation, unter besonderer Bezugnahme auf Deutschland*, Mainz: Franz Kirchheim, 1879/Neudruck Aalen: Scientia Verlag, 1962, S. 152. 以下简称《联邦主义》。

德意志帝国具有的历史使命,也是他观察新的欧洲均势乃至正在形成的全球地缘政治格局所得出的结论。

1848年的革命风潮刚刚趋于平静(1851),弗朗茨就前往法国考察新的政治动态,随后又受普鲁士外交部门派遣,出任驻巴塞罗那和加的斯总领事馆领事(1853—1856)。在此期间,欧洲发生了自拿破仑战争结束以来最大的一场国际战争:英国和法国与俄国为争夺小亚细亚的控制权在克里米亚展开了长达三年的厮杀。战争结束那年,弗朗茨猛然意识到,从事实际政治没有意义。他毅然辞去公职,从此潜心研究国际和国内政治,以写作为生。直到去世前几年,弗朗茨虽然活得相当清贫,但论著迭出。

1859年,弗朗茨匿名出版了400多页的大著《欧洲均势研究》。从今天的视角来看,这不仅是弗朗茨一生中最具前瞻性的著作,也是欧洲的第一部全球视野的地缘政治学著作,尽管重心仍然是德意志问题。弗朗茨提出了一个相当超前的观点:新的欧洲秩序将受英、法、俄、美四大国构成的"四方共治"(Tetrarchie)支配,因为俄国和美国正在崛起为世界大国,它们将直接影响欧洲均势。[1] 众所周知,这是二十世纪的第二次世界大战之后才最终形成的欧洲均势。

对正在形成的新欧洲均势的观察,促使弗朗茨进一步推进他对中欧联邦构想的思考。英国和法国凭靠海外殖民扩张已经不再是欧洲国家,而是世界大国,唯有德意志才能够代表欧洲传统。然而,"四方共治"取代大国协调的欧洲均势后,德意志的处境不再是被侧翼包围,而是被边缘化,即不再是传统欧洲的中心。正是基于这一观察,弗朗茨提出了德意志的"世界使命"论题(《欧洲均势》,页351 – 365)。随之而来的问题是,如何让德意志保有在欧洲应有的枢纽位置。他更加坚定地相信,重建德意志帝国不能从威斯特伐利亚和约以来的"民族国家"观念出发,而是只能恢复中世纪传统的德意志联盟观念。毕竟,德意志所处的中欧具有多民族性。如果这里的诸民族之间兵戎相见,只会让西边的英国和法国以及正在崛起的俄国和美国获利。大德意志联邦应整合整个中欧,并保持自己的文明独立性,才能与西方(英、法、美)和东方(俄国)的世界大国相抗衡。

---

[1] Constantin Frantz, *Untersuchungen über das europäische Gleichgewicht*, anonym ersch., Berlin:Ferdinand Schneider, 1859, S. 72 – 97, 尤其页 88 – 89; 比较 Paulus F. H. Lauxtermann, *Constantin Frantz. Romantik und Realismus im Werk eines politischen Aussenseiters*, 前揭, 页 40 – 58。

看到俄罗斯已经成为世界大国,并不需要特别的洞察力,拿破仑战败早就证明了这一点。在1850年代末,看到北美合众国已经算得上是世界大国,才需要特别的眼力。两年后(1861),弗朗茨写了一本小书专论美国的成长及其对德意志的影响,并据此提出了"世界政治"概念,进一步发展了他在《欧洲均势研究》中提出的"四方共治"观。① 二十年后,更确切地说,完成《联邦主义》大著之后,弗朗茨紧接着发表了三卷本《世界政治:尤其涉及德意志》。② 弗朗茨越来越意识到,不能仅从欧洲均势的视野看待中欧处境,而是应从全球均势角度考虑如何为中欧联邦提供政治保护,以抵御北美日益增长的经济优势和俄国的潜在军事优势。由此可以理解,弗朗茨更加相信,德意志帝国必须走向中欧联邦,与奥地利、荷兰、瑞士、波兰、立陶宛形成经济-军事共同体,以此获得足够大的体量,抵御英国、法国、俄国和美国这样的民族主义大国。显然,只有联邦制的政治架构,才有可能让瑞士、荷兰、比利时乃至斯堪的纳维亚国家放心地加入中欧联邦。中欧联邦不仅能够缔造欧洲和平,更有稳定全球秩序的作用,而联邦主义所追求的最终目标乃是建立新的世界和平秩序。因此,当联邦主义被误解为要么旨在复辟中世纪的德意志帝国,要么被误解为与德意志第二帝国首相俾斯麦作对时,弗朗茨失望之极(《世界政治》,卷三,页208)。

　　弗朗茨极力反对俾斯麦的帝国志业,是不争的事实。他们两人相识甚早,俾斯麦出任普鲁士首相时(1862),还曾邀请弗朗茨入阁。因俾斯麦支持"小德意志方案",弗朗茨拒绝了邀请。随着俾斯麦主导普鲁士后的政治取向日趋明显,弗朗茨开始频繁地抨击俾斯麦的政策。1866年7月,普鲁士军队在克尼格雷茨(今捷克境内的Hradec Králové[赫拉德茨-克拉洛维])完胜奥地利军队,这让弗朗茨看到,普鲁士主导的北德意志邦联迟早会引发一场大规模的欧洲战争。没过几年,普法战争就爆发了。俾斯麦以普鲁士为基础成功实现了"小德意志方案",弗朗茨意识到,他的中欧联邦构想已经不会再有实现的机会,但这反倒使得他更加不遗余力地抨击俾斯麦。他尖锐地指出,这个帝国最终会是一个建立在刺刀尖上的马基雅维利式的权力结构。与此相关,弗朗茨也抨击普鲁士式的哲学和史学,指责它们导致了

---

① Constantin Frantz, *Die Ereignisse in Amerika in ihrer Rückwirkung auf Deutschland*, anonymersch. Berlin: Ferdinand Schneider, 1861, S. 27 – 35.

② Constantin Frantz, *Die Weltpolitik unter besonderer Bezugnahme auf Deutschland*, Chemnitz: Ernst Schmeissner, 1882 – 1883/Neudruck Osnabrück: Biblio – Verlag, 1966. (卷一,162页;卷二,173页;卷三,221页。以下简称《世界政治》。)

德意志知识生活的沦落,尤其助长了日益世俗化的生活态度。弗朗茨将攻击矛头直接对准德意志第二帝国的意识形态基础——民族自由主义,甚至指责它具有犹太品质:俾斯麦建立的帝国是"犹太民族品性的德意志帝国"(Deutsches Reich jüdischer Nationalität),民族自由主义是犹太拜物教的典型体现。结果不难设想,弗朗茨也因此成了反犹主义的先驱之一。[1]

弗朗茨对俾斯麦的德意志帝国的抨击尽管尖锐,但在普鲁士与奥地利争夺中欧领导权的历史时刻,没人愿意倾听他的声音。[2] 弗朗茨的中欧联邦构想承接了诺瓦利斯-谢林的浪漫派欧洲观,他的联邦主义在当时被视为一种浪漫化的"乌托邦理念"。[3] 即便在今天,政治史学家仍然认为,弗朗茨"无疑低估了民族主义的政治能量"。当欧洲"争先恐后建立民族国家"并"一再互相攻伐时",他的"多民族和多宗教的大帝国"构想显然不可能"满足民族主义的期望"。[4]

这一说法未必恰切,毕竟,弗朗茨从未想过要"满足民族主义的期望"。在民族主义的时代,弗朗茨的中欧联邦构想不切实际倒是真的,他的联邦主义也因此不可能转化为一种实际的政治力量。举例来说,弗朗茨十分看重荷兰加入中欧联邦的重要性,因为这会让中欧联邦具有跨大西洋的意义。问题在于,荷兰怎么可能放弃自己的独立主权成为德意志西部联邦的一部分呢?设想波兰臣服于居住在柏林或华沙的普鲁士国王,更是异想天开。

弗朗茨希望荷兰能够加入中欧联邦,明显受到弗里德里希·李斯特的影响。后者曾经说过,从"地理位置、商业和工业环境以及居民的血缘和语言"来看,荷兰应该被视为"德意志分裂时期""脱离出去的一个省"。近两百年来,荷兰能够获得不少海外殖民地,并由此获得巨大利益,不过是因为"天性善良"的德意志人对荷兰人开放市

---

[1] Constantin Frantz, *Die Religion des Nationalliberalismus*, Leipzig: Roßberg, 1872/Neudruck Aalen: Scientia Verlag, 1970; Constantin Frantz, *Der National-liberalismus und die Judenherrschaft*, München: M. Huttler, 1874; Constantin Frantz, *Die preußische Intelligenz und ihre Grenzen*, München: M. Huttler, 1874.

[2] Renate Riemeck, *Mitteleuropa: Bilanz eines Jahrhunderts*, Frankfurt am Main: Fischer Taschenbuch Verlag, 1983, S. 53.

[3] 弗里德里希·梅尼克,《世界主义与民族国家》,前揭,页47-54;克里斯托弗·诺恩,《俾斯麦:一个普鲁士人和他的世纪》,陈晓莉译,北京:社会科学文献出版社,2018,页52;诺瓦利斯的浪漫主义欧洲观,参见诺瓦利斯,《基督世界或欧洲》,见诺瓦利斯,《夜颂中的革命和宗教:诺瓦利斯选集卷一》,刘小枫编,林克译,北京:华夏出版社,2008。

[4] 赫弗里德·明克勒,《执中之权:德国在欧洲的新使命》,前揭,页66-67。

场,"对自己的商业利益缺乏足够的认识"。如今,荷兰明显在走下坡路,因为其人口和地缘位置使得它不可能成为一个"完整的国家"。荷兰应该意识到,尽管自己的商业实力不弱,但整体国力过于弱小,难以维持规模庞大的军队,在欧洲的地缘政治处境中最终只能处于依附地位——不是依附法国就是依附英国,其独立地位仅仅是表面上的。它若想保持繁荣,就得背靠强大的德意志。因此,荷兰应该加入德意志商业联盟。其实,李斯特更多想到的是,基于实际政治的考虑,荷兰作为德意志家园的西北大门不能属于外人,就像法国不能设想诺曼底属于英国。①

李斯特的这种看法明显是一厢情愿,而在弗朗茨身上,诸如此类的一厢情愿要多得多。他居然相信,与普鲁士支配下的德意志民族国家相比,松散的中欧联邦会让法国和英国这样的大国更少感到威胁。尽管如此,从今天的视角来看,又不能说弗朗茨的中欧联邦构想以及对俾斯麦的抨击不切实际。弗朗茨敏锐地预感到,德意志帝国若成为单一民族国家不可能不走向军事强国,而这又必将以灾难收场,因为这不可避免会招致针对新生德意志帝国的世界大战。德意志的地缘处境是四面受敌,它不像美国和俄国那样有"广袤的自然基础",一旦爆发全面战争,俾斯麦打造的德意志帝国恐怕连老本都会输掉。② 这样的看法的确不能说是不切实际,反倒是非常实际。

得而复失的生存空间

有史学家说,如果德意志人在1848年听从弗朗茨的建言,迈向"超民族[国家]的中欧联盟"(zu einer übernationalen Mitteleuropäischen Union),德意志的历史也许"将会完全不同"——不会有"1871年德意志帝国特有的民族主义反常现象和情绪失控",也就不会有1914年的那场大战,更不会有接下来的第二次大战。③ 然而,历史没有"如果",对1848年的革命年代而言,弗朗茨的建言只会被视为"反[法国]革命"的保守主义复辟论。奇妙的倒是,瑙曼的《中欧》一书对弗朗茨只字未提,而他

---

① 弗里德里希·李斯特,《政治经济学的国民体系》,前揭,页296–297。
② Renate Riemeck, *Mitteleuropa: Bilanz eines Jahrhunderts*,前揭,页40–43。
③ Manfred Ehmer, *Mitteleuropa. Die Vision des politischen Romantikers Constantin Frantz (1817—1891)*,前揭,1.2. 小节。

的中欧共同体论其实是弗朗茨的中欧联邦论的民族自由主义翻版。他设计的中欧经济共同体,同样既要在经济上抗衡西方,又要在军事上抵御东方,既能够打破英国海上霸权的封锁,又能够克制体量庞大的俄国的军事威胁。因此,这个经济体必须拥有强大的军队,使之成为"诸多小民族的保护伞",保障中欧不受沙俄威胁。在瑙曼眼里,从1848年法兰克福立宪议会的德意志统一构想到俾斯麦的帝国构想的演化,可视为他的中欧构想的"前历史"。由于瑙曼用民族自由主义替换了弗兰茨的联邦主义,他的中欧构想就变成了自由主义帝国构想。①

左翼政治家(社会民主党人)也有类似的翻版,柏林大学的政治经济学教授保尔·棱施(Paul Lensch,1873—1926,又译"连施")的主张就是显著例证。"一战"爆发之初,他与列宁的观点一致,认为这是一场帝国主义大国之间的争夺战。然而,与瑙曼提出中欧共同体构想几乎同时,棱施突然转变立场说,自从英国参战,"大战的帝国主义性质很快就消失了"。因为,"对于结盟的中欧来说,[这场战争]变成了有关民族和国家的生存问题"。棱施把视野拉回到1848年革命:当时的激进民主派坚持要"把奥地利当作和平破坏者逐出德意志民族大家庭",但仅仅半个多世纪后,德意志帝国和奥匈帝国都认识到,只有两个帝国实现联合,才能完成世界历史赋予德意志人在"斯拉夫种族和罗曼语种族之间"起调解作用的伟大使命。俾斯麦主导的普奥战争使得德意志帝国与奥匈帝国相互分离,而眼下的这场战争却让这两个中欧帝国在"共同战斗中站在了一起",这使得"1848年圣保罗教堂的梦想将成为事实",德意志的统一不再是问题。②

由此可见,"一战"爆发后不久,德国政坛的自由主义和社会主义政治人都支持这场战争,结果是弗朗茨的预言应验了。在1917年至1918年的冬季,德国差一点儿就建立起一个"从波罗的海诸国到黑海的欧洲盟国"。当时,俄军已退至连接波罗的海和乌克兰西部的里加—德纳堡—切尔诺夫策一线,而德军则控制了爱沙尼亚、拉脱维亚、立陶宛以及白俄罗斯的部分地区,"占领区很快便有了德国的国家特

---

① Friedrich Naumann,*Mitteleuropa*,前揭,页43 – 52;比较Paulus F. H. Lauxtermann,*Constantin Frantz. Romantik und Realismusim Werk einespolitischenAussenseiters*,前揭,页100 – 119;迈克·拉波特,《1848:革命之年》,前揭,页329。

② 保尔·连施,《德国社会民主党与世界大战》,英涯译,北京:生活·读书·新知三联书店,1965,页44 – 45。保尔·棱施的政治生平,详见Rolf P. Sieferle,"Die Geburt des nationalenSozialismusimWeltkrieg. Paul Lensch", in Rolf P. Sieferle, *Die Konservative Revolution. FünfbiographischeSkizzen*,Frankfurt am Main:Fischer,2019,S. 63 – 103。

征"。在这些"民族极其复杂的地区,德裔民族及波罗的海民族群体与德国占领军"实现了融合。①

鲁登道夫将军的"大胆"

埃里希·鲁登道夫将军(1865—1937)是"一战"期间德军将领中最为耀眼的人物。开战之初,他仅是德军突袭列日要塞战役的高级参谋,因进攻受挫,临时受命指挥第14步兵旅。鲁登道夫大胆采用穿插战术,一举扭转了岌岌可危的战场态势。由于这一出色表现,鲁登道夫随即被任命为东线第八集团军参谋长,成为兴登堡元帅的副手。鲁登道夫是极有政治抱负的军人,他抵达东线不久就给帝国外交部打报告,"直接而清楚地"提出"重新改造欧洲生存空间的设想"以及实现它的各种可能性,其中的关键点是:

> 绝不能把波兰还给俄国,也不能让波兰落入奥地利之手,而应使它成为由德国控制的多少有点独立自主的国家。我们必须有一个稳妥的未来。我们的未来会很艰难,我们现在越不削弱俄国,我们的未来就越艰难。②

鲁登道夫将军的设想并不是个人看法,当时整个德意志帝国从上到下都在"热议"这个问题。由此看来,波兰在十八世纪三次被瓜分所遗留的地缘政治问题非但没有解决,反倒因为德意志帝国的诞生以及奥地利帝国的衰微而更加复杂。"独立自主的国家"这个表达式是典型的"波拿巴主义"修辞,后来演变成了威尔逊主义修辞。对不同的政治单位来说,这个表达式具有不同的含义。鲁登道夫将军说得非常直白,让波兰获得"独立自主",不过是让它成为德意志帝国的附庸。俄军总司令尼古拉·尼古拉耶维奇大公(1856—1929)在发出战争动员令时(1914年8月),同样号召奥匈帝国境内的各民族起来反抗君主国,还特别向波兰人许诺,俄国将保护他们"获得新生,享有宗教、语言、自治等自由"。③

按照鲁登道夫的计划,一旦德国在西线和东线均取得完胜,就应该向西夺取英属海峡群岛,向东兼并爱沙尼亚、拉脱维亚和立陶宛,向南接管法国和比利时位于

---

① 埃卡特·孔兹,《帝国博弈:一战、巴黎和会与世界秩序的重建》,蒙敏莉译,北京:民主与建设出版社,2022,页72-73。

② 弗里茨·费舍尔,《争雄世界:德意志帝国1914—1918年战争目标政策》,上册,前揭,页236。

③ 艾伦·帕尔默,《夹缝中的六国》,前揭,页154。

非洲的殖民地,最后"占领法国和大英帝国在亚洲的殖民地"。① 1916年9月,鲁登道夫指挥的德军以穿插行动进占立陶宛首府维尔纽斯,而他还想趁此机会继续向东推进。鲁登道夫的政治抱负是,让德意志帝国"建立一个比天真的美国人能够梦想到的任何事物都更合理的欧洲"。②

1917年2月底,统治俄国近三百年的罗曼诺夫王朝在数日之间崩溃,"彼得格勒已经没有忠于君主的军队"。主张民主宪政的自由派政党接管政权后很快重申,"俄国的战争目标同旧政权一致,核心在于占领君士坦丁堡和[达达尼尔]海峡"。③这当然是自欺欺人的宣称,因为战场上的俄军已经丧失战斗力。8月至9月间,德国和奥地利的军队已经推进到乌克兰西部,"俄国边境四座历史性的堡垒"城镇投降,俄军的被俘人数上升到32.5万,损失火炮足有3000门之多。俄军的厌战情绪导致彼得格勒再次政权更迭(1917年10月),面对德军的紧逼不舍,新生的苏维埃政权为了获得喘息,在列宁的坚持下,与由德国主导的四个同盟国在布格河(Bug River)畔的铁路枢纽小镇布列斯特-立托夫斯克(Brest Litovsk,今属白俄罗斯)的"一处阴暗的军营"展开和平谈判(11月),并最终签订条约(1918年3月),同意放弃俄罗斯帝国对波兰、立陶宛、库尔兰、利夫兰的主权,承认乌克兰和芬兰独立。这等于丢掉了俄国拥有"5500万人口的领土",把三倍于德国领土的"75万平方公里土地割让给敌人",它相当于"俄国人口和工业资源的四分之一,农业土地的三分之一"——甚至有说"工业企业的一半以上"以及"近90%的煤炭矿藏"。最奇妙的是,"谈判者所用的全都是民族自决的字眼"。列宁在1917年11月7日向全俄苏维埃代表大会提交的《和平法令》,"至少在理论层面上承认和许诺大国阵营内所有民族都具有民族自决权",这使得"俄罗斯多民族帝国的存续已成问题"。④

---

① 威尔·布劳内尔、德尼斯·多雷斯—布劳内尔、亚历山大·罗福特,《第一个纳粹——埃里希·鲁登道夫:让希特勒成为可能的人》,刘玛瀚译,南京:江苏凤凰文艺出版社,2016,页83-84。

② 诺曼·斯通,《第一次世界大战:繁荣的幻灭》,王东兴、张蓉译,北京:中信出版社,2020,页100、207。

③ 多米尼克·利芬,《走向火焰:帝国、战争与沙皇俄国的终结》,苏然、王橙译,北京:社会科学文献出版社,2020,页387-390。

④ 约翰·基根,《一战史》,张质文译,北京:北京大学出版社,2016,页199、295-297;威尔·布劳内尔等,《第一个纳粹——埃里希·鲁登道夫》,前揭,页131-132;亚当·图兹,《洪水滔天:第一次世界大战与全球秩序的重建》,陈涛、史天宇译,北京:中国华侨出版社,2021,页112-113;埃卡特·孔兹,《帝国博弈:一战、巴黎和会与世界秩序的重建》,前揭,页81-83。

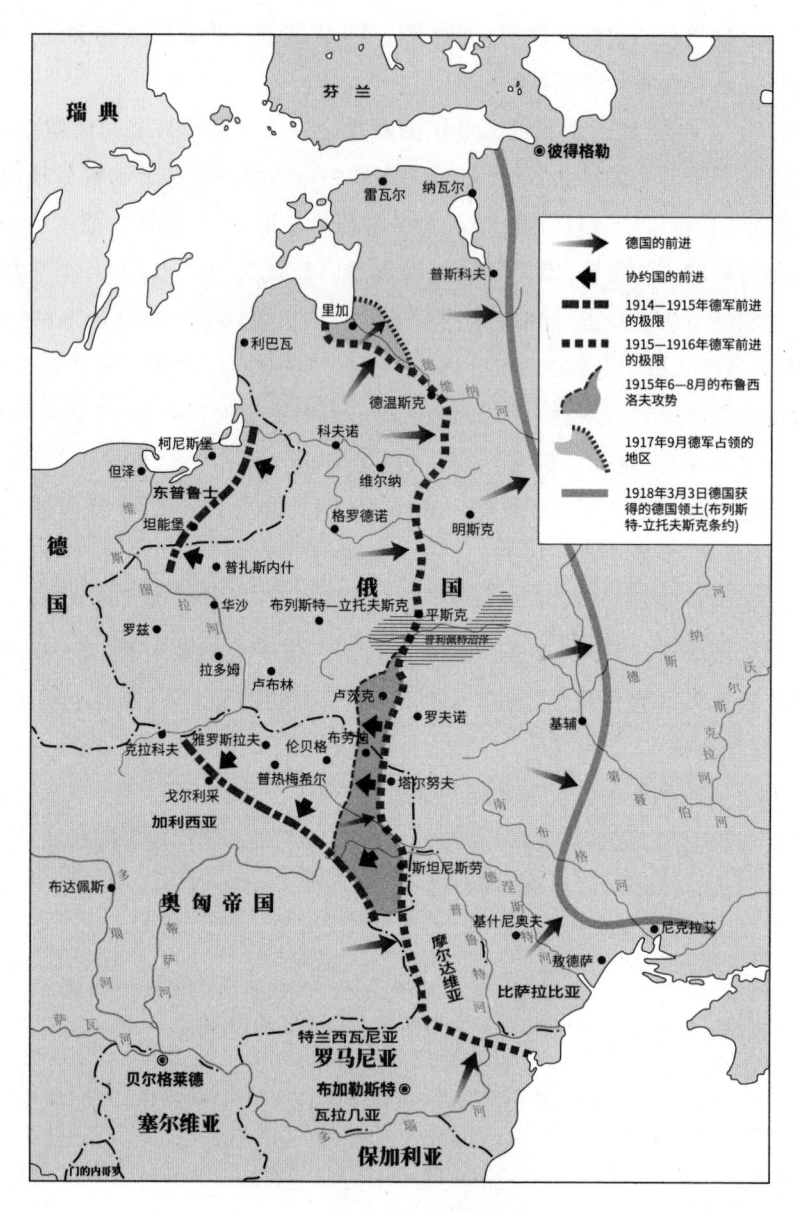

1914—1918 年的东线略图
据约翰·基根《一战史》页 124 绘制

德国打算将东线的 50 个精锐师调往西线,准备对英法展开最后一击,以赢得这场战争。然而,近 100 万美军已踏上欧洲的土地,这"绰绰有余地抵消了俄国对盟国的背叛"。何况,德国"从乌克兰运出的粮食要比最高司令部预期的少得多",而占领乌克兰和高加索后所承担的管辖任务也"使其不能如原先预料的那样抽调大批兵力去充实西线",这一切让西线的英法军队重获生机。① 德国最终打输了这场战争,据说与鲁登道夫将军一生所犯的最大错误相关,因为他"从未将美国放在竞争者名单上"。他"不担心跟美军打仗",在他眼里,缺乏经验的美国人"永远都不会成为威胁"。他还想当然地以为,美国人不会"大量地自愿参战";就算愿意也"不会迅速完成训练";就算能完成训练,也会缺乏足够的运输船队,从而无法迅速抵达欧洲战场;就算有足够的运输船队,也会被德国潜艇轻易击沉。鲁登道夫甚至相信了自己的助手臆想出来的情报:美利坚的德意志移民"不会让美国对他们热爱的德国宣战",因此一定会发动起义。鲁登道夫的助手们太缺乏政治意识,不知道德意志自由派移民美利坚"为的就是躲避右翼容克老贵族,他们愿意与狂热的保守派斗争,随时保卫美国"。②

　　鲁登道夫的战略估算并不是毫无依据。毕竟,美国在 1917 年 4 月对德国宣战时,仅有 10.8 万陆军,最精锐的海军陆战队不过区区 1.5 万,根本"不具备投入战场的条件"。但是,鲁登道夫对美国的认知完全是错的,他没有想到,早已进入全球扩张状态的美国具有超强的动员能力。美国国会随即通过了选择性征兵法令(1917 年 5 月 18 日),紧急征召数百万人入伍,仅仅一年之间,就有 2400 万人登记应征,其中年轻未婚男性占十分之一。考虑到新兵形成作战单位仍需时日,美国随即派出陆军一师和两个海军陆战旅组成远征军,由约翰·潘兴(John J. Pershing,1860—1948)将军指挥。1917 年 6 月,这支远征军抵达法国,在巴黎举行了阅兵式,随即奔赴战场。后续部队陆续到来,"并未在跨洋运输中因敌军的行动而遭受损失"。美国预计投入 80 个师,总兵力将达 300 万,《布列斯特-立托夫斯克和约》签订时(1918 年 3 月),已经有 31.8 万美军进入欧洲战场,而他们不过是"将在 8 月部署的 130 万人的先头部队"。即便如此,德军总参谋部仍然相信,"新兴的布尔什维克国家会长期处于政治不稳定的局面",德国刚获得的波罗的海周边国家和乌克兰将会

---

　　① 科佩尔·S. 平森,《德国近现代史:它的历史和文化》,前揭,页 459-460。
　　② 威尔·布劳内尔等,《第一个纳粹——埃里希·鲁登道夫》,前揭,页 24、71、76-77。

"发挥卫星作用",拱卫自己的东扩。①

回到1917年2月3日,德国潜艇击沉美舰"豪萨顿尼克"号,两个月后,美国就向德国宣战了。一般认为,是这次海上袭击促使美国跨洋参与欧洲大战——其实不然。美国最终决定参战并能够迅速实现战争动员,与鲁登道夫基于助手们提供的情报而拟定的一项计划相关,它大胆得令人难以置信:策动墨西哥新政府从美国人手中夺回得克萨斯并占领加州。因为,1911年11月,墨西哥爆发了共和革命,自那以来,墨西哥的内战状态愈演愈烈,鲁登道夫认为有机可乘。

在墨西哥大约有"3.5万至5万名美国人",他们也卷入了这场内战,因为他们拥有"这个国家约27%的土地"。在各路革命军中,潘乔·比利亚(Pancho Villa,1878—1923)领导的"北方师"(División del Norte)实力"最强",他"决心为劳动人民过上更好的生活而努力",其"部队的主体也是乡村民众"。1914年初,"北方师"已经控制整个墨西哥中北部。4月21日,美国为了"掌控革命进程"直接军事介入,"以15艘一线作战军舰和多达38艘辅助战舰"的兵力,向墨西哥港口城市韦拉克鲁斯(Veracruz)发起攻击,"抵抗者与无辜市民在现代战舰可怕火力的覆盖下"伤亡惨重。美军迅速占领了这座城市,"美国与墨西哥之间的战争显得一触即发之势"。但是,"美国人被遍布墨西哥的下层社会群众的激进主义"吓住了,"民众在墨西哥的各个角落威胁和袭击美国公民"。半年后(11月底),美军被迫撤离韦拉克鲁斯。比利亚的"北方师"起初得到美国方面的军援,由于他没能管好自己的部下滥杀在墨西哥的美国人,美方终止了军援,"北方师"在随后的内战中接连失利。②

1916年3月,比利亚集结"北方师"的残余部队,突袭美国新墨西哥州边境的哥伦布小镇。这次事件本是"美国统治集团挑起的",威尔逊总统却授命约翰·潘兴将军率领1.2万美军"讨伐"墨西哥。从潘兴携带的作战地图来看,此次军事行动并非仅仅是要惩罚一下墨西哥人,而是企图将墨西哥西北内陆紧邻美国新墨西哥州和得克萨斯州的奇瓦瓦(Chihuahua)全境,以及南部边境从东边的海港城市坦皮

---

① 约翰·基根,《一战史》,前揭,页324–325;汉斯·蒙森,《魏玛共和国的兴亡:1918—1933》,常咺、崔晋、王辛佳译,南京:译林出版社,2023,页9–10。
② 迈克尔·C. 迈耶、威廉·H. 毕兹利编,《墨西哥史》,复旦人译,上海:东方出版中心,2012,页523–527、531–536;霍华德·弗·克莱因,《墨西哥现代史》,前揭,页47–55。

科(Tampico)至西边太平洋沿岸最大港口马萨特兰(Mazatlán)之间的整个区域收入囊中。然而,美国的军事行动再次引发墨西哥全国出现"反美"骚乱。美军"挣扎了数月",然后声称自己已经完成"清理"边境的任务,开始撤军(1917年1月)。事实上,美国此时已经有介入欧洲大战的计划,因此"不希望同墨西哥进行这种持久战"。①

威尔逊总统多次插手墨西哥革命,引发墨西哥人的民族意识和反帝意识高涨。从这样的情势来看,鲁登道夫制定的支援墨西哥新政府的计划并不算太离谱。但他相信到时美国会四处爆发起义,美利坚将被肢解,就是异想天开了:"胜利的墨西哥人[将]管理得克萨斯州和新墨西哥州的一大片地区",南方则渴望复仇的黑人建立共和国,威斯康星州的德裔美利坚人将统治中西部大部分地区,美利坚的"西岸交给日本人统治,东岸则归德国"。② 个体性情的偶然性在重大历史事件中的作用,由此可见一斑。

"豪萨顿尼克"号被击沉20天后(2月23日),自以为是的德国外交大臣齐默尔曼给德国驻墨西哥大使发出密电,指示他敦促墨西哥新政府与德国结成反美同盟。英国情报机关截获了这份密电,随即转交给美国情报机关。威尔逊看到后不仅是震惊还有震怒,他刻意让报界对外透露信息,果然"在美国民众中引起轩然大波"。③ 这倒不难理解,虽然美国的政治地缘环境好得不能再好,三面环海使它得以免受攻击,但南面毕竟还与墨西哥接壤,从而是"潜在的麻烦之源"。今天美国的地缘战略家还在提醒国人,"第一次世界大战期间,如果德国在外交上取得成功,墨西哥就会成为战略前沿"。虽然之后墨西哥边境从未让美国感到过担忧,但它毕竟是一个"重要变数",一旦那里局势失控,美国将不得不挪用相当部分的军

---

① 迈克尔·C. 迈耶、威廉·H. 毕兹利编,《墨西哥史》,前揭,页540 – 542、547 – 549;阿尔彼罗维奇、拉甫罗夫主编,《墨西哥近代现代史纲》,刘立勋译,北京:生活·读书·新知三联书店,1974,页449、454;详见 Louis M. Teitelbaum, *Woodrow Wilson and the Mexican Revolution*, 1913—1916: *A History of United States – Mexican Relations*, New York: Exposition, 1967; P. Edward Haley, *Revolution and Intervention. The Diplomacy of Taft and Wilson in Mexico*, 1910—1917, Cambridge, Mass. : MIT Press, 1970。

② 威尔·布劳内尔等,《第一个纳粹——埃里希·鲁登道夫》,前揭,页96 – 98。

③ 杰克·雷恩,《第一次世界大战的重大战役》,寿进文译,上海:上海译文出版社,1980,页218 – 219;王宏波,《第一次世界大战后美国对德国的政策(1918—1929)》,北京:社会科学文献出版社,2008,页23。

事力量来"保护其领土",美国参与世界事务的能力必然大打折扣。①

不过,"即使美国没有卷入战争,德国也无法在西线击溃英国和法国,虽然它在1918年春已经快实现这一点了"。倘若鲁登道夫的战略决心既明确又有节制,即仅仅为谋求"控制中欧和东欧"而与俄国较量,那么,对德国来说"西部的胜利并不是必需的"。成功签订《布列斯特-立托夫斯克和约》,德意志帝国已经实现自己的战争目的:"德军占领了克里米亚,鲁登道夫视此地为德国未来的殖民地"——"更重要的是,莫斯科不得不承认乌克兰独立",而这意味着"乌克兰只能作为德国的附庸存在"。倘若德国在西线与英法两国达成妥协并结束战争,那么,西方基督教国家就不致再耗费一百年时间与俄国争夺欧洲中部和东部。

> 《布列斯特-立托夫斯克条约》确立的国家乌克兰,无论如何都比一战后期英国很大程度上为了控制美索不达米亚的石油而建立的附庸——伊拉克更为"真实"。②

波兰被第一次瓜分(1772年8月),哈布斯堡皇室获得了波兰东南维斯瓦河上游谷地的部分区域,随即设立省级行政区"加利西亚"。20年后的两次瓜分波兰(1793年1月和1795年10月),奥地利皇室的加利西亚行省得以向东延伸到如今的乌克兰西部。1809年,在拿破仑大军的攻击下,奥地利放弃了加利西亚。1813年春,俄国反击拿破仑时夺取了整个加利西亚,但维也纳会议后,为显示君主国之间的情谊,俄国将加利西亚西部让给了哈布斯堡皇室,自己则保留了东部(今乌克兰西部,利沃夫为该地中心城市)。整个加利西亚作为奥地利的一个"历史省份"史称"奥属波兰",其实那里居住着不少乌克兰人。1867年,迫于1848年革命影响的压力,奥地利帝国同意西加利西亚实行自治。③

---

① Jakub J. Grygiel, *Great Powers and Geopolitical Change*, Baltimore: Johns Hopkins University Press, 2006, p. 176. "二战"期间,美国将墨西哥纳入了共同防御范围,详见 Stetson Conn/Byron Fairchild, *The United States Army in World War II. Framework of Hemisphere Defense*, *The Western Hemisphere*, Washington, D. C.: Office of the Chief of Military History, Department of the Army, 1960, pp. 331–362。

② 多米尼克·利芬,《走向火焰:帝国、战争与沙皇俄国的终结》,前揭,页395,比较页393–394。

③ 详见拉里·沃尔夫,《加利西亚:哈布斯堡政治文化中的历史与想象(1772—1918)》,郑心鹤译,北京:社会科学文献出版社,2023,页2–3、48–49、463–466。

波兰与苏联争夺乌克兰的战争

1915年5月到10月,德奥联军成功向东推进,先后占领立陶宛、库尔兰和俄属波兰,并把俄国逐出了东加利西亚。这时,年仅27岁的汤因比(1889－1975)撰文说,大多数奥地利乌克兰人(西加利西亚人)与泛日耳曼人一样,"无不企望通过肢解俄罗斯帝国来拯救自己的民族",即在奥地利和德意志这两个中欧大国的庇护下建立独立的乌克兰国家,其疆界"远达基辅和敖德萨"。但汤因比认为,由于"乌克兰和俄罗斯其他地区在地理上不可分割",这是"不切实际"的愿望,因为它必然割裂俄罗斯在地理上的统一:"俄罗斯[将]被排除在黑海之外!"何况,乌克兰与俄罗斯"在经济上相互依存,在种族和文化上相互交融"。汤因比的建议是,战后让东加利西亚从奥地利重新划归俄国。他相信"这将有利于协约国的战争事业",即使得"有三千万人口的[乌克兰]民族"脱离"条顿强国"的取向,以阻止后者在欧洲获取优势地位。[①]

战后的巴黎和会重建波兰时,最高理事会曾"劝说波兰人千万别在东方吞下他们消化不了的过多领土",波兰领导人约瑟夫·毕苏斯基将军(Józef Klemens Piłsudski,1867－1935)置若罔闻,宣布对东加利西亚实行为期25年的托管,还"拒不承认协约国专家们提出的种族界线"(即著名的"寇松线")。他的愿望是打造一个波兰-立陶宛-乌克兰联邦,让大多数乌克兰人和白俄罗斯人脱离俄国——这恰好是《布列斯特-立托夫斯克条约》在纸面上达成的目标。毕苏斯基将军有理由追求恢复1772年以前的波兰疆域,然而,1919年底,他联合西加利西亚的乌克兰民族主义者向东发起进攻,就超出了这一目的。1920年5月,"波兰人和反共的乌克兰部队"已经进占基辅,在接下来的两个月里,苏联红军绝地反击:"布琼尼(1883－1973)的骑兵席卷了从基辅到加利西亚的南方前线",而有"红色拿破仑"之称的28岁的图卡切夫斯基将军(1893—1937)则在北面从明斯克经维尔纽斯向西一鼓作气推进了965公里,兵锋直指华沙。9月,波兰军队终于将苏联红军逼退过涅曼河(Niemen river),甚至反攻到维尔纽斯。10月,交战双方"几近精疲力竭",同意停战

[①] Arnold Toynbee, "The Ukraine: A Problem in Nationality", in Arnold Toynbee, *The New Europa: Some Essays in Reconstruction*, London: G. M. Dent & Sons, 1916, pp. 82－84. 流亡美国的乌克兰民族主义者团体将这篇短文印成小册子,以 British View of the Ukrainian Question 为题散发(1916)。

谈判,次年(1921)3月在里加签订条约,按战场实际接触线划定边界——从维尔纽斯起,经明斯克以西,南达德涅斯特河的罗马尼亚边界,"大约有500万乌克兰人和白俄罗斯人被划入新波兰境内"。1923年2月,国联曾努力让东加利西亚获得自治,但"波兰的顽梗态度排除了达成任何妥协的可能"。1921年的波兰宪法承诺非波兰少数民族拥有同等权利,实际上则是另一回事——包括犹太人在内的少数民族并未得到平等对待。波兰共和国对乌克兰人采取的同化政策,甚至在东加利西亚引发了"强大的反波兰运动"。苏联当局以及东加利西亚的大多数乌克兰人一直"对波兰[划定]的边界线耿耿于怀",当德意志第三帝国崛起时,苏联趁机"收复失地"。①

被管制的自由民主德国

话说回来,尽管鲁登道夫招惹美国,引得美军到来,西线战场的态势也并没有完全改变,德意志帝国仍然有足够的军事实力与对手打成平手。② 与俄国的情形一样,这个帝国遭受的致命一击来自其内部的共和革命,它不仅断送了西线的平局,还让已经得手的东扩付诸东流。

战争结束后,德国的自由民主立宪进程与巴黎和会同步进行。1919年1月,德国立宪大会的代表们在魏玛小城起草宪法时,巴黎和会也在凡尔赛宫开幕,但和会并未对正在走向自由民主宪政的德国手下留情。《凡尔赛和约》签署(6月28日)不到两个月(8月11日),德国立宪大会就批准了魏玛宪法。威尔逊在一年前提出的"十四点"和平倡议,早已为管制德国定下了基调:德军撤离所有占领的他国领土,废除德国与苏俄签订的《布列斯特-立托夫斯克和约》,德国的海外殖民地由他国托管,德国向战胜国做出赔偿。

最为重要的是"民族自决"原则——根据这条原则,波兰得以建立起第二共和国。英、美、法三国为了让波兰拥有"一个自由的和稳固的出海口",在普鲁士东部划出了一条100公里长的大走廊通到波罗的海,那里的格但斯克市成为国联托管的

---

① 艾伦·帕尔默,《夹缝中的六国:维也纳会议以来的中东欧历史》,前揭,页159-160、212-213;海因里希·温克勒,《西方通史(第二卷):世界大战的时代(1914—1945)》,杨丽、李鸥译,北京:社会科学文献出版社,2019,页98、315。详见 Norman Davies, *White Eagle, Red Star: The Polish-Soviet War*, 1919-1920, London: Pimlico, 1972; Aviel Roshwald, *Ethnic Nationalism and the Fall of Empires: Central Europe, the Middle East and Russia*, 1914-1923, London: Routledge, 2001。

② 约翰·基根,《一战史》,前揭,页326。

自由州,波兰将控制铁路和海关,此即著名的但泽走廊。波兰随即"从军事上把其国界线强加给邻国,其中包括德国"——老普鲁士地区被肢解,因而战后德国的东部边界变动最大。普鲁士的上西里西亚地区是弗里德里希二世在1742年从奥地利帝国手中夺来的,波兰根据1922年1月的德波协议拿走了其中一半。波兰人有理由说,中世纪时,整个西里西亚都属于波兰的皮亚斯特王朝(Piastów,约870—1370)。

法国除索回14500平方公里的阿尔萨斯-洛林地区外,本还想索取德国的萨尔工业区,由于英国和美国的阻止,仅获得其中一部分(1881平方公里),其余由国联托管,但当地矿产归法国开采。托管到期时,由萨尔人举行全民公决,决定是否回到德国。

莱茵兰的战略位置极为重要,法国起初打算模仿当年拿破仑的做法,让该地区成为一个独立国家,同样因英美两国阻止才没有得逞。最后的决议是,由协约国共同占领莱茵河左岸,计划五年内迁走北部全部居民。英国占领军总部驻扎科隆——公元前38年,这里就是古罗马要塞,1815年并入普鲁士。莱茵兰的中部居民将在十年内迁走,美国占领军总部驻扎在摩泽尔河注入莱茵河的科布伦茨(Koblenz)——这也是古罗马时期就有的名城。南部居民将在十五年内迁出,法国占领军总部驻扎在该地首府美因兹(Mainz),美因河在此注入莱茵河。①

按协约国的军事管制协定,英军将在1925年1月10日前撤走,美军将在1930年撤走,法军撤离时间则在1935。英军实际在1926年1月才撤离,当时,"人们自发走上街头,游行穿过科隆市中心。伴随着响彻云霄的午夜钟声和爱国歌曲",市长阿登纳激动地宣布"科隆解放了!"。而在此之前(1923年10月21日),巴伐利亚的普法尔茨以及莱茵兰的极少数自由民主分离分子曾一度在亚琛宣告,成立由法国支持的莱茵兰共和国,而"占领当局却听任分离主义者武装他们的追随者,并利用他们对居民采取恐怖手段"。分离分子的计划虽然没有实现,但"危险依然存在",因为,"经济情况越糟,分离主义者就越嚣张"。②

北欧的丹麦要求索回1864年被俾斯麦夺走的石勒苏益格,经当地民众投票表决,

---

① 里昂耐尔·理查尔,《魏玛共和国时期的德国》,前揭,页45-47。

② 安东尼·麦克利戈特,《反思魏玛共和国:1916—1936年的权威和威权主义》,王顺译,北京:商务印书馆,2020,页62-63;埃里希·艾克,《魏玛共和国史(上卷):从帝制崩溃到兴登堡当选(1918—1925年)》,高年生、高荣生译,北京:商务印书馆,1994,页254-255;霍斯特·穆勒,《魏玛德国:从共和到纳粹》,孙瑜译,杭州:浙江人民出版社,2023,页152。

该地北部归丹麦,中部和南部归德国。位于波罗的海沿岸的梅梅尔(Memel)起先也由协约国托管(法军实施占领),1923年2月归并给立陶宛,后来又划归捷克斯洛伐克。苏台德地区的德意志人坚持自己仍然是"德意志-奥地利人",因此他们的处境可想而知——"无论怎么解释,威尔逊关于民族自决的保证与这些事态都不相符合"。①

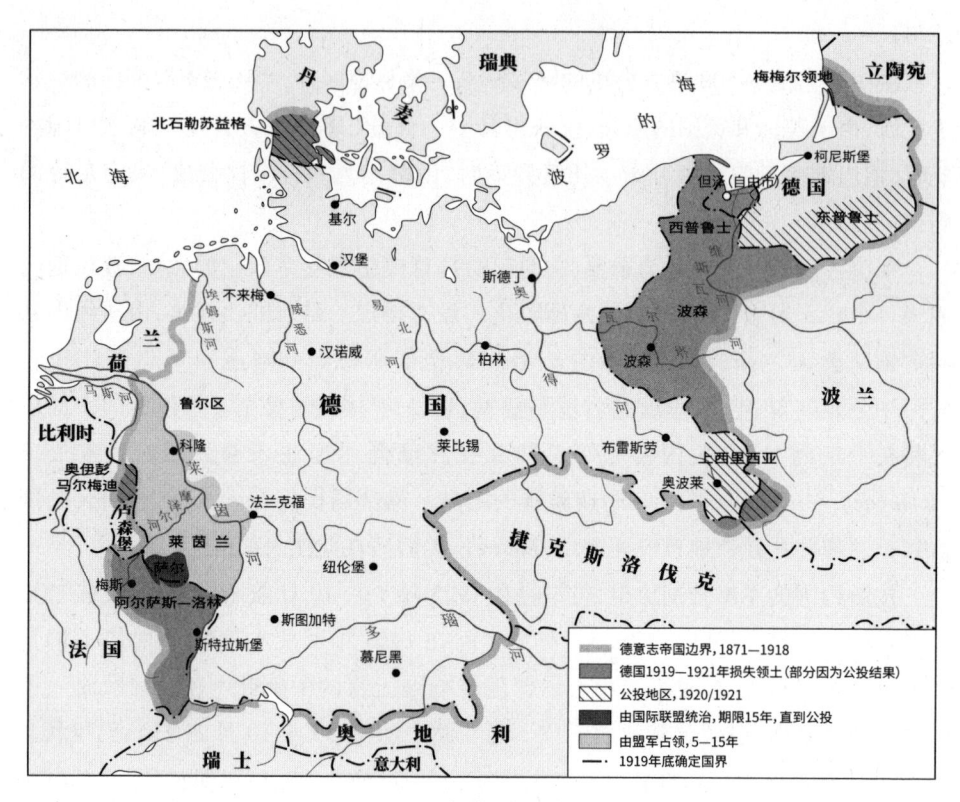

凡尔赛和约
据理查德·埃文斯《第三帝国的到来》页73 绘制

巴黎和会的战后裁决一出台,生存空间受到挤压的感觉迅速弥漫整个德国。自由派人士竭力发出欧洲统一的呼吁,但"未能说服那些对自己的国家在1919年所遭受的待遇和随后的羞辱深感愤恨"的同胞。因此,英美史学家把魏玛时期的地缘政治学热称为"怨恨地缘政治学"(the geopolitics of resentment)。② 的确不能说,

---

① 艾伦·帕默,《夹缝中的六国:维也纳会议以来的中东欧历史》,前揭,页193。
② Michael Heffernan, *The Meaning of Europa: Geography and Geopolitics*,前揭,页132-135。

德国遭到了"羞辱",只能说它遭到了失败,毕竟,它是在模仿列强争夺生存空间。德国史学家会说,《凡尔赛和约》的条款对德国太过苛刻,美国史学家则会说,它"并不比鲁登道夫与俄国签订的《布列斯特-立托夫斯克条约》更为严厉",因为"它并没有像鲁登道夫在布列斯特所做的那样,要求瓜分战败国三分之一的领土"——"与鲁登道夫占领乌克兰、白俄罗斯、波兰和俄国时攫取钢铁、煤炭和铁路相比",《凡尔赛和约》"对一个战败国的破坏作用没有更严重"。①

这位美国史学家忘了补充说,鲁登道夫的野心与美国夺取北美大陆西部以及从墨西哥手中夺取得克萨斯相关。进一步追根溯源的话,德国对南美和中美洲"异乎寻常的兴趣"还得上溯到李斯特时代。对于德意志人移民美国,李斯特的态度极为消极,因为他们难免被盎格鲁-美利坚人同化——"与此相反,他对[德意志人]向中美和南美移民却寄予厚望",因为那里的国家大多"适宜于生产殖民地产品",其自身的工业能力不可能有多大发展,因此是值得争取的宏大工业品市场。② 历史的讽刺意味仅仅在于,美国这个新生帝国激发了德意志帝国扩张生存空间的欲望,而德国的战败却是因为美国的跨洋介入。

"没有空间的民族"

凡尔赛和会之后,马克斯·韦伯对德国东部遭到肢解愤怒不已,他在对大学生发表演讲时公开呼吁:

> 如果现在波兰人入侵了但泽与索恩,或者捷克人涌入莱申贝格,那么,德国必须做的第一件事就是 Irredenta[收复失地]。我本人不可能身体力行了,因为力不从心,但每个民族主义者都必须这样去做,特别是大学生们。Irredenta 就意味着:民族主义要使用革命性暴力手段。③

韦伯所说的"波兰人入侵了但泽与索恩,或者捷克人涌入莱申贝格",无不是美

---

① 威尔·布劳内尔等,《第一个纳粹——埃里希·鲁登道夫》,前揭,页191-192。
② 大河内一男,《过渡时期的经济思想:亚当·斯密与弗·李斯特》,胡企林、沈佩林译,北京:中国人民大学出版社,2000,页300-301。
③ 转引自沃尔夫冈·蒙森,《马克斯·韦伯与德国政治》,前揭,页309。

国总统威尔逊给巴黎和会带来的民族自决原则的结果。这一原则也为国社党所用,并写入了党纲:"基于自决[权利]的所有德意志人的联合"要求该党去争取更多的"土地和土壤",以"养活我们的人民和安置我们过剩的人口"。①

按照格茨·阿利的看法,纳粹运动在某种程度上是一场自由民主运动,因为对当时的"多数年轻德国人来说,国家社会主义并不意味着独裁、言论管制和镇压,而是自由和冒险"——"国家社会主义从未要求过绝对的服从,但它要求反精英主义的、非常吸引二十世纪欧洲知识分子的'贴近人民'"。②

1923年11月8日夜,国社党的数百名冲锋队员包围了慕尼黑的一家啤酒馆,巴伐利亚邦的政府要员正在那里举行会议。希特勒与戈林在二十几名冲锋队员的簇拥下闯入会场,一时间场面混乱,喧哗声不断。"有人用手枪朝天花板开了一枪",但"人群还是没静下来"。希特勒举起手中的勃朗宁,朝天花板开了第二枪,然后高声宣布"全国革命已经开始"。这次行动很快被证明是一场闹剧:警方击毙十几名冲锋队员,迅速控制了局面,希特勒也在两天后遭到逮捕,并判刑入狱。民主制下的"啤酒馆革命"失败了,但希特勒却获得了各色德国人的支持:"三教九流"都去兰开斯特监狱探望他——"教授、医生、动物学家、工程师、建筑师、作家、记者、教师,还有银行家、烘焙师、簿记员和学生"。③

豪斯霍弗将军没有去探望希特勒,但他去探望了同在一所监狱服刑的学生鲁道夫·赫斯,还带上了刚刚重版的拉采尔的《政治地理学》。三年前(1920),鲁道夫·赫斯曾邀约自己的老师同去一家啤酒店楼上的咖啡间,希特勒在那里将有一场宣讲会。当时赫斯"着迷似的望着这位演说者",豪斯霍弗则"用惊讶的旁观者眼光审视着"。后来,豪斯霍弗劝赫斯同希特勒及其组织"保持一定的距离和冷静的头脑",他凭直觉感到,"从各方面的天赋看,希特勒只不过是一个暴发户"。赫斯没有听从豪斯霍弗的劝诫,他成了希特勒的忠实追随者,"不仅陪同希特勒上电影院和咖啡馆,还陪同出席每一次晚间宣讲会"。没过多久,赫斯就在纳粹党报《民族观察家报》上唱了"第一首狂热的希特勒赞歌,随之而来的有成千上万首"——他唱道:"希特勒是最纯洁的意志的化身,他的力量不仅来自演说天才,而且在同样程度上来自惊人的知识和清醒的理智。"现在,服刑中的赫斯建议豪斯霍弗与希特勒聊

---

① 转引自巴辛,《拉采尔政治地理学中的帝国主义与民族国家》,前揭,页127注释1。
② 格茨·阿利,《希特勒的民族帝国:劫掠、种族战争和纳粹主义》,前揭,页4、13。
③ 大卫·金,《审判希特勒》,经雷译,北京:社会科学文献出版社,2020,页9-10、302。

聊，豪斯霍弗没有拒绝。此后，他还多次去兰茨贝格监狱探望这两位囚犯。显然，豪斯霍弗不想放过任何机会表达自己的地缘政治学观点。①

服刑初期，希特勒就收到不少礼物，其中书籍居多，牢狱生活成了希特勒一生中唯一的读书时光。赫斯后来特别提到了三本书，其中没有拉采尔的著作：斯宾格勒的《西方的没落》、豪斯霍弗论日本地缘政治的著作，以及美国作家埃尔温·罗森的《美国人》——"这本书以妙趣横生的笔调描写了美国这个民族大熔炉"。希特勒"不停地阅读"，而且产生了写作欲望。他先"写了一篇长达60多页的暴动备忘录"，然后开始"用两个指头"在一台小打字机上撰写《我的奋斗》第一卷。②

有美国的史学家说，希特勒在"1924年12月离开监狱之时"，豪斯霍弗参与了"删节和修改"《我的奋斗》"不成熟的手稿"。豪斯霍弗在"二战"后的书面认识中则说，《我的奋斗》出版之前，他从未见过此书。③ 豪斯霍弗没有说谎，他确实没有以任何方式参与《我的奋斗》的"删节和修改"，但这并不能让他摆脱希特勒教诲师的罪名。不过，要说希特勒的生存空间论来自豪斯霍弗，则未免夸张，因为早在德意志帝国晚期，生存空间问题已经成为各色政治人的核心关切。另一位美国的史学家说，1924年7月初，"生存空间"这个语词在兰茨贝格监狱中成了狱友们的热门话题，虽然除赫斯外，没人懂得这个语词的学术含义——重要的是，"通过赫斯从中牵线搭桥"，这个词语"进入了希特勒充满标语口号意识的脑海"，似乎希特勒入狱后才从豪斯霍弗口里得知。④ 这位史学家不知道，啤酒馆事件之前，希特勒已经在一次演说中用到过这个语词：

> 历史教导过我们，一个民族的生存可以没有城市，但历史终有一天会教导我们，如果老制度继续存在，一个民族没有农民就不能生存……只有认识到"保障

---

① 武尔夫·施瓦茨韦勒，《希特勒副手赫斯的一生》，前揭，页76、78 – 79、100 – 102；海因茨·赫内，《德国通向希特勒之路》，张翼翼、任军译，北京：商务印书馆，1987，页93。比较 Hans - Adolf Jacobsen, "'Kampf um Lebensraum'. Zur Rolle des Geopolitikers Karl Haushofer im Dritten Reich", in *German Studies Review*, 1981, Vol. 4, No. 1, pp. 82 – 83; Daniel Pick, *The Pursuit of the Nazi Mind: Hitler, Hess, and the Analysts*, Oxford: Oxford University Press, 2012, p. 52, 297 n. 42。

② 彼得·罗斯·兰奇，《1924：改变希特勒命运的一年》，杨献军译，北京：中国友谊出版公司，2018，页116、218；比较汉斯·蒙森，《魏玛共和国的兴亡：1918—1933》，前揭，页372。

③ 克劳斯·费舍尔，《纳粹德国：一部新的历史》，佘江涛译，南京：译林出版社，2016，页177；卡尔·豪斯霍弗，《为德国"地缘政治学"申辩》，见《经典与解释51：地缘政治学的历史片段》，前揭，页79 – 80。

④ 彼得·罗斯·兰奇，《1924：改变希特勒命运的一年》，前揭，页224。

人民的生存空间及其属于自己的农业阶级",政府才能取得持久的成功。①

"保障人民的 Lebensraum[生存空间]及其属于自己的农业阶级"这一表达式带引号,表明它并不是希特勒自己的提法。

《我的奋斗》第一卷首先宣示的是反犹主义立场,生存空间论"在一定程度上是派生出来的"。直到1925年撰写《我的奋斗》第二卷(1926年底出版)时,希特勒才大谈他的生存空间论:德国应该朝乌拉尔山脉方向扩张,"用牺牲俄国的方法扩展德国人的'生存空间'",并"把反犹与反布尔什维主义视为同一个目标",因为那里生活着劣等种族。② 但豪斯霍弗既不是反犹分子(他妻子就是犹太人),也不是反苏分子,在他的地缘政治学的空间理论中,见不到种族论的痕迹,他给赫斯带去的《政治地理学》同样如此。③

《我的奋斗》第一卷出版(1925)后,并没有产生社会影响力,生存空间也不是其中的重点话题。豪斯霍弗在同年出版的《太平洋地缘政治学》,倒是意在"倡导一种大空间的地缘政治教育",目的是让"德意志民族自古以来对温暖辽阔的大海的渴望"不至于"在一个狭隘而懦弱的时代里泯灭"。但他同时也知道,"在今日这个支离破碎的德国",要施行这样的国民教育"比任何时候都更难获得成功"。豪斯霍弗心里清楚,对"大海的渴望"并不是"德意志民族自古以来"就有的,而是"敌人的范例"——盎格鲁-撒克逊人、法兰西人,尤其新生的欧洲民族美利坚人——教育的结果。④ 豪斯霍弗没有想到,汉斯·格瑞姆(1875—1959)在次年出版的长篇小说《没有空间的民族》,在相当程度上实现了他所企望的国民教育,而茨威格在自传体回忆录中竟然没有提到这位魏玛民国时期最为著名的时代作家之一,令人费解。

《没有空间的民族》篇幅长达1352页,故事梗概却很简单。小说主角福瑞伯特

---

① 转引自 Woodruff D. Smith, "Friedrich Ratzel and the Origins of Lebensraum", in *German Studies Review*, 3(1), 1980, p. 62。

② 格哈特·温伯格,《希特勒德国的对外政策·上编:欧洲的外交革命,1933—1936年》,何江、张炳杰译,北京:商务印书馆,1992,页6;伊恩·克肖,《希特勒(上卷 1889—1936):傲慢》,前揭,页83、190-191、194-197;拉尔夫·罗伊特,《希特勒传》,周新建、皇甫宜均译,北京:人民文学出版社,2011,页128、131。

③ Frank Ebeling, *Geopolitik: Karl Haushofer und seine Raumwissenschaft* 1919-1945, Berlin: Akademie-Verlag, 1994, pp. 191-193。

④ 卡尔·豪斯霍弗,《太平洋地缘政治学》,马勇、张培均译,北京:华夏出版社,2020,页12、14。

(Cornelius Friebot)出生在德意志帝国立国的第五年(1875),其父是卡塞尔附近威悉河(Weser)畔森林农区的一个农场主,祖上是牧师和教师,因家道中落才沦为农民。格瑞姆让福瑞伯特因这样的家世而既酷爱读书,又对大自然有农民式的感情,以表征德意志人的德性品质,颇像十九世纪末期德意志青年运动的理想青年。

现代化进程让农区正在变成采矿工场,福瑞伯特成为年轻人时,其父已经是采矿工,他被迫放弃想做教师的愿望,努力成为一名出色的工匠。当发现成为工匠也未必能找到满意的工作后,福瑞伯特入伍海军,在巡弋于东非和南非海岸的小型巡洋舰上服役了数年,这让他亲身体验到英国海上势力的霸道以及英国人对德国的敌意。服役期满后,福瑞伯特回到家乡跟父亲一起做采矿工,不久因被怀疑是"赤色分子"而遭解雇。在海军服役期间,福瑞伯特的确接触过社会主义宣传品,但他并没有成为社会主义者。

丢掉采矿工作后,福瑞伯特去到工业城市波鸿"打工",再次因被诬陷搞社会民主活动而遭解雇,这使得他真的成了社会民主党人,尽管并不是真有革命信念的那种。福瑞伯特又去到一所煤矿做工,因一次瓦斯爆炸,他发表演说谴责矿主失职,结果被送进监狱。通过描述福瑞伯特的这段经历,格瑞姆实际上批评了社会民主党的政治主张:基于国际理念的社会主义方案行不通,其阶级理论也必然从根本上分裂德意志民族。福瑞伯特出狱后移民到南非,在布尔人的共和国的一个农场做杂工,这意味着他摆脱了社会民主党人的政治影响。

1652年4月,荷兰东印度公司属下的范里贝克(Jan Van Riebeeck,1619—1677)船长率领一支由三艘海船组成的船队登陆好望角(通常称"开普"),开拓出一块地盘用作远洋补给站,因为那里的地理位置正好西濒大西洋,而南端则插入印度洋。为了让这个补给站能够为更多的过往海船"补充新鲜肉类、水果和蔬菜并安排旅客、船员上岸休息",荷兰东印度公司"允许诸如农民这样的自由人到此地定居"。那里很快发展成开普镇(Cape Town,中文音译为"开普敦"),随之而来的是"以损害当地原住民的利益为代价"的"领土扩张"。范里贝克船队的首批殖民者仅有153名,但"仅仅十年工夫",随着不断有荷兰、法国、德意志乃至印尼的农民前来"打工",一个外来的Afrikaner[定居非洲者]群体开始形成,欧洲人则统称他们为布尔人(Boer,本义为"农民")。[1]

---

[1] 费莫·伽士特拉,《荷兰东印度公司》,倪文君译,北京:东方出版中心,2011,页92;路易·约斯,《南非史》,史陵山译,北京:商务印书馆,1973,页45-55;郑家馨,《南非史》,北京:北京大学出版社,2010,页2。

一百多年后(1770年代),开普已经发展成"一个真正的都会",其繁荣程度使它甚至有了"小巴黎"之称。这个称号不仅是因为欧洲各国舰队或商船常常经停此地,也与荷兰与法国一起支持英属美洲殖民地叛乱有关。法国大革命爆发后,英国乘与法国交战之机,派出四艘战舰夺取了开普(1796)。在维也纳和会上,英国向荷兰支付600万英镑作为补偿,完成了把开普据为己有的国际法手续。对荷兰共和国来说,这事太过有失颜面,荷兰史学家在概述荷兰殖民史时,干脆只字不提。①

英国夺取荷兰的开普殖民地后大量移民,因无法忍受新殖民者的"解放"统治,布尔人作为老殖民者离开"故土"开普,向南非东南部的内陆迁徙(1835—1837),开拓新的殖民定居点。英国人紧追不舍,布尔人被迫继续北上,退入"接近荒芜的高原"地带德兰索兰吉亚(Transorangia),在那里沿瓦尔河(Vaal)为界形成了两个布尔人共和国:德兰士瓦共和国(Transvaal Republic,1852)在河北,奥兰治自由邦(Orange Free State,1854)在河南。②

1876年,英军进占德兰士瓦首府,次年(4月12日)宣布兼并德兰士瓦共和国。四年后(1880),德兰士瓦的布尔人突袭200余人的英军,第一次"布尔战争"爆发。英军接连战败,英国总督阵亡,英国被迫与布尔人签订合约,这场战争历时仅三个月。但德兰士瓦重新获得的独立相当有限,根据1881年8月在比勒陀利亚(Pretoria,今南非首府行政区)签署的协定,英国开普殖民当局掌控德兰士瓦共和国的外交,而且战时有权"自由驻扎和调动军队及装备"——今天的人们会联想到美军在东亚和欧洲的自由驻扎和调动。因此,英国"在1881年得以振振有词地对其他欧洲列强宣称,南非不仅属于其势力范围,而且它完全有权独霸此地"。③

1885年的柏林会议确定瓜分非洲的"有效占领原则"后,英国、德国、葡萄牙的殖民当局开始了在南非的新一轮争夺。英国又试图控制德兰士瓦,布尔人再次反击(1899年10月),长达三年之久的第二次布尔战争拉开帷幕。双方开打仅仅两个星期,英军战地记者温斯顿·丘吉尔就成了战俘——尽管当时"投降的想法让他

---

① 雷尼尔·撒尔维,《殖民历史面面观》,见杜威·佛克马、弗朗斯·格里曾豪特编,《欧洲视野中的荷兰文化,1650-2000年:阐释历史》,前揭,页51-76。
② 路易·约斯,《南非史》,前揭,页147-148、152-155;郑家馨,《南非史》,前揭,页128-129、203。
③ 贝贝,《1850—1880年南非的英国人、布尔人和非洲人》,见阿贾伊主编,《非洲通史(第六卷):1800-1879年的非洲》,前揭,页122、148。

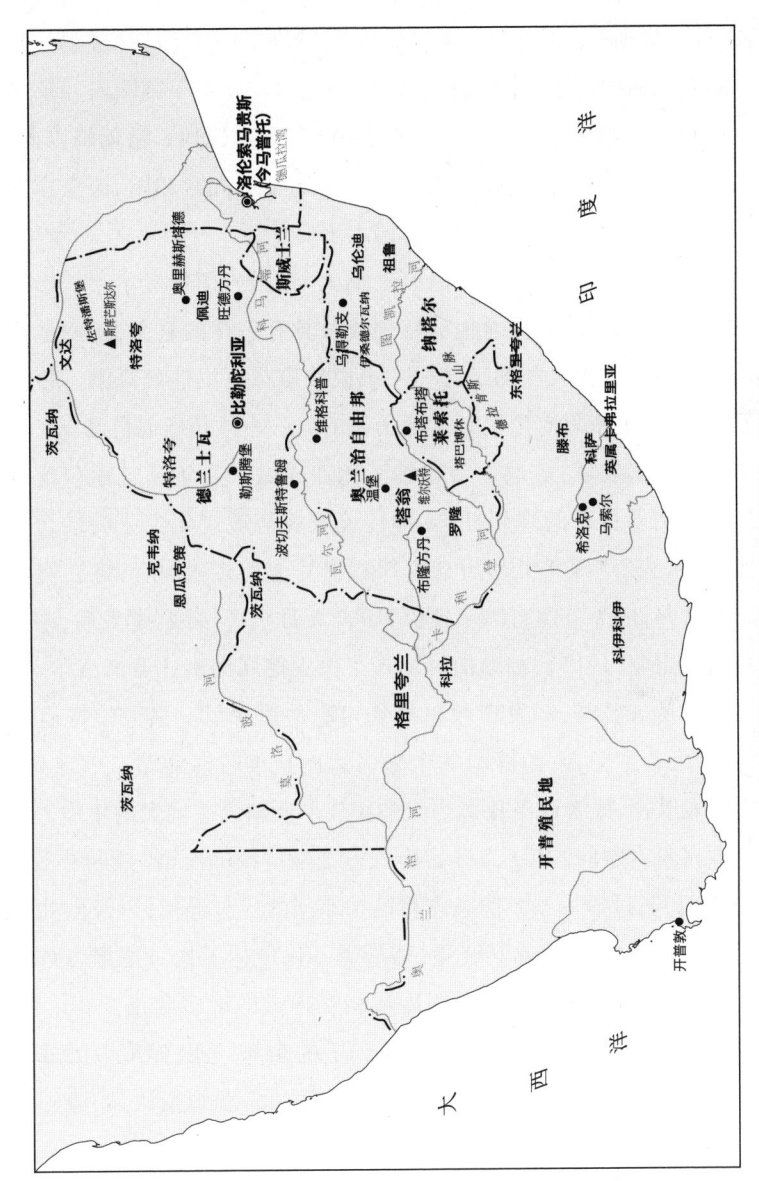

七 德意志生存空间观念的历史嬗变 383

南部非洲国家与民族分布图(1850—1880)
据阿贾伊主编《非洲通史(第六卷)》页124绘制

感到厌恶",但他还是"把双手举在了空中"。①

格瑞姆笔下的福瑞伯特加入了布尔军队与英军作战,但不久就受伤被俘,一直待在战俘营。战争结束后(1902),福瑞伯特在瓦尔河上游的南非工业城市约翰内斯堡(Johannesburg)找到一份技术工,这年他已经27岁,思想已日趋成熟。又过了五年(1907),福瑞伯特决定到纳米比亚当一名农民。自1884年德国占领那里的沿海地带以来,纳米比亚(旧称"西南非洲")已经成为德属殖民地。格瑞姆以此暗示,只有在德国人自己的殖民地,而非在民族身份混杂的布尔人共和国,德意志的海外移民才不会丢失德意志的民族品质,并让德国本土受益。

在前往纳米比亚的途中,福瑞伯特遇到了商人格瑞姆,即作者本人。格瑞姆启发福瑞伯特意识到,他的冒险经历对他的精神成长具有怎样的意义,还向他灌输了一通有关德国必须成为世界大国的道理——小说叙事在这里达到高潮。格瑞姆似乎暗示,德国的未来应该依靠有殖民地生活历练的人——这是指他自己。

为了筹措经费经营农场,福瑞伯特在纳米比亚先做了几年建筑承包商。格瑞姆通过这段叙事暗示了自己的理想社会,即传统农业与现代化工业的结合。英国人通过第二次"布尔战争"吞并奥兰治自由邦和德兰士瓦共和国后,将它们与开普属地合并为南非联邦,成为英国自治领地(1910年5月)。"一战"爆发后,南非联邦军队迅速进兵纳米比亚(1915),福瑞伯特加入了保卫德属纳米比亚的战争,并被俘入狱。当他好不容易逃脱时,却发现德国已经可耻地投降了。福瑞伯特返回德国本土,成了坚定的民族主义者,为德国的未来命运而从事政治活动。1923年,他被一名社会民主党人杀害,或者说为德意志人的民族事业献出了宝贵的生命。②

从形式上讲,《没有空间的民族》有如德意志文学传统的所谓"成长小说"(Bildungsroman)。然而,通过描写一个德意志移民在非洲的成长经历,以及由此牵扯出的诸多经常显得离题的情节、人物和言论,格瑞姆不仅传达了他对德意志帝国成长史的基本看法,还评说了德意志第二帝国后期相互冲突的诸多政治主张。"一战"结束后,德国丧失了所有海外殖民地以及曾经到手的东部空间,如韦伯的战后演讲所表明的那样,德国仍企望夺回东部原有的殖民空间。格瑞姆则认为,德国作为一

---

① 坎蒂丝·米勒德,《帝国英雄:布尔战争、绝命出逃与青年丘吉尔》,陈鑫译,北京:社会科学文献出版社,2018,页147。

② W. D. Smith, "The Colonial Novel as Political Propoganda: Hans Grimm's Volk ohne Raum", in *German Studies Review*, 1983(6), pp. 224–230.

个政治实体要做到不被外敌和内部分裂所摧毁,它需要扩展的空间仍然应该是在海外,而不是东部垦殖区。毕竟,欧洲实在太过拥挤。

小说出版后,随即占据畅销书榜首,评论界好评如潮,而且并非都来自右翼人士。"没有空间的民族"几乎成了家喻户晓的口头禅,哥廷根大学甚至给格瑞姆颁发了荣誉博士学位(1927)。到1933年时,《没有空间的民族》销量已达26万册,1940年增至50万册,仅托马斯·曼(1875—1955)的《布登勃洛克一家》(1901)和艾里希·雷马克(1898—1970)的《西线无战事》(1929)的销量能够与之持平。[1]

汉斯·格瑞姆的父亲是法学教授,但更热衷自由主义政治,无论德意志帝国之前成立的民族自由党(1867),还是帝国之后成立的德国殖民协会(1882),他都是发起人之一。格瑞姆少年时喜欢文学,他父亲却希望他成为殖民商人。22岁那年(1897),格瑞姆经父亲安排前往德国在南非卡普的贸易航运公司任税务官,后来(1901)他独立经商,还办了一个农场。但格瑞姆当作家的梦想从未泯灭,1910年他放弃经商,以柏林《每日观察报》记者的身份前往德国在西南非洲的殖民地(纳米比亚)做了一年新闻记者。回到德国后,格瑞姆一面在大学进修政治学,一面写小说,"一战"爆发前(1913)已经发表过处女作《南非传奇》(*Südafrikanischen Novellen*)和一个短篇小说集,其中所表达的殖民意识以及白人种族优势观念乃至写作风格,都像是在模仿英国殖民作家吉卜林。

"一战"结束后不久(1920),格瑞姆凭靠自己在非洲的十四年经历着手写作《没有空间的民族》,历时五年完稿(1925)。显而易见,德国因战败而丧失了所有海外殖民地,是格瑞姆写作此书的直接动因。德裔美籍史学家彼得·盖伊(1923—2015)是犹太人,15岁时(1938)随父母移民美国,在哥伦比亚大学完成学业,后来成了研究欧洲现代文化史的名家。按照他的说法,从这部小说的书名"即可看出,书中所探讨的正是当时普遍流行的[集体]幽闭恐惧症的焦虑感,右翼政客适时借此大做文章",提醒德国人正身处"令人不快的生存空间"。但他的崇拜者韦茨却认为,"魏玛德国是一个精彩而激动人心的时代",其"民主制度、文化创新、性开放、社会改革"等等,即便在"百年之后"的今天,也"应得到认可和褒扬"。[2] 其实,盖伊既然知道,"德国正被一些充满敌意和伺机报复的邻居团团包围",那么他把1920年

---

[1] 里昂耐尔·理查尔,《魏玛共和国时期的德国》,前揭,页181。

[2] 彼得·盖伊,《魏玛文化:一则短暂而璀璨的文化传奇》,刘森尧译,合肥:安徽教育出版社,2005,页111;埃里克·韦茨,《魏玛德国:希望与悲剧》,姚峰译、聂品格校译,北京:北京大学出版社,2021,页 vii、xiii。

代德国人的生存意识描述为"普遍流行的集体幽闭恐惧症"(kollektive Klaustrophobie)就未必恰切——这倒是足以让盖伊表达自己作为世界公民的优越感。① 作为史学家的盖伊甚至不知道,"没有空间的民族"这个表达式不是格瑞姆的发明,而是借用自英国议员爱德华·莫雷尔(1873—1924)的说法。②

前面记叙比利时殖民刚果这一历史事件时,笔者提到过这位莫雷尔,他早年在英国一家做非洲贸易的船运公司任职员,后兼做新闻记者写报道补充收入。吉卜林的"白人的负担"(1899)发表后,激起了莫雷尔的愤怒,他太熟悉殖民地的状况了。从此以后,莫雷尔成了反帝反殖民志士,发起"刚果改革协会"(Congo Reform Association,1904),还参与发起"保卫刚果公约盆地原住民国际联盟"(1909)。第一次世界大战爆发后,莫雷尔因组织反战政党违反《不列颠王国防卫法》而入狱(1917—1918)。出狱后莫雷尔加入了工党,随即写下《黑人的负担:白人在非洲——从十五世纪至第一次世界大战》(1920),缕述欧洲诸王国四百年来在非洲殖民所犯下的种种罪恶。所谓"黑人的负担"不仅指白人的"文明化"殖民给非洲带来种族屠杀、奴隶帮派、地下劳动以及麻疹、天花和梅毒,也指欧洲殖民大国所犯下的罪恶只会成为欧洲现代文明的道德"负担"。③

格瑞姆在1920年代曾表态支持国社党,而国社党也为《没有空间的民族》叫好。但希特勒掌握政权后,格瑞姆却又公开表示与国社党划清界限——因为他对纳粹政权没有致力于推动德国海外殖民地的回归感到失望。纳粹领导层也清楚地认识到,格瑞姆不是他们所需要的人:《没有空间的民族》并不反犹,而且反对在欧洲而不是海外寻求更多的生存空间。1938年,戈培尔正式宣称,此书不符合纳粹意

---

① 支配彼得·盖伊史学的启蒙式世界公民主义信念,参见 Helmut Walser Smith, "Reluctant Return: Peter Gay and the Cosmopolitan Work of a Historian", in Andreas W. Daum, Hartmut Lehmann, and James J. Sheehan (eds.), *The Second Generation: Émigrés from Nazi Germany as Historians*, New York: Berghahn, 2016, pp. 210 – 225。

② Heike Wolter, *Volk ohne Raum. Lebensraumvorstellungen im geopolitischen, literarischen und politischen Diskurs der Weimarer Republik. Eine Untersuchung auf der Basis von Fallstudien zu Leben und Werk Karl Haushofers, Hans Grimms und Adolf Hitlers*, Münster: LIT Verlag, 2003, pp. 61 – 62.

③ Edward D. Morel, *The Black Man's Burden: The White Man in Africa from the Fifteenth Century to World War I*, 前揭,页 3 – 11。比较 Donald Mitchell, *The Politics of Dissent: A Biography of E. D. Morel*, Bristol: Silverwood Books, 2014; William R. Louis/Jean Stengers, *Morel and the Congo: E. D. Morel's History of the Congo Reform Movement*, Oxford: Clarendon Press, 1968。

识形态。出人意料的是,"二战"结束后,格瑞姆与哲学家海德格尔一样公开表示,应该区别看待国家社会主义与国社党的意识形态,似乎前者有其历史的正当性。直到今天,如何辨识格瑞姆的历史形象,仍然让德国的政治史学家感到十分棘手。①

自由主义者的懊悔

最棘手的问题仍然莫过于国社党的政治目标与1848年德意志自由主义革命理想的历史关联。希特勒的"巴巴罗萨计划"并不像人们以为的那样具有原创性。早在1880年代,俾斯麦领导的帝国政府就讨论过"对俄国发动一场先发制人的战争",以便让波兰脱离沙俄帝国。② 问题的复杂性在于,向东扩张同样不是俾斯麦政府的创意,而是1848年的自由主义共和革命者已经有过的愿望。

尤里乌斯·弗雷伯就是证人之一。他本来是出色的自然地理学家,颇得老前辈亚历山大·洪堡赏识,28岁那年(1833),经后者推荐到苏黎世技术学院任矿物学编外讲师。弗雷伯上大学时就热衷于自由主义共和事业,在瑞士任教期间正好遇上1830年代的共和革命,于是创办《瑞士共和党人》报,成了职业革命家。1848年革命时期,弗雷伯作为激进自由派领袖人物之一入选法兰克福立宪议会,革命失败后流亡美国(1849),在德意志移民中继续宣传共和革命主张,同时游历美国,还去过墨西哥和南美,著有两卷本旅行志《来自美利坚的经验、旅行和研究》。③

---

① Manfred Franke, *Grimm ohne Glocken. Ambivalenzen im politischen Denken und Handeln des Schriftstellers Hans Grimm*, Köln: SH - Verlag, 2009, pp. 122 - 142; Annette Gümbel, *Volk ohne Raum - Der Schriftsteller Hans Grimm zwischen national - konservativem Denken und völkischer Ideologie*, Darmstadt & Marburg: Selbstverlag der Hessischen Historischen Kommission Darmstadt und der Historischen Kommission für Hessen, 2003, pp. 119 - 138, 262 - 272.

② 弗里茨·费舍尔,《争雄世界:德意志帝国1914—1918年战争目标政策》,上册,前揭,页111 - 112。

③ Dietmar Schuler, "Julius Fröbel (1805 - 1893). Ein Leben zwischen liberalem Anspruch und nationaler Realpolitik", in *Innsbrucker Historische Studien*, Bd. 7/8. Innsbruck, 1985. pp. 179 - 261; Carl Wittke, *Refugees of Revolution: The German Forty - Eighters in America*, Philadelphia: University of Pennsylvania Press, 1952, pp. 119 - 120; Daniel Nagel, *Von republikanischen Deutschen zu deutsch - amerikanischen Republikanern. Ein Beitrag zum Identitätswandel der deutschen Achtundvierziger in den Vereinigten Staaten 1850 - 1861*, Röhrig: Röhrig Universitätsverlag, 2012; Sabine Freitag (ed.), *Die Achtundvierziger. Lebensbilder aus der deutschen Revolution 1848/49*, München: Verlag C. H. Beck, 1998.

弗雷伯既是自然地理学家又是共和革命家,他的美国旅行记既有对美国自然地理乃至城乡生活风格的描绘,也有对美国民主制度乃至政治党派博弈的观察和评议。与弗里德里希·卡普一样,弗雷伯还十分看重德意志移民对美国这个年轻政治民族的成长所做出的重大贡献。事实上,弗雷伯的《来自美利坚的经验、旅行和研究》可视为拉采尔的《美国政治地理学》的先声——拉采尔关于种族问题的看法明显受到弗雷伯的影响。①

普鲁士王国大赦1848年革命者后,在美国待了七年的弗雷伯回到普鲁士(1857),在美国公民身份的保护下继续从事政治活动。但他的政治主张已经从激进民主转向了保守自由主义,并出版了颇具前瞻性的《美利坚、欧洲与当前的政治观察点》。弗雷伯预感到,未来的世界均势将取决于美国、俄国与欧洲诸国之间的关系。鉴于美国已经把西半球划为自己的势力范围,俄国将支配亚洲,欧洲只能要么与俄国联手对付美国,要么与美国联手对付俄国,否则就会被美国和俄国联手对付。毕竟,美国和俄国都是单一政治体,欧洲国家却呈现为杂多状态。弗雷伯虽然崇尚大西洋革命理念,其政治抱负是实现基于人民主权的自由平等理想——当今德国的自由主义理论大家哈贝马斯(1929—)仍然看重他的民主思想——但他同时也是政治现实主义者。弗雷伯发出呼吁说,面对美国和俄国的压力,欧洲诸国必须拧成一股绳,才能应对未来可能出现的地缘争夺。②

李斯特从美国返回后发表的《政治经济学的国民体系》以"欧洲大陆的商业政策"收尾,弗雷伯的《美利坚、欧洲与当前的政治观察点》最后一章题为"大政治"(die große Politik),短短十余年间,德意志人的地缘政治意识明显长了一大截。在

---

① Ulrike Jureit,"'Genealogische Träume – reien'. Zur Unterscheidung biologischer, politischer und kultureller Gemeinschaften im Werk Friedrich Ratzels", in Ulrike Jureit/Patricia Chiantera – Stutte(hrsg.),*Denken im Raum*,前揭,页98。比较 Julius Fröbel,*Aus Amerika. Erfahrungen, Reisen and Studien*,zwei Bände,Leipzig:Dyck,1856 – 1857;Julius Fröbel,*Die deutsche Auswanderung und ihre culturhistorische Bedeutung. Fünfzehn Briefe an den Herausgeber der Allgemeinen Auswanderungs – Zeitung*,Leipzig:Franz Wagner,1858。

② Julius Fröbel,*Amerika, Europa und die politische Gesichtspunkt der Gegenwart*,Berlin:Julius Springer,1859,pp. 113 – 129;比较 Rainer Koch,*Demokratie und Staat bei Julius Fröbel 1805 – 1893. Liberales Denken zwischen Naturrecht und Sozialdarwinismus*,Wiesbaden:Franz Steiner Verlag,1978,pp. 99 – 111;尤尔根·哈贝马斯,《在事实与规范之间:关于法律和民主法治国的商谈理论》,童世骏译,北京:生活·读书·新知三联书店,2003,页630 – 634、642 – 643。

弗雷伯看来,德意志人应该承担起让"欧洲西方的国家群体"(die Staatengruppe des europäischen Abendlandes)拧成一股绳的历史使命。由此可以理解,弗雷伯回到德意志后,何以积极复活他在1848年革命时期就有的"大德意志"构想,只不过,现在他企望奥匈帝国能够承担起这一历史使命。①

普鲁士击败奥地利和法兰西后,将欧洲国家拧成一股绳的历史使命就落在了德意志帝国身上。事实上,威廉二世时期的"世界政策"和马克斯·韦伯的"德国使命"论乃至国社党的政治目标,其源头都可以追溯到1848年革命时期激进共和派的德意志合众国理想。格茨·阿利提醒人们,为了纪念两位1848年的激进共和派前辈戈特弗里德·金克尔和卡尔·舒尔茨,纳粹政权在1938年用他们的名字替换了柏林市最西面的施潘道区(Spandau)两条犹太人大街的街名,那里迄今没有恢复原名。②

戈特弗里德·金克尔(1815—1882)早年研习新教神学,后改行研究艺术史,同时又是激进民主斗士。1830年代德意志兴起激进民主运动之后,金克尔创办《波恩报》,成了激进民派的一方领袖。1848年10月法兰克福立宪议会即将通过宪法时,金克尔策动武装抗议,结果被判处死刑,后改终身监禁。幸得其学生兼战友卡尔·舒尔茨相救,他才得以脱身,并流亡英国16年(1850—1866),又辗转法国,最终落脚瑞士,在那里度过余生(1866—1882)。③

金克尔颇有艺术天赋,写得一手好诗,又是勇敢的民主斗士,早在1850年代就声名远播,他被树立为民族楷模,并非不可理解。卡尔·舒尔茨则不同,他因武装抗议法兰克福宪法被捕入狱后,成功策动狱友一起越狱,时年20岁。几经辗转流亡美国后(1852),舒尔茨很快以德意志移民身份加入了共和党,开始深度参与美国政治,30岁那年(1859)曾被提名为威斯康星州州长。美国内战期间,舒尔茨被林肯任命为准将(1862),他指挥一个师作战,表现不俗,次年晋升少将。内战结束后,舒尔

---

① Dietmar Schuler, *Staat, Gesellschaft und Deutsche Frage bei Julius Fröbel (1805—1893). Studien zu Ursprung und Entwicklung des deutschen Liberalismus im 19. Jahrhundert*, Diss., Innsbruck, 1984, pp. 200 - 284.

② 格茨·阿利,《希特勒的民族帝国:劫掠、种族战争和纳粹主义》,前揭,页17。

③ Joseph Joesten, *Gottfried Kinkel. Sein Leben, Streben und Dichten für das deutsche Volk. Mit einer Auswahl Kinkel'scher Dichtungen*, Köln: Kölner Verlags & Druckanstalt, 1904, pp. 69 - 94; Hermann Rösch, *Gottfried Kinkel, Dichter und Demokrat*, Königswinter: Lempertz, 2006, pp. 57 - 69, 96 - 143.

茨成为首位出自德裔移民的联邦参议员,时年不到40岁(1868)。在接下来的30多年里,舒尔茨一直是美国政坛的风云人物,在政界和报界出尽风头;1860年代后期的共和党分裂事件中,参与组建"自由共和党";出任美国内政部长(1877—1881)期间,呼吁改革文官制度,推行量才录用的考绩制;晚年又组织"反帝同盟",呼吁美国放弃"特殊使命",反对美国的海外扩张和美西战争。①

舒尔茨的政治生涯更多与美国的政治成长联系在一起,他去世后在美国留下诸多纪念地,并非不可理解,但纳粹政权也用街名来纪念他,就令人费解了。不过,这倒有助于理解希特勒(1889—1945)对于美国的看法。在《我的奋斗》中,希特勒羡慕美国通过获取广阔的生存空间而拥有了"前所未闻的内在力量",尤其欣赏这个"拥有处女地的巨大财富的美洲国家巨人"敢与大不列颠帝国争夺世界支配权。② 1928年,希特勒"口授了"第二本书,但并未出版,仅存打字稿,部分言论见于当年的公开演讲。从中可以看到,希特勒对美国相当艳羡,并试图在他认为最重要的方面模仿美国。

欧洲人梦想自己的生活水平能通过现代化赶上美国,在希特勒看来,实际上这根本不可能。因为"美洲大陆的土地面积与人口数量的比例",欧洲的任何一个大国都比不上。即便是德国人恢复1914年的边界,也别想过上"类似美国人的日子",仅"美国国内市场的规模和富足所能够容纳的生产指标以及生产设备",就让德国望尘莫及。因此,"德意志民族的前景是令人绝望的"。③

当然,要是美国在第一次世界大战中保持中立——这意味着置身于"世界历史的重大纷争"之外,那么,战胜国无论是英国还是德国,美国都只会是一个二流国家,无非是接下来"还可以做点小生意"而已。然而,通过介入欧洲内战,美国让自己成了国际政治中举足轻重的大国,并在战后凭靠经济优势成功占领欧洲市场,由此树立起一种"典型的生活标准"。在希特勒眼里,美国是非常成功的年轻国家,

---

① Walter Keßler, *Carl Schurz. Kampf, Exil und Karriere*, Köln: Greven Verlag, 2006; Carl Wittke, *Refugees of Revolution: The German Forty - Eighters in America*, 前揭, 页206 - 218, 235 - 237, 244 - 260; Uwe Timm, "Carl Schurz(1829 - 1906): Ein deutscher Revolutionär als amerikanischer Staatsmann", in Frank - Walter Steinmeier(hrsg.), *Wegbereiter der deutschen Demokratie. 30 mutige Frauen und Männer 1789 - 1918*, 前揭, 页265 - 277。

② 阿诺德·奥夫纳,《美国的绥靖政策:1933—1938年美国的外交政策与德国》,陈思民、余昌楷译,北京:商务印书馆,1987,页22。

③ 阿道夫·希特勒,《希特勒的第二本书(1928年稿件)》,王诚译,新加坡:南洋出版社,2019,页71 - 72、168 - 169(以下简称《第二本书》)。

这个北美大陆民族"决定整个世界命运"的情形不可避免。即便"泛欧主义"也挽救不了欧洲,它绝对不能指望通过"建立一个大欧洲强国"来与美国抗衡(《第二本书》,页 61-62、196-197)。

美国获得成功,首先不是"取决于其人口数量,或者是生存空间的大小,又或者是土地面积与人口数量的比例关系",而是"美国民族的优秀品质"。旧欧洲"因战争和移民不断地失去许多最好的精英,而美国反倒成了年轻、优秀的民族"。150 年前移民北美的欧洲人,都是"村子里最果敢和最大胆的",无论是因贫困还是宗教迫害而离乡背井,只有"那些最健壮、最具反抗精神的人才能够起来反抗"。美国仅仅看起来是"各种不同民族"的大联合,实际上,美国的自我感觉是"像个欧洲北方日耳曼式的国家"。它以北方日耳曼人为绝对优势,与其他欧洲人形成联盟,所有非欧洲人种在其中只能处于劣势。美国民族是由欧洲最优秀的移民组成的年轻"优等种族",这得益于美国政府利用限制性移民法来确保美国的前途。认识到这一点后,希特勒净化德意志民族的念头进一步增强,否则,德意志文明的地位会自然衰落,无法与美国这个新生的欧洲民族相比(《第二本书》,页 172-173、175-183)。

希特勒充分认识到,美国正在"取代英国成为世界的经济强国",但他错误地断定,英国将不再把德国视为对手,而是把美国视为对手,英美"彼此间的沾亲带故"不会起什么作用,"双方随时都会为各自的利益而大打出手"(《第二本书》,页 27)。执掌德国政权之后(1933 年夏天),希特勒希望德国成为欧洲的领头羊,与美国一起瓜分世界。他甚至相信,美国"会在适当的时刻"成为德意志帝国最强大的支持者:

> 在我们做好准备迈入海外空间时,一个新生的美国就会在适当的时刻作为我们最强大的支持者而出现。我们有办法使这个国家及时地醒悟过来。不会再出现一个什么威尔逊来鼓动美国反对我们。[1]

希特勒并没有迈入海外空间,他清楚地知道,"要解决德国在经济和种族方面现存的威胁",除了"赢得东方的生存空间"别无他途,而且这样"似乎风险最小",因为"不会对大英帝国造成本质性威胁"。何况,一旦获得成功,"这将令欧洲成为世

---

[1] 转引自阿诺德·奥夫纳,《美国的绥靖政策:1933—1938 年美国的外交政策与德国》,前揭,页 23-24。

界上最难以封锁的地方"。① 与德意志第二帝国相比,魏玛共和国的边界大为缩小,而希特勒领导的德国在合并奥地利之后,又兼并了波希米亚和摩拉维亚(1939 年 3 月),一个新的帝国"突然以古代帝国的面貌出现"。因为,扩展到这样的东部边缘,无异于"重建起撒克逊和撒利历代帝王的东部边界"——这与"拿破仑帝国乞灵于加洛林王朝的传统"别无二致。合并奥地利之后,希特勒就让神圣罗马帝国皇帝的皇冠从维也纳回到纽伦堡——他宣称这不仅是要让德意志人自己,也要让整个世界都想到,

> 在发现新大陆五百多年前,就存在一个强大的德意志民族的德意志帝国……德意志帝国长期沉睡。德意志人现在醒来了,而且显得是自己千年王冠的所有者。②

然而,希特勒对美国的认识虽入木三分,他对美国的战略性判断却错得离谱——"如果说不是混乱,至少也是自相矛盾"。富兰克林·罗斯福重演威尔逊的行动后,希特勒"痛苦地抱怨说":

> 正当整个欧洲——他们[美国人]自己的母亲——在拼命地为阻止布尔什维克的危险而奋斗时,美国……居然认为,他们该做的是把他们巨大的物力供给这些亚洲野蛮人使用。③

即便如此,希特勒自觉承继德意志第一帝国统绪来自 1848 年自由主义革命的启发,则是显而易见的事实。而自由主义的政治史学家却拒绝承认,纳粹运动与民族自由主义有历史性关联,非让它与德意志第二帝国绑在一起。弗里茨·斯特恩(1926—2015)是我国学界所熟悉的德裔美籍史学家,在他看来,德意志第二帝国的基本特征只能用"illiberal[非自由]这个术语来描述"。除了"君主独裁结构、选举受限制或阶级欺骗",更为重要的是,德意志帝国的公民在精神上"尚未成熟":他们服从和谄媚权威,缺乏"容忍异见、争辩开放的自由习惯",把实现独立的民族国家

---

① 史蒂芬·弗里茨,《东线战事:希特勒的东方灭绝战》,前揭,页 8 – 9。
② 转引自阿诺德·汤因比、弗兰克·艾什顿 – 格沃金特编,《第二次世界大战全史(1):1939 年 3 月的世界》,前揭,页 412 – 413。
③ 转引自阿诺德·奥夫纳,《美国的绥靖政策:1933—1938 年美国的外交政策与德国》,前揭,页 24;比较 Klaus P. Fischer, *Hitler and America*, Philadelphia: University of Pennsylvania Press, 2011, pp. 9 – 45, 255 – 278。

视为最高价值。对斯特恩来说,专制保守主义与民主自由主义的对立和冲突,是德意志第二帝国成长史的基本线索。①

这种观点无法解释德意志第二帝国错综复杂的政治思想纷争,别的不说,若非有相当开放的言论自由,反犹主义言论也不可能在德意志第二帝国后期甚嚣尘上。② 同样让人感到费解的是,斯特恩对纳粹运动与第二帝国时期的民族自由主义运动的历史关联也视而不见,而直到今天,仍然有政治史学家坚持认为,瑙曼"领导的民族社会主义运动"是纳粹运动的先声。③ 在仅比瑙曼小两岁的自由主义政治史学家弗里德里希·迈内克(1862—1954)眼里,瑙曼的"民族社会主义"堪称"德国历史上最崇高的梦想之一",只可惜它生不逢时:既来得太早又来得太晚,"以致不可能得到实现"。他甚至"假定",要是"瑙曼成功了的话,也许很可能永远都不会出现一场希特勒运动"——理由是:

> 从纯粹的思想史和精神史来观察,瑙曼的民族社会主义乃是一次了不起的尝试,它要把德国人民最精神的以及最物质的和现实的因素结合为一个内容极其丰富的综合体。基督教和德国唯心主义、古典的人道理想和近代的社会经验主义、民主和帝国、近代的艺术需求、人民的武装力量和经济的扩张——所有这些观念,现在都像善良的天使一样出现在新德国的摇篮旁边,给它献上一份生日的礼品。④

迈内克是在"二战"结束后(1946)才这样说的,而在魏玛共和国时期,他的言论

---

① 弗里茨·斯特恩,《非自由主义的失败:论德国现代政治文化》,孟钟捷译,北京:商务印书馆,2015,页 22 - 24;比较弗里茨·斯特恩,《文化绝望的政治:日耳曼意识形态崛起研究》,杨靖译,南京:译林出版社,2022,页 4 - 15。

② 参见理查德·埃文斯,《第三帝国的到来》,前揭,页 58 - 59。

③ Asaf Kedar, "National Socialism before Nazism: From Friedrich Naumann to the 'Ideas of 1914'", in *History of Political Thought*, Vol. 34/2(2013), pp. 324 - 349;比较 Alastair P. Thompson, *Left Liberals, the State, and Popular Politics in Wilhelmine Germany*,前揭,页 200 - 237。

④ 弗里德里希·迈内克,《德国的浩劫》,何兆武译,北京:商务印书馆,2012,页 25,比较页 26、91 - 92。1980 年代,欧洲再度兴起社会民主主义思潮,要求重新评价瑙曼的呼声也随之而来。据说,瑙曼固然不能被称为西方学派意义上的"民族 - 自由主义者"(national - liberal)——考虑到他的政治背景,他也不可能是,但他的政治纲领明显旨在发展一种适应资本主义工业化的"自由的德国民族主义"(liberal German nationalism),以弥合保守主义与现代主义之间的紧张。见 Moshe Zimmermann, "A Road not Taken - Friedrich Naumann's Attempt at a Modern German Nationalism", in *Journal of Contemporary History*, Vol. 17/4(1982), p. 690。

却有为希特勒获取权力做舆论准备之嫌。在1924年出版的大著《国家理由学说及其在现代史上的地位》中,迈内克从国家"受制于生存斗争的自然法则"的政治学原理出发,盛赞"马基雅维利《君主论》的伟大合理内核":国家"不顾一切代价"追求生物学意义上的"安全和自保",无可指摘,否则"就如谴责和诅咒美洲豹身上的斑点一样没有道理"——"国家需要权势以伸展自身,恰如人活着就需要空气;没有追求权势的进程,国家实际上根本不成其为国家"。①

这里的关键在于民族国家理念与自由主义理念的耦合——对瑙曼来说,"自由本质上是一种民族理念"。这当然不是什么了不起的独到新见,康德的学生费希特早就如此声张过了。然而,在1914年之前,没有谁比瑙曼更有效地传扬这种德意志式的自由主义运动的民族精神——其中包含"民族-军国主义元素"(national - militaristic element)。他就像中古德意志传说中的花衣魔笛手(the Pied Piper)一样,"用迷人的笛音施展魔法","以极具说服力的魅力阐述自己的理想,吸引了[战前]德国最优秀的青年","很快就成了自由主义知识分子中最知名的代言人"。

> 他以热情友善的个性和敏感的智慧投身于这项任务。他的机智和独特风格在德国政治和政治新闻领域前所未见,令他那一代人着迷。他不仅口才出众,还能用清晰易懂的散文增添魅力。他的文笔能让德语句子摆脱学究气的束缚,简化高深的学问,赋予平凡之事以尊严。他的文学天赋弥补了独创性的不足,使他的政治写作熠熠生辉,反映了威廉时代自由主义者的希望、抱负、疑虑和恐惧。②

卡尔·施米特在魏玛共和国初期(1926)有理由指出,瑙曼以及他的两位政治友人——社会学家马克斯·韦伯和魏玛宪法主要起草人雨果·普鲁斯(1860—1925)——都属于"与帝国的政治制度作斗争的德国自由派和民主派",他们相信唯有英美式的议会民主制才能"保证培养出政治精英","让最优秀最有能力的人掌握政治领导权"。而实际情形恰好相反:无论是在帝国时期还是魏玛共和国时期,议会都不过是各色党派和利益集团操纵政治的工具,议会民主很容易使得公共事务

---

① 弗里德里希·迈内克,《马基雅维里主义》,时殷弘译,北京:商务印书馆,2008,"英译本编者导言",页31、46-47。

② William Shanahan, "Liberalism and Foreign Affairs: Naumann and the Prewar German View", in *The Review of Politics*, Vol. 21/1 (1959), p. 193.

堕落为相互冲突的"党派及其追随者分赃和妥协的对象,政治完全不是精英的事业,倒成了一个可疑的阶层从事的可耻勾当"。① 与此对照,迈内克对瑙曼以及政治友人的期许是不是过于天真了呢?

"二战"结束后,迈内克后悔了——他沮丧地写道:德国"想要成为世界强国"的愿望不过"是一个虚幻的偶像",它让德国人"眩惑",并让德意志文化蒙受不幸。德国人早就应该看到,特殊的政治地缘环境"不容许"德国成为世界强国。瑞士、瑞典和荷兰乃是前车之鉴,它们无不一度想要成为世界强国,而历史证明,它们的生存只能依傍某个世界强国。在抚摸遍体鳞伤的德国后,迈内克不禁发出了这样的感叹:要是德意志人没有受俾斯麦误导走向帝国之路,而是像歌德笔下的人物那样,"乐天知命,满足于自己窄小的生存空间",他们会是幸福的小国寡民。用弗里茨·斯特恩的话来说,为了实现真正的自由民主,一个国家哪怕是"为此付出政治独立的代价"也应该在所不惜。②

第三帝国的残山剩水"经战胜国的巴尔干化"被分割成四个占领区。俄国人接管了约1700万人口的德国东部,这里是帝国的传统粮仓。美国人占领了传统农业区巴伐利亚,还控制了工业区黑森和符腾堡-巴登。英国人进入德国北部和鲁尔地区,后者数十年来一直是欧洲工业的心脏。法国人占据了德国西南角和莱茵兰-普法尔茨地区,那里的摩泽尔河流域盛产葡萄。后三个占领区后来合并成德意志联邦共和国(西德),人口约四千五百万。按照波茨坦会议的决议,"居住在波兰、捷克斯洛伐克和匈牙利的德意志人必须'迁徙'到德国"——大约有600万德意志人因此"被逐出"。③ 荷兰裔美国政治地理学家萨缪尔·范尔肯伯格(1890—1972)在1949年承认,"残余的德国土地上大约有七千万人,其人口密度几乎为每平方英里500人,的确算得上是'没有空间的民族'"——"因为很难想象,这么多人

---

① 卡尔·施米特,《合法性与正当性》,冯克利、李秋零、朱雁冰译,上海:上海人民出版社,2014,页10,比较页13-14、182-183。
② 弗里德里希·迈内克,《德国的浩劫》,前揭,页139-142、147;比较弗里茨·斯特恩,《非自由主义的失败:论德国现代政治文化》,前揭,页21;Fritz Stern,"Not Exile, But a New Life", in Andreas W. Daum, Hartmut Lehmann, and James J. Sheehan(eds.), *The Second Generation: Émigrés from Nazi Germany as Historians*,前揭,页79-81。
③ 埃德温·哈特里奇,《第四帝国的崛起》,国甫、培根译,北京:新华出版社,1982,页49;玛丽·弗尔布鲁克,《德国史:1918—2014分裂的民族》,卿文辉译,上海:上海人民出版社,2011/2018,页176-177。

如何在这个有着明确地理限制的地区中生存"。①

随之而来的是政制改造,主导者是美国人和英国人。依据《波茨坦协定》第二节第九段"在德国建立民主"的规定,美国人和英国人有责任在刺刀下"创立一个生气勃勃的由地方参与的自治政府"。不同的是,英国人希望把他们自己曾经历过几个世纪的民主进程"压缩成几个月",而美国人则认为,得"通过几年的反复试验",才可能培养起德国的民主政府本能。② 他们都忘了,德国人其实有自己的追求自由民主的1848年革命传统。

1949年,美、英、法三国占领下的西德举行第一届联邦议院选举,德意志联邦共和国正式建立,定都波恩。如今很少有人知道,联邦德国第一任总理康拉德·阿登纳(1876—1967)在魏玛时期是一个殖民主义者。格瑞姆的《没有空间的民族》引发热议时(1928),他作为普鲁士议会议长曾公开呼吁,由于德国人口众多而空间又太小,"必须努力争取殖民地"。在1931至1933年间,他还曾出任德国殖民协会执行副主席,为"争取殖民地"做出过不懈努力。③

瑙曼虽然在1919年去世,却有"魏玛共和国之父"的美誉,"二战"后的联邦德国第一任总统特奥多尔·豪斯(Theodor Heuss,1884—1963)是他的学生。迈内克在1954年离世,他看到联邦德国实现了瑙曼的自由主义理想,而瑙曼的"德意志中欧"梦想则彻底破碎。尽管如此,1958年,为纪念瑙曼这位德意志民族自由主义的伟大先驱,西德第二大政党自由民主党(FDP)在波茨坦设立"弗里德里希·瑙曼自由基金会"。

倒是北大西洋公约组织为实现瑙曼的"德意志中欧"迈出了决定性的一步:美军将在这里长期驻扎。西德政府"觉得没有理由不屈从于美国的权力","遵从美国的政治指令重新装备军队,引入紧急状态立法,并且加入北约组织"。④

---

① Samuel Van Valkenburg, "The Rise and Decline of German Lebensraum", in Hans W. Weigert / Vilhjalmur Sefansson / Richards E. Harrison, *New Compass of the World: A Symposium on Political Geography*, New York: Macmillan, 1949, p. 218.

② 迈克尔·鲍尔弗、约翰·梅尔,《第二次世界大战全史(10):四国对德国和奥地利的管制(1945—1946年)》,安徽大学外语系译,上海:上海译文出版社,2015,页297。

③ 比较 Arno Schoelzel, "Volk ohne Raum", in Kurt Pätzold/Manfred Weißbecker(hrsg.), *Schlagwörter und Schlachtrufe. Aus zwei Jahrhunderten deutscher Geschichte*, Band 1., Leipzig: Militzke, 2002, pp. 111–118。

④ 伯尔尼德·哈姆、拉塞尔·斯曼戴奇编,《论文化帝国主义:文化统治的政治经济学》,前揭,页47。

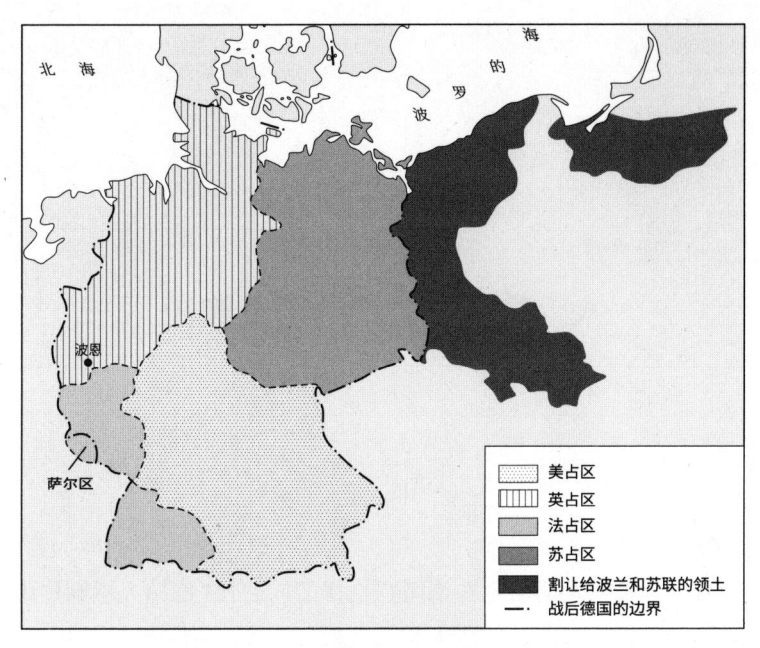

1945 年后德国的分裂

据玛丽·弗尔布鲁克《德国史:1918—2014》页 176 绘制

德意志合众国是以东西部分裂的形式建成的,舒尔茨若泉下有知,可能会感到欣慰,而金克尔和弗雷伯会有何感想,就不好说了。1989 年,"民主德国"再次爆发民主革命,西德和东德实现合并。这场革命会让史学家想起 1848 年的那场夭折的共和革命,但史学家同样不能说,1989 年的革命实现了 1848 年革命的愿想。①

---

① Werner Schulz,"'Wir sind das Volk' oder:Was 1989 mit 1848 verbindet",in Frank-Walter Steinmeier(hrsg.),*Wegbereiter der deutschen Demokratie. 30 mutige Frauen und Männer 1789 – 1918*,前揭,页 403 – 412。

八　拉采尔公案的历史溯源

据说,"为什么希特勒会出现在德国?"这样的问题让"德国人感到焦虑不安"已有大半个世纪。史学家斯特恩提醒人们,还有比这更大的问题:"为什么希特勒会出现在西方世界?"由于这个问题预设的含义是,纳粹运动是现代欧洲文明"已经出现腐朽的证据",斯特恩拒绝推进对这一政治问题的史学调查。不难设想,为了确保欧洲文明自启蒙运动以来所树立的"自由文明"形象,自由主义史学必须切断纳粹现象与现代欧洲文明的历史关联,将其产生的历史根源归咎于德意志实现统一后一直拒绝自由民主制。[1]

然而,拉采尔公案使得这样的努力变得希望渺茫。胡安·诺格(1958—)是西班牙的自由主义人文地理学家,在濒临地中海的千年古镇赫罗纳(Girona)做大学教授,按照他的说法,

> 在生物学和生态学上,生存空间是生物机体发展所需要的地理范围。生物机体有可能出于不同情况的需要扩大其生存空间,为此,不同的生物机体之间就开始了一场争夺空间的斗争。拉采尔把这个概念引入政治地理学,运用于对人类的研究,从而为俾斯麦自1870年起推动扩张主义提供了

---

[1] 弗里茨·斯特恩,《非自由主义的失败:论德国现代政治文化》,前揭,页15;比较哈贝马斯,《希特勒,永不消散的阴云?——德国历史学家之争》,逢之、崔博等译,北京:生活·读书·新知三联书店,2014;Ian Kershaw, *The Nazi Dictatorship: Problems and Perspectives of Interpretation*, London & New York: Bloomsbury, 2015。

科学依据。①

拉采尔在1870年还没有进入学界，他怎么可能为俾斯麦的扩张主义提供科学依据？胡安·诺格要么是不知道，要么是忘了，拉采尔的《政治地理学》出版于1897年。何况，直到1880年代初，俾斯麦在海外扩张方面都相当克制——就算是要推动扩张，他也用不着生物-政治地理学的支撑。更为重要的是，拉采尔并不是将自然生物学原理引入政治思想领域的第一人，早在1870年代之前，各种种族优越论以及生物学原理的政治化，已经在欧洲和美国流行。

胡安·诺格的说法似是而非，这样的情形在西方学术文献中绝不少见。如果要追究拉采尔的生物-政治地理学的历史罪责，还得先搞清生物科学在十九世纪欧洲的发展轨迹。

优生学与自由主义的"黄金时代"

最让"德国人感到焦虑不安"的历史问题莫过于纳粹党的排犹和屠犹行径。为了确保美国在德国领土驻军的合法性，美国人尤其需要不断提醒德国人：第三帝国时期的所有普通德国人都得为纳粹的这一恶行承担历史责任。通俗史书作家彼得·弗里切（1959—）是1930年代移民美国的德国犹太人的后裔，他的作品主题大多与德意志第三帝国史相关，且多次获奖。在晚近（2008）的一部作品中，弗里切致力于描述魏玛共和时期的"普通德国民众如何一步步成为纳粹分子"，以此证明"德国民众"与"纳粹党徒"这两个集体名词与其说"相互排斥"，不如说"相互等同"。在"生物学与民族革命"一节，弗里切特别描述了纳粹政权如何借助生物学尤其优生学把德国"普通民众变成了他们的帮凶"。②

史学家克劳斯·费舍尔并不这样认为，哪怕他与弗里切持有相同的政治立场。在他看来，纳粹的极端反犹行径是德国遭受《凡尔赛和约》欺辱的结果：若非"一战"后受到"战争失利所带来的创伤的刺激"，即便德意志人早就有反犹情绪，也未必会

---

① 胡安·诺格，《民族主义与领土》，徐鹤林、朱伦译，北京：中央民族大学出版社，2009，页66。
② 彼得·弗里切，《第三帝国的生与死》，扈喜林译，北京：社会科学文献出版社，2021，页8–10、94–103。

"上升为政治存在";仅仅将纳粹屠犹归咎于"对生物民族信条顶礼膜拜",还缺乏足够的历史证据。令人费解的是,当代德国颇具声望的作家、批评家马丁·瓦尔泽(Martin Walser,1927—2023)表达同样的观点时,却遭遇"反犹主义"的嫌疑。①

弗里切的观点遭遇的更大麻烦是:优生学诞生于十九世纪末的自由民主典范之国,其"拥趸包括自由主义建制派和初生的政治左派的主要思想家",其中不乏主张"种族清洗"者——

> 在英国,支持优生学运动的不仅有著名的科学家、心理学家和医生,还有包括经济学家约翰·凯恩斯(1883—1946)和剧作家萧伯纳(1856—1950)在内的大知识分子。1932年,阿道司·赫胥黎(1894—1963)在他的反乌托邦小说《美丽新世界》(书中描绘的社会依靠生物工程和思想控制来实现最高程度的社会及经济效率并维持稳定)即将出版时说,优生学是政治控制手段,他赞同采取措施来预防"整个西欧族群……的迅速退化"。一些更为极端的优生学论者认为,除非采取大刀阔斧的种族清洗措施,否则不列颠"种族"的生理特质势必会退化,以致最终灭绝。②

对出生于爱尔兰的大文豪萧伯纳,有必要多说两句,因为他是大英帝国巅峰时期出现的社会主义团体"费边社"的发起人之一,其文学作品在我国读书人心目中有颇佳的历史声誉。其实,萧伯纳骨子里是个大英帝国主义者。他在1900年为费边社起草的对外政策文件《费边主义与帝国》(*Fabianism and the Empire*)中宣称,应该致力于建立一个以社会大家庭原则为基础的世界秩序,因为世界是全人类的共同财产,为各族人民的共同利益有效地开发全世界的资源,远比一切有限的国家主权更重要。这听起来是在追求人类共同的繁荣理想,实际上却是在表达大英帝国的强权政治诉求。据说,"不论是有意还是无意,大国都必然会为整个文明的利益进行统治"。只要能增加全人类的总财富,先进的文明国家完全有权把自己的意志施加于落后民族。萧伯纳固然主张,资源和武力应该国际化,而不是英帝国主义化,但他也同时主张,在"世界联邦"正式成立以前,必须接受现有的最负责任的大

---

① 克劳斯·费舍尔,《德国反犹史》,钱坤译,南京:江苏人民出版社,2007,页91–92,比较页4–5;拉尔夫·劳埃特,《大逆转1919:希特勒反犹背后的欧洲史》,陈艳译,西安:陕西人民出版社,2012,页2–3。

② 伊恩·克肖,《地狱之行:1914—1949》,林华译,北京:中信出版社,2018,页222,比较页21。

英帝国联邦的领导。由此可以理解,为何在和平时期萧伯纳显得是个国际社会主义者,而"在战争爆发——或者即将爆发——的时刻,他就忘掉了他的和平哲学"。对他来说,"大英帝国主义的事业就是人类的事业"。起草《费边主义与帝国》时,正值"义和团事件"期间,萧伯纳甚至"含蓄地为瓜分中国辩护,当时这是一个讨论得很热烈的问题"。①

在今天,仍然有史学家难以理解,尽管"认可杀人是实际需要这一想法一直是萧伯纳深思熟虑的哲学中的一个部分,随后延伸为对大规模灭绝的认可,并且无视巨大的实际与道德难题",但他却因其作品体现了"机智、对任何传统惯例都不屑一顾的态度以及愉快的幽默感"而在1925年获得了诺贝尔文学奖。当然,在具有道德感知的人士看来,这不过是诺贝尔文学奖评委会对"道德败坏"的作家情有独钟的又一成例罢了。②

萧伯纳认可"大规模灭绝"却并不反犹,这个例子表明,历史上遭受过"大规模灭绝"的远不止是犹太人。反过来看,屠犹也不是优生学催生出的结果。不少史学家提醒人们,"反犹主义"其实是"遍及欧洲的一个古老现象的新名称"。自从罗马帝国实现基督教化以来,基督徒对"杀害基督的人"的敌意,就开始成为欧洲文明成长的标志性符号之一。③ 纳粹党卫军让犹太人佩戴黄色徽记并非一种发明,而是模仿金雀花王朝第五任国王爱德华一世(1239—1307)在1275年10月颁布的《犹太人法案》(Statutum de Iudaim)。为了让英格兰人容易辨识被视为"次等人群"的犹太

---

① G. D. H. 柯尔,《社会主义思想史·第三卷:第二国际(1889—1914)》,上册,何瑞丰译,北京:商务印书馆,1981,页203、231;佛兰克·赫里斯,《萧伯纳传》,黄嘉德译,北京:团结出版社,2006,页306,比较页395;Bernard Semmel, *Imperialism and Social Reform: English Social-Imperial Thought 1895-1914*, New York: Anchor, 1968, pp. 67-72。

② 克劳德·罗森,《上帝、格列佛与种族灭绝:野蛮与欧洲想象(1492—1945)》,王松林等译,上海:上海外语教育出版社,2012,页115;比较 A. M. 吉布斯,《萧伯纳传》,黎梦青译,杭州:浙江大学出版社,2021,页248、424、449。

③ 里亚·格林菲尔德,《民族主义:走向现代的五条道路》,王春华等译,上海:上海三联书店,2010,页476;理查德·埃文斯,《竞逐权力:1815—1914》,前揭,页616;伊恩·克肖,《地狱之行:1914—1949》,前揭,页19;比较 George M. Fredrickson, *Racism: A Short History*, Princeton: Princeton University Press, 2002, pp. 17-26;Marvin Perry/Frederick M. Schweitzer, *Antisemitism: Myth and Hate from Antiquity to the Present*, New York: Palgrave, 2005, pp. 17-117;Walter Laqueur, *The Changing Face of Antisemitism: From Ancient Times to the Present Day*, Oxford: Oxford University Press, 2006, pp. 39-89;David Nirenberg, *Anti-Judaism: The Western Tradition*, New York: W. W. Norton & Company, 2013, pp. 87-134。

人,法案规定"年满7岁的犹太人必须在外衣上佩戴一枚独特的[黄色]徽章",它"形似摩西律法的两块石板"。爱德华一世的这一立法之举旨在禁止犹太人放贷,而犹太人离了放贷就难以生存,只能铤而走险。为了安定英格兰王国的秩序,爱德华一世还被迫施行了"不列颠历史上针对犹太人的最大规模的屠杀"——"毫无疑问,驱逐犹太人是爱德华做过的最受[英格兰人]欢迎的事"。①

那个时候,既谈不上有什么生物学的种族论,也没有什么民族主义意识形态,但今天的史学家们没法认为,爱德华一世的排犹和屠犹行为是一桩历史罪行。史学家至多有理由说,纳粹的反犹行径获得了现代生物科学的支撑,因而比传统的反犹主义更可怕:传统的出于基督教理由的反犹行径"固然恶劣",至少"还允许(有时是强迫)犹太人皈依基督教";以生物科学为基础的种族论则完全排除了这种可能性,对犹太人不再仅仅是歧视,而是彻底排斥,"再进一步就可能是在肉体上消灭"。令人费解的是,这位史学家同样认为,反犹主义虽然是国社党意识形态的基本主张,但自由的魏玛共和国的选民"蜂拥投向纳粹旗下"的主要原因,并不是纳粹宣传的反犹,而是"纳粹党做出的各种许诺,包括结束选民心目中由魏玛共和国的民主制度一手造成的痛苦":

> 若非战争造成了形势剧变,优生学可能和反犹主义一样,永远也成不了气候,更不用说种族卫生学这个变种了。但即使如此,后来事态发展的思想基础也是在欧洲文明的"黄金时代"打下的。②

所谓欧洲文明的"黄金时代",指大英帝国走向巅峰的维多利亚时代后期,社会达尔文主义及其近亲优生学就诞生于这个时期,而且很快就"被移植到自由主义传统本身之中",并成为"[新]自由主义哲学的一个独立来源"。③ 就此而言,史学家

---

① 马克·莫里斯,《爱德华一世:伟大而令人战栗的国王和他锻造的不列颠》,李若曦译,北京:中信出版社,2018,页 101 - 105、146 - 148、198 - 199、260 - 262;比较丹·琼斯,《金雀花王朝:缔造英格兰的武士国王与王后们》,陆大鹏译,北京:社会科学文献出版社,2015,页 334 - 340;威廉·斯塔布斯,《金雀花王朝》,程莹译,北京:华文出版社,2020,页 324 - 325;塞西尔·罗斯,《简明犹太民族史》,黄福武、王丽丽等译,济南:山东大学出版社,2014,页 203。

② 伊恩·克肖,《地狱之行:1914—1949》,前揭,页 22,比较页 20、229。

③ 迈克尔·弗里登,《英国进步主义思想:社会改革的兴起》前揭,页 41、50,详参页 126 - 148;克里斯·布斯克斯,《进化思维:达尔文对我们世界观的影响》,徐纪贵译,成都:四川人民出版社,2014,页316 - 318;Roger Pearson, *Race, Intelligence and Bias in Academe*, Washington, D. C. : Scott - Townsend Publishers, 1991, pp. 57 - 63; Diane Paul, *Darwin, Social Darwinism, and Eugenics*, Cambridge: Cambridge University Press, 2006, pp. 214 - 237。

有理由说,纳粹意识形态的种族纯洁论与欧洲文明的"黄金时代"的"新自由主义"分享了相同的现代生物学原理:

> 自然意识形态(die Natur–Ideologie)促成了一件事,这就是把人类学这门科学变成了一座堡垒,用以反对天赋人权理论主张人人平等的力量和社会拥有的那些可能的革命潜力。这种体质人类学宣传命运性的人类本性图像,它的胜利所引起的后果既长远又巨大。种族研究与生物学退化论关系密切。基于社会达尔文主义、优生学、种族主义和反犹主义的意识形态,在十九世纪末,维护"种族纯洁"、保持"国民健康体魄"和保护"种人"(der Zuchtmensch)等政治要求便得到了贯彻。在德国,纳粹分子竭力加强和促进这些意识形态。[①]

既然维护"种族纯洁"之类的政治诉求出自十九世纪末的优生学,而优生学在当时被相当广泛的欧美知识人视为体现"人类进步"的科学,那么,是否若没有后来纳粹党徒的利用,它就符合自然正义了呢?

优生学(eugenics)的发明者高尔顿爵士(Sir Francis Galton,1822—1911)是达尔文的远房表亲,不过这种亲戚关系与他把进化论和遗传学应用于人类没有什么关系。高尔顿早年学习医学,曾到非洲做自然考察,获得过皇家地理学会的大奖(1853),也算得上是个自然地理学家。47岁那年(1869),高尔顿发表了《遗传的天才》(Hereditary Genius)一书,设想利用最新的遗传学知识改善人类,随即引发巨大争议。为了回应各种批评,五年后(1874),高尔顿又发表了《科学的英国人及其天性和养育》(English Men of Science:Their Nature and Nurture)。[②] 后来,高尔顿致力于建立卫生学–保健学,对医疗卫生的现代化做出过卓越贡献。尽管如此,他的优生学理论与盎格鲁–撒克逊种族优越论并非没有关系:大英帝国的全球支配权足以证明遗传学和进化论原理——盎格鲁–撒克逊人具有文化和政治上的优越性。

在维多利亚时代晚期,很少有人会否认英国在全球事务中享有的中心地位:英国的工业、财政、海军以及帝国权力确保了这样的卓越地位。很少有人会怀疑

---

① 雅各布·坦纳,《历史人类学导论》,白锡堃译,北京:北京大学出版社,2008,页42–43。

② Diane B. Paul, *Controlling Human Heredity: 1865 to the Present*, New York: Humanities Press, 1995, pp. 3–5, 30–42; Diane Paul, *The Politics of Heredity: Essays on Eugenics, Biomedicine, and the Nature–Nurture Debate*, New York: State University of New York Press, 1998, pp. 81–82.

这很大程度上源于英国进化的成功,英国比全球其他任何一个地方都要更快进化成一个文明、高效且多元化的社会。不过在关于如何更好地保持这种非凡的地位或这种地位是否能够维持的问题上,英国人却很少达成一致。[1]

由此看来,种族主义的出现与西方新帝国的崛起和地缘扩张相关。事实上,早在1840至1850年代,美国就出现了生物学种族论,除了笔者在引论中已经提到过的萨缪尔·墨顿,还有受他影响的生理人类学家约西亚·诺特(1804—1873)和古埃及学者乔治·格利登(George Glidden,1809—1857)。显然,种族理论首先出现在美国,源于美国向北美大陆西部扩张以及因此而面临的种族问题(印第安人的起源、新移民群体的族类特征)。托克维尔在1830年代初前往美国考察时,已经注意到种族差异将是美国面临的一大问题。[2] 美国的人类学史家西尔弗曼在缕述美国人类学的形成时,隐瞒了这段历史,他把德裔美国人弗朗茨·博厄斯(Franz Boas,1858—1942)的语言文化人类学视为美国人类学的开端,不外乎因为后者反对种族主义和优生学,而若提及墨顿,则难免有损美国为自己树立的自由平等的政治形象。[3]

到了十九世纪末,新生的优生学已经与各种时髦的社会思想融合。高尔顿的弟子卡尔·皮尔逊(Karl Pearson,1857—1936)是显著的例子之一,他不仅是生物学家、生物统计学的奠基人,也是政治作家甚至哲学史家。作为一个斯宾诺莎主义者,他别出心裁地把斯宾诺莎思想中的生物进化观溯源到中古时期的犹太哲人迈蒙尼德(1135—1204)的《迷途指津》。凭靠遗传学的最新进展,卡尔·皮尔逊相当自信地以为,"与从柏拉图时代到黑格尔时代的哲学家提出的任何国家理论相比,科学能够随时对社会问题提出具有更为直接意义的事实"。[4]

---

[1] 约翰·达尔文,《未终结的帝国:大英帝国,一个不愿消逝的扩张梦》,前揭,页256。

[2] Edward Beasley, *The Victorian Reinvention of Race: New Racisms and the Problem of Grouping in the Human Sciences*, New York: Routledge, 2010, pp. 14 - 15, 24 - 34; Reginald Horsman, *Josiah Nott of Mobile: Southerner, Physician, and Racial Theorist*, Baton Rouge: Louisiana State University Press, 1987.

[3] 弗雷德里克·巴特主编,《人类学的四大传统:英国、德国、法国和美国的人类学》,前揭,页309;参见 Anna Seiferle - Valencia,《解析弗朗兹·博厄斯〈种族、语言与文化〉》,吴梦宇译,上海:上海外语教育出版社,2020;比较 C. Loring Brace, "*Race*" *is a Four Letter Word. The Genesis of the Concept*, Oxford: Oxford University Press, 2005, pp. 77 - 92。

[4] 卡尔·皮尔逊,《自由思想的伦理》,李醒民译,北京:商务印书馆,2016,页149 - 171; Christopher Herbert, *Victorian Relativity: Radical Thought and Scientific Discovery*, Chicago: Chicago University Press, 2001, pp. 145 - 179。

所谓遗传学的最新进展,是指德国生物学家奥古斯特·魏斯曼(August Weismann,1834—1914)在 1883 年提出的"生殖细胞说",即只有生殖细胞或精子细胞中的遗传物质才能遗传下去。魏斯曼的生物学研究起初同样关注进化论对基督教创世信仰的质疑,与达尔文一样,他将物种个体的可观察到的变异性(物种变化)归因于特征的遗传,并相信变异是外部生活条件直接影响的结果——如果没有外部世界的变化,有机体就不可能有进一步的发展。但他"将自然选择视为惟一站得住脚的进化机制",使得生物学开始偏离达尔文主义,甚至催生出一阵子"反达尔文主义情绪的波涛",因此,史称他的遗传学理论是"新达尔文主义"的形成标志。①

任何科学设想在一开始都难免引发争议,魏斯曼的遗传学说同样如此,它甚至被认为是"丰富想象力的产物"。从后来的生物遗传学理论的发展来看,魏斯曼的一些观点也的确是错的。而在同时代的卡尔·皮尔逊眼里,魏斯曼的遗传学说是"精心制作"的成果,他可以放心大胆地凭此推导出一种社会优生学原理。按照这种原理,教育也好,良好的法律和卫生环境也罢,都"永远无法"让退化的和虚弱的血统转变为健康的和健全的血统。即便前者中的个别成员能够成为"社会中合格的一员",它也"无法一而再地贯穿到他们的后代中去"。既然如此,通过生存斗争"消灭虚弱的和退化的血统",就应该被视为"自然选择过程",否则,一个社会就可能面临"真正的危险"。毕竟,社会只能"依赖改变环境使它的被遗传的坏血统变为可遗传的好血统":

> 如果社会要塑造自己的未来——如果我们能用比较温和的消除不合格者的方法代替自然规律的严酷过程,该过程把我们提升到目前高标准的文明,那么我们必须特别留神,在听从我们的社会本能的过程中,同时不要使坏血统越来越容易传播而削弱社会。②

这是典型的社会达尔文主义言论,它不可避免会推导出种族灭绝论,如果某个种族被定性为"虚弱的和退化的血统"的话。伊恩·克肖是英国史学界研究第三帝国史的专家之一,他曾写道:

---

① 皮特·鲍勒,《进化思想史》,田洺译,南昌:江西教育出版社,1999,页 312 - 320;详见 Frederic B. Churchill, *August Weismann*: *Development*, *Heredity*, *and Evolution*, Cambridge, Mass.:Harvard University Press,2015。
② 卡尔·皮尔逊,《科学的规范》,李醒民译,北京:商务印书馆,2012,页 27;比较页 337 - 341。

第一次世界大战爆发之前,优生学就在斯堪的纳维亚各国、瑞士和德国等其他欧洲国家以及美国引起了注意,被视为"进步"的科学。……早在纳粹实施"安乐死行动"的 30 多年前,声名卓著的英国小说家大卫·劳伦斯(1885—1930)在 1908 年的一封私人信件中就甚至语带赞许地说要建立一座宽敞的"死亡之室",在乐队奏出的轻柔乐曲声中,把"所有的病人、跛子、残疾人"温柔地领进去。①

由此看来,"新自由主义"似乎可视为国社党种族净化论的先驱。不过,这一描述忽视了一个问题:对"所有的病人、跛子、残疾人"施行灭绝,与针对犹太人的种族灭绝并不是一回事。从政治史学的角度看,反犹现象并不仅仅是德意志政治成长史上的大丑闻,毋宁说,它是整个基督教欧洲政治成长史上永世都无法抹去的大丑闻。对今天的我们来说,若要看清十九世纪欧洲政治思想的复杂面相,还得进一步深究反犹主义、种族主义、优生学三者之间的差异及其历史关联。

雅利安文明论与 1848 年革命

除了盎格鲁-美利坚人基于生物遗传学和生理人类学的种族论取向,十九世纪欧洲的种族论还有另一种取向——基于新人文学(历史语文学和东方学)的雅利安主义。说到雅利安主义,我们往往会以为这是德意志人的专利品,其实不然。商人兼政治作家、文学批评家沃尔特·白芝浩(1826—1877)直到今天还被视为"最伟大的维多利亚人",作为《经济学人》杂志的创刊者和《英国宪制》以及《伦巴第街:货币市场记述》等著述的作者,他在我国知识界也有不小的名气,而这位自由主义者同时是雅利安种族优越论者。

白芝浩让自由民主优越论与雅利安种族优越论相互支撑时,并不顾及这种论证方式在逻辑上是否自洽。他一方面认为,

　　欧洲政治中所谓的 1789 原则,与早期世界格格不入。这些原则仅仅适合于社会已经完成了其早期任务的新世界,其时遗传下来的组织已经成为习惯,并固定下来,年轻民族的软弱精神和强烈激情已经被坚定不移所取代,并得到了强大的遗传本能的指导。……自由时代是后来的,最先到来的是奴役时代。

---

① 伊恩·克肖,《地狱之行:1914—1949》,前揭,页 21。

1789年,制宪会议的伟人们在观察遥远的过去时,很难看到有什么值得肯定或赞美或效仿的,所有的过去看来都是错误——一种要尽快消除的复杂错误。①

另一方面他又认为,自由民主宪制"来自原始雅利安人的移民"禀有的"优秀政治天性"。因为,雅利安人是世上"最先进的种族",他们"拥有更好的进步手段","创造了成为今日主宰的世俗文明"。原始雅利安人中不仅有出身高贵的人,"还有一些自由并且有武器的人民",而"最终的主权显然在他们那里",因此,"历史上所有的自由政体也可回溯到他们那里"。当然,说梵语的那些"东方雅利安人"除外,他们"属于人类中最有奴性的一部分"。②

雅利安种族主义者未必是反犹主义者,对白芝浩来说,犹太人是仅次于雅利安人的"先进种族"。③ 这听起来有些不可思议,其实,在白芝浩生活的时代,英国正流行一种所谓"不列颠以色列论"(British Israelism),或者说一种"圣经种族论"(biblical ethnology)。这种发端于1870年代的理论相信,"从根本上讲,英国和北美的盎格鲁-撒克逊人源于以色列人,其根源可追溯到以色列古代部落之一的以法莲(Ephraim)"。因此,十九世纪初以来,越来越多的英国作家对所谓"十个失踪的以色列部落(Ten Lost Tribes)"十分着迷,纷纷猜测他们的历史命运——其中有些人认为,"这些部落可以解释北美新大陆原住民的起源"。白芝浩年轻时,这种所谓"英格兰民族起源于犹太民族"的观点吸引了不少人,一些著作十分流行,约翰·威尔逊(1799-1870)的《我们的以色列起源:论古代以色列以及现代欧洲民族的以色列起源的系列讲座》最为著名,该书首版于1840年,之后多次再版。④ 对于另类雅

---

① 转引自 Brian Hanley, "The Greatest Victorian in the New Century: The Enduring Relevance of Walter Bagehot's Commentary on Literature, Scholarship, and Public Life", in *Papers on Language and Literature*, Vol. 40, No. 2(2004), pp. 167-198; James Grant, *Bagehot: The Life and Times of the Greatest Victorian*, New York: W. W. Norton & Company, 2019.

② 沃尔特·白芝浩,《物理与政治:自然选择与遗传原理应用于政治社会之思考》,金自宁译,上海:上海三联书店,2008,页47-48、125-126; Edward Beasley, *The Victorian Reinvention of Race: New Racisms and the Problem of Grouping in the Human Sciences*,前揭,页44、63-80。

③ 沃尔特·白芝浩,《物理与政治:自然选择与遗传原理应用于政治社会之思考》,前揭,页45-47、121。

④ David N. Livingstone, *Adam's Ancestors: Race, Religion, and the Politics of Human Origins*, Baltimore: The Johns Hopkins University Press, 2008, p. 214; 比较 John Wilson, *Our Israelitish Origin: Lectures on Ancient Israel, and the Israelitish Origin of the Modern Nations of Europa*, London: James Nisbet, 1840。

利安主义者来说,这足以证明盎格鲁-撒克逊人与唯利是图的犹太人合作,创造出了商业资本主义。由此可知,雅利安种族优越论者之间同样有政治歧见。对我们来说,知道自由主义者中也有雅利安主义者就够了。

戈比诺的雅利安文明退化论

白芝浩成为雅利安主义者,是受到法国贵族约瑟夫·戈比诺伯爵(1816—1882)的影响。戈比诺出生在巴黎郊外一个老贵族家庭,父亲是保皇派军官。少年时期,戈比诺在瑞士西北汝拉山(Jura Mountain)山麓的比尔(Biel)读过两年中学,那里是瑞士最大的法德双语城镇(与法国和南德邦国交界)。戈比诺不仅很快学会了德语,还迷上了当时正在势头上的德意志浪漫派文学。回到巴黎后,戈比诺没有按父亲所愿从军,而是借助比较语文学家的著作自学阿拉伯语、波斯语和北印度语,随后走上了政治作家和记者之路——他的小说和诗歌主题除了追慕浪漫派眼中的中世纪,就是悲叹现代文明的堕落。

戈比诺富有文学和语言天赋,而且嗜好读书,托克维尔看上了他。在戈比诺27岁那年(1843),托克维尔雇他做自己的研究助理,专门负责了解德意志邦国建立关税同盟的进展,以及德意志观念论哲学家和英国政治经济学家的基本观点。1848年的"二月革命"之后,托克维尔做过几个月的第二共和国外交部长,戈比诺出任他的"办公室主任"(chef de cabinet)。托克维尔离职后,戈比诺继续留在外交部做职业外交官,起初任法国驻瑞士伯尔尼外交使团的一秘,后来(1854)又被派驻法兰克福。1848年的法国革命已经让戈比诺感到惶恐,随之而来的席卷整个欧洲的自由民主风潮更让他对欧洲文明的前景感到悲观。

革命爆发后的第二年,德意志的生理学家、医生兼画家卡尔·卡儒斯(1789—1869)出版了《论人类不同种族向更高精神发展的不平等天赋能力》(1849)。卡儒斯在当时名气很大,他被视为"浪漫派自然研究"的代表、"精神医学"(spirituelle Medizin)的奠基者、歌德自然学的传人,这部126页的小册子就是题献给歌德诞生一百周年的。① 戈比诺在自由民主的革命风潮中读了这部书(1851年初),深受激发,随即着手写作大著《论人类种族的不平等》,时年35岁。两年后(1853),该书前

---

① Carl G. Carus, *Über die ungleiche Befähigung der verschiedenen Menschenstämme für höhere geistige Entwicklung*, Leipzig: F. A. Brockhaus, 1849;比较 Patrik von zur Mühlen, *Rassenideologien*, Bonn: Dietz, 1977, p. 47f.

两卷出版,后两卷于1855年初问世,史称雅利安种族优越论的开山之作。①

　　凭靠当时的体质人类学和历史比较语文学知识,戈比诺力图论证人类的种族在体质和智性方面有高低之分:白种人最高,其中的翘楚是雅利安人——尤其北欧人和德意志人,他们是整个基督教欧洲贵族的人种基础。戈比诺的人类种族不平等论不是出于人种生物学的理由,他写作这部长达一千余页的大著,意在回应自己亲眼目睹的1830至1850年代遍及欧洲的自由民主运动。换言之,戈比诺关心的问题是大西洋革命的正当性,及其对欧洲文明的历史命运的影响——其基本论点是,人类的种族差异乃是决定世界历史大事件乃至文明兴衰的首要因素。因此,史学家会把《论人类种族的不平等》归为"种族决定论"的历史哲学。在戈比诺看来,欧洲的自由民主运动以及由此引发的血腥战争,根本原因在于种族混杂(Miscegenation),它将带来欧洲文明不可避免的衰落。戈比诺不是一个法兰西民族主义者,他倒是想过,全欧洲具有高贵血统的精英们若能团结一致,也许可以抵制跨越欧洲各国疆界的民主运动。尽管对此并不抱有希望,戈比诺还是把这部大著题献给了最后一任汉诺威国王乔治五世(George V of Hanover,1819—1878)。②

　　《论人类种族的不平等》前两卷问世后,托克维尔写信给戈比诺,批评他在书中提出了"绝对是当今人们所能支持的最危险的观点"。③ 的确,戈比诺不相信启蒙哲学的历史进步神话,在他眼里,法国大革命以来的欧洲历史事件并不是什么"人类自由这部悠长戏剧的高潮",毋宁说,它是欧洲文明"退化"(degenerate)的表征。托克维尔尽管也对革命时代不满,但他相信历史的进步,不认为后革命时代与戈比诺所尊崇和眷恋的贵族式欧洲文明相比,是历史性衰落。贵族式文明形态肯定有缺陷,否则它不会被"另一种更加生机勃勃的历史的生命形式所取代"。托克维尔在1831至1832年间的美国之行让他相信,尽管欧洲文明随着"民主原则"的增长而所失颇多,但毕竟得多于失:自大革命以来的欧洲混乱不仅有可能产生出新的社会

---

① Michael D. Biddiss, *Father of Racist Ideology: The Social and Political Thought of Count Gobineau*, New York: Weybright & Talley, 1970, p. 111.

② Alan Davies, *Infected Christianity: A Study of Modern Racism*, Montreal: McGill - Queen's University Press, 1988, pp. 55 - 61; Michael D. Biddiss, *Father of Racist Ideology: The Social and Political Thought of Count Gobineau*,前揭,页103 - 121; Edward Beasley, *The Victorian Reinvention of Race: New Racisms and the Problem of Grouping in the Human Sciences*,前揭,页53 - 60。

③ 托克维尔,《政治与友谊:托克维尔书信集》,黄艳红译,崇明编校,上海:上海三联书店,2015,页231。

秩序,而且体现了"一种能够引导人们实现新的美好生活的社会智慧"。托克维尔有理由担心,戈比诺的大著对时代的革命精神具有"腐蚀性";而戈比诺的回应则是:欧洲文明的"种族混杂"导致欧洲种族(雅利安种族)"退化"是一个历史事实——

> 如果我有任何的腐蚀,那也是用酸而不是用香水来腐蚀。相信我,这根本不是我这本书的目的。我并不是在告诉人们:"你无罪"或"你有罪";我告诉他们:"你已濒临死亡"……我说的是你已经度过了青年时期,现在,你已经到了衰老的年龄。无疑,你的金秋要比剩余世界的衰老更具活力,但它仍然是秋天;冬天即将来临,而你将不再有子孙。①

托克维尔与戈比诺的分歧不仅涉及对大西洋革命的理解,也延伸到他们各自对人性和人类文明史的理解。② 发人深省的是,在晚年撰写《旧制度与大革命》时,托克维尔"被迫承认"了戈比诺对大西洋革命的看法,"人类历史的戏剧既非悲剧亦非喜剧,而是一部堕落的戏剧":

> 大革命是一种极为新颖的革命,其最有力的参与者是最没文化和最粗俗的阶级,当他们被鼓动起来并且由知识分子来为其制定法律,一种全新而可怕的事物便来到了这个世界。③

托克维尔与戈比诺的分歧足以表明,戈比诺的雅利安人优越论与纳粹意识形态具有截然不同的历史语境,两者的性质不可同日而语:后者推动的是一场种族主义的民主运动,更不用说戈比诺对雅利安种族的历史未来极为悲观。尤其重要的是,戈比诺对历史上的犹太人给予了很高赞誉。史学家倒是有理由说,纳粹现象是

---

① 转引自海登·怀特,《元史学:19世纪欧洲的历史想象》,陈新译,南京:译林出版社,2013,页277-278,比较页251、281。

② Aristide Tessitore, "Tocqueville and Gobineau on the Nature of Modern Politics", in *The Review of Politics*, Vol. 67/No. 4, 2005, pp. 631-657; Melvin Richter, "The Study of Man. A Debate on Race: The Tocqueville - Gobineau Correspondence", in *Commentary*, 25/2, 1958, pp. 151-160;详参 Alexis de Tocqueville, *The European Revolution and Correspondence with Gobineau*, John Lukacs (ed. & tran.), New York: Doubleday Anchor Books, 1959。

③ 转引自海登·怀特,《元史学:19世纪欧洲的历史想象》,前揭,页281,比较页282-283;亦参托克维尔,《政治与友谊:托克维尔书信集》,前揭,页257-258,比较页263-268。

戈比诺所说的欧洲文明或雅利安种族彻底"堕落"的证明。①

自由主义者的雅利安文明优越论

雅利安种族优越论源于法国大革命之后的进步与保守之争,但它并不仅仅是保守主义政治姿态的标志。另一位法国政治作家厄内斯特·勒南(1823—1892)比戈比诺小7岁,32岁那年出版《闪米特语通史及其比较系统》(1855),史称欧洲学界研究近东语文的开山之作。②通过比较希伯来语、叙利亚语(阿拉米语)、阿拉伯语和其他近东与中东语言的历史,以及由此形成的文明族群的特点,并将其与印欧文明对比,勒南得出了与戈比诺的种族优越论相同的结论:雅利安人和闪米特人在物质和精神两个方面的文明发展程度最高,但前者仍高于后者。③

此书雏形是1847年完成的《闪米特语通史》,当时勒南才24岁,他并不是戈比诺那样的保守派,而是历史进步派。在1848年那个火热的革命年代,戈比诺对欧洲文明的未来极度悲观,勒南却满怀进步激情写下了《科学的未来:1848年的思考》(*L'Avenir de la science, pensées de 1848*)。他"激昂地宣称,法国的真正历史是从1789年开始的,这个宣布人权宣言的地方,将来可以和耶路撒冷相提并论"。尽管后来勒南对法国大革命的历史意义也产生了怀疑,但他的写作始终保持着自由主义政治作家的姿态——著名剧作家小仲马(1824—1895)甚至戏称他是"自由思想的教宗"。④

由此可以理解,在种族混杂的问题上,勒南与戈比诺的观点截然不同。在勒南看来,欧洲文明源于闪米特人与雅利安人这两大种族自古代晚期以来的相遇和融合:前者将最崇高的一神教观念带给后者,后者则将科学的哲学思想传递给前者——这一观点让戈比诺很不高兴。基于启蒙史学的进步信念,勒南还相信,未来

---

① Michael D. Biddiss, *Father of Racist Ideology: The Social and Political Thought of Count Gobineau*,前揭,页115;Edward Beasley, *The Victorian Reinvention of Race: New Racisms and the Problem of Grouping in the Human Sciences*,前揭,页48。

② 此书出版后颇受欢迎,多次再版,每次都有修改或补充,定本为第四版:Ernest Renan, *Histoire générale et système comparé des langues Sémitiques. Quatrième édition, revue et augmentée*, Paris, 1863。

③ Stefan Arvidsson, *Aryan Idols: Indo-European Mythology as Ideology and Science*, Chicago: University of Chicago Press, 2006, pp. 92-96, 106-107。

④ 戈德列夫斯基,《勒南》,瓦特松等著,《但丁、笛福、安徒生、勒南、易卜生》,翁本泽、韦苇译,郑州:海燕出版社,2005,页223-224、261。

会出现一种"同质的人类,到时所有涓涓细流都将汇聚成一条大河,所有不同的记忆都将消失"。不难理解,这样的预言甚至让戈比诺感到"痛苦"。他始终坚信,种族混杂对优等种族来说无异于"绝对堕落",因为,这样的融合不仅不会改善劣等种族,还会削弱优等种族的高贵特征。①

戈比诺和勒南都是雅利安种族优越论者,前者带有历史悲观主义色彩,而后者则显得是历史乐观主义,但两者都算不上是反犹主义者——尽管勒南认为,闪米特人缺乏世界性的文明观念,是"不完善的种族"(an incomplete race),因而劣于雅利安人种。在1883年所做的关于犹太人种族和宗教的演讲中,勒南甚至质疑犹太人在生物学意义上是一个统一的种族实体。② 这样的观点不会受反犹主义者待见,因为会让他们丧失攻击目标——但是,勒南也认为:

> 犹太教在过去发挥了重要作用,在未来仍将发挥重要作用。它将为自由主义和现代精神的真正事业服务。每个犹太人都是自由主义者。然而,如果你仔细观察犹太教的敌人,就会发现他们是现代精神的敌人。③

显然,这样的观念可能会为另类反犹主义者所利用——不用说,戈比诺也肯定不会认同这样的历史评价。④ 无论如何,勒南是一个自由主义的种族论者,他相信"民族的种族等级制度",即便是大西洋革命的"民族自决原则"也得从属于这种等级制。法兰西第三共和国的殖民主义者们利用勒南的雅利安种族优越论为其殖民行动和领土扩张辩护,也就不奇怪了。⑤

------

① 米歇尔·维诺克,《自由的声音:大革命后的法国知识分子》,吕一民、沈衡、顾杭译,上海:文汇出版社,2019,页485–486。

② Ernest Renan, *Le Judaïsme comme Race et comme Religion: Conférence faite au Cercle Saint-Simon*, Paris: Calmann Lévy, 1883; 详见 Shmuel Almog, "The Racial Motif in Renan's Attitude to Jews and Judaism", in Shmuel Almog(ed.), *Antisemitism Through the Ages*, Oxford: Pergamon Press, 1988, pp. 255–278。

③ 转引自 Michael Graetz, *The Jews in Nineteenth-century France: From the French Revolution to the Alliance Israélite Universelle*, Stanford: Stanford University Press, 1996, p. 212。

④ Paul Lawrence Rose, "Renan versus Gobineau: Semitism and Antisemitism, Ancient Races and Modern Liberal Nations", in *History of European Ideas*, 39(4), 2013, pp. 528–540。

⑤ Wolfgang Geiger, "Ernest Renan und der Ursprung des modernen Rassismus", in Wolfgang Geiger, *Geschichte und Weltbild. Plädoyer für eine interkulturelle Hermeneutik*, Frankfurt: Humanities, 2002, pp. 307–333。

德意志人特奥多·珀舍(1825—1899)所持观点与勒南的种族融合论相似,但走得更远。他早年修读神学和哲学,而他的老师阿诺尔德·卢格(Arnold Ruge, 1802—1880)恰好是个激进民主派,因此,1848年革命到来时,他已经是激进民主斗士,时年23岁。在法国的两位革命思想前辈——圣西门(1760—1825)和孔多塞——对美国革命无比崇拜的影响下,珀舍产生了一个相当超前的愿想:美国开启了自由民主的新世界,整个世界应该在美国的引领下建立一个"世界合众国"。1850年,为了"替人类未来描画一幅地图",珀舍怀着激动的心情写下了《新罗马或世界合众国》。他在书中宣称,如果全人类要获得幸福,就应该让华盛顿的"好人们施行专政"(Diktatur des Guten),让他们以"自由的名义奴役"(unterjochen im Namen der Freiheit)这个世界。革命遭到镇压后,珀舍被判处16年监禁,《新罗马》的手稿也被普鲁士警方没收。幸而他在服刑时得以逃脱,成功经英国流亡美国(1852)。①

抵达新大陆后,珀舍随即重写《新罗马》,由他的一位持有相同信念的朋友译成英文,在美国出版(1853)。在此之前,美国刚刚夺取了新西班牙[墨西哥]一半领土。珀舍以比较古罗马共和国与美利坚合众国在地理位置上的相似性开篇:

> 罗马帝国环抱着那个时代地理学上的orbisterrarum[地球],[因为]它是一个环绕地中海的陆地圈的政治机体(a political organization),意大利半岛犹如一艘巨大战舰停泊在这一陆地圈(the circle of lands)中间。美利坚半岛(the American peninsula)也是如此,其北端通过冰山与另一大陆的陆地相连,冰山阻挡了我们的探险家,就像阿尔卑斯山的瑞替阶(Rhaetian Alp,[引按]指阿尔卑斯山东部)阻挡罗马先驱那样顽固。在这些半岛上,[罗马人和美利坚人]分别建立起伊特鲁里亚(Etrurian)殖民地和不列颠殖民地,并都向东方土地寻求文明的源泉。它们也都首先将目光投向自己的本土半岛,努力将其置于自己无可争议的统治之下。获得整个意大利是罗马政治的一个重要时代,它为进一步的行动提供了基础。因此,"大陆是我们的"越来越明显地成为美国人的主

---

① Eitel Wolf Dobert, *Deutsche Demokraten in Amerika: Die Achtundvierziger und ihre Schriften*, Göttingen: Vandenhoeck & Ruprecht, 1958, pp. 167 – 170;比较 Theodor Poesche/Charles Goepp, *The New Rome, or The United States of the World*, New York: Putnam & Son, 1853, p. 8(以下简称《新罗马》)。

导性愿想。(《新世界》,页 10)

盎格鲁-美利坚殖民者获取北美大陆有如罗马人获取整个意大利半岛,接下来他们应该将两大洋置于自己无可争议的统治之下,正如罗马共和国获得对整个地中海世界的支配权,以便为自由世界的到来提供保障。珀舍呼吁美国向欧洲大陆进军,而流亡美国的德意志自由民主志士应该为此贡献自己的力量。当然,一旦美利坚的自由力量向欧洲大陆进发,势必会与俄罗斯帝国展开厮杀。那时,一场世界大战将不可避免,因为以俄国为代表的独立王权式世界帝国与以美利坚为代表的自由民主的世界联盟(Weltföderation)势不两立。珀舍相信,为了实现自由的世界合众国,美国肩负着让地球上"所有民族融合"(the fusion of all nations)的历史使命(《新罗马》,页 59-74)。众所周知,直到今天,不少美国政治家还胸怀这样的使命。

随后,珀舍用了 40 多页篇幅描绘他眼中的人类六大种族:盎格鲁-撒克逊人、条顿人、犹太人、斯拉夫人、罗曼人和蒙古人。由于美国这个世界的自由岛主要是由盎格鲁-撒克逊人和条顿人开拓出来的,这两个种族自然应该主导"所有民族的融合"。珀舍同样不反犹,在他看来,犹太人的文明品性是"自由和商业"的完美结合,而这种结合也正是"美利坚主义的本质"(the essence of Americanism,《新罗马》,页 105)。

珀舍写成此书时年仅 27 岁,知识储备相当有限,而戈比诺的大著当时尚未出版。书中没有出现"雅利安人"这个语词,并不难理解。二十多年后(1878),珀舍出版了一部雅利安人史。这个时候的珀舍已经掌握了人种学、人类学和比较语言学方面的知识,他描绘了雅利安种族形成和扩散的三个历史阶段,尤其是自发现美洲大陆以来的殖民时代——人们这才明白,珀舍为何会认为雅利安人应该成为世界的统治民族(Herrenvolke)。①

反犹的雅利安文明论

戈比诺的大著刚出版就被译成了英文,书名为《种族的道德和智识差异》(*The Moral and Intellectual Diversity of Races*,1856),但戈比诺对这个译本很不满

---

① Theodor Pösche,*Die Arier,ein Beitrag zur historischen Anthropologie*,Jena:Hermann Costenoble,1878,pp. 217-238.

意。难以理解的是,直到 40 多年后(1897),戈比诺这部大著为德译本才问世,译者路德维希·舍曼(Ludwig Schemann,1852—1938)是"拜罗伊特圈子"(der Bayreuther Kreis)的骨干成员。从名称上看,这个圈子仅仅是崇拜理查德·瓦格纳(1813—1883)的艺术家社团,但其实它还是反犹组织。瓦格纳在少年时期就有反犹倾向,其原因迄今是一个谜,但肯定与十八世纪末至十九世纪初的启蒙式哲学人类学有关。[1]

戈比诺的大著出版之前,瓦格纳就在一篇匿名文章《论音乐中的犹太品性》(*Über das Judentum in der Musik*,1850)中表达过他的反犹立场:

> 我们应尝试着理解我们被犹太人的特性与风俗激起的无意识的厌恶……如果我们因宣称是犹太人激发了我们本能的厌恶而感到羞愧,我们是故意扭曲自己的本性……即便我们假装成自由主义者,我们仍然感觉到这种厌恶。[2]

瓦格纳主张,充满活力的德意志民族与其说应该"同化",不如说应该"净化"犹太人,以便把犹太人从"犹太品性"中"救赎"出来。[3] 瓦格纳写下这篇文章时,正处于流亡状态。1849 年 5 月初,因不满法兰克福的立宪议会颁布宪法确立君主立宪制,激进自由民主派在德累斯顿发起武装抗议,瓦格纳也参与其中。由于音乐家的身份,瓦格纳成了"造反者中最引人注目的人物之一":他不仅刺探王家军队情报,还参与制作手榴弹。起义遭到镇压后,瓦格纳被判处死刑,后改判"长期监禁",而他"用了别人的假护照"才侥幸逃脱,并流亡巴黎。[4] 在瓦格纳身上,反犹与激进的自由民主信念并行不悖,以至于史学家没法说,反犹是右翼保守主义的专利。

戈比诺大著的德译本出版一年之后(1898 秋),休斯顿·张伯伦(1855—1927)完成了篇幅与之相若的《十九世纪的基础》(*Die Grundlagen des neunzehnten Jahrhunderts*,1899),而五年前(1893)他才读到戈比诺的大著。不难看出,张伯伦从戈比诺

---

[1] Bruce Lincoln, *Theorizing Myth: Narrative, Ideology, and Scholarship*, Chicago: University of Chicago Press, 1999, pp. 76 – 95.

[2] 转引自布莱恩·马吉,《瓦格纳与哲学:特里斯坦和弦》,郭建英、张纯译,北京:中国友谊出版公司,2018,页 340。

[3] 史蒂芬·约翰逊,《瓦格纳传》,路旦俊、罗帅译,长沙:湖南文艺出版社,2016,页 8 – 9、73 – 74;霍夫曼,《瓦格纳的政治神学:革命与宗教之间的艺术》,黄明嘉译,上海:华东师范大学出版社,2015,页 64 注 1,页 145、181 – 185。

[4] 布莱恩·马吉,《瓦格纳与哲学:特里斯坦和弦》,前揭,页 32 – 33;史蒂芬·约翰逊,《瓦格纳传》,前揭,页 64 – 65。

那里截取了雅利安种族优越论,并将它嫁接到自己的反犹主义中:犹太人成了血统纯正的雅利安人即德意志人的宿敌——戈比诺书中的悲观情绪在这里也随之一扫而空。

与戈比诺的大著在风格上相似,《十九世纪的基础》具有世界史论性质——张伯伦称自己的这本书是一种"历史哲学"。按原计划,张伯伦打算写作世界文明史三部曲,第一部概述从古代晚期到1800年为止的欧洲文明史,随后两部分别描述十九世纪的西方文明和即将来临的二十世纪种族大战,即雅利安人为取得全球支配权而针对其他种族的战争。[1] 张伯伦仅完成了第一部,篇幅已经有1240页(按1909年第九版Volksausgabe[大众版]计算,上下两卷)。

"十九世纪的基础"这个书名的含义是,近千年来雅利安人在世界历史中所积累起来的文明成就,为十九世纪西方世界在经济和科学方面取得举世瞩目的伟大进步奠定了基础。应该注意到,在张伯伦那里,雅利安种族概念包含所有古老的欧洲人:凯尔特人、希腊人、拉丁人、日耳曼人和斯拉夫人都是印欧种族的原型。日耳曼人或北欧人是这个种族中的佼佼者,而且是罗马帝国的拯救者:西罗马帝国晚期,闪米特人和其他非印欧人已经在这个帝国占据支配地位,是日耳曼人的西进才将西方文明从闪族人手中解放出来。[2]

休斯顿·张伯伦出生在英国的一个贵族家庭,他的一生颇富传奇色彩。生母在他出生后即离世,生父又不负责任,因此,张伯伦从小跟随祖母在法国凡尔赛长大。11岁那年(1866),张伯伦回到英国,因与父亲过于生疏,三年后又回到欧洲大陆,在瑞士读书,从此几乎没有再回英国。少年时期的张伯伦是个自由主义者,他

---

[1] 这样的结构让笔者不禁想到当今德国史学界的名家海因里希·温克勒的四卷本《西方通史》:第一卷"从古代源头到二十世纪"从"一神教作为文化革命:西方之东方起源"讲到了1914年(近1200页,按中译本计算),第二卷"世界大战的时代,1914—1945"的篇幅也有近1200页(按中译本计算),第三卷"从冷战到柏林墙的倒塌"讲到苏联解体,篇幅有1151页,最后一卷"当前时代"记叙1991年到2014年(第一次世界大战爆发一百周年之时)的世界历史,篇幅略短(600余页,按中译本计算),但若加上作者在2017年出版的《西方的困局:欧洲与美国的当下危机》(400页,按中译本计算),篇幅也超过一千页——这个书名难免让人联想到戈比诺大著的结尾。

[2] Roger Andrew Williamson, *Houston Stewart Chamberlain: A Study of the Man and His Ideas*, 1855 – 1927, Santa Barbara: University of California Press, 1973; Geoffrey G. Field, *Evangelist of Race: The Germanic Vision of Houston Stewart Chamberlain*, New York: Columbia University Press, 1981, pp. 169 – 223; Sven Fritz, *Houston Stewart Chamberlain. Rassenwahn und Welterlösung. Biographie*, Paderborn: Schöningh, 2022, pp. 276 – 321.

相信历史的普遍进步,在他心目中,大英帝国的辉煌是自由民主理念成功的证明。随着年齿渐长,张伯伦转向了浪漫的保守主义,对英国所代表的工业文明极为厌恶,与此一同产生的是反犹主义倾向,但他并没有彻底告别自由主义。由于生活拮据,也因为膜拜瓦格纳音乐中所呈现的富有浪漫情调的中世纪情怀,张伯伦在29岁那年(1879)与第一任妻子一起从瑞士迁居德累斯顿,成了拜罗伊特圈子成员。九年后(1888)他又迁居维也纳,那里是瓦格纳崇拜的第二个中心地。

1893年,瓦格纳的遗孀柯西玛·瓦格纳(Cosima Wagner,1837—1930)将戈比诺的《论人类种族的不平等》推荐给了张伯伦。在戈比诺的激发下,张伯伦仅用一年半时间就写出了《十九世纪的基础》。1908年,53岁的张伯伦与瓦格纳和柯西玛所生的女儿爱娃·瓦格纳(Eva Wagner,1867—1942)结为连理,成了已离世28年的瓦格纳的女婿,并定居拜罗伊特直到去世。第一次世界大战期间(1916年8月),出于对德意志文明的热爱,张伯伦毅然改变国籍,脱离与德国交战的英国,归化为德国人,次年即加入刚成立的德意志祖国党,一时成为新闻事件。

《十九世纪的基础》用德语写成,出版后十年内印行了8版,销量达6万,第一次世界大战爆发那年陡然上升到10万。英译本在战前(1911)已经出版,并随即在评论界获得广泛赞誉——萧伯纳称之为"历史性杰作"。赞誉者包括时任英国内政大臣的温斯顿·丘吉尔和当时十分著名的人道主义思想家施韦策尔(Albert Schweitzer,1875—1965),他们都不是反犹分子。① 到了魏玛共和时期,张伯伦成了希特勒和纳粹意识形态首席理论家罗森贝格(1893—1946)的崇拜对象。希特勒在兰开斯特监狱服刑时,才有空闲读张伯伦的大著,而罗森贝格早在16岁时就读过。1930年,他出版了《二十世纪的神话:对我们时代的心灵-精神形态斗争的评价》,仅从书名来看,就是在模仿张伯伦。② 由于张伯伦也积极支持希特勒及其国社党,

---

① Wanda Kampmann, *Deutsche und Juden. Studien zur Geschichte des deutschen Judentums*, Heidelberg:Lambert Schneider,1963, p. 317.

② Alfred Rosenberg, *Der Mythus des 20. Jahrhunderts. Eine Wertung der seelisch - geistigen Gestaltenkämpfe unserer Zeit*, München: Hoheneichen - Verlag, 1930;比较 Dominik Burkard: *Häresie und Mythus des 20. Jahrhunderts. Rosenbergs nationalsozialistische Weltanschauung vor dem Tribunal der Römischen Inquisition*, Paderborn:Schöningh, 2005; Anja Lobenstein - Reichmann, "Kulturchauvinis - mus. Germanisches Christentum. Austilgungsrassismus. Houston Stewart Chamberlain als Leitfigur des deutschnationalen Bürgertums und Stichwortgeber Adolf Hitlers", in Hannes Heer(ed.), *Weltanschauung en marche. Die Bayreuther Festspiele und die Juden 1876 bis 1945*, Würzburg:Königshausen & Neumann, 2013, pp. 169 - 192.

他成了国社党的首席反犹主义导师——至 1938 年,《十九世纪的基础》销量达到 25 万。

与戈比诺一样,张伯伦在大著中赞誉了基督教对现代西方文明的贡献,但他不得不更改耶稣的种族属性:耶稣不是犹太人,而是日耳曼人。① 1933 年,一位名叫瓦尔特·格隆德曼(1906—1976)的年轻新教神学家把这种歪说发展成了一种德意志民族的神学理论——德意志人有了属于自己的上帝。国社党强制德国的基督教会推行"脱犹"运动时,格隆德曼被任命为"教会脱犹"研究所(Institut zur "Entjudung der Kirche")所长(1939—1945)。②

将国社党打造的德意志人的上帝与美国人在政治成长中打造的盎格鲁-美利坚人的上帝及其 Manifest Destiny[昭昭天命]论相提并论,未必恰当且难免引发争议,即便后者同样主张盎格鲁-美利坚人具有种族优势,并肩负着给全人类带来民主政制和商业繁荣的世界历史使命——为此劣等种族要么处于从属地位,要么被灭绝。③ 不管怎么说,盎格鲁-美利坚的耶稣仍然是犹太人而非日耳曼人。

启蒙时代的生物学革命

即便是理查德·埃文斯这样的第三帝国史专家——更别说其他通史作家——在说到张伯伦时也没有提到,为纪念康德逝世 100 周年,他在 1905 年出版了一部关于康德的大著,这无论如何应该让人感到费解。④ 因为,这部长达近 800 页的著作与《十九世纪的基础》有紧密的内在关联,甚至可以说它是理解后者的基础。更不

---

① Alan Davies, *Infected Christianity: A Study of Modern Racism*, 前揭, 页 37。

② Walter Grundmann, *Gott und Nation. Ein evangelisches Wort zum Wollen des Nationalsozialismus und zu Rosenbergs Sinndeutung*, Berlin: Furche, 1933; 详见 Susannah Heschel, *The Aryan Jesus: Christian Theologians and the Bible in Nazi Germany*, Princeton: Princeton University Press, 2010。

③ Robert W Johannsen, "The Meaning of Manifest Destiny", in Sam W. Haynes/Christopher Morris(eds.), *Manifest Destiny and Empire: American Antebellum Expansionism*, Texas: Texas A&M University Press, 1997, p. 10; John M. Belohlavek, "Race, Progress, and Destiny: Caleb Cushing and the Quest for American Empire", 见同一文集, 页 21-42; 罗伯特·卡根,《危险的国家:美国从起源到 20 世纪初的世界地位》, 前揭, 页 8-9。

④ 理查德·埃文斯,《第三帝国的到来》, 前揭, 页 38-39。

可思议的是,雅利安种族主义者张伯伦怎么会对自由主义大哲康德顶礼膜拜,甚至尊他为 Denkerkönig[思想家之王]呢?①

张伯伦的康德书旨在让普通人能够读懂《纯粹理性批判》,雏形是他应两位贵族妇人的邀请(1900)在一个小圈子所做的六场讲座,这使得他不是显得而是实际上成了一个启蒙哲人。尽管康德贯穿全书始终,但张伯伦给予康德的篇幅不到全书三分之一(220 页),其余篇幅给了五位西方思想史上的天才人物:首先是歌德(论"观念与经验",附论生物形态变化说),然后依次是达·芬奇(论"概念与直观",附论自然光学和色彩学)、笛卡尔(论"知性与感性",附论分析几何)、布鲁诺(论"批判与教条主义",附论哲学史)和柏拉图(论"知识与臆想",附论生命的本质)——最后才是康德(论"科学与宗教",附论物自体)。这样的谋篇明显在告诉人们,若想要理解《纯粹理性批判》这部伟大著作,必得经历一个思想史的学习过程。如果说《十九世纪的基础》是一部世界史论,那么,张伯伦的康德书就是一部随笔风格的欧洲思想史论。康德哲学的基本特征是二元论,这来自近代欧洲哲学的积累,而最早的源头可以溯源到柏拉图。作为欧洲古典哲学的集大成者,康德哲学不仅是十九世纪欧洲主流思想的基础,在张伯伦看来,它也应该成为正在到来的二十世纪的思想基础。由此看来,《十九世纪的基础》的思想基础不仅有瓦格纳和歌德,更重要的是还有康德。按格奥尔格·卢卡奇(1885—1971)的概括,张伯伦所勾勒的"'真正的'日耳曼人-雅利安人的宗教路线,经古代印度而通向了耶稣基督,并从耶稣基督通向康德"。②

对于张伯伦的同时代人马克斯·韦伯来说,西方现代文明的成就基于欧洲人的理性化素质,人们会以为《十九世纪的基础》与此不同,因为它致力于证明这样的成就基于雅利安人种因素。其实,张伯伦的康德书深化了韦伯论题:西方思想传统不仅有纯粹理性,还有基于直觉的实践理性——张伯伦的雅利安种族优越论正是

---

① Houston Stewart Chamberlain, *Immanuel Kant. Die Persönlichkeit als Einführung in das Werk*, München:F. Bruckmann A. - G. ,1905/1921(第四版), p. 3。

② 卢卡奇,《理性的毁灭》,王玖兴、程志民、谢地坤等译,南京:江苏教育出版社,2005,页 466。比较 Geoffrey G. Field, *Evangelist of Race:The Germanic Vision of Houston Stewart Chamberlain*, 前揭,页 282 - 285;Sven Fritz, *Houston Stewart Chamberlain. Rassenwahn und Welterlösung. Biographie*, 前揭,页 538 - 542;Anja Lobenstein - Reichmann, "Houston Stewart Chamberlains Rassen - theoretische Geschichts'Philosophie'", in Werner Bergmann/Ulrich Sieg(eds.), *Antisemitische Geschichtsbilder*, Essen:Klartext Verlag,2009, pp. 139 - 166。

在后者中找到了立足点。通过解释康德,张伯伦相信自己已经雄辩地证明,条顿式的"智识帝国"(the Teutonic "empire of intellect")将要统治全球智识——他还写了《雅利安世界观》(Arische Weltanschauung,1905),此书与他的康德书在同一年出版,并非偶然。

理查德·埃文斯说,张伯伦"最重要的贡献是将反犹主义和种族主义与社会达尔文主义融为一体"。在张伯伦研究专家眼里,这种说法属于想当然。张伯伦早年在日内瓦大学修读过生物学、地质学和地理学,还撰写过地质学方面的博士论文(但他放弃了学位),算得上是科班出身的自然地理学家。但张伯伦明确宣称自己追随歌德的生物形态学思想,在他眼里,达尔文主义是十九世纪"最让人讨厌也最误导人"的学说,与歌德的自然观相比粗鄙不堪,尽管他承认,达尔文为"在生物的整个范围内证明种族的重要性"做出过积极贡献。① 由此可以理解,《十九世纪的基础》的扉页有出自歌德的题词:Wir bekennen uns aus dem Geschlecht, das aus dem Dunkeln ins Helle strebt[我们确信自己出自从幽暗奔向光明的族类]。张伯伦的康德书为何会以讲述歌德起头,也就不难理解了。完成康德书之后,张伯伦紧接着还写了近800页篇幅的歌德专著,其中论及歌德的自然研究的篇幅长达140余页。②

正因为如此,张伯伦与同样拒绝达尔文学说的动物学家、理论生物学创始人尤克斯屈尔(1864—1944)成了知交,后者在1909年写信给张伯伦,对其康德书赞不绝口。就在同一年,尤克斯屈尔以《生态圈与动物的内在世界》一举成名,而他依傍的正是康德的主体性哲学。因此,该书的权威笺注本编者在其引言中一开始就提醒读者,"对康德的深入理解是尤克斯屈尔的自然解释的基础"。③ 尤克斯屈尔拒绝达尔文学说——尽管他并不反对进化论——并不是如吉奥乔·阿甘本(1942—)所说,主要受拉采尔的生物地理学的生存空间论影响。与康德的主体性哲学的激发相比,拉采尔算不上什么,否则,尤克斯屈尔关于人与动物关系的学说,

---

① 理查德·埃文斯,《第三帝国的到来》,前揭,页39;卢卡奇,《理性的毁灭》,前揭,页463;Anne Harrington, *Reenchanted Science: Holism in German Culture from Wilhelm II to Hitler*, Princeton: Princeton University Press, 1999, pp. 47, 106 – 107。

② Houston Stewart Chamberlain, *Goethe*, München: Bruckmann, 1912, pp. 241 – 387。

③ Jakob Johann von Uexküll, *Umwelt und Innenwelten der Tiere*,笺注本,Florian Mildenberger/Bernd Herrmann(eds.), Berlin: Springer – Verlag, 2014,页4,比较页266 – 267, 282, 289 – 295;Anne Harrington, *Reenchanted Science: Holism in German Culture from Wilhelm II to Hitler*,前揭,页44 – 48;Florian Mildenberger, *Umwelt als Vision. Leben und Werk Jakob von Uexkülls (1864 – 1944)*, Stuttgart: Franz Steiner Verlag, 2007, pp. 70 – 130。

尤其是他的生态圈(Umwelt)理论,也不可能对从海德格尔到吉尔·德勒兹(1925—1995)的后现代激进哲学产生教父般的影响。① 阿甘本没有说错,在张伯伦离世那年,"这位头脑清醒的科学家"为《十九世纪的基础》撰写的重版序成了"纳粹的先声之一"。不过,阿甘本没有提到(不便说刻意隐瞒),正是由于张伯伦的影响,尤克斯屈尔也成了反犹分子,并直接启发了纳粹意识形态理论家罗森贝克的反犹主义。②

东方学与雅利安种族优越论的起源

理查德·埃文斯还忘了自己在另一本书中说过,信奉自由主义的优生学家卡尔·皮尔逊虽然是英国人,却也服膺戈比诺的雅利安种族优越论,相信教育和改善生活对劣等种族不起作用,征服甚至灭绝才是唯一可能的出路——"拥有最强大体质、心智、道德、物质和政治力量"的民族,将"赢得生存之战和霸主地位之争"。他在思考大英帝国的崛起时讲了下面这番话:

> 历史证明,有一种方式,也只有一种方式,能够产生更高级的文明,那就是种族竞争,身心两方面的强者生存。若想知道人类劣等种族是否能进化到更高水平,恐怕唯一的办法就是听任他们互相厮杀,一决雌雄。即便如此,个人与个人、部落与部落之间为生存展开的争斗,可能也得不到天择相助,因为他们缺少一种特殊环境,而雅利安人屡战屡胜,极有可能得益于这一特殊环境。③

卡尔·皮尔逊仅比休斯顿·张伯伦小两岁,他这样说并不是受后者影响。我们可能会对盎格鲁-撒克逊人也有雅利安种族崇拜感到费解——这不是德意志人的专利吗?其实,在一个多世纪以前(1750年代)的英格兰,"雅利安寻宗"热就出现了,这与英格兰王国和法兰西王国在印度次大陆的殖民扩张相关。所谓"东方学"(Orientalism)诞生于英国和法国分别于1600年和1642年成立的东印度公司,

---

① Brett Buchanan, *Onto-Ethologies, The Animal Environments of Uexküll, Heidegger, Merleau-Ponty, and Deleuze*, New York: State University of New York Press, 1975, pp. 8-21, 55-58.

② 吉奥乔·阿甘本,《敞开:人与动物》,蓝江译,南京:南京大学出版社,2019,页48-56;比较 Jakob Johann von Uexküll, *Umwelt und Innenwelten der Tiere*,前揭,页2-4、285、295。

③ 转引自理查德·埃文斯,《竞逐权力:1815—1914》,前揭,页883-884。

而在此之前(1580年代),英国的耶稣会士托马斯·史蒂文斯(1549—1619)和意大利的人文主义者兼商人菲利普·萨瑟蒂(1540—1588)就已经各自"发现"了梵语与古希腊语和拉丁语之间的相似性。①

十八世纪的"七年战争"期间,英国不仅打算夺取法国在北美的殖民地,也企望将法国在西印度群岛、非洲西部和印度次大陆的殖民地收入囊中,因为英国海军"十分成功地抑制住法国舰队",有能力"对付法国的印度洋分舰队,支持东印度公司的部队在南亚次大陆的行动"。到了1760年末,英国"皇家海军对印度洋的控制几乎到了与控制北大西洋相当的程度",这使得"英属东印度公司的部队、印度盟友的部队和少数英国正规军部队"就能把法国在印度的势力和影响力差不多"一并抹去"。②

法国在印度次大陆的殖民地大多落入英国之手后,那里的英国殖民地俨然成了"第二不列颠帝国"(the Second British Empire)。在帝国抱负的驱动下,东方语文学在英伦三岛的启蒙学者中成了热门学问。1783年,英国东印度公司律师威廉·琼斯(1746—1794)前往加尔各答出任孟加拉最高法院法官。琼斯也是诗人,从小热爱各种语文(希腊语、拉丁语、波斯语、阿拉伯语、希伯来语乃至汉语),到加尔各答的第二年,他就与首任印度总督沃伦·黑斯廷斯(1732—1818)一起创立了"亚洲学会",并创办学刊《亚洲研究》。琼斯利用业余时间研究梵文,他发现古希腊文和拉丁文在动词词源和语法形态(变格变位)等多方面与梵文惊人地相似。三年后(1786),他在亚洲学会第三次年会上宣读论文,提出了"印欧语系"假设,即梵文、古希腊文和拉丁文同出一源。不过,据说威廉·琼斯获得"印欧语系论之父"的头衔,其实是一批英美学者炮制出来的"琼斯神话"。③ 实际情形是否如此,属于语言学

---

① 详见 N. Falcao, *Kristapurana: A Christian – Hindu Encounter: A Study of Inculturation in the Kristapurana of Thomas Stephens, SJ (1549 – 1619)*, Pune: Snehasadan, 2003; Nunziatella Alessandrini, "Images of India through the Eyes of Filippo Sassetti, a Florentine Humanist Merchant in the 16th Century", in Mary N. Harris (ed.), *Sights and Insights: Interactive Images of Europe and the Wider World*, Pisa: Università di Pisa, 2007。

② 弗雷德·安德森,《七年战争:大英帝国在北美的命运(1754—1766)》,冬初阳译,北京:九州出版社,2022,页158 – 159、193、284、384 – 386。

③ 详见陈满华,《威廉·琼斯:东方学、历史比较语言学的先驱》,北京:高等教育出版社,2015;李葆嘉、王晓斌、邱雪玫,《尘封的比较语言学史:终结琼斯神话》,北京:科学出版社,2020;比较 William Crawley, "Sir William Jones: A Vision of Orientalism", in *Asian Affairs*, Vol. 27/2. (1996), pp. 163 – 176。

史学者关心的问题,我们需要意识到,琼斯也是打造"雅利安神话"的代表性人物——顺便说,他还是美利坚独立的积极支持者。①

印欧语系比较语文学随后在德意志而非英伦得到长足发展。浪漫派文人弗里德里希·施勒格尔(Friedrich Schlegel,1772—1829)早年进入哥廷根大学学习法律,因酷爱古希腊诗歌转而专攻古典语言学,22岁时发表《论古希腊谐剧的审美价值》(1794),出版《论古希腊诗歌流派》(1797)和《古希腊罗马诗歌史》(1798)时,也还不到30岁。拿破仑战争初期(1806),施勒格尔来到巴黎,接触到当时刚刚萌生的梵文学——十八世纪初,法国耶稣会士让·弗朗索瓦·庞斯(Jean François Pons,SJ,1688—1752)从印度带回不少梵文书籍。② 他很快写成《论印度人的语言和智慧》(Über die Sprache und Weisheit der Indier,1808)一书,就语言、宗教和文化提出了一套粗浅而又浪漫化的"比较语法"说,在当时颇有影响。

弗兰茨·博普(1791—1867)正是在读了施勒格尔的这本书后决意前往巴黎深造(1812),他很快写成《梵语变位系统与希腊语、拉丁语、波斯语和日耳曼语的比较》(1816),这本书不足160页,史称印欧语文学的开端。③ 博普随后又前往伦敦,在"亚洲学会"发起人、《薄伽梵歌》的首位英译者查尔斯·威尔金斯爵士(Sir Charles Wilkins,1749—1836)和史称"欧洲第一位伟大的梵文学者"亨利·科尔布鲁克(Henry Thomas Colebrooke,1765—1837)指导下,他着手用拉丁文翻译《摩诃婆罗多》并作注。回到德意志后,博普写了一系列实用梵文教科书。④ 不过,奠定其学术

---

① 童庆生,《汉语的意义:语文学、世界文学和西方汉语观》,北京:生活·读书·新知三联书店,2019,页174 - 178、192 - 193、356 - 376;S. N. Mukherjee,*Sir William Jones:A Study in Eighteenth - Century British Attitudes to India*,London:Cambridge University Press,1968, pp. 49 - 72,91 - 121;Tony Ballantyne,*Orientalism and Race:Aryanism in the British Empire*,London:Palgrave Macmillan,2002, pp. 20 - 27;Bruce Lincoln,*Theorizing Myth:Narrative, Ideology, and Scholarship*,前揭,页83 - 94;Garland Cannon, "Sir William Jones and Anglo - American Relations during the American Revolution", in *Modern Philology*,76/1,1978(August), pp. 29 - 45。

② 详见 Nicholas Dew, *Orientalism in Louis XIV's France*, Oxford:Oxford University Press, 2009。

③ Franz Bopp, *Über das Conjugationssystem der Sanskritsprache in Vergleichungmitjenem der griechischen, lateinischen, persischen und germanischenSprache*, Frankfurt am Main, 1816。

④ Franz Bopp, *AusführlichesLehrgebäude der Sanskritsprache*, 1828;Franz Bopp, *Grammatica critica linguae sanscritae*, 1829 - 1832;Franz Bopp, *Kritische Grammatik der Sanskritsprache in kürzererFassung*, 1834。

地位的大著，则是他在 1833 年开始陆续发表的六卷本《比较语法学》。① 博普未曾料到，梵文学在德语学界的兴盛将为雅利安种族论提供学理支撑。

张伯伦和皮尔逊作为史例足以表明，比种族主义与社会达尔文主义如何融为一体更为重要的政治史学问题是：十九世纪后半期的种族主义与十八世纪的启蒙思想有怎样的历史关联。毕竟，戈比诺和勒南的雅利安种族优越论与十九世纪初期的生物学进展关系不大，他们对雅利安种族的追寻，虽然更多凭靠十八世纪末期的浪漫主义东方学（尤其比较语言学），但这种"雅利安寻宗"又不过是启蒙运动时期的哲学人类学和种种新世界史的结果而已。② 梵文学家费迪南·厄克斯坦（Ferdinand Eckstein，1790—1861）是一个显著例子，他有犹太血统，而且是自学成才的东方语文学家，戈比诺征引过他的著作，勒南的处女作更是直接受他影响。③ 尤其重要的是，人类种族的天赋不平等观念并不是戈比诺的创见——甚至也不是卡尔·卡儒斯的创见。德意志的文化人类学家古斯塔夫·克勒门（1802—1867）在 1843 年开始出版的十卷本《人类文化通史》中已经提出，种族天赋差异是推动世界历史的基本动因。④

继续追踪下去就会看到，德意志自然学家约翰·布鲁门巴赫（1752—

---

① Franz Bopp, *Vergleichende Grammatik des Sanskrit, Zend, Griechischen, Lateinischen, Litauischen, Gotischen und Deutschen*, Berlin：F. Dümmler, 1833 – 1852；详见 Reinhard Sternemann (Hrsg.), *Bopp – Symposium 1992 der Humboldt – Universität zu Berlin*, Heidelberg, 1994；比较 Rosane Rocher/Ludo Rocher, *The Making of Western Indology：Henry Thomas Colebrooke and the East India Company*, London：Routledge for the Royal Asiatic Society, 2011。

② Léon Poliakov, *The Aryan myth：A History of Racist and Nationalist Ideas in Europe*, Falmer：Sussex Univenity Press, 1974, pp. 183 – 214；Bruce Lincoln, *Theorizing Myth：Narrative, Ideology, and Scholarship*，前揭，页 49 – 56；比较 Marie – Louise Dufrenoy, *L'Orient romanesque en France：1704—1789*, Amsterdam：Rodopi, 1975。

③ Arthur de Gobineau, *Essai sur l'inégalité des races humaines*, Livres 1 à 4, Paris：Éditions Pierre Belfond, 1967, pp. 264, 316 – 317；Jane Victoria Dagon, *Ernest Renan and The Question of Race*, Baton Rouge：Louisiana State University, 1999, pp. 40 – 49。

④ Léon Poliakov, *The Aryan Myth：A History of Racist and Nationalist Ideas in Europe*，前揭，页 252 – 253；比较 Gustav Klemm, *Allgemeine Culturgeschichte der Menschheit*, 10 Bände, Leipzig：Teubner, 1843 – 1852。第一卷《导论和人类的原始状态》(1843)，第二卷《消极人类的狩猎者和渔民》(1843)，第三卷《消极人类的牧民》(1844)，第四卷《积极人类的山地和沙漠民族的原始状态及其在地球上的分布》(1845)，第五卷《墨西哥谷地和古埃及的状态》(1847)，第六卷《中国和日本》(1847)，第七卷《东方》(1849)，第八卷《古代欧洲》(1850)，第九卷《基督教欧洲文化史，西欧》(1851)，第十卷《基督教东欧》(1852)。

1840)在23岁时(1775)出版的博士论文《论人类的自然多样性》(*De generis humani varietate nativa*)具有决定性影响,它直接受惠于启蒙时代的自然学家乔治·布丰(1707—1788,又译"布封")的划时代巨著《自然史》(44卷)。该书的头三卷在1747年出版,直接影响了孟德斯鸠的地理环境观,当时他正在撰写《论法的精神》。①

沃格林有理由认为,布丰的《自然史》在政治观念史上也应该占有一席之地,因为该书第一卷"以一种体系性的方式考察了人体的多样性问题":

> 在布丰的体系中,区分人类群体的标准不仅有肤色和体型,还有他们的制度、习俗、宗教等等。这个体系相当广泛,后来的自然人类学极大地扩充了它的细节,但是,人类之生物多样性的大致轮廓此时已经完成。布丰的体系如同一块磐石般屹立,人种问题由此进入了现代思想史。十八世纪时,布鲁门巴赫、赫尔德和康德进一步拓展了这个问题。自布丰以来,史学经历了惊人的发展,积累了新的材料。到了十九世纪,克勒门、戈比诺和卡儒斯把这些材料添加了进去。十九世纪中期,人种理论已经详尽到了我们如今知道的那个样子。②

布丰的《自然史》不仅直接催生了十八世纪的"启蒙人类学"(Enlightenment anthropology),也为一个世纪后的种族主义奠定了基础。对今天的我们来说,仅仅知道布丰自然学的科学史意义显然不够,还得认识其政治史学含义。毕竟,卷帙浩繁的《自然史》刚刚出版前几卷(1751),法国百科全书派的领军人物之一达朗贝尔(1717—1783)"就欢呼雀跃地把布丰誉为可与柏拉图和卢克莱修媲美的哲人"。在启蒙时代,布丰已经经常被人们与伏尔泰、卢梭、狄德罗相提并论。③

---

① Carl Niekerk,"Buffon, Blumenbach, Herder, Lichtenberg, and the Origins of Modern Anthropology", in Nicolaas Rupke/Gerhard Lauer (eds.), *Johann Friedrich Blumenbach: Race and Natural History*, 1750 - 1850, London: Routledge, 2019, pp. 28 - 41;孙江,《人种:西方人种概念的建构、传布与解构》,南京:江苏人民出版社,2023,页20 - 23。

② 沃格林,《政治观念史稿·卷七:新秩序与最后的定向》,李晋、马丽译,贺晴川、姚啸宇校,上海:华东师范大学出版社,2019,页208;比较弗里德里希·梅尼克,《历史主义的兴起》,陆月宏译,南京:译林出版社,2010,页165,亦参页320 - 321、350 - 351。

③ 彼得·盖伊,《启蒙时代(下):自由的科学》,王皖强译,上海:上海人民出版社,2016,页141,比较页74、144、403;丹尼尔·罗什,《启蒙运动中的法国》,杨亚平、赵静利、尹伟译,上海:华东师范大学出版社,2010,页3、443、616。

欧洲王国的政治成长与新自然学

今天的我们应该不断提醒自己,直到"18 世纪早期,实际上并没有生物学这门科学"。1800 年,德意志的医生、解剖学家卡尔·布尔达赫(Karl F. Burdach,1776—1847)才创用 biology[生物学]这个语词,而两年后,法国的动物学家拉马克(1744—1829)和德意志的植物学家戈特弗里德·特雷维拉努斯(Gottfried R. Treviranus, 1776—1837)也不约而同地用到这个语词。拉马克在后世的声誉大得多,这个语词的发明权便归在了他的名下。① 看来,当时的动植物学家已经意识到,生物(动植物)研究应该从 historia naturalis[自然研究](中译通常译为"博物学")中分化出来,而在此之前,生物学一直从属于包罗万象的自然学,动植物学家被称为自然学家[博物学家](naturalist)——布丰的《自然史》主要描述植物、动物、人,但以对自然地理和矿物的描述为前提。②

布丰的《自然史》(*Histoire naturelle*,恰切译法当是"自然探原")这个书名,明显模仿罗马帝国初期的自然学家盖乌斯·普林尼(23—79)晚年完成的传世名作《自然史》(37 卷,书名译法亦当是"自然探原")。③ 但我们应该注意到,盖乌斯·普林尼首先是政治家,他不仅在西班牙、高卢、北非等地担任过财政督察官,还指挥过海军舰队。他的《自然史》不仅是博物学著作,也是政治地理著作——毕竟,盖乌斯·普林尼身处罗马帝国迅速扩张的时期:

> 我们在这里[引按:指"整个地球"]占据统治地位,我们在这里追求财富,并且使人类陷入无休无止的动乱和战争之中——甚至是内战——由于互相残杀而使大地一片荒芜。
>
> 要考虑各个民族外在的疯狂,在这块土地上,我们驱逐过自己的邻居,开垦和盗窃他们的土地以增加自己的土地,有人为了标榜自己土地辽阔,赶走了自己的邻居,并且以占有无边无际的土地而沾沾自喜。④

---

① 恩斯特·迈尔,《生物学思想发展的历史》,涂长晟等译,成都:四川教育出版社,1990/2010,页 72。

② 乔治·布封,《自然史:人类和自然万物平等共存的完美演绎》(普及缩编本),陈焕文译,南京:江苏人民出版社,2011,页 217 - 289、377 - 391。

③ 保罗·法伯,《探寻自然的秩序:从林奈到 E. O. 威尔逊的博物学传统》,前揭,页 13。

④ 普林尼,《自然史》(节译本),李铁匠译,上海:上海三联书店,2018,页 35;比较美国国家地理学会,《罗马帝国的崛起》,周婉茹、李雪妍译,北京:现代出版社,2020。

盖乌斯·普林尼的《自然史》实际上还包含政治史,他从古希腊人和罗马人的地缘扩张经历中所获得的对人类政治天性的认识,同样让今天的我们印象深刻:

> 人类是唯一被赐予悲伤的动物,也是唯一被赐予各种各样奢侈生活方式的动物,通过每一个单独的生命——同样,他也被赐予了野心、贪婪,对于生命的无限眷恋、迷信,对于死亡甚至对自己的生命结束之后将会发生什么事情的忧虑。没有一种生物的生命如此脆弱;没有一种生物如此的贪婪,也没有一种生物对于恐惧有如此混乱的感觉,或者是更强烈的愤怒感。
>
> 太阳升起的时候,其他的生物在自己的群体之中度过自己的日子。我们看见它们集合在一起,抵抗其他的种类;即使是愤怒的狮子也不会同类相残,毒蛇不会撕咬毒蛇——除非是对抗其他种类,甚至连海怪和鱼类也没有如此残忍的行为。但是我发誓,人类正在经受其同类一手造成的最为可怕的灾难。
>
> (普林尼,《自然史》,页83)

与此对观,布丰在《自然史》中对人类的描写,明显心怀世界主义的启蒙理想。布丰是伏尔泰的信徒,他的《自然史》虽然引起了自然学家的注意,但受"触动最大的还是哲学界"。[1] 布丰没有也不可能想到,他对自然学的更新,将有助于后来的欧洲政治人在普遍进步的憧憬中浓墨重彩地再现盖乌斯·普林尼笔下的政治景象。

在盖乌斯·普林尼之后,最伟大的欧洲自然学家据说是十三世纪的神圣罗马帝国皇帝弗里德里希二世(1194—1250)——他不仅是"世界上第一位真正的鸟类学家,也是亚里士多德之后第一个坚持观察和实验的学者"。若非他盛年时与教宗国在反复拉锯中争夺势力范围而"蹉跎"了岁月,当时欧洲的"博物学会发展成什么样子",将难以估量。[2]

其实,无论这位神圣罗马帝国皇帝有多大能耐,自然学的发展都不可能出现意大利复兴时期那样的欣欣向荣景象。毕竟,在那个"发现的时代",不仅是意大

---

[1] 乔治·布封,《自然史:人类和自然万物平等共存的完美演绎》,前揭,页293-373,比较页6。

[2] 约翰·安德森,《探赜索隐:博物学史》,冯倩丽译,上海:上海交通大学出版社,2021,页45。

利人,还有英格兰人、法兰西人、德意志人,他们都像突然睡醒了似的,对植物及其药用产生了极大兴趣。更何况,地理大发现不仅扩展了西欧人对地球边界的认知,也极大地开阔了他们认识植物、动物、矿物的视野:葡萄牙人"带来了东印度的植物",而西班牙人则让西欧人"第一次接触到新世界的植物"。在十六世纪期间,"进入欧洲的植物新物种比之前2000年以来引入的足足多了不止20倍"。①

触发现代欧洲自然学飞跃式发展的历史动因多种多样:"药用植物学、探索新大陆、人文主义重新恢复古代文本,以及观察和实验方法的发展",乃至医学和神学的新取向,这一切在十五至十六世纪共同编织出了"近代早期欧洲生物研究的织体"。② 意大利佛罗伦萨人切萨尔皮诺(Cesalpino,1519—1603)有现代"第一位真正的植物学家"的美誉,他既是医生又是哲学家,"其广博的知识和广泛的兴趣涵盖了从血液循环到矿物学在内的众多领域"。他在1583年出版的《植物志》(*De Plantis libri*,16卷)中描述了1520种植物,并做了分类,这既开启了现代植物学的分类法,也"将他带到了危险的宗教法庭的边缘"。显然,基督教的世界图景因此书而开始面临被颠覆的危险。③

生物学革命有诸多历史动因,欧洲人随地理大发现而来的海外殖民潮和旅行潮最为重要。④ "种族"(race)这个语词据说最早见于法国贵族雅克·德布雷泽(Louis de Brézé,?—1531)写于1481年的一首题为《捕猎》(*The Hunt*)的小诗,其语义指"猎犬"。一个世纪后,随着大航海殖民时代的来临,这个语词开始被"用于鉴别、区分非洲人,并将他们动物化"。法国驻葡萄牙外交官让·尼科(Jean Nicot,1530—1604)晚年参与编写第一部法语词典《古代和现代法语辞海》(*Thresor de la*

---

① 艾格尼丝·阿尔伯,《植物学前史:欧洲草药志的起源与演变(1470—1670)》,王钊译,成都:四川人民出版社,2023,页126-128;弗吉尼亚·考克斯,《灿烂的再生:意大利文艺复兴三百年(1303—1607)》,付稳、伊娜译,北京:化学工业出版社,2022,页91-92、100-107。

② 玛格丽特·奥斯勒,《重构世界:从中世纪到近代早期欧洲的自然、上帝和人类认识》,张卜天译,北京:商务印书馆,2019,页185。

③ 罗伯特·赫胥黎主编,《伟大的博物学家》,前揭,页62;切萨尔皮诺的植物分类法对后世的影响,参见Scott Atran, *Cognitive Foundations of Natural History: Towards and Anthropology of Science*, Cambridge: Cambridge University Press, 1993, p.161。

④ 隆达·施宾格,《植物与帝国:大西洋世界的殖民地生物勘探》,前揭,页6-14;比较本杰明·施密特,《设计异国格调:地理、全球化与欧洲近代早期的世界》,吴莉苇译,北京:中国工人出版社,2020。

langue françoyse tant ancienne que moderne,1606 初版),他给这个语词的释义是:"一个人、一匹马、一只狗或者其他动物是来自好的或坏的血统。"①

1684 年,路易十四时代的法国旅行家弗朗索瓦·贝尔尼(1620—1688)匿名发表了《依据寓居地球的不同种属或种族的新地球划分》(*Nouvelle division de la terre par les différentes espèces ou races qui l'habitent*),史称人种划分的首篇专业文献。此文足以证明,欧洲人对印度和美洲的殖民是人种划分最重要的历史动因。② 这个例子应该让我们意识到,欧洲自然学的现代发展与欧洲独立王权国家的海外殖民密切相关——"凡是法国霸权强大的地方,旅行者的数量就会增加,比如在地中海周边地区、印度的东部和西部,还有加拿大的一小块地方"。与今天的情形一样,一般公众阅读由此产生的旅行志仅仅是为了娱乐,尽管也会因此而产生对异国情调的好奇心,有识之士则会把旅行志"当作地理、历史、贸易来阅读",同时思考人种的来源或物质世界的起因。③

如今的政治史学家有理由用生物有机体的比喻来描述大英帝国的成长,因为它来自当时的政治作家塞缪尔·约翰逊:

> 大英帝国就像人体的心脏,源源不断地向外进出维持生命的必需物质:殖民者、金钱、军队和法律等,这些对一个社会的建立和发展必不可少。塞缪尔·约翰逊曾这样说道:"殖民地和宗主国的关系恰如人体的各个部位从生命的中枢汲取动力和力量。"④

---

① 伊布拉姆·肯迪,《天生的标签:美国种族主义思想的历史》,前揭,页 43 - 44,比较页 26 - 36。

② 奇迈可,《成为黄种人:亚洲种族思维简史》,方笑天译,杭州:浙江人民出版社,2016,页 77 - 81。比较 Robert Bernasconi/Tommy L. Lott(eds.), *The Idea of Race*, Indianapolis:Hackett,2000, p. 3;Emmanuel Chukwudi Eze, *Race and the Enlightenment:A Reader*, Malden:Blackwell,1997, pp. 16 - 20;Pierre H. Boulle, "Francois Bernier and the Origins of the Modern Concept of Race", in Sue Peabody/Tyler Stovell, *The Color of Liberty:Histories of Race in France*, Durham:Duke University Press,2003, pp. 11 - 19;Nicholas Dew, *Orientalism in Louis XIV's France*, 前揭, pp. 131 - 167;Claudia Bruns, " 'Rasse' und Raum Überlegungen zu einer komplexen Relation", in Claudia Bruns(hrsg.), „*Rasse" und Raum:Topologien zwischen Kolonial -, Geo - und Biopolitik:Geschichte, Kunst, Erinnerung*, Wiesbaden:Reichert, 2017, pp. 7 - 8。

③ 丹尼尔·罗什,《启蒙运动中的法国》,前揭,页 13。

④ 彼得·摩尔,《奋进号:改变世界的伟大航行》,前揭,页 427。

布丰与塞缪尔·约翰逊是同时代人,在青年时期,他正是受英国自然学家的影响才迷上了植物学。经过自十六世纪以来长达两个多世纪的漫长积累,一场自然学革命来临了:十八世纪中期,物理学的世界图景开始让位于生物学的世界图景,动植物学成为最时髦的新自然科学——布丰的向学经历就是这一转变的写照。他早年修读法学(1723—1726),因热爱牛顿数学转而专攻数学和力学,26岁进入法兰西科学院机械部做助理研究员,快到30岁"才对自然界的多样性产生浓厚兴趣"。32岁那年(1739),他从法兰西王家科学院力学部转到植物学部,凭靠"自己在朝堂上有权势的朋友们"的帮助,"积极而又秘密地谋求到王家植物园总管的位置"。尽管"这种政治花招让他收获了同事们长期的憎恶",但布丰不仅"得到了他想要的东西——职位、地位和金钱",也拥有了撰写《自然史》的条件。①

何谓生物学革命

1735年,布丰因对生物现象感兴趣,着手翻译当时颇为著名的英国自然学家、神学家史提芬·黑尔斯(1677—1761)的《植物静态学》(Vegetable Staticks,1725)。② 就在这一年,瑞典人卡尔·林奈(1707—1778)发表了《自然系统》(Systema Naturae)。他与布丰同年出生,但少年时期就对植物入迷,在大学获得医学学位后,他去荷兰的莱顿待了三年,并在那里获得了博士学位。欧洲人因殖民扩张"每年都会遇到成千上万种动植物新种,外加无数新的岩石和矿物",莱顿以及阿姆斯特丹的植物园早已是"接收来自荷兰殖民地以及航海贸易的植物的主要中心"。为了扩展殖民贸易,荷兰的商人和银行家们亟需有自然学知识的人辨识"来自非洲、新世界、太平洋岛和亚洲的外来植物",以便"更好地追踪有潜在价值的自然产物"。③ 正是在这样的时代背景下,林奈迷上了自然物的辨识和分类。

1735年出版的《自然系统》仅有11页(大开本,图表居多),林奈在书中将自然

---

① 罗伯特·赫胥黎主编,《伟大的博物学家》,前揭,页159-160;恩斯特·迈尔,《生物学思想发展的历史》,前揭,页121;保罗·法伯,《探寻自然的秩序:从林奈到E. O. 威尔逊的博物学传统》,前揭,页11;详见Jacques Roger, Buffon: un philosophe au Jardin du Roi, Paris: Fayard, 1989, pp. 52-71。

② 黑尔斯的著作及其时代影响,详见David G. C. Allan, Science, Philanthropy and Religion in 18th Century Teddington: Stephen Hales DD, FRS(1677-1761), Twickenham: Borough of Twickenham Local History Society, 2004。

③ 保罗·法伯,《探寻自然的秩序:从林奈到E. O. 威尔逊的博物学传统》,前揭,页3。

物分为矿物、植物、动物三界（kingdom）——动物和植物分为两界依循的是生物能否运动的原则，动植物界下又设纲（class）→目（order）→属（genus）→种（species）四个阶元等级分类（taxonomy）。与动物相比，植物的种类繁杂得多，林奈对后者如何分类更为入迷。一年后，林奈又发表了《植物学基础》，进一步提出用两个拉丁化名词为每种植物命名，前者表示"属"，后者表示"种"——史称"双名法"。不过，这种发明"最初不过是为了辅助他的经济植物学事业而发明的一种速记方式，最直接的例子是对瑞典草药的整理归类，以促进动物饲养业"——换言之，林奈的植物学研究是为了"增加国家的财富"。五年后（1751），《植物学基础》经修订改名为《植物哲学》（*Philosophia Botanica*），四阶元分类原则进一步得到完善。①

1753年5月，林奈开始出版《植物种志》（*Species Plantarum*），"双名法"得到成功运用，短短几年时间里，林奈命名了5900种植物。不过，对欧洲的政治成长而言，真正具有革命性影响的是林奈对动物的分类。在1735年的《自然系统》第一版中，动物被分为六类［纲］（四足类、鸟类、两栖类、鱼类、昆虫类和蠕虫类）。随着认识的不断加深，林奈不断修改、补充《自然系统》，20多年后，第十二版的篇幅已经增至2374页，动物界的分类也更为详尽。1758年的第十版已经把四足动物类改成哺乳类（Mammalia），包括人类和猿类在内的第一个分支被命名为灵长类（Anthropomoipha），因为林奈意识到，与拥有四条腿相比，哺乳幼儿的乳腺才是哺乳动物最重要的特征。尽管林奈把人置于动物界之首，还取了特别的类别名Homo sapiens［智人］，人类毕竟因被归入动物界而失去了作为上帝映像的"例外地位"，猿类动物则获得了Homo troglodytes［穴居人］的命名。

这在当时就遭到某些同行抗议，英国动物学家托马斯·彭南特（Thomas Pennant，1726—1798）公开表示，他没法接受自己属于动物界，哪怕居于首位。欣赏林奈观点的也不乏其人——卢梭（1712—1778）是最著名的例子。在1771年9月写给林奈的信中，卢梭承认《植物哲学》拥有"比最大部头的著作更丰富的知识"，他从中获得的"真实的受益，比从其他所有伦理学著作中得到的还要多"。的确，在差不多20年前的《论人类不平等的起源和基础》的第一部分中，已经有林奈关于人与动物关系的观点的影子。一个世纪后，达尔文从生物进化角度证明智人与猿类之间的

---

① 罗伯特·赫胥黎主编，《伟大的博物学家》，前揭，页47–55；隆达·施宾格，《植物与帝国：大西洋世界的殖民地生物勘探》，前揭，页9；比较亚·沃尔夫，《十八世纪科学、技术和哲学史》，周昌忠、苗以顺、毛荣运译，北京：商务印书馆，2009，页530–537。

连续性时,特别"向林奈这位前辈致以了敬意"。①

布丰的《自然史》开卷就对林奈的分类法发起攻击:阶元分类是一种人工分类,它有违自然,对自然"在不能分割的各个点进行分割",或者把"自然规律置于一些武断的规律之下"。显而易见,"大自然是在未知的渐进中发展的",它"不可能完全依从这些划分"。自然物种往往会从一个类过渡到另一个类,或从一个属过渡到另一个属,自然学家很难通过分类来界定其间的差异。事实上,介乎不同种或属之间的异类植物不在少数。② 布丰因此主张,应该依据繁殖力进行自然分类,即属于某一特定物种的生物能够共同繁殖有生育能力的后代,是分类的唯一标准——用康德的准确表述,即"相互交配繁育出有生殖能力的幼崽的动物(无论其形态怎样不同),属于同一个自然的类"。③ 形象地说,两者在生物分类学上的差异在于,以哺乳还是以产卵为根本原则。据说这引发了欧洲自然学家长达近一个世纪的争议,直到后现代的符号学家出面,才用分析哲学手段解决了难题:"说某物是蛋为真和说某物是哺乳动物为真之间"没区别。④

在将人类归入动物界这一点上,布丰与林奈也不完全一致。尽管他承认,"动物的本能让人觉得也许比人的理性要更可靠,而它们的本领甚至比人的本领更加了不起"——认识到这一真相"也许对我们人类来说是一种羞辱",但布丰仍然拒绝彻底抹去人与动物之间的根本差异:语言和理性就是决定性的标志。⑤

---

① 卡特里娜·马尔默,《林奈:打开自然之门的大师》,邓武译,北京:中国民主法制出版社,2018,页88、90-91、95-96;维尔弗里德·布兰特,《林奈传:才华横溢的博物学家》,徐保军译,北京:商务印书馆,2017,页Ⅴ、246;C. Loring Brace, *"Race" is a Four Letter Word. The Genesis of the Concept*,前揭,页26-27。

② 布封,《自然史》,前揭,页4-5;亚·沃尔夫,《十八世纪科学、技术和哲学史》,前揭,页574-576;比较恩斯特·卡西尔,《启蒙运动的哲学》,李日章译,杭州:浙江大学出版社,2022,页66;阿瑟·洛夫乔伊,《存在巨链:对一个观念的历史的研究》,张传有、高秉江译,北京:商务印书馆,2015,页310-311。

③ 康德,《论人的不同种族》,见《康德著作全集(第二卷):前批判时期著作Ⅱ(1775—1777)》,李秋零译,北京:中国人民大学出版社,2004,页442。

④ 翁贝托·埃科,《康德与鸭嘴兽》,刘华文译,上海:上海译文出版社,2019,页246-261。布丰与林奈在分类法上的分歧并不重要,事实上,布丰后来也接受了"双名法",参见恩斯特·迈尔,《生物学思想发展的历史》,前揭,页121-122。

⑤ 布封,《自然史》,陈筱卿译,北京:北京联合出版公司,2016,页4、6、98-99;比较C. Loring Brace, *"Race" is a Four Letter Word. The Genesis of the Concept*,前揭,页30-32;John H. Zammito, *Kant, Herder, and the Birth of Anthropology*, Chicago: University of Chicago Press, 2002, p. 235。

林奈和布丰的自然学给成长中的欧洲文明带来了一场世界图景的根本转变，因为其"伴随范围是由诸如宇宙学、地球史、哲学、神学、圣经和圣经注释、数学（指某一秩序科学非常普通的形式）的关联确定的"。① 就此而言，布丰对欧洲人思想观念的影响远大于林奈。由于拒绝林奈的物种不变观念，布丰把观察自然的目光"放在历史的漩涡上"，或者说"把自然放在时间之中来思考"，historia naturalis［自然探究］在他那里成了历史主义式的自然学。通过全面描述大地物种的历史——地球史、人类史、动物史、鸟类史和矿物史，布丰不仅"提出地球的历史要比教会宣称的几千年古老得多"，更为重要的是，他相信地球及其所养育的生命会随着时间的推移而渐进变化。自然被"具体化为一种原动力，负责造物的和谐、平衡和完满"，自然生命本身取代了上帝之手——"自然就是其本身的目的，而非一种更高实在的映象"。不难设想，在布丰笔下的生物世界的新图景中，"百万年里灾变式的不连续性和可能发生的各种进化"，必然诋毁圣经信仰——巴黎的索邦神学院有理由指责《自然史》与《创世记》相抵牾，其结果是毁弃所有属人道德。②

史学家把现代种族主义的起源追溯到布丰，尤其是林奈，也就不难理解了。毕竟，现代生物学式的人种分类来自人类被归类为动物，人不再如圣经所说是上帝的特殊造物。③ 基督教出现之前，古代世界就已存在种族、宗教和肤色偏见，但这些偏见并不基于生物学原理。清教徒从新殖民地带来了非洲人是低等人的观点，"对非洲奴隶制的辩护需求优先于对美国殖民地的辩护需求"，尽管如此，低等人也没有被直接等同于动物。④

布丰的秘密启蒙

布丰的《自然史》颇为讲究写作技艺，他懂得"为了感动群众、号召群众，需要的是什么"，而要说服"少数神智坚定、鉴别精审、感觉细致的人"又需要什么——他甚

---

① 米歇尔·福柯，《词与物：人文科学考古学》，莫伟民译，上海：上海三联书店，2001，页 166 - 167。

② 文森佐·费罗内，《启蒙观念史》，马涛、曾允译，北京：商务印书馆，2018，页 234 - 235；保罗·法伯，《探寻自然的秩序：从林奈到 E. O. 威尔逊的博物学传统》，前揭，页 17 - 19；比较布封，《自然史》，前揭，页 102。据说，"《自然史》前三卷对卢梭《论人类不平等的起源和基础》中的人类文明史概念产生的影响，超过其他所有作品"。详见马克·戈尔迪、罗伯特·沃克勒主编，《剑桥十八世纪政治思想史》，刘北成等译，北京：商务印书馆，2017，页 213。

③ George M. Fredrickson, *Racism: A Short History*, 前揭，页 27 - 47。

④ 伊布拉姆·肯迪，《天生的标签：美国种族主义思想的历史》，前揭，页 22、79、180、250。

至立志要与当时已经蜚声欧洲的政治作家孟德斯鸠(1689—1755)的文笔一较高下。① 生物学史家也承认,《自然史》中的不少"文字读起来就像是浪漫主义的小说,而不是干巴巴的科学专著"。然而,《自然史》的散文体叙述辞藻华丽、文风优美,仅仅是为了"让科学变得更怡人、更易懂"吗?②

目光敏锐的史学家注意到,布丰的思想相当"激进",但又"几乎是隐藏起来的"。换言之,布丰的笔法优美动人,也是出于"小心翼翼地将他的激进观点隐藏"起来的目的。布丰心里很清楚,"他的地质学推论提供了替代基督教创世神话的观念,他的生物学思考则提供了替代基督教人类观的观念"——"更有甚者,他的著作以不可动摇的权威性向最漫不经心的读者宣示了他的哲学倾向:他的自然史引人注目地专注于天地万物,而不是造物主",这必然会"带来政治上的危险"。因此,"尽管布丰在科学上十分大胆,但他并不莽撞",也不像别的启蒙学人那样与王权作对,而是"对当权者毕恭毕敬"。当索邦神学院谴责《自然史》纵容了不敬神的推论时,"布丰马上表态收回自己的观点"。③

从布丰懂得区分"群众"与"少数神智坚定、鉴别精审、感觉细致的人"来看,事情恐怕不会如此简单。关键在于,布丰自觉到的"激进思想"究竟是什么?按照米歇尔·福柯(1926—1984)的建议,人们应该把"从布丰到达尔文所有构成进化论主题的东西作为一个单位"来看:

> 首先,这个主题与科学相比更接近哲学,与生物学相比更接近宇宙学;宁可说它从远处指导了研究,覆盖并解释了结果,而不是命名;这个主题所假设的总比人们所知的更多,但它又迫使人们在这个基本选择的基础上,把这些被勾划为假定或者要求的东西转变成话语的知识。④

是否生物进化才是布丰"激进思想"的根本所在呢?如今人们习惯于把生物学上的决定性突破归功于一个世纪后的查尔斯·达尔文,其实,"布丰在诸多方面都

---

① 布封,《动物肖像》,范希衡译,北京:北京出版社,2017,页4-5、20注4。
② 罗伯特·赫胥黎主编,《伟大的博物学家》,前揭,页162;彼得·盖伊,《启蒙时代(下):自由的科学》,前揭,页143。
③ 彼得·沃德,《拉马克的复仇:表观遗传学的大变革》,前揭,页19;彼得·盖伊,《启蒙时代(下):自由的科学》,前揭,页144-145;恩斯特·卡西尔,《启蒙运动的哲学》,前揭,页41。
④ 米歇尔·福柯,《知识考古学》,谢强、马月译,北京:生活·读书·新知三联书店,2003,页38,比较页68。

比查尔斯·达尔文超前"。布丰已经谈到一个物种向另一个物种的演化,仅仅由于没有认识到"一个物种可以进化成其他物种",他才错失良机,没有成为"进化论之父"。无论如何,生物学上两位后继的革命性人物——法国大革命时代的拉马克和维多利亚时代的达尔文——都曾依傍这位"巨人之肩"。①

生物进化仅仅是达尔文学说的一个方面,同样重要,甚至更为重要的,是关于物种之间因自然选择而来的生存斗争。毕竟,物种是通过自然选择的生存斗争而进化的。从政治史学的角度看,"自然选择"和"生存斗争"才是达尔文主义的要核,而这两个概念同时具有自然学和政治学含义。毕竟,达尔文的生物进化论来自法国大革命期间英国政治经济学家马尔萨斯的启发——后者的如下说法已经带有生物学的生存斗争色彩:

> 如果把地球表面的其他植物都清除干净,那么仅有一种植物,比如茴香草就会用它的绿茵来覆盖整个大地,而如果世界上没有其他民族,比如只有英格兰民族,那么要不了一个世纪,这个民族即将遍布全球。②

若把"英格兰民族"替换成雅利安种族,这段言辞很容易就变成纳粹意识形态,但它也可能葆有其原初的自由主义意识形态含义。如当今"70后"的英国政治作家丹尼尔·汉南所说,"盎格鲁-撒克逊政治文化中有一种特别可贵的品质",即"它是在超越种族的观念上建立国家的"。盎格鲁-撒克逊民族"从公元之初薄雾冥冥的日耳曼丛林一路走来",经过"漫长的征途","条顿民族的原始部落大会"演变成了"英格兰拓殖者的本地集会",随后又演变成盎格鲁-撒克逊人的绅士会议,"再经过残酷的斗争,最终发展为现今遍及盎格鲁圈的议会组织的前身"。在此基础上,一套价值观和制度——作者称之为"造化的偶然催生的宪法性自由"——应运而生,并形成了迄今生机勃勃的"盎格鲁圈的自由贸易区":

> 过去以大西洋为中心的世界地图再也反映不出地缘政治的现实。经济重心正在快速移动。1950年,它徘徊在大西洋,远离冰岛。1980年,重心移向挪威。今天,它正穿过俄罗斯的冻土层快速东移。10年以内,它将越过哈萨克斯

---

① 彼得·沃德,《拉马克的复仇:表观遗传学的大变革》,前揭,页19;比较布封,《自然史》,前揭,页102。

② 德尼·布伊康,《达尔文与达尔文主义》,史美珍译,北京:商务印书馆,1999,页34,比较页41。

坦的东北前线。这一变化的部分原因在于亚洲国家的民主化。中国和俄罗斯已经走出了各自的1980年代,印度也实行了经济开放政策。①

第二次世界大战全面升级那年(1941),一位美国的生物学史家适时地考察了"自然选择"和"生存斗争"这两个观念在达尔文之前的西方智识头脑中"无意识"的漫长旅程。自然选择的观念最早出现在古希腊的自然哲人恩培多克勒笔下,生存斗争观念则首见于赫拉克利特,但两者并没有结合在一起。自然选择的观念受到亚里士多德基于目的论的抵制(参见《物理学》2.7),古罗马共和国晚期的自然哲人卢克莱修(约公元前99—前55)虽然传承了自然选择的观念,但随后就遭到基督教的拉丁教父以及亚里士多德后学的抵制。日尔曼民族形成独立王权国家之时,自然选择观念在培根(1561—1626)的《新大西岛》中若隐若现地出现了,霍布斯(1588—1679)在《利维坦》中提出的自然状态论决定性地恢复了生存斗争观念,而他的同时代人——法学家、自然哲人马修·黑尔爵士(1609—1676)的《按照自然之光思考和审视人类的原初起源》(1677)则让两者结合在了一起——此人在英国共和革命时期十分活跃,曾出任克伦威尔(1599—1658)的首席法律顾问。②

到了启蒙时代,这两个观念双双获得了解放。布丰的《自然史》固然功不可没,但人们也不能忘记狄德罗(1713—1784),虽然他在《论盲人的信:供明眼人参考》(1749)中为自然选择观念恢复名誉未必与布丰相关,反倒是卢梭明显受布丰影响。③ 还有本杰明·富兰克林这样的美国立国者,他在1755年发表的《对人类繁衍和国家移民的观察》一文,事实上为马尔萨斯的人口论提供了线索,并成为达尔文灵感的"实际来源"之一。富兰克林在文中预言,北美英属殖民地的人口数量将每20年翻一番,大约100年后就会超过英国。其实,富兰克林写下这篇论文时

---

① 丹尼尔·汉南,《自由的基因:我们现代世界的由来》,徐爽译,桂林:广西师范大学出版社,2015,页390-391。

② 参见查尔斯·费尔斯,《奥利弗·克伦威尔与清教徒革命》,曾瑞云译,北京:华文出版社,2019,页389、413、444;比较 Matthew Hale, *The Primitive Origination of Mankind, Considered and Examined According to the Light of Nature*, Hard Press Publishing, 2019(影印版); Alan Cromartie, *Sir Matthew Hale 1609 - 1676: Law, Religion and Natural Philosophy*, Cambridge: Cambridge University Press, 1995, pp. 221 - 228。

③ 狄德罗,《论盲人的信:供明眼人参考》,见狄德罗,《哲学思想录》,罗芃、章文译,上海:上海译文出版社,2021;详见 Mary G. Efrosini, *Diderot and the Metamorphosis of Species*, New York: Routledge, 2006; Kurt P. A. Ballstadt, *Diderot: Natural Philosopher*, Oxford: Voltaire Foundation, 2008。

(1751),美国的人口数量已经首次超过英国,"并保持了每20年翻一番的增长速度,直至领土扩张结束"。①

科学史学者康威·泽克尔(1895—1972)的这篇文章虽然是生物学史论文,但它发表的时间却显得带有政治意图,即让人们从生物学观念角度更好地理解当时正在扩大的世界大战的生物-政治根源——他明确提到,1940年的欧洲让人想起霍布斯的教诲。今天的我们沉迷于布丰所描述的大千世界的迷彩图景时,的确不应该忘记,其自然演化叙述实际隐含着欧洲文明的政治成长及其全球扩张所依循的自然主义政治法则——毕竟,这是欧洲人的历史无意识中所信奉的法则。

康德的综合:从自然地理学到实用人类学

彼得·盖伊在其两卷本名作《启蒙时代》中准确地指出:

> 布丰的特质就是启蒙运动的特质:他在天文、地质、考古和生物等领域的探索完全是自然主义的,而他的思维方式完全是世俗的。②

令人费解的是,盖伊对布丰的概述没有提到他的人种论,而布丰晚年曾明确说过,他在《自然史》中对"人种的多样化"倾注了"应有的全部关注",而且自1747年以来的三十年间,他不断"补述和修正"自己的观点。布丰关于人种问题的基本看法是:人类虽然种族杂多,但并非由人种各异的民族组成,而是出自单一来源——"在人之初,只有一种人"。由于地球的自然演化所带来的气候变化,以及饮食和生活方式的差异等诸多因素的影响,人种才出现了很大分化:肤色差异最为显著,其次是形体和高矮以及生活习俗上的不同。自然气候的影响是决定性的,"人类历史的主要情况只能从不同气候条件下的各类人种中提取"。说到底,人种差异的决定性因素是自然空间的不同环境,它包含土地和气候两个方面。③

---

① Conway Zirkle, "Natural Selection before the *Origin of Species*",前揭,pp. 85 – 88,89 – 95. 关于富兰克林对马尔萨斯的启发,详见沃尔特·艾萨克森,《富兰克林传》,孙豫宁译,北京:中信出版社,2016,页173。

② 彼得·盖伊,《启蒙时代(下):自由的科学》,前揭,页145。

③ 布封,《自然史》,前揭,页91,比较页78、80、90。

布丰的这些说法都是前人有过的老生常谈,并无新意。值得注意的是,作为启蒙文人,布丰相信人人平等的信条,他对有色人种的描绘并不带贬抑,但他又的确认为,"欧洲气候温和的地带是育人的理想之地,白人是其他种族应该效仿的典范"。根据其自然演化的历史观,布丰甚至相信,在经历过欧洲殖民者的数代繁殖之后,欧洲的气候、食物和教育体制可以让被殖民地区的"每个人都成为白色皮肤的文明人"。换言之,在布丰不断"补述和修正"的人种论中,白人种族主义与人人平等的自由民主信仰既背道而驰又"常常如影随形",直到今天仍然让史学家感到困惑不解。①

这种情形也见于康德乃至其他启蒙学人。② 在写于 1764 年的《关于美感和崇高感的考察》中,时年 40 岁的康德曾谈及基于不同人种天性的伦理差异。尽管我们无比崇拜康德,他对中国人的评价却相当负面:"中国人繁复而又过于讲究的客套"包含着太多"愚蠢可笑的怪诞",甚至中国绘画"也是怪诞的",因为它经常"表现一些奇怪的、非自然的形象"。似乎康德亲眼看到过中国的文人画,因为他推论说,这也许是"来自远古时代的习俗"使然。让今天的反种族主义者难以接受的是,自由主义者康德断言,"非洲的黑人天生没有超出愚蠢可笑的东西的情感"。他给出的证据是,苏格兰启蒙哲人大卫·休谟(1711—1776)曾经说过,即便黑人获得了自由,也不可能在艺术或科学方面"表现出某种伟大的东西",因为他们缺乏"任何一种值得赞誉的品性"。康德还相信,白人和黑人"这两类人之间的差别"是根本性的,肤色方面的差异与心灵能力方面的差异成正比。这不是文明与野蛮的差异,因为野蛮人也可能会有值得赞誉的品性——"北美洲的野蛮人"是很好的例子,他们的强烈荣誉感就体现了"崇高的心灵特性"。③

英属美洲殖民地爆发分离主义动乱时(1775),布鲁门巴赫出版了博士论文《论人类的自然多样性》,基于林奈和布丰的种族观,他同样相信欧洲白种人的体型最美。后来的戈比诺把这一说法明确为雅利安人的肤色和体型最美,经张伯伦的渲染后,最终成了纳粹意识形态的标准修辞。据说,"在美国革命期间,欧洲爆发了对

---

① 吉隆·奥哈拉,《人人都该懂的启蒙运动》,牛靖懿译,杭州:浙江人民出版社,2018,页 125 – 126。

② 详见 Marvin Harris, *The Rise of Anthropological Theory: A History of Theories of Culture*, 2001, pp. 88 – 107。

③ 康德,《关于美感和崇高感的考察》,见《康德著作全集(第二卷):前批判时期著作 II (1775—1777)》,前揭,页 253 – 254。

人类起源的全面大讨论",而"支持布鲁门巴赫的正是康德"。① 这一说法未必确切,因为早在差不多20年前(1757),时年33岁的康德就在"自然地理学课程"中表达了欧洲白种人体型最美的观点。从课程概要中还可以得知,康德不仅已经对布丰的《自然史》"烂熟于心",对林奈也相当熟悉。②

康德并不是简单地追随林奈和布丰,毕竟,他不仅有哲学思辨的天赋,还有哲学抱负。在课程一开始,康德首先表达了对林奈的自然系统说的不满——"真正说来,我们还根本没有一个自然体系。在现存的所谓这类体系中,事物仅仅是被归在一起,彼此排在一块"而已。接下来,康德也对布丰的自然史不满意:"我们固然也有一种自然描述,但却没有自然历史"——真正的哲学必须"经历一切时代来追踪一个事物的差异和多样性",这需要建立一门"自然地理学"(《自然地理学》,页161、163 - 164)。不难看出,康德希望通过自然地理学这门学科来实现时代知识的综合。康德的抱负不在于为当时的人们提供新的自然知识,而在于提供一个新的整全的宇宙和人世观。至于新的自然知识,康德在很大程度上依赖于同时代的诸多自然学家——无论林奈还是布丰,都仅仅是其中颇为重要的一位罢了。③

康德的自然地理学课程从布丰式的论题"地球曾经经历并且还在经历的巨大变化的历史"开始,缕述地球的自然演化史,这部分占了整个课程一半多篇幅,最后以"论航海"结束。接下来,康德按林奈对自然三界的划分展开对地表物的描述:植物描述仅10页,矿物描述也不过15页,动物描述则有40余页——但康德首先描述的是人类,其中不难看到林奈的人种分类法的痕迹。

在《自然系统》第一版中,林奈按表观特征把人分为四种:Europæus albescens[欧洲白人]、Americanus rubescens[美洲红人]、Asiaticus fuscus[亚洲褐人]和Africanus nigriculus[非洲黑人]。在第十版中,亚洲人的肤色被改为luridus[黄色](这个拉丁语词也有"苍白无力"的含义,"包含有轻蔑的意味,通常暗示了恐怖、

---

① 伊布拉姆·肯迪,《天生的标签:美国种族主义思想的历史》,前揭,页125 - 126;比较爱德华·萨义德,《东方学》,王宇根译,北京:生活·读书·新知三联书店,1999,页154 - 155。

② 福尔克尔·格哈特,《伊曼努尔·康德:理性与生命》,舒远招译,北京:中国社会科学出版社,2015,页22 - 23;比较康德,《自然地理学课程:纲要与预告》,见《康德著作全集(第二卷):前批判时期著作II(1775—1777)》,前揭,页4 - 13;康德,《自然地理学》(弗里德里希·林克据手稿整理并部分修订),见《康德著作全集(第九卷):逻辑学、自然地理学、教育学》,前揭,页216、303(以下简称《自然地理学》)。

③ 卡尔·福尔伦德,《康德传:康德的生平和学说》,曹俊峰译,天津:天津教育出版社,2015,页71、98、105;恩斯特·卡西尔,《启蒙运动的哲学》,前揭,页67。

丑陋和苍白")。差不多半个世纪前(1684),在匿名发表的《按居住在地球上的不同物种或人种对地球进行新的划分》一文中,信奉伊壁鸠鲁的法国哲学家、自然旅行家、医生弗朗索瓦·贝尼尔(1620—1688)已经提到"黄种人",尽管他指的是南亚印度次大陆的住民,仍然引发了一场人种划分之争。[1]

林奈还规定了"智人"的等级差异:欧洲人"非常聪明、有创造力,穿贴身服装,施行法治",然后依次是美洲人和亚洲人。非洲人的等级最低,因为这个群体"懒散、懒惰……狡猾、迟钝、鲁莽,油脂覆体,反复无常"。[2] 康德虽然对人种的分类与林奈不尽相同,但他同样把欧洲白种人视为最高等级:

> 在热带,人在所有部分上都成熟更早,但未达到温带的完善性。人类就其最大的完善性而言在于白人种族。黄皮肤的印第安人的才能已经较小。黑人就低得多,而最低的是一部分美洲部落。(《自然地理学》,页 314 - 315)

在解释"各种各样附着于一个民族的体态和体质的原因"时,康德显得是在追随布丰,他同样相信,气候、食物等自然环境因素对人种差异具有决定性作用,因为"动物一旦被转移到别的气候时,其无论是在形象上还是在行为方式上"都会发生蜕化(《自然地理学》,页 316)。就我们眼下关心的问题而言,最值得注意的是,雅利安人的形象在这门课程中已经出现了。康德一开始就提到,在寒带与温带接壤的地方,即"经过德意志、环绕整个地球的平行线以及这边和那边若干度上",生活着"金黄色的或者浅褐色的发色和肤色"的人种——这族人"身材更高大",他们"也许是陆地上最高大和最漂亮的人"(《自然地理学》,页 310)。

---

[1] Francois Bernier, "Nouvelle division de la terre, par les différentes espèces ou races d'hommes qui l'habitent", in *Journal des Sçavans*, Paris, avril 1684, pp. 133 - 140. 详见 Pierre H. Boulle, "Francois Bernier and the Origins of the Modern Concept of Race", in Sue Peabody/Tyler Stovell(eds.), *The Color of Liberty: Histories of Race in France*, Durham: Duke University Press, 2003, pp. 11 - 19;奇迈可,《成为黄种人:亚洲种族思维简史》,前揭,页 82 - 88。值得提到,贝尼尔还写过两部关于莫卧儿帝国的书,迄今还有读者:Francois Bernier, *Histoire de la dernière révolution des états du grand Mogol*, Paris: Claude Barbin, 1670(英译本 *The History of the Late Revolution of the Empire of the Great Mogol*, London: Moses Pitt, 1671);Francois Bernier, *Voyage dans les États du Grand Mogol*, Paris: Claude Barbin, 1671(英译本 *Travels in the Mogul Empire, A. D. 1656 - 1668*, London: Irving Brock, 1891;重印本 Arthème Fayard[ed.], Paris: Fayard, 1981)。

[2] 伊布拉姆·肯迪,《天生的标签:美国种族主义思想的历史》,前揭,页 101 - 102。

很难说这是康德在 30 多岁时不成熟的看法。1775 年,已经到知天命之年的康德打算做一次关于"人的不同种族"的讲座,并写下了提纲——他称之为"与其说是一种深刻的探索,倒不如说是知性的一种游戏"。实际上,这次讲座可以看作自然地理学课程中"论人"部分的延续,而这时的康德已经在构思《纯粹理性批判》。从讲座提纲中可以看到,康德仍然致力于综合林奈与布丰(《论人的不同种族》,页 442、444 - 445)。他相信"在一个有机物体(植物或者动物)的本性之中",一定蕴藏着一个发展的胚芽——也可称为"自然禀赋"。在漫长的迁徙和移植过程中,动物和植物固然会"适时地以不同的方式"变异出外形上不同的新物种,但它只是"同一个类的变异和种族罢了"(《论人的不同种族》,页 447 - 448)。

不同人种虽然都基于共同的"自然禀赋",但毕竟有品性上的高低之分。康德再次提到,由于在"北纬 31 度到 52 度"的地带,较冷和较热的气候"幸运地混合",那里有"最丰富的地球造物",人种也"必定最少偏离其原初形象",而"皮肤细白、头发微红、眼睛淡蓝的金发人似乎是他们最接近的北方变异"。在罗马帝国时代,这一人种"曾经居住在德意志并且继续向东",一直去到地处中亚的阿尔泰山脉(绵亘约 2000 公里,呈西北—东南走向)的北部。冷湿空气的混合"终于造就了人的某个类型,如果不是在这个地带如此经常有外来的混杂打断变异的进程的话,它就会一直发展到具有一个种族的持久性"(《论人的不同种族》,页 453 - 454)。

人种问题在康德那里属于自然地理学,但他最终没有就这门学问撰写一部专著,尽管他在这份讲座提纲中提到,自然地理学应该取代自然学(《论人的不同种族》,页 456)。十年后(1785),康德还在思考人种问题。他发表了短文《人的种族的概念规定》,从中可以看到,自然学家们当时热议的"人类曾经一度有过不同的祖源"抑或仅有单一祖源的问题,让康德觉得仍然有话可说,但问题的关注点已明显有所改变,这与他在一年前发表的《关于一种世界公民观点的普遍历史的理念》不无关系。①

在早年的自然地理学课程大纲中,康德已经预告说,他将基于这门学问进一步发展"实用的人类学"。人类学是要熟悉"在人里面实用的东西,而不是思辨的东西",它将从宇宙论而非生理学角度考察人(《自然地理学》,页 158)。直到差不多四十年后(1798),已经 70 多岁高龄的康德才实现自己的诺言,完成了《实用人类

---

① 康德,《人的种族的概念规定》,见《康德全集(第八卷):1781 年之后的论文》,李秋零译,北京:中国人民大学出版社,2010,页 97、101 - 103。

学》。康德所理解的"实用"知识,不是指"不同国度和气候下的动物、植物和矿物的广泛知识",乃至作为"自然活动之产物的人种"知识,而是指"作为世界公民的人的知识"。①

于是人们看到,在《实用人类学》中,人种问题几乎消失了,仅留下不到一页篇幅的论"种族的个性",取而代之的似乎是 populus[民族/人民]的个性——其实,康德就这个论题也不过仅仅写了 10 页篇幅。毋宁说,取而代之的是康德基于"判断力批判"所构想的普遍人性,尽管他并没有忘记提到布丰和林奈——尤其是林奈(《实用人类学》,页 177、215、317 - 318)。

基于世界公民观点的普遍人性论取代了欧洲人种优越论吗?未必。在"民族的个性"一节,康德仅仅论及欧洲的几个主要白人民族,他们属于同一个"类",能够"不断进步地把地球公民组织进并组织成作为一个世界主义结合起来的体系",因为他们是地球上"最文明的民族",尽管由于自然地理的条件不同而各具个性。比如,岛国位置不仅让英格兰民族能够因凭靠海峡"抵御外来攻击"而"相当安全",还"诱惑"其民族个性变成"攻击者",于是成了"强大的海上贸易民族"。由于德意志人"并不狂热地迷恋自己的祖国",天生就像世界主义者,通过建立自由宪政把人类各民族最终统一为同一个"种族"的民族,看来非德意志民族莫属(《实用人类学》,页 305 - 314、325 - 329)。

"二战"尚未结束(1944)时,法兰克福学派的哲学家已经在《反犹主义要素:启蒙的界限》一文中对康德的人类学提出了政治检控:

> 如果我们依据康德在人类学意义上的认识批判,那么,事物的体系,即普遍的秩序,就会成为在生存斗争中动物器官及其自觉投射的无意识产物,而科学不过是这种体系的抽象表现罢了。②

这无异于说,康德的人类学构想禀有的世界主义信念,并没有让它摆脱欧洲种族优越论的嫌疑。从《实用人类学》中的描述来看,所谓"世界公民"不过是"皮肤细白、头发微红、眼睛淡蓝的金发人"的代名词罢了。某些政治史学家在审理拉采尔

---

① 康德,《实用人类学》,见《康德全集(第七卷):学科之争、实用人类学》,李秋零译,北京:中国人民大学出版社,2008,页 114 - 115。
② 马克斯·霍克海默、西奥多·阿多诺,《启蒙辩证法:哲学断片》,渠敬东、曹卫东译,上海:上海人民出版社,2003,页 173。

公案时,也会传唤康德到庭,这并非不可理解。① 由此看来,张伯伦的政治学说与康德的新自然哲学的关系,再怎么强调也不会过分。

拉采尔并不是一个种族主义者,但他的言辞有时又很难与种族主义摆脱干系。在《生存空间》一文中,他曾简要谈及雅利安人的起源:"金发民族"并非发源于波罗的海地区,斯堪的那维亚半岛仅仅是这个民族得以保存的空间,而非"起源领土"。由此不难看出,拉采尔对当时已经甚嚣尘上的雅利安种族优越论有些不以为然。与歌德关于橡树的说法相似,拉采尔把金发民族比作"语言和民族之树"(der Sprachen - Völkerbaum),它不仅"需要阳光和空气才能生长",而且"需要可用的土壤才能枝繁叶茂"——言下之意,这棵生命力强韧的大树的生长需要更为"广阔的空间"。不过,拉采尔虽然没有谈及雅利安人的生物性种族特质,而是强调环境对种族成长的影响,但他提到,金发民族的生长空间必须"保持一定程度的独立性"或封闭性,以保证其"独立存在"和发展的独特性(《生存空间》,页263)。

这些说法固然够不上种族纯洁论,但难免让史学家揪住把柄。巴辛认为,拉采尔的生物-政治地理学注重地理和文化空间而非种族,这能让他免于历史的追责,而实际情形并非如此。可以确定的是,拉采尔的生物-政治地理学绝非纳粹式种族主义的理论来源。张伯伦在《十九世纪的基础》中曾言辞激烈地指责拉采尔,而后者在临终前的《民族与种族》一文(1904)中,同样激烈地抨击戈比诺和张伯伦的雅利安种族优越论,足以证明这一点。②

---

① Ulrike Jureit/Patricia Chiantera - Stutte, "Kaleidoskop des Räumlichen: Werk und Wirkung Friedrich Ratzels im 19. Jahrhundert", in Ulrike Jureit/Patricia Chiantera - Stutte(eds.), *Denken im Raum*, pp. 8 - 9; Robert Bernasconi, "Who Invented the Concept of Race? Kant's Role in the Enlightenment Construction of Race", in Robert Bernasconi(ed.), *Race*, Oxford: Blackwell, 2001, pp. 11 - 36.

② M. Bassin, "Race Contra Space: the Conflict between German Geopolitik and National Socialism", in Paolo Giaccaria/Claudio Minca(eds.), *Hitler's Geographies: The Spatialities of the Third Reich*,前揭,页111 - 115;斯托杨诺斯,《地缘政治学的起源与拉采尔》,前揭,页180 - 184、186 - 188。

九　有机体国家论的哲学渊源

我们已经审理了拉采尔公案的三个关键问题中的两个：在"生存空间"论和将生物学原理引入政治论域这两个问题上，拉采尔既算不上是肇始者，也谈不上是十分乖张的学者。现在剩下最后一个问题，即他在《政治地理学》中提出的带有生物－政治学意味的有机体国家说，这是拉采尔所遭受的主要指控之一。这一问题与前两个问题的情形并无二致：既然生物学革命是启蒙时代的成果，拉采尔的有机体国家说不过表明他是启蒙思想的嗣子罢了。在他之前，早就有一大批思想家主张有机体国家说或有机体社会说。如果拉采尔因此而应该为后来的国社党意识形态负责，那么，欧洲思想史上一大批声誉显赫的各色哲学家都难摆脱干系。

自由主义的有机体政治论

在英格兰的自由主义"黄金时代"，由于"生物学取代政治经济学成为政治和伦理的科学基础"，各色新自由主义知识人都把"有机体"用作政治概念，除"进化法则"之外，"社会有机体"成了"第二个深刻影响维多利亚时代晚期自由主义的生物学概念"，有机体政治论已经成为显论。① 以主张自由放任主义闻名的赫伯特·斯

---

① 迈克尔·弗里登，《英国进步主义思想：社会改革的兴起》，前揭，页149－152；比较霍布豪斯，《自由主义》，朱曾汶译，北京：商务印书馆，1996/2009，页64－66。

宾塞(1820—1903)是最为显著的例子。在其 22 岁那年发表的处女作《政府行为的恰当范围》(1842)中,斯宾塞已经把时髦的动物进化原理与狄森特式的自由主义信念黏合在一起——拉采尔这时才两岁。凭靠生物学的有机体原理,斯宾塞相信,正如人类不能干预自然的平衡,政府也不能干预社会——人类有能力自发地进化成一个由相互合作的个人组成的和谐共同体:

> 自然界中的每一事物都有其规律。无机物有其动态性质和化学亲合力;有机物则更复杂,更容易被毁坏,也有其核心原则。以整体形式出现的物质有原则,以聚集形式出现的物质也有其规律。和无机材料一样,有机生命体也有主导它们自身演化的法则。作为一种生命体的人类要执行相关功能,也存在执行相关功能的器官,人类要遵从其本能及其方式。而且,只要人类执行那些功能,遵从人类的本能,遵从人类的自然法则,人类就可以一直保持健康。如果我们不遵从这些法则或指令,所有越界都会受到惩罚。因此,我们必须遵从自然法则。①

斯宾塞的这部处女作并没有让他一举成名,八年后(1850)出版的《社会静力学》才让他开始受到政论界关注。在这部成名作中,时年 30 岁的斯宾塞尝试基于生物有机体的生存原理全面阐述自由主义的国家观和社会观:

> 我们通常把一个国家比作一个活的有机体。我们谈到"政治体",谈到它各部分的功能、它的成长和它的疾病,似乎它是一个人。但是我们通常使用这些表达方式作为比喻,很少想到这种类似有多么接近,可以贯彻到什么程度。然而,一个社会与一个个别的人一样,是完全按照相同的体系组织起来的,以至于我们可以感到它们之间有着超过类似的某种东西。②

在接下来的举例中,斯宾塞首先提到的不是"一个个别的人",而是"由无数极微小的有机体合成的"普通动物的身体本身——苍蝇、蚯蚓、蜈蚣、蜘蛛……与"一

---

① 赫伯特·斯宾塞,《政府行为的恰当范围》,见赫伯特·斯宾塞,《论政府》,张肖虎、赵颖博译,北京:中央编译出版社,2017,页 2(译文据原文有改动,不一一注明)。比较 Mark Francis, *Herbert Spencer and the Invention of Modern Life*, London & New York: Routledge, 2007, 页 261-276。

② 赫伯特·斯宾塞,《社会静力学》,张雄武译,北京:商务印书馆,1996/1999,页 257(译文略有改动)。

个个别的人"一样,"这些有机体都具有一种独立的生命力"。当然,尤其重要的是,它们生活得非常自由。

斯宾塞写作这部著作时,达尔文还在"研究虽极其普遍却鲜有人关注的"贝壳。十多年前(1834),达尔文在阿根廷南部的巴塔哥尼亚(Patagonia)海岸的红泥砾石沉积物中采掘出半具长头驼骨骼,同时又在附近发现大量近代贝壳,他据此推断,"长头驼存在的年代还可能往后移"——为了撰写研究这一现象的专著,他耗费了至少八年时间。①

达尔文的《物种起源》问世时(1859),斯宾塞正在奋力写作他系统阐发其生物学政治论的《第一原理》。该书在 1861 年问世,不久就被译成法文和德文,并没有受过科班自然学训练的斯宾塞成了生物学哲学家,而他的著作也开始在欧洲乃至美国知识界获得声誉。②《第一原理》这个书名具有形而上学意味,其结构分为"不可知之物"和"可知之物"上下两篇——康德哲学式的二元论色彩显而易见。下篇的篇幅占全书五分之四,支配"可知之物"的第一原理不外乎物理的运动法则和生物的"进化规律",而对后者的描述又占了全书一半篇幅。斯宾塞在书中仅三次附带提及达尔文,似乎还没有来得及消化《物种起源》中的学说。但他夸赞说,达尔文对于有机体的相互依赖以及"怎样结合在一起"的论述,堪称"十分完美":

> 每个栖息地的植物群和动物群组成一个如此结合的聚集体,以至于如果将它们置于另一个栖息地的动物和植物当中,其中的许多种类就会灭绝。还需说明的是,随着有机体的进化不断推进,这种结合过程也会加快。③

斯宾塞紧接着就用这一生物学原理来解释"更高级的其他动物"行为,因为据说"在群居的人类中,这些现象变得非常显著"——比如"土著种族之间的联合不断形成,不断分裂"。斯宾塞并没有就此止步,他以此进一步解释"作为整体的欧洲各

---

① 帕特里克·托特,《达尔文:进化论之父》,花秀林、毕笑、赵静利译,上海:上海译文出版社,2005,页 42-43、70。

② Herbert Spencer, *Political Writings*, John Offer (ed.), Cambridge: Cambridge University Press, 1994, "Introduction", p. xviii.

③ 赫伯特·斯宾塞,《第一原理》,易立梅译,北京:外语教学与研究出版社,2015,页 253,比较页 296、375。

国"的形成史：

> 级别较低者、级别较高者之下的级别较低者的子女和级别较高者的子女聚集在一起，按照他们各自的尊卑级别建立起主从群体，随后，更低级的贵族从属于公爵或者伯爵的关系得以建立，继而君主权力超越公爵和伯爵的权力，这些都是不断联合的众多事例。小块土地并入封地，封地并入辖区，辖区并入王国，最终毗邻的多个王国并入一个单一的王国，通过摧毁最初的等级界限，这个过程慢慢完成。……在贸易障碍被打破的过程中，在通信设施不断增加的过程中，我们可以看到一个欧洲联盟开始形成：一个比迄今为止建立的任何组织更大的联合组织。（《第一原理》，页254）

这里的"欧洲联盟"既可能指当时的大英帝国正在形成的工业－商业化全球体系，也可能指斯宾塞所祈盼的自由放任的社会——当今的英国政治作家丹尼尔·汉南所说的"盎格鲁文明圈"的政治品质：

> 不断地扩大公民的自由以及相应地废除政治的限制，是我们朝着这种状态发展的必经阶段。人类欲望与周围环境必然引起的行为之间达到完全的平衡，这必定废除对个人自由的所有限制，这种自由只受所有人的类似自由的约束。（《第一原理》，页404）

斯宾塞的论述让我们看到，有机体政治论早在达尔文出道之前就已经成为显论。《第一原理》中还出现了"自然选择"概念，虽然并不多见（《第一原理》，页295、332、374），但"适者生存"（selection of the fittest）概念一次也没有出现。当后来有人说斯宾塞"仅仅是将达尔文先生的观点应用于人类"时，他为自己辩解道：早在1850年底出版的《社会静力学》中，他就已经将"自然选择"的观点应用于人类政治生活。而达尔文自己也承认，在他之前人们"已经认识到"自然选择的作用，只不过还"没有认识到其全部意义及其多种作用"而已。①

斯宾塞一开始就是政治人而非生物学家，他感兴趣的首先不是生物进化论本身的科学问题，而更多是如何用它作为政治斗争的武器，其"社会有机体"论足以证明这一点。《第一原理》中已经出现"社会有机体"概念，但并不多见。两年后

---

① 赫伯特·斯宾塞，《社会学研究》，张宏晖、胡江波译，北京：华夏出版社，2001，页317。

(1863),斯宾塞以这个概念为题发表了专论,似乎他突然得到了某种启发。① 从十年后(1873)发表的《社会学研究》中的一个说法来看,启发来自法国大革命之后的实证主义哲学家奥古斯特·孔德(1798—1857)。在斯宾塞看来,孔德"已经相对明确地正式宣布了在生命科学和社会科学之间的联系",他"清楚地看到,由联合在一起的人群所呈现的事实,和那些低等的过群居生活的生物所呈现的事实是同一种类"。人们"不应该忽视孔德先生"所迈出的这一步,其"伟大意义"在于"把生物学置于社会学之前":

> 要进行社会学研究,生物学上的准备必不可少,这不仅仅是因为,从个体生活现象中产生的社团生活现象只有在正确协调好个体生活之后,才能得到协调,还因为生物学上所使用的调查方法,就是社会学所使用的那一套。(《社会学研究》,页293,译文略有改动)

《社会学研究》中还有一个说法提醒今天的我们注意到,生物学与政治学的结合,与法国大革命之后的欧陆思想有密切关联:

> 早期英国人通过研究而大大推动精神科学的发展,他们促使后来法国、德国蓬勃开展了许多思考活动。之后,英国人的思考活动进入停滞阶段,这时出现了一个荒唐的见解:英国人不是一个善于思考的民族。但是,停滞阶段大约于四十年前结束,取而代之的是活跃的活动,很快补偿了失去的时间。(《社会学研究》,页198;比较《第一原理》,页107)

这里所说的法兰西和德意志知识人的思考活动蓬勃开展的时期,即欧洲大陆的启蒙运动。如果从狄德罗和达朗贝尔主编的《百科全书》出版那年(1751)算起,到拿破仑战争结束,那么,欧洲知识人的这场历史性思考活动恰好历时半个多世纪(64年)。既然"社会有机体"或"有机体国家"等观念就孵生于这个时期,要说生物学自由主义是启蒙哲学的激进化发展,绝不为过。毕竟,把拉马克引入植物学天地

---

① 赫伯特·斯宾塞,《第一原理》,前揭,页 178、277、337、360、400;比较 Herbert Spencer, "The Social Organism", in Herbert Spencer, *Scientific, Political, and Speculative*, London: Williams & Norgate, 1863, Vol. 2, pp. 143 – 184;亦参 James Elwick, "Herbert Spencer and the Disunity of the Social Organism", in *Science History*, xli(2003), pp. 35 – 64。

的是卢梭,而达尔文则是康德哲学的拥趸。①

斯宾塞是在评述达尔文的贡献之后说出上引这段话的,它提醒我们意识到,法国大革命以及随后的拿破仑战争,并没有妨碍欧洲科学和思想的发展。法国生物学家拉马克的生物进化论就诞生于这个时代:"'革命与博物园'形成了紧密的联系。"②他在1809年发表的《动物哲学》称得上是生物学史上的又一革命性标志。在这部著作中,拉马克不仅彰显了"生物学"这个术语,而且基于实验动物学(尤其解剖学)提出了一套生物进化原理。③ 拿破仑战争之后,在法国大革命的"自由"和"人权"观念蔓延整个欧洲并不断引发政治动荡之际,自然科学家们也在经历拉马克引发的自然知识界的剧烈动荡:

> 能经历法国大革命而幸存,没有什么比这更能证明拉马克的智慧了。当时,有太多顶着崇高头衔的人在反对或支持革命的狂热中,犹如没了脑子一般,然后就真的在断头台上掉了脑袋。而对于拉马克,这场革命却成了他那些纷乱思绪的锻造之火,最终锤炼出了一个真正的革命性理论。④

1830年7月,正当巴黎爆发第二次自由主义共和革命之际,年迈的歌德禁不住说:"火山爆发了,所有的一切都免不了付诸一炬!"——这话针对的不是巴黎或德意志各地的政治动荡,而是拉马克引发的知识界动荡。⑤ 歌德同样痴迷自然科学,思想绝不保守,连他也这样说,可见事态何其严重:这场火山爆发将会让整个欧洲文明传统付诸一炬!斯宾塞年轻时没有机会接受科班的生物学训练,是拉马克的

---

① 刘宝砚,《拉马克传略》,北京:中国电影出版社,2015,页11-18;达尔文,《人类的由来》上卷,潘光旦、胡寿文译,北京:商务印书馆,2017,页148-149、166。比较赫克尔[海克尔],《自然创造史》,前揭,页93-140;Ernst Mayr, *The Growth of Biological Thought: Diversity, Evolution, and Inheritance*, Cambridge, Mass.: Harvard University Press, 1982, pp. 322-342; Robert J. Richards, *Darwin and the Emergence of Evolutionary Theories of Mind and Behavior*, Chicago: University of Chicago Press, 1989, pp. 207-208。

② 拉马克,《动物哲学:关于动物的自然志》,沐绍良译,上海:商务印书馆,1937,"日译者解说",页7-8。

③ 约翰·梅尔茨,《十九世纪欧洲思想史》第二卷,周昌忠译,北京:商务印书馆,2016,页241-247,尤其页243;比较努日金,《拉马克和他在生物科学中的作用》,王在德译,北京:科学出版社,1956。

④ 彼得·沃德,《拉马克的复仇:表观遗传学的大变革》,前揭,页24(译文略有改动)。

⑤ 拉马克,《动物哲学:关于动物的自然志》,前揭,"日译者解说",页3。

《动物哲学》让他成了生物学爱好者。与歌德的感觉不同,在他看来,新的生物学原理能够更好地引导人类社会进步。

斯宾塞虽然受到孔德启发,但在政治取向上两人并不完全同调。孔德致力于"摧毁旧制度,攻击基督教,确立科学信条,这为十九世纪中叶的那代人所接受",但他创建的"人道教"却不为主张"自由教"的斯宾塞所接受。尽管如此,这两种大革命之后的人造宗教其实"骨子里乃是兄弟","双方通同一气,在这种相互作用下,欧洲的精神危机正加速发展"。①

1990年代初,美国的世界史权威学者威廉·麦克尼尔在自己的一部系列讲演文集的序言中说,在十九世纪,欧洲学人"希望将研究社会的学科发展成类似于物理学以及天文学那样的科学",如此"想法导致了社会学的出现"。② 他这样说意在表明,将生物学–生态学引入普遍历史这样的社会科学是他在学术上的一大创新。要是他知道斯宾塞对孔德的评价以及斯宾塞的社会科学建树,他就应该把这里的"物理学"替换成"生物学",而他自以为的学术创新只能算是复旧。

德意志的有机体政治观念论

斯宾塞清楚地知道,孔德并不是生物学政治论的肇始者。他曾提到,"谢林、费希特以及与他们同派的追随者们加入了黑格尔派的行列,嘲讽英国欺世盗名的所谓'哲学'"——"这并非没有理由"(《第一原理》,页106–107)。事实上,斯宾塞早就从谢林的有机体形而上学的"个体化倾向"论中吸取过资源(《社会静力学》,页246及其注释)。这引出了一个思想史问题:据说,德意志的有机体政治论带有保守主义取向,强调国家和集体而不重视个人自由及其权利,把封建专制说成社会的"有机生长",而"把任何革命的变革都谴责为非有机的单纯'捏造'",因此它才会成为种族主义乃至后来的纳粹极权主义的温床。③ 斯宾塞的思想经历促使我们有必要搞清:实际情形真的是这样的吗?

---

① 沃格林,《政治观念史(卷八):危机与人的启示》,前揭,页178–179;比较赫伯特·斯宾塞,《社会学研究》,前揭,页101、185。
② 威廉·麦克尼尔,《全球观:征服者、灾难和群落》,前揭,页17。
③ 卢卡奇,《理性的毁灭》,前揭,页119、436–437,比较页226、373–374、384。

斯宾塞出版《社会学研究》那年(1873),年仅25岁就死于肺痨的荷兰法哲学教授阿尔伯特·柯瑞肯(1850—1875)用德文撰写的关于"有机体国家"论的观念史专著就问世了。这时德意志帝国立国才仅仅两年,而拉采尔正前往美利坚考察旅行。斯宾塞则发现,德意志人的"民族自尊心因战争的胜利而得到激发",人们对公共事务的看法因此而遭到"扭曲",德国的自由主义者们开始大谈"德意志精神、德意志的团结、德意志民族、德意志帝国、德意志的陆军与海军、德意志的教会和德意志的科学"(《社会学研究》,页186)。斯宾塞似乎并不知道,早在拿破仑战争时期,德意志的自由主义就与民族主义黏合在了一起。

柯瑞肯用Zeitraum[时代空间]这个语词把有机体国家论的历史形成划分为三个时期,前两个"时代空间"分别指古希腊罗马和中世纪,第三个"时代空间"指自格劳秀斯(1583—1645)经斯宾诺莎到卢梭和康德的近代。但直到拿破仑战争期间,有机体国家观才在德意志成为显论:首先是费希特,然后是谢林和黑格尔。在他们之后,欧洲学界涌现出一批有机体国家 - 社会政治论者,法兰西的孔德和英格兰的斯宾塞就在其中。①

亚里士多德已经使用"有机"这个语词,但并不是十八世纪的现代人"所说的意思",其含义最初与"工具"同源,"用来形容活着的、为了某种目的而打造的生物体",它"只能用来形容生物,不能形容生物的内在属性,因此它的含义没有超出生物这个范围(比如说进入政治论)"。康德给这个语词"注入了生命的属性",使之开始发挥特殊的作用。此后,这个语词就"由自然生物的范围扩展到了社会与国家的领域,然后又向法律、历史等领域延伸"。② 康德在1763年写下的《证明上帝存在惟一可能的证据》,算得上是一篇标志性作品,此文足以表明,康德已经怀着激动的心情实现了从物理世界观向生物有机体世界观的彻底转变:

> 人们不仅在无机自然界中,而且也在有机自然界中猜测一种更为重大的必然统一,如同其显而易见的那样。因为即便就一个动物的结构来说也可以猜测:只用一次安排就可以有一种丰饶的有益性来造成诸多有利的结果,而我

---

① Albert Th. van Krieken, Über die sogennante organische Staatstheorie: Ein Beitrag zur Geschichte des Staatsbegriffs, Leipzig: Duncker & Humblot, 1873, pp. 59 – 115;比较 Francis W. Coker, Organismic Theories of the State: 19th – Century Interpretations of the State as an Organism or as a Person, New York: Columbia University Press, 1910, pp. 20 – 30, 116 – 138。

② 鲁道夫·欧肯,《近代思想的主潮》,前揭,页128 – 129。

们一开始会认为为此需要许多特殊的安排。①

基于这种"更为重大的必然统一",康德紧接着就在又一篇标志性作品中,尝试从生物有机体角度重新理解人的"理性"或者说"精神",并凭借对理性的"有机"观念"捣毁了一位视灵者的'迷梦'":"只有一种活生生的存在物才'为了自己'而具有某种东西",正如"一个有机体内部某个过程的封闭,始终同时是该过程对于这整个生物在世界中的某种主动性的开放"。②

对人的"理性"或者说"精神"的生物机体式理解——学名为"有机"的理性观念——不仅为康德思想的发展奠定了决定性基础,也为随后的观念论者提供了新的形而上学和政治哲学方向。十八世纪末至十九世纪初,德意志学人"几乎言必称'有机体'",纷纷"在有机体的范式下建构"作为伦理整体的民族或国家学说。③ 康德不是一个保守主义者,其后学也不会是,这一点同样重要。

费希特如何传承康德

费希特是康德观念论哲学的第一位重要传人,我国学界对他不仅不陌生,而且对他的理论热情自1990年代以来持续不衰。这也不难理解,因为在这位哲学家兼政论家身上,民族主义与自由主义的标签重叠在一起。28岁(1790)那年,费希特读到康德的《实践理性批判》,年轻的思想马上被征服——他激动地给朋友写信说:

> 自从我读了《实践理性批判》,我进入了一个崭新的世界。[……]我曾经相信是永远不能证明的事情,如绝对自由的观念、义务的观念等,现在在我看来是被证明了。[……]康德的批判之前,任何一个意识到他的祖国需要独立自由的人,都像我一样想着别的事情[……]。④

---

① 康德,《证明上帝存在惟一可能的证据》,见《康德著作全集(第二卷):前批判时期著作 II(1775—1777)》,前揭,页132-133。

② 康德,《一位灵视者的梦》,见《康德著作全集(第二卷):前批判时期著作 II(1775—1777)》,前揭,页334-336;比较福尔克尔·格哈特,《伊曼努尔·康德:理性与生命》,前揭,页86-87、96-97、210-211、220-221、237-238。

③ 详见黄金城,《有机的现代性:青年黑格尔与审美现代性话语》,上海:上海人民出版社,2019,页6,尤其页197-219。

④ 费希特,《费希特书信选》,洪汉鼎、倪梁康译,北京:中华工商联合出版社,2018,页35-36,比较页43。

思辨热情与政治情怀的结合让费希特认为,他的祖国所需要的政治上的"独立自由"应该与个体性的"绝对自由的观念"联结在一起。用今天的说法,民族主义的国家论与自由主义的个人权利论应该并蒂而生。从康德的自由主义原则出发,费希特不仅宣称自由就是个人自己给自己立法,还要求全体"人民"获得这种自由:

> 政治自由就是有权除了承认自己所定的法律之外,不承认任何其它法律。这种自由每个国家都应该有。
>
> 现在正是使人民认识自由的时机,一旦人民认识了自由,他们就能获得自由。①

年轻的费希特很快写出一篇极富启蒙精神的哲学檄文《试评一切天启》(1791),发表后随即寄给康德求教。文章刚开头不久,费希特就用生物有机法则取代了物理机械法则:

> 凡是带有合目的性特点的东西都可能有一个理性的首创者;凡是根本不适用合目的性概念的东西,当然不会有理性的首创者。不过,这个标志具有双重意义:把多种多样的东西协调为统一的整体,这是合目的性的特点;但这种协调有好多类型,它们可以用纯粹的自然规律——恰恰不是机械规律,而是有机规律——来解释。②

不难看到,年轻的费希特是在模仿康德对理性的"有机"理解。五年后(1796),费希特发表了论自然法权的专著,追随康德进一步推演理性化的自然权利论。当时,法国大革命的形势已走出雅各宾专政状态,督政府派遣拿破仑率军南征意大利,夺取了相当一部分地区的控制权。在阐述自然权利论的"第五定理"时,费希特写道,关于"什么是有机自然产物,它为什么和在何种程度内只能被设想为一个整体",只要把它与人工产物做一番比较便很容易看到:虽然两者都"只能被设想为一个整体","每个部分是为了每个其他部分,因而也是为了整体而存在的",但是——

---

① 转引自威廉·格·雅柯布斯,《费希特》,李秋零、田薇译,北京:中国社会科学出版社,1992,页8-9,比较页78-80。

② 费希特,《试评一切天启》,梁志学主编,《费希特著作选集》第一卷,北京:商务印书馆,1990,页16。

> 在[有机]自然产物中,整体也是为了部分而存在的,它除了确定地创造这些部分,就没有任何其他目的;反之,在人工产物中,整体则不知道返回到部分,而是返回到一个在它之外的目的,整体只是服务于某物的工具。①

把这段说法中的"整体"换成"国家",把部分换成"公民个体",其政治含义就一目了然了。

用自然科学原理解释人世间的政治秩序问题,源于霍布斯从自然状态出发重新设定政治原则。② 费希特是康德的拥趸,而康德则是在霍布斯设立的自然状态前提下思考——《实用人类学》的根本关切是"从原始的自然状态过渡到公民状态的动机"问题。③ 因此我们看到费希特说,在有机自然产物中,"每个个别的部分都以自己的内在力量自己创造自己,这样,所有的部分就创造了整体",其"内在的塑造欲求"具有生机活力,否则它不可能"不断地自己创造自己",并凭此"自己保存自己"。④

把这一原理应用于政治体便意味着,个体不是国家的建筑师,相反,整体要先于部分。如果人们以为,这表明费希特"偏离了早期的原子式个人主义和以权利为根据的自由主义",恐怕就看走了眼。⑤ 毋宁说,在康德的引领下,费希特的实践哲学志在实现让世界完善的启蒙理想,这首先要求重新规定感性-有限的理性生物("人类生物")与外在自然之间的关系,否则,"自由和平等作为共同体的基本形式"就不可能在全球范围内实现。⑥

紧接着(1798),费希特就把他所理解的有机体原理应用于构建伦理学体系:

> 有机体的每个部分都能无限地被视为一个整体或一个部分。只有至高无上的东西才不能被视为部分。由此可见,全部天然的东西都是一个有机体,并

---

① 费希特,《以知识学为原则的自然法权基础》,梁志学主编,《费希特著作选集》第二卷,北京:商务印书馆,1994,页338-339。
② 比较阿瑟·洛夫乔伊,《观念史论文集》,吴相译,北京:商务印书馆,2018,页57-58。
③ 康德,《实用人类学》,前揭,页297-279、318、320-323、326。
④ 费希特,《以知识学为原则的自然法权基础》,前揭,页339。
⑤ 古纳尔·贝克,《费希特和康德论自由、权利和法律》,黄涛译,北京:商务印书馆,2015,页197-198。
⑥ 君特·策勒,《阅读费希特》,周黄正蜜译,上海:上海人民出版社,2019,页102-103。

且被设定为这样的整体。①

费希特还举了植物的例子,尽管显得颇为机械:

> 苹果树致力于成为并且继续成为一棵苹果树,梨树致力于成为并且继续成为一棵梨树。在无理性的存在物里既有冲动,也有效果。因此,苹果树不能结出梨来,梨树也不能结出苹果来。改变这些自然产物的存在方式就是阻碍它们的整个有机组织,而这迟早会导致它们的灭亡。(同上,页126,比较页132-133)

在费希特的要著中,"有机体"这个语词及其生物原理从未缺席,在对德意志知识界影响颇大的系列讲座中同样如此,比如《就最新哲学的真正本质向广大读者所作的明如白昼的报导》(1801),以及《关于学者的本质及其在自由领域的表现》(1805)。② 1804年至1805年冬季以"现时代的根本特点"为题的讲演有十七场之多,因此也最为著名。费希特一开始就宣告,他要阐明"一个唯一的、由自身构成一个有机统一体的思想",它将指导他"发表的一切具体言论"。③ 在第二讲中,费希特提到,把握这一有机体理论的关键在于理解个体与族类的关系(《现时代的根本特点》,页454-455)。因此,在第十一场讲演明确阐述"有机体国家"观时,费希特特别论及自由主义的权利平等论:

> 假如我们设想的这种由家庭联合而成的社团是有机地组织起来的,那它就会具有国家的那种应该按照理性存在的绝对形式,充满一切人在权利方面平等的精神。(《现时代的根本特点》,页586-587)

费希特接下来还告诫史学家必须掌握"人类的发展规律",以弥补自己在经验上的欠缺,而这个规律不外乎就是"有机整体的概念"——否则,史学家没可能理解史料中的那些"互不关联的零碎片断"(《现时代的根本特点》,页614)。这意味着,从人类形塑自己的无限开放的未来这一启蒙哲学式构想出发,费希特"将自由——与知识一起——提升为历史的根本要素"。由于历史地起作用的自由受制于"有机

---

① 费希特,《以知识学为原则的伦理学体系》,梁志学主编,《费希特著作选集》第三卷,北京:商务印书馆,1997,页117,比较页119-122。
② 见梁志学主编,《费希特著作选集》第四卷,前揭,页218、232-233、358。
③ 费希特,《现时代的根本特点》,梁志学主编,《费希特著作选集》第四卷,前揭,页433。

整体的概念",人的自由并不意味着可以随意选择人类自我发展的目的和手段,而是应该被规定为一种特别的知识——实践知识,它既"否定性地表现为摆脱自然规定性",又"肯定性地表现为理性使命的自由"。①

1807年12月,因应普鲁士王国在拿破仑战争中面临的政治危机,为了号召德意志人起来反抗法兰西帝国的扩张,费希特又做了十四场系列讲座。一年多前(1806年10月),拿破仑军队击败普鲁士王国,并顺手夺取了耶拿。这并非小事一桩,因为在整个十八世纪,这座城市都是德意志的科学中心,与伦敦和巴黎齐名。费希特在演讲伊始就强调,他要在"一般德意志人"的心中唤起一种"德意志精神",而这种精神必须被"看做一个交错生成的有机统一体":

> 在这个统一体里,没有任何一个环节可以把其他环节的命运视为与自己的命运无关,如果我们不应当完全灭亡,这个有机统一体就应当和必须产生出来,而我看到这个有机统一体已经产生出来,且臻于完善,现在就存在于那里。②

在费希特所有的政治著述中,据说"只有这一部[演讲稿]被后人记住",它首次提出了"一个世纪以后将引导德国政治的术语"。因此不难理解,国社党在获得政权之前,已经把费希特誉为"第一个伟大的民族社会主义先驱"——"是他将德国品性提升到形而上学本质的高度"。这让今天仍然迷恋德意志观念论思辨哲学的学者感到困惑,因为费希特不仅早年热爱法国大革命,而且一生坚守"共济会、启蒙运动和共和平等主义理想"。③ 德意志第三帝国战败后,自由民主的"西德"哲学界不得不用"现象学、先验哲学以及意识理论"重新解释费希特的自由哲学,从学术上对它"消毒",如此才能让它再次成为自由主义哲学的一股有生力量。④

黑格尔哲学的生物论基础

费希特做这次系列讲座之前不久,比他小八岁的黑格尔(1770—1831)出版了

---

① 君特·策勒,《阅读费希特》,前揭,页104。
② 费希特,《对德意志民族的演讲》,梁志学主编,《费希特著作选集》第五卷,北京:商务印书馆,2006,页253。
③ 汉斯·斯鲁格,《海德格尔的危机:纳粹德国的哲学与政治》,赵剑等译,北京:北京出版社,2015,页38-40、45-46,比较页111-113。
④ 君特·策勒,《阅读费希特》,前揭,页136。

《精神现象学》。五年前(1801),黑格尔在自己的第一部哲学著作中已经考察过从康德经费希特到青年谢林的最新哲学取向。时年 31 岁的黑格尔清楚地看到,自康德以来,为了意识而由反思生产出来的绝对物被视为"一个客观的总体,一个知识的整体,一个认识的有机体"。这意味着,人的思维活动本身乃至其结果被比作活的有机体。① 在谢林那里,费希特从康德继承而来的命题得到延续,并明显上升了一个层次——黑格尔的哲学思辨由此启程。

《精神现象学》以探究"意识"以及"自我意识"开篇,然后着手检讨"理性"观念,并从"观察自然界"的理性入手。既然康德规定了对"理性"或者说"精神"的生物机体式理解,黑格尔便首先谈到动植物的"有机体":

> 比如,动物的辨识特征在于爪子和牙齿,但实际上通过这些特征,不仅认识活动把一个动物与另一个动物区别开,而且动物自身也发生了分化,因为借助于爪子和牙齿等武器,动物作为一种自为存在存活下来,并脱离了普遍者。反之,植物没有成为一种自为存在,而是仅仅触及到了个体性的边界。在这个边界那里,植物表现出两性分化的现象,并因此被认识、被区分。②

对黑格尔来说,有机体不过是一个思辨意义上的"概念",即人的观察意识或理性本能的生成过程中的一个阶梯,而有机物本身就是一个过程,哪怕这个过程是一个物。③ 不难设想,这个过程最终会被世界历史取代。反过来说,世界历史在本质上也就带有有机体的性质。

在后来论述"自然宗教"时,黑格尔再次谈到"植物和动物"。借描述工匠在筑居时如何使用植物生命,以将其"加工制造成一种更有生命力的形式",黑格尔刻画了德意志观念论哲学的一般特征——据说,它首先体现为对传统宇宙观的反叛:

> 早先那种柔弱的泛神论曾经把植物生命看作一种神圣的东西,如今工匠既然意识到自己是一个自为存在着的本质,于是把植物生命当作某种可资利用的东西,并且将其贬低为外在的装饰点缀。但在使用的过程中,植物生命不

---

① 黑格尔,《费希特与谢林哲学体系的差别》,宋祖良、程志民译,北京:商务印书馆,1994,页 16,比较页 21、54 - 56、78 - 79。
② 黑格尔,《精神现象学》,先刚译,北京:人民出版社,2015,页 157。
③ 芬克,《黑格尔〈精神现象学〉的现象学阐释》,贾红雨等译,上海:上海书店出版社,2011,页 268 - 271。

可能不发生改变，因为自我意识形式下的劳动者同时也消除了直接存在着的植物生命本身具有的暂时性，并使植物生命的有机体形式接近于一种更严格、更普遍的思想形式。(《精神现象学》，页430)

完成《精神现象学》十年之后(1816)，黑格尔被聘为海德堡大学哲学教授，他着手写作《哲学百科全书纲要》，以此建立自己的哲学体系。在论及自然哲学的部分，他谈到动物有机体，这完全可以理解，令人难以理解的是，这一部分以界定何谓"精神"结尾。① 联想到《精神现象学》谈论理性时从分辨有机体与无机体开始，我们不免会想，难道黑格尔相信，从动植物的有机体到人的精神有一条连续的生物链？

的确如此。《精神现象学》出版那年，黑格尔给老同学谢林写信说：

> 在动物磁所表现的惊人力量里，我看到的是这种与人身化而为一。在自然领域里，人竟成为动物的一个偶性，而在精神领域里，这种现象已经被充分认识到。这种化而为一在磁铁里降低为所谓无机的，自身并且具体化为一种磁性的统一，化为自然界里高级和低级间的感受相通。这大概就是我对这件事的一般看法。②

通常认为，《哲学百科全书纲要》中的自然有机论形而上学是黑格尔的有机论思想成熟的标志，而在新锐的德意志古典哲学史家拜泽尔(又译"拜塞尔")看来，这种观点"是错误的"：

> 因为，在黑格尔的体系中，有机的世界观无处不在，在他的逻辑学、伦理学、政治学和美学中发挥着基础性的作用。黑格尔以本质上有机的方式理解这些领域。黑格尔体系中有机概念的支配性地位，绝大程度上源于他的自然主义：由于所有事物都是自然的一个组成部分，并且由于自然是一个有机体，所以所有事物都必须被表明是自然有机体的一个部分。③

的确，黑格尔后来在《哲学史讲演录》中讲到哲学精神的古希腊开端时就提到了有机体：

---

① 黑格尔，《哲学百科全书纲要》，薛华译，上海：上海人民出版社，2002，页207–230。
② 苗力田编译，《黑格尔通信百封》，前揭，页95。
③ 弗雷德里克·拜塞尔，《黑格尔》，王志宏、姜佑福译，北京：华夏出版社，2019，页93。

精神的事业就是认识自己。我是一个直接的存在,但这只是就我是活的有机体而言;只有当我认识我自己时,我才是精神。①

"活的生命体"的确是古希腊哲人喜欢使用的喻像,但若说"亚里士多德早就看到了,有机体是目的,具有内在合目的性,所以各个肢体也是外在地彼此合乎目的的",则明显是黑格尔添加给亚里士多德的。② 因为黑格尔相信,由于缺乏科学的认识工具,古希腊人对生命有机体的认识还十分粗浅:

所以,在近代,人们想要凭借显微镜去研究有机体的内心——灵魂,想要进入,特别是看见或感觉到有机体的最深处。因此,"一"的原则完全是观念性的,但并不是说它好像只是在思想里、在头脑里;毋宁说,思想是事物的真实本质。(《哲学史讲演录》第一卷,页 332)

荷兰生物学家洛文霍克(1632—1723)史称"显微镜之父",1674 年,基于无数前辈的不断探索,他制作出了第一台简陋的显微镜,用于观察一滴水中的细菌。但直到一个世纪之后,显微镜才真正发展成型。③ 黑格尔年轻时就注意到,正是出于某种有机体观念,歌德十分注重实验及其相关设备。他不仅鼓励朋友建立植物实验室,自己也"想筹办一个生理实验室",这自然缺不了显微镜。④ 在黑格尔看来,正是由于笛卡尔(1596—1650)所处的时代还没有出现显微镜,他才会"把有机体、动物看成机器,认为它们是被别的东西推动的,并不包含主动的思维原则"。笛卡尔的哲学因此而不过是"一种机械生理学",不仅"毫无杰出之处",甚至算得上是开历史倒车(《哲学史讲演录》第四卷,页 92 - 93)。由此可见,相信"绝对精神"的黑格尔哲学,某种程度上也离不了观察自然的工具。

---

① 黑格尔,《哲学史讲演录》第一卷,贺麟、王太庆译,北京:商务印书馆,1959/1983,页 36。

② 黑格尔,《哲学史讲演录》第四卷,贺麟、王太庆译,北京:商务印书馆,1978/1983,页 28。

③ Lesley Robertson/Jantien Backer(et al.), *Antoni van Leeuwenhoek: Master of the Minuscule*, Leiden: Brill, 2016, pp. 46 - 70; Catherine Wilson, *The Invisible World: Early Modern Philosophy and the Invention of the Microscope*, Princeton: Princeton University Press, 1997, pp. 158 - 161, 221 - 225; Marc J. Ratcliff, *The Quest for the Invisible: Microscopy in the Enlightenment*, Farnham: Ashgate, 2009, pp. 27 - 28, 52 - 61.

④ 苗力田编译,《黑格尔通信百封》,前揭,页 75。

在黑格尔哲学中,康德所感悟到的"更为重大的必然统一"始终具有引导作用。不仅如此,与康德和费希特一样,黑格尔的哲学虽然既抽象又深奥,但其内在的生命冲动却相当政治。他在给朋友的信中承认,"我一向对政治有一种偏爱"。① 完成《精神现象学》时,黑格尔给谢林写信说:

> 倘若一位哲学教授必须把剪除冗枝作为首要的职责,那么政府一定会把我当成进行此项工作的一把剪刀。②

费希特在拿破仑战败那年(1814)离世,此前他加入了"家园防御部队",虽然因身体欠佳不能直接上战场杀敌,他仍然"在高烧的幻觉中完成了自己的意愿"。费希特是"受妻子所照料的伤员感染"而倒下的,在弥留之际的神志昏迷中,"他看到自己作为战士正战斗在战场上"。③ 黑格尔这时正当盛年,在当时的整个德意志,还见不到一个强有力的政府,普鲁士王国仅仅看似获得了与奥地利、俄罗斯乃至法兰西平起平坐的国际政治地位,对此黑格尔难免深感遗憾。尽管如此,维也纳会议三年之后,黑格尔还是接受了柏林大学的邀聘(1818),紧接着就在这所普鲁士王国的最高学府开设了"法哲学原理"大课。在课堂上除了引领学生们思辨政治法理,黑格尔也没有忘记对学生们说:

> 我在有机体上所做的,不是停留于它的外表,而是被它同化了:耕种土地,栽培植物,驯养、饲育和保护动物等都是如此。④

所谓"同化"在这里的具体含义指,把国家——"尤其现代发达的国家"——看作"合乎理性的[动物]有机体",即把政治制度论"同化"为生物机体论:

> 国家是有机体,这就是说,它是理念向它的各种不同方面的发展。这些不同方面所以就是各种不同的权力及其职能和活动领域,通过它们,普遍物不断地、以必然的方式产生自己,又因为这一普遍物正是自己的生产活动的前提,所以也就保存自己。这种有机体就是政治制度。政治制度永远源出于国家,

---

① 转引自黑格尔,《黑格尔政治著作选》,薛华译,北京:中国法制出版社,2008,"译者序",页1,比较页4。
② 苗力田编译,《黑格尔通信百封》,前揭,页88。
③ 汉斯·斯鲁格,《海德格尔的危机:纳粹德国的哲学与政治》,前揭,页45。
④ 黑格尔,《法哲学原理》,前揭,页111。

正如国家也通过它而保存自己一样。如果双方脱节分离,有机体的各个不同方面也就松散开来,那么政治制度所产生的统一性就不再是稳固的了。这正适合于胃与其他器官的寓言。①

黑格尔并不是来到普鲁士王国之后,才有了这样的有机体国家观念。早在他30岁出头时写下的《德意志法制》(1802)一书中,人们已经能够看到有机体国家说的雏形,这显然是受到康德和费希特甚至谢林的影响。② 在随后发表的第一部哲学论著中,黑格尔以康德的表达式区分了基于理性抑或基于知性的国家,前者是一个活生生的有机体,后者则不过是一架机器:

> 理性必须直截了当地存在于最完善的[机体]组织中,理性在自我形成为一个民族的过程中,可以赋予自己这种最完善的[机体]组织。但是,那种以知性为基础的国家不是一种[机体]组织,而是一种机器。在这种国家里,"人民"不是普通的、富有生命的有机体,而是原子式的、毫无生气的多样性。③

黑格尔和费希特比康德更为明确地提出有机体国家观,与不同的政治语境有一定关系。康德时期的普鲁士王国不可能想到让自己成为整个德意志的领头羊,而对于费希特来说,面对法兰西的东扩,德意志形成统一的民族国家的问题已经迫在眉睫。由于在务实政治中还看不到这样的前景,费希特只能说"德意志民族的统一概念"不是一个"直接的实践上的概念,而是仅仅作为一种历史的概念,作为一般的假设":

> 一个关于统一王国的假设,用以表达一个内在与有机地彻底融合了的国家,在我看来,德意志人负有这样的使命,使德意志民族置身于永恒的世界计划之中。就他们而言,这个王国应当从完善了的人格即个体自由出发,而不是相反[……]④

---

① 黑格尔,《法哲学原理》,前揭,页397,比较页98、103、119、208、388、395、410、420。
② 黑格尔,《黑格尔政治著作选》,前揭,页144、171;比较弗雷德里克·诺伊豪,《黑格尔社会理论的基础:积极自由》,张寅译,北京:北京师范大学出版社,2020,页147注2。
③ 黑格尔,《费希特与谢林哲学体系的差别》,前揭,页60。
④ 费希特,《国家学说:或关于原初国家与理性王国的关系》,潘德荣译,北京:中国法制出版社,2010,页54,比较页78、83。

拿破仑战争结束之后,黑格尔把德意志形成统一的民族国家的希望寄托在了普鲁士王国身上,如何让德意志人民成为"富有生命的有机体"因此成了最为迫切的法哲学问题,而极度封建碎片化的德意志若要成为民族国家,尤其需要这样的有机体政治论。不幸的是,由于这一有机体政治论,黑格尔的政治哲学被误称为保守主义——在冷战时期甚至被某些政论家说成"社团法西斯主义"(corporate fascism)和国家社会主义的"直接先驱"。[①]

即便如此,迄今仍然有人坚持认为,黑格尔哲学的根本精神是个体自由的观念,与第三帝国的意识形态并不合拍。因为,黑格尔的社会理论"最重要、最明确的目标之一是,把自由主义对个人的根本权利和根本利益的关注"与作为有机体的社会秩序结合起来,而拒绝由平等的同质的个人组成的国家,并不意味着拒绝个人自由及其权利。何况,从根本上讲,黑格尔与康德一样,都是"天生的"世界主义者或世界公民。[②]

谢林的自由哲学与有机体本体论

谢林(1775—1854)比黑格尔小五岁,出道却比后者早好几年。黑格尔承认,"在表述和影响世界方面",老同学谢林先行一步走在了前面。[③] 拿破仑发动"雾月政变"的前一年(1798),23岁的谢林就出版了《论世界灵魂》,这让他一举成名。在此之前,他已经发表过《一般哲学的形式的可能性》(1794)和《论自我作为哲学的原则或论人类知识中的无条件》(1795)。这两篇处女作都与费希特有关,当时谢林还是图宾根大学的在校生。1793年6月,受聘耶拿大学教授的费希特途经图宾根前往耶拿,谢林拜见了这位他心目中的精神偶像。费希特高扬"自我具有至上自由"的哲学精神让他深受触动,从此谢林开始了自己一生的"自由哲学"之旅。[④]

《论世界灵魂》这个书名看起来颇有精神哲学意味,实际上谈论的是自然哲学

---

① 斯蒂芬·霍尔盖特,《黑格尔导论:自由、真理与历史》,丁三东译,北京:商务印书馆,2013,页289;比较朴尔,《黑格尔政治著作选》,前揭,"译者序",页23 - 24;彼得·辛格,《黑格尔》,张卜天译,南京:译林出版社,2015,页42 - 55; Monika Leske, *Philosophie im Dritten Reich*, Berlin: Dietz, 1990, pp. 160 - 167, 233 - 235。

② 弗雷德里克·诺伊豪,《黑格尔社会理论的基础:积极自由》,前揭,页19,详参页48 - 51、146 - 158。

③ 苗力田编译,《黑格尔通信百封》,前揭,页61。

④ 迪特·亨利希,《在康德与黑格尔之间:德国观念论讲座》,乐小军译,北京:商务印书馆,2013,中译本序言《"之间"的"思想"图景》(邓安庆),页VIII。

问题,书中大量采用晚近的生物地理学观察成果,并多次引用亚历山大·洪堡的作品。① 不难看到,谢林相当自觉地致力于把启蒙运动以来的物理学和生物学成果上升到哲学本体论高度,即他在该书中致力论证的三大自然"潜能幂次"(重力、光、生命)。重力和光属于物理现象,生命属于生物现象,因此,论述这一现象的部分("论普遍有机体的本原")所占篇幅,远多过论述物理现象。谢林相信,新兴的自然生物学将给"哲学精神"带来"不易察觉的变化",并最终会"慢慢造成哲学思维方式的某种全面革命"(《论世界灵魂》,页200)。

六年后(1804),谢林完成了更为成熟的自然哲学体系建构,时年不到30岁。他把前两大自然潜能幂次(光与重力)"统一"在一起,再用有机组织来统摄大自然——据说"根本不存在什么就其自身而言的无机大自然"。由此得出"大全有机组织""大全的完美器官"一类概念后,谢林将有机体原则上升到宇宙论高度,把"天体"称为"大全身体"(All-Leib)。完成这样的自然哲学建构后,谢林开始重新规定人的"理性",提出他所理解的"观念世界及其潜能阶次的构造"体系。②

有机的自然与人的精神自由有什么关系呢?在《论世界灵魂》之前发表的一篇文章中,谢林已经给出了说明:因为"人的精神是一种将自身有机化的自然"——

> 每个有机体都是某种象征性的东西(Symbolisches),每种植物,可以说都具有心灵的错综复杂的特征。由于在我们的精神中有一种无限的追求是将自身有机化,那么在外部世界中也必定自我呈现出一种普遍的有机趋向……自然的这种一贯的和确定的通向有机化的过程,完全清楚地显示出一种旺盛的冲动(Trieb),这种冲动,仿佛在同粗野的物质角斗,时而胜利,时而屈服,时而以更加自由的、时而以更有限的形式突破它。这便是自然的普遍精神,它逐渐脱离粗野的物质而自己成长起来。③

---

① 谢林,《论世界灵魂》,先刚译,北京:商务印书馆,2018,页124、157、185、203、235-238、240、255、267。

② 谢林,《全部哲学尤其是自然哲学的体系》,庄振华译,北京:商务印书馆,2023,页268-278、373-378、401-403。

③ 转引自谢林,《对人类自由的本质及其相关对象的哲学研究》,邓安庆译,北京:商务印书馆,2008,德文版编者福尔曼斯"导论",页7;比较 Marie-Luise Heuser, *Die Produktivität der Natur. Schellings Natur-philosophie und das neue Paradigma der Selbstorganisation in den Naturwissenschaften*, Berlin: Duncker & Humblot, 1986。

十年后，谢林发表了《论人类自由的本质及相关对象》(1809)，从中不难看到有机体式的精神理解对这一论题的支撑作用。① 随后谢林着手撰写一部名为《世界时代》的大著，尝试提出一种名为"时间有机体"的观念，以此向历史哲学方向推进。这一观念"向内或以动态的方式表现为一个无限的东西，向外则表现为一个有限的或封闭的东西"，因此，"假若没有这样一个有机体，整个历史就将仅仅是一个充满难解事物的混沌"。② 费希特要求史学家把握的"有机整体的概念"，在谢林这里将获得更为观念化的形而上学表达。不用说，"时间有机体"的要核仍然是自由的精神或精神的自由，因为"只有精神才是时间的有机性本原"——正因为如此，谢林密切关注着当时的生物学进展(《世界时代》，页 209 - 210)。

《世界时代》的写作并不顺利，虽然两易其稿(1811 至 1813 年间)，却最终没有完成。谢林的思辨进入的"像所有的生命形成一样"的"有机体"时间，其实是一个"自由的深渊"。因为，"通过不断克服一种抵抗的、无意识的根据而形成的生命形式"本身，只能被称之为形而上的过去。谁要是沉入这样的思辨深渊，思辨者的肉身有机体难免被思辨的自由吞噬。③

《论世界灵魂》倒是在出版后的十年间印行了三版，可见颇受坊间欢迎。正当人们期待着年轻的谢林新著迭出时，他却没有再发表论著。不过，谢林并没有放弃"世界时代"的思辨，而是改变了写作策略。他锲而不舍地营构自己的哲学体系，它将建立在基于"理性内在的有机体"解释一切存在者的整体之上。不用说，这个整体包括"自然、精神世界和历史世界"。④

如果谢林是德意志观念论哲学的终结者这一说法有道理，那么，关于有机体的哲学观念，恐怕没有谁比谢林在晚年的《近代哲学史》一书中的表述更为简洁明了，尽管它仍然十分抽象：

> 有机体之所以是有机体，不是通过那个在持续转换的物质实体，而仅仅是通过它的物质存在的样式或形式。生命依赖于实体的形式，换言之，对于生命

---

① 谢林，《对人类自由的本质及其相关对象的哲学研究》，前揭，页 57 - 58，页 81 脚注，页 91 - 92、108、119。

② 谢林，《世界时代》，先刚译，北京：商务印书馆，2018，页 106。

③ 斯拉沃热·齐泽克，《自由的深渊》，王俊译，上海：上海译文出版社，2015，页 114 - 115、127 - 128、155 - 161、165 - 166、178 - 180。

④ 瓦尔特·舒尔茨，《德国观念论的终结：谢林晚期哲学研究》，韩隽译，北京：中国人民大学出版社，2019，页 28、56 - 58。

而言,形式已经是一种事关本质的东西。就此而言,有机体的目的不是仅仅在于保存它的实体,而是要保存某种形式下的实体,而这个形式恰恰就是一个更高的潜能阶次(A^3[引按:即生命])的存在形式。

"有机体"(Organismus)之所以得到它的这个名称,原因就在于,那起初看起来仅仅是为着它自己而存在的东西,在有机体里面只能说是一个工具,是一个更高的东西的机能(Organ)。①

笔者不断引用这类观念论哲学家的原文,不是要邀请读者跟随德意志哲人一起去沉思"更高的潜能阶次",而是共同感受一下那个时代的哲学思考所凭靠的思想质料及其辞表达。谢林对康德曾有过这样的评价:"他的著作里面遗留下来的人格肖像更为有趣。"这足以表明谢林已经意识到,他的著作也会让人看到自己的人格肖像。在他看来,康德哲学就整体而言"不是以有机体的方式,而是以拼凑的方式产生出来的",即没有形成一个有机体系。至于他的老同学黑格尔,谢林承认他正在致力建构一个体系,但遗憾的是,有机体并没有成为这个体系的胚芽。毕竟,"并不是每个人都堪当一个体系的创造者"。② 言下之意,只有他自己堪当建构有机体系的大任。

在谢林的哲学体系中,有机体的观念不仅无处不在,而且实实在在地是体系的动力因、质料因、形式因和目的因——即便是与数百年前的哲人对话,有机体也是核心话题,就像后来的海德格尔与前人对话,总是离不了存在与在者的差异这个核心。③ 谢林如此痴迷于建构这样一个有机体形而上学体系,并非与政治抱负不相干,他毕竟是法国大革命的产儿——谢林年轻时的政治思想"甚至较费希特的政治学有更多的雅各宾色彩"。④ 拿破仑战争让整个世界烽烟四起之际(1806),思想已

---

① 谢林,《近代哲学史》,先刚译,北京:商务印书馆,2016,页131,比较页169。
② 谢林,《哲学与宗教》,先刚译,北京:北京大学出版社,2017,页6;谢林,《启示哲学导论》,王丁译,北京:北京大学出版社,2019,页136-137。
③ 比较谢林,《哲学与宗教》,前揭,页63-64、111、131、227-230、238、226、271、331-341;谢林,《启示哲学导论》,前揭,页45、105-106、133;谢林,《艺术哲学》,先刚译,北京:北京大学出版社,2021,页16、39-40、45、92、189-190、246-247、250-264、279-282;谢林,《布鲁诺对话:论事物的神性原理和本性原理》,邓安庆译,北京:商务印书馆,2008,页47-49、83-89、131、142。比较海德格尔,《谢林:论人类自由的本质》,王丁、李阳译,北京:商务印书馆,2018,页95-112、120-203、208-291。
④ 米歇尔·瓦特,《谢林的格言:与费希特〈自然法权基础〉对勘》,吴彦编,《观念论法哲学及其批判:德意志法哲学文选(二)》,姚远、黄涛译,北京:知识产权出版社,2015,页79,比较页58-59。

经成熟的谢林在《论德意志学术的本质》一文中明确表示，他的形而上学最终其实是为了实现民族历史的政治使命，即创造出一种"作为有机体的国家"，以此赋予德意志人"以唯一的心灵和情感，亦即使之成为一个［政治］民族"：不仅让有艺术和诗人天赋的人亲身感受到精神有机体的"永恒原型"，而且要以同样的方式"激励政治家、英雄人物"以及信仰和科学领域的民族担纲者（《哲学与宗教》，页343）。而在此之前，即完成自然哲学建构时，谢林已经用"知识""行动"和"艺术"来规定观念世界的三级"潜能阶次"。艺术构造是"知识与行动之综合"，其最高的构造则是"国家"和"哲学"的综合：哲学"不再是科学，而成了［公共］生活"本身，即"柏拉图称作理想国的东西"。①

不过，就整体而言，谢林的作品"只包含一些关于法律、国家和政治的零散观点"，他从未提出过详尽的法学和国家学说。这难免会让人觉得，与费希特或黑格尔相比，谢林得算是"非政治的哲人"（unpolitischer Philosoph）。"由于缺乏清晰的演绎和通俗易懂的表述，加之其思想反复无常和善变"，谢林哲学的政治影响远也不如黑格尔。后者有诸多投身政治活动的拥趸，而"谢林的身影逐渐消失在黑格尔的阴影之下"。

尽管如此，谢林哲学也并不是没有实际政治方面的收获，康斯坦丁·弗朗茨就是显著的例子。后者提出的德意志人具有"超国家、超民族、超教派"的"世界使命"，就来自谢林的"积极哲学"的激发。② 如弗朗茨自己所言：

> 如果说谢林创立了一种积极的哲学，那么，虽然他本人从未从事过实际的政治探索，但他的思想却对政治，尤其是德国政治产生了最深远的影响。③

1843年，弗朗茨刚刚脱离青年黑格尔圈子，就满怀激情地撰写了为谢林哲学辩护的《真正且实际的绝对唯心论的基本特征》（*Grundzüge des wahren und wirklichen absoluten Idealismus*），并将这部长达320页的书稿寄给了当时的普鲁士文化部长，还因其保守主义立场而被普鲁士内阁聘为"咨询文士"（referendierender Literat），专门

---

① 谢林，《全部哲学尤其是自然哲学的体系》，前揭，页268－278、373－378、401－403；比较桑德屈勒，《作为"第二自然"的历史、法权和国家：论谢林的政治哲学》（温玉伟译），见吴彦主编，《法哲学与政治哲学（第6集）：魏玛国家学》，北京：商务印书馆，2021，页315－340。

② 详见 Manfred Ehmer, *Mitteleuropa. Die Vision des politischen Romantikers Constantin Frantz* (1817—1891)，前揭，2.3 和 3.1 小节。

③ Constantin Frantz, *Literarisch - politische Aufsätze*, München: M. Huttler, 1876, S. 416.

负责审查有共和革命取向的报刊文章。在出版《欧洲均势探究》那年,弗朗茨发表了为其重组欧洲论奠定基础的国家哲学著作《国家生理学初阶》,神秘主义的历史哲学与生物有机体政治论在其中得到完美结合。他以谢林的"启示哲学"的语式说,神的旨意是历史中的永恒之谜,它本身虽然不可捉摸和玄妙莫测,但所有民族和国家遵照神意的安排而具有的使命都与之相关:

> 即便在感性的自然界中,我们也面临着玄妙难解的谜团,因为每一个鲜活生命的独特性都植根于深不可测的深邃之处。有谁能解释,为什么这颗种子会长成玫瑰,而那颗种子会长成橡树,尽管我们每天都能看到这样的现象?而又是为什么一个民族要承担这样的使命,另一个民族则要承担那样的使命?这仍然是永恒的奥秘,而这个奥秘本身可能就构成了各民族的独特本性最为内在的核心。①

弗朗茨的一生著述以政治作品为主,但他对谢林哲学的热爱始终如一,晚年完成的谢林哲学述评长达500多页就是证明。② 弗兰克的例子足以让我们看到,即便是谢林这样的德意志观念论大哲也与德意志的政治成长紧密相关,遑论费希特和黑格尔的唯心主义的精神哲学。黑格尔在《精神现象学》中有一段话说到植物形态与精神形态的关系,它甚至让我们可以触摸到欧洲政治机体生长的急促历史脉搏:

> 通过那种规定性和否定性,安静的植物形态的多样分化转变为一种敌对运动,在这个运动中,各种形态的自为存在相互之间的仇恨消耗殆尽。精神发生分化,它的现实的自我意识由大量个别化的、充满不幸的民族魂灵组成,它们带着仇恨彼此殊死搏斗,并且把某些特定的动物形态认作自己的本质,因为它们自己无非也是一些动物魂灵,是一些相互分离、没有意识到普遍性的动物生命。(《精神现象学》,页428)

应该承认,黑格尔的确看透了欧洲现代文明成长的形而上学真相。《精神现象学》的写作始于1803年。半年前(1802年8月),拿破仑将共和八年宪法改称"拿破

---

① Constantin Frantz, *Vorschule zur Physiologie des Staates*, Berlin:F. Schneider, 1857, S. 171-172;比较谢林,《启示哲学导论》,前揭,页211-218。

② Constantin Frantz, *Schellings positive Philosophie*, Cöthen:Paul Schettler, 1879-1880/Neudruck Aalen:Scientia Verlag, 1968.

仑宪法",宣布自己的第一执政官为终身制。经过一系列整顿,大革命之后一直没有稳定的政权被拿破仑改造成了"富有生命的有机体"。1804 年,拿破仑称帝,一年多后(1806),这位"人民的皇帝"领兵东进,在耶拿城郊将普鲁士王国军队打残。黑格尔当时正在耶拿,他赶在法军入城之前将《精神现象学》手稿寄给了出版商。拿破仑帝国的东扩被黑格尔视为世界历史的脚步,由于认识到这一点,即便黑格尔因战乱频仍不得不去纽伦堡一所高级中学做了九年校长,他也心甘情愿。①

赫尔德的启蒙历史哲学

拉采尔年轻时的从学专业虽然是动物学,但他也热爱德意志的古典哲学和文学,读过不少观念论哲学家的著作。黑格尔把"大量个别化的、充满不幸的民族魂灵"比作"带着仇恨彼此殊死搏斗"的动物魂灵,想必给他留下了难忘的印象。

拉采尔的《人类地理学》第一版以讨论地理学与史学的关系开篇,他首先提到康德的自然地理学课程讲稿(1800 年由学生整理出版)中的观点:

> 史学和地理学,哪个更早?地理学是史学的根据,因为事件毕竟必须与某种东西相关。历史处在某种不断的进步中;但是,就连事物也在变化,并在某些时代给出一种完全不同的地理学。(《自然地理学》,页164)

这段话的前半截说,史学以地理学为基础,因为所有历史事件都发生在地表上;但后半截的意思又似乎是说,地理学以史学为基础,因为人类的活动使得地表不再完全是自然的,而更多是历史的。地理学属于关于世界的知识,自然界仅仅是世界的一个部分,世界还有属人的部分。世界在历史中不断发展变化,一种完全脱离史学的地理学是不可能的。由此只能得出这样的结论:地理学与史学互为"辅助科学"(Hilfswissenschat),地理学需要史学辅助,史学也需要地理学辅助。

按照康德的教诲,拉采尔需要借用史学来辅助自己建构地理学,他的确这样做了。但是,与其说拉采尔需要一种史学,不如说他需要一种历史哲学。拉采尔年轻时,在他面前摆着各色德意志思想家的历史哲学。在拉采尔看来,康德虽然是地理学的"伟大朋友和行家",但他的历史哲学未必有助于构建人类地理学,因为对康德来说,

---

① 彼得·辛格,《黑格尔》,前揭,页 9。

> 人类历史可以被看作在执行自然的一项隐秘计划,以此确立一种内在和外在都堪称完美的国家宪制。然而,除非默认只有欧洲历史符合这个计划,否则这一观点不成立;也就是说,欧洲在某种程度上为其他大陆创造历史,所有这些大陆可能有一天会从欧洲手里获取到它们的法律。①

拉采尔认为,康德的历史哲学难免导致"地理学上的荒谬论点",而费希特、谢林和黑格尔正是沿着这条错误的历史哲学走向了荒谬。卡尔·李特尔的历史地理学明智地遵循约翰·赫尔德的历史哲学,人文地理学应该沿着这条道路走下去。② 可以理解,对于拉采尔来说,更多的政治经历和历史知识让他深切感到,康德的历史哲学信念缺乏足够的根据。康德眼中赫尔德历史哲学的弱点,对拉采尔来说恰好是优长,更有吸引力。

在《民族志》的导言中,拉采尔三次提到赫尔德,而且开篇就带有赫尔德的语调,整篇导言几乎就是用自己所掌握的生物地理学实证知识把赫尔德的历史哲学的基本原则复述了一遍。赫尔德的历史思想强调文明民族的多样性,明显影响了拉采尔的历史人类学的建构乃至对自然民族与文明民族差异的理解。对于拉采尔来说,他仅需要为赫尔德的理论补充新的人类地理学实证知识。即便是《生存空间》一文主要谈论生物地理学问题,看起来也不过是用一百多年来的实证知识填充赫尔德《人类历史的哲学观念》第一卷的内容。毕竟,在赫尔德的这部大著问世后的一个世纪里,无论地理学还是生物学都有了长足发展。

拉采尔被认为与国社党的意识形态脱不了干系,也与赫尔德有关。早在德意志第二帝国诞生时,赫尔德的历史哲学就成了德意志民族主义政治论的养料。德国在"一战"中战败后,赫尔德的民族政治论再度成为显论,这甚至引起了美国学者的注意。③ 国社党执政后,赫尔德在学界的地位进一步上升。德意志第三帝国为"一战"复仇进攻法国前夕,法国学界已经有人发现,赫尔德的历史哲学中有特别针对法国的敌对情绪。据说在《又一种人类教育的历史哲学》中,赫尔德曾借颂扬中

---

① 弗里德里希·拉采尔,《人类地理学》,卷一,前揭,页31。

② 弗里德里希·拉采尔,《人类地理学》,卷一,前揭,页6、25、27、44,尤其页55-56,比较页297-298;亦参 Hans Dietrich Schultz, "'Hätte doch die Erde mehr Raum!' Friedrich Ratzel und sein (politisch-) geographisches Weltbild", in *Mitteilungen der Geographischen Gesellschaft München*, Bd. 89 (2007), pp. 16-18。

③ Robert R. Ergang, *Herder and the Foundations of German Nationalism*, New York: Noble Offset, 1931/New York: Octagon Books, 1966, pp. 82-112, 239-266。

世纪的文化自治抨击过法国的国际霸权;他把路德的宗教改革说成"某种程度上是日耳曼人反抗古罗马斗争的回忆"。但到了十八世纪,这一"德意志的抵抗轴心却转了四分之一个弯:从[针对]南面转向[针对]西面,直指法兰西"。①

纳粹意识形态理论家和史学家曾利用赫尔德为"希特勒的血统论和土地论"提供支撑,这是历史事实。② 因此直到今天,仍然有业内人士坚持这样的指控:由于追随赫尔德,拉采尔的人类地理学必然走向争夺地表上狭窄的生存空间的政治地理学,而他的地理决定论也必然转变为种族决定论。十八世纪启蒙哲人的"永久和平"计划因此遭到抛弃,取而代之的是"诸民族的永久战争观念",它难免为第三帝国的"生存空间意识形态"和种族主义提供灵感来源。即便拉采尔的政治地理学没有直接导致希特勒的"生存空间战争","它也属于这场战争的史前史"。③

另一方面,关于赫尔德的思想肖像,业界人士又长期众说纷纭,甚至在同一个人那里,对他的评价也充满矛盾。著名史学史家柯林武德(1889—1943)是显著的例子,据他说,赫尔德的书中"包含着惊人之多的既丰富又宝贵的思想",就它所涉及的主题而言,堪称"最丰富和最发人深省"。但他的写作"松散而且草率",这表明他"不是一个谨慎的思想家"。何况,"一旦赫尔德的种族理论为人采用,就逃不脱纳粹婚姻法的结局"。④

在冷战时期,以赛亚·伯林挺身而出为赫尔德辩护,说他是"法国启蒙哲学家及其德国门徒最令人生畏的对手"。作为自由主义思想史家,伯林不提赫尔德思想

---

① Max Rouché, *La Philosophie de l'Histoire de Herder*, Paris: Les Belles Lettres, 1940/réédition, 1964, pp. 28, 46.

② 详见 Regine Otto, "Herder – Editionen 1933 – 1945" 以及 Birgit Hübel/Beate Tröger "Herder in der Erziehung der NS – Zeit", in Jost Schneider(ed.), *Herder im "Dritten Reich"*, Bielefeld: Aisthesis Verlag, 1994, pp. 19 – 36;51 – 72;Christa Kamenetsky, "Political Distortion of Philosophical Concept. A Case History—Nazism and the Romantic Movement", in *Metaphilosophy*, 3.3(1972), pp. 198 – 203。

③ Hans – Dietrich Schultz, "Herder und Ratzel: Zwei Extreme, ein Paradigma?", in *Erdkunde*, 52(1998), pp. 141 – 142;Hans Dietrich Schultz, "'Hätte doch die Erde mehr Raum!' Friedrich Ratzel und sein(politisch –)geographisches Weltbild", in *Mitteilungen der Geographischen Gesellschaft München*, Bd. 89(2007), pp. 34 – 39.

④ 柯林武德,《历史的观念》(增补本),何兆武、张文杰、陈新译,北京:北京大学出版社,2010,页 91、93;比较斯皮茨,《自然法和赫尔德的历史理论》,见冯庆编,《历史主义与民族精神》,包大为、姚啸宇、高佩等译,北京:华夏出版社,2021,页 47 – 51。

被纳粹意识形态利用的事情,使得赫尔德思想的政治属性问题变得更加复杂起来。① 折中的观点则认为,伯林对赫尔德的自由主义式理解,与把赫尔德视为纳粹意识形态先驱的观点一样,都"让人认不出赫尔德"。② 纳粹意识形态利用了某个历史人物的观点,不等于这个人物自己就是纳粹分子。"纳粹归谬法"的逻辑无助于人们认识思想史上的历史人物,罗马帝国初期的纪事作家塔西佗(Tacitus,约55—120)的小书《日耳曼尼亚志》算得上是显著的例子。③ 由于《我的奋斗》第一卷的一份早期文稿中出现过"日耳曼革命"这个标题,纳粹知识分子便利用《日耳曼尼亚志》来宣扬其意识形态,甚至认为"古老的雅利安农民的血液"已经"流淌于塔西佗的血脉之中";《日耳曼尼亚志》是"每一个有思想的德国人都应该拥有的圣经",因为它叙述了雅利安人的祖先"引以为豪的卓越品性"。今天的史学家若据此认为塔西佗的《日耳曼尼亚志》是纳粹意识形态的"史前史",就与纳粹知识分子的说法一样荒谬。④

当然,晚近三十年来,据说欧美学界已经将赫尔德从种族主义、法西斯主义和反犹主义的"误用和挪用"中解放了出来。⑤ 即便如此,学界在认识赫尔德时所面临的诸多困难,仍然没有从根本上得到解决。伯林为赫尔德打造的"反启蒙"形象,迄今仍有广泛的影响力。而赫尔德自己说过,他在年轻时已经"仔细阅读和反复研究过从伏尔泰到费奈隆、从丰特奈尔到孟德斯鸠、从达朗贝尔到卢梭"的文艺作品和政治著作——用今天的话说,他已经掌握了所有反映启蒙时代精神的文献。⑥ 人们不禁会感到好奇:难道赫尔德的一生是在与这些启蒙前辈搏斗,而非在他们的激励下奋勇前行?赫尔德抨击了"法国启蒙哲学家及其德国门徒",就等于他是"反启蒙"分子了吗?如果赫尔德是一个民族主义者,他就不可能同时是自由主义者乃至世界

---

① 以赛亚·伯林,《启蒙的三个批评者》,马寅卯、郑想译,南京:译林出版社,2014,页179。
② 泽夫·斯汤奈尔,《反启蒙:从十八世纪到冷战》,张引弘、甘露译,上海:华东师范大学出版社,2021,页461。
③ 比较塔西佗,《阿古利可拉传/日耳曼尼亚志》,马雍、傅正元译,北京:商务印书馆,1959/2009/2011。
④ 克里斯托弗·克里布斯,《一本最危险的书:塔西佗〈日耳曼尼亚志〉——从罗马帝国到第三帝国》,荆腾译,南昌:江西人民出版社,2015,页204-207,比较页235-241。
⑤ 赞米托、曼格斯、曼兹,《当代赫尔德研究综述》,见冯庆编,《历史主义与民族精神》,前揭,页318。
⑥ 卡岑巴赫,《赫尔德传》,任立译,北京:商务印书馆,1993,页30。

主义者？赫尔德也是著名的人道主义者，他的"人道"观念怎么会与民族主义乃至民粹主义的思想要素交织在一起？直到今天，这些问题也还不能说已经得到完全澄清。①

由此看来，若要彻底搞清拉采尔公案的真相，还得致力于辨析赫尔德历史哲学的基本面目，哪怕实现这一目的确实颇为不易。

哥白尼式的哲学革命

赫尔德出生在普鲁士东部位于哥尼斯堡（今俄国加里宁格勒）南面的一个小镇莫龙根（Mohrungen，"二战"后划归波兰），18岁那年（1862年晚夏），他来到哥尼斯堡大学读书，随即迷上了康德的大课——据说"每天"都关注。康德也发现这个年轻人很特别，不仅颇有天赋，而且对哲学充满高昂的热情。虽然相差20岁，这对师生很快成了朋友。② 当时，康德正从物理学世界观转向生物学世界观，并已经有了构建"实用人类学"的计划。

三年后（1765），受过康德启蒙教育的赫尔德前往里加（Riga，今拉脱维亚首府，当时属于俄国），那里的一所教会学校聘他做校长助理。与哥尼斯堡一样，里加最初是德意志十字军骑士团东扩时（十三世纪）建立的贸易站，骑士团解体（1561）后成了波兰－立陶宛联合王国的属地。瑞典王国在三十年战争初期（1621）夺得了这座贸易城市，但在一个世纪后的"大北方战争"（1700—1721）中瑞典败给俄国后，里加又易手成了俄国的属地（1710）。

赫尔德刚到里加不久，见到瑞士伯尔尼的"爱国者学会"在报上刊登有奖征文启事，题目是"哲学如何变得更为普遍且造福于民"——年仅21岁的赫尔德决定参赛。虽然文章最终没有完成，但成文部分已经充分展露出赫尔德的终身学术志向：彻底改造西方的哲学传统。

> 所有哲学理应是人民的哲学，必须把人民置于哲学的中心，一旦以此方式改变了俗世智慧的观察视角，就像托勒密体系成了哥白尼体系那样，[哲学]就

---

① 格奥尔格·伊格尔斯，《德国的历史观：从赫尔德到当代历史思想的民族传统》，彭刚、顾杭译，南京：译林出版社，2014，页47-49；Ernest A. Menze, "Johann Gottfried Herder - Nationsbegriff und Weltgefühl", in *Aus Politik und Zeitgeschichte*, (1)1986。

② John H. Zammito, *Kant, Herder, and the Birth of Anthropology*, 前揭，页138-141。

不会错过丰硕的新成果——只要我们的整个哲学都变成了人类学！①

仅凭这句话，赫尔德就比康德更早表达了实现一场哲学的"哥白尼式革命"的抱负。不仅如此，就其哥白尼式哲学革命的含义而言，赫尔德的想法甚至比康德更为激进。在康德看来，尼古拉·哥白尼（1473—1543）"大胆地以一种违背感官但却真实的方式"发现了"天体运动的核心规律"，即"不是在天穹的对象中，而是在这些对象的观察者中寻找被观察的运动"。② 这意味着，天体的运动规律不是天体自身本有的，而是观察天体运动的人的理性自主设定的。康德所企望的哲学变革是，凭靠人的理性自主地大胆设定种种人世运动的规律，尤其是人自己给自己立法的道德良知。赫尔德的设想更为彻底，它要确立的人的理性以及人自我立法的道德良知不仅不违背感官，还深深植根于人的生物机体。

与欧洲民族国家的成长相关，"人民"这个语词在十八世纪的欧洲变得时髦起来，伯尔尼"爱国者协会"给出的征文赛题目包含这个语词就是证明。既然不是赫尔德主动要谈论"人民"，我们就需要关注他如何理解"人民"。

> 我按一般的理解使用 Volk 这个词，它指国家中的每个市民（jeden Bürger），即仅仅服从健全理性的法则，并不称引更高的哲学为指导者。（"应征文"，页 4）

很难说当时的欧洲知识界如此"一般"地理解 Volk，只能说青年赫尔德如此理解 Volk：它并非指作为政治整体的"人民"，而是指国家中的某个特定阶层——市民。鉴于这类人"仅仅服从健全理性的法则"，赫尔德所理解的"人民"更可能指有待建立的公民社会中的"公民"或康德意义上的新型哲人，他们有责任和义务教育"大众"或"民族"。写作应征文时，赫尔德曾给自己的老师康德写信说，在里加的经历让他深切感到，这里的开化"市民""最值得敬重"，他愿意称他们为 Volk，而他自己则想做一个"人民教育家"。他还发明了 Demopädie［人民教育］概念，这在后来"成了他的口号"。③

---

① 赫尔德，《哲学如何变得更为普遍且造福于民》（苗思萌译），载于贺方婴主编，《"古典学研究"第五辑：赫尔德与历史主义》，上海：华东师范大学出版社，2020，页 24（以下简称"应征文"，随文注页码，译文据德文原文有改动，不一一注明：Johann Gottfried Herder, *Werke in zehn Baänden*, Band 1：*Über die neuere deutsche Literatur/Über den Ursprung der Sprache/Werke 1764 - 1772*, Ulrich Gaier 编，Frankfurt am Main：Deutscher Klassiker Verlag，1985，pp. 101 - 134）。

② 康德，《康德全集·第三卷：纯粹理性批判［第二版］》，李秋零译，北京：中国人民大学出版社，2004，页 14 注 1。

③ 卡岑巴赫，《赫尔德传》，前揭，页 18。

在随后的写作生涯中，Volk 成了赫尔德笔下的重点词，但用法不一，而且很少得到清楚界定：有时指"民众[多数人]"，有时指"大众[普通人]"（Popular），用得最多的是 Nation[民族]。① 这个语词的用法极为含混，反映了现代欧洲政治成长史的含混：罗马基督教共同体裂散为领土性的民族共同体，欧洲民族主义的历史正当性就来自这一历史性裂散。②

在应征文中给 Volk 下定义之前，赫尔德对比过英格兰、法兰西和德意志的知识人：英格兰不乏敏锐的自然观察者、政治家和数学家，法兰西则不乏"美妙才智"和几何学家，而"勤劳的德意志人""唯一的民族优长"就是"做俗世的智慧者"，英格兰和法兰西的知识人在这方面赶不上德意志人。赫尔德据此发出呼吁："每个血管里流淌着德意志之血"并"具有一种德意志哲学精神"的人都应该肩负起一项使命，即展示哲学与政治科学、数学和艺术科学的关系（"应征文"，页 4）。言下之意，英格兰和法兰西唯一缺少的是"人民教育家"。

对观康德或谢林的同类比较，年轻的赫尔德的确既有哲学天赋又富有强烈的政治热情。③ 他敏锐地把握到了时代的启蒙精神的实际意涵：哲学成为"人民的哲学"意味着哲学应该服务于民族国家的成长。与康德的著名文章《回答这个问题：什么是启蒙》(1784) 相比，赫尔德的应征文对启蒙的理解不仅更为深刻，而且全面得多，遑论它还比康德的文章早近二十年。

应征文临近结尾时，赫尔德简要勾勒了自己的未来构想——他称之为一项"教化计划"，它将从重构"人类的历史"开始。赫尔德相信，一旦从自然有机体的角度来看待"人性"，或者说把"人性"理解为"自然自身"的作品，那么，人们就不难发现"身体以及心性的多样性，意见与趣味的多样性，感觉的多样性等等"。从这些多样性出发来看待"人性的事功"乃至"作为人类的一切"，人们会获得新的"伦理教诲"，它以"万物的多样性与统一性"为基础。为此必须重述"人类的学术史"，以便最终实现新的政治体制。赫尔德还说，按孟德斯鸠在《论法的精神》中的教诲，这种国家政体"应当推行奢侈（Luxus）[生活]"——为此必须"把哲学拽入人类学"（"应征文"，页 22）。

---

① 参见 Georgiana R. Simpson, *Herder's Conception of "Das Volk"*, Chicago: The University of Chicago Press, 1921, pp. 4–14。

② Arnd Bohm, "Herder and Politics", in: Hans Adler/Wulf Koepke (eds.), *A Companion to the Works of Johann Gottfried Herder*, Rochester: Camden House, 2009, pp. 278–279；比较赵纪彬，《释人民》，赵纪彬，《论语新探》，北京：人民出版社，1976，页 4–26。

③ 参见康德，《实用人类学》，前揭，页 304–313；谢林，《近代哲学史》，前揭，页 234–243。

赫尔德的参赛文没有写完,四年后(1769),赫尔德参加柏林科学院征文赛的《论语言的起源》获奖,这成了他的标志性处女作。此文并不像有的专家所说的那样"超越了语文学的界限",毋宁说,它本就不是语文学论文,而是人类学式的哲学论文。赫尔德关注的问题是:"人类高于动物并不是程度有别,而是种属不同",因为人有"理性"并因此获得了精神"自由",而人的理性是与"某种机体组织相联系的唯一积极作用的思维力量"。换言之,赫尔德借题发挥,初步尝试让启蒙哲学变成启蒙人类学,论证语言的形成不过是为了证明"人类精神进步"或"人类发展的历史"。事实上,赫尔德的人类学式历史哲学的命题在文中已经出现:"人类在世界各地的繁衍和进步表明,人绝不是局限于一小块地方的动物,文化和习俗连续不断的链带,也从侧面表明了同样的事实。"①

《论语言的起源》出版五年后(1774),赫尔德的《又一种人类教育的历史哲学》就问世了。十年前(1763),启蒙哲学前辈伏尔泰写了一部《历史哲学》(*Philosophie de l'histoire*),随后用作他的新版《各民族的精神和道德风俗》的长篇"导言"。在今天看来,伏尔泰的历史哲学委实不够哲学,倒有些像如今常见的世界古代史。他从"地球的变迁"起笔,历数各色古老民族的形成经历,最后以"古罗马人的征服及其衰微"收尾。② 不过,在散漫的历史叙述中,伏尔泰的确试图营构一种理性主义的历史哲学。对伏尔泰来说,牛顿(1643—1727)的自然哲学和洛克(1632—1704)的人性论哲学才是真正的哲学,凭靠这两种哲学,他希望将新自然科学的"理性世界观"树立为衡量世界历史进步的唯一标准。

赫尔德在1773年8月开始写作《又一种人类教育的历史哲学》,他用"又一种"这样的修辞作书名,明显意在挑战启蒙哲学前辈。但赫尔德没有署上自己的名字,因为他在书中尖锐抨击了弗里德里希二世的开明专制以及他担任牧师的绍姆堡－利普(Schaumburg-Lippe)公国的宫廷。书稿杀青时,赫尔德相当兴奋,他给出版商写信说:

---

① 约翰·赫尔德,《论语言的起源》,姚小平译,北京:商务印书馆,1998,页20-26、41、105;比较巴纳德,《赫尔德的社会政治思想:在启蒙运动与政治浪漫主义之间》,李柯译,北京:华夏出版社,2023,页81-84;马克·戈尔迪、罗伯特·沃克勒主编,《剑桥十八世纪政治思想史》,前揭,页235。

② 伏尔泰,《风俗论:论各民族的精神与风俗以及自查理曼至路易十三的历史》,上册,梁守锵译,北京:商务印书馆,2000,页15-228。

我的著作与伏尔泰和哈德(Harder)的书除了书名外毫无共同之处,它真是我的历史哲学,但一定尽量不可提我的名字。如果了解我们[身处的]这个世纪,再与其他书比照,可以说我这本书里藏有烈焰,并且是将滚滚炭火堆到这个世纪头上。所以这本小册子您拿去吧,用大八开本漂漂亮亮地印出来,就像咱们世纪里娇小玲珑的著作一般:因为这本著作相当娇小。①

从文风来看,赫尔德的这本小册子的确是一团"堆到这个世纪"的启蒙理性头上的"滚滚炭火"——他几乎是指着伏尔泰的鼻子说:

如果你描述整个民族、年代或地区,你描述的是什么?如果你把不同的人民和时代汇在一起、一个接一个地串成一条无止尽的河流,如大海之波涛,你讲的是什么?这描述的词用在谁身上?如果你接下来把所有这些总结为一个普遍的词,人们无论对它做何感想都可以,那么,这描述的手段是多么不完美!你是多么容易遭到误解!②

按照一般的观点,"理性"的对立面是"情感",针对理性化的启蒙哲学,赫尔德追随卢梭,抬高情感的哲学地位,开启了浪漫主义思潮的大闸门。不过,这种观点虽然广为流行,却未必与赫尔德的直抒胸臆完全相符。赫尔德用来与"理性"对抗的关键词不是情感,而是"民族"(Nation)及其"品性"(Charakter)——"民族"一词在书中出现的频率比"情感"(Gefühl)多出一倍。对赫尔德来说,"理性"这个语词"死气沉沉、残缺不全、苍白无力",不可能也不应该用它来"审视所有民族、时代和国家的汪洋",毕竟,"一方水土的各色礼仪、风俗、规矩、特性五彩纷呈"。历史地看,民族的品性极为多样,哲学家不能用"理性"这个语词来预设民族的发展,毕竟,"世界上没有两个时刻一模一样",也"没有哪个民族曾经或可能长时间地保持不变;每一个民族,就像艺术、科学和这个世界上的一切东西,生长、开花和衰落各有其时"(《反纯粹理性》,页2-3)。

---

① Johann Gottfried Herder, *Werke in zehn Bänden*, Band 4: *Schriften zu Philosophie, Literatur, Kunst und Altertum*, 1774 – 1787, Jürgen Brummack/Martin Bollacher (eds.), Frankfurt am Main: Deutscher Klassiker Verlag, 1994, p. 818.

② 约翰·赫尔德,《反纯粹理性:论宗教、语言和历史文选》,张晓梅译,北京:商务印书馆,2010,页1(以下简称《反纯粹理性》);比较 Johann Gottfried Herder, *Werke in zehn Bänden*, Band 4: *Schriften zu Philosophie, Literatur, Kunst und Altertum*, 1774 – 1787,前揭,页13。

如果说理性主义的启蒙是一种世界主义，那么，赫尔德就显得是在用"民族主义"对抗它。如今的人类学家普遍承认，"民族主义"（nationalism）一词最早就出现在赫尔德的这部小册子中。① 然而，令人费解的是，赫尔德恰恰指责启蒙哲学的理性化世界主义实质上是一种民族主义。因为，理性哲学家们"脑子里满是一个民族，为它迷恋到不能自拔"，看不到"整体的历史长河波涛起伏、流变不居"。他们"依着自己的时代制定的手册，对德性充满理想主义期待"，"把历史长河作为一个整体，再来看它的目的"，看不到"遥远而不同的民族的优点、德性和幸福"（《反纯粹理性》，页4–5，比较页7）。出于对欧洲现代文明的自信和热爱，启蒙哲人把欧洲的理性文明当作了普世性的衡量人世间"德性"和"幸福"的唯一标准，而无视世界民族的多样性——在《又一种人类教育的历史哲学》中，复数的 Nationen［各民族］出现的次数不亚于单数的 Nation：

> 我们时代普遍的、哲学化的、博爱天下的语调，论及德性与幸福，总是把"我们自己的理想"强加于每个遥远的异邦，以及历史上的每个古老时代。但这种唯一的理想，能否作为判断、批评或颂扬其他民族和时代之风俗的唯一标准呢？善难道不是遍洒人间？善不是人性的一种形式或单独的一个地区所能穷尽，它以千万种形式遍布各个大陆、各个世纪，像永远的普罗透斯，不断变着样子。（《反纯粹理性》，页9–10）

这些言辞很容易让今天的我们以为，赫尔德主张多元而且平等的文明观，反对启蒙哲学的欧洲中心主义。如果仅仅看到这一层，那么，我们的目光就过于匆忙了。赫尔德尽管反对伏尔泰的历史哲学，但仍然从他那里继承了一种看待历史的视角：不再只是关注帝王将相的历史及其重大事件，而是记叙全体人民的历史，其史学堪称开启了激进民主取向的历史观的先河。换言之，支配赫尔德历史观的与其说是民族主义，不如说是民粹主义（Populism）。

赫尔德所提倡的形式是民主与和平的，它不仅是反封建王朝和反精英的，而且是反政治的，矛头直指有组织的权力，不管是民族的、阶级的、种族的，还

---

① 迈克尔·赫克特，《遏制民族主义》，韩召颖等译，北京：中国人民大学出版社，2012，页5；安东尼·史密斯，《民族主义：理论、意识形态、历史》，叶江译，上海：上海人民出版社，2011，页5。比较 Johann Gottfried Herder, *Werke in zehn Bänden*, Band 4: *Schriften zu Philosophie, Literatur, Kunst und Altertum*, 1774–1787，前揭，页39。

是党派的。我把它称为民粹主义,是因为这种运动不管是在欧洲还是在欧洲以外,在我看来似乎与赫尔德的理想最为近似。它根据其本身的规律应该是多元主义的,把政府看作一种恶,像卢梭一样,倾向于把"人民"等同于尚未被财富或城市生活败坏的穷人、农民、老百姓、庶民大众。直到今天,它还鼓舞着民间的热心者和文化狂热分子,平等主义者和地方自治的煽动者,艺术、手工和简单生活的拥护者,以及五花八门天真的空想家。①

同样重要的是,这种民粹主义背后有新教神学的支撑。赫尔德曾任专职牧师,他否定启蒙哲学基于进步和理性的历史观,实际上凭靠的是基督教的神意观。在他眼里,人类的历史不过是一出由上帝导演的戏剧,演员们对此浑然不知罢了。历史的戏剧在两个层面上演:在此世层面,人类的悲欢离合会反复出现,但在超世层面,人类会被引向一个最终的目标。《又一种人类教育的历史哲学》的文风显得是充满激情的散文诗,有眼力的行家才会看出,它其实是新约启示录式的布道或者说终末论式的文风。换言之,赫尔德怀着神圣的热情向世人揭示历史的奥秘,无异于让自己扮演了主的天使角色。②

由此可以理解,赫尔德用来拒绝普世理性主义的关键词,甚至不是"民族",而是"自然",因为民族的多样性来自"自然之手"的造化:

> 自然把多样的倾向布在我们心中;她把其中一些放在我们身边触手可及的地方,围成一圈;然后她又限制我们的视线,以至于很快地,出于习惯,这个圈子就成了我们的全部天地,逾此界线我们什么也看不见,甚至几乎不敢想象![……]自然唯一的目的,只是要迫使我回归自我,让我在自我的中心得到幸福。(《反纯粹理性》,页 8—9)

赫尔德对"自然"的理解明显带有布丰的色彩,即用"自然"代替了上帝。③ 赫

---

① 以赛亚·伯林,《启蒙的三个批评者》,前揭,页 224,比较页 191—201、221、223、241。扬-维尔纳·米勒在论及民粹主义的起源及其与代议制民主的关系时,提到了卢梭和罗伯斯庇尔,却没有提到赫尔德。仅凭这一点就足以让人断定,他对民粹主义观念的历史起源的认识,不仅肤浅而且不可靠。参见扬-维尔纳·米勒,《什么是民粹主义?》,钱静远译,南京:译林出版社,2020,页 36—37。

② Max Rouché, *La Philosophie de l'Histoire de Herder*,前揭,页 78。

③ John H. Zammito, *Kant, Herder, and the Birth of Anthropology*,前揭,页 226—228。

尔德的小册子布满了比喻性修辞,而他用得最多的比喻是"树木"的生长——他甚至把上帝比作"大树",把自己比作这棵树上"一片叶子的一条纤细脉络"(《反纯粹理性》,页15)。重要的是,这棵宇宙大树在不断生长,它会结出种种果实——启蒙或教化是这棵树上结下的最高果实:

> 恰恰是在树冠的最高枝头,果实才开花、发芽——看吧,这就是上帝至高杰作吐露的美妙预见!启蒙——即便它并不总于我们有益,就好比尽管河流在获得更广的面积与范围的同时,无法兼顾其深度与开凿。同样确凿无疑的是,我们本身已经是一片小小海洋,并且正在接近那广阔的汪洋。来自全世界的相互关联的各种概念——关于自然、天空、大地、人类的知识,这些知识几乎是我们的宇宙可以馈赠给我们的,其概念的精神、总体以及果实均留于后世。①

这话像是说给卢梭听的,因为卢梭在获奖文中否认了文明的生长观。由此可以看到,赫尔德否定理性启蒙的普遍进步观念,不等于他否定"进步"观念本身——他明确宣称,"人类必须历经生命的各个历程",而"每段历程显然都在进步"(《反纯粹理性》,页11)。在赫尔德眼里,自然演化就是上帝的神意,赫尔德正是用它取代了"普遍进步"。

历史哲学与生物人类学

凭靠现代自然科学知识重构关于历史的认知并施行教化,是启蒙历史哲学的共同特征,赫尔德更换的仅仅是赖以重构历史认知的自然科学知识本身——用生物学替换物理学,而非从根本上质疑启蒙的历史哲学。《又一种人类教育的历史哲学》问世十年之后(1784),赫尔德开始出版《人类历史的哲学观念》。这不是他一生中写下的篇幅最大的作品,却是他最知名的作品,其生物有机体论历史哲学至此才真正成型。为了证明世界历史有如自然有机物的生长,赫尔德首先试图论证一个简单的法则:地球上的所有生物都依赖于地表上的自然地理属性——无论植物和动物物种还是个人乃至国家,其历史都得归因于这个自然空间的宇宙论基础。在过去,任何一个地区或民族的历史都不可能是完整的,只有从基于生物地理学的人类历史哲学出发,才可能有一种将地球作为整体来看待的普遍历史。用今天的话

---

① Johann Gottfried Herder, *Werke in zehn Bänden*, Band 4: *Schriften zu Philosophie, Literatur, Kunst und Altertum*, 1774 – 1787, 前揭, 页 95。

来说,地理空间科学是社会科学的基础,而思想史家则会说,这叫做"地理中心论"(Geozentrismus)。①

不过,西方学界对《人类历史的哲学观念》的理解迄今众说纷纭,有专家称之为赫尔德写下的"最为含糊的著作"。② 为了尽可能按赫尔德本人的意图来理解这部作品,我们不妨依循全书目录搞清其基本线索。

《人类历史的哲学观念》共分四个部分(4 Teile),每一部分均匀地各含五章,谋篇显得相当规整,可见赫尔德对如何结构全书有清晰的意识。第一部从作为宇宙诸多行星之一的中型行星——地球——说起。赫尔德首先描绘了地球所在的天体背景(第一章),然后进入地球的陆地环境(第二章),接着才描述地球上的植物王国和动物王国,而人类不过是动物王国中的一种 Mittelgeschöpf[居间造物]。这里的"居间"不是指人类置身天地之间,而是指人类处于植物与动物之间。不难看到,这样的视野与布丰的《自然史》和康德的自然地理学课程并无二致。③ 不同的是,赫尔德很快就走向了历史哲学。

接下来赫尔德比较了"人的机体组织"(die Organisation des Menschen)与植物和动物构造的异同(第三章),由此引出人的"理性能力",这体现为人有更为精细的感觉能力以及艺术和语言能力——如今的社会心理学家会认为,这类能力是人类行为集体合作的结果。④ 人的体质虽然在动物界中最为柔弱,却凭靠理性比其他动物有更强的持存能力,并能通过建立宗教来完善人性(第四章)。现在我们可以理解,为何黑格尔在《精神现象学》中论及"自然宗教"时会专门谈到"植物和动物"。所有这些描述,赫尔德一律用的是"有机体化"(organisieret)这个动词,似乎就连人间宗教也不过是人的机体组织能力的延伸而已。用今天的说法,赫尔德将人的"理性自然化"了。⑤

---

① Hans-Georg Gadamer,"Herder und die geschichtliche Welt",in Hans-Georg Gadamer,*Gesammelte Werke*,Band 4:*Neuere Philosphie II*,*Probleme. Gestalen*,Tübingen:1987,p. 322.

② Robert T. Clark,*Herder:His Life and Thought*,Berkeley & Los Angeles:University of California Press,1955,p. 308.

③ 马克·戈尔迪、罗伯特·沃克勒主编,《剑桥十八世纪政治思想史》,前揭,页219-220。

④ 迈克尔·托马塞洛,《人类思维的自然史:从人猿到社会人的心智进化之路》,苏彦捷译,北京:北京师范大学出版社,2017,页106-146。

⑤ Anik Waldow,"Between History and Nature:Herder's Human Being and the Naturalization of Reason",in Anik Waldow/Nigel DeSouza(eds.),*Herder:Philosophy and Anthropology*,Oxford:Oxford University Press,2017,pp. 147-162.

赫尔德由此得出两个论断(第五章):第一,"没有自然之力(Kraft der Natur)就没有[人体]器官";第二,"人的机体组织王国"称得上是一个"诸精神力量的系统"。所谓"自然之力"指人类在身体行为当中所展现出的自然本质,从而,人类的生物机体连接了自然世界和精神世界。这一观点的革命性含义在于:有机实体乃是"精神与物质之间的中间概念"(Mittelbegriff),它有如植物一般从自然土壤中有机地生长出来,同时也获得了空间和时间的规定性。思维或者说精神与有机体物质有着潜在的联系,精神只有在生物机体中才能实现自身,从而可以说,精神不过是生物机体的最高发展阶段。由此形成的"生物阶梯"是一个不断完善的"发展链条",而"世界灵魂"就出现在这个链条的末段——古代形而上学称为 scala naturae[自然的阶梯]。有机体组织在植物、动物、人类身上的进化显得是无止境的,但在地球上,人类是其发展的极限。反过来说,人类生存形式的完善——宗教、政制、文艺——最终都可回溯到生物机体组织。①

莱布尼茨已经使用过"有机力量"(organische Kräfte)这个概念,但赫尔德的用法更多来自布丰——他"对布丰很熟悉"。何况,在布丰之后,法国学人谈论"有机体"已经是一种时髦。② 由此看来,谢林的哲学体系除了形而上学的观念化构造之外,很难说有多少原创性。倒是可以说,谢林的有机体形而上学构造意在拒绝赫尔德让哲学变成人类学的启蒙方案,而康德用"实用人类学"为自己的一生思考画上句号,也属于应该被"超越"的对象。

《人类历史的哲学观念》第二部出版于1785年,赫尔德开始描绘地球上各大民族的有机体。他首先依次述及靠近北极的民族、亚洲民族、非洲民族、热带岛屿民族、美洲民族的"有机体"(第六章)。接下来,赫尔德大谈地球上不同人种或民族与其所处区域地理气候的关系,以此说明民族个性的由来(第七章),再引申出不同人种或民族的"传统"和"习惯"(第八章)。赫尔德的基本观点是:不同的地理环境对塑造不同人种的身体和灵魂有着重要作用。尽管如此,某个种族一旦形成,就成为人性的一种特殊类型,不再受地理环境的直接支配,而是靠自身的近亲繁殖传递和发展自身的习惯"品性"。这就像在某个地理环境里生长出来的植物,即便将它移植到别的环境,其品性依然保持不变。

这些都是布丰和康德已经谈论过的话题,并没有什么新意。基于生物地理学

---

① 比较阿·符·古留加,《赫尔德》,侯鸿勋译,上海:上海人民出版社,1985,页55-56。
② 马克·戈尔迪、罗伯特·沃克勒主编,《剑桥十八世纪政治思想史》,前揭,页215。

的人类学描述，赫尔德开始论述语言、政制和宗教在所有人种或民族形成过程中的作用（第九章）。赫尔德在这里呼吁哲学家"抛弃假想的观念世界"，把目光投向由"传统构成的链条"。但这一呼吁丝毫不具有如今所谓保守主义的含义，恰恰相反，其含义相当激进（《反纯粹理性》，页17－18）。赫尔德明确宣称，他的历史哲学原则来自"人类的自然历史本身"，所谓"传统"指类似生物性的有机力量形成的链条："效仿者必须有能力接受传递的东西，像消化维持生命的食物那样，转化为自身的本性。"说到底，所谓"传统构成的链条"，无异于自然生物的进化/展开。熟悉古典语文的人都知道，拉丁语 evolutio 的字面含义就是"展开"，亦即"将一个卷在一起的东西打开"。在生物学中，这个语词最早用于描述胚胎在子宫中的生长，直到今天，仍然有许多人相信，胚胎的生长是地球生命发展一般历程的缩影。① 同样，"文化"或"教化"也应该按生物有机体的生长原理来理解，也就是说"文化"即"耕作土地"：自然民族成为文明民族的过程，依赖于类似于动植物消化、吸收并转化食物能量的"有机力"（《反纯粹理性》，页19－20）。

有机物的生长离不了"光照作用"（Bilde des Lichts），"文化"或"教化"同样如此。赫尔德凭此原理解释了他所理解的"启蒙"：

> 可以说，文化与启蒙之链（Kette der Cultur und Aufklärung）的伸展无远弗届（引按：字面意思为 Ende der Erde［地球尽头］）。即便是加利福尼亚和火地岛的原住民也学会了制造和使用弓箭；他们学会了自己的语言和概念、实践和技艺，与我们完全一样。在此意义上，他们实实在在也是有文化的开化民族，尽管是在最低的层次上。因此，所谓"开化"和"蒙昧"、"文明"和"野蛮"民族之间，不过是量的区别，而非质的不同。
>
> 民族之画卷五彩斑斓，依时间和地点纷繁变化；而且，和所有图画一样，一切都取决于我们观看的视角。如果我们取欧洲文化的理念作为标准，那么我们确乎只在欧洲才发现了文化。如果我们更进一步，武断地划定文化与启蒙之间的界限，则我们是在迷雾中坠得更深，因为真正意义上的文化与启蒙密不可分。但我们若是脚踏实地，用最宽广的视野去看自然［……］展现给我们的人类教育画卷，则它无非就是以某种形式的人类幸福和生活方式为目的的教育的传统——这一进程如人类本身一样普遍。（《反纯粹理性》，页20）

---

① 皮特·鲍勒，《进化思想史》，前揭，页7－8、10。

这段说法非常著名，经常被作为赫尔德的"金句"来引用，以此证明赫尔德是个了不起的"非欧洲中心论者"、多元文化论者甚至文化保守主义者。其实，赫尔德强调不同地区和不同时代的人类行为的多样性，强调基于特殊地域环境以及习俗的独特性，恰恰是基于"文化与启蒙之链"的自然演化进程及其"规律"，毕竟，"这一进程如人类本身一样普遍"。赫尔德的历史哲学中为何会"不时出现普遍主义和传统主义共存这一令人困惑的现象"，也就不难理解了。①

一旦人们把"文化"或"教化"比作自然力驱动的有机体的普遍生长过程，由此抹去"开化"与"蒙昧"、"文明"与"野蛮"的区分，将会引出难以预料的政治哲学后果。自然界中的植物千差万别，的确不能说它们有伦理上的区分，但人世间的个体或群体千差万别，也不能说他们有伦理上的区分吗？把人性的教化过程比作自然生物机体的成长过程，无异于把人间的道德习俗和伦理规范比作从自然土壤中生长出来的植物，而一旦生存斗争或适者生存被确认为生物的生存法则，那么，它也就会成为一种符合自然的道德法则。

第二部结束之时，赫尔德提出了他的历史哲学论题（第十章）："我们的地球对于其有生命的造物来说是一个自己形成的地球。"所谓"自己形成"（eigengebildete）也可读作"自我教化"，这意味着，世界历史是人类各民族基于其自然地理环境实现自我教化的历程。"书写传统"是人类历史的开端，这个开端在亚洲，但它仅仅是起点，而非终点。看来，黑格尔在《世界历史哲学讲演录》中表达的类似观点并不具有原创性。

这再次表明，赫尔德的确用生物学式的"传统构成的链条"打断了伏尔泰的理性链条，但若要说他的历史哲学原理不再是一种启蒙原理，那就错了。赫尔德的世界史仍然是一种基于启蒙哲学观念的普遍历史，而他的哲学观念不过是世界历史这片土壤上有机地生长出来的植物。由此可以理解，赫尔德为何一再地强调要按照动植物的生长法则来看待人类的生长，强调人类史与自然史的内在融贯：

> 世界的法则，身体的法则，人类的法则和动物的自然本性啊，希望你们能够帮助我在黑暗的迷宫中找到方向。……
>
> 人类也有着[与自然生物]同样的演变法则，这个无情世界也一样，其中的每一个个体的民族和家庭亦是如此。从坏到好，从好到更好乃至完美，再从完

---

① 马克·戈尔迪、罗伯特·沃克勒主编，《剑桥十八世纪政治思想史》，前揭，页232。

美减退至好乃至差——这是所有事物变化的循环。艺术和科学也是如此,它们发育、繁荣、收获又衰败。语言也是如此。……

在自然中没有什么突变发展,在从野蛮的神话到最初的澄澈的哲学之间,同样没有突变。①

赫尔德的历史哲学在生物学、地理学、人类学和史学方面都远比康德的历史哲学丰富多彩,尽管赫尔德的自然地理知识最早还是从康德的课堂上听来的。《人类历史的哲学观念》第二部出版后,康德随即撰写了书评(1785)。他一眼就看出,当年听自己课的这位本科生如今想"要避免一切形而上学的研究",转而从生物学出发,凭靠"与物质的自然形态尤其是在其[机体]组织方面的类比",来"证明人的灵魂的精神本质、它在完善性方面的持之以恒和进步"。尽管康德在某些方面会赞同赫尔德的观点,但他仍然基于两个理由否定了赫尔德的大著。首先,赫尔德"在一种激越和狂想中写作",以至于"让人猜测的东西多过冷静的评判",因此很难称得上是"人类历史哲学"。第二,当赫尔德在第三章把植物和动物的结构与人的机体组织进行比较时,康德明确表示自己再也"无法跟随"赫尔德的人类学构想。②

其实,这并不是康德拒绝赫尔德的历史哲学的根本理由。《人类历史的哲学观念》第一部出版那年(1774),康德发表了《关于一种世界公民观点的普遍历史的理念》,他的构想可谓与赫尔德的生物人类学式的历史观念迎头相撞。因此,康德在评论文中指责赫尔德把生命看作是"一场斗争,而纯粹的、不死的人道之花是一顶难以赢得的冠冕",这难免推导出民族/种族之间永不止息的生存冲突。③ 康德相信,随着启蒙理性的普及,世界公民的政治状态终将到来。由此也可以理解,为何康德最后的作品是"实用人类学"。

赫尔德的"人道"历史观

从《又一种人类教育的历史哲学》到《人类历史的哲学观念》第一部出版的十年(1774—1784),正是普鲁士从小国艰难迈向大国的十年,当然也是整个世界在接二

---

① 转引自斯皮茨,《自然法和赫尔德的历史理论》,前揭,页 30 - 32。
② 康德,《约·戈·赫尔德的〈人类历史哲学的理念〉第一部、第二部书评》,见《康德全集(第八卷):1781 年之后的论文》,前揭,页 50、53、58 - 60。
③ 同上,页 57。

连三的地缘政治冲突中发生剧变的十年。1772 年,普鲁士与俄国和奥地利瓜分波兰,获得了靠近北海的大片地区——"无论是出于地理上、政治上还是军事上的需要,普鲁士都要把西普鲁士和普占波美拉尼亚中间的间隔填上"。这样一来,普鲁士与奥地利已经比邻,后者必然会感到威胁越来越近。1777 年年底,巴伐利亚公国的国王去世,因没有直系继承人而导致王位空虚,奥地利试图染指巴伐利亚,弗里德里希二世敏锐地意识到,这将"再次让普鲁士在德意志的权位序列中屈居第二"。从整个欧洲的地缘政治格局来看,奥地利谋求巴伐利亚,与四十年前普鲁士谋求西里西亚一样,都意味着"改变欧洲权力平衡,使之向有利于自己的方向倾斜"。1778 年年初,双方都开始战争动员,在接下来的巴伐利亚王位继承战争中,普鲁士虽然再次重创哈布斯堡王朝军队,但仍然接受了法国和俄国的调停,以和解结束战争。实际上,普鲁士军队已经打不动了。在接下来的几年里,弗里德里希二世"所知道的世界正在瓦解":

> 法国失去了伏尔泰,卢梭的理论成为主流并得到了美国的支持,旧制度的基础正逐渐被削弱;英国的失败让美国得以诞生,帝国体系被瓦解;叶卡捷琳娜吞并了波兰,而土耳其注定要步波兰的后尘。为了安抚叶卡捷琳娜,也为了发泄一直以来因为英国"背叛"而产生的怨恨,弗里德里希二世于 1781 年加入了北方的武装中立同盟——这个同盟由中立国组成,旨在抗议英国对海上中立的航运方面实施的"暴政"。[①]

这些历史事件,赫尔德和康德都看在眼里,而他们的世界历史哲学思考却像是做出了不同反应。不过,康德责备赫尔德把"纯粹的、不死的人道之花"看作"一顶难以赢得的冠冕",还是过于性急了些。

《人类历史的哲学观念》第三部在 1787 年才问世,赫尔德的鹅毛笔在这里开始描述世界文明的历史。他从亚洲——确切地说是从中国——开始巡游,随后从东南亚(越南、老挝)游走到东北亚(朝鲜、日本),又去到我国西部的西藏高原,然后从那里南下印度(第十一章)。结束这一章时,赫尔德提出了他对"政制史的一般观察"。接下来的第十二章由东向西描述两河流域和西亚文明——从巴比伦王国到埃及王国,并以对"人性历史"的进一步哲学思考收尾。

---

① 约翰·马里奥特、格兰特·罗伯逊,《帝国的崛起:从普鲁士到德意志》,前揭,页 141;比较丹尼斯·肖沃尔特,《腓特烈大帝》,前揭,页 346–358。

随后出现的是希腊文明(第十三章),赫尔德用了更多篇幅来描述古希腊的语言、神话、诗歌、艺术以及"道德和政治智慧"乃至科学。描述整个东亚和南亚的第十二章篇幅不到40页(中国占11页),可第十三章单单描述希腊就用了近60页。①以赛亚·伯林说,赫尔德与"他的论敌伏尔泰一样","对欧洲中心论持批判态度",这话表明伯林并没有看到,赫尔德的普遍历史描述与伏尔泰带有启蒙式的进步观念一样,"对非洲人和中国人的讨论,就来自未经批判的欧洲价值标准"。②

第十三章以对"希腊史的一般观察"收尾,接下来就轮到了罗马(第十四章)。这一章相当于西罗马简史,赫尔德从罗马建立军事化的共和政制说到"罗马的陷落"(Roms Verfall),却没有说希腊的陷落。赫尔德以对"罗马的命运及其历史的一般观察"收尾,"命运"(das Schicksal)一词首次出现在目录中。我们应该问,赫尔德为什么关切罗马文明的命运,却不关切希腊文明的命运——遑论中国文明的命运?

第三部最后一章(第十五章)颇为特别,赫尔德在这里中断历史叙述,转而阐述他对"人道"(Humanität)的理解——应该注意到,这个语词早在第一部(第四章第六节)就出现了:

> 我希望能用 Humanität 这个词来概括我迄今为止说过的所有内容:关于人通过接受高贵的教育而获得理性和自由、更敏锐的感官和本能、最温柔和最强壮的健康、充实,并统治大地。因为,没有比人自己更崇高的词来形容对人的规定。我们大地的造物主的形象鲜活地烙印在"人"这个词里,正如它可以在此显现一样。③

但赫尔德紧接着(第一部第五章)就说,"人道"在这个阶段还仅仅是"一株未来之花的胚芽"。赫尔德在结束对罗马史的描述后回到这个话题,似乎"人道/人性"之花的最初绽放是古罗马文明的结果。现在我们能够明白,为何"命运"一词在罗马的历史中才出现——因为,罗马文明才是欧洲文明的真正起点。

---

① 页码计算按 Johann Gottfried Herder, *Werke in zehn Bänden*, Band 6: *Ideen zur Philosophie der Geschichte der Menschheit*, Martin Bollacher 编, Frankfurt am Main: Deutscher Klassiker Verlag, 1989。

② 以赛亚·伯林,《启蒙的三个批评者》,前揭,页15;比较马克·戈尔迪、罗伯特·沃克勒主编,《剑桥十八世纪政治思想史》,前揭,页166。

③ 转引自 Hans Adler, "Herder's Concept of 'Humanität'", in Hans Adler/Wulf Koepke (eds.), *A Companion to the Works of Johann Gottfried Herder*, 前揭,页98。

《人类历史的哲学观念》第四部拖了很久，直到法国革命爆发两年之后（1791）才出版。赫尔德继续勾勒他的世界历史进程（第十六章）：他首先描述西欧的原住民，然后是北欧原住民，接下来是中欧的德意志民族和东欧的斯拉夫民族，最后提到"欧洲的异族"（Fremde Völker in Europa）。随后（第十七章），赫尔德才描述基督教的诞生及其在近东的"繁殖"（Fortpflanzung）和在希腊语和拉丁语地区的扩散。接下来（第十八章）是日耳曼各部族的西迁，并以对"德意志帝国在欧洲建立的一般考察"收尾。第十九章对比查理帝国、教宗帝国和阿拉伯帝国的政制结构，实际上是概述如今所谓的"中世纪"历史。在最后的第二十章，世界历史进入了新世纪——现代：赫尔德依次述及中世纪晚期欧洲的商人精神、骑士精神、十字军东征，直至"理性文化"的出现及其种种发现。

在地理大发现之前，人类的文明民族受自然地理区隔的限制，相互之间缺乏了解，遑论深入认识。到了十八世纪，随着欧洲王国的殖民扩张，欧洲学人率先获得了全球视野，并凭此重新叙述世界历史，进而把新欧洲人形塑为地球上唯一应该占主导地位的文明民族——赫尔德并没有超越这种启蒙文化的习性。

吊诡的是，在赫尔德勾画甚至憧憬世界历史的"人道"化进步历程时，这个文明民族群体内部却战火连连——如黑格尔所说，"它们带着仇恨彼此殊死搏斗，并且把某些特定的动物形态认作是自己的本质"。希特勒实施"巴巴罗萨计划"那年，汉斯·伽达默尔发表了一篇关于赫尔德的文章（作为单行本出版）。在他看来，赫尔德所形塑的"德意志意识"（das deutsche Bewußtsein）与英格兰或法兰西的民族意识不同，它不是基于法国大革命或最早建立民主政体之类的民族政治经历，而是基于宽阔的世界历史视野：古希腊城邦的激情、早期德意志人的忠诚、中世纪德意志的帝国思想，以及十八世纪德意志追求"政治－民族统一"的"伟大瞬间"。① 用今天的话来说，英格兰或法兰西的民族意识才是一种民族主义，德意志民族意识反倒不是，而是一种普世主义。伽达默尔晚年出版自己的全集时，没有收入这篇文章，很可能是因为担心人们会把它视为在呼应国社党的意识形态。

《人类历史的哲学观念》杀青之后，赫尔德随即着手撰写他一生中篇幅最大的作品《促进人道的书简》（1793—1797），并写下了纲要（1792）。此书的写作构想明显受到法国大革命的激发：赫尔德被巴黎发生的事情"惊得合不拢嘴"，"心神时时

---

① Hans G. Gadamer, *Volk und Geschichte im Denken Herders*, Frankfurt: Klostermann, 1942, p. 24.

为之牵动",甚至觉得这是"天启"的显现,因此他希望通过写作一部书简体作品,让德意志智识人领会到这场大革命的精神。然而,眼见着路易十四被送上断头台,以及雅各宾党人的血腥专政随之而来,赫尔德对大革命的看法又变得消极起来,尽管他的"自由民主精神"并没有因此而破灭。欧洲的政治现实表明,"纯粹的、不死的人道之花"的确是"一顶难以赢得的冠冕"。于是,赫尔德又回到了《人类历史的哲学观念》的论题:"人道"的实现基于此世历史的进步。不同的是,《促进人道的书简》更多偏重当时的务实政治问题,以至于赫尔德所要促进的"人道"不得不是政治理想主义与政治现实主义的一种"罕见的矛盾混合"。①

民族主义与自由主义

晚近有学者抱怨,研究赫尔德的学者大多关注他对民族语言、民歌民谣、神话传说等民族文化要素的发掘,"忽视了赫尔德对政治和民主的关切",甚至"错误地假定"赫尔德思想具有"反政治"或"无涉政治"的性质。② 这种抱怨不免让人觉得奇怪,因为赫尔德早年的应征文已经充分表明,他的思想抱负一开始就受某种政治理想支配,而他的人类学历史哲学的关键概念 Volk[人民/民族]无论如何不可能"无涉政治"。

这种抱怨的实际含义其实是,赫尔德研究长期以来主要关注其思想的民族主义面相,而他的自由主义面相却受到忽视。然而,恰恰是声誉显赫的自由主义思想史家伯林认为,赫尔德思想"无涉政治"甚至是"反政治的"。伯林承认,赫尔德的人类学思想带有"民粹主义"信仰,但这是一种"对隶属于一个群体或一种文化所自有的价值的信仰",因而"对赫尔德来说,这种信仰至少不是政治的,在某种程度上,它甚至是反政治的",因为"它不同于民族主义,甚至正好与民族主义相反"。鉴于赫尔德"主张一般的人类活动(尤其是艺术)表现了个体或群体的完整个性",他的思想可被称为"多元主义"的价值观,即不仅仅是相信价值的"多重性",以及"不同文化和社会的价值的不可通约性",而且相信"同样有效的理想的不相容性"。③

---

① 巴纳德,《赫尔德的社会政治思想》,前揭,页 146–152;Hans–Georg Gadamer, "Herder und die geschichtliche Welt",前揭,页 329;Steven D. Martinson, "Herder's Life and Works", in Hans Adler/Wulf Koepke(eds.), *A Companion to the Works of Johann Gottfried Herder*,前揭,页 36。
② 伯纳德,《赫尔德与卢梭》,见冯庆编,《历史主义与民族精神》,前揭,页 178。
③ 以赛亚·伯林,《启蒙的三个批评者》,前揭,页 187–188。

伯林"错误地假定"赫尔德的思想具有"无涉政治"的性质,把赫尔德视为反启蒙思想家更是"一种错误的归类",这并不奇怪,因为他感兴趣的不是赫尔德的思想本身,而是把赫尔德当作他自己的多元自由主义论的传声筒,似乎这种自由主义不是一种政治信念。仅就伯林没有关注赫尔德与孟德斯鸠尤其是与斯宾诺莎(1632—1677)的思想关系而言,他算不上是值得被认真看待的思想史家。①

从应征文中可以看到,21 岁时的赫尔德已经被孟德斯鸠的思想俘获。事实上,在哥尼斯堡大学读书期间以及随后的里加时期,赫尔德都对《论法的精神》爱不释手。然而,赫尔德在后来的作品中常常对孟德斯鸠充满"敌意",这又让思想史家们感到困惑不解,因为两人的确"有着许多共同的看法"。一个说得通的解释是,通过与孟德斯鸠唱反调,赫尔德意在"更广泛地抨击法国文化的霸权地位",尤其是借此表达他不满普鲁士国王弗里德里希二世的亲法做派(比如用法语写作)。②

在孟德斯鸠的引领下,赫尔德 24 岁时就读了斯宾诺莎的著作。斯宾诺莎让他感兴趣的地方,除了别出心裁的圣经识读和"与众不同的心灵哲学",就得数自由民主观了——后两者决定了赫尔德的"道德普世主义"情怀,或者说"对全人类的道德关怀"。换言之,斯宾诺莎对赫尔德具有难以抵御的吸引力,首先不是因为他的哲学著作《伦理学》,而是他的政治著作《神学政治论》。这部书如今已是自由主义的经典作品之一,而在当时,人们却"普遍认为"它是"一口盛满无神论和政治激进主义的女巫大锅"。③ 虽然赫尔德的老师康德早已信奉"共和主义和自由主义",赫尔德本人的政治立场"发生逆转",成了"强烈的反君主制和强调平等、自由"的民主共和派,则是由于《神学政治论》的影响使然。赫尔德前往西欧游历时(1769 年底),曾专门前往阿姆斯特丹,并在那里待上了一段日子(1770 年 1 月)。除了想要"完成一篇关于政治哲学的文章"向斯宾诺莎表达崇敬,他也想要亲眼看看"这个国家的共和-自由主义的政治实践"。在 1774 年发表的长文《人类最古老的文献》中,

---

① 马克·戈尔迪、罗伯特·沃克勒主编,《剑桥十八世纪政治思想史》,前揭,页 212。

② Moritz Baumstark, "Vom 'Esprit des Lois' zum 'Geist der Zeiten'. Herders Auseinander-setzung mit Montesquieu als Grundlegung seiner Geschichts-philosophie", in Elisabeth Décultot/Daniel Fulda(eds.),*Sattelzeit. Historio-graphiegeschichtliche Revisionen*,Berlin:de Gruyter,2016, p. 61;马克·戈尔迪、罗伯特·沃克勒主编,《剑桥十八世纪政治思想史》,前揭,页 166-167。

③ 详见史蒂芬·纳德勒,《不驯服的异端》,杨理然译,台北:麦田出版公司,2022,页 24-27、47-53。

赫尔德写道,早期古希伯来人已经有民主共和观念,而在同年出版的《又一种人类教育的历史哲学》中,他的自由民主政治立场得到"更加正式和公开的表达",此后"一直持守",从未改变——《人类历史的哲学观念》和《促进人道的书简》都是证明。①

赫尔德出生在普鲁士却对它没有归属感,并不仅仅是因为普鲁士仍然是君主制政体。毋宁说,他对作为整体的德意志民族抱有强烈的政治使命感,即希望德意志成为一个共和主义的自由民主国家。1785年,因应弗里德里希二世提出建立德意志诸侯联盟的主张,有"模范开明君主"美誉的巴登侯国君王卡尔·弗里德里希(Karl Friedrich von Baden,1728—1811)发出呼吁:德意志诸侯应该致力于促进德意志人的共同体情感,建立统一的新德意志帝国。受此激发,赫尔德产生了建立统一的"德意志科学院"(Teutsche Akademie)的构想(1787),并写下了设计方案——"全德意志精神的第一个爱国主义机构的理念"。这不仅是致力于让德意志成为一个统一的政治民族的启蒙教育方案,也是一个共和主义政制方案:赫尔德尤其强调要"有意识地培养统一的德语",以便为"全德意志的民族自觉奠定基础"。②

赫尔德认识到,"从世袭君主制向自治民主制的转变"不会是自然而然的事情,即便君主统治终将崩溃,人民也不可能依靠自己的力量提升自我。一个民族的政治转型,需要这个民族具有卓越才能和献身精神的优秀分子出来领导人民——赫尔德称这类人为"贵族民主派"。③ 在早年的应征文中,赫尔德已经把自己看作这类民族命运的担纲者。

直到今天,史学家们仍然往往忽视赫尔德思想的普世主义面相,或者说忘记了自由主义是一种普世主义。无论赫尔德多么强调民族文化的多样性,《人类历史的哲学观念》和《促进人道的书简》充分表明,他始终相信世界上的所有民族都应该且"正在迈向一种共同的人道精神"。事实上,赫尔德是"人权"之类普世价值的倡导者之一,尽管他对"人权"的理解多少有些含混,其提法也因法国大革命的曲折历程

---

① 佛斯特,《赫尔德与斯宾诺莎》,见冯庆编,《历史主义与民族精神》,前揭,页129-132、138-140。

② Johann Gottfried Herder, "Idee zum ersten patriotischen Institut für den Allgemeingeist Deutschlands", in Johann Gottfried Herder, *Werke in zehn Bänden*, Band 10: *Adrastea*, Güter Arnold 编, Frankfurt am Main: Deutscher Klassiker Verlag, 2000, pp. 567-580, 亦参编者注, 页1283-1284。

③ 伯纳德,《赫尔德与卢梭》,前揭,页176-177。

而不断有所改变。①

民族主义与自由主义普世精神在赫尔德思想中的交织看似难以理解，其实，一旦人们注意到欧洲政治成长的历史语境，这也就不成为问题了。法国革命的旗帜上固然写满了普世主义－自由主义－人道主义，这场革命本身却是"由民族主义孕育的"。事实上，"正是法兰西民族的力量显示出一个解放了的民族所能产生的巨大力量"。拿破仑战争之后，"普世主义和民族主义两种原则的长期冲突"就开始了。② 尽管如此，欧洲民族主义与自由主义普世精神的内在交融或相互支持，一直是十九世纪自由帝国主义的基本特征。这里并没有从"世界主义"到"民族主义"或从"世界公民"到"民族国家"的转变过程，如诺瓦利斯（1772—1801）所说，"德意志的民族性是混合着最强有力的个人主义的世界主义"——拿破仑战争后期，普鲁士和德意志的爱国者"把欧洲分成自由区和非自由区"，对他们来说，"民族自由等同于普遍的个人自由"。正是出于这种"[世界]大同主义与浪漫民族主义的混合"，德意志的民族主义才具有了"千年至福说"的终末论性质，并孕育出超越边界的对外扩张观念。③

只有摆脱伯林的误导，人们才能意识到，值得关注的关键性问题在于：赫尔德的"人道"普世主义与生物人类学的自然主义究竟有何关系。从今天的视角来看，这个问题的重要性再怎么强调也不会过分。因为，既然天赋人权论所主张的人人平等观念与生物自然主义的适者生存和生存竞争等观念明显相抵牾，自由主义的普世价值何以可能与生物学自然主义结合得如此紧密，很难解释得通。

按照生物学自然主义的观点，民族体的政治成长与自然生物的生长一样，应该听其自然——赫尔德也的确这样说过。可是，所有自然生物的生长都离不开"光照作用"，按照赫尔德的启蒙信仰，他所信奉的"人道"普世主义就是这样的"光照作用"。这样一来，自然机体论的民族主义就与自由民主论的普世主义构成了内在矛盾。那么，矛盾中的赫尔德究竟更多偏向哪一边呢？

按照政治史学家迈内克的看法，赫尔德更多偏向自然机体论的个体主义－民

---

① 马克·戈尔迪、罗伯特·沃克勒主编，《剑桥十八世纪政治思想史》，前揭，页168；Michael N. Forster, "Herder and Human Rights", in Anik Waldow/Nigel DeSouza (eds.), *Herder. Philosophy and Anthropology*, 前揭, 页224 – 239。

② 罗杰·劳·威廉斯，《欧洲简史：拿破仑以后》，吉林师大历史系翻译组译，长春：吉林人民出版社，1975，页33 – 34。

③ 科佩尔·S. 平森，《德国近现代史：它的历史和文化》，前揭，页76 – 77。

族主义。据说，由于个体性情使然，赫尔德不具有歌德那样的超然态度或"纯思辨能力"，而是过多地卷入了当时德意志所承受的痛苦的政治牵缠。只要赫尔德不涉足德意志的政治现实，他的说教就不会面临这种内在的抵牾。可是，德意志的民族政治情感日益苏醒，而整个德意志在欧洲的低微政治地位又迟迟得不到改善，这些都让赫尔德觉得，德意志虽然到处都有政治骚动，却既没有出现革命，也没有活跃的改革愿望。如果说赫尔德的有机体历史观无异于德意志政治觉醒意识的表达，那么，它在"一开始就仅仅是作为怨恨之情表达出来的"：

> 德意志充满封建残余，拥有从上笼罩下来的军事上层建筑，在这里让一个蒸蒸日上和日益开明的市民阶级获得与德意志和西方政治历史的任何平静和肯定性的历史关系，这可能吗？[……]赫尔德怒目金刚般的性情极为敏感，这妨碍了他，使他无法与过往岁月中的德意志和西方的政治现象建立真正紧密的同情式联系。因此，在他的历史解释中，如今存在着一道裂开的鸿沟。①

这无异于说，德意志的政治成长所产生的特殊困难，使得赫尔德的人类学历史哲学带有明显的内在矛盾，或者说，正因为赫尔德的思想"如此深刻地浸透了[自然]生命力"，它才"如此充满了矛盾"（同上，页394）。因此迈内克认为，凭靠基于有机体自然主义的个体主义论，赫尔德最终让自己站在了法国启蒙运动的普遍主义的对立面。

直到今天，赫尔德思想中的个体主义与普遍主义的并存仍然让思想史家感到困惑。② 人们是不是也应该这样来理解拉采尔呢？

---

① 弗里德里希·梅尼克，《历史主义的兴起》，前揭，页390 – 391。
② Martin Bollacher, "Individualism and Universalism in Herder's Conception of the Philosophy of History", in Anik Waldow/Nigel DeSouza (eds.), *Herder. Philosophy and Anthropology*, 前揭，页211 – 219。

余绪　拉采尔眼中的中国

拉采尔考察美国期间，西部的中国移民给他留下了深刻印象。回到德国后，为撰写授课资格论文，他选择了从人文地理学角度研究中国的移民。生物地理学考察动植物的迁徙与人文地理学考察民族的迁徙都属于分内事，两者均被称为地理空间中的生物运动。

《中国人的迁徙：文化－商业地理学论文》的出版(1776)，比李希霍芬的《中国：基于亲身旅行的研究》还早两年，尽管拉采尔在书中采用了李希霍芬已经发表的考察中国自然－经济地理的报告。[1] 作为拉采尔人文地理学的处女作，这部授课资格论文成了他走上学术道路的标志。

一

《中国人的迁徙》分两部分，前一部分(含六章，仅占全书四分之一篇幅)用人文地理学的画笔绘制了一幅中国素描：从地理位置、地缘边界到人口和经济。拉采尔没有亲身考察中国的经历，他的描述主要凭靠其他欧洲人的旅行记和地理学前辈的著述。自十七世纪以来，这类文献就与日俱增，大多来自传教士的旅行观察。到了十九世纪，自然学者乃至政治人的报道才逐渐增多。拉采尔尽可能地吸纳了最

---

[1] Friedrich Ratzel, *Die chinesische Auswanderung. Ein Beitrag zur Cultur－und Handelsgeographie*, Breslau: Kern, 1876, 共 274 页(以下简称《迁徙》，随文注页码)。

新的尤其是鸦片战争之后的文献(参见《迁徙》,页12-19注释)。①

民族迁徙或"殖民"(colonization),指"人们离开原先的地方,在别处仿效本土社群建立一个新的社群"。这种现象古已有之,而人文地理学关注的是民族迁徙与地理空间的关系。就其"最根本的意义"而言,这一现象是"动物物种在地理范围上的扩展,包括迁徙到未被占据的土地或将原先的居住者驱赶出去"。② 基于开化与未开化民族的人文地理学区分,殖民不外乎四种类型:一、未开化民族向未开化民族区域迁徙;二、开化民族向未开化民族区域迁徙;三、开化民族向开化民族区域迁徙;四、未开化民族向开化民族区域迁徙。日耳曼蛮族在公元三至五世纪向西罗马帝国地域的迁徙,不仅是第四种类型最为著名的史例,也是世界政治史进程的重要动因之一。而四至六世纪间,"近一千万"匈奴、乌丸、鲜卑、氐、羌等所谓"五胡"民族向中国华北的移动和潜居,对中国以及东亚世界所施加的历史影响,其重要性虽不能说"高于"但至少可以说相当于"欧洲史上的日耳曼民族大移动"。③

中国是地表上最早实现文明化的政治民族之一,在其政治成长的过程中,经常受到未开化民族迁徙的威胁是可想而知的事情。与欧洲的同类现象不同,未开化民族向中国区域的迁徙,大多被华夏文明政体不同程度地同化,而受中华帝国辖制的诸多少数民族体则在相当程度上保留了自己的生活习性。④ 作为国家概念的"民族"与人类学意义上的民族,其含义有很大差异,而从政治地理学上讲,只有作为前者才具有实在意义。拉采尔在《民族志》导言结尾时写道:

> 在几乎所有代表更大政治实体的国家里,都存在着不同的民族。起初是其中一个民族优于另一个民族,然后各民族互相磨合。只有很小的国家,才一直由单一民族构成。(《基本定律》,页190)

中华帝国是世界史上体量最大且唯一具有连续历史的政治单位,但华夏民族

---

① 比较范发迪,《清代在华的英国博物学家:科学、帝国与文化遭遇》,袁剑译,北京:中国人民大学出版社,2011,页85-88。

② 帕特里克·曼宁,《世界历史上的移民》,前揭,页5。

③ 比较克里斯·威科姆,《罗马帝国的遗产:400—1000》,余乐译,北京:中信出版集团,2019,页56-62;田村实造,《中国史上的民族移动期:十六国北魏时代的政治与社会》,焦堃译,上海:中西书局,2024,页120-123。

④ 安介生,《民族大迁徙》,南京:江苏人民出版社,2011,页64-177;王明珂,《华夏边缘:历史记忆与族群认同》(增订本),杭州:浙江人民出版社,2013,页61-125、244-254。

向外迁徙的移民群体,却很少在迁徙地建立起与本土完全一样的政治体,即便他们保留了相当一部分本土的生活习性。拉采尔在《民族志》中提到的"国际贸易城镇"新加坡,就是显著例子(《基本定律》,页157)。自1820年代以来,新加坡已经有华人移民。1850年代的"太平天国"运动带来的大动乱,驱使中国东南部的更多住民渡海去了新加坡。"1852年第一批中国妇女的到来",成为中国人"永远定居下来最明确的标志"。到印度管辖期结束时(1867),新加坡的华人已经"占到总人口的65%"。一个多世纪后(1965),新加坡被逐出马来西亚,成了一个微型城邦共和国,华裔人口占四分之三,但它仍然没有成为"一个文化上的'华人'国家"。①

华夏民族最初形成于黄河北部及中部平原,然后与长江流域的部族融合。公元前第一个千年结束时,"中国的版图已经延伸至南部沿海,统治着从长江三角洲至西藏高原的一大片河谷"。华夏民族"几乎没有向北部和西部推进",倒是不断有一望无际的大草原养育的游牧民族向内陆迁徙,他们在成为中华民族成员的同时,仍然保留了自己的部分生活习性。"中国人走到东海和南中国海就停滞不前了",尽管东北亚和东南亚有诸多临近的岛屿地带,也没有引发中国人的迁徙兴趣,至多与之保持贸易关系。东北亚以及尤其东南亚的岛屿与中国大陆的地理关系被有的学者比作"东方的地中海",但无论从政治地理学还是政治史学上讲,这种比喻都不恰当。与地中海周边的陆地民族不同,中国人从未想过要控制"东方的地中海",直到"十三至十五世纪期间,[才]发动了几次跨越南中国海的海上远征",而"首次跨越海洋"的武力征服,实际上是十三世纪末期蒙古国第五任可汗忽必烈(1215—1294)"挥军远征日本和爪哇"——相反,

> 欧洲诸国始终非常重视控制地中海,与此同时保持其陆地利益的平衡。即使当罗马帝国衰亡,留下一个军事真空时,信奉伊斯兰教的阿拉伯人也很快就以跨越整个南地中海的扩张将此真空填补。如果我们把地中海看作中国的北部平原,那么,很明显,西方的贸易和战争不得不以世界的视角为基础,其权

---

① 哈·弗·皮尔逊,《新加坡通俗史》,福建师范大学外语系翻译小组译,厦门:福建人民出版社,1974,页67;康斯坦丝·玛丽·藤布尔,《新加坡史》,欧阳敏译,上海:东方出版中心,2013,页53;孔复礼,《华人在他乡:中华近现代海外移民史》,李明欢译,台北:商务印书馆,2019,页401-405;尼古拉斯·沃尔顿,《寻迹狮城:新加坡的历史与现实》,焦静姝译,北京:社会科学文献出版社,2020,页252-253。

力结构与中国大不相同。①

其实,"西方的贸易和战争不得不以世界的视角为基础",与其说是因为古希腊人和罗马人眼中的地中海,不如说是因为欧洲人自十六世纪以来穿越大西洋,以至于到十九世纪时,大西洋已经成了"西方世界的地中海"。直到今天,大西洋北部仍然是"欧洲和北美之间三分之二以上的国际海运和国际空运"通道。古希腊罗马时期的大西洋被称为 Mare atlanticum,它源于神话传说中的岛国亚特兰蒂斯(Atlantis,与提坦神族的 Atlas 相关),实际上仅指摩洛哥海岸面前的那片大海,而整个西边的大海则被看作环绕"所有已知大陆"的俄刻阿诺斯[大洋](Okeanos)。欧洲人在十六世纪穿越大西洋时,那片海洋还仅被称为"亚特兰蒂斯大洋"(Oceanus atlanticus),它不过是俄刻阿诺斯[大洋]的一部分。直到1893年,欧洲的地理学家才"正式达成一致",把俄刻阿诺斯[大洋]称为"大西洋"(Atlantic),并承认它并不是环绕"所有已知大陆"的海洋。②

盎格鲁-美利坚的史学家按照其类似本能的政治感觉认为,中国人从未想过要控制"东方的地中海"乃是因为,

> 中原王朝的注意力集中在饱受游牧民族侵扰的北部和西部边疆,根本无暇顾及东南沿海的外国人……对于远在帝都北京、忙着处理奏章的文官而言,大海十分遥远,是一道天然分界线、一座海水长城,只能用来阻止不受欢迎的陌生人上岸而已。③

可是,在十四世纪上半叶,就一直有中国商船长期"在南海一带来往穿梭"。中国

---

① 王赓武,《越洋寻求空间:中国的移民》,见王赓武,《华人与中国》,上海:上海人民出版社,2013,页 188-195,引文见页 192。比较黄基明,《王赓武谈世界史:欧亚大陆与三大文明》,刘怀昭译,香港:香港中文大学出版社,2018,页 69-73。

② 沃尔夫冈·赖因哈德,《征服世界:一部欧洲扩张的全球史(1415—2015)》,前揭,页 67;详参 Pietro Janni, "The Sea of the Greeks and Romans", in Serena Bianchetti/Michele R. Cataudella/Hans-Joachim Gehrke(eds.), *Brill's Companion to Ancient Geography: The Inhabited World in Greek and Roman Tradition*, Leiden: Brill, 2015, pp. 21-42; Daron Acemoglu/Simon Johnson/James Robinson, "The Rise of Europe: Atlantic Trade, Institutional Change and Economic Growth", in *The American Economic Review*, 95(3), 2005, pp. 546-579。

③ 约翰·佩里,《新加坡:不可思议的崛起》,黄丽玲、吕家铭译,北京:九州出版社,2021,页 31。

人向海外迁徙始于十五世纪,尽管与拉丁基督教地域的欧洲人向外迁徙几乎同时,但就规模、范围及政治方式——遑论政治史含义——而言,两者实不可同日而语。① 由此可以理解,何以拉采尔的论文主体(第二部分)会用十一章篇幅描述中国人自清代以来的向外迁徙,而描述向东南亚迁徙所用的篇幅最多(《迁徙》,页138 - 197),最后描述中国人向美洲的迁徙(《迁徙》,页229 - 251)。

二

从今天的中国海外移民研究所掌握的实证材料来看,拉采尔的描述不免显得粗浅,甚至已经过时。② 但对于他所采用的观察视角以及由此引出的一些人文地理学论断,就不能这么说了。拉采尔的基本观察是:中国人在历史上虽然有相当广泛的殖民,却从来没有采用有组织的军事手段去征服和统治跨越海洋的地理空间。中国人的殖民目标是单纯的积累财富,而不是获得政治影响力和扩张国家的土地空间。在拉采尔眼里,这种殖民在政治方面不会有所作为,只能成为"一个经济和民族学的实例"(《迁徙》,页252)。③

就此而言,中国人作为文明民族虽不能说是退缩型,但也谈不上是进取型,与日耳曼民族的扩张型更是判然有别。拉采尔据此反驳了欧洲殖民扩张带来的种族问题所引出的人文地理学结论:

> 如今应该放弃这样的观点,即天赋不同的人种之间的交往只可能是一场你死我活的无情斗争。中国的殖民地历史令人信服地反驳了这种肤浅和不健康的观点。(《迁徙》,页260)

拉采尔在美国考察的时间很短,不可能对当地的中国移民有多少了解。《中国人的迁徙》出版差不多二十年后,拉采尔在《美国政治地理学》中再次谈到中国移

---

① 帕特里克·曼宁,《世界历史上的移民》,前揭,页123 - 129;康斯坦丝·玛丽·藤布尔,《新加坡史》,前揭,页2 - 3。
② 比较陈里特编著,《中国海外移民史》(1945),太原:山西人民出版社,2014(影印本);朱国宏,《中国的海外移民:一项国际迁移的历史研究》,上海:复旦大学出版社,1994。
③ 比较孔复礼,《华人在他乡:中华近现代海外移民史》,前揭,页30 - 40;王赓武,《永乐年间(1402—1424)中国的海上世界》,见王赓武,《华人与中国》,前揭,页174 - 186。

民,仍然非常简扼,并延续了他当年的基本观点:

> 无论中国人集体出现在美国的哪个地方,他们从一开始就发挥了非常重要的作用。他们被赋予了经济有机体的功能,这些功能以极大的耐心和节俭为前提,但也保证了快速成功。在一种本能的、源于家乡习惯的自我认识中,他们更倾向于从事主要依靠勤奋和毅力的工作。(《美国政治地理学》,页295)

华夏大地孕育的基本德性品质是勤劳、节俭、有毅力,拉采尔的这一观察得到如今的历史社会学和政治史考察的印证。① 但他以一个人类地理学家的眼光所看到的某些方面,就未必是我们会注意到的了。比如,在拉采尔眼里,中国人属于自我封闭型的文明民族,"无法经由混血改善白人种族",在他看来,这是"一个不足":

> 中国人确信他们比白人优越。因此如果中国人大量移民,他们毫无疑问会将自己的文化强加于这个国家,而只要他们仍然是少数族裔,他们的自我封闭就一定会使他们成为更低劣的群体,这样一来,美国的中国人问题就简化为一个数字或群体问题。(《美国政治地理学》,页295)

反过来看,由于"中国人将自己与欧洲意义上的所有文明影响隔绝开来,只与自己的族人紧紧地团结在一起",以至于盎格鲁-美利坚人很容易把美国华人视为"一个结构严密、专制、阴谋作乱的群体",甚至"有形成一个单独社会和政治阶层的风险"(同上)。拉采尔的这类说法明显受当时美国新闻报道的影响,用今天一位美国历史社会学家的说法,这些报道往往把唐人街描述成"帮派横行,无法无天,风俗怪异,危机四伏,充满鸦片、赌博和妓馆的异族地盘"。间或有正面描述,也不过是"把唐人街看成贫困潦倒、饱受歧视的移民暂时栖身、躲避白人仇视的避风港"。②

---

① 李春辉、杨生茂主编,《美洲华侨华人史》,北京:东方出版社,1990,页115-147;潮龙起,《美国华人史》,济南:山东画报出版社,2010,页18-36;张纯如,《美国华人史:十九世纪至二十一世纪初》,陈荣彬译,台北:远足文化事业股份有限公司,2018,页35-145。比较张少书,《沉默的钢钉:铸就美国大铁路奇迹的中国劳工》,周旭译,北京:文化发展出版社,2021。

② 转引自周敏,《美国华人社会的变迁》,郭南审译,上海:上海三联书店,2006,页2,比较页118-125;潮龙起,《美国华人史》,前揭,页88-107;吕浦、张振鹍等编译,《"黄祸论"历史资料选辑》,前揭,页6-81;详见朱士嘉,《美国迫害华工史料》,上海:上海人民出版社,1958。

实际上,盎格鲁－美利坚人心里很清楚,中国是人类文明的发源地之一,因此中国人始终会忠于自己的文明传统,不可能变成真正的美国人:

> 白人既担心印第安原住民和非裔美国人可能会污染他们的民族,也害怕中国人有朝一日会征服这片土地。例如,塔科马的一位反华运动领导人公开表示了他的担忧:如果"孔子数百万勤劳肯干的儿女"被"赋予了和我们子民同等的机会",他们"有可能会在生存之战中完胜,占领美国太平洋沿岸"。①

拉采尔的描述尽管带有白人偏见,但他仍然注意到,华人在美国所遭受的种族歧视甚至迫害,让美国的自由民主承诺的虚伪暴露无遗:

> 两个世纪以来,北美的外部历史一直是种族斗争的历史,在这场斗争中,这片土地原本的主人印第安人被驱逐到西部,但新世界最具破坏性、最危险的内战是围绕这片土地上黑人奴隶的存在而爆发的。而在今天,华人问题终于颠覆了美国此前对待移民的普遍看法。我们正处于这种转变所产生的反作用的开端,相比于亚洲,它对欧洲的影响更大。当然,它不会停滞于此,当北美的民主在规范自己与其他种族的关系时,它不得不调和其政治理论与新的现实。在观念层面,美国民主会坚守人人平等的真理,而实际上它面临着相当程度的限制。(《美国政治地理学》,页178－179;比较《迁徙》,页231－235)

当然,拉采尔的观点最终没有摆脱生物－政治论的立场。在他看来,如果亚洲人作为低等人种从欧洲人种手里接过"粗贱的劳动",并成为其物质生活的基础,那么,这对作为高等种族的欧洲人来说其实是"一种祸害"。一个生活信念不同却又精力充沛的外来人种进入另一种族的机体,必然会破坏后者的"同一性和内在的有机联系",而一旦其"机体的低级职能被转交给一个外族",它的衰落也就"必不可免"。② 由此来看,拉采尔批评美国的排华行径,究竟是出于"人道"立场还是生物－政治论的考虑,殊难断定。

中国人移民美洲始于鸦片战争之后。据说,"当扼守海防的中国人看到冒着滚滚黑烟的英国炮舰'复仇女神'号(Nemesis)竟然能够迎风破浪前行时",他们"被惊

---

① 贝丝·廖－威廉姆斯,《无处落脚:暴力、排斥和在美异族的形成》,张畅译,北京:社会科学文献出版社,2022,页6。

② 参见海因茨·哥尔维策尔,《黄祸论》,前揭,页214－215。

呆了"。于是，蒸汽轮船的出现开启了"中国民众大量出洋的历史"。① 此言出自著名的美国汉学家，他竟然用如此花里胡哨且不符合史实的言辞描述中国人移民美洲的起因，既令人惊讶也让人不齿。中国人移民欧洲人的美洲殖民地的实际起因是：十九世纪初，英国以及美国兴起废除贩卖黑奴运动，于是出现了用中国劳力解决黑奴短缺问题的呼声。德意志的自由主义共和革命家特奥多·珀舍在流亡美国后发表的《新罗马》一书中，一方面呼吁废除黑奴制，另一方面则呼吁大量引进华人劳工，他将此视为"和平进化地取消黑奴制"的"人道"方式。英国停止向澳大利亚流放罪犯后，当地的殖民地主和企业主"便想到了雇用黄种工人"。1847年，英国"首次向英属西印度和古巴运送中国苦力"；1854年，秘鲁废除奴隶制，次年就有"好几千名中国强制（合同）工"被骗到这个国家，他们长时期受到与黑人奴隶"一样的恶劣待遇"。当时的葡属澳门、英属香港以及厦门，长期"是[欧洲殖民者]同南美和中美进行贩卖黄种劳动力的茂盛交易的中心"。②

美国从墨西哥夺取大片土地（1848）后，盎格鲁－美利坚殖民者在西部荒原发现金矿，需要大量劳工开采，于是，成千上万中国劳工被忽悠越洋前往美国西岸。这些"狂热地涌向美国西海岸金矿"的劳工很难说是"移民"，至少他们自己"肯定不会"这样认为，"因为他们中的大多数人只是想去碰碰运气，最终还是要回中国"。③ 然而，随着前往太平洋东岸的华人越来越多，种族歧视的"排华"接踵而至。美国国会的1882年《限制中国人法案》和1888年的《斯科特法案》（《排华法案》）刻下了无法抹去的历史标记：1870年代，在美华人已达到12万，到1890年代锐减到不足1.5万。④ 拉采尔撰写《美国政治地理学》期间（1892—1893），"加利福尼亚的报纸激动地报道美国南方黑人被绞死、肢解、阉割或私刑处死的人数"，并用上了"种族战争迫在眉睫"之类的大标题，以"鼓动对华人的野蛮袭击"——实际上，与屠杀印第安人一样的屠杀华人事件早就发生过了。⑤

---

① 孔复礼，《华人在他乡：中华近现代海外移民史》，前揭，页187。
② 海因茨·哥尔维策尔，《黄祸论》，前揭，页22–24。
③ 王赓武，《移民与兴起的中国》，新加坡：八方文化出版公司，2005，页7。
④ 周敏，《美国华人社会的变迁》，前揭，页5–6；海因茨·哥尔维策尔，《黄祸论》，前揭，页24–25。
⑤ 琼·菲尔泽，《驱逐：被遗忘的美国排华战争》，何道宽译，广州：花城出版社，2016，页356；比较贝丝·廖－威廉姆斯，《无处落脚：暴力、排斥和在美异族的形成》，前揭，页103–155。

拉采尔没有无视这类事件，他明确指出《排华法案》与美国立国所依凭的自由平等理念相抵牾：

> 人人平等以及全部"人权"已成幻影。国家利己主义战胜了曾经被珍视的人类权利。移民不再被视为一个人类个体，而只是依据［实用］价值被评估。（《美国政治地理学》，页298）

这样的谴责言辞足以证明，拉采尔是赫尔德式的人道主义者。令人费解的是，当面对实际的人类学事实时，他仍然相信赫尔德的理想——赫尔德的世界历史哲学带有的内在矛盾，拉采尔照单全收。

三

拉采尔对中国的人文地理学观察，并不仅仅见于他的授课资格论文。《民族志》导言具有普遍历史性质，其中所表达的观点超出了"移民"视角，更值得我们关注。无论赫尔德如何强调民族文化的个体性和多样性，他毕竟是启蒙时代的普遍进步主义者。由此不难理解，在《民族志》的导言中，追随赫尔德的拉采尔在按照启蒙哲学式的普遍历史观把民族划分为"自然民族"与"文明民族"之后，又提出了"半文明民族"（Halbkulturvölker）的概念——欧洲文明的先进是这一区分的标准：

> 当我们谈到更高和更低，半文明、文明和"自然"民族的阶段时，是在把我们［欧洲人］自己所达到的文明高度（Kulturhöhe）作为尺度用于地球上的各种文明。文明意味着我们的文明。我们所设想的该术语的最丰富和最崇高的表现，存在于我们自己中间，并且它必须显示出对理解事物本身的最高重要性，以将这朵花的盛开追溯到其萌芽。（《基本定律》，页51）

提出"半文明民族"概念，为的是解释那些先于欧洲文明成熟但又被其超越的文明民族，因此不难设想，东亚的儒教文明圈成了拉采尔的"半文明民族"的首要史例：

> 两百年前，欧洲和北美尚未因使用蒸汽、铁和电力而大步迈进，中国和日本通过他们在农业、制造业和贸易方面的成就乃至他们的运河和道路——虽然现在已经走向破败——让欧洲旅行者大为震惊。但在过去的两百年里，欧洲人及

其在美洲和澳大利亚的后裔不仅快步赶上,还远拔头筹。在这里,呈现在中国文明身上的谜题可以从其达到的高度和其静止状态的角度,或说从所有"半文明"的角度来解开。除了自由的精神创造嗜好(die Lust des freien geistigen Schaffens)之外,是什么让西方到目前为止还远远超过东方?(《基本定律》,页52)

"半文明"的"静止状态"(Stillstand)是相较于"使用蒸汽、铁和电力"而言的,换言之,"进步"的含义首先指工业化、技术化——乃至今天的高科技化。然而,欧洲文明能取得巨大的科学技术成就,在拉采尔看来得益于一种独特的静观思维,他同意伏尔泰的说法:

> 大自然赐予中国人的感官让他们善于发现一切对他们有用的事物,而不是让他们走得更远。他们更擅长实际生活的技艺;我们承蒙中国人照拂,因为他们没人能更深入地透视现象间的联系和原因,因为他们没有一种专门的理论。(《基本定律》,页52)

伏尔泰有底气这样认为,显然是因为笛卡尔和牛顿而非培根。无论如何,凭靠理论科学而非实用技艺,欧洲文明才超过了中国文明。拉采尔由此得出结论:"整体来说,东方人并不会自觉地重视科学","尽管他们也尊重知识,但在本质上却疏于科学研究"——

> 我们在中国传统中发现:君主在发明或规范历法、音乐和度量衡系统的同时,他的妻子也发明了养蚕和织丝的技术,而他的大臣们则通过发布和执行发明文字书写技术的命令而获得了巨大成功……(《基本定律》,109)

尽管如此,鉴于"科学与国家政治的联系如此紧密",以至于"科学,或者更确切地说,知识和技能不过是一种纯粹实用性的测算工具"。因此,中国文明"整个民族的生命还处在较低的开化阶段",最终得归咎于政治机体的僵化(《基本定律》,页53、109)。

拉采尔的这类观点在今天看来很容易引发争议,何况他对古代中国的了解相当肤浅。[①] 然而,直到二十世纪末,欧洲人仍凭靠工业化、技术化乃至高科技化实实

---

① 比较 G. E. R. 劳埃德,《古代世界的现代思考:透视希腊、中国的科学与文化》,钮卫星译,上海:上海科技教育出版社,2009/2015,页28-44;浅野裕一,《古代中国的宇宙论:中国人生活世界中的物质精神》,吴昊阳译,南京:江苏人民出版社,2020,129-144。比较陈侃理,《儒学、数术与政治:灾异的政治文化史》,北京:北京大学出版社,2015。

在在地远超中国文明,以至于无论今天的中国学人找出多少形而上学或文化学理由为中国古代科学观的"玄思"辩解,都无济于事。就连汉帝国时期的张衡(78—138)这样的伟大科学家,也"常思图身之事,以为凶吉倚伏,幽微难明,乃作《思玄赋》,以宣寄情志",很容易被拉采尔用作例证,即便今天的我们仍然有理由将张衡视为"伟大的科学家"。①

拉采尔甚至认为,农耕民族的生活方式有"天生的弱点"。由于"对定居和安定生活的渴望削弱了勇气和进取心",农耕民族往往"对武器不熟悉"——相反,"狩猎民族和游牧民族中政治力量的最高表现,在很多方面都是农耕民族的天然反面",尤其是他们的"群体机动性以及有力的纪律性"。缺乏稳定的居住地固然阻碍了游牧民族的政治成长,却使得他们在"力量和勇气的运用以及使用武器的技能"方面,大为胜过农耕民族,并往往征服后者——"波斯人被土耳其斯坦的君主征服,埃及人先后由希克索斯或牧人国王、阿拉伯人和土耳其人统治",同样是显而易见的史例(《基本定律》,页55–56,比较页137)。②

这让我们想起麦金德的类似说法:适宜于农耕民族定居的欧亚大陆边缘地带,或先或后都遭受过"来自草原的机动力量的扩张势力"入侵。不同的是,麦金德仅仅从陆地与海洋二元对立的政治地理学视角看待这一历史现象,并认为边缘地带的政治体凭靠"海洋的机动性",才最终驯服了"大陆中心地带的马和骆驼的机动性"——他没有提到"使用蒸汽、铁和电力"之类的科技力量,遑论基于静观思维的理论科学。不过,麦金德也提到,现代草原民族同样可以通过修建铁路来平衡"海洋的机动性"。③ 这无异于承认,科学技术的力量可以让任何受自然地理条件限制的民族获得优势地位。

相比之下,拉采尔的生物-政治地理学目光明显要比麦金德的实用性政治地理学目光更为深邃。在他看来,文明的最初发展与土壤的耕种虽然有着密切联系,但随着文明的发展,这种联系又并非"必然"。毋宁说,农耕民族的政治成长应该让"其文明将自己从土壤中解放出来",使之"为自己创造新的构造,这些构造可以用

---

① 张衡,《张衡诗文集校注》,张震泽校注,上海:上海古籍出版社,2009,页195–241;比较王渭清,《张衡诗文研究》,北京:中国社会科学出版社,2010,页20–21、31–33、92–94;雷立柏,《张衡,科学与宗教》,北京:社会科学文献出版社,2000,页89–123。

② 比较狄宇宙,《古代中国与其强邻:东亚历史上游牧力量的兴起》,贺严、高书文译,北京:中国社会科学出版社,2010。

③ 哈尔福克·麦金德,《历史的地理枢纽》,前揭,页7、9。

于其他目的,而不是帮文明生根"(《基本定律》,页55)。言下之意,欧洲民族的政治成长正是沿着这条"文明道路"才超越了"半文明民族"。①

这不就是二十世纪的某些欧洲哲人尖锐批判过的"拔根"文明吗?恰恰是在第二次世界大战期间,交战国双方的哲人都提出过,"为了了解我们的主要疾病",必须研究另一种"拔根"——"地理上的拔根"是否值得赞美。"大地承受筑造,滋养果实,蕴藏着水流和岩石,庇护着植物和动物",现代科学的技术构造让人"离开大地而向宇宙进军"之后,"还有那种天地之间的人的安居吗?思索的精神仍笼罩着大地吗?"②尽管如此,精神哲学与生物-政治人类学之间不可能展开对话,而且双方最终都没法反驳对方。政治史学家至多能说,这种对立让人们更容易看到启蒙哲学及其史学的根底所在。

四

基于"半文明民族"的定位,拉采尔相信,中国文明的未来将取决于这个古老的文明民族"是否以及在多大程度上将在欧洲和北美竞相向他们指出的文明道路上取得进展",即便在通过自我更新让自身的机体恢复强健时,"对进步的需求"可能会促使"半文明"政治体"逐渐通过来自欧洲和北美的移民来修正人口主体"(《基本定律》,页53)。与其说拉采尔是在为欧洲人的殖民扩张提供正当性辩护,不如说他真诚地相信,欧洲的殖民扩张等于人道主义的进步,因为在他眼里,古老的文明中国在十九世纪遭遇的是先进文明对半文明区域的殖民。直到今天,甚至不少中国知识人——遑论欧洲学人——仍然相信,十八世纪的启蒙哲学所憧憬的世界历史进步所言不虚。虽然人类自古就有贸易活动,但是,由工业技术带动的商业化贸易截然不同,它"隐含着为全球人类提供连接纽带的意义":

它是文明的最终方式,使某种世界大同主义在未来成为可能。它是"同

---

① 比较弗洛里斯·科恩,《世界的重新创造:近代科学是如何产生的》,张卜天译,长沙:湖南科学技术出版社,2012,页6-39、107-144。
② 西蒙娜·薇依,《扎根:人类责任宣言绪论》,徐卫翔译,北京:生活·读书·新知三联书店,2003,页80;马丁·海德格尔,《存在的天命:海德格尔技术哲学文选》,孙周兴编译,杭州:中国美术学院出版社,2018,页83、180-181。

情"在现实中的表现形式,代替了内在感觉、思想和判断,成为定义人类的所有特性中的一个。①

今天的我们无法否认,即便"欧风美雨"带来的"冲击和抗击存在于同一个时间和空间之中",它也已经在"不知不觉中改造了人们的日行起居"。这使得二十世纪的中国知识界所坚守的"文明"含义难免具有"特有的模糊性",以至于屡屡引发争议。没有争议的是,"'以夷变夏'这个古老而又刺激过许多人神经的命题,似乎已经在国人的灵魂和情感中越来越淡化了",因为——

> 欧风美雨包含着凶暴的腥风血雨,也包含着润物无声的和风细雨。与前者相比,后者没有留下那么多的伤痛和敌意,但风吹雨打之下,却浸泡了千家万户。②

这无异于承认,"欧风美雨"即便没有修正我们的人口主体,也修正了这一主体的文明意识。基于这一人类学事实,我们的华侨史学家愿意设想:假如欧洲现代文明的观念是"和平地引入"的,那么,中国的知识精英们对"软性帝国力量"即大西洋革命理念的热情,很可能会让他们想起中国人"对'天下'概念的古老信仰"。然而,"当民族主义者宣称中国是一个民族国家时,一切又都变得比预期的要复杂得多"。③

困难在于中国古人的"天下"观与源于大西洋革命的自由民主普世观念的关系,即便是了解中西方历史的知识精英也很难明辨其中的是非曲直。毕竟,如今我们的所谓"精英意识",几乎无不是指现代中国知识人通过留学欧美而获得的政治意识。1978年6月,改革开放的设计师即发出指示,要大量外派留学生,"主要搞自然科学……要成千成万地派,不是只派十个八个……"。考虑到派遣在校一年级本科生费用高,且国外的本科质量未必比国内好,国家很快又调整政策(1979年8

---

① 安东尼·帕戈登,《启蒙运动:为什么依然重要》,王丽慧、郑念、杨蕴真译,上海:上海交通大学出版社,2017,页296。
② 陈旭麓,《近代中国社会的新陈代谢》,北京:生活·读书·新知三联书店,2017,页200,比较页205。
③ 比较王赓武,《更新中国:国家与新全球史》,黄涛译,杭州:浙江人民出版社,2016,页85-107、125-127;王赓武,《中国再连接:中华文明与天下新秩序》,青元译,北京:华龄出版社,2021,页4-5、39-44、65-67。

月),以选派进修人员和研究生为主,同时逐步开放自费留学。1984年底,国务院发布《关于自费出国留学的暂行规定》,自费留学潮随之而来。①

拉采尔前往美国考察时(1870年代初),还不可能见到来自中国的留美学生。1872年,曾国藩和李鸿章等清廷重臣联名上奏"选派幼童赴美办理章程",帝国政府才着手选拔120名12岁至15岁的少年,分四批出洋留学。不过,差不多三十年前的1846年冬天,澳门马礼逊学堂的美籍校长布朗博士因病回国,已携广东青年容闳等三人前往美国留学。容闳(1828—1912)当时18岁,按如今的学龄差不多正好高中毕业。在耶鲁大学毕业后,容闳旋即回国,立志"以西方之学术,灌输于中国,使中国日趋文明富强之境"。正是他在1870年向曾国藩建言选拔少年赴美留学,这才有了清政府在1872年的历史性举措。当然,这一举措后来还是夭折了,120名幼童多数未能完成学业便被带回中国,尽管从极少数完成学业者中仍然产生出优秀人物——比如曾任中华帝国驻美公使的梁诚(1864—1917)。胡适(1891—1962)把美国政府退还超额庚款的第一大功臣说成是西奥多·罗斯福,而实际上应是1903—1907年间的中国驻美公使梁诚。②

史称容闳为中国出洋留学的第一人,这种说法几成定论,却可能是错的。差不多一百年前(1751年7月),73岁的法国耶稣会传教士卜日生(Jean Baborier,1678—1752)因年事已高回国,他带了三位中国青年前往法国读书。其中一位(郑类斯)已经是青年,他"在法国逗留了五六年后"即回国传教。另两位(高类思和杨德望)年少得多,在耶稣会学校循阶修读近九年,完成学业时(1761)适值七年战争期间,因海上交通受阻,不得不继续待在法国。

战争结束后(1764年1月),两位中国学生已经被祝圣为司铎,他们向主管远东航务的国务大臣贝尔旦(Henri Bertin,1722—1792)申请搭船回国。贝尔旦随即请示国王路易十五(1710—1774),未料殿下"希望来自中华帝国的两位臣民"在法国再待一段时间,"如实了解法国的各种制造工艺",以便回国后比较中国的同类工艺,并将结果告诉法国人,好让两国相互取长补短。国王还表示将为两位留学生提供必要的资助,王后跟着就在凡尔赛宫亲切接见了他们。随后,两位中国留学生

---

① 苗丹国,《出国留学六十年》,北京:中央文献出版社,2010,页166、285、287;章开沅、余子侠主编,《中国人留学史》,北京:社会科学文献出版社,2013,页624-625。

② 容闳,《西学东渐记》,北京:人民出版社,1981,页23;比较吴霓,《中国人留学史话》,北京:商务印书馆,1997,页14-17;叶维丽,《为中国寻找现代之路:中国留学生在美国(1900—1927)》,周子平译,北京:北京大学出版社,2012,页12。

"首先学习制图,接着学习有关电的知识",还在贝尔旦安排下前往当时法国最大的工业城市里昂,"参观运河、兵工厂、造纸厂等工业设施",从教士变成了工程学士。①

两位中国留学生启程回国前(1765年初),杜尔哥正在地方省份搞经济改革,他得知消息后向贝尔旦表示,希望通过中国学生了解中国文明。杜尔哥拟出52个问题,涉及财富管理、自然资源以及历史等方面,让中国留学生带着这些问题回国调研。为了让他们理解"这些问题的目的和意义",杜尔哥还写了一篇文章,介绍他正在推行的新经济政策。这篇文章后来在《公民日志》上分期连载(1769—1770),连杜尔哥自己都没有想到,它竟然会被后世学人视为现代货币经济学的开山之作,而他本人也因此成了"亚当·斯密的开路人"。然而在我国,这篇短文直到改革开放初期才起到开路人作用,让今天的我们不免唏嘘再三。②

两位中国留学生在1766年返回中国,以后便杳无音信,杜尔哥没有得到他希望看到的问卷调查答案。两个半世纪后的今天,欧美的历史社会学家们替中国留学生提交了答卷。③ 不过,杜尔哥设计这样的问卷多少有些让人费解,因为他在十多年前(1750)已经写下《普遍历史两论提纲》,提出世界历史有如一条"进步之线"。在这条线上,中国、印度、埃及文明虽然成熟得早,却长期停滞,因为"一个太快获得了稳定的民族,也会由于同样的原因抑制其科学的进步":

> 中国人很早就固定下来了,他们就像一些树,树茎被人割下,于是树枝向地面生长。中国人从来没有摆脱中庸(mediocrity)。中国人如此尊崇那些几乎只是打了个草图的诸学科,他们小心保守迈出最初步伐的祖先成法,觉得除了祖先留下的东西,他们已无可增益,他们要做的就是好好保守这种绚烂的知识

---

① 许明龙,《欧洲十八世纪中国热》,北京:外语教学与研究出版社,2007,页25–28。
② 杜尔哥,《关于财富的形成和分配的考察》,唐日松译,北京:商务印书馆,1983/北京:华夏出版社,2007/2013,页103;比较"中译本导读",页5–6;朱彤书、徐谨,《杜尔哥的经济学说》,北京:经济科学出版社,1985,页8–15。详见 Anthony Brewer, "Turgot: Founder of Classical Economics", in *Economica*, 54(216), 1987, pp. 417–428; Peter D. Groenewegen, *Eighteenth-Century Economics: Turgot, Beccaria and Smith and their Contemporaries*, London: Routledge, 2002。
③ 王国斌,《转变的中国:历史变迁与欧洲经验的局限》(2009),李伯重、连玲玲译,南京:江苏人民出版社,2014;王国斌、罗森塔尔,《大分流之外:中国和欧洲经济变迁的政治》,周琳译,南京:江苏人民出版社,2021。

而不致丢失。①

若要追究这一现象的原因的话,杜尔哥认为,那就得归咎于帝国的专制将科学知识整合到政治体制之中,限制了科学的自主发展——他紧接着就写道:

> 假如希腊跟埃及一样组成一个单一政体,那么也许就会出来一个吕库戈斯(Lycurgus)那样的人,宣称要以行政手段管制科学研究。早期[希腊]哲人们天然具有的宗派精神也许就会变成民族精神。然后,倘若毕达哥拉斯的门徒做了立法者,那么希腊科学也许就会永远被囚禁在这位哲人的教义知识的牢笼里,这些教义将一跃而成为宗教信条,而毕达哥拉斯也许就成了像中国孔子那样受人敬仰的万世师表。
>
> 幸运的是,希腊当时的情况并不是这样,它分为似乎无限多数目的小型共和国,为天才所从事的事业提供了一切所需的自由、一切有利的竞争环境。人的眼界相比于自然永远都极其狭小,由自然为人指路永远比由不完善的法律为人指路要好得多。如果说科学已在意大利并最终在欧洲其余地区取得了极大进步,那无疑是因为十四世纪的意大利所处环境与古希腊非常相似。(同上,页91)

回想拉采尔的《民族志》导言,不难发现它与杜尔哥的观察及其普遍历史的进步论框架一脉相承——后者已经用植物生长来比喻民族政治体的生长或更替:

> 只是借着动荡和入侵,诸民族才向四面扩散,秩序和治理机构才终究变得完善。这就像在美洲的森林里,与世界同样古老的橡树世代更替,随着时光的推移,老树倒下,新树长起;在空气和雨水的作用下,一代代橡树结出丰硕的果实,果实的汁液滴落下来,肥沃了土壤;残留的树桩为赐它们生命的土地提供了新的繁衍机会,它们使新苗抽出,生得更加强壮结实。尘世间也是如此,新政府代替旧政府,新帝国在旧帝国的废墟上建立,而旧帝国分散的余民又重新聚合。(同上,页47-48)②

赫尔德的《人类历史的哲学观念》同样如此,只不过拉采尔替赫尔德——更不

---

① 杜尔哥,《普遍历史两论提纲》,刘小枫编,《从普遍历史到历史主义》,谭立铸、王师等译,北京:华夏出版社,2017,页90。

② 比较杜尔哥,《政治地理学》,刘小枫编,《从普遍历史到历史主义》,前揭,页102。

用说杜尔哥——填充了更多人类学和史学材料而已,哪怕他未必读过杜尔哥的原作。按照杜尔哥的解释,欧洲文明后来赶超东方的原因,"除了自由的精神创造嗜好",还有欧洲碎片化的政治状态——意大利的诸多共和国是科学在意大利乃至欧洲其余地区"取得极大进步"的原因。

十八至十九世纪的历史表明,杜尔哥的说法站不住脚,而实际情形恰好相反。至于现代科学技术为什么会出现在欧洲而且得到长足的发展,这个问题直到今天仍然难有定论,即便已经有了海量的史学研究成果。[①] 无论答案是什么,都不会改变一个历史事实:就科学技术和商业化文明的形成和发展而言,中国文明的确落后于欧洲文明。1860 年 9 月,英法联军逼近北京,皇室仓惶出逃,帝国高层才切实意识到这一点。仅仅几个月后,留在京城与英法联军谈判的恭亲王奕訢会同两位大臣联名上奏《通筹夷务全局酌拟章程六条》(1861 年元月),建言引进西方科学技术、兴办西式军事工业和民用企业,史称"洋务运动"(1861—1894)之始。

半年多后(1861 年 8 月),咸丰皇帝驾崩,慈禧太后与奕訢联手发动宫廷政变(史称"辛酉政变")获得政权。假如这场政变之后是奕訢而非慈禧掌握国政,"洋务运动"说不定不会夭折。然而,历史没有"假如",中国要走上拉采尔所说的"文明道路",首先得让自身的政治机体重新"年轻化"(Verjüngung),这难免需要经历一场危机四伏的百年磨难。从今天的视角来看,几乎没有人预见到,"正是中国所经历的种种磨难,使中国人获得了一种自 2000 多年前中国首次统一以来所仅见的、崭新的精神和活力"。[②]

五

撰写《中国人的迁徙》之后,拉采尔再也没有就中国撰写过哪怕一篇文章。[③]

[①] 比较科林·罗南,《剑桥插图世界科学史》,周家斌、王耀杨等译,济南:山东画报出版社,2009;恩斯特·费舍尔,《科学简史:从亚里士多德到费曼》,陈恒安译,杭州:浙江人民出版社,2018。

[②] 王赓武,《移民与兴起的中国》,前揭,页 302;比较徐中约,《中国近代史:1600—2000,中国的奋斗》,计秋枫、朱庆葆译,北京:世界图书出版公司,2008。

[③] 李希霍芬的《中国:基于亲身旅行的[地理学]研究》出版五年之后,拉采尔发表过一篇见解平平的书评。参见 Friedrich Ratzel, "Ferdinand v. Richthofens China", in *Das Ausland. Wochenschrift für Lander – und Volkerkunde*, 56(1883), pp. 392 – 395, 481 – 484, 585 – 591。

相反,他一直在关注美国的政治成长。拉采尔没有意识到,自己错过了一个在今天看来引人注目的政治地理学话题:新生的美国与更新后的古老中国的相遇,将是未来世界的历史大戏。他仅仅提到,中国人富有勤劳、守纪律、有毅力、节俭和善于经营等优良品质,而对于欧洲人来说,这样一个伟大的文明民族始终是极具竞争力的民族——在谈到中国人自十六世纪以来向美洲的迁徙时,他说:

> 若不是在迁徙途中遭遇到欧美人这个人种(该人种唯一的能力似乎就在于,不仅像其他民族那样可以和中国人进行武力较量,也可以与他们进行和平较量),他们未来十拿九稳会在太平洋辽阔的海岸和岛礁地带殖民,甚至直抵美利坚。(《迁徙》,页262)①

言下之意,欧洲人的殖民扩张成功阻止了中国人的海外移民。拉采尔没有提到,中国人作为一个文明民族天生秉性善良温和,而欧洲人尤其盎格鲁-美利坚人的文明禀赋很可能带有维京(Viking)海盗的肆心且狠心的生物秉性,不可能与任何其他民族"和平较量"。② 十至十一世纪间,北欧斯堪的纳维亚的最后一支日耳曼蛮族诺曼人——俗称维京海盗——突入西欧,史称世界历史上的枢纽事件之一。这支日耳曼蛮族具有"天生的凶狠劲头以及对战争本身的热爱","渴望把所有的人们踩在脚下进行统治"。他们"从北海到北非海岸建立了一系列王国",尤其是"建立了盎格鲁-诺曼帝国,取代了过去拼凑起来的法国封地,领土从苏格兰延伸至比利牛斯山",不仅"将欧洲大部分地区由多国相争变为文化统一、政治力量强大的地区",还彻底更新了西欧拉丁化日耳曼蛮族的政治素质,"率先开始创造现代世界",对随后的世界历史产生了极为深远的影响。③

从1081年至1185年的百余年间,诺曼人四次入侵希腊半岛并深入内陆,甚至洗劫科林多城(1146),其结果是更改了地中海的地缘政治格局。西西里岛成了日耳曼封

---

① 详见 Nicola Bassoni, "Über das 'Eintreten neuer Völker in die alten Culturkreise'. Ratzels Habilitationsschrift über die 'chinesische Auswanderung'", in Ulrike Jureit/Patricia Chiantera-Stutte(eds.), *Denken im Raum*, 前揭,页76。

② 比较保罗·夏亚松,《最早发现北美洲的中国移民》,暴永宁译,北京:生活·读书·新知三联书店,2009/2018,页238-240。

③ 拉尔斯·布朗沃思,《诺曼风云:从蛮族到王族的三个世纪》,胡毓堃译,北京:中信出版集团,2016,页xxiv-xxix;莉奥妮·希克斯,《诺曼人简史:从维京入侵、诺曼底殖民、安条克与西西里征战到威廉征服的200年》,陈友勋译,北京:化学工业出版社,2018,页236。

建政体的战略前沿,希腊半岛则成了西欧多股封建势力、东罗马帝国势力和西进的突厥势力长期撕扯的破碎地带,国际性战争连绵不断。① 从政治史学的角度看,要说维京海盗的"秉性"是欧洲文明的渊源之一,这听起来虽然不可思议,却符合史实。

> 对于从十一世纪到十三世纪这段时期来说,诺曼征服所起的功能与后来民族国家时期的革命类似;对既得利益的清除为政府结构的理性重建扫清了道路。金融管理和军事管理的改善极大地增强了政治上的打击力量。②

不仅如此,威廉一世的诺曼征服(1066)对英格兰的占取,甚至给后来的盎格鲁-美利坚的自由主义哲学和法理学原理打下了深深的烙印:

> 洛克通常以现代理性主义者名世,实际也深受中世纪封建土地法传统的影响,1066年占取法权建立之后,这一传统仍得以传承。就哲学上的基本含义而言,康德法理学的出发点乃是:一切财产权和法权秩序都是由土地决定的,都源于整个大地之土地最初的获取。③

既然盎格鲁-撒克逊王国的成长经历过诺曼人的洗礼,"随着诺曼人的到来,英格兰的贵族阶级、观念和建筑"乃至"王国的律法、语言、习俗和制度都被改变了",以至于整个政治体"被扭曲成了新的形状",那么,也就很难说诺曼人的基因没有随着盎格鲁-撒克逊殖民北美而进入盎格鲁-美利坚这个生物机体。何况,拉丁欧洲人"向大西洋的勇敢挺进",实际上始于"勇敢的维京人驾着他们那快速而灵活的船只"向西进一步冒险。毕竟,"维京人大约在公元1000年时,已经从格陵兰出发在北美洲登陆,而哥伦布发现的美洲原住民也一定是从某个地方来到美洲的"。④ 在

---

① 莉奥妮·希克斯,《诺曼人简史:从维京入侵、诺曼底殖民、安条克与西西里征战到威廉征服的200年》,前揭,页95-114;约翰·朱利叶斯·诺威奇,《地中海史》,殷亚平等译,上海:东方出版中心,2011,页111-123。详见约翰·朱利叶斯·诺威奇,《西西里的诺曼王朝》(I—II),李强译,北京:中国友谊出版公司,2021。

② 沃格林,《政治观念史稿(卷二):中世纪(至阿奎那)》,叶颖译,上海:华东师范大学出版社,2019,页173。

③ 卡尔·施米特,《大地的法:欧洲公法的国际法中的大地法》,前揭,页12-13。

④ 马克·莫里斯,《诺曼征服:黑斯廷斯战役与英格兰诺曼王朝的崛起》,韩晓秋译,西安:西安出版社,2020,页475;沃尔夫冈·赖因哈德,《征服世界:一部欧洲扩张的全球史(1415—2015)》,前揭,页71-79;卡尔·施米特,《陆地与海洋:世界史的考察》,林国基译,上海:上海三联书店,2018,页43。

拉丁欧洲人随后争夺大西洋贸易的内斗中,仍然可以看到维京人的身影:

> 正是一位名叫让·弗勒里的法国维京人于1522年率先对世界强国西班牙给予沉重一击,夺走两艘装满财宝的船只,它们是科特兹从美洲运往西班牙的。(《陆地与海洋》,页24)

从北海南下入侵不列颠群岛和法兰克王国的维京人史称"西维京人",另有一支维京人"向东方"出击,其历史意义即便不能说"更为重大",至少也得说同样重大。这支维京人"在波罗的海向东航行进入芬兰地区,再向东南沿河道航行,进入可萨汗国西部的斯拉夫人之地"。大约862年前后,他们在今俄罗斯西北部沃尔霍夫河(Volkhov)流域的森林地带诺夫哥罗德(Nowgorod)建立起罗斯(Rus)汗国,二十年后攻占基辅。这支维京人与当地的斯拉夫人融合成"维京－斯拉夫人"(亦称"东维京人")后,把罗斯汗国打造成了基辅公国(Fürstentum Kiew)。维京－斯拉夫人继续沿伏尔加河向里海及其对岸的伊斯兰地区扩张,试图"将罗斯汗国发展成一个北起波罗的海、南临黑海的帝国",但遭遇到控制着高加索地区的突厥部族可萨人的顽强抵抗,后者早就在伏尔加河下游流域建立起自己的联合部落汗国。维京－斯拉夫人与可萨人争夺生存空间的厮杀不可避免:可萨汗国受到毁灭性打击(965至968年间),但维京－斯拉夫人也精疲力竭,不得不退回基辅。尽管如此,"可萨人的领土日渐萎缩,为周边强邻鲸吞蚕食",而维京－斯拉夫人则在数百年后崛起,直到二十世纪与盎格鲁－美利坚人分庭抗礼。[①]

这样看来,东西维京人之间的相遇和对抗由来已久,且迄今没有结束。至少,如今的北欧知识人对维京人的历史感情仍然"很复杂,既着迷又抵触"。他们虽然"同情并缅怀那些无助的受害者,对冷酷的屠杀感到反感",但"依然情不自禁地仰

[①] 白桂思,《丝绸之路上的帝国:青铜时代至今的中央欧亚史》,付马译,北京:中信出版社,2020,页166-167;詹姆斯·费尔格里夫,《地理与世界霸权》,胡坚译,杭州:浙江人民出版社,2016,页177-178;杰弗里·霍斯金,《俄罗斯史(第1卷)》,李国庆、宫齐等译,广州:南方日报出版社,2013,页28-33;瓦·奥·克柳切夫斯基,《俄国史(第一卷)》,张蓉初、浦允南译,北京:商务印书馆,2013,页120-121。苏联时期的史学家否认"诺曼人在形成罗斯国家方面""起过多么重要的作用",因为"罗斯"之名"绝不是源于斯堪的纳维亚语",而是基辅附近的一个村落。见瓦·奥·克柳切夫斯基,《俄国史(第一卷)》,同上,页318。

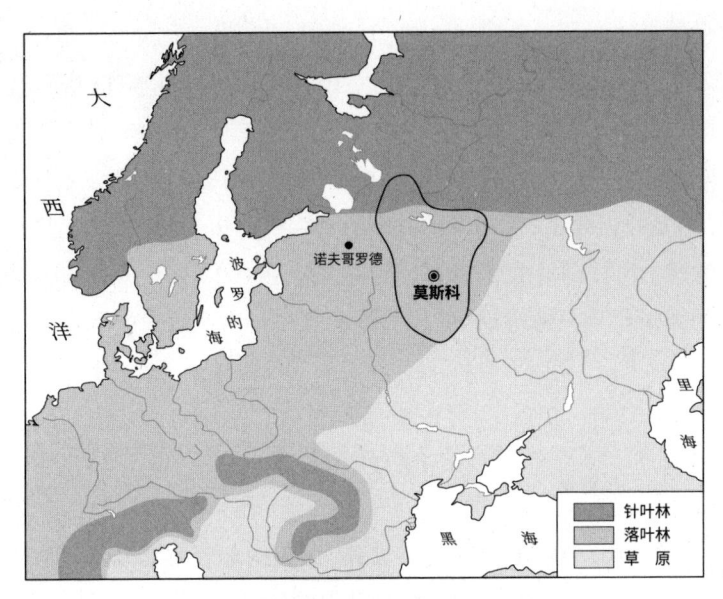

十四世纪莫斯科公国的位置和范围
据费尔格里夫《地理与世界霸权》页 178 绘制

慕着维京人的力量、勇气与男子气概"——更不用说,他们是人类的海上贸易的真正开拓者。①

1783 年 9 月,美国和英国签署《巴黎条约》,英属美洲殖民地的独立战争最终画上句号。时隔不到半年(2 月 22 日),美国仅有的两艘远洋商船之一"中国皇后"号(Empress of China)便起航驶往广州珠江口,船上载有西班牙银币、西洋参、海狸皮、羽纱和葡萄酒,"用以交换丝绸、瓷器、家具以及最重要的物产——茶叶"。起航那天"碰巧是乔治·华盛顿 52 岁生日",而直到改革开放的新中国崛起之后,美国史学家才恍然意识到,这象征着"向全世界宣布,美国已经准备好与世界强国一较高下"。其实,当时这艘美国远洋商船前往中国,仅仅是为了打破英国"以自身商业利益优先"对新生美国的经济封锁。而它满载中国货物成功返航,不过证明了"独立战争之后的美国已经站稳脚跟,正要向利润丰厚的新目标前进"。就在"中国皇后号"返航那年(1785),有五艘商船分别从纽约和费城等地起航驶向广州,而"中国皇

---

① 安德斯·温罗特,《维京时代:从狂战士到海上贸易的开拓者》,王蓉译,上海:上海社会科学院出版社,2018,页 9。

后号"也开始了自己的第二次广州之行。①

半个多世纪后的1844年7月,美国趁英国打赢鸦片战争签订《南京条约》(1842年8月)和《虎门条约》(1843年7月)之机,迫使清廷派员前往澳门半岛北部望厦村的普济禅院,与美国首任驻华专员凯莱布·顾盛(1800—1879)签署了《中美五口通商章程》。除"重复并强化了《虎门条约》里的许多条款"外,这份条约还增加了几个新条款,其中包括一项特别的关于"治外法权"的条款(第21条)。按此规定,凡是在中国"犯罪的美国人",只能根据"美国法律来审判",而不是受中国当局惩罚。②

六

在拉采尔的时代,中国正快步走下坡路,而美国却在强势崛起,他对中国没有持续的兴趣,这并非不可理解。③ 不过,由于其政治地理学具有世界历史的视野,在拉采尔眼里,中国文明始终是世界文明民族中的一个独特史例。与同时代的美国人马汉或丁韪良一样,拉采尔相信,一旦"进步的需要"促使中国人重新组织起来,中国就会成为不可忽视的世界政治力量。在撰写《政治地理学》期间发表的短文《对诸民族的评估》中,拉采尔特别提到,人口庞大的民族不可能因年迈或残酷的命运打击而灭亡,中华民族是显著的例子,哪怕它眼下看起来萎靡不振。④ 拉采尔相信,由于这样的民族还具有同化其他自然民族的能力,欧洲民族的恐惧感不可能在未来的某一天彻底消失。

拉采尔的观点可以解释一个看似矛盾的现象:欧洲人在全球扩张势力,"可谓是真正摧毁其他文明的主要'祸源'",但基于自身的历史和文明发展的经验,他们

---

① 埃里克·多林,《美国和中国最初的相遇:航海时代奇异的中美关系史》(2012),朱颖译,北京:社会科学文献出版社,2014,页2-4、10-12、83;王玮主编,《美国对亚太政策的演变(1776—1995)》,前揭,页19。

② 约翰·海达德,《初闯中国:美国对华贸易、条约、鸦片和救赎的故事》,何道宽译,广州:花城出版社,2015,页222-225;王玮主编,《美国对亚太政策的演变(1776—1995)》,前揭,页36-39。

③ Nicola Bassoni, "Über das'Eintreten neuer Völker in die alten Culturkreise'. Ratzels Habilitationsschrift über die'chinesische Auswanderung'", in Ulrike Jureit/Patricia Chiantera-Stutte (eds.), *Denken im Raum*, 前揭, 页73。

④ 斯托杨诺斯,《地缘政治学的起源与拉采尔》,前揭,页159。

的内心深处却对体量庞大的中国人有出自本能的"恐惧感",进而把"黄祸的意象投射在东方的亚洲人"身上。"黄祸论"的著名代表人物查尔斯·皮尔逊(1830—1894)的名言是,"中国以它一年的剩余人口就能把我们淹没"。据英国的史学家说,这种"盲目的威胁[感]"(a blind menace)源于欧洲民族的成长多以封建小城邦和王国为政治单位,"对令人晕眩的数量特别敏感"。因此,对他们来说,"欧洲只能以较优势的技术"才能与之对抗。①

作为启蒙文明论的嗣子,拉采尔还相信文化是民族成长的主要驱动力,国家成长壮大的过程不外乎是特定条件下文化力量的落实过程。一旦与大陆空间相结合,文明民族的生存能力就大得惊人。事实上,即便在政治和经济动乱频仍的十八至十九世纪,中国的人口依然在持续增长(《迁徙》,页47)。② 在拉采尔看来,即便是亚历山大帝国和罗马帝国也没有达到真正的大陆维度。唯有波斯帝国够得上这样的资格,它拥有的伊朗高原的面积是小亚细亚的五倍。

查理大帝的帝国要是没有因分封制而裂散,也许能够发展成拥有大陆空间的政治体,只可惜封建制度不断像夺取私有财产那样分割帝国,昔日古罗马帝国形成的大空间已然支离破碎。拉采尔并不相信,自十七世纪以来不断更替的欧洲均势能够维持一个大国式的欧洲,因为这种均势仅仅看起来是平等分配土地的结果,其实它不过是欧洲诸国争夺霸权的代名词:

> 在均势的统治下,以战争为手段、以平等分配土地为主要目标的新[组织]形态正从废墟中起来,并在欧洲延伸,而实际权力则分配得不对称。③

无论波斯帝国还是罗马帝国都已作古,中华民族成为唯一与大陆空间相结合的古老文明民族。尽管如此,在拉采尔眼里,中国人"进行的最现代的科学研究"也不过"像是欧洲中世纪的产物",而"一个民族需要几个世纪才能摆脱这种错误"(《基本定律》,页109)。这足以表明,受启蒙式的文明史观支配,拉采尔在看待中国这个文明古国时,不大容易摆脱一种自相矛盾的心态:他一方面以为,中国一旦实现重新"年轻化"将会让欧洲民族感到恐惧,另一方面又以为,这种重新"年轻化"

---

① 杨瑞松,《病夫、黄祸与睡狮:"西方"视野的中国形象与近代中国国族论述想象》,前揭,页72;比较吕浦、张振鹍等编译,《"黄祸论"历史资料选辑》,前揭,页82。

② 据统计,"仅仅在1779—1850年间,中国人口便增长了56%"。参见于尔根·奥斯特哈默,《中国与世界社会》,前揭,页155。

③ 斯托杨诺斯,《地缘政治学的起源与拉采尔》,前揭,页247。

永远也赶不上欧洲民族的进步速度。就算是二十世纪末的欧美学人也没有想到,古老的中国在"更强有力的政治组织"的带领下,经过艰苦卓绝的反抗自由主义帝国的殖民战争建立起新的中国,仅用大半个世纪就使得这个古老的文明政体重新"年轻化"。

由此不难理解,太平洋战争爆发后(1943),美国国会因应战时需要通过了"废除法案"(Repealer),"打破了长达约80年的种族性移民屏障"。尽管给予华人移民的配额仍然很少,毕竟"在封闭的屏障上打开了一道缝隙",而且允许华人获得美国国籍。1965年,随着美国在战后获得全球支配权,美国国会通过了"哈特-塞勒"议案(Hart-Celler Act),放弃民族来源限额制,并允许直系亲属移民。然而到了1990年代,随着中国政府实施"来去自由"的留学政策,年轻人出国留学越来越多,而学成归国者却越来越少,盎格鲁-美利坚人又开始感到紧张起来。在美国的政治人看来,对于中国的现代化进程来说,大量留学生留居国外并不"那么重要",因为中国的人口体量实在太大。何况,即便留学生定居美国,也会与中国国内"在经营、学术和专业技术等方面保持联系"。在"移动通讯和廉价航空高度发达"的今天,所谓"脑力流失"(brain-drain)的观念更是"已经过时"。美国政治人因此认为,他们有理由对拥有科技能力的华人新移民(New Migration)保持警觉,甚至怀疑这类移民实际上受"中国政府操控":一旦海外华人"结成更广泛、更具组织化的联合",海外华人社团及其经济体很容易成为中国势力的延伸。①

中国这个古老的文明政体通过向欧洲民族学习重新"年轻化"后,最终引发的是欧洲民族——尤其盎格鲁-美利坚民族——的莫大恐惧和深刻敌意,这除了证明如拉采尔所说,欧洲民族无论在文明形态上有多进步,也不可能摆脱其生物本能的支配,还证明了大西洋革命理念和启蒙文明史观所具有的生物-政治地理根源。

七

十九世纪政治史的年轮标志,以1815年的维也纳会议为开端,1919年的巴黎和会为终点。维也纳和约基于传统的君主制重建欧洲共同体,即"承认同样的正统

---

① 孔复礼,《华人在他乡》,前揭,页410-411、450-451、460-463。

和平衡原则",法国作为战败国没有被排除在外。与此不同,凡尔赛条约以战胜国与战败国两大阵营重新分割欧洲,并凭靠战胜国的机运"把某种欧洲秩序强加于战败国",而"民族自决"原则又使得欧洲不再是一个大家庭:签订条约时,欧洲大国之间"没有共同的原则",也不再"讨论一个各自都接受的共同秩序"。① 阿尔贝·德芒戎(1872—1940)尽管是我国地理学界熟知的法国著名人文地理学家,但我们很少知道,他在1920年出版的政治-经济地理学著作《欧洲的没落》一书中曾痛心地写道,1914至1918年间的战争是一场欧洲"内战",欧洲人之间互相厮杀,美国人来了之后才做出最后裁决。但是,欧洲人并没有从威尔逊强迫他们接受的自由主义和平秩序中获益,反倒是欧洲以外的两个新兴帝国(美国和日本)得利最多。战争不仅给这两个新兴大国带来了工业和贸易的经济繁荣,还让它们趁机实现全球地缘扩张:美国的经济势力大举进军欧洲,"从欧洲的血液中汲取养分",古老的欧洲成了年轻的北美洲的殖民地;日本则模仿欧洲,不仅实现了向中国东部乃至西太平洋的战略扩张,也把触角伸向了拉丁美洲——正是"日本,以及尤其美国"让欧洲"这个古老的大陆"即将走向"没落"。为了防止这种世界重心的"东迻",德芒戎希望"欧洲国家更紧密地联合起来"。②

从后来所见的历史来看,德芒戎的预见过于悲观了。1919年,欧洲的三大君主国瓦解之后,大国之间并非"没有共同的原则"——自由民主的共和主义就是这样的原则。1941年,美国总统富兰克林·罗斯福和英国首相丘吉尔在大西洋的一艘军舰上会晤,签署了一份联合宣言——《大西洋宪章》,以自由主义的"共同原则"让欧洲与美国紧急绑在了一起,并通过赢得"二战"而建立起"大西洋共同秩序"。直到今天,欧洲依然是"美国的天然盟友",它与美国"有共同的价值观和大体相同的宗教传统,实行一样的民主政治",何况它"还是绝大多数美国人的祖籍地"。于是人们看到,苏联瓦解后,美国便追随希特勒所强调的德国人民对"生存空间"的需要,带领自己的"天然盟友"稳扎稳打地"向东进军"。③

---

① 皮埃尔·热尔贝,《欧洲统一的历史与现实》,丁一凡、程小林、沈雁南译,北京:中国社会科学出版社,1989,页26。

② Albert Demangeon, *Le déclin de l'Europe*, Paris: Payot, 1920, pp. 15–18, 156–257;比较 Geoffrey Parker, "French Geopolitical Thought in the Interwar Years and the Emergence of the European Idea", in *Political Geography Quarterly*, 6(2), 1987, pp. 145–150。

③ 兹比格纽·布热津斯基,《大棋局:美国的首要地位及其地缘战略》,中国国际问题研究所译,上海:上海人民出版社,2007/2015,页33、47–49。

第一次世界大战即将结束那年(1918)，英国的"新自由主义"政治理论家里奥纳德·霍布豪斯(1864—1929)出版了一本小书，抨击黑格尔的国家形而上学是"邪说"。他将此书题献给自己时任英国皇家空军上尉的儿子，并在献辞中记叙了他写作此书与战争期间(1917)德国空军突袭伦敦的关系：德军"轰炸伦敦"是黑格尔的"骗人邪说造成的明显恶果"。据此，他激励自己的儿子驾驶"哥达式轰炸机"攻击德国，并把他的书当作炸弹。在他看来，这是"为一项正义的事业而战"："要使这个世界成为民主有保障的地方"，"精神武器和物质武器同样需要"。①奇妙的是，到了"冷战"结束时的二十世纪末，左翼和右翼的政治理论家近乎异口同声地把黑格尔视为欧洲自由主义传统的最后形塑者。据说他批判性地更新而非抛弃了康德的自由主义，他所宣告的"历史的终结"即"自由国家"的实现——"由于美国革命和法国革命，历史终结了"。因此，今天的自由民主意识"最基本的方面"应该"归功于他"。②

黑格尔的国家形而上学主要见于他在1821年出版的《法哲学原理》一书。维也纳会议结束三年后(1818)，黑格尔应普鲁士教育部长的邀请来到柏林大学任教。黑格尔开设的第一门大课即"法哲学原理"，直到1831年去世，他多次开设这门大课。③按照一般的理解，英法传统的自由主义讲"权利"，黑格尔则针锋相对地讲"法权"。其实，双方用的是同一个语词(Right/Recht)，黑格尔的"法权"论很难说扬弃了自由主义的"权利"说。事实上，黑格尔对霍布斯、洛克、孟德斯鸠、康德等自由主义前辈的批判，无不是批判性的继承。无论黑格尔有多么"保守"，他都是欧洲近代自由主义"权利"论的嗣子。

黑格尔在《法哲学原理》的"导论"中说，"实定法"的构成有三大要素，"一个民族特殊的民族性格，它的历史发展阶段以及属于自然必然性的一切情况"是第一的要素。④黑格尔反对谈论抽象的立法，因为任何立法都与历史中的具体民族[国

---

① L. T. 霍布豪斯，《形而上学的国家理论》，汪淑钧译，北京：商务印书馆，1997，页2，比较页20–32。

② 史蒂芬·史密斯，《黑格尔的自由主义批判：语境中的权利》，杨陈译，上海：华东师范大学出版社，2019，页1–19、124–167；弗朗西斯·福山，《历史的终结与最后的人》，陈高华译、孟凡礼校，桂林：广西师范大学出版社，2014，页16、79–81。比较洛苏尔多，《黑格尔与现代人的自由》，丁三东等译，长春：吉林出版集团，2008，页93–119、124–154。

③ Hegel, *Vorlesungen über Rechtsphilosophie* (1818—1831), Karl-Heinz Ilting (hrsg.), Stuttgart: Frommann, 1973.

④ 黑格尔，《法哲学原理》，前揭，页23。

家]的特殊品格相关。什么是"属于自然必然性的一切情况",比较令人费解。不过,此前黑格尔在谈到"法"的概念的"定在"时说,它作为"物体"就跟"灵魂的肉体一样,听命于创造它的那个灵魂"。这听起来颇有精神哲学的意味,但黑格尔紧接着就给出了生物机体论式的解释:

> 萌芽虽然还不是树本身,但在自身中已有着树且包含着树的全部力量。树完全符合于萌芽的简单形象。如果肉体不符合于灵魂,那它就是某种不幸的东西。(《法哲学原理》,页19)

由此看来,世界历史就是"法"的定在由萌芽赖以生长为树木的土壤,其中包含"属于自然必然性的一切情况"。具体而言,世界历史不仅"在时间上有一个必然的序列,同样也有一个具体的空间规定性,一个地理位置"。不过,"历史虽然生存于天然性的土地上",但天然性仅仅只是它的一个方面,"更高的方面是精神的方面"。①

《法哲学原理》以简论"世界历史"收尾,作为"文明民族"的日耳曼民族有如在世界历史这片土壤上生长出来的一朵艳丽花蕾,或者说这花蕾本身的生长有其特殊的历史:

> 一个世界历史性民族的特殊历史,一方面包含着从它幼年的含苞状态起直到它的繁荣时期的原则的发展,在其繁荣时达到了自由的、伦理的自我意识而被纳入普遍的历史;另一方面,它也包含着衰颓和腐败的时期;——因为这标志着在这个民族中出现了一个只是作为它自身之否定的更高原则。(《法哲学原理》,页475)

"法权"世界作为文明形态与自然形态对立,其世界历史式的生长进程被划分为四个阶段,越是往后的阶段,越脱离自然形态:一、东方世界;二、希腊世界;三、罗马世界;四、日耳曼世界。黑格尔的这一普遍历史程式并不具有原创性,它不过是赫尔德拟构的普遍历史程式的翻版。按照这个程式,中国文明处于东方世界的开端,而在那里,黑格尔所理解的"法权"作为普遍意识尚处于萌芽状态。如果可以"假设梭伦是其[雅典]人民的立法者",那么,中国的孔夫子"大约相当于梭伦",他还"无法和柏拉图、亚里士多德、苏格拉底相比"。普遍意识的觉醒要到雅典民主政

---

① 黑格尔,《世界史哲学讲演录》,刘立群等译,北京:商务印书馆,2014,页87。

制时期才会出现,然而,苏格拉底虽然获得了普遍意识的"不可抗拒的力量,但他还没有把这样的力量看作自己的内在性",因为他仍然要靠求问神谕来"获得自己的使命"(《世界史哲学讲演录》,页138、308)。

黑格尔关于普遍意识觉醒的世界历史进程的观念,不是在拿破仑战争结束之后才有的,而是萌生于那场战争期间。在《精神现象学》中,黑格尔谈到过"神作为伦理民族的精神,其固有的语言就是神谕",因为"神谕了解一个民族的各种特殊情况,并颁布有利于这些情况的指示"。说到这里时,黑格尔责备苏格拉底在自己的思维里仅仅"寻找善和美的东西",而把那些琐碎且偶然的知识或无关紧要的事情交给心中的神明去认识和决定:在苏格拉底那里,"普遍意识"还没有从世界历史,而是"从飞鸟、树木、发酵的土壤(其湿气会使自我意识陷入不清醒的状态)等偶然事物那里汲取知识"。

> 由于偶然事物是一种未经思虑的和陌生的东西,所以伦理意识就像扔骰子一样,听任自己以一种未经思虑的和陌生的方式来对此做出决定。如果个人是通过他的理智来决定自己,经过慎重考虑之后选择了对他有利的事物,那么这种自我决定乃是以一个特殊性格的规定性为基础。①

通俗地讲,苏格拉底尚未做到凭靠自己的理智来"决定自己",或者说他的理智仍然受偶然性支配,还没有达到必然性的高度。这无异于说,苏格拉底还算不上真正的哲人,普遍意识在他那里尚处于生长的中途。当然,要做到凭靠自己的理智来"决定自己",同样受个体的"特殊性格的规定性"支配,而"这种规定性本身也是偶然的"。所以,理智的知识和通过神谕或抽签而获得的知识看起来"没有什么两样"——

> 差别仅仅在于,求助于神谕或抽签的人对于偶然事物表现出一种伦理上的漠不关心态度,而依赖于理智知识的人则相反,他们把纯粹偶然的东西当作是他的思维和知识的根本兴趣来对待。(同上)

这里出现了两种"偶然性":民族的伦理意识与个体智识都受偶然的"特殊性格的规定",而两者共同面临的自身"民族的各种特殊情况",则受历史的偶然规定。如此说来,诸如沃尔姆协定、英格兰大宪章、大西洋革命的两大"宣言"等等,都不过是历史

---

① 黑格尔,《精神现象学》,前揭,页439。

的偶然罢了,因为其"规定性本身也是偶然的"。① 但对黑格尔来说,把纯粹偶然的东西当作思维和知识的根本兴趣来对待,为的是将历史的偶然思考为历史的必然。

谁若是没有被黑格尔思辨式的塞壬歌声迷住,他便会带着好奇心回头去阅读柏拉图的苏格拉底对话,并由此产生这样的疑问:追求理智知识的人应该"把纯粹偶然的东西"当作自己的思维和知识的"根本兴趣来对待"吗?难道他不应该像苏格拉底那样,把日耳曼民族构造出来的普遍意识及其世界历史叙述视为历史的"纯粹偶然的东西"?倘若如此,即便他不会也不应该对历史中的种种偶然抱持"一种伦理上的漠不关心态度",但他的确只会在自己的思维里"寻找善和美的东西"。

---

① 罗伯特·斯特恩,《黑格尔的〈精神现象学〉》,丁三东译,桂林:广西师范大学出版社,2022,页307-308;比较海因里希·温克勒,《西方的困局:欧洲与美国的当下危机》,童欣译,北京:中信出版集团,2019,页9。

图书在版编目（CIP）数据

拉采尔公案：十九世纪的普遍历史意识与生物-政治地理学 / 刘小枫著.
北京：华夏出版社有限公司, 2025. -- (刘小枫集). -- ISBN 978-7-5222-0797-1
I. K901.4
中国国家版本馆 CIP 数据核字第 20245ZE410 号

审图号：GS（2025）1191 号
地图编制单位：北京天域北斗文化科技集团有限公司

拉采尔公案 —— 十九世纪的普遍历史意识与生物-政治地理学

著　　者	刘小枫
责任编辑	刘雨潇
美术编辑	赵萌萌
责任印制	刘　洋
出版发行	华夏出版社有限公司
经　　销	新华书店
印　　刷	北京汇林印务有限公司
装　　订	北京汇林印务有限公司
版　　次	2025 年 7 月北京第 1 版 2025 年 7 月北京第 1 次印刷
开　　本	710×1000　1/16
印　　张	33.25
字　　数	578 千字
定　　价	168.00 元

华夏出版社有限公司　地址：北京市东直门外香河园北里 4 号　邮编：100028
　　　　　　　　　　　　网址：www.hxph.com.cn　电话：(010)64663331(转)
若发现本版图书有印装质量问题，请与我社营销中心联系调换。

刘小枫集

拉采尔公案：十九世纪的普遍历史意识与生物-政治地理学
地缘政治学史论
普遍历史与中国
尼采的微言大义
共和与经纶［增订本］
城邦人的自由向往：阿里斯托芬《鸟》绎读
昭告幽微：古希腊诗文品读
设计共和
以美为鉴：注意美国立国原则的是非未定之争
古典学与古今之争［增订本］
这一代人的怕和爱
沉重的肉身
圣灵降临的叙事［增订本］
罪与欠
儒教与民族国家
拣尽寒枝
施特劳斯的路标［增订本］
重启古典诗学
现代性与现代中国：现代性社会理论绪论
诗化哲学［重订本］
拯救与逍遥［修订本］
走向十字架上的真
卢梭与我们
西学断章
现代人及其敌人
好智之罪：普罗米修斯神话通释
民主与爱欲：柏拉图《会饮》绎读
民主与教化：柏拉图《普罗塔戈拉》绎读
巫阳招魂：《诗术》绎读

编修［博雅读本］

凯若斯：古希腊语文读本［全二册］
古希腊语文学述要
雅努斯：古典拉丁语文读本
古典拉丁语文学述要
危微精一：政治法学原理九讲
琴瑟友之：钢琴与古典乐色十讲